Avanti!

SECOND EDITION

Avanti!

Beginning Italian

Janice M. Aski
The Ohio State University

Diane Musumeci
University of Illinois at Urbana-Champaign

 Higher Education

Boston   Burr Ridge, IL   Dubuque, IA   New York   San Francisco   St. Louis
Bangkok   Bogotá   Caracas   Kuala Lumpur   Lisbon   London   Madrid   Mexico City
Milan   Montreal   New Delhi   Santiago   Seoul   Singapore   Sydney   Taipei   Toronto

 **Higher Education**

Published by McGraw-Hill, an imprint of The McGraw-Hill Companies, Inc., 1221 Avenue of the Americas, New York, NY 10020. Copyright © 2010, 2007. All rights reserved. No part of this publication may be reproduced or distributed in any form or by any means, or stored in a database or retrieval system, without the prior written consent of The McGraw-Hill Companies, Inc., including, but not limited to, in any network or other electronic storage or transmission, or broadcast for distance learning.

This book is printed on acid-free paper.

6 7 8 9 DOW/DOW 10 9 8 7 6 5 4 3 2 1

ISBN: 978-0-07-338624-9 (Student Edition)
MHID: 0-07-338624-3 (Student Edition)

ISBN: 978-0-07-727045-2 (Instructor's Edition)
MHID: 0-07-727045-2 (Instructor's Edition)

Editor in Chief: *Michael Ryan*
Editorial Director: *William R. Glass*
Executive Editor: *Christa Harris*
Director of Development: *Susan Blatty*
Development Editor: *Sandy Guadano*
Editorial Coordinator: *Margaret Young*
Native Reader: *Silvia Kunitz*
Marketing Manager: *Jorge Arbujas*
Media Producer: *Allison Hawco*
Media Project Manager: *Ron Nelms*
Production Editor: *Alison Meier*
Manuscript Editor: *Deborah Bruce-Hostler*

Design Manager: *Allister Fein*
Interior Designer: *Linda Robertson*
Cover Designer: *Allister Fein*
Photo Research Coordinator: *Alexandra Ambrose*
Photo Researcher: *Christine Pullo*
Production Supervisor: *Randy Hurst*
Supplements Editor: *Louis Swaim*
Illustrators: *Kathryn Rathke, Patti Isaacs, Glenda King,*
  Ayelet Arbel, Dave Bohn, and Susan Detrich
Composition: *New Aster by Argosy*
Printing: RR Donnelley

Cover photos: front cover © *Bernd Zillich*; spine © *Corbis*. All rights reserved; back cover © *Digital Vision/Getty Images*

Credits: The credits section for this book begins on page C-1 and is considered an extension of the copyright page.

Library of Congress Cataloging-in-Publication Data
Aski, Janice M.
      Avanti!: beginning Italian / Janice Aski and Diane Musumeci. — 2nd ed.
         p. cm.
      Includes index.
      ISBN-13: 978-0-07-338624-9 (alk. paper)
      ISBN-10: 0-07-338624-3 (alk. paper)
      1. Italian language—Textbooks for foreign speakers—English. I. Musumeci, Diane. II.
   Title.

PC1129.E5A85 2009
458.2'421—dc22   2008042770

The Internet addresses listed in the text were accurate at the time of publication. The inclusion of a Web site does not indicate an endorsement by the authors or McGraw-Hill, and McGraw-Hill does not guarantee the accuracy of the information presented at these sites.

www.mhhe.com

About the Authors

Janice M. Aski is Associate Professor and director of the Italian language program at The Ohio State University. She specializes in foreign language pedagogy and historical Italian/Romance linguistics. Her research in foreign language pedagogy explores a variety of topics, such as testing, teaching reading at the elementary level, and how first-year Italian textbooks and grammar practice activities reflect the most current research in second language acquisition. Her publications in historical Italian/Romance linguistics focus on the social, pragmatic, and cognitive aspects of phonological and morphological change.

Diane Musumeci is Associate Professor of Italian and SLATE (Second Language Acquisition and Teacher Education) at the University of Illinois at Urbana-Champaign, where she is Head of the Department of Spanish, Italian, and Portuguese. Her teaching, research, and publications focus on the acquisition of Italian as a second language, content-based instruction, and the history of second language teaching. In addition to *Avanti!,* she is the author of *Il carciofo: Strategie di lettura e proposte di attività* (McGraw-Hill, 1990) and *Breaking Tradition: An Exploration of the Historical Relationship Between Theory and Practice in Second Language Teaching* (McGraw-Hill, 1997).

Contents

	Strategie di comunicazione	Lessico

Contents ix

	Strategie di comunicazione	Lessico

Contents **xi**

	Strategie di comunicazione	Lessico
CAPITOLO 10 **La vita e il benessere 268**	• *Purtroppo* Expressing regret 269 • *Mi dispiace* vs. *Scusa/Scusi* Expressing regret, sorrow, and making apologies 270	• *Le attività, gli hobby e il benessere* Activities, hobbies, and well-being 271
CAPITOLO 11  **Casa dolce casa 292**	• *Niente...* Managing conversations 293 • *Ti dispiace... ? / Le dispiace... ?* Seeking approval and expressing hesitation 294	• *Vieni a casa mia* Describing Italian houses and furniture 296
CAPITOLO 12  **In città 317**	• *Secondo te... / Secondo Lei...* Expressing opinions 318	• *La città e il paese di provincia* Talking about Italian cities and towns 322

	Strategie di comunicazione	Lessico

Preface

Welcome to the second edition of *Avanti!* In this new edition our priorities remain the same as those of the first edition, to provide an introductory language course that meets the needs of both instructors and learners. Three significant characteristics set *Avanti!* apart from other first-year Italian texts:

- First, *Avanti!* satisfies students' desire to communicate in everyday situations right from the start and to explore Italy's rich and unique culture in meaningful ways.

- Second, *Avanti!* responds to instructors' concerns that most textbooks attempt to cover too much material in the first year. We have designed an elementary course that reflects reasonable expectations for the amount of material that most beginning learners can acquire in one year of classroom instruction.

- Third, the methodology of *Avanti!* is firmly grounded in current findings of research in second language acquisition and foreign language pedagogy. The materials provide support for instructors, particularly those with limited experience, whose goals are to teach mainly, if not exclusively, in Italian, and to create the student-centered, communicative classroom environment that is promoted by this research.

The title *Avanti!* was chosen to convey the forward-thinking approach of this exciting new program.

Chapter Features

To address students' desire to learn Italian that is both authentic and can be used immediately, each chapter opens with **Strategie di comunicazione,** high-frequency expressions that perform a variety of practical functions. Through video, students see and hear Italians of all ages and backgrounds as they use the strategies in spontaneous speech. Because the interviews were filmed throughout Italy, students are also exposed to standard Italian as it is spoken in different areas (Northern, Central, and Southern Italy). In this way, students' first exposure to the language is in its actual context of use. By focusing on commonly used language formulae, students can begin immediately to use the expressions to meet their own communicative needs.

From fixed expressions in the **Strategie di comunicazione,** to the presentation of vocabulary in **Lessico,** to the analysis of forms in **Strutture,** students proceed gradually from working with Italian at the word and then the sentence level. In the final section of each chapter, **Cultura,** the preparation provided by the strategies, vocabulary, and grammar culminate and are fully integrated as students engage in listening, reading, writing, and speaking activities at the discourse level. *Avanti!*'s strong cultural component is not limited to the **Cultura** section. It is incorporated into all aspects of the text, with abundant culture notes (**In Italia**) throughout and in the language practice activities. A more detailed description of the chapter organization is presented in the Guided Tour of *Avanti!*, page xxiii.

Grammar in *Avanti!*

Unlike texts in other commonly taught languages, first-year Italian textbooks currently available in North America still attempt to "cover all the grammar." As a result, they present a large number of grammar points, with no distinction between structures that are more or less likely to be in active use by the end of the course. Given the number of structures that must be covered in a short period of time, students' exposure to any particular point is necessarily limited and, as a result, many instructors feel they are rushing through the material, with little time for students to engage in real language use. Students, too, can quickly feel overwhelmed by forms, rules, and exceptions to rules and achieve at best a superficial understanding of the structures examined. Although they have practiced forms, they have not used them for real communication, so that by the end of the course they are often incapable of producing even simple structures to express themselves. Recent texts produced in Italy for learners of Italian as a second language tend to err in the opposite direction: they offer an abundance of communicative activities, but no language analysis, which could be expected from university students in an academic course. Furthermore, the Italian texts produced in Italy rely heavily on the linguistic and cultural expertise of an experienced, native speaking instructor teaching in a context in which students are surrounded by Italian outside the classroom. Consequently, they provide no lexical support for the learners and little support for the non-native speaking instructor or for the less-experienced instructor teaching in a foreign language context.

Avanti! makes the grammar more manageable in two ways. First, wherever possible the grammar explanations in English are interactive. That is, as students read the explanation, they are asked to complete charts or short activities to test comprehension and reinforce the concepts. This approach makes learning active rather than passive. Second, the number of structures presented has been limited. A distinction is made between forms that students can be expected to acquire and use (albeit in a limited fashion) at the end of one year of language study, structures that students may be asked to learn but cannot be expected to use appropriately, and structures that are (typically) beyond the abilities of first-year students. The **Strutture** section of the main text includes structures that are essential for meaningful communication at the elementary level and that research and classroom experience have demonstrated to be the structures that will be part of students' active repertoire after one year. The verb forms in the indicative mood that are included in **Strutture** are: **il presente, il passato prossimo, l'imperfetto,** and **il futuro semplice,** and there is a brief introduction to the present conditional and imperative moods. Within this framework, we include regular and common irregular verbs, reflexives and reciprocals, **si impersonale, piacere,** as well as direct and indirect object pronouns, and the relative pronoun **che.** The subjunctive and the **passato remoto** are presented "for recognition only," which means that elementary students are expected to identify the forms and understand their meaning, but not to produce them. Therefore, the activities provided for the subjunctive and the **passato remoto** do not require oral or written use of these structures; students are primarily asked to identify these forms when they encounter them or to select the correct forms among several options. In this way, students become familiar with this structure in preparation for more detailed study at the intermediate level.

The **Per saperne di più** section at the end of the text provides additional information (in English) about grammar points and other structures that students may be asked to learn, but of which accurate, spontaneous production should not be expected.

Review and Recycling

Reducing the number of grammatical structures presented in the first-year curriculum provides the much needed time to reiterate and practice structures that have already been learned. Since introducing and practicing each grammatical structure once in a year is not enough to promote acquisition, recycling structures and vocabulary for maximum exposure is a key feature of *Avanti!* Contextualized review is essential for courses that require midterm and final exams, and, at the same time, it builds communicative confidence in the language. There are 16 chapters in the text. Every fourth chapter provides practice of four previously taught grammar points, which are then expanded upon or followed by a related topic. Review in the form of interactive games is also provided at regular intervals (at the end of chapters 2, 6, 10, and 14) using materials provided in the *Instructor's Manual*.

Input and Meaningful Interaction

The methodology of *Avanti!* is based on current research on the roles of comprehensible input, meaningful interaction, and production in the learning process. *Avanti!* differs from most texts in that it encourages the exclusive use of Italian in the classroom and teaches learners to construct meaning from linguistic and paralinguistic cues. New vocabulary is presented in the **Lessico** section in easily identifiable contexts or with visually appealing drawings, photographs, and realia so that learners are discouraged from relying on word-for-word translation from English to Italian, a practice that can lead to incomprehensible Italian. The end-of-chapter vocabulary lists the active vocabulary for each chapter, as does the English–Italian glossary at the back of the book. The Italian–English glossary, however, includes both the active and passive vocabulary from the entire text. In both glossaries, the number in parentheses next to an entry indicates the chapter in which the word first becomes active, which makes this information readily accessible. Moreover, all the vocabulary and grammar practice activities guide learners to construct and exchange meaningful utterances for a purpose. Purposeful interaction keeps students engaged and motivated. *Avanti!* is innovative in that each activity set begins with recognition (or input) activities that allow learners to process the new forms and their meanings before being asked to produce increasingly longer strings in subsequent activities. All the practice activities prepare the learner for the chapter's final speaking activity **Parliamo!** that elicits discourse-length interactions. Since all in-class activities require students to process form in conjunction with meaning, mechanical drills and patterned responses are not included in the text. Conventional, drill-like practice is found in the *Workbook / Laboratory Manual* (the online version of which provides automatic correction and immediate feedback to students' responses), so that class time can be dedicated to exchanging information and ideas with the instructor and classmates.

While the *Workbook / Laboratory Manual* includes a variety of listening activities for students to complete outside of class, listening activities are also provided in the text for use during class time. In this way instructors have an opportunity to gauge students' listening abilities directly and students have additional guided listening practice. *Avanti!* offers a wide variety of activities in the text, as suggestions for the instructor in the margins of the *Instructor's Edition*, and in the *Instructor's Manual*, so that instructors have plenty of options to choose from.

Using *Avanti!* in the Classroom

Avanti! is a teacher-friendly text that is designed to guide experienced and inexperienced instructors in creating a truly communicative, interactive classroom. The instructor annotations in the *Instructor's Edition* of the text, as well as the design of the presentations and activities, guide instructors to assume the role of facilitator and direct students to take an active role in the learning process. The culture component offers a rich array of resources to support instructors with limited experience or time, including expertly prepared video presentations describing aspects of Italian culture that can be used as pedagogical models, "as is" in class, or assigned as homework. A variety of activities and materials (visuals, scripts, additional ideas for games and activities) ensure that instructors will have an abundance of materials to choose from as they adapt the text to their personal style.

What's New in the Second Edition!

In response to extensive feedback from our reviewers, we have made the following exciting changes to the *Avanti!* program for the second edition:

■ The chapter openers now present an overview of Italian art and artists from the Middle Ages to the twentieth century. A new **Ascoltiamo!** mini-lecture in **Capitolo 16** incorporates these images in a comprehensible, informative, and visually stunning history of Italian art.

■ The cultural contributions of Italy's regions are highlighted throughout the book for easy reference. A new **L'Italia regionale** icon indicates those activities and cultural feature boxes that provide information specific to various regions. Fun interactive activities that focus on Italy's regions are available at the Centro website (**www.mhhe.centro.com**). (For information about Centro, see page xxvi.)

■ The **In Italia** boxes, formerly in English, are now written in simple Italian from **Capitolo 3** forward to provide additional reading practice along with cultural proficiency. Each chapter also contains one **Retro** and one **In America** box in English that provide historical background on aspects of contemporary Italian and Italian-American culture.

■ The topic of **Capitolo 10** has changed from **la buona salute** to **la vita e il benessere** in order to incorporate vocabulary and concepts that are of greater interest to young people.

■ In **Strategie di comunicazione** a new strategy has been introduced in **Capitolo 11:** the use of the word **niente** to manage conversations.

■ The grammar scope and sequence has been modified in response to user feedback: **c'è / ci sono** are presented earlier (in **Capitolo 2**); **Capitoli 6–10** have been reorganized so that the presentation of the **passato prossimo** in **Capitoli 7** and **8** is now is followed by the imperfect in **Capitolo 9.** The future tense has been moved to **Capitolo 10.**

■ Numerous communicative activities have been modified to make the purpose of the task more meaningful and engaging. Additional communicative activities for every **Lessico** and **Strutture** section have been added to the *Instructor's Manual* in order to give instructors a greater variety of activities to choose from.

■ One or two songs familiar to all Italians have been selected for each chapter based on either the theme or the grammatical topic, giving students additional opportunities to hear authentic language. The types of music range from classic to contemporary and include opera as well as pop, rock, and easy listening. This new music feature, **Solo Musica,** signaled by the musical note icon, gives students information about the song, artist, and a simple task to perform while listening. Instructor annos for each song are provided in the textbook and additional suggestions for using songs in the classroom are available in the *Instructor's Manual.* The *Avanti!* iMix playlist featuring these songs is available for purchase at the iTunes® store. For information about how to access this playlist, go to Coursewide Content on the *Avanti!* Online Learning Center (**www.mhhe.com/avanti2**).

■ The **Cultura** section has been extensively revised to make it even more engaging and interactive.

- Two **Ascoltiamo!** mini-lectures have been changed to introduce students to sports (**Capitolo 10**) and art history (**Capitolo 16**). All of the mini-lectures, presented by an award-winning teacher and native speaker, along with a wealth of integrated visual support are now available on a separate DVD in the video program so that instructors can use them in class or students can view them at home. For instructors who wish to do their own presentations, a sample video for **Capitolo 1** with an actual class has been provided as a model in the Instructor Edition of the *Avanti!* Online Learning Center, along with the visual support materials for all chapters. In addition, transcripts of each mini-lecture are included in the *Instructor's Manual*. If the instructor chooses, the lectures on DVD can be used as follow-up work for the students.

- By reviewers' request, ten of the **Leggiamo!** readings have been revised to include longer texts to reflect learners' increasing proficiency in Italian. All readings have been made more interactive with the addition of **Prima di leggere, Al testo!,** and **Discutiamo!** activities for each. A new section, **Parole per leggere**, accompanies each reading. It contains five to seven words from the reading that students are likely encounter in written texts and that should be learned for recognition only. Some of these words become active vocabulary in later chapters.

- Many **Parliamo!** activities, too, have been revised to include more problem-solving activities to promote more interaction and discussion among students.

- Finally, two recent films have been added to the **Guardiamo!** section: *Ricordati di me* in **Capitolo 4** and *My Name is Tanino* in **Capitolo 13**. The presentation of all film clips has been made more interactive through the addition of **Anteprima,** a pre-viewing activity to activate background knowledge, **Ciak! si gira,** an activity directly related to the contents of the film clip to check learners' comprehension, and **È fatto!,** an activity to stimulate discussion of the cultural content of the clip.

■ The postcard feature in **Capitoli 4, 8, 12,** and **16** has been replaced with a new feature called **Il blog di...** This section presents blog pages of four Italians from the cities in the new cultural video segments.

- All new cultural video segments, filmed for the second edition, introduce students to aspects of daily life in Rome, Bologna, Florence, and Naples. On-screen narration reinforces cultural content from the preceding chapters.

■ The testing program (now called the *Test Bank*) has been completely revised to allow instructors to customize their tests based on the material they cover in their class. Provided in Word format, each chapter test includes activities with multiple items for each section of *Avanti!* Instructors are free to choose the number and types of items tested in each activity, or add items of their own. In addition, sample tests for each chapter are also provided, as well as suggestions and guidelines for the creation of assessment materials.

A Guided Tour of *Avanti!*

Chapter Opener

The text is divided into 16 chapters. Striking fine art openers by classical and contemporary Italian artists establish the chapter theme and present an overview of the history of Italian art. The opener also includes a list of functional objectives and the media resources available to students and instructors.

DVD Strategie di comunicazione

Each chapter opens with video segments of native Italians filmed on location in Italy using high-frequency expressions in real-life contexts that students can use immediately to meet their own communicative needs. Through the video, students see and hear Italians of all ages and backgrounds from all different parts of Italy. In addition to "what" Italians are saying, the video lets students see "how" Italians say it, including gestures, posture, and intonation. This section contains ample activities for students to practice the communicative topics modeled in the video clips.

Lessico

This section presents thematically grouped vocabulary in meaningful contexts using visually appealing illustrations, photographs, dialogues, and mini-readings with an abundance of activities for vocabulary development. English glosses are avoided wherever possible so that students can make form-meaning connections directly in Italian.

Strutture

There are three to five structure points in each chapter of *Avanti!* Each grammatical structure is introduced by an inductive activity that encourages students to analyze the grammatical point in question and formulate the rules themselves. Each inductive activity is followed by a concise, interactive explanation of the structure in English with examples in Italian. Communicative activities that provide meaningful interaction follow. Additional practice activities can be found in the *Workbook / Laboratory Manual* and at the *Avanti!* Online Learning Center.

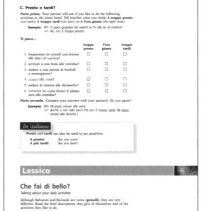

Ripasso

Every fourth chapter (Chapters 4, 8, 12, and 16) is a review chapter that recycles the communication strategies, vocabulary, and grammar presented in the three preceding chapters. In Chapters 4, 8, and 12, each **Strutture** section begins with contextualized practice of a previous grammar point, which is followed by the introduction of a new, related structure. The **Strutture** section of Chapter 16 contains only review materials.

Cultura

The culminating section of each chapter allows students to fully integrate what they learned in the **Strategie, Lessico,** and **Strutture** sections by engaging them in listening, reading, writing, and speaking activities with a cultural focus. **Cultura** is divided into five parts: **Ascoltiamo!, Leggiamo!, Scriviamo!, Parliamo!,** and **Guardiamo!** In this section, as in the rest of *Avanti!,* interpretive (comprehension) skills precede expressive (production) skills, this time, however, at the discourse level.

■ In **Ascoltiamo!,** students listen to and watch on DVD a mini-lecture by a master teacher on an aspect of Italian culture related to the chapter theme, followed by comprehension and expansion activities. For instructors who would prefer to present the materials themselves, transcripts and support materials for this section are provided in the *Instructor's Manual.*

■ In **Leggiamo!,** students read and respond to authentic texts that include literary excerpts, magazine and newspaper articles, and cross-disciplinary readings taken from Italian sources.

■ In **Scriviamo!,** students use what they've learned in the chapter to complete a variety of writing tasks to develop their written communication skills.

■ In **Parliamo!,** students participate in pair, small group, or whole class discussions to solve problems or complete tasks to develop their speaking abilities.

■ In **Guardiamo!,** which is an optional section, instructors may choose to show brief excerpts of Italian films whose themes are related to the chapter topic. A short synopsis is provided as well as comprehension and expansion activities. By ending the chapter with a film clip, students' language learning program begins and ends with experiencing Italian in context, as it is actually used by Italians today. All films are readily available at major video rental stores or through online rental sites.

In Italia

Culture is not limited to the **Cultura** section of the chapter. The **In Italia** feature, written in English in **Capitoli 1** and **2** and in Italian from **Capitolo 3** on, appears numerous times in every chapter and provides students with in-depth information about Italian life, music, history, literature, art, science, and society today.

Retro

This new cultural feature, related to the **In Italia** feature, appears once per chapter in English and provides in-depth historical information and background on an aspect of Italian culture presented in the chapter.

In italiano

These feature boxes contain additional information on the nuances of the Italian language and grammar, additional vocabulary, idiomatic expressions, and useful structures.

In America

Each chapter culminates with this feature box that highlights the contributions of Italian Americans to the arts and sciences and society in general.

@ Clicca qui

These feature boxes and notes refer students to additional resources and information about the **In America, In Italia,** and **Retro** topics available at the *Avanti!* Online Learning Center that allow them to explore the cultural topics further.

Study Tip

These tips in English offer students useful strategies for learning a new language.

Music Feature

♫ Solo Musica

A song has been selected for each chapter based on either the theme or the grammatical topic allowing students additional opportunities to hear authentic language. The brief text gives students information about the song and artist, and a simple task to perform while listening. Instructor annos for each song are provided in the textbook and additional suggestions for using songs in the classroom are available in the *Instructor's Manual*. The *Avanti!* iMix playlist featuring these songs is available for purchase at the iTunes® store. For information about how to access this playlist, go to Coursewide Content at the *Avanti!* Online Learning Center (**www.mhhe.com/avanti2**).

Additional Features

Il blog di...

This blog page, which appears in **Capitoli 4, 8, 12,** and **16,** provides students with an insider's view of each of the four cities and surrounding regions featured in the new *Avanti!* cultural video segments: Rome, Bologna, Florence, and Naples. Additional footage and related activities are provided at the *Avanti!* Online Learning Center.

Per saperne di più

This section at the end of the textbook provides additional information (in English) about grammar points and other structures for students and instructors who would like more in-depth coverage of the points taught in each chapter. Practice activities for this section are provided in the *Workbook / Laboratory Manual*.

Supplements

As a full-service publisher of quality educational materials, McGraw-Hill does much more than just sell textbooks to your students; we create and publish an extensive array of print, video, and digital supplements to support instruction on your campus. Orders of new (versus used) textbooks help us to defray the cost of developing such supplements, which is substantial. Please consult your local McGraw-Hill sales representative to learn about the availability of the supplements that accompany *Avanti! Beginning Italian.*

■ For Students

DVD to accompany *Avanti!*

Filmed on location throughout Italy, this text-specific video introduces the communicative themes of each chapter using authentic language. In the video that accompanies the **Strategie di comunicazione** section of the text, students see and hear Italians of all ages and backgrounds as they are introduced to communicative language they can use immediately. The video also contains four cultural segments, called **Il blog di...** , highlighting the four cities—Rome, Bologna, Naples, Florence, and the surrounding regions—where the video was filmed. The narration, written in accessible Italian, uses the vocabulary and grammar of the four preceding chapters.

The new **Ascoltiamo!** mini-lectures, presented by an award-winning master teacher and native speaker, are also included on a separate DVD in the video program for the second edition.

The entire video program is also available online in Centro with the purchase of the Online *Quia™ Workbook / Laboratory Manual.* (See description of Centro below.)

Workbook / Laboratory Manual

The *Workbook / Laboratory Manual* provides more conventional, drill-like practice of the **Strategie, Lessico,** and **Strutture** material presented in the textbook using a variety of written activities and audio activities. In addition, each chapter includes a **Cultura** section which expands upon the cultural themes of the chapter through additional listening activities (**Ascoltiamo!**), a new culture reading (**Leggiamo!**), and a writing activity (**Scriviamo!**). The **In Italia** feature reviews the cultural material presented in the chapter. At the end of each chapter of the *Workbook / Laboratory Manual* are the **Per saperne di più** practice activities for that chapter for those instructors who wish to cover more material in their curriculum.

The graph paper charts for the inductive activities from the textbook are reproduced at the back of the *Workbook / Laboratory Manual* for those students who do not wish to write in their books.

Audio Program

The *Audio Program,* available for purchase on CD, coordinates with the *Workbook / Laboratory Manual.* The end-of-chapter vocabulary is included on a separate audio CD as part of the complete *Audio Program.* All audio recordings are also available free of charge at the *Avanti!* Online Learning Center.

CENTRO Your media center for languages **Centro and the Online *Quia™ Workbook / Laboratory Manual***

Available to all those who purchase the Online *Quia™ Workbook / Laboratory Manual,* Centro (**www.mhhe.centro.com**) is the new and exciting one-stop website that brings together all the online and media resources of the *Avanti!* program.

The Online *Quia™ Workbook / Laboratory Manual* is identical in practice material to the print version, and has many added advantages, such as self-correcting exercises and the integration of the audio program into the activities. It also includes an easy-to-use gradebook and class roster system for instructors that facilitate course management. From the Centro site, instructors also receive convenient access to all of the Instructor Resources.

In addition to the Online *Workbook / Laboratory Manual*, the Centro website offers free access for students to the following resources:

- The Online Learning Center that includes self-correction quizzes for additional practice with vocabulary, grammar, and culture

- Interactive games related to the **L'Italia regionale** feature in the textbook and longer interviews with the Italians from the **Strategie di comunicazione** sections

- The Video Program to accompany *Avanti!*, which contains the **Strategie di comunicazione** videos, the four new exciting cultural segments **Il blog di...** , and the **Ascoltiamo!** mini-lectures

- A link to the *Avanti!* iMix playlist on the iTunes® site

Online Learning Center

The *Avanti!* website provides additional practice activities for the **Lessico** and **Strutture** sections of the textbook and gives students instant feedback on their work as well as keywords and links for the cultural topics referenced in the **Clicca qui** feature in the textbook.

Also included on the website, free of charge, is the complete *Audio Program*.

CourseSmart eTextbook

CourseSmart is a new way to find and buy eTextbooks. At CourseSmart you can save up to 50% off the cost of a print textbook, reduce your impact on the environment, and gain access to powerful web tools for learning. CourseSmart has the largest selection of eTextbooks available anywhere, offering thousands of the most commonly adopted textbooks from a wide variety of higher education publishers. CourseSmart eTextbooks are available in one standard online reader with full text search, notes and highlighting, and email tools for sharing notes between classmates. For further details about purchasing an eTextbook for *Avanti!*, go to **www.coursesmart.com**.

■ For Instructors

Annotated Instructor's Edition

The *Instructor's Edition* of the text, with annotations by the authors, includes a wide variety of suggestions for presenting each section of the book, ideas for recycling vocabulary, many helpful cultural notes, expansion activities, and follow-up activities. Answers are provided in the margins for the video-based **Strategie di comunicazione** activities, all listening activities, and the **Guardiamo!** film-based activities.

Instructor's Manual and *Test Bank*

This supplement includes an overview of the methodology of *Avanti!*, suggestions for planning a course syllabus, general teaching techniques, and additional activities for every chapter. It also includes the video script, the **Ascoltiamo!** scripts and support materials, and answers to student activities from the textbook.

The all new *Test Bank* provided in Word format allows instructors to easily customize their tests based on the material presented in their class. Each chapter test includes activities with multiple items for each section of *Avanti!* Instructors are free to choose the number and types of items tested in each activity, or add items of their own. In addition, sample tests for each chapter are also provided, as well as suggestions and guidelines for the creation of assessment materials.

Avanti! Online Learning Center Website, Instructor's Edition

The Instructor's Edition of the student website gives instructors access to the online student activities, a digital version of the *Instructor's Manual* and *Test Bank,* the complete *Audioscript* for the *Avanti! Audio Program,* support materials for the **Ascoltiamo!** section of the textbook including maps and charts and sample syllabi. Please contact your local McGraw-Hill sales representative for your password to the Instructor's Edition.

Reviewers

The authors and the publisher would like to express their gratitude to the numerous instructors listed here whose valuable feedback contributed to the development of both the first and second editions of *Avanti!* through their valuable participation in surveys, chapter reviews, and focus groups. (Note that the inclusion of their names here does not constitute an endorsement of the *Avanti!* program or of its methodology.)

Silvia Abbiati, *Ithaca College*
Fabian R. Alfie, *University of Arizona*
Kathleen Argyilan, *Loyola University*
Marty Bandini, *Grossmont College*
Giovanna Bellesia, *Smith College*
Kelly Blank, *Xavier University*
Cathy Burton, *Santa Rosa Jr. College*
Chiara Carnelos, *University of California, San Diego*
Antonio Carrara, *University of Massachusetts, Boston*
Andrea Casson, *Fashion Institute of Technology*
Franca Cavallaro, *California State University, Chico*
Rita Cavigioli, *University of Missouri-Columbia*
Carlo Celli, *Bowling Green State University*
Natasha Chang, *Middlebury College*
Clarissa Clò, *San Diego State University*
Rosa Commisso, *Kent State University, Kent*
Claudio Concin, *City College of San Francisco*
Giovanna Confalonieri, *Raritan Community College*
Debbie Contrada, *University of Iowa*
Romana Cortese, *Montgomery College (Texas)*
Julia Cozzarelli, *Ithaca College*
Daniela Dal Pra, *University of North Carolina, Charlotte*
Antonietta D'Amelio, *Baruch College*
Marina DeFazio, *University of Kansas*
Lorraine Denman, *University of Pittsburgh, Pittsburgh*
Armando Di Carlo, *University of California, Berkeley*
Angelo R. Dicuonzo, *Queens College*
Patricia DiSilvio, *Tufts University*
Veronica Dristas, *University of Pittsburgh*
Emily Evans, *Santa Rosa Jr. College*
Charles Fantazzi, *East Carolina University*
Lidia Frazier, *American River College*
Manuel García-Rossi, *University of Miami, Coral Gables*
Lucia Gregori, *American University*
Jay Grossi, *University of California, Davis*
Meme Irwin, *Johns Hopkins University*
Cassie Isabelli, *University of Nevada, Reno*
Madeleine Kernen, *Southwest Missouri State University*
Caterina Labriola, *Santa Rosa Jr. College*
Hilary Landwehr, *Northern Kentucky University*
Flavia Laviosa, *Wellesley College*
L. Scott Lerner, *Franklin & Marshall College*

Acknowledgments

One incurs many debts while working on a project of this size, and the debts increase with each edition of the book. I thank once again my co-author, Diane Musumeci, for the extraordinary expertise, vision, and creativity that she continues to bring to this project. The manner in which she brings Italian culture alive through insightful presentations, stimulating activities, and a stunning selection of visuals never ceases to amaze me. I am profoundly grateful to Susan Blatty, director of development, for her invaluable feedback, her ability to follow every detail, and her infinite patience. I also thank Bill Glass, our editorial director, and Christa Harris, our executive editor, for their consistent interest in our approach and their kind and sustained support. Many people have contributed to *Avanti!* in significant ways. In addition to thanking all the students, friends, and readers who have read and tested materials from the first edition and provided feedback for the second edition, I would like to give special thanks to Silvia Kunitz for editing my work and providing imaginative suggestions for additions and/or changes to activities, and to Justin Ehrenberg and Carla Onorato (*il mio braccio destro*) for their creative work on the *Workbook / Laboratory Manual*. Special thanks are once again reserved for my best friend and husband, Antony Shuttleworth, who supports me in all I do and without whom no edition of this book would be possible; our son, Julian, who brings me joy every minute of the day (and tells me when the FedEx truck has arrived); and, of course, Windy and Brit.

—Janice M. Aski

Writing the first edition of a book is like giving birth to your first child: exciting, nerve-wracking, difficult, and thrilling when it's finally over. The second edition, like a second child, while just as much work is more satisfying and much more fun! Great feedback from adopters of the first edition encouraged the entire *Avanti!* team to make this one even better, and I think it's evident on every page. My co-author, Janice Aski, created even more engaging, communicative activities in every chapter. Our director of development, Susan Blatty, edited, questioned, re-edited, checked and rechecked every addition and change, all with unwavering grace and charm. Our executive editor, Christa Harris, and our editorial director, Bill Glass, confirmed the success of the first edition and enthusiastically invested in new art, video, and a fun, modern design. Without any one of these people, the first edition might have been an only child. So, a big "thank you" to all!

In addition to the editorial team and the instructors and students who took a chance on the first edition, I'd also like to thank in a special way my colleagues and students at Illinois, several of whom played a significant role in making the second edition of *Avanti!* not just happen, but blossom, especially Laura Callegari Hill, Silvia Kunitz, and Daryl Rodgers. Thank you, too, to our *simpaticissimi* bloggers in this edition: Barbara, Emiliano, Enrica, and Luca for sharing their photos and favorite places.

Gratitude, like love, is truly expressed in actions, not words. And, so, for all the nights and weekends and vacations that I spent at the computer while you shopped and cooked and let the dogs out (and in and out again), Antonino, I simply say *grazie di cuore*.

—Diane Musumeci

We would also like to gratefully acknowledge all of the people at McGraw-Hill who worked tirelessly to produce *Avanti!* and its supplements. Our sincere thanks to our wonderful project manager Alison Meier and her colleagues in production and design: Alexandra Ambrose, Louis Swaim, and Randy Hurst; in editorial: Sandy Guadano, Deborah Bruce-Hostler and particularly Margaret Young; and in media: Allison Hawco and Ron Nelms. Special thanks to Allister Fein for the beautiful cover and outstanding design. We would like to acknowledge Jennifer Rodes at Klic Video Productions for her expert eye in capturing exquisite footage for the new **Il blog di...** video segments and Silvia Kunitz for providing the narrative that brought the images to life. A particular thanks to our master instructor, Laura Callegari Hill, for making the **Ascoltiamo!** presentations accessible and interesting for our students. We would also like to thank Jorge Arbujas for his efforts in marketing our new edition.

Per cominciare

Primavera, particolare (ca. 1485), Sandro Botticelli

1

SCOPI

In this chapter you will learn:

- to greet someone, to find out his/her name and where the person is from, and to say good-bye
- to express likes and dislikes
- words and expressions you need to get started studying Italian
- to pronounce the letters and sounds of the alphabet
- seasons and months of the year
- the numbers 0–9,999
- to express the date
- to identify people and things
- to interpret common gestures

DVD   **@**   **Online Learning Center**
www.mhhe.com/avanti2

CENTRO Your media center for languages   www.mhcentro.com

Quia Online Workbook / Lab Manual

Ciao / Buon giorno / Buona sera

Greeting someone

 A. Buon giorno! Watch and listen as these Italians say hello. As you listen, indicate which greeting each person says.

a. buon giorno   b. buona sera   c. ciao

1.

4.

2.

5.

3.

- Italians always greet each other: when they meet on the street, when they enter a store or a room, when they first wake up in the morning, when they return home in the afternoon. They usually touch when they meet, kissing each other on both cheeks or shaking hands.

- When do Italians switch from **buon giorno** (*good morning, good day*) to **buona sera** (*good evening*)? It depends on where they live! In northern Italy, people tend to use **buona sera** in the late afternoon; in central Italy and in the South, they might begin using it as early as noon.

You can use **ciao** only with family and people you would call by their first name, while **buon giorno** and **buona sera** are used most frequently with strangers and people that you know less well, such as your instructor, colleagues, and shopkeepers. This is the distinction that Italians make between informal and formal *you* (**tu/Lei**). You will learn more about this topic later in the chapter.

B. *Buon giorno o ciao?* Decide whether the following people would say **ciao, buon giorno,** or either, by supplying the appropriate greeting. Compare your answers with your partner's.

1. a child to her mother   _____, mamma!

2. a mother to her child   _____, amore (*love*)!

3. a student to his (female) professor   _____, professoressa!

4. a client to his lawyer   _____, avvocato!

5. a news reporter to a woman on the street   _____, signora!

6. a patient to his doctor   _____, dottore!

7. a doctor to her patient, Mr. Feltri   _____, signor Feltri!

8. you to your roommate   _____, _____!

9. your classmate to you   _____, _____!

10. you to your instructor   _____, _____!

IN **ITALIA**

Italians call people by their professional titles—for example **professoressa, dottore, ingegnere** (*engineer*), **avvocato** (*lawyer*)—much more frequently than Americans do. They use **signore** (shortened to **signor** before a man's last name) to mean *sir* and *Mr.* and they regularly use **signora** (*ma'am*) when addressing women. **Signorina** (*Miss*) is a formal way to address unmarried women; its use is discouraged in contemporary Italian.

—**Buona sera, ingegnere!**
—**Buon giorno, signora!**

Come ti chiami? / Come si chiama?

Finding out someone's name

 A. Come si chiama? Watch and listen as the Italians you just met tell you their names. Number the names in the order in which they appear from 1 to 5.

_____ Cristina   _____ Giacinto Vicinanza

_____ Adriano Casellani   _____ Iolanda Mazzetti

_____ Stefania Cacopardo

Tu or **Lei**? The simple rule for informal and formal *you* is that you use the informal **tu** for family, friends, children, and animals. The formal **Lei** is used for older people who are strangers or whom you may know well but are not family, and people you address with titles. The actual rules are really much more complicated. In general, young people use the informal with other young people, and, overall, Italians today are much less formal than they were just a few generations ago. Although Italians do not expect non-Italians to know all of the rules for using **tu** and **Lei**, they will appreciate your efforts to use both, even if imperfectly.

Solo musica. Go to the *Avanti!* iMix on the *Avanti!* Online Learning Center in Coursewide Content (**www.mhhe.com/avanti2**) where you can purchase *Ciao sono io* by Sandro Bit. As you listen to the song, see how many Italian names you can identify.

- To ask someone's name, say:

  (**tu**, *informal*)   (**Lei**, *formal*)
  Come ti chiami?   or   **Come si chiama?**

- If you want to introduce yourself first and then ask the other person's name, say: **Sono** or **Mi chiamo** + (your name).

  Ciao! Sono Paolo.   **Buon giorno. Sono Paolo Rossi.**
  Ciao! Mi chiamo Paolo.   **Buon giorno. Mi chiamo Paolo Rossi.**

- To ask *And you?* say:

  E tu?   or   **E Lei?**
  —**Come ti chiami?**   —**Come si chiama?**
  —**Susanna. E tu?**   —**Susanna Martinelli.**
  —**Marisa.**   **E Lei?**
  —**Ciao!**   —**Marisa Scapecci.**
  —**Piacere!**   —**Piacere!**

- To say *nice to meet you*, you say **piacere** or, if you're using **tu**, you can just say **ciao**.

B. *Come ti chiami?* o *Come si chiama?* To ask the following people their names, decide if you would ask **Come ti chiami?** or **Come si chiama?** (**Attenzione!** Use **Come ti chiami?** *only* if you can also use **ciao.**) When you've finished, compare your answers with your partner's.

1. someone your age you meet at a party
2. a child who seems lost
3. the administrative assistant who calls with a message for your roommate
4. the man working at the travel agency
5. a new student who just joined the class

C. Ciao a tutti (*everyone*)! Walk around the room and greet your classmates and instructor and ask their names. Make sure you use the appropriate greetings and expressions.

In italiano

Prego is a versatile word in Italian. It can mean *you're welcome; come in; please sit down; make yourself comfortable; after you / you first; may I help you?; go ahead; help yourself; by all means.*

Di dove sei? / Di dov'è?

Finding out where someone is from

A. Di dov'è? Watch and listen as the following people tell you their names and then where they are from. Look at the map and indicate where each person is from.

1. Francesca
2. Stefano
3. Elena
4. Giorgio
5. Paolo

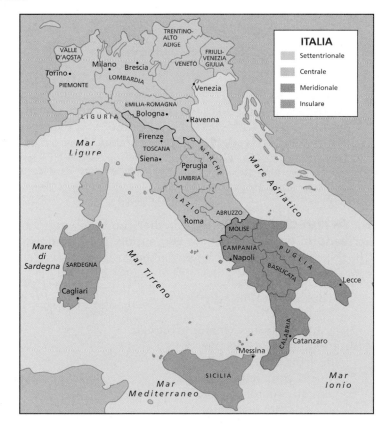

- To ask where someone is from, say:

  (**tu,** *inform.*)   (**Lei,** *form.*)
  Di dove sei?   or   **Di dov'è?**

- To ask where someone currently lives, say:

  Dove abiti?   or   **Dove abita?**

  Sono di Milano, ma abito a Roma.

B. E tu, di dove sei?

Parte prima. Walk around the room. Greet several classmates and your instructor and find out where they are from. Take notes! (If you can't remember their names, you'll have to ask again.)

Parte seconda. Report to the class. Greet everyone, say your name, and say where you and at least two other students are from.

> **Esempio:**   Buon giorno. Sono Rita. Sono di Chicago.
> Jenny è di New York. David è di Santa Fe.

Ciao / Arrivederci
Saying good-bye

A. Ciao!   Watch and listen as the Italians in the video say good-bye.

> The same informal/formal rule for saying hello applies to saying good-bye: you can use **arrivederci** (or **buon giorno / buona sera / buona notte**) with everyone, but **ciao** *only* with people you address informally. **ArrivederLa** is a very formal way to say good-bye. **Buona notte** (*Good night*) is used only when it's time for bed.

B. Arrivederci!   Decide whether the following people would say **arrivederci** or **ciao** or either, and supply the appropriate expression. Check your answers with your partner's.

1. a child to his father   _____, papà!
2. a husband to his wife   _____, tesoro (*honey;*
                                             literally, *treasure*)!
3. a student to her (male) professor   _____, professore!
4. a woman to Giuseppe,   _____, signor Giuseppe!
   the fruit seller
5. you to your female friend   _____, cara (*dear, sweetie*)!
6. your instructor to you   _____, _____!
7. you to your instructor   _____, _____!

C. Buon giorno!   With a partner, create the longest conversation you can in Italian using only the expressions you've learned so far. Then create the shortest. Be prepared to demonstrate to the class.

Ti piace... ? / Le piace... ?

Expressing likes and dislikes

> To ask, *Do you like* (a person, place, or thing)?, say:
>
> **Ti piace... ?** (*inform.*)   or   **Le piace... ?** (*form.*)
> **Ti piace l'Italia?**   **Le piace la musica?**
>
> You will learn more about this expression later in this chapter.

Il cinema americano.

Parte prima. Watch and listen as these Italians answer the question, **Ti/Le piace il cinema americano?** (*Do you like American movies?*) Check whether their answer is **sì** or **no**.

		sì	no				sì	no
1.	Giacinta	☐	☐		5.	Chiara	☐	☐
2.	Annalisa	☐	☐		6.	Stefano	☐	☐
3.	Alessia	☐	☐		7.	Annarita	☐	☐
4.	Laura	☐	☐		8.	Francesca	☐	☐

Parte seconda. Watch and listen a second time. This time, if they mention their favorite actors, write the names you recognize.

Lessico

A come **amore**, B come **buon giorno**

Alphabet and pronunciation

A	B (bi)	C (ci)	D (di)	E	F (effe)	G (gi)
aereo	bicicletta	cane	dizionario	esame	festa	gatto

H (acca) hamburger	I inverno	L (elle) libro	M (emme) macchina	N (enne) numero	O orologio	P (pi) penna

Q (cu) quaderno	R (erre) residenza	S (esse) studente	T (ti) televisione	U università	V (vu) voto	Z (zeta) zaino

Le lettere straniere (*foreign*)

J (**i lunga**) jeep

K (**cappa**) ketchup

W (**doppia vu**) western

X (**ics**) fax

Y (**ipsilon**) yogurt

1. In Italian, double consonants are pronounced longer than single consonants. Sometimes it makes a difference in the meaning of the word. For example, **pala** means *shovel*, but **palla** means *ball*. Repeat the following pairs of words after your instructor.

capelli (*hair*)	**cappelli** (*hats*)
nonno (*grandfather*)	**nono** (*ninth*)
ditta (*company*)	**dita** (*fingers*)

2. There is no verb *to spell* in Italian! It's not because spelling isn't important; it's because words are spelled the way they are pronounced. In most cases, one letter represents one sound. However, there are some special combinations of consonants and vowels to learn. Repeat these combinations of letters and words after your instructor.

gn: lasagne	**gi:** giraffa	**ci:** cioccolato	**sci:** sci
	ge: gelato	**ce:** cellulare	**sce:** sceriffo
gli: famiglia	**ghi:** ghiaccio	**chi:** chitarra	**schi:** maschile
	ghe: spaghetti	**che:** perché	**sche:** scheletro

In italiano

Although there is no actual verb *to spell* in Italian, you can say: **Come si scrive?** (*How is it written?*) If you ask an Italian this question, he/she is likely to sound it out by syllable rather than "spell" it, e.g., **Come si scrive «Musumeci»? mu-su-me-ci!**

In italiano

Cognates (**parole simili**) are words that have similar spellings and meanings in Italian and English. For example, the English cognate of **antropologia** is *anthropology*. Can you figure out the English equivalents of these Italian subjects (**materie**)?

biologia	**ingegneria**	**religione**
chimica	**italiano**	**scienze della comunicazione**
economia	**letteratura inglese**	**scienze politiche**
filosofia	**matematica**	**sociologia**
fisica	**psicologia**	**studi internazionali**

Attenzione! Not all words that look similar have exactly the same meaning in Italian and in English. A **classe** is a group of students (such as a graduating class or the freshmen class), a **corso** is a course, and a **lezione** is a lesson or an individual class period.

A. Parole italiane.   Even if this is the first time you've studied Italian, you probably already know lots of Italian words. Make a list of the words you know. Then meet and greet a new partner. Take turns sharing the words in your lists but don't repeat a word your partner has said. Be sure to use the expressions that you've learned: **Non ho capito. Puoi ripetere? Cosa vuol dire? Come si scrive?** When you've finished, remember to say good-bye using the appropriate expression.

B. C o ch?   Listen as your instructor pronounces the following words. Complete each word with **c** or **ch.**

1. cal___io
2. Pinoc___io
3. ___iesa
4. bic___iere
5. ba___io
6. can___ello

C. G o gh?   Listen as your instructor pronounces the following words. Complete each word with **g** or **gh.**

1. ___elato
2. spa___etti
3. fun___i
4. ___iornale
5. ___ianda
6. ___iallo

D. Sc o sch?   Listen as your instructor pronounces the following words. Complete each word with **sc** or **sch.**

1. ma___io
2. pe___e
3. ___iare
4. ___iarpa
5. pe___e
6. ma___era

E. Le città italiane.   Complete the spelling of the names of these Italian cities as your instructor says them. Then locate the cities on the map on page 5.

1. Bolo___a
2. Vene___ia
3. Le___e
4. Peru___ia
5. Bre___ia
6. Me___ina
7. Firen___e
8. Catan___aro
9. Ca___iari

F. «Punto it».

Parte prima. Meet and greet a new partner. Each of you selects one oval that contains a set of popular websites. Take turns saying each address to your partner who will write them down. Be prepared to spell the address if your partner is having difficulty. Check your spelling when you are finished. **Attenzione!** *www* in website addresses is said **vvv** and *dot* is said **punto.**

> www.teleguida.it
> www.radioitalia.it
> www.gazzetta.it

> www.meteo.it
> www.garzantilinguistica.it
> www.repubblica.it

Parte seconda. Match each site to the content that you will find there. Use each site only once.

1. le previsioni del tempo (*weather forecast*)
2. il dizionario
3. le notizie del giorno (*news*)
4. i programmi TV
5. la musica
6. le foto e i video di calcio, Formula 1 e altri sport

I mesi e le stagioni

Months and seasons

Match the names of the months to the appropriate season.

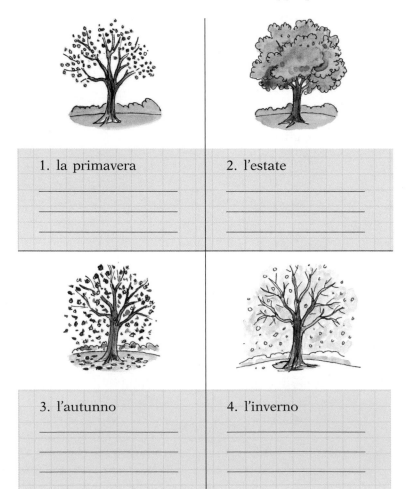

1. la primavera	2. l'estate
_____	_____
_____	_____
_____	_____

3. l'autunno	4. l'inverno
_____	_____
_____	_____

marzo
settembre
agosto
dicembre
maggio
giugno
febbraio
novembre
aprile
luglio
ottobre
gennaio

● Answers to this activity are in Appendix 2 at the back of your book.

A. Ascolta. Listen as your instructor says the months of the year in Italian. Write the first letter of the appropriate season for each month: **P=primavera, E=estate, A=autunno, I=inverno.**

B. I mesi. Work with a partner to unscramble the letters. Then, take turns spelling the words aloud while the other writes them.

1. goninae	4. ligulo	7. ognugi	10. redicebm
2. zorma	5. obretto	8. baofrebi	11. palrie
3. breettems	6. gamigo	9. emnovbre	12. stagoo

C. «A» come aprile. You and your partner take turns saying a letter of the alphabet. If there is a month that begins with that letter, name it. Continue until all the months have been named.

I numeri da 0 a 9.999

Numbers from 0 to 9,999

0 zero			
1 uno	11 undici	21 ventuno	40 quaranta
2 due	12 dodici	22 ventidue	50 cinquanta
3 tre	13 tredici	23 ventitré	60 sessanta
4 quattro	14 quattordici	24 ventiquattro	70 settanta
5 cinque	15 quindici	25 venticinque	80 ottanta
6 sei	16 sedici	26 ventisei	90 novanta
7 sette	17 diciassette	27 ventisette	100 cento
8 otto	18 diciotto	28 ventotto	200 duecento
9 nove	19 diciannove	29 ventinove	300 trecento
10 dieci	20 venti	30 trenta	400 quattrocento
			1.000 mille
			2.000 duemila

Expressing dates

a. To express the date in Italian, you use **il** + day + month, for example, **il 4 luglio** (**il quattro luglio**). The first of the month is written **il 1** + month, but is said **il primo** + month.
—**Quanti ne abbiamo oggi?**   *What is today's date?*
  Il primo o il due?   *The first or the second?*
—**Oggi è il primo settembre.** *Today is the first.*
  Domani è il due.   *Tomorrow is the second.*

b. In Italy, dates are always abbreviated with the day first, then the month, and finally the year. So, **il 4 luglio** is **4/7** and **7/4** is **il 7 aprile!**

c. In Italian, the year is always said in its entirety: **1861** = **milleotto-centosessantuno** (unlike English 18-61). **Mille** means *one thousand*; it has an irregular plural: **mila.** So, the year 2009 is **duemilanove.**

RETRO

La piazza is vital to life in Italy. The space itself is essential as a principal point of reference and meeting place. Historically the site of preaching and other public oratory, processions, and public executions, **la piazza** today hosts major festivals, concerts, and protests. In nice weather, it functions as a popular gathering place for residents and tourists alike, bustling with activity both day and night.

The origin of the Italian **piazza** is linked directly to the Roman forum, which was situated at the intersection of major east-west and north-south streets. The square formed by the cross streets served as the geographic and symbolic center of the city. As new cities arose in the Middle Ages, the central **piazza** housed both the main church and the town hall, accommodating religious and civil authority. By the end of the Renaissance, **la piazza** was considered a necessity in the urban landscape. **Le piazze** that formed in front of churches and palaces remain some of the most famous monumental sites in Italy today: **Piazza Navona, Piazza del Campidoglio,** and **Piazza San Pietro** in Roma; **Piazza della Signoria** in Firenze; and **Piazza San Marco** in Venezia are only a few of the most widely known.

IN ITALIA

Did you notice that in Italy **un punto** (*period*) is used instead of **una virgola** (*comma*) in numbers above 999?

(U.S.A.—dollari) $1,325
(Italia—euro) €1.325

Also note that commas are used instead of decimal points!

(U.S.) 92.5% = (Italia) 92,5%

 CLICCA QUI You can find the latest exchange rates for euros at the *Avanti!* website, **Clicca qui (www.mhhe.com/avanti2).**

A. La data. The following dates are in Italian; practice saying them.

1. 4/11   3. 15/8   5. 25/12   7. 3/2
2. 1/1   4. 31/10   6. 2/3

B. L'anno di nascita (*birth*). With a partner, take turns saying the years listed in column A. Can you match the birth years to the famous Italians listed in column B?

A	B
1. 1265	a. Roberto Benigni
2. 1952	b. Dante Alighieri
3. 1883	c. Benito Mussolini
4. 1564	d. Leonardo da Vinci
5. 1451	e. Cristoforo Colombo
6. 1452	f. Galileo Galilei

IN ITALIA

When Italians say or write a street address they say the street (**via, viale, corso** *or* **piazza**) first and the number second.

—**Dov'è la biblioteca?**
—**In via Vivaldi, 12.**

—**Dov'è un punto Internet** (*Internet access point*) **qui vicino** (*near here*)**?**
—**In piazza Garibaldi, 6.**

C. Un biglietto da visita. Choose one of the following identities. Your partner will close his/her book while you introduce yourself, providing all of the information on your business card. Your partner will write what you say. When you've finished, he/she will check the information with the actual card. Then switch roles. Here are some useful terms:

@ = chiocciola (*at*)   **- = trattino / lineetta** (*hyphen*)

. = punto   **_ = lineetta bassa** (*underscore*)

Esempio: Buon giorno. Sono Giovanni Tosta. Abito in via...
Il mio numero di telefono è... e il mio indirizzo e-mail è...

Strutture

1.1 Maschile o femminile?

Gender

bambino   **bambina**

What is the difference between these two nouns in Italian? What do the final **-o** and **-a** tell you about the nouns? Now look at the following nouns.

fiore (*maschile*)   **regione** (*femminile*)

What is the difficulty with nouns that end in **-e**?

Answers to this activity are in Appendix 2 at the back of your book.

For other common patterns and exceptions to the gender of nouns, see **Per saperne di più** at the back of your book.

1. Unlike English, all Italian nouns have gender: they are either masculine or feminine. This is true for nouns referring to people as well as for those referring to objects. For example, **porto** (*port*) is masculine but **porta** (*door*) is feminine.

2. Most nouns that end in **-o** are masculine and most nouns that end in **-a** are feminine. Nouns ending in **-e** are either masculine or feminine. In this case, you can't tell the gender just by looking at the nouns, so you'll need to memorize their gender.

3. Here are some things to remember about the gender of nouns.

   a. Nouns that end in **-ione**, like **televisione** and **informazione,** are usually feminine.

   b. Nouns that end in a consonant, like **hamburger** and **bar,** are usually masculine.

Il genere.

Parte prima. Place the words below into the appropriate category in the chart according to the final vowel.

aereo	inverno	residenza
bicicletta	libro	studente
cane	macchina	televisione
dizionario	numero	università
esame	numero	voto
festa	penna	zaino
gatto	quaderno	

Answers to this activity are in Appendix 2 at the back of your book.

-o (m.)	*-a* (f.)	*-e* (m. o f.)
aereo		

Parte seconda. Find out the gender of the nouns that end in **-e** by looking them up in the glossary at the back of the book.

1.2 Un cappuccino, per favore

Indefinite articles

Un, un', una, and uno are forms of the indefinite article (**articolo indeterminativo**). They mean both *one* and *a/an*. Notice how the forms of **uno** change according to the gender (masculine or feminine) and the first letter of the noun that follows.

MASCHILE		
un animale	**un** corso	**uno** studente
un inverno	**un** libro	**uno** zaino

FEMMINILE		
un'estate	**una** lezione	**una** studentessa
un'amica	**una** persona	**una** zebra

Now, insert the following indefinite articles in the charts below:
una, un', uno, un.

	MASCHILE
before s + consonant or z	
before all other consonants and all vowels	

	FEMMINILE
before all consonants	
before a vowel	

Answers to these activities are in Appendix 2 at the back of your book.

A. L'articolo e il genere. Here are some nouns that you probably recognize. Decide which are feminine and which are masculine. How can you tell?

un animale
un CD
un film
un tè
una fotografia
un hotel
una stagione
un cinema
un'opera
uno zero
un ospedale
un mese
un elefante
un limone
un errore
un ristorante
un'informazione
una stazione

IN **ITALIA**

Bars are commonplace in Italy and very popular, but they aren't what you might expect. At **il bar** in Italy, you'll find young people, old people, singles, couples, families, business people, students, children, and, sometimes, even a customer with a dog. People come for a quick coffee, a soft drink, maybe **una pasta** (*pastry*), **una brioche** (*type of sweet roll*), **un panino** (*sandwich*), a glass of wine, or **un drink.** If there are tables, you might see men playing cards, people reading the paper, or others just watching people go by. **Un pub,** instead, is open only in the evenings and comes from the British tradition; **un discopub** offers dancing, too. A bar in the American sense is called . . . **un American bar!**

An easy way to ask for something at a **bar** is to name it and then say *please.*

—**Un caffè, per favore.**
—**Un bicchiere** (*glass*) **d'acqua, per piacere.**

B. Al bar. You and your classmates go to **un bar** after class. How would you ask for the following drinks? Supply the appropriate indefinite article.

1. _____ tè, per favore.
2. _____ birra, per favore.
3. _____ coca-cola, per piacere.
4. _____ cappuccino, per favore.
5. _____ succo d'arancia (*orange juice*), per piacere.
6. _____ bicchiere di latte (*milk*), per favore.
7. _____ bottiglia (*bottle*) d'acqua, per favore.
8. _____ cognac, per favore.

C. Memoria. Work in teams. Your instructor will display a group of objects in the front of the room. You will have a short amount of time to study them, after which your instructor will cover them. Write the names of all the objects you remember. Don't forget to include the appropriate articles. The team with the most items wins.

1.3 Due cappuccini, per favore

Number

In English, the plural is usually formed by adding **-s** to the end of a singular noun. Notice how, in Italian, the final vowel of a noun changes to make the plural.

● For other common patterns and exceptions, see **Per saperne di più** at the back of your book.

	SINGOLARE	PLURALE
MASCHILE	ragazz**o** (*boy*)	ragazz**i**
MASCHILE/FEMMINILE	esam**e** (*m.*) classe (*f.*)	esam**i** class**i**
FEMMINILE	studentess**a**	studentess**e**

Using the examples in the preceding chart as a guide, complete the paragraph with the appropriate vowels. The first one is done for you.

Feminine nouns that end in -a in the singular, end in ____ in the plural. Masculine nouns that end in **-o** in the singular, end in ____ in the plural. Masculine and feminine nouns that end in ____ in the singular, end in ____ in the plural.

▶ Answers to this activity are in Appendix 2 at the back of your book.

Note: Nouns ending in a consonant, like **hamburger,** proper nouns like **Fanta** or **San Pellegrino,** and words ending in an accented vowel, such as **università,** do not change in the plural.

A. Il numero. Decide whether the following nouns are singular or plural. **Attenzione!** You may need to consult the glossary at the back of your book.

1. notte
2. bar
3. spaghetti
4. tè
5. pizza
6. biciclette

B. Forma il plurale. Here are some singular nouns. Make them plural.

1. casa
2. cappuccino
3. amore
4. film
5. nazione
6. città

C. Forma il singolare. Here are some plural nouns. Make them singular. (**Attenzione!** What problem do you encounter with plural nouns ending in **-i**?)

1. ragazze
2. cani
3. tè
4. ballerine
5. computer
6. porti

D. Al bar. A friend is going to join you at the bar, so you'll need to order two of everything. Your partner (the server) will repeat what you've ordered to make sure that he/she understood correctly.

Esempio: **S1:** Due caffè, per favore.
S2: Due caffè?
S1: Sì, grazie.

1. Due t_____, per favore.

2. Due birr_____, per favore.

3. Due cappuccin_____, per favore.

4. Due bicchier_____ di latte, per favore.

5. Due bottigli_____ d'acqua minerale, per favore.

E. Tutti al bar. Work in small groups. Imagine that you are in an Italian bar. Using the menu below, find out what your friends would like to have by asking each one **Cosa prendi?** (*What will you have?*). Then order for the group.

Esempio: **S1:** Cosa prendi?
S2: Un cappuccino.
S1: E tu?
S3: Un cappuccino e una pasta, grazie.
S1: (*al barista* [*bartender*]): Tre cappuccini e due paste, per favore. Quant'è? (*How much is it?*)
BARISTA: €4,75 (Quattro euro e settantacinque centesimi.)

1.4 L'università è fantastica!

Definite articles

Each of the following nouns is preceded by the Italian equivalent of *the*. Notice how the form of the definite article changes according to the gender (masculine or feminine) and number (singular or plural) of the noun.

	SINGOLARE	PLURALE
MASCHILE	**il** libro **l'**esame **lo** studente, **lo** zaino	**i** libri **gli** esami **gli** studenti, **gli** zaini
FEMMINILE	**la** penna **l'**informazione	**le** penne **le** informazioni

Using the above examples as a guide, complete the paragraphs with the appropriate definite articles. The first one is done for you.

> The masculine singular definite article has three forms: you use __l'__ before nouns that begin with a vowel, _____ before nouns that begin with **s** + consonant or **z,** and _____ before all other consonants. The feminine singular definite article has two forms: _____ before a vowel and _____ before all consonants.
>
> There are fewer plural definite articles. The masculine plural definite article has two forms: _____ before nouns that begin with a vowel, **s** + consonant, or **z** and _____ before all other consonants. There is only one feminine plural definite article: _____.

 Answers to this activity are in Appendix 2 at the back of your book.

A. Maschile o femminile, singolare o plurale?

Decide if the following nouns are singular or plural, masculine or feminine and check the appropriate boxes. **Attenzione!** Notice how important it is to pay attention to the definite article as well as the final vowel.

	singolare o plurale?		maschile o femminile?	
1. le bevande	☐	☐	☐	☐
2. il cane	☐	☐	☐	☐
3. l'ombrello	☐	☐	☐	☐
4. i bar	☐	☐	☐	☐
5. l'arancia	☐	☐	☐	☐
6. gli animali	☐	☐	☐	☐

B. Scrivi il plurale. Give the plural form of these singular nouns and their definite articles.

1. il professore
2. l'antenna
3. lo scaffale (*bookcase*)
4. l'oroscopo
5. la regione
6. la penna

C. Scrivi il singolare. Give the singular form of these plural nouns and their definite articles.

1. gli zaini
2. le città
3. le fotografie
4. i panini
5. le notti
6. i computer

D. Un quiz. Work with a partner. Each of you makes a secret list of seven singular or plural nouns with their definite articles chosen randomly from this chapter. Take turns saying each noun to your partner, who will give the corresponding singular or plural form.

1.5 Mi piace l'italiano!

The verb **piacere**

 The people below are talking about what they like. Can you figure out when to use **piace** and when to use **piacciono**?

Mi piace l'Italia!

Mi piacciono le scarpe!

Answers to this activity are in Appendix 2 at the back of your book.

1. If the person or thing that you like is singular, you use **mi piace.** If the person or thing that you like is plural, you use **mi piacciono.**

2. If you don't like something, place **non** before **mi piace** or **mi piacciono.**

Non mi piace il cioccolato.   **Non** mi piacciono gli esami!

3. To ask someone you address with **tu** if he/she likes something, use **ti piace** and **ti piacciono.** For the formal, use **Le piace** and **Le piacciono.**

—**Ti piace la musica? (Le piace la musica?)**
—**Sì, mi piace molto.**

—**Ti piacciono i corsi? (Le piacciono i corsi?)**
—**No, non mi piacciono.**

A. *Piace o piacciono*?

Parte prima. Decide whether **piace** or **piacciono** is used with each of these nouns.

la pizza
l'università   le lasagne
gli sport   l'italiano   i tortellini
gli esami   il caffè   l'Italia   le feste
gli hamburger   il gelato

Parte seconda. Find out if your partner likes the above items.

Esempio: **S1:** Ti piace (Le piace) l'università?
S2: Sì, mi piace moltissimo (*very much*)! (No, non mi piace.)

B. Ti piace l'italiano?

Parte prima. Here is a list of academic subjects. Put a ✓ by all the courses that you like.

- ☐ la biologia
- ☐ la chimica
- ☐ l'economia
- ☐ la filosofia
- ☐ la fisica
- ☐ l'ingegneria
- ☐ l'italiano
- ☐ la letteratura inglese
- ☐ la matematica
- ☐ la psicologia
- ☐ la religione
- ☐ le scienze della comunicazione
- ☐ le scienze politiche
- ☐ la sociologia
- ☐ la storia
- ☐ gli studi internazionali

Parte seconda. Now, your partner will interview you to find out which courses you like and don't like.

Esempio: **S1:** Ti piacciono le scienze politiche?
S2: Sì, mi piacciono. (No, non mi piacciono.)

C. I cibi (*foods*) e le bevande.

Parte prima. As a class, make a list of six foods or drinks from this chapter and write them in the first column of your chart.

i cibi / le bevande	le donne (*women*)		gli uomini (*men*)	
	sì	no	sì	no
lo yogurt				
il cappuccino				

Parte seconda. Go around the room and interview three women and three men to find out which foods they like.

Esempio: **S1:** Ti piacciono i tortellini?
S2: No, non mi piacciono. (Sì, mi piacciono.)

Parte terza. As a class, find out if a particular food/drink is more popular with the men or the women.

IN **ITALIA**

In 1998 researchers conducted a study on hedonism (a doctrine that espouses pleasure as the chief good in life) in eight European countries. Men and women were asked to rate items in order from most pleasurable (1) to least pleasurable (10). Here were the results from Italy.

I PIACERI[1] PREFERITI

	Uomini	Donne
1°	il sesso	la TV e i video
2°	la musica	la musica
3°	lo sport	lo shopping
4°	lo shopping	il sesso
5°	i latticini[2]	lo sport
6°	la TV e i video	il caffè o il tè
7°	il caffè o il tè	i dolci[3]
8°	cenare fuori[4]	i latticini
9°	le sigarette	la cioccolata
10°	i dolci	cenare fuori

[1]pleasures   [2]dairy products   [3]sweets   [4]dining out

In italiano

Did you notice that the ordinal numbers (first, second, third . . .) in the chart, **i piaceri preferiti,** are abbreviated with a superscript "o"?

1st = 1°   2nd = 2°   3rd = 3°   4th = 4°

That's because in Italian, they are abbreviations of **primo, secondo, terzo, quarto, quinto, sesto, settimo, ottavo, nono, decimo.** In this case they are describing **il posto** (*place*).

You will learn more about adjective agreement in **Capitolo 2, Strutture 2.1.**

Cultura

Ascoltiamo!

I gesti° italiani: *How to speak Italian without saying a word*

I... Gestures

A. Osserva ed ascolta.   Do you know the old joke, "Want to keep an Italian quiet? Tie his/her hands together."? Italians are famous for their use of gestures as they speak. Watch and listen as the instructor demonstrates and explains, in Italian, several gestures that Italians use to communicate their thoughts and needs. During the presentation, pay attention to her facial expressions and intonation, as well as what she says, to understand the meaning of the gestures.

B. Completa.   Now the instructor will show you 10 gestures, one at a time. Below you will see a list of 14 possible meanings. Choose the one that matches each gesture you see and write its letter in the corresponding blank. **Attenzione!** There are more meanings than there are gestures.

Gesto: 1. ____   5. ____   9. ____

2. ____   6. ____   10. ____

3. ____   7. ____

4. ____   8. ____

Significato:
a. I'm furious!
b. So thin!
c. Yum!
d. You're nuts!
e. Got a cigarette?
f. I'm sleepy.
g. Please help me.

h. money
i. Let's eat!
j. What do you want?
k. I've got an idea!
l. Call me!
m. I have no clue.
n. Quiet!

C. Tocca a te! (*Your turn!*)   Which gestures are the same in your culture?

Leggiamo!

Italiani famosi

A. Prima di leggere. You already know several Italian words. How
many famous Italians do you know? With a partner write the names of at
least three Italians.

B. Al testo!

Parte prima. Il Premio Nobel is awarded in six categories. Find them in
the reading.

fisica letteratura chimica

medicina pace economia

**Un secolo di Nobel:
i laureati italiani**

1909

Guglielmo Marconi
(1874–1937)
Marconi Wireless Telegraph Co.
Ltd., London, Great Britain
insieme a
Carl Ferdinand Braun
(1850–1918)
Germany, Strasburg University

"in riconoscimento del loro
contributo allo sviluppo del
telegrafo senza fili"
Vai alla pagina del Nobel

1934

Luigi Pirandello
(1867–1936)

"per il suo coraggioso
rinnovamento dell'arte scenica
e drammatica"
Vai alla pagina del Nobel

1986

Rita Levi-Montalcini
(1909–)
Istituto di Biologia Cellulare - C.N.R.,
Roma, Italia
insieme a
Stanley Cohen
(1922–)
U.S.A., Vanderbilt University School
of Medicine, Nashville

"per le loro scoperte sui fattori
della crescita"
Vai alla pagina del Nobel

1997

Dario Fo
(1926–)

"per avere emulato i giullari del
Medio Evo, flagellando l'autorità
e sostenendo la dignità
degli oppressi"
Vai alla pagina del Nobel

Parte seconda. Now complete the following sentences about these Italian
winners. When you've finished, take turns reading them to your partner to
check your answers.

1. Nel _____ Guglielmo Marconi ha vinto (*won*) il Premio Nobel per la fisica.

2. Nel 1934 _____ ha vinto il Premio Nobel per la letteratura.

3. Nel 1986 _____ ha vinto il Premio Nobel per _____.

4. Nel _____ _____ ha vinto il Premio Nobel per _____.

Parte terza. Can you match these other winners with their award categories?

1. Grazia Deledda (1926)   a. l'economia

2. Enrico Fermi (1938)   b. la fisica

3. Franco Modigliani (1985) c. la letteratura

C. Discutiamo!   How many winners of **il Premio Nobel** appeared in your lists of famous Italians? What are the Italians in your lists famous for?

Scriviamo!

Mi piacciono i puzzle!

Many Italians are fond of word games and they look forward to the latest issue of *La settimana enigmistica* (*Puzzle Week*) and *Domenica quiz* (*Sunday Quiz*), among the many publications that appear weekly on newsstands throughout Italy. Here are two of the most popular types of puzzles for you to try: **un rebus,** a word and picture puzzle, and **un cruciverba** (*crossword puzzle*).

A. Un rebus; due rebus.   Use the clues below to solve the puzzles.

Una materia. (7) (Hint: The answer is one word with seven letters.)

(Write the name of the sport, one letter per space.)

____ ____ ____ **E N Z A**

Un mezzo di trasporto (*means of transportation*)**. (5)**

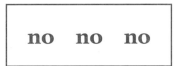

(**Hint:** Write how many **no**'s there are, one letter per space.)

____ ____ ____ **N O**

B. Un cruciverba. Use the clues below to complete the following crossword puzzle.

Orizzontali

1. H₂O
7. «.»
10. 10
11. un orologio, due _____
13. giugno, luglio, agosto
15. Garfield, Morris e il cheshire, per esempio
16. *English* in italiano
18. Un tè, per _____!
19. Come ti _____?

Verticali

2. *aloha* in italiano
3. dodici mesi
4. marzo, _____, maggio
5. _____ cane, due cani
6. 16
8. Di _____ sei?
9. A, B, C...
12. tu (*informale*) = _____ (*formale*)
14. 30
17. 2 + 2

CLICCA QUI If you enjoy puzzles, you can find links to a variety of types of **enigmistica** at the *Avanti!* website, **Clicca qui (www.mhhe.com/ avanti2)**.

Parliamo!

Bla, bla, bla!

As a class, create the longest conversation you can. To begin, two students come to the front of the room. At random points in the conversation, your instructor will tap one of the speakers, who will be replaced by another student who will continue the conversation at the exact point where it left off. Try to make the conversation last until everyone has had a chance to participate. Include as many of the expressions you learned in this chapter as possible.

> Come ti chiami?
>
> Come si chiama?   Di dove sei?
>
> Di dov'è? Dove abita?   Dove abiti?
>
> Ciao!   Arrivederci!   Buona sera!
>
> Buon giorno!   Mi piace...
>
> Ti piace...?   Le piace...?
>
> Non mi piace...

Guardiamo!

Film *Mimì metallurgico ferito nell'onore*
(Commedia. Italia. 1971. Lina Wertmüller, Regista [*Director*]. 121 min.)

A. Anteprima. (*Preview.*) With a partner, review the gestures you learned in the **Ascoltiamo!** section.

B. Ciak, si gira! (*Action, rolling!*) As you watch the scene, see how many gestures you can identify. Ask your instructor the meaning of any that you don't understand.

C. È fatto! (*It's a wrap!*) With a partner, create a "dialogue" using only gestures. Perform it for the class.

Riassunto: (*Synopsis*): Mimì (Giancarlo Giannini), who has lost his job because of his leftist politics, leaves his wife and child in Sicily to find work in a factory in Torino. Once there, he meets Fiore (Mariangela Melato), a beautiful Northerner who shares his politics and his bed. Mimì's life in the North is complicated, but it becomes even more so when he returns to Sicily to discover that, in his absence, his wife has had an affair of her own. Mimì then devises a plan to defend his honor.

Scena: (DVD Chapter 4, 32:45): Mimì and Fiore "talk" to each other across a busy street, using only gestures.

Vocabolario

Domande ed espressioni

arrivederci	good-bye
buon giorno	good morning, good day
buona sera	good evening
buona notte	good night
ciao	hi; bye
Come si scrive?	How is it written?
Come ti chiami? / Come si chiama?	What's your name (*inform./form.*)?
Mi chiamo / Sono...	My name is . . .
Di dove sei? / Di dov'è? Sono di...	Where are you from (*inform./form.*)? I'm from . . .
Dove abiti? / Dove abita?	Where do you live? (*inform./form.*)
Abito a...	I live in (*name of city*)
grazie	thank you.
Il mio numero di telefono è...	My phone number is . . .
(Non) ti piace / piacciono... ?	Do (don't) you (*inform.*) like . . . ?
(Non) Le piace / piacciono... ?	Do (don't) you (*form.*) like . . . ?
per favore / per piacere	please
Piacere!	Pleased to meet you!
prego	you're welcome; come in; etc. (*See page 5.*)
Quant'è?	How much is it?
Quanti ne abbiamo oggi?	What is today's date?

Sostantivi (il bar)

l'acqua	water
il bicchiere	glass
la birra	beer
la bottiglia	bottle
il caffè	coffee
il cappuccino	cappuccino
il panino	sandwich
la pasta	pastry
il succo d'arancia	orange juice
il tè	tea

Sostantivi (l'università)

l'aereo	airplane
l'amico/l'amica (*m./f.*)	friend
l'anno	year
l'antropologia	anthropology
la bicicletta	bicycle
la biologia	biology
il cane	dog
la casa	house, home
il CD	CD-ROM
la chimica	chemistry
il cinema	cinema, movie theater
la città	city
la classe	group (*of students*), classroom
il computer	computer
il corso	course
il dizionario	dictionary
l'economia	economy, economics
l'errore (*m.*)	error, mistake
l'esame (*m.*)	exam
la festa	party; holiday
il film	film, movie
la filosofia	philosophy
la fisica	physics
la fotografia	photograph
il gatto	cat
il gelato	ice cream
l'hamburger (*m.*)	hamburger
l'informazione (*f.*)	information
l'ingegneria	engineering
l'italiano	Italian
la letteratura inglese	English literature
la lezione	lesson, individual class period

il libro	book
la lingua	language
la macchina	car
la matematica	mathematics
la materia (di studio)	subject matter
il numero	number, issue
l'orologio	clock, watch
la penna	pen
la porta	door
il professore / la professoressa (*m./f.*)	professor
la psicologia	psychology
il quaderno	notebook
la religione	religion
la residenza	residence
il ristorante	restaurant
le scienze della comunicazione	communications (*subject matter*)
le scienze politiche	political science
la sociologia	sociology
lo sport	sport
la storia	history
lo studente / la studentessa (*m./f.*)	student
gli studi internazionali	international studies
la televisione	television
l'università	university
il voto	grade
lo zaino	backpack

Altri sostantivi

il cellulare	cell phone
il centesimo	cent (*lit.* hundredth *of one euro*)
l'euro (*pl.* gli euro)	euro
il fiore	flower
la piazza	town square
il ragazzo	boy
la regione	region
la via	street

I mesi

gennaio	January
febbraio	February
marzo	March
aprile	April
maggio	May
giugno	June
luglio	July
agosto	August
settembre	September
ottobre	October
novembre	November
dicembre	December

Le stagioni

la primavera	spring
l'estate (*f.*)	summer
l'autunno	autumn
l'inverno	winter

I numeri da 0 a 9.999

(*See page 11.*)

I numeri ordinali da 1 a 10

primo	first
secondo	second
terzo	third
quarto	fourth
quinto	fifth
sesto	sixth
settimo	seventh
ottavo	eighth
nono	ninth
decimo	tenth

2

Com'è?

Amore e Psiche stanti (1796–1800), Antonio Canova

SCOPI

In this chapter you will learn:

- to ask how someone is
- to ask someone's nationality
- to describe people, places, and things
- to express your age

- to say what is and isn't there
- to say what belongs to you and others
- to recognize the origins of different family names in Italian

 DVD **Online Learning Center**
www.mhhe.com/avanti2

 **CENTRO** Your media center for languages www.mhcentro.com

 **Online Workbook / Lab Manual**

Come stai? / Come sta? / Come va?
Asking how someone is

- To ask how someone is say:

  (tu)   **(Lei)**
  Come stai?   **Come sta?**

- For either **tu** or **Lei,** you can also use the Italian equivalent of *How's it going?*

  Come va?

A. Come va? How would you greet the following people and ask how they are? Write the appropriate question next to the description of each person. Check your answers with your partner's.

> **Esempio:** your mother   Ciao, mamma! Come stai?

1. the elderly lady next door   _____
2. the bus driver on your daily route   _____
3. your physics professor   _____
4. your roommate's friend   _____
5. your brother's girlfriend   _____
6. your Italian instructor   _____

- As in English, the expected answer to the question **Come stai?** / **Come sta?** / **Come va?** is some form of **bene** (*well*).

  —Ciao, Antonietta! Come stai?
  —Bene, grazie. E tu?

  —Buon giorno, signora! Come va?
  —Non c'è male, signor Tucci. E Lei?

- If someone answers anything less positive than **Non c'è male** (*Not too bad*), the other person will be obliged to inquire further, by asking **Cosa c'è?** (*What's the matter?*)

- Whereas in English, *How are you?* can be another way to just say *hello*, Italians expect an answer to the question.

- When someone asks how you are it is polite to say **grazie** after you answer and then return the question by asking, **E tu?** or **E Lei?**

B. E tu?   Greet at least three different classmates by name, and ask how they are. See how many remember to ask *you* how you are in return!

BENISSIMO !!!

MOLTO BENE !!

BENE !

NON C'È MALE.

COSÌ COSÌ.

INSOMMA.

Sei italiano/a? / È italiano/a?

Asking someone's nationality

- Two other ways to answer the question **Di dove sei?** / **Di dov'è?** are:

  Sono + nationality
  or
  Sono nato/a a (*I was born in*) + name of city

- People sometimes add the name of the city that they currently live in if it is different from their birthplace: **ma abito a** + name of city.

  Sono italiana.
  Sono nata a Roma, ma abito a Milano.

A. Di dove sei? / Di dov'è?

Parte prima. Watch and listen as the following people say who they are and where they are from. Put a checkmark next to those who are not Italian.

1. ☐ _____

5. ☐ _____

2. ☐ _____

6. ☐ _____

3. ☐ _____

7. ☐ _____

4. ☐ _____

(continued)

Parte seconda. Watch and listen again. Indicate where each person is from by writing their nationality or the name of their country under their photo. Use the **In italiano** box to find the names of the countries and/or nationalities that you don't know.

In italiano

	(*m.*)	(*f.*)
l'Australia	australiano	australiana
l'Austria	austriaco	austriaca
il Canada	canadese	canadese
la Cina	cinese	cinese
Cuba*	cubano	cubana
la Francia	francese	francese
la Germania	tedesco	tedesca
il Giappone	giapponese	giapponese
l'Inghilterra	inglese	inglese
l'Irlanda	irlandese	irlandese
l'Italia	italiano	italiana
il Messico	messicano	messicana
il Portogallo	portoghese	portoghese
la Spagna	spagnolo	spagnola
gli Stati Uniti (USA)	americano	americana
la Turchia	turco	turca

If your country and nationality don't appear here, ask your instructor how to say them and then add them to the list.

*Note: You do not use a definite article with Cuba.

• To ask someone's nationality, say:

(tu)	(Lei)
Sei... ?	**È... ?**
—**Cristina, sei americana?**	—**Dottore, Lei è italiano?**
—**No, sono tedesca.**	—**Certo** (*Certainly*), **sono di Bari.**

• Did you notice that for some nationalities the last letter changes, depending on whether the reference is to a man or a woman?

B. Un po' di geografia.
How well do you know geography? Tell your partner that you are from one of the following cities. Your partner will have to guess your nationality.

Esempio: **S1:** Sono di Chicago.
S2: Allora (So), sei americano/a!

1. Toronto
2. Osaka
3. Parigi
4. Berlino
5. Pechino (*Beijing*)

C. Sei...
With a partner, take turns selecting a country from the list on page 34 and tell your partner you were born there. Your partner will give your nationality. **Attenzione!** Use *in* and the country without the article for all countries except the United States (*negli Stati Uniti*).

Esempio: **S1:** Sono nato/a in Germania.
S2: Allora, sei tedesco/a!

D. Domande e risposte.

Parte prima. Find the correct answer to each of the following questions.

Le domande	Le risposte
1. Come ti chiami?	a. No, no, spagnola, di Madrid.
2. Sei italiana?	b. Sono Flavio. E tu?
3. Di dov'è?	c. Ah! Sei americano. Io sono portoghese.
4. Sono di New York. E tu?	d. Di Milano. E Lei?

Parte seconda. Check your answers by asking your partner one of the questions. He/She should reply with the appropriate answer.

E. Conversazione.
With a partner, create a long conversation in Italian using the expressions provided. Be prepared to demonstrate to the class.

Ciao!
Dove abiti?   Dove abita?
Buon giorno!   Buona sera!
Come stai?   Come sta?   Sono... e tu?
E Lei?   Ti piace... ?   Sei americano/a?
Bene, grazie!   Non c'è male!   Sei messicano/a?
Ti piacciono?   Di dove sei?   Di dov'è?
Come ti chiami?   Cosa c'è?   Come si chiama?
Le piace... ?   Arrivederci!   Sei australiano/a?
Insomma...   Allora, sei... ?
Allora, è... ?

Sono allegro!

Describing people, places, and things

Here are some common adjectives used to describe people, places, and things. Can you match the pairs of opposites?

allegro

grasso

giovane

magro

alto

attivo

debole

anziano

forte

basso

veloce

ricco

pigro

povero

triste

lento

▶ Answers to this activity are in Appendix 2 at the back of your book.

Here are more adjective pairs of opposites:

bello (*beautiful*) ≠ **brutto** (*ugly*)
buffo (*funny*) ≠ **serio** (*serious*)
buono (*good*) ≠ **cattivo** (*bad*)
divertente (*entertaining, fun*) ≠
  noioso (*boring*)
grande (*big*) ≠ **piccolo** (*small*)

impegnato (*busy*) ≠ **libero**
  (*free; not busy*)
nuovo (*new*) ≠ **vecchio** (*old*)
simpatico (*nice, pleasant*) ≠
  antipatico (*unkind, unpleasant*)
vicino (*near*) ≠ **lontano** (*far*)

In italiano

Adjectives are used to describe the weather (**il tempo**).

Che tempo fa? (*What's the weather like?*)

Fa bello. (*It's beautiful.*)   **Fa brutto.** (*It's bad/ugly weather.*)
Fa freddo. (*It's cold.*)   **Fa caldo.** (*It's hot.*)

I colori

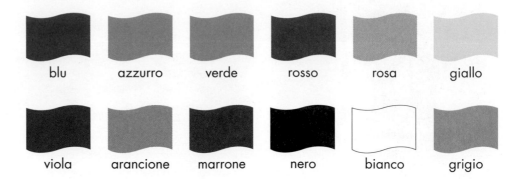

blu   azzurro   verde   rosso   rosa   giallo

viola   arancione   marrone   nero   bianco   grigio

IN **ITALIA**

- In Italian culture, certain colors are so closely linked with particular objects that they have come to mean the object:

  gli Azzurri   the national sports teams (based on the color of their uniforms)

  un giallo   a detective story (based on the traditional color of the dust jacket)

  i Verdi   members of the pro-ecology party (Green Party)

- In other cases, the color changes the meaning of the noun:

  la croce (*cross*) **verde**   emergency medical assistance

  un numero verde   a toll-free number

  una storia rosa   a love story

A. Forza Azzurri!   Match the emblems of the most important Italian soccer teams with their (color-based) nicknames.

1   2   3   4   5   6

1. il Milan	a. i Giallorossi
2. la Juventus	b. i Nerazzurri
3. il Palermo	c. i Viola
4. l'Inter	d. i Rossoneri
5. la Roma	e. i Rosanero
6. la Fiorentina	f. i Bianconeri

B. I colori. What color(s) do you associate with these objects?

1. la bandiera (*flag*) italiana
2. la tua squadra (*team*) di calcio
3. una Ferrari
4. l'amore
5. una penna
6. la pizza
7. il vino
8. la pace (*peace*)
9. la bandiera americana
10. l'espresso
11. il gelato
12. l'autunno

C. Com'è? Which adjectives would you use to describe the following people or things?

1. un amico
2. un nemico (*enemy*)
3. un cappuccino
4. un computer
5. un film
6. un cane
7. il mare (*sea*)
8. Babbo Natale (*Santa Claus*)
9. un bambino

D. Come sta?

Parte prima. Paolo and Paola are students. Use the words provided to complete the sentences describing how each one is feeling.

Paolo: arrabbiato (*angry*), triste, allegro, ammalato (*ill*), stressato, stanco, innamorato (*in love*)

Paolo sta benissimo perché (*because*) è _____.

Sta così così perché è _____.

Non sta bene perché è _____.

Paola: arrabbiata, triste, allegra, ammalata, stressata, stanca, innamorata

Paola sta bene perché è _____.

Sta male perché è _____.

Sta così così perché è _____.

Parte seconda. E tu, come stai? Now describe to the class how you're feeling today and why. Use the words for Paolo if you're male and for Paola if you're female.

Sto bene perché sono... (Non sto bene perché sono...)

In italiano

You learned about cognates (**parole simili**) in **Capitolo 1.** Can you recognize these adjectives?

contento, curioso, difficile, disordinato, estroverso, generoso, intelligente, interessante, introverso, nervoso, ordinato, sincero, stressato, studioso, stupido, tranquillo

2.1 L'italiano è divertente!

Adjectives

 Look at the advertisement (**pubblicità**) and identify all the adjectives. What are they describing? What relationship do you notice between the noun and its adjective?

SE A QUESTO PUNTO NON BEVI LATTE, LA COLPA DI CHI E'?

è puro è buono è digeribile
è bianco è naturale
è energetico è rilassante
è sportivo è equilibrato
è disintossicante è dissetante
è sali minerali è economico
è vitamine è completo
è proteine è sano

Answers to this activity are in Appendix 2 at the back of your book.

What happens to the adjectives in the advertisement if we change **il latte** to **l'acqua minerale, le bevande,** or **i vini?** Which adjectives are appropriate and how would they change?

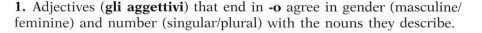

1. Adjectives (**gli aggettivi**) that end in **-o** agree in gender (masculine/feminine) and number (singular/plural) with the nouns they describe.

	SINGOLARE	**PLURALE**
MASCHILE	il ragazz**o** alt**o**	i ragazz**i** alt**i**
FEMMINILE	la penna ross**a**	le penn**e** ross**e**

Note: When describing a group of people or objects where at least one item in the group is masculine, the adjective is masculine plural.

Maria e Roberto sono **alti.**   **La penna e il quaderno** sono **rossi.**

Now you try! Write the endings of the nouns and the adjectives.

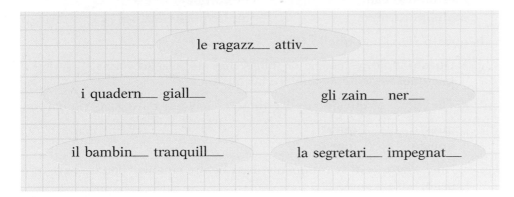

le ragazz___ attiv___

i quadern___ giall___   gli zain___ ner___

il bambin___ tranquill___   la segretari___ impegnat___

2. Adjectives that end in **-e** only show number, not gender. This is why the endings of the adjectives don't always match the endings of the nouns.

	SINGOLARE	PLURALE
MASCHILE	il corso interessante	i corsi interessanti
	l'esame difficile	gli esami difficili
FEMMINILE	la casa grande	le case grandi
	l'automobile francese	le automobili francesi

Now you try! Write the endings of the nouns and the adjectives.

le informazion___ important___

lo student___ intelligent___   il ragazz___ veloc___

la bambin___ trist___   i mes___ difficil___

▶ Answers to these activities are in Appendix 2 at the back of your book.

3. Adjectives for certain colors (**arancione, beige, blu, rosa, viola**) are invariable, that is, they never change their endings.

una giacca blu   **due t-shirt beige**
due bandiere rosa   **un quaderno viola**

▶ To learn about the plural forms of adjectives ending in **-ca, -co, -ga,** and **-go,** see *Per saperne di più* at the back of your book.

Answers to this activity are in Appendix 2 at the back of your book.

To learn about the use of **questo** and **quello** as pronouns, see **Per saperne di più** at the back of your book.

To learn about other adjectives that precede the noun, see **Per saperne di più** at the back of your book.

In italiano

To say that someone is *very* tall, place the adverb **molto** (or **tanto**) in front of the adjective.

una ragazza **molto** alta
due ragazze **tanto** alte

You can also drop the final vowel of the adjective and add the suffix **-issimo/a/i/e.**

una ragazza alt**issima**
due ragazze alt**issime**

4. As you may have noticed already, adjectives usually follow the noun. However, there are several adjectives that always come before the noun and omit the definite article.

a. molto (*many / a lot of*) and **poco** (*few / not much, not many*)

molto/poco caffè	**molti/pochi** amici
molta/poca pizza	**molte/poche** lezioni

b. questo (*this*) and **quello** (*that*)

- **Questo** indicates people or things that are near to you. Use **quello** for items that are far away.

- The forms of **questo** are like those of any adjective that ends in **-o:**

  questo → **questi**
  questa → **queste**

  Note that **quest'** is commonly used before singular nouns that begin with a vowel.

  quest'amica **quest'**esame

- **Quello** follows the pattern of the definite article that you learned in **Capitolo 1.**

Underline the definite articles that are hidden in the forms of **quello.** The masculine singular is done for you.

		SINGOLARE	PLURALE
MASCHILE	**+ consonante**	que<u>l</u> libro	quei libri
	+ vocale	quel<u>l</u>'esame	quegli esami
	+ <u>s</u> + consonante; <u>z</u>	quel<u>lo</u> zaino	quegli zaini
FEMMINILE	**+ consonante**	quella penna	quelle penne
	+ vocale	quell'università	quelle università

A. Ascolta. Is your instructor talking about a woman or a man? Circle the name of the person being described. If you can't tell, circle both.

1. Paolo Paola
2. Silvio Silvia
3. Roberto Roberta
4. Mario Maria
5. Enrico Enrica

B. Completa l'aggettivo. Complete the endings of the adjectives so that they agree with the nouns.

1. i corsi interessant____
2. molt____ film divertent____
3. un esame molto difficil____
4. molt____ birra fredd____
5. un uomo stanc____
6. molt____ caffè fort____
7. gli stadi (*stadiums*) molto grand____
8. la macchina verd____
9. il cane tranquill____
10. un quaderno giall____
11. le persone molto intelligent____
12. poc____ pasta al dente

C. *Questo e quello.* Choose the appropriate forms of **questo** or **quello.**

1. (questo / questi / queste) attori
2. (quei / quelle / quegli) studenti
3. (quella / quel / quell') film
4. (quel / quello / quella) ragazzo
5. (quest' / questo / queste) amica
6. (quella / quello / quel) rivista (*magazine*)

D. Articolo, nome, aggettivo. Create logical phrases using these articles, nouns, and adjectives. Work in groups of three. Each person is responsible for the items in only one oval. After the group has used all the forms, switch ovals and try again. **Attenzione!** The person with the adjectives must be careful to change the endings to agree with some of the nouns.

il la
i l' le
lo gli

voto
corsi festa
studio studenti
uomo bambine
università

disordinato
brutto divertente
intelligente grande
tranquillo difficile
anziano

E. Al centro commerciale (*mall*). Look at the school supplies on the tables below. Using the appropriate forms of **questo** and **quello,** indicate to your partner three items that you would like. Your partner will tell you how much your total purchase costs (**quant'è**).

Esempio: **S1:** Vorrei (*I would like*) questo computer, quello zaino e questi quaderni. Quant'è?
S2: € 1.306.

Parole utili: il cellulare, la radio, lo stereo

Solo musica. Go to the *Avanti!* iMix on the *Avanti!* Online Learning Center in Coursewide Content (**www.mhhe.com/avanti2**) where you can purchase *Bello e impossibile* by Gianna Naninni. As you listen to the song, see how many adjectives you can hear. This song is great for pronunciation practice. Sing along!

€198
€1349 €43
€381
€250
€5
€1.252
€391
€30
€53
€5
€11

F. Ti piace o no? Complete the sentences below using the expressions **mi piace / mi piacciono** or **non mi piace / non mi piacciono** and one of the adjectives from the list below.

assurdo
orribile   bello
interessante   divertente   triste
buffo   forte   serio   noioso
emozionante (*exciting, thrilling*)   violento
bravo (*able, good*)   anziano   intelligente
stupendo   giovane   simpatico
creativo   estroverso
introverso   allegro

Esempio: Mi piace *La Vita è bella* (Life is Beautiful) perché è *divertente ma anche triste.*

1. _____ (il nome di un film) perché è _____.

2. _____ (il nome di un'attrice) perché è _____.

3. _____ le partite di calcio (*soccer games*) perché sono _____.

4. _____ gli italiani perché sono _____.

2.2 Quanti anni hai?

The verbs **essere** (*to be*) *and* **avere** (*to have*)

The following statements are all things you might say about yourself. Figure out the meanings of the underlined verbs, then check **vero** (*true*) if the statement is true, or **falso** (*false*) if it is not.

	vero	falso
1. <u>Sono</u> una persona tranquilla.	☐	☐
2. <u>Ho</u> una macchina rossa.	☐	☐
3. <u>Sono</u> allegro/a oggi.	☐	☐
4. <u>Ho</u> un cane.	☐	☐
5. <u>Sono</u> timido/a.	☐	☐
6. <u>Ho</u> una grande famiglia.	☐	☐

Interview your partner and find out how similar or different you are. Survey the class to find out which pair has the most in common.

Esempio: **S1:** Non sono una persona tranquilla. Sono una persona ansiosa. E tu?

S2: Sono una persona tranquilla. (Anch'io sono [*I'm also*] una persona ansiosa.)

1. The verbs **essere** (*to be*) and **avere** (*to have*) are used frequently to describe people, places, and things. You have already encountered several forms of the verb **essere.** Here is the whole conjugation.

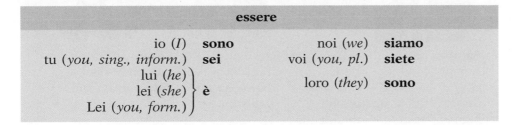

essere			
io (*I*)	**sono**	noi (*we*)	**siamo**
tu (*you, sing., inform.*)	**sei**	voi (*you, pl.*)	**siete**
lui (*he*) lei (*she*) } **è** Lei (*you, form.*)		loro (*they*)	**sono**

2. All verbs have six forms, one for each person (**io, tu, lui/lei/Lei, noi, voi, loro**). There are three subject pronouns that mean *you.* You have already learned two of them: the informal **tu** and formal **Lei.** The pronoun **voi** is both formal and informal, and is used when talking to more than one person.*

Note that:

a. Lei (formal *you*) is often capitalized to distinguish it from **lei** (*she*) in writing.

b. Unlike English, subject pronouns in Italian are usually omitted. They are only used for emphasis or contrast. For example, the equivalent of *he is kind* in Italian is **è gentile.**

c. Italian does not usually use a subject pronoun for *it:*

—**Ti piace il libro?**	—*Do you like the book?*
—**Sì, è interessante.**	—*Yes, it is interesting.*

3. Here is the conjugation of the verb **avere.**

avere			
io	**ho**	noi	**abbiamo**
tu	**hai**	voi	**avete**
lui lei } **ha** Lei		loro	**hanno**

4. The verb **avere** is used to talk about possessions.

Gli studenti **hanno** il libro d'italiano *Avanti!*
Salvatore non **ha** una macchina, **ha** una bicicletta.

It is also used to talk about certain physical features.

(continued)

---

*The **Loro** form can be used for the plural formal *you,* but it is very formal and often replaced by **voi.**

Sabrina **ha** i capelli biondi e ricci e le labbra rosse. Simone **ha** i capelli castani e lisci e il naso lungo.

Il bambino **ha** le orecchie grandi e due denti.

Rita **ha** gli occhi azzurri e Mauro **ha** gli occhi castani.

Samuele **ha** gli occhiali, ma Margherita **ha** le lenti a contatto.

◐ To learn additional expressions with **avere**, see **Per saperne di più** at the back of your book.

In italiano

- You have already seen **come** in the expression **Come stai? Come sta?** to ask how someone is feeling.

- **Come** is also used with the verb **essere** to ask what a person is like:
  —**Com'è** Maria?
  —Bella e simpatica. È alta e ha i capelli castani e gli occhi verdi.
  —**Come sono** Luca e Marco?
  —Sono molto atletici. Sono alti e hanno grossi muscoli (*big muscles*).

5. The verb **avere** is also used in idiomatic expressions. These are expressions that do not make sense when translated literally into another language. **Attenzione!** In English, the Italian idiomatic expressions shown below are formed with the verb *to be*.

Mario **ha caldo.**	*Mario is hot.*
Ugo **ha freddo.**	*Ugo is cold.*
Sandra **ha sete.**	*Sandra is thirsty.*
Silvia **ha fame.**	*Silvia is hungry.*
Ahmed **ha sonno.**	*Ahmed is sleepy.*
Cinzia **ha paura.**	*Cinzia is afraid.*
Enrica **ha ragione.**	*Enrica is right.*
Antonella **ha torto.**	*Antonella is wrong.*

Note: To ask someone's age, you say:

(tu)	(Lei)
—**Quanti anni hai?**	—**Quanti anni ha?**
—**Ho vent'anni.**	—**Ho settantacinque anni.**

6. The verb **avere** is also used to talk about aches and pains. You can say: **avere mal di** + body part.

Ho mal di testa.	*I have a headache.*
Ho mal di pancia.	*I have a stomachache.*
Ho mal di gola.	*I have a sore throat.*

To learn additional idiomatic expressions with **avere**, see **Per saperne di più** at the back of your book.

A. Il pronome giusto. Replace the italicized nouns with the appropriate subject pronouns.

> **Esempio:** —Tina e Enrica hanno il CD?
> —No! Solamente *tu e Gina* avete il CD.
> —No! Solamente **voi** avete il CD.

1. —Chi (*Who*) è arrabbiato?
   —*Il professore.*

2. —Hai fame tu?
   —No! *Lisa, Gianni e Maurizio* hanno fame.

3. —Chi ha i compiti (*homework*) oggi?
   —*La studentessa irlandese.*

4. —Chi ha gli occhi azzurri?
   —*Gianni ed* io.*

5. —Tina è ammalata oggi?
   —No! *Roberto e Simona* sono ammalati.

6. —Roberta e Gina hanno il libro?
   —No! Solamente *tu e Roberta* avete il libro.

B. Ascolta. Listen as your instructor names a thing, place, or time. Write the letter of the idiomatic expression (or expressions) that could be associated with each item.

1. _____	6. _____	a. Ho freddo.	f. Ho paura.
2. _____	7. _____	b. Ho mal di pancia.	g. Ho caldo.
3. _____	8. _____	c. Ho sonno.	h. Ho sete.
4. _____	9. _____	d. Ho fame.	
5. _____	10. _____	e. Ho mal di testa.	

C. Frasi complete! With a partner, create sentences using the words below. Use each word or expression only once. The pair that finishes first, with the fewest words left over, writes the sentences on the board. If they are correct, they win!

> mal di gola francese
> tu e Maria non ho
> divertenti hanno sono io ha Giancarlo e Anna
> io e la mia amica la macchina gialla bassi stupido molto
> avete belle i capelli rossi Gina e Luisa siete è siamo
> un cane Massimo intelligenti sportive fame abbiamo
> felici sonno di Roma sono allegro 20 anni
> ragione

---

*If the preposition **a** or the conjunction **e** (*and*) are followed by a word beginning with a vowel, they may become **ad** and **ed**: **ad esempio** (*for example*); **tu ed io** (*you and I*).

D. *Avere* o *essere*? Describe Silvia and Roberto using the words below.

le lenti a contatto

simpatica   generosa

attiva   Silvia   18 anni

i capelli biondi

gli occhi azzurri

alto   Roberto   allegro

gli occhiali   sportivo

intelligente

2.3   Cosa c'è nello zaino?

There is / There are

il portafoglio

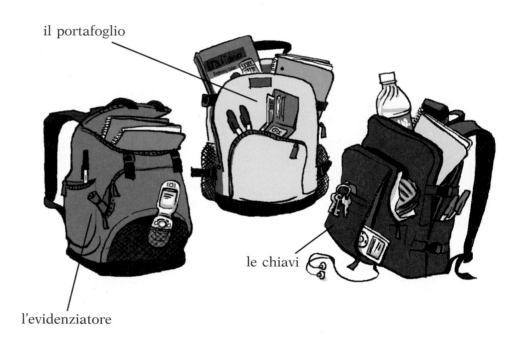

le chiavi

l'evidenziatore

Read the statements and indicate which backpack each describes.

Lo zaino...

1. C'è un libro d'italiano.   ☐ verde   ☐ giallo   ☐ rosso

2. C'è una bottiglia d'acqua.   ☐ verde   ☐ giallo   ☐ rosso

3. Ci sono due penne rosse.   ☐ verde   ☐ giallo   ☐ rosso

4. Ci sono due quaderni azzurri.   ☐ verde   ☐ giallo   ☐ rosso

In each of these statements, **ci** precedes the verb **essere.** What does **ci** mean? **Attenzione! Ci** becomes **c'** before **è.**

● Answers to this activity are in Appendix 2 at the back of your book.

1. C'è and **ci sono** indicate the presence of someone or something. They are the equivalent of *there is* and *there are* in English, so **c'è** is followed by a singular noun, and **ci sono** is followed by a plural noun.

2. C'è and **ci sono** also express the idea of *being in a place* or *being here*. Notice the use of **c'è** and **ci sono** in the following brief conversation between two friends at a party.

GIANNA: Wow! Bella festa! **Ci sono** molti ragazzi. **C'è** Marco?

SILVIA: No, **non c'è,** ma **ci sono** Flavio e Stefano.

GIANNA: Bene!

A. Cosa c'è nello zaino?

Parte prima. With your partner, make a list of all the items in each of the backpacks on page 48.

> **Esempio:** Nello zaino verde ci sono due quaderni, c'è un cellulare...

Parte seconda. List the items in your own backpack using **c'è** or **ci sono.** Do you have any of the same items?

B. Chi c'è nella foto?

Parte prima. Look at the photos and decide if the following statements are true or false.

	vero	falso
1. C'è una ragazza con i capelli lunghi.	☐	☐
2. Ci sono due ragazzi (maschi).	☐	☐

Parte seconda. Work with a partner and write sentences similar to those in the **Parte prima.** Include a mix of true and false statements.

Parte terza. Exchange lists with another group, decide which statements are false, then correct them.

2.4 I miei corsi sono interessanti!

Possessive adjectives

 Identify the forms of *my* in the following statements, and then decide if the statements are **vero** or **falso.** Share your answers with the class.

	vero	falso
1. I miei corsi sono molto interessanti.	☐	☐
2. La mia macchina è nuova.	☐	☐
3. Il mio zaino è nero.	☐	☐
4. Le mie lezioni sono sempre di mattina.	☐	☐

Now, complete the following statements with the appropriate adjectives and share your answers with the class.

1. I miei parenti (*relatives*) sono...

2. La mia casa è...

3. Il mio libro d'italiano è...

4. Le mie amiche sono...

1. Possessive adjectives (**gli aggettivi possessivi**) are equivalent to English *my, your* (*sing.*), *his/her, our, your* (*pl.*), *their.* Just like the adjectives we have seen in this chapter, possessive adjectives agree in gender and number with the noun they modify. Unlike most adjectives, however, they precede the noun.

Fill in the missing definite articles and possessive adjectives:

STUDY TIP

Look for regularities and highlight them. Language is very systematic—there is no need to memorize all the items in a table.

● Answers to this activity are in Appendix 2 at the back of your book.

	SINGOLARE		PLURALE	
	MASCHILE	FEMMINILE	MASCHILE	FEMMINILE
my	il mio		i miei	le mie
your (**tu**)		la tua	i tuoi	
his/her/its/your (**Lei**)	il suo*	la sua	i suoi	le sue
our		la nostra		le nostre
your (**voi**)	il vostro		i vostri	
their	il loro	la loro	i loro	le loro

___
*The **s** in **suo, sua,** and so on may be capitalized (**Suo, Sua**) to distinguish between *his/her/its* and *your* (*formal*), just as with **lei/Lei.**

2. Note that:

a. The **loro** form is invariable—it is always **loro** no matter which noun follows.

la loro macchina   **i loro amici**

b. The only irregular forms are **miei, tuoi,** and **suoi.** The rest of the adjectives change their ending to **-o, -a, -i, -e** to match the gender and number of the noun.

c. If the noun ends in **-e** or an accented vowel, the endings of the possessive adjective may not always match those of the noun:
il mio **esam**e, **le nostr**e **città.**

3. In Italian, the possessive adjective agrees in gender and number with the noun it modifies, not with the person or thing that owns it. For this reason, the forms of *his/her* are ambiguous.

Il suo cane è grande.	*His/Her dog is big.*
La sua macchina è rossa.	*His/Her car is red.*

To clearly specify the possessor, you can use **di** (*of*) + the name of the person.

Il cane di Marcella è grande.	*The dog of Marcella is big.* (*Marcella's dog is big.*)
La macchina di Roberto è rossa.	*The car of Roberto is red.* (*Roberto's car is red.*)

A. Scegli il possessivo.   Choose the appropriate possessive adjective to complete the sentence.

1. Ho molti libri nello zaino. _____ libri sono pesanti (*heavy*)!

   a. Le mie   b. Il mio   c. La mia   d. I miei

2. Sandro e io abbiamo tante amiche. _____ amiche sono molto simpatiche.

   a. La nostra   b. I nostri   c. Le nostre   d. Le sue

3. Margherita e Salvatore hanno un gatto. _____ gatto ha 12 anni.

   a. Il loro   b. Il suo   c. I loro   d. I suoi

4. Tu e Giancarlo avete pochi compiti (*homework*) stasera! _____ compiti sono anche facili.

   a. I loro   b. I vostri   c. I nostri   d. Le vostre

B. Ascolta.   Listen as your instructor describes some people. Complete each description by selecting the appropriate possessives.

1. (I suoi / I tuoi) cani e gatti sono belli e simpatici.

2. (I vostri / I loro) compiti di matematica sono particolarmente difficili.

3. (I nostri / I vostri) amici sono simpatici, intelligenti e attivi.

4. Purtroppo (*Unfortunately*) (i miei / i tuoi) sci sono vecchi.

5. Purtroppo (i nostri / i vostri) spaghetti sono sempre freddi.

C. Le nostre cose. With a partner, take turns describing the belongings or the people associated with the individuals listed below. Be sure your descriptions for each are different. Use the adjectives provided or come up with your own.

> grasso grande
> piccolo simpatico cattivo
> giallo verde azzurro nero
> stressante tranquillo difficile
> facile divertente disordinato
> ordinato interessante
> noioso buono

Esempio: Sara (la macchina) → La sua macchina **è** rossa.

1. Sara (il computer, la bicicletta, la casa)
2. io (gli amici, la famiglia, la casa)
3. Mirko (il corso avanzato di matematica, lo scooter, la vita)
4. Silvia e Gianni (la macchina, il professore di chimica, il computer)
5. tu e i tuoi amici (gli esami, i corsi)

D. Le tue cose. Look at the list below and check off the items that you have. Then show your list to your partner. He/she will ask you for more information about your list using the questions provided below.

Come si chiama?   Di che colore è?

Quanti anni ha?   Com'è?

Esempio: **S1:** un cane   ☑ **sì** ☐ **no**
S2: Come si chiama il tuo cane?

	sì	no
1. una macchina	☐	☐
2. una bicicletta	☐	☐
3. un fidanzato / una fidanzata (*serious boyfriend/girlfriend*)	☐	☐
4. un programma televisivo preferito	☐	☐
5. una stazione radio preferita	☐	☐

E. Il ladro! (*Thief!*)

Parte prima. You and your partner have been robbed! Each person selects five items from the list provided. Take turns telling your partner, **il carabiniere** (*police officer*), what **il ladro** took. Your partner will take notes.

il cellulare

il dizionario   la macchina

la bicicletta   il computer   lo stereo

i quaderni   i libri   le penne

le matite   la chitarra   l'orologio

lo zaino   il cane

il gatto

> **Esempio:** **S1:** Cosa ha preso il ladro? (*What did the thief take?*)
> **S2:** Il mio cellulare…

Parte seconda. The police officer needs descriptions of your possessions. Working from your notes from **Parte prima,** ask your partner to describe each stolen item.

> **Esempio:** **S1:** Com'è il Suo cellulare?
> **S2:** È…

Parte terza. The police officer needs a description of **il ladro.** Take turns describing him/her while the police officer makes a sketch. Make your description as complete as possible; be sure to give the colors of his/her hair, eyes, and so on. Share your sketches with the class. Here are some additional words that might come in handy: **la giacca** (*jacket*), **le scarpe** (*shoes*), **la maglietta** (*T-shirt*), **i jeans.**

Cultura

Ascoltiamo!

I cognomi° degli italiani   I… *Family names*

What's in a name? That which we call a rose by any other name would smell as sweet.
— William Shakespeare

Parents choose names for their children based on a variety of factors: relatives' names, friends' names, names of popular actors, or just because they like how the name sounds or what it means. They do not choose their last names, however. Those get passed along from generation to generation. Where do they come from?

A. Osserva ed ascolta. Watch and listen as the instructor explains the origins of many Italian family names. During the presentation, pay attention to her facial expressions, intonation, and gestures as well as what she says, along with accompanying images and captions to understand the meaning.

B. Completa. Write each **cognome** that the instructor says. Then, using the information you heard in the lecture, write the letter from the list below that corresponds to the origin of each family name. **Attenzione!** Some letters are used more than once.

COGNOME	ORIGINE	
1. _____	____	a. la qualità fisica
2. _____	____	b. il carattere / la personalità
3. _____	____	c. la professione
4. _____	____	d. l'origine geografica
5. _____	____	e. il nome del padre
6. _____	____	f. un colore
7. _____	____	
8. _____	____	
9. _____	____	
10. _____	____	

C. Tocca a te! Choose an Italian **cognome** whose origin you know and share it with the class.

> **Esempi:** «Verdi» deriva da «verde», il colore.
> «Volpe» è un animale. È anche una persona molto astuta.

IN ITALIA

I cinque cognomi i più diffusi (*common*) in Italia sono:

1° Rossi

2° Ferrari

3° Russo

4° Bianchi

5° Colombo

@ CLICCA QUI To find out more about common Italian family names, go to the *Avanti!* website, **Clicca qui (www.mhhe.com/avanti2).**

Leggiamo!

Siamo europei!

As the European Union continues to grow, Italians increasingly see themselves as European, in addition to Italian. This change in perspective from a national to a transnational identity is reflected in all sectors of society and promoted by the government, school, and the mass media. The following short article that appeared in *Focus*, a popular science magazine, is a lighthearted example of this mix of national and European identity.

Parole per leggere

diffuso *common, widespread*
nato/a *born*
il riferimento *reference*
il senso *sense, meaning*
vincono *they win* (vincere *to win*)

A. Prima di leggere. With a partner make a list of three common American last names. Use what you learned in *Ascoltiamo!* to determine their origins.

B. Al testo! Now, read the article, then work with a partner to complete the sentences with the following words:

cognomi	inglese	rosso	sono (2)
è	italiano	questi	spagnolo
francesi (2)			

RELAX

I confini invisibili

(di) Giovanni
Fabbro
Betulla
Borgo
Costa
Cenere
Fiume
Guerriero del mare
(di) Martino
Nuovo
Orso
Prete
Rosso

Quanti fabbri e figli di Giovanni!

Fabbri, orsi, preti e betulle
I cognomi più diffusi in Europa, suddivisi per «gruppo semantico», cioè in base al significato che ne ha ispirato l'origine.

Il sig. Rossi? È «imparentato» con i Russo, i Rossini, i de Rossi: i loro cognomi derivano tutti dal colore rosso, come Rousseau e Leroux in Francia, e rientrano nel gruppo semantico (con lo stesso senso) più diffuso in Italia. In Francia e Inghilterra vincono i «fabbro» (Lefebvre, Fauré, Le Goff, Smith... equivalenti a Ferrari/Ferrero), nei Paesi nordici i «di Giovanni» (Hansen, Johansson, Jensen, Ivanov), in Romania e Grecia i «prete» (Popescu, Papadopoulos), in Spagna l'«orso»: García.

1. I cognomi Rossi, Russo, Rossini e de Rossi _____ italiani, mentre (*while*) i cognomi Rousseau e Leroux sono _____ . Questi cognomi derivano dal colore _____ .

2. I cognomi _____ più diffusi sono Lefebvre, Fauré e Le Goff. L'equivalente cognome _____ è Smith. Quello _____ invece (*instead*) è Ferrari o Ferrero.

3. In Scandinavia i cognomi tipo «(di) Giovanni» _____ Hansen, Johansson e Jensen. _____ cognomi derivano dal nome del padre.

4. I _____ che derivano da una professione, tipo «Prete» in Italia, sono Popescu in Romania e Papadopoulos in Grecia.

5. «García» vuol dire «orso» ed _____ un cognome _____ .

C. Discutiamo! Answer the following questions.

1. Da dove deriva il tuo cognome? E i cognomi dei compagni di classe?

2. I vostri cognomi hanno origini europee? Se no, di dove sono?

3. Con il movimento di persone nel mondo, il cognome è ancora un valido segno d'identità?

Scriviamo!

Cerco compagno/a di casa...

Looking for the perfect housemate? How would you describe yourself in order to find the ideal match? Use the form provided to jot down the information requested. Then use your answers to write a paragraph in which you describe yourself, your likes, and dislikes. Remember that to make a good match, you need to offer lots of information! You must answer all of the following questions, but your description should not be limited only to the answers.

Come ti chiami? _____		
Quanti anni hai? _____		
Di dove sei? _____		
Come sei? _____		
Cosa ti piace?	la musica	Quale? _____
	la cucina	Quale? _____
	lo sport	Quale? _____
	il cinema	Quale? _____
Sei fumatore/fumatrice (*a smoker*)? _____		
Hai animali? _____		
Altro: _____		

In groups of three or four, read each other's ads and then decide whether you would be compatible roommates or not. Be prepared to share your responses with the class.

Parliamo!

Amnesia totale!

Your instructor will tape the name of a famous person on your back. You must go around the room asking yes/no questions to figure out who you are. Two rules: you can only ask questions whose answers are either **sì** or **no,** and everyone must only speak Italian. When you think you know who you are, check with your instructor. If you're right, you may sit down.

Guardiamo!

Film *Nuovo Cinema Paradiso*
(Commedia. Italia. 1990. Giuseppe Tornatore, Regista. 124 min.)

A. Anteprima. With a partner, describe the stereotypically beautiful/handsome Italian. Provide as much detail as possible.

B. Ciak, si gira! Alfredo asks Totò to describe Elena. Complete the following sentences with the words that Totò uses in response to the question **Com'è?** If you need help, use the list below.

azzurri	**lunghi**	**semplice**
castani	**magra**	
grandi	**piccola**	

Simpatica. Ha l'età mia. _____.¹ Con i capelli _____,²

_____.³ Gli occhi _____,⁴ _____.⁵ L'espressione

_____.⁶ E una _____⁷ macchia di fragola* sulle labbra.

After watching the scene, check your answers against your partner's.

C. È fatto! Quanto è simile Elena alla vostra descrizione della classica bellezza italiana? Com'è diversa? E Totò, com'è?

IN **AMERICA**

Can you match the following famous Italian Americans with their original **cognomi?**

1. Mary Lou Retton
2. Nicolas Cage
3. Tony Bennett
4. Penny Marshall
5. Charles Atlas
6. Georgia O'Keefe

a. *Coppola*
b. *Siciliano*
c. *Masciarelli*
d. *Rettoni*
e. *Totto*
f. *Benedetto*

In America (Answers): 1. d 2. a 3. f 4. c 5. b 6. e

Riassunto: A famous Italian filmmaker, Salvatore (Salvatore Cascio) returns to his hometown in Sicily after an absence of 30 years. While at home, he remembers the events that shaped his life, especially his friendship with Alfredo (Philippe Noiret), who first introduced him to movies.

Scena: (DVD Chapter 17 "Salvatore's Footage," 1:07:43–1:08:43): In this scene a teenage Salvatore (Totò) plays back the movie footage he just shot, including scenes of Elena, the new girl in school. Alfredo, who is now blind, can't see the film, so he asks Totò to describe her to him.

---

*beauty mark; literally, *spot of strawberry*

Vocabolario

Domande ed espressioni

c'è / ci sono	there is / there are
Che tempo fa?	What is the weather like?
Fa bello/brutto/caldo/	It's beautiful/bad/hot/
freddo.	cold (weather).
Com'è... ? / Come sono... ?	What is he/she/it like? /
	What are they like?
Come stai? / Come sta?	How are you (*inform./form.*)?
bene	well, fine
benissimo	great
così così	so-so
insomma	not very well
molto bene	very well
non c'è male	not bad
Come va?	How's it going?
Cosa c'è?	What's the matter?
Mi diverto.	I have / I am having fun /
	a good time.
Quanti anni hai/ha?	How old are you (*inform./*
	form.)?
Sei americano? /	Are you (*inform./form.*)
È americano?	American?
Sono di (+ city) **/ Sono**	I'm from (*Chicago*) / I'm
(+ nationality)	(*American*)
Sono nato/a...	I was born in (*name of city*)

Verbi

avere	to have
avere caldo/freddo/	to be hot/cold/
sete/fame	thirsty/hungry
avere paura/sonno/	to be afraid/sleepy/
ragione/torto	right/wrong
avere mal di gola/	to have a sore throat /
pancia/testa	stomachache/headache
essere	to be

Sostantivi (le parti del corpo)

i capelli (*m. pl.*)	hair (blond/brown/
(biondi/castani/lisci/ricci)	straight/curly)
il dente / i denti (*pl.*)	tooth / teeth
la gola	throat
il labbro / le labbra (*f. pl.*)	lip / lips
le lenti a contatto (*f. pl.*)	contact lenses
il naso	nose
l'occhio	eye
gli occhi (*m. pl.*)	eyes (blue/brown/green)
(azzurri/castani/verdi)	
gli occhiali (*m. pl.*)	eyeglasses
l'orecchio / le orecchie	ear / ears
(*f. pl.*)	
la pancia	stomach

Sostantivi (i paesi)

l'Australia	Australia
l'Austria	Austria
il Canada	Canada
la Cina	China
Cuba	Cuba
la Francia	France
la Germania	Germany
il Giappone	Japan
l'Inghilterra	England
l'Irlanda	Ireland
l'Italia	Italy
il Messico	Mexico
il Portogallo	Portugal
la Spagna	Spain
gli Stati Uniti	United States
la Turchia	Turkey

Aggettivi (le nazionalità)

americano	American
australiano	Australian
austriaco	Austrian
canadese	Canadian
cinese	Chinese
cubano	Cuban
francese	French
giapponese	Japanese
inglese	English
irlandese	Irish
italiano	Italian
messicano	Mexican
portoghese	Portugese
spagnolo	Spanish
tedesco	German
turco	Turkish

Aggettivi (i colori)

arancione	orange
azzurro	(sky) blue
beige	beige
bianco	white
blu	dark blue
giallo	yellow
grigio	gray
marrone	brown
nero	black
rosa	pink
rosso	red
verde	green
viola	violet

Aggettivi (le caratteristiche personali)

allegro	happy
alto	tall
ammalato	ill
antipatico	unkind, unpleasant
anziano	old, elderly (*persons*)
arrabbiato	angry
attivo	active
basso	short
bello	handsome
brutto	ugly
buffo	funny
buono	good
cattivo	bad, naughty, mean
contento	content
curioso	curious
debole	weak
difficile	difficult
disordinato	disorganized, messy
divertente	entertaining, fun
estroverso	extroverted
felice	happy
forte	strong
generoso	generous
giovane	young
grande	big, great
grasso	fat
impegnato	busy
innamorato	in love
intelligente	intelligent
interessante	interesting
introverso	introverted
lento	slow
libero	free, not busy
lontano	far
magro	thin
nervoso	nervous
noioso	boring
nuovo	new
ordinato	orderly, organized
piccolo	small, little
pigro	lazy
povero	poor
ricco	rich
serio	serious
simpatico	nice
sincero	sincere
stanco	tired
stressato	stressed
studioso	studious
stupido	stupid
tranquillo	calm
triste	sad
vecchio	old
veloce	fast
vicino	near

Aggettivi possessivi

mio	my
tuo	your (*sing. inform.*)
Suo	your (*sing. form.*)
suo	his/her/its
nostro	our
vostro	your (*pl.*)
loro	their

Altri aggettivi

molto	many, a lot of
poco	few, not much
quello	that
questo	this

3

Cosa ti piace fare?

Ballerina blu (1912), Gino Severini

 DVD @ **Online Learning Center**
www.mhhe.com/avanti2

 CENTRO Your media center for languages www.mhcentro.com
Online Workbook / Lab Manual

Senti, scusa, / Senta, scusi, che ora è?

Getting someone's attention; Asking and telling time

- To get someone's attention say *Listen!* and/or *Excuse me!*

  Senti, scusa (*informal*)!   **Senta, scusi** (*formal*)!

- To ask the time, use either:

  Che ora è? or **Che ore sono?**

- To tell the time, say:

  È + l'una, mezzogiorno, mezzanotte.
  Sono + le due, le tre, le quattro...

- Here are some additional words used to express time:

  Mezzo (or **mezza**) can be replaced by **trenta**.

  È l'una e mezzo = È l'una e trenta.

  Note: For times after the half-hour, it is common to use **meno**.

  Sono le sette e quarantacinque = Sono le otto meno un quarto.

A. Che ora è? Use what you already know to match the following times with the clocks.

 1.  3.  5.  7.

 2.  4.  6. 8.

a. È mezzogiorno.
   (Sono le dodici.)
b. È mezzanotte.
   (Sono le ventiquattro.)
c. È l'una.

d. Sono le tre.
e. Sono le undici e mezzo.
f. Sono le sette e un quarto.
g. Sono le cinque meno dieci.
h. Sono le nove e diciassette.

IN **ITALIA**

In Italia è uso comune adoperare l'ora «militare» (di 24 ore) per gli orari (*schedules*), per esempio, l'orario dei treni, dei negozi (*stores*) e dei musei e per la guida TV.

Sono le ventidue. = Sono le dieci di sera.

Sono le quattordici. = Sono le due del pomeriggio.

Rai1 — rai.it

6.05 **ANIMA GOOD NEWS.** Attualità
6.10 **LA NUOVA FAMIGLIA ADDAMS.** Telefilm
6.30 **TG 1.**
6.45 **UNOMATTINA ESTATE.** Att. Con V. Maya.
9.30 **TG 1 FLASH.**
9.40 **2 GIUGNO - FESTA DELLA REPUBBLICA.** Attualità
12.00 **CHE TEMPO FA.**
12.05 **LA SIGNORA IN GIALLO.** Telefilm
13.30 **TELEGIORNALE.**
14.00 **TG 1 ECONOMIA.** Att.
14.10 **JULIA.** Soap
14.55 **INCANTESIMO 10.** Soap
15.55 **L'ISPETTORE DERRICK.** Telefilm
16.50 **TG PARLAMENTO.** Att.
17.00 **TG 1.**
17.10 **COTTI E MANGIATI.** Telefilm
17.15 **FILM DOPPIA VITA, DOPPIA MORTE.** (Dramm., Canada, 2006). Di S. Pleszczynski. Con K. Martin, M. Cummins
18.50 **ALTA TENSIONE.** Quiz. Con C. Conti
SERA
20.00 **TELEGIORNALE.**
20.30 **AFFARI TUOI.** Varietà. Con Flavio Insinna

Rai2 — rai.it

6.00 **TG 2 COSTUME E SOCIETÀ.** Attualità
6.15 **CERCANDO CERCANDO.** Varietà
6.30 **IL TIBET DELLO SPIRITO, VIAGGIO TRA I MONASTERI.** Documentario
6.45 **TG 2 EAT PARADE.** Attualità
6.55 **QUASI LE SETTE.** Att.
7.00 **SORGENTE DI VITA.** Att.
7.30 **RANDOM.** Ragazzi
9.45 **GARDEN.** Documenti
10.15 **TG 2.**
11.15 **RICOMINCIO DA QUI.** Talk show
13.00 **TG 2 GIORNO.**
13.30 **TG 2 COSTUME E SOCIETÀ.** Attualità
13.50 **TG 2 SALUTE.** Rubrica
14.00 **L' ITALIA SUL DUE.** Att.
16.00 **A PROPOSITO DI BRIAN.** Telefilm
16.40 **KEVIN HILL.** Telefilm
17.20 **TUTTI ODIANO CHRIS.** Serie
17.21 **METEO.**
18.05 **TG 2 FLASH L.I.S.**
18.10 **RAI TG SPORT.**
18.30 **TG 2.**
19.00 **SQUADRA SPECIALE COBRA 11.** Telefilm
19.50 **FRIENDS.** Telefilm
20.25 **WARNER SHOW.** Cartoni
20.30 **TG 2 20.30.**
21.05 **VOYAGER, AI CONFINI**

Rai3 — rai.it

6.00 **RAI NEWS 24.** Att.
6.30 **IL CAFFÈ DI CORRADINO MINEO.** Attualità
8.05 **LA STORIA SIAMO NOI.** Attualità. Con Giovanni Minoli
9.05 **FILM GLI ZITELLONI.** (Comico, Italia /Spagna, 1958). Di G. Bianchi. Con V. De Sica, W. Chiari
10.45 **COMINCIAMO BENE.** Att.
12.00 **TG 3. RAI SPORT NOTIZIE. METEO 3.**
12.25 **LE STORIE - DIARIO ITALIANO.** Attualità
13.10 **WIND AT MY BACK.** Telefilm
14.00 **TGR. TGR METEO.**
14.20 **TG 3. METEO 3.**
14.50 **LA MIA FAMIGLIA.** Doc.
15.00 **TG3 FLASH L.I.S.**
15.05 **TREBISONDA.** Ragazzi
16.00 **TG 3 GT RAGAZZI.**
16.15 **GLOBAL GLOVER.** Pupazzi animati
16.35 **LA MELEVISIONE.** Att.
17.00 **SQUADRA SPECIALE VIENNA.** Telefilm
17.45 **GEO MAGAZINE.** Doc.
18.55 **METEO 3.**
19.00 **TG 3.**
19.30 **TGR. TGR METEO.**
20.00 **RAI TG SPORT.**
20.10 **BLOB.** Attualità
20.30 **UN POSTO AL SOLE.** Soap Opera

B. Un secondo, per favore! Put the following measurements of time in order from the smallest to the largest. The first one is done for you.

_____ un anno

_____ una settimana (*week*)

_____ un minuto   _____ un'ora

_____ un mese   _1_ un secondo

_____ un giorno

A che ora... ?

Asking when events occur

A. Osserva ed ascolta. Watch and listen as some Italians tell you when they do certain things. Then indicate at what time each activity happens.

1. Lo studente, Stefano, si alza (*gets up*)...

4. La madre, Stefania, sveglia (*wakes up*) la bimba...

2. La studentessa, Lucia, cena (*eats dinner*)...

5. L'idraulico (*plumber*), Paolo, si alza...

a. alle 3.30.

b. alle 7.00.

c. alle 8.00.

d. alle 9.00.

e. alle 7.30 (19.30)

3. La studentessa, Cristina, ritorna dalla discoteca...

B. Quale domanda?

You have heard two different questions referring to time. What's the difference between them? Check all the possible replies to the following questions:

Che ora è?

1. ☐ Sono le tre.
2. ☐ All'una.
3. ☐ È mezzogiorno.
4. ☐ Non lo so. Non ho l'orologio.
5. ☐ Sono le otto meno venti.

A che ora?

1. ☐ Sono le sei e mezzo.
2. ☐ Alle due.
3. ☐ A mezzanotte.
4. ☐ Presto! Alle sette di mattina.
5. ☐ Non lo so. Non ho l'orario.

To express when something happens, say:

A che ora?   **all'**una
           alle due, **alle** tre, **alle** quattro...
           a mezzogiorno, **a** mezzanotte

C. A che ora apre (*opens*)... ? A che ora chiude (*closes*)... ?

Work with a partner. Choose one of the following places: **la pinacoteca** (*art gallery*), **lo studio medico dentistico, il negozio** (*store*), **il parrucchiere** (*hairdresser*). With his/her book closed, your partner will get your attention and then ask you questions to find out the business hours and schedule (**l'orario**), by asking **A che ora apre...** ? and **A che ora chiude...** ?

Be sure to find out the hours for each day of the week. The names of all seven days are listed in the schedules. Can you figure out which is which? If you have trouble, ask your instructor or check **Lessico, In Italia,** p. 71.

Esempio: **S1:** Senti, scusa. A che ora apre il parrucchiere il venerdì?
           S2: Apre alle nove.
           S1: Grazie!
           S2: Prego!

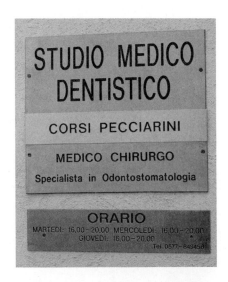

In italiano

- To check if you agree (or if you understand), Italians add:
  ok? or **va bene?** to the end of the sentence. To say they agree
  (or understand) they answer:

  Sì!, Ok!, or **Va bene!**

- Other replies include:

  Bene!, Benissimo!, Certo!, Perfetto!

- Sometimes Italians use an enthusiastic combination of several
  expressions:

  —**Stasera alle venti, va bene?**
  —**Sì, sì, sì, certo, va benissimo!**

Nel tempo libero cosa ti/Le piace fare?

Saying what you like to do in your free time

- To say you like to do something, say:

  Mi piace + infinitive

- To ask someone if he/she likes to do something, say:

  (*informal*)   (*formal*)
  Ti piace + infinitive   **Le piace** + infinitive
  —**Ti piace viaggiare** (*to travel*)? —**Le piace leggere**
                                          (*to read*)?

  —**Certo, ma ho pochi soldi**   —**Sì, mi piacciono i gialli.**
   (*money*)!

- To say that you like the same thing as someone else, say:

  Piace/Piacciono anche a me!

  —**Mi piace viaggiare.**
  —**Piace anche a me!**

Attenzione! You always use **piace** with an infinitive or a singular
noun, but you need to use **piacciono** with plural nouns. You will
learn more about **piace** + infinitive later in this chapter.

A. Osserva ed ascolta. Watch and listen as Elisabetta describes what she likes to do in her free time. Put a ✓ next to the activities she enjoys. Then watch and listen as Paolo says what he likes to do and check the ones he enjoys. Which activities do they both enjoy?

	Elisabetta	Paolo
1. andare (*to go*) a bere qualcosa (*something*) con gli amici	☐	☐
2. andare al cinema	☐	☐
3. ascoltare la musica	☐	☐
4. ballare / andare in discoteca	☐	☐
5. giocare a calcio	☐	☐
6. leggere	☐	☐
7. viaggiare	☐	☐

B. Il tuo tempo libero.

Parte prima. Work with a partner. Put a star by activities listed in Activity A that you think your partner enjoys in his/her free time. Then find out which ones your partner really likes to do by taking turns asking **Ti piace... ?** How many did you guess correctly?

Parte seconda. Now, report to the class which activities you both enjoy and those that neither likes to do.

> **Esempio:** A noi piace...
> A noi non piace...

In italiano

Two common idiomatic expressions in Italian contain the word **ora:**

fare le ore piccole = *to stay up late*
—**Ti piace fare le ore piccole?** (*Do you like to stay up late?*)

non vedere l'ora (di fare qualcosa) = *to not be able to wait* (*to do something / to be excited about doing something*)
—**Non vedo l'ora di rivederti!**
(*I can't wait to see you again! / I'm excited about seeing you again!*)

C. Presto o tardi?

Parte prima. Your partner will ask if you like to do the following activities at the times listed. Tell him/her what you think: **è troppo presto** (*too early*), **è troppo tardi** (*too late*), or **è l'ora giusta** (*the right time*).

> **Esempio:** **S1:** Ti piace guardare (*to watch*) la TV alle sei di mattina?
> **S2:** No, no! È troppo presto!

Ti piace...

	troppo presto	l'ora giusta	troppo tardi
1. frequentare (*to attend*) una lezione alle dieci di mattina?	☐	☐	☐
2. arrivare a una festa alle ventidue?	☐	☐	☐
3. andare a una partita di football a mezzogiorno?	☐	☐	☐
4. cenare alle venti?	☐	☐	☐
5. andare al cinema alle diciassette?	☐	☐	☐
6. rientrare (*to come home*) il sabato sera alle ventidue?	☐	☐	☐

Parte seconda. Compare your answers with your partner's. Do you agree?

> **Esempio:** **S1:** Mi piace cenare alle venti.
> **S2:** Anche a me! (*Me too!*) (Oh no! È troppo tardi. Mi piace cenare alle diciotto.)

In italiano

Presto and **tardi** can also be used to say good-bye:

A presto!	*See you soon!*
A più tardi!	*See you later!*

Lessico

Che fai di bello?

Talking about your daily activities

Although Salvatore and Riccardo are twins (**gemelli**), they are very different. Read the brief descriptions they give of themselves and of the activities they like to do.

Ciao. Sono Salvatore DiStefano. Ho 20 anni e sono studente di scienze politiche all'Università degli Studi di Bologna. Ho molti amici e una ragazza (*girlfriend*). La mia ragazza si chiama Angela. Mi piace molto lo sport.

Ciao. Sono Riccardo DiStefano, il fratello (*brother*) gemello di Salvatore. Anch'io ho 20 anni, ma non sono studente. Sono cameriere (*waiter*) in una pizzeria nel centro di Bologna. Mi piacciono i libri e la musica.

Based on your recognition of **parole simili** and the words that you have already learned, match each statement on page 69 that Salvatore or Riccardo makes about himself to the appropriate picture. (If you need help from your instructor, be sure to use the appropriate questions inside the front cover of your book.)

1. _____ 3. _____ 5. _____

2. _____ 4. _____ 6. _____

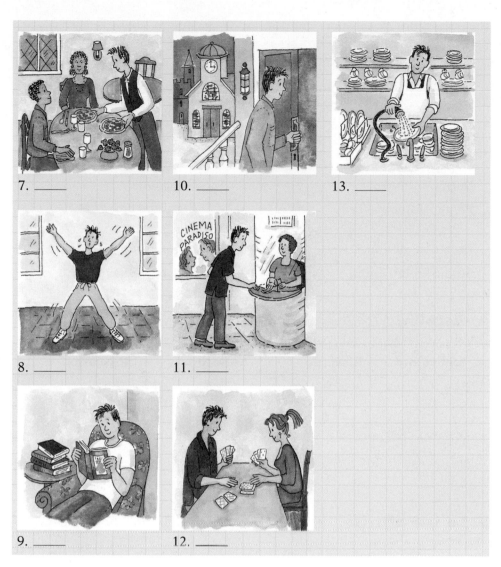

7. _____   10. _____   13. _____

8. _____   11. _____

9. _____   12. _____

▶ Answers to this activity are in Appendix 2 at the back of your book.

a. Servo la pizza.

b. Guardo la TV con la mia ragazza.

c. Lavoro tutte le sere fino alle due di notte.

d. La mattina faccio colazione con cappuccino e biscotti.

e. Gioco a carte con la mia ragazza.

f. Ballo in discoteca.

g. Faccio sport.

h. Leggo molti libri.

i. Lavo i piatti.

j. Torno a casa molto tardi.

k. Vado al cinema.

l. Ascolto la musica.

m. Parlo al telefonino.

In italiano

There are two verbs that mean *to play* in Italian: **giocare,** *to play a game,* and **suonare,** *to play an instrument.*

Now, based on what you know about Salvatore and Riccardo, complete their descriptions of themselves by writing which activities each brother would include in his list of typical activities. **Attenzione!** Some may be appropriate for both brothers.

Ciao. Sono Salvatore DiStefano. Ecco le mie attività tipiche:	Ciao. Sono Riccardo DiStefano. Ecco le mie attività tipiche:
Guardo la TV con la mia ragazza.	

▶ Answers to this activity are in Appendix 2 at the back of your book.

Here are more of Salvatore and Riccardo's comments about themselves. Can you figure out which brother is speaking?

Pulisco la pizzeria.	*I clean the pizzeria.*
Frequento le lezioni tutte le mattine.	*I attend class every morning.*
Bevo un'aranciata.	*I drink an orange soda.*
Mangio alla mensa.	*I eat at the cafeteria.*
Prendo un caffè.	*I have a coffee.*
Dormo a lungo.	*I sleep late.*
Prendo l'autobus per andare all'università.	*I take the bus to go to the university.*
Esco con gli amici.	*I go out with friends.*
Studio in biblioteca.	*I study in the library.*

● Answers to this activity are in Appendix 2 at the back of your book.

A. Ascolta! Listen as your instructor reads a variety of statements. Decide if Salvatore or Riccardo is speaking.

	Salvatore	Riccardo		Salvatore	Riccardo
1.	☐	☐	6.	☐	☐
2.	☐	☐	7.	☐	☐
3.	☐	☐	8.	☐	☐
4.	☐	☐	9.	☐	☐
5.	☐	☐	10.	☐	☐

B. Le tue attività. Indicate how often you do the following activities by checking the appropriate box: **mai** (*never*), **ogni tanto** (*sometimes*), **spesso** (*often*), or **sempre** (*always*). Then compare your answers with those of two or three classmates and find the person with whom you have the most in common.

		mai	ogni tanto	spesso	sempre
1.	Gioco a carte.	☐	☐	☐	☐
2.	Suono uno strumento (il pianoforte, il violino, la chitarra [*guitar*]).	☐	☐	☐	☐
3.	Faccio sport.	☐	☐	☐	☐
4.	Mangio la pizza.	☐	☐	☐	☐
5.	Faccio shopping.	☐	☐	☐	☐
6.	Pulisco la mia camera (*room*).	☐	☐	☐	☐
7.	Vado a letto (*bed*) alle due di mattina.	☐	☐	☐	☐
8.	Prendo un cappuccino.	☐	☐	☐	☐
9.	Prendo l'autobus per andare a scuola.	☐	☐	☐	☐
10.	Vado a scuola in bicicletta.	☐	☐	☐	☐
11.	Dormo più di (*more than*) 8 ore.	☐	☐	☐	☐

		ogni		
	mai	tanto	spesso	sempre
12. Leggo una rivista (*Vogue*, *GQ*).	☐	☐	☐	☐
13. Arrivo puntuale alla lezione.	☐	☐	☐	☐
14. Ceno prima delle 6.00.	☐	☐	☐	☐

C. A che ora? Complete each statement with the time that you usually do each activity.

Esempio: Prendo un cappuccino alle dieci.

1. Vado a lezione _____ .

2. Il weekend esco con gli amici _____ e torno a casa _____ .

3. Durante (*during*) la settimana vado a letto _____ .

4. Controllo (*I check*) l'e-mail _____ .

5. Comincio i compiti _____ .

6. Guardo il mio programma preferito _____ .

7. Faccio colazione _____ , pranzo _____ e ceno _____ .

IN ITALIA

In Italia, lunedì è il primo giorno della settimana e domenica è l'ultimo (*last*). I giorni della settimana sono: **lunedì, martedì, mercoledì, giovedì, venerdì, sabato e domenica.**

Attenzione! I giorni della settimana si scrivono con la lettera minuscola (*lowercase*).

Per sapere (*know*) il giorno, si dice:

—**Che giorno è oggi?**   *What day is today?*
 È lunedì.   *It's Monday.*

D. La mia agenda.

Parte prima. Using the blank agenda page below as a model, create your schedule for next week. List one activity for each day at the times indicated.

	lunedì	martedì	mercoledì	giovedì	venerdì
9.00					
12.00					
15.00					

Parte seconda. Find out if your schedule overlaps with your partner's.

Esempio: **S1:** Cosa fai lunedì alle nove? / Cosa fa lunedì alle nove?
S2: Vado a lezione di chimica. E tu? / E Lei?
S1: Studio in biblioteca.

Parte terza. Now, make a list of your activities for **sabato** and **domenica.** Then find out if your partner has something fun or interesting planned for the weekend.

Esempio: **S1:** Cosa fai di bello sabato? / Che cosa fa di bello sabato?
S2: Ma, niente (*nothing*) di speciale. Sabato dormo fino alle dieci, poi vado in biblioteca a studiare. Alle sette e mezzo mangio in pizzeria con gli amici. E tu? / E Lei?
S1: Lavoro tutto il giorno e poi esco con gli amici alle nove.

In italiano

If you do an activity *every* Monday, you say: **il lunedì** but if you are only referring to *this* Monday, you say: **lunedì.**

Esco con gli amici **il sabato.**	*I go out with my friends on Saturdays.*
Lavoro **martedì.**	*I am working this Tuesday.*

Strutture

3.1 Mi piace studiare l'italiano!

The infinitive of the verb

1. Verbs end in **-o** when a person is talking about his/her own activities. Verbs also have an infinitive form, **l'infinito.** Infinitives in English are preceded by *to: to walk, to run, to eat.*

Many of the verbs in this chapter are listed below; match them with their infinitive forms. For example: **dormo** (*I sleep*) → **dormire** (*to sleep*).

Answers to this activity are in Appendix 2 at the back of your book.

io

arrivo   pulisco
frequento   ceno   prendo
gioco   ballo   guardo
ascolto   **dormo**   lavo   lavoro
inizio   scrivo   parlo   mangio
studio   chiudo   pranzo   leggo
preferisco   servo   torno
suono   apro

l'infinito

cenare   frequentare
giocare   ascoltare   prendere
guardare   lavorare   iniziare
ballare   **dormire**   leggere   mangiare
chiudere   pulire   servire   pranzare
scrivere   studiare   suonare   tornare
preferire   aprire   parlare
lavare   arrivare

2. There are three types of infinitives (or conjugations) in Italian that vary according to their endings. Verbs ending in **-are** belong to the first conjugation; verbs ending in **-ere** belong to the second; verbs ending in **-ire** belong to the third.

Write all of the infinitives provided on page 72 in their appropriate category.

-are	-ere	-ire

3. Here are seven verbs that don't follow the pattern of most verbs. These are called irregular verbs.

See if you can match the forms. (You already know two of them!)

io	l'infinito
sono	
faccio vado	avere andare
esco	fare
ho bevo	venire (*to come*) uscire
vengo	essere bere

● Answers to these activities are in Appendix 2 at the back of your book.

A. Preferisco dormire! Share your opinions with the class. If none of the choices applies to you, add your own.

1. Durante le vacanze (*vacation*), preferisco _____.

   a. leggere un buon libro   c. pulire la casa
   b. guardare la TV   d. ?

2. Dopo le lezioni, preferisco _____.

   a. dormire   c. fare sport
   b. studiare in biblioteca   d. ?

3. Ogni mattina, prima di uscire di casa, preferisco _____.

   a. fare colazione   c. bere un caffè
   b. fare i compiti   d. ?

4. Il venerdì sera preferisco _____.

   a. andare al cinema   c. uscire con gli amici
   b. guardare un film a casa con gli amici   d. ?

In italiano

To indicate your preferences, say **preferisco** followed by the infinitive.

Non mi piace guardare la TV, preferisco andare al cinema.

I don't like to watch TV, I prefer to go to the movies.

In Italia i giovani passano il tempo libero così:

incontrare (*to meet with*) **gli amici**	**32,4%**
fare sport	**22,3%**
ascoltare la musica	**14,4%**
leggere	**10,7%**
andare al cinema	**5,1%**
giocare al computer	**3,4%**
ascoltare la radio	**2,5%**
guardare la TV	**2,0%**
fare del volontariato (*volunteer work*)	**1,6%**
andare a teatro	**0,6%**
altro (*other*)	**5,0%**

B. Cosa ti piace fare nel tempo libero?   Answer the questions provided. Add more questions to the list, and then find classmates who can answer **sì** to each of your questions.

Nel tempo libero...

1. ti piace giocare a carte?
2. ti piace pulire la casa?
3. ti piace giocare a golf?
4. ti piace incontrare gli amici?
5. ti piace suonare la chitarra?
6. ?
7. ?
8. ?
9. ?
10. ?

 IN **ITALIA**

In Italia **le carte da gioco** (*playing cards*) sono diverse da quelle francesi che sono state adoperate negli Stati Uniti. I quattro semi (*suits*) sono spade (*swords*), coppe (*cups*), bastoni (*clubs*) e ori o denari (*coins*). Storicamente i semi rappresentano i diversi ceti sociali (*social classes*): il militare, la chiesa, il popolo e la nobiltà.

I disegni variano da regione a regione in Italia. Ecco **il due di spade** di cinque regioni diverse:

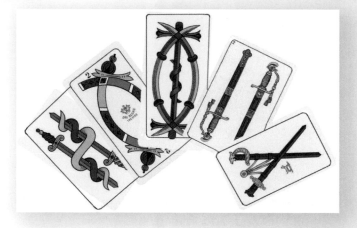

 CLICCA QUI Per sapere di più sulle varietà regionali delle carte da gioco e per imparare le regole di Scopa e Briscola, due popolari giochi italiani, vai sul sito di *Avanti!*, **Clicca qui (www.mhhe.com/avanti2).**

In italiano

- To say that *she* enjoys an activity, use **le piace** + infinitive.

  Le piace leggere.

- To say that *he* enjoys a particular activity, use **gli piace** + infinitive.

  Gli piace guardare la TV.

C. Le piace fare sport!

Can you remember the activities that your classmates like? Form a circle. Each person states the activity that he/she enjoys and then repeats the preferred activities of all the students preceding him/her in the circle. The first person in the circle doesn't have much to do, but the last person must have a very good memory!

Esempio: Mi piace giocare a tennis, le piace dormire, gli piace fare sport… eccetera.

D. Sei consigli per dormire bene.

Parte prima. Put a ✓ next to each statement that is true for you.

1. Vado a letto quando sono stanco/a. L'ora esatta dipende dal giorno. ☐

2. Dormo poco durante la settimana e allora mi piace dormire a lungo la domenica. ☐

3. Dormo con la finestra (*window*) aperta. ☐

4. Bevo la coca-cola e/o il caffè di pomeriggio. ☐

5. Mi sdraio (*I stretch out*) sul letto per studiare. ☐

6. L'ultima cosa che faccio prima di andare a letto è controllare l'e-mail. ☐

7. Se non riesco (*If I can't*) a dormire, guardo la TV. ☐

Parte seconda. Read the following advice about good sleeping habits adapted from the magazine *Focus*. Underline all the verbs in the infinitive. If you need assistance, ask your instructor for help using the appropriate expressions from the inside front cover of your text.

| 1. Mantenere sempre gli stessi orari. Non dormire di più la domenica per «recuperare». | 2. Un ambiente favorevole: fresco, buio e silenzioso. | 3. Niente caffè, né cioccolato o coca-cola di pomeriggio. Il latte caldo aiuta, l'alcol no. | 4. Non mangiare a letto. Andare a letto almeno 3 ore dopo la cena. | 5. Non usare il letto per studiare, guardare la tv, lavorare. | 6. Abolire tv, computer e discussioni nell'ultima mezz'ora. |

Parte terza. Read the statements that are true for you from the **Parte prima** to your partner. He/she will decide if your habit is correct (*corretto*) or wrong (*sbagliato*) according to the article. If it is wrong, he/she will give you the pertinent advice from the text.

Esempio: S1: Bevo la coca-cola di pomeriggio.
S2: Sbagliato! Non bisogna bere la coca-cola di pomeriggio.

E. Ti va di andare al cinema?

Parte prima. Make a list of your preferred activities for the following days and times.

Esempio: martedì alle 18.00   andare al cinema

1. martedì alle 18.00
2. giovedì alle 14.00
3. sabato alle 22.00
4. domenica alle 16.00

Quanto dormono

un pipistrello: 20 ore
un pitone: 18 ore
un bimbo neonato: 16 ore
un gatto: 12 ore
un cane: 10 ore 30'
uno scimpanzé: 9 ore 45'
un uomo adulto: 8 ore
un uomo anziano: 5 ore 30'
un asinello: 3 ore
una giraffa: 2 ore

Complete the following sentences.

1. Prima di un esame, dormo come (*like*)…
2. Di solito (*normally*) dormo come…
3. La domenica dormo come…

In italiano

To give advice about activities that one does or does not need to do, say **(non) bisogna** followed by the infinitive.

Bisogna dormire otto ore.
One needs to / One should sleep eight hours.

Non bisogna bere la coca-cola di pomeriggio.
One should not drink Coke in the afternoon.

Parte seconda. Find someone who wants to do each activity with you. Your partner may use one of the expressions below in his/her response.

> **Esempio:** **S1:** Ti va di andare al cinema martedì sera?
> **S2:** Sì, volentieri! A che ora?
> **S1:** Alle sei, va bene?
> **S2:** Sì, va benissimo. Grazie!

No, grazie! È troppo presto.

No, grazie. È troppo tardi.

No, grazie. Non mi va.

Sì, grazie! Volentieri! (*Gladly!*)

Sì, grazie.

3.2 Studio l'italiano

The present indicative of regular verbs

 Put a ✓ next to the statements about your instructor that you think are true. When you are finished, your instructor will confirm your responses. Who knows the instructor best?

1. ☐ Mangia spesso la pizza.
2. ☐ Lava i piatti tutte le sere.
3. ☐ Suona il pianoforte.
4. ☐ Dorme otto ore ogni notte.
5. ☐ Gioca bene a tennis.
6. ☐ Ascolta la musica classica.
7. ☐ Guarda molti film italiani.
8. ☐ Parla tre lingue (*languages*).
9. ☐ Balla bene.
10. ☐ Al bar prende sempre un cappuccino.

Now find out about your partner. Ask questions using the **tu** form of the verb. To do this, just change the final vowel of each verb to **-i. Attenzione!** The **tu** form of **mangiare** has only one **-i** (**mangi**) and the **tu** form of **giocare** inserts an **-h** before the **-i** (**giochi**). Who has the most in common with the instructor?

> **Esempio:** **S1:** Mangi spesso la pizza?
> **S2:** Sì / No.

1. The present tense (**il presente indicativo**) in Italian is equivalent to two constructions in English.

Dorme a lungo. *He/She sleeps late.*   *He/She is sleeping late.*

Lava i piatti.   *He/She washes the dishes.* *He/She is washing the dishes.*

2. You have already noticed that to talk about your own activities in the present, you drop the **-are, -ere,** or **-ire** ending of the infinitive and add **-o** to the stem. You also know that the **tu** form always ends in **-i.**

		(io)	(tu)
lavorare →	**lavor-** →	lavor**o** →	lavor**i**
prendere →	**prend-** →	prend**o** →	prend**i**
dormire →	**dorm-** →	dorm**o** →	dorm**i**

3. Here are the endings for the other subject pronouns.

	lavorare	prendere	dormire
io	lavoro	prendo	dormo
tu	lavori	prendi	dormi
lui, lei; Lei	lavora	prende	dorme
noi	lavoriamo	prendiamo	dormiamo
voi	lavorate	prendete	dormite
loro	lavorano	prendono	dormono

Note that all three conjugations have the same endings in the **io, tu,** and **noi** forms. The **-ere** and **-ire** conjugations share the same endings in the third-person singular (**lui, lei; Lei**) and plural (**loro**) forms.

Now complete the conjugations of these regular verbs.

	parlare	scrivere	aprire
io	parlo	scrivo	apro
tu		scrivi	
lui, lei; Lei			apre
noi		scriviamo	
voi	parlate		
loro			aprono

4. There are two groups of **-ire** verbs. Some **-ire** verbs are conjugated like **dormire,** but most add an **-isc-** to all but the **noi** and **voi** forms.

Here is the present indicative of **capire** (*to understand*), a verb belonging to the second group of **-ire** verbs. Can you figure out the forms of **finire** (*to finish*), **preferire,** and **pulire**?

	capire	finire	preferire	pulire
io	cap isc o			
tu	cap isc i			
lui, lei; Lei	cap isc e			
noi	cap iamo			
voi	cap ite			
loro	cap isc ono			

Answers to these activities are in Appendix 2 at the back of your book.

(continued)

5. Some common verbs have spelling changes in the **tu** and **noi** forms. Verbs that end in **-iare**, such as **mangiare** and **studiare**, retain only one **-i-**.

Complete the chart by filling in the regular forms of each verb.

	mangiare	studiare
io		
tu	mangi	studi
lui, lei; Lei		
noi	mangiamo	studiamo
voi		
loro		

6. Verbs that end in **-care** and **-gare**, such as **giocare** and **pagare** (*to pay* [*for*]), add an **-h-** in the **tu** and **noi** forms to maintain the hard sound of the consonant.

Complete the chart by filling in the regular forms of each verb.

	giocare	pagare
io		
tu	giochi	paghi
lui, lei; Lei		
noi	giochiamo	paghiamo
voi		
loro		

● Answers to these activities are in Appendix 2 at the back of your book.

Here are some other common verbs that end in **-care** and **-gare:**

cercare *to look for*   **pregare** *to pray*

dimenticare *to forget*   **spiegare** *to explain*

praticare *to practice*

7. Here are some points to remember when using the present tense.

a. To make a statement negative, just put **non** before the verb.

Non pulisco la casa.   **Non** faccio i compiti.

b. Asking questions in Italian is easy! Intonation (the rise and fall in pitch of the voice) always rises at the end of a question, and if a subject is expressed, it often appears at the end. Listen to your instructor say the following statements and questions.

(statement) **Gianni e Maria** mangiano al ristorante.

(question) Mangiano al ristorante **Gianni e Maria**? ↗

(question) **Gianni e Maria** mangiano al ristorante? ↗

c. Remember, if you are asking someone a question and need to use the formal form (**Lei**), use the third-person singular form of the verb. Compare these questions.

(tu)	(Lei)
Gianni, **mangi** gli spaghetti?	Signora Tozzi, **mangia** gli spaghetti?
Mangi gli spaghetti, Gianni?	**Mangia** gli spaghetti, Signora Tozzi?

A. Vero o falso?

Choose the correct ending for each verb in the following sentences. Based on what you learned about Salvatore and Riccardo (page 68), decide if the statements are true. If any are false, correct them.

(page 68)

	vero	falso
1. Riccardo prend_____ (-e / -a) l'autobus ogni mattina.	☐	☐
2. Salvatore lavor_____ (-e / -a) in una pizzeria in centro tutti i giorni.	☐	☐
3. Salvatore mangi_____ (-e / -a) spesso alla mensa.	☐	☐
4. Riccardo e Salvatore dorm_____ (-ono / -ano) a lungo ogni mattina.	☐	☐
5. Salvatore ball_____ (-e / -a) molto bene.	☐	☐
6. Riccardo e Salvatore guard_____ (-ono / -ano) la TV insieme ogni sera.	☐	☐
7. Salvatore e Riccardo gioc_____ (-ono / -ano) a carte.	☐	☐
8. Riccardo studi_____ (-e / -a) sempre in biblioteca.	☐	☐
9. Riccardo serv_____ (-e / -a) la pizza ai clienti.	☐	☐

> **In italiano**
>
> There are two ways to say *every day* in Italian:
>
> **tutti i giorni**
> or
> **ogni giorno**

B. Frasi nuove.

With a partner, complete each sentence with the appropriate verb ending from column A and a logical item from column B. **Attenzione!** Some items in column A may be used more than once, others not at all. Those in column B are only used once.

	A	B
1. Le amiche di Pietro legg-	-iamo	il pianoforte.
2. Io e i miei amici suon-	-e	il film.
3. Sandro e Anna prend-	-a	un buon libro.
4. Tu e la tua amica scriv-	-i	tutta la notte.
5. Il professore guard-	-ate	al ristorante.
6. Il mio cane mangi-	-ete	un caffè al bar.
7. Le ragazze lavor-	-ite	molte e-mail.
8. Gli studenti frequent-	-ono	tutte le lezioni.
9. Il bambino non dorm-	-ano	molti biscottini (*biscuits*).

C. Le nostre attività.
Find out if and how often your partner does the activities listed in the circle below. One student asks a question with a phrase from the circle, the other responds truthfully with a phrase from the square.

In italiano

If you *never* do a particular activity, place **non** before the verb, and **mai** after.

Non bevo **mai** il cappuccino.

Circle:
lavare i piatti
guardare la televisione
dormire in aula
mangiare la pizza pulire la casa
studiare l'italiano lavorare
andare al cinema

Square:
tutti i giorni
spesso (*often*)
non... mai
ogni weekend
ogni tanto
ogni venerdì

Esempio: **S1:** Guardi la televisione?
S2: No, non guardo mai la televisione.

D. La vita di Antonella.

Parte prima. Antonella is a student at **l'Università degli Studi di Napoli** and her parents own a restaurant. This week her parents are away on vacation. Read this description of Antonella's week and complete the paragraph
with the correct forms of the appropriate verbs (each verb is used once): **avere, giocare, lavare, mangiare, prendere, pulire, studiare.**

Questa settimana Antonella è molto impegnata perché lavora tutte le sere al ristorante e ha un esame di chimica da preparare. Lunedì mattina alle nove _____¹ un appuntamento dal dentista, e poi, all'una _____² alla mensa con la sua amica. Martedì pomeriggio _____³ in biblioteca con Roberto e poi loro _____⁴ a tennis con Rita e Ginevra alle cinque. Mercoledì mattina fa (*takes*) l'esame e poi dorme tutto il pomeriggio perché è stanca. Giovedì mattina _____⁵ un caffè con Roberto e nel pomeriggio _____⁶ la casa e _____⁷ i piatti perché i suoi genitori (*parents*) tornano venerdì sera.

Parte seconda. Now, with a partner, formulate five questions about Antonella's week using **quando** (*when*) or **a che ora.** When you are finished, find out how much of Antonella's week you and your classmates remember. Join another group and take turns asking and answering one another's questions with your books closed.

Esempio: **S1:** A che ora ha un appuntamento dal dentista?
S2: Alle nove.
S1: Quando fa l'esame di chimica?
S2: Mercoledì mattina.

3.3 Dove vai?

Irregular verbs

Complete each statement by indicating at what time you think your partner does each of the following activities.

1. Beve un caffè _____.
2. Viene all'università _____.
3. Fa i compiti d'italiano _____.
4. Venerdì sera esce con gli amici _____.
5. Va a letto _____.

Now, find out if your guesses are correct by asking your partner questions. The **tu** forms of the verbs are given below. **Attenzione!** Note that the **tu** forms of all the verbs end in **-i.**

| bevi | fai | esci | vai | vieni |

Esempio: A che ora bevi un caffè?

1. You have already learned two irregular verbs: **essere** and **avere.** As you know, these verbs do not follow the same patterns as regular verbs. Here are the conjugations of five more irregular verbs.

Complete the chart by filling in the forms of each verb. If you need help with the **io** forms, they are in **Strutture 3.1.**

	andare (*to go*)	**bere** (*to drink*)	**fare** (*to do, to make*)	**uscire** (*to go out, to exit*)	**venire** (*to come*)
io					vengo
tu					vieni
lui, lei; Lei					viene
noi	andiamo	beviamo	facciamo	usciamo	veniamo
voi	andate	bevete	fate	uscite	venite
loro	vanno	bevono	fanno	escono	vengono

▶ Answers to this activity is in Appendix 2 at the back of your book.

2. Here are some points to remember about each verb.

a. To express that you are on your way to do something, use the construction **andare + a +** infinitive.

Rita e Tina **vanno a studiare** in biblioteca.
Maurizio **va a giocare** a tennis.

b. Note that the only irregular form of **bere** is the infinitive! The verb stem is **bev-** (not **b-**) throughout the conjugation.

c. There are many idiomatic expressions with **fare** that don't translate literally into English. You have already learned several of them: **fare bello / brutto / caldo / freddo, fare colazione, fare le ore piccole, fare sport, fare yoga.** Here are a few more.

Match the statements to the appropriate illlustrations.

a. _____ b. _____ c. _____

1. Margherita ha fame. **Fa uno spuntino** alle quattro del pomeriggio.
2. Mario **fa una foto.**
3. Gli studenti **fanno** molte **domande.**
4. Rita e Tulio **fanno una passeggiata.**

d. Use the verb **uscire** to express *to leave a place, to exit,* or to express *to go out* (*with others*).

Roberto **esce di casa** alle otto di mattina e va a lavorare.
Gianna **esce con gli amici.**

Note, however, that you use **andare** when going to a place.

Gianna e i suoi amici **vanno** al* cinema.

e. The **noi** and **voi** forms of **andare, uscire,** and **venire** are regular: **andiamo/andate, usciamo/uscite, veniamo/venite.**

Answers to this activity is in Appendix 2 at the back of your book.

STUDY TIP

The best way to learn new verb forms and vocabulary is to practice using them in sentences so that you learn the meaning, use, and form at the same time!

---

*You will learn more about articulated prepositions (prepositions that combine with definite articles [**a** + **il** = **al**]) in **Capitolo 5, Strutture 5.3.**

Uscita della libreria di Feltrinelli

● The irregular verbs **rimanere** (*to stay, to remain*) and **scegliere** (*to choose*) are presented in **Per saperne di più** at the back of your book.

A. Ascolta! Listen as your instructor reads a phrase, then select the logical ending to complete the sentence.

1. a. uno spuntino   b. molte domande   c. le ore piccole
2. a. simpatiche   b. 20 anni   c. simpatici
3. a. a lezione   b. lezione   c. succo di frutta
4. a. alto   b. mal di pancia   c. biondo
5. a. l'amico   b. a casa   c. una foto
6. a. il piede   b. la testa   c. i piedi
7. a. beve una birra   b. fa uno spuntino   c. va
8. a. ballare   b. bar   c. a ballare
9. a. al cinema   b. cinema   c. con gli amici

B. Quale verbo irregolare? Complete the paragraph with the appropriate forms of these irregular verbs: **andare, avere, bere, essere, fare, uscire, venire.** Some verbs are used more than once.

Francesca _____[1] un buon lavoro in una compagnia

internazionale a Roma. Le piace il lavoro, ma non _____[2] molto

tempo libero. La mattina a colazione non mangia niente; _____[3]

un caffè di fretta, _____[4] di casa alle 6.00 e prende la

metropolitana (*subway*). Lavora tutto il giorno e la sera torna a casa

verso le 22.30 stanchissima. Le sue amiche _____[5] simpatiche,

ma non capiscono perché Francesca _____[6] così stanca. Durante

la settimana telefonano spesso e dicono (*they say*): «Dai (*Come on*)!

Francesca! _____[7] con noi al cinema stasera!» oppure «Andiamo

al pub a _____[8] qualcosa!» ma lei risponde sempre di no. Il

weekend, preferisce stare tranquilla a casa; _____[9] una

passeggiata nel parco, legge libri, e prepara buone cose da mangiare

insieme alla sua compagna di casa. Qualche volta, il sabato sera, lei e le

sue amiche _____[10] a ballare e _____[11] le ore piccole.

C. Che bevi? Interview two classmates to find out what beverage they drink on the following occasions. Take notes and be ready to report back to the class. What does the class have in common?

> a colazione
>
> quando hai molta sete
>
> al cinema   quando guardi la TV
>
> quando fai sport   in discoteca
>
> quando mangi la pizza   al bar
>
> quando studi

Esempio: Che bevi quando hai molta sete?

D. Vai o esci? Complete the questions below with either **vai** or **esci**. Then ask your partner each question.

1. Dove (*Where*) _____ il sabato sera?

2. Quando _____ con gli amici?

3. _____ spesso al cinema?

4. Quando _____ al bar a prendere un caffè?

5. A che ora _____ di casa ogni mattina?

E. *Firma qui, per favore.* (**Sign here, please.**)

Parte prima. Complete Column B by writing an appropriate sentence according to the conditions given in Column A. Before you begin, as a class, add more conditions to Column A.

A	B	Firma qui, per favore!
Quando sono stressato/a,	*faccio yoga*	
Quando ho caldo,		
Quando sono innamorato/a,		
Quando...		
Quando...		

Solo musica. Go to the *Avanti!* iMix on the *Avanti!* Online Learning Center in Coursewide Content (**www.mhhe.com/avanti2**) where you can purchase *Terra promessa* (Eros Ramazzotti), *E penso a te* (Lucio Battisti), and *Vivo per lei* (Andrea Bocelli and Giorgia). As you listen to the songs, see how many infinitive verbs and present-tense verbs you can hear.

Parte seconda. Go around the room to find people who have the same responses as you do, and then ask for their signatures.

Esempio: **S1:** Quando sei stressato/a, che fai?
S2: Faccio yoga.
S1: Anch'io! Firma qui, per favore!

84   Capitolo 3   Cosa ti piace fare?

Cultura

Ascoltiamo!

L'orario degli italiani

Eating habits are such an integral part of culture that we take them for granted. In North America, for example, restaurants can advertise an *early bird special* served prior to the regular dinner hour without further explanation. Breakfast can be served all day or just until 11:00 A.M. Sunday brunch, a midnight snack, or an after-school snack are commonplace in the lives of North Americans. Would you be surprised to know that all of these habits are not routine for many Italians?

A. Osserva ed ascolta. Watch and listen as the instructor describes a typical workday (**giorno lavorativo**) schedule in Italy and explains how it differs from a typical schedule in North America. During the presentation, pay attention to her facial expressions, intonation, and gestures, as well as what she says, along with the accompanying images and captions to understand the meaning.

B. Completa.

Parte prima. Based on what you heard, match the time with the corresponding activity. **Attenzione!** One activity will be used twice.

1. fare colazione	a. alle diciassette
2. pranzare	b. alle undici
3. cenare	c. alle otto
4. fare uno spuntino al bar	d. alle tredici e trenta
	e. alle venti e trenta

Parte seconda. Complete the following sentences with the appropriate words from the list. **Attenzione!** There are three extra words.

a letto	**a scuola**	**chiudono**	**iniziano**
pasta	**presto**	**tardi**	

1. Generalmente, al Sud si mangia più _____ che al Nord.

2. Molti negozi e uffici (*offices*) _____ alle diciannove e trenta.

3. I bambini vanno _____ alle ventidue o anche dopo.

4. I concerti e gli spettacoli (*shows*) teatrali _____ alle ventuno.

C. Tocca a te! Which daily schedule do you prefer? Why? Choose one and complete the sentence:

Personalmente, preferisco l'orario italiano/nordamericano perché...

Leggiamo!

Avere una doppia vita° doppia... double life

A. Prima di leggere. With a partner divide the following activities into those you do **di giorno** and those you do **di notte:**

> ballare
>
> dormire   fare ginnastica
>
> fare sport   fare uno spuntino
>
> guardare la TV   lavorare
>
> leggere   studiare
>
> uscire con gli amici

B. Al testo! In the following article from *Donna moderna,* a popular magazine for women in their 20s to 30s, you will learn about the double life of a young university graduate. Read the article and then answer the questions about Chiara Andres.

Di giorno lavoro al museo. Ma di notte divento dj

Chiara Andres durante la settimana organizza visite guidate[1] per le scuole. E nei weekend fa ballare i ragazzi in discoteca

Napoletana, carina, 29 anni e una laurea in Beni Culturali. Chiara Andres di giorno organizza le attività per i ragazzi al museo della Scienza e della Tecnica di Milano. Di notte e nei weekend invece si trasforma in[2] dj. Raggiunge le discoteche più in voga in Europa e si scatena[3] con la musica techno. [...]

Come riesce a vivere[4] queste due vite completamente diverse?

«Per fortuna[5] il lavoro di dj occupa soltanto i weekend. Faccio una vitaccia[6] e ho sempre le valigie pronte.[7] Ma è quello che voglio.[8] Non potrei[9] fare una vita a senso unico. Mi piace stare in mezzo a persone diverse, alternative. Così non mi annoio,[10] mai!».

Elvia Grazi

PAOLA COLETTI

«Il mio cuore è diviso a metà. Batte per la techno e per la tecnologia».

[1]visite... *guided tours*   [2]si... *changes into;* literally, *transforms herself*   [3]si... *she lets loose,* literally, *unchains herself*   [4]riesce... *do you (form.) manage to live*   [5]Per... *Luckily*   [6]*crazy life*   [7]valigie... *suitcases ready (to go)*   [8]*I want*   [9]Non... *I couldn't*   [10]non... *I don't get bored*

Now, answer the following questions according to the article.

1. Di dov'è Chiara Andres?
2. Quanti anni ha?
3. Cosa fa di giorno?

4. Cosa fa di notte e nei weekend?
5. Che genere (*kind*) di musica le piace?
6. Le piace la doppia vita?

C. Discutiamo!

Parte prima. Work with a partner to find out the same information that you found out about Chiara Andres by using the questions in **Activity B. Attenzione!** Be sure to change the questions to the **tu** form, if necessary. When you've finished, complete the following statement for your partner:

Di giorno _____, ma di notte _____.

Parte seconda. Share what you learned about your partner with the class.

Quanti studenti hanno una doppia vita? A chi piace? A chi non piace?

Scriviamo!

Che fa?

Parte prima. Snooping around in his older sister's room, Giovannino found pages torn out of her diary. He's curious to know what Nora is up to, but he can't figure out what order the pages should be in. Work with a partner to put the pages in chronological order.

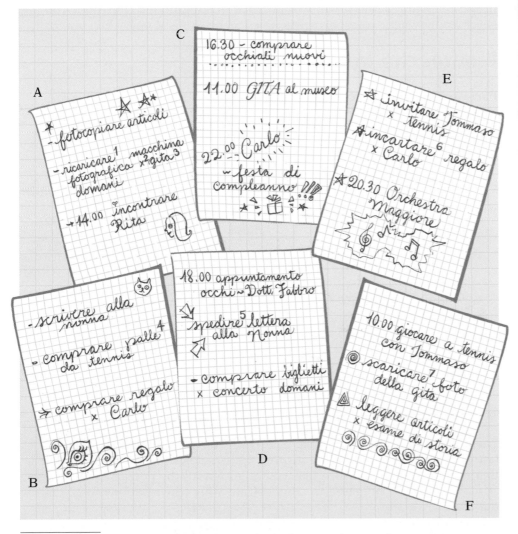

---

[1]*charge (an electronic device)*   [2]*per*   [3]*short trip*   [4]*balls*   [5]*to send*   [6]*to wrap*   [7]*download*

(continued)

Parte seconda. Now that the pages are in order, write what Nora is doing this week, starting with **martedì**.

Esempio: Martedì Nora scrive alla nonna e compra le palle da tennis e un regalo per Carlo.

Parliamo!

Il telefonino (il cellulare), che passione!

Cellphones are extremely popular in Italy. They are everywhere and everyone seems to have one: the elderly gentleman on the bus, the cashier at the supermarket, the teenagers zipping by on a Vespa, and even the second grader on the playground. While convenient, they can also ring at inopportune moments and their use is prohibited in some places. For example, it is common to see large announcements posted inside churches and museums reminding visitors that **il cellulare non ti serve** (*doesn't help you*) **per parlare con Dio** (*God*) or simply telling them to **Spegnere** (*Turn off*) **i telefonini, per favore.** Students' cellphone use is strictly prohibited during national exams.

In the following activity, you will practice making phone calls—but you never know where your partner is or what he/she is doing when you call!

Pronto, che fai?

Parte prima. Use what you've learned. Complete the following phone conversation with the words provided. Some words are used more than once.

> dormo
> sono
> bene
> che
> stai

—Pronto!

—Ciao, Silvia! Come _____¹?

—_____,² ma chi parla?

—Come, chi parla?! _____³ Davide! Cosa fai di bello?

—Davide! Ma _____⁴ ore sono?

—_____ le due di mattina. _____⁵ fai?

—_____⁶!

Parte seconda. Work with a new partner. Start the conversation again, but this time keep it going by inviting your partner to do something later. Before you hang up be sure that you've gotten all the details (what, where, at what time). Be prepared to demonstrate your conversations for the class.

Guardiamo!

Film *Nuovo Cinema Paradiso*

(Commedia. Italia. 1990. Giuseppe Tornatore, Regista. 124 min.)

A. Anteprima. You have already watched this scene in **Capitolo 2.** With a partner, describe the following characters: Totò, Alfredo, Elena.

B. Ciak, si gira!

Parte prima. Watch the scene again. This time pay close attention to what happens, in addition to what is said. Then complete the summary of what is happening in the scene, by inserting the missing verbs.

> **c'è chiede descrive è guardano indovina** (*guesses*)
> **parla risponde vede**

In questa scena, Totò e il suo vecchio amico Alfredo _____[1] un piccolo film che Totò aveva ripreso (*that he had taken*). Alfredo è cieco (*blind*), cioè non ci _____ [2]. Allora, Totò _____[3] le immagini. Ad un certo punto non _____[4] e Alfredo _____[5] «Cosa _____[6]?» Totò _____[7] «Niente.» Ma non _____[8] vero! E Alfredo _____[9] subito (*immediately*): «È una donna!»

Parte seconda. Check your answers against another student's.

C. È fatto! Answer the following questions.

1. Perché Totò non descrive subito (*immediately*) Elena? È timido? Riservato? Imbarazzato?
2. Quando tu incontri una persona nuova che ti piace, ne parli con gli amici o preferisci non parlarne (*to talk about it*)?

IN ITALIA

Nella cultura italiana la conversazione è molto importante e agli italiani piace parlare, commentare e dare consigli. È segno di socievolezza (*sociability*), simpatia e amicizia (*friendship*) anche se le persone hanno idee molto diverse. Spesso gli americani interpretano queste conversazioni molto animate come litigi (*arguments*) quando non lo sono. Una discussione vivace (*lively*) piace agli italiani. Piace anche a te?

Riassunto: A famous Italian filmmaker, Salvatore (Salvatore Cascio) returns to his hometown in Sicily after an absence of 30 years. While at home, he remembers the events that shaped his life, especially his friendship with Alfredo (Philippe Noiret), who first introduced him to movies.

Scena: (DVD, Chapter 17, "Salvatore's footage," 1:07:43–1:08:43): In this scene a teenage Salvatore (Totò) plays back the movie footage he just shot, including scenes of Elena, the new girl in school. Alfredo, who is now blind, can't see the film, so he asks Totò to describe her to him.

Vocabolario

Domande ed espressioni

A che ora... ?	At what time ... ?
a più tardi	see you later
a presto	see you soon
benissimo	terrific, great
bisogna di (+ *inf.*)	one needs to (*do something*)
Che giorno è oggi?	What day is today?
Che ora è? Che ore sono?	What time is it?
È l'una.	It's one o'clock.
È l'una e un quarto.	It's 1:15.
È mezzogiorno/ mezzanotte.	It's noon. / It's midnight.
Sono le due meno un quarto.	It's 1:45.
Sono le due e mezzo.	It's 2:30.
Cosa fai/fa di bello?	What interesting (fun) things do you (*inform./form.*) have planned?
di mattina	in the morning
del pomeriggio	in the afternoon
di sera	in the evening
È presto/tardi.	It's early/late.
Mi fa male la gamba. (*f. sing.*)	My leg hurts.
Mi fanno male i piedi. (*m. pl.*)	My feet hurt.
Nel tempo libero cosa ti/ Le piace fare?	What do you (*inform./form.*) like to do in your free time?
mi piace (+ *inf.*)	I like to (*do something*)
non... mai	never
ogni tanto	sometimes
Pronto!	Hello! (*on the telephone*)
quando	when
scusa/scusi	excuse me (*inform./form.*)

sempre	always
senti/senta	listen (*inform./form.*)
spesso	often
ti/le/gli piace (+ *inf.*)	you (*inform.*) / she / he likes to (*do something*)
Ti va di (+ *inf.*)?	Do you (*inform.*) feel like (*doing something*)?
troppo presto	too early
troppo tardi	too late
tutti i giorni / ogni giorno	everyday
va bene	okay

Verbi

andare	to go
andare + a + (*inf.*)	to go (*to do something*)
andare al cinema	to go to the movies
andare a letto	to go to bed
aprire	to open
arrivare	to arrive
ascoltare	to listen to
ballare	to dance
bere	to drink
capire	to understand
cenare	to eat dinner
cercare	to look for
chiudere	to close
dimenticare	to forget
dormire	to sleep
fare	to do, to make
fare colazione	to eat breakfast
fare le ore piccole	to stay up late

fare sport	to play sports
fare una domanda	to ask a question
fare una foto	to take a photo
fare una passeggiata	to take a walk
fare uno spuntino	to have a snack
fare yoga	to do yoga
finire	to finish
frequentare	to attend
giocare	to play (*a game*)
giocare a calcio / a carte /	to play soccer/cards/
a golf / a tennis	golf/tennis
guardare	to look at, watch
iniziare	to begin
lavare	to wash
lavorare	to work
leggere	to read
mangiare	to eat
pagare	to pay
parlare	to talk, to speak
pranzare	to eat lunch
praticare	to practice
preferire	to prefer
pregare	to pray
prendere	to take
prendere l'autobus	to take the bus
prendere un caffè	to have a coffee
pulire	to clean
rientrare	to come home
scrivere	to write
servire	to serve
spiegare	to explain
studiare	to study
suonare	to play (*an instrument*)
tornare	to return
uscire	to leave a place, to exit, to go out (*with others*)
non vedere l'ora (**di** + *inf.*)	to not be able to wait (*to do something*), to be excited about (*doing something*)
venire	to come

Sostantivi

l'autobus (*m.*)	bus
la biblioteca	library
la chitarra	guitar
il cinema	movie theater; movies
la discoteca	discotheque
l'e-mail (*f.*)	e-mail
la mensa	cafeteria
il pianoforte	piano
il piatto	plate, dish
la rivista	magazine
lo shopping	shopping
i soldi (*m. pl.*)	money
lo sport	sport
il telefonino	cellphone
il telefono	telephone
le vacanze (*f. pl.*)	vacation
il violino	violin

I giorni della settimana

lunedì	Monday
martedì	Tuesday
mercoledì	Wednesday
giovedì	Thursday
venerdì	Friday
sabato	Saturday
domenica	Sunday

4

Che bella famiglia!

Madonna «della Seggiola» (1514), Raffaello Sanzio

 DVD  **Online Learning Center** www.mhhe.com/avanti2   **CENTRO** *Your media center for languages* www.mhcentro.com   **Online Workbook / Lab Manual**

Strategie di comunicazione

Chi sei? / Chi è?
Cosa fai? / Cosa fa?

Meeting people and finding out what they do for a living

- You have learned how to introduce yourself by providing the answers to the following questions: **Come ti chiami? / Come si chiama?, Di dove sei? / Di dov'è?, Quanti anni hai? / Quanti anni ha?**

- An additional piece of information that people may offer when introducing themselves is the answer to the question: **Cosa fai? / Cosa fa?** *What do you do (for a living)?*

  —**Tu, Marisa, cosa fai?**
  —**Studio** (*or* **Faccio**) **informatica** (*computer science*).

  —**Lei, signora, cosa fa?**
  —**Sono casalinga** (*homemaker*).

Osserva ed ascolta.

Parte prima. First, watch and listen as these Italians introduce themselves, then complete the chart. Insert the following jobs into the appropriate spaces: **commerciante** (*shopkeeper*), **direttore del museo, fotoreporter, mamma, medico, studente.**

Chi è?	Come si chiama?	Quanti anni ha?	Di dov'è?	Cosa fa?
1.				
2.				
3.				
4.			Siena	
5.				

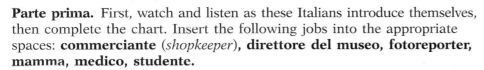

Parte seconda. Read the following questions and possible answers. Now listen as the same people comment on some aspect of their life. Match each question with the appropriate answer.

1. Com'è Roma?

2. Com'è la lingua inglese?

3. Com'è il Suo lavoro?

4. Com'è l'accento napoletano?

5. Com'è la tua famiglia?

a. È molto allegra.

b. È molto bella.

c. È molto caotica.

d È molto interessante, molto soddisfacente (*satisfying*).

e. È terrificante (*terrifying*).

Che bello!

Commenting on things and complimenting people

- To express an opinion or compliment someone, say:

  che + adjective

  —Andiamo in montagna in estate.
  —Che bello!

  che + noun

  —Non ho soldi.
  —Che disastro!

  che + adjective + noun (**che** + noun + adjective)

  —Quella è la nuova macchina di Roberto.
  —Che bella macchina!

  Note: This expression is the equivalent of the English *How* + adjective! or *What a* + noun!

  Attenzione! Whenever you use an adjective, it must agree in number and gender with the noun it refers to.

- Here are some common expressions with **che** that are used in informal, conversational Italian:

Che bello(a/i/e)!	(adjective)	*How beautiful/wonderful/great!*
Che genio!	(noun)	*What a genius!*
Che furbo(a/i/e)!	(adjective)	*How clever (sly)!*
Che schifo!	(noun)	*How gross!*
Che scemo(a/i/e)!	(noun)	*What a moron!*
Che mattone!	(noun)	*What a bore!* (literally, *brick*)

A. Il contrario. For every expression your partner gives, say the opposite. If it's positive, make it negative; if it's negative, make it positive. Take turns, but don't repeat any adjectives. How long can you keep going?

Esempio: **S1:** Che bello!
S2: Che brutto!
S1: Che caldo!
S2: Che freddo!

B. Che bello! Now express your opinion!

Parte prima. Give an example of each of the following.

1. il nome di un attore
2. il titolo di un film
3. il nome di un'attrice
4. il titolo di un libro
5. il nome di un gruppo musicale
6. il titolo di una canzone (*song*)
7. un cibo
8. una bevanda
9. una materia

Parte seconda. Tell your partner one of the items on your list. He/She will comment, using the **che** construction. Take turns. If you don't recognize the item your partner says, ask **Chi è?** or **Cos'è?**

> **Esempio:** **S1:** il tiramisù
> **S2:** Che buono!

C. Che bell'idea! With a partner, create a brief dialogue using the following expressions and the **che** construction.

In italiano

To ask *who* someone is, say: **Chi è?**

To ask *what* something is, say: **Cos'è?**

guardare la TV

dormire a lungo

guardare la partita

fare shopping

uscire con gli amici

pulire la casa

andare al cinema

> **Esempio:** **S1:** Cosa facciamo di bello questo weekend?
> **S2:** Balliamo in discoteca!
> **S1:** Che bell'idea! (Che noia [*How boring*]!)

Lessico

Che bella famiglia!

Talking about your family

Read the statements based on Cinzia's family tree on page 96, then answer the questions.

Il padre di Cinzia si chiama Antonio.

Maria è **la madre** di Cinzia.

La sorella di Silvio si chiama Lucia.

Il fratello di Lucia si chiama Silvio.

Antonio è **il marito** di Maria.

Sara è **la moglie** di Riccardo.

La figlia di Maria e Antonio si chiama Cinzia.

Silvio è **il figlio** di Aurelia e Ahmed.

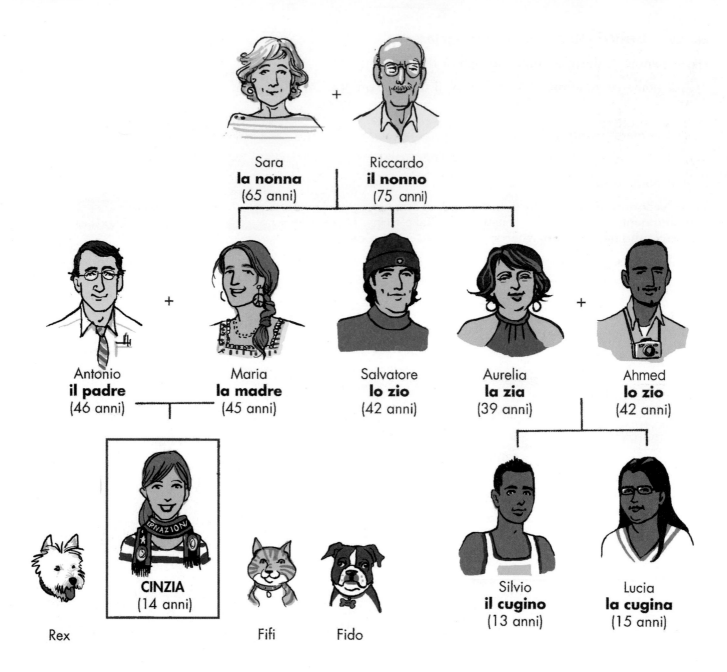

1. Chi è il padre di Maria?
2. Quanti anni ha la madre di Salvatore?
3. Come si chiama la sorella di Aurelia?
4. Quanti anni ha il fratello di Maria?
5. Chi è il marito di Aurelia?
6. Chi è la moglie di Antonio?
7. Come si chiamano le figlie di Riccardo e Sara?
8. Quanti anni ha il figlio di Aurelia e Ahmed?
9. Quanti animali domestici ha Cinzia?

Now complete the sentences with the appropriate family relationships from Cinzia's point of view.

Esempio: La figlia di mia zia è mia <u>cugina</u>; si chiama <u>Lucia</u>.

1. Il fratello di mia madre è mio _____,
   si chiama _____.

2. Il padre di mia madre è mio _____,
   si chiama _____.

3. Il figlio di mia zia è mio _____,
   si chiama _____.

4. La sorella di mia madre è mia _____,
   si chiama _____.

5. La madre di mia madre è mia _____,
   si chiama _____.

▶ Answers to this activity are in Appendix 2 at the back of your book.

In italiano

Attenzione! il nipote / la nipote = *grandchild* and *nephew/niece*

Attenzione! Mia madre e mio padre sono **i miei genitori.**
I nonni, gli zii, i cugini e i nipoti sono **i miei parenti.**

A. Ascolta. Your instructor will make a series of statements about Cinzia's family. Decide if each statement is **vero o falso.** Correct any false statements.

	vero	falso		vero	falso
1.	☐	☐	6.	☐	☐
2.	☐	☐	7.	☐	☐
3.	☐	☐	8.	☐	☐
4.	☐	☐	9.	☐	☐
5.	☐	☐			

B. I membri della famiglia. With a partner, give the names of all the possible people in Cinzia's family who could make the following statements. Compare your list to another group's. Are they the same?

1. Ho due figli.
2. Ho una figlia.
3. Ho due cugini.
4. Ho una cugina.
5. Ho tre nipoti.
6. Mio nonno si chiama Riccardo.
7. Sono sposato (*married*).
8. Sono sposata.
9. Ho una zia.

Solo musica. Go to the *Avanti!* iMix on the *Avanti!* Online Learning Center in Coursewide Content (**www.mhhe.com/avanti2**) where you can purchase *Mio fratello* (Tiziano Ferro). Listen for the verbs **assomigliare / somigliare** (*to resemble*) in the first two lines of the song: **Mio fratello mi assomiglia molto / Somiglia a un gatto che somiglia a un orso.** What kind of relationship do you think the brothers have? Listen to the rest of the song and see if you are correct.

C. L'identità segreta.
Secretly assume the identity of one of the people on Cinzia's family tree. Your partner will ask questions about your family to figure out who you are.

Esempio:
S1: Chi è Sara?
S2: Mia nonna.
S1: Chi è Silvio?
S2: Mio fratello.
S1: Sei Lucia?
S2: Sì!

D. L'albero della famiglia.

Parte prima. Work with a partner. Draw your partner's family tree by asking questions about his/her family. Then reverse roles. At a minimum, find out who's in the family and how old they are. **Attenzione!** You may need to use **Non ho... .**

Esempio:
S1: Cominciamo con tua madre. Come si chiama?
S2: Rebecca.
S1: Quanti anni ha?
S2: Ha 45 anni.

In italiano

To highlight a difference between people or things, use **invece** (*instead, on the other hand*):

Cinzia non ha fratelli; è figlia unica. Silvio, **invece,** ha una sorella.

Maria e Aurelia abitano a Milano. Salvatore, **invece,** abita in Svizzera (*Switzerland*).

Parte seconda. Compare your family to your partner's family. Write a paragraph describing the similarities and differences between your two families.

IN ITALIA

Molte delle grandi imprese (*businesses*) italiane sono controllate da una famiglia: **la famiglia Agnelli, la famiglia Benetton, la famiglia Missoni, le sorelle Fendi, Donatella Versace (la sorella di Gianni), i fratelli Taviani.** Quanti cognomi riconosci (*do you recognize*)? Di dove sono?

 CLICCA QUI Per sapere di più su queste imprese a conduzione familiare, vai sul sito di *Avanti!*, **Clicca qui (www.mhhe.com/avanti2).**

Ripasso: Porto i miei amici alla festa

Possessive adjectives

There is a party tonight. Put a ✓ beside each of the following things or people you would like to bring.

☐ le mie amiche   ☐ i miei CD preferiti

☐ il mio cane   ☐ il mio migliore (*best*) amico

☐ il mio zaino   ☐ il mio libro d'italiano

☐ la mia borsa (*purse*)   ☐ il mio ombrello

Now, complete these phrases with the appropriate definite article or possessive adjective.

1. _____ miei amici   3. _____ mio esame

2. le _____ sorelle   4. la _____ penna

▶ Answers to this activity are in Appendix 2 at the back of your book.

4.1   Com'è tua madre?

Possessives with family members

1. You have probably noticed that the possessive works slightly differently with members of the family. The definite article is *not* used with family members in the *singular*, except for **loro.** Compare the following:

mio padre	**i miei** cugini
tua madre	**le tue** sorelle
suo fratello	**i suoi** nipoti
nostro figlio	**i nostri** nonni
vostra sorella	**le vostre** zie
il loro nipote	**i loro** zii

2. However, the definite article *is used* with **papà/babbo** (*dad*) and **mamma** (*mom*).

il mio babbo   **la** tua mamma

The definite article is also used with singular family members that are modified by an adjective or a suffix.

la mia sorella **maggiore** (*older*)   il vostro nipot**ino**
il nostro fratello **minore**   (*little nephew/grandson*)
    (*younger*)   la tua sorell**ina** (*little sister*)

▶ To learn more about suffixes, see **Per saperne di più** at the back of your book.

In italiano

An abbreviated way of referring to one's parents or relatives is to use the definite article and the possessive only.

—Come stanno **i tuoi**?
—Bene, grazie.

A. L'articolo o no?   Complete the phrase with the appropriate definite article, if necessary.

1. _____ mia madre
2. _____ vostra macchina
3. _____ tuoi cugini
4. _____ mio padre
5. _____ mia famiglia
6. _____ loro zio
7. _____ tuo computer
8. _____ sua nipote

9. _____ sua bici
10. _____ loro sorella
11. _____ vostra cugina
12. _____ tuoi nipoti
13. _____ mio fratello maggiore
14. _____ sua figlia minore
15. _____ nostra casa

B. La famiglia di Cinzia.   Read Cinzia's description of her family. Complete the paragraph with the appropriate definite articles, if necessary.

_____¹ mia madre si chiama Maria e _____² mio padre è Antonio. Non ho fratelli—sono figlia unica—ma non mi sento sola (*alone*) perché abitiamo vicino a molti parenti. _____³ miei nonni hanno un appartamento nel nostro palazzo e _____⁴ miei zii, lo zio Ahmed e la zia Aurelia, abitano a due chilometri da noi. Vedo spesso _____⁵ miei cugini perché frequentiamo la stessa scuola. Purtroppo _____⁶ mio zio Salvatore abita in Svizzera, quindi (*therefore*) lo vediamo poco, solo durante le feste.

C. Come sono?

Parte prima. With a partner, look at the pictures of the following members of Cinzia's family in the **Lessico** section and use at least two different adjectives or expressions to describe the physical and emotional characteristics of each.

<ul>
<li>la madre</li>
<li>la zia Aurelia</li>
<li>la nonna</li>
<li>il nonno</li>
<li>il padre</li>
<li>i cugini</li>
</ul>

Esempio: Sua madre è giovane e divertente. È magra e ha i capelli…

○ **Attenzione!** See **Capitolo 2, Lessico** if you need help with adjectives, and don't forget to pay attention to agreement!

Parte seconda. Based on your characterization of each member of Cinzia's family, what do you think would be their preferred activities on a Sunday afternoon?

● See **Capitolo 3, Strutture 3.1** and **3.2** if you need ideas.

Esempio: La domenica pomeriggio sua nonna preferisce giocare a carte.

D. L'intervista.

Parte prima. Make a list of all the members of your family and their names and give it to your partner.

Esempio: mia madre Eleonora; mio padre Giuseppe; mio fratello Giovanni; mio figlio Edoardo; eccetera.

Parte seconda. Your partner must find out the following information about each person by asking the appropriate questions. After the interview, your partner will describe your family to another group or to the class.

nome	età (*age*)	professione	descrizione	attività preferite
la madre, Eleonora				

IN **ITALIA**

La madre è il centro della famiglia italiana. È celebrata con la poesia, la canzone e l'arte.

Il rapporto (*relationship*) tra madre e figlio è molto forte. Quando è esagerato, si dice «il mammismo». Ecco alcuni dati:

- Il 70% (*per cento*) degli uomini italiani single a 30 anni abita con la mamma.

- Il 43% degli italiani adulti abita a 1 km (o meno) dai genitori.

- Il 70% dei figli maschi che non abita in famiglia telefona alla mamma ogni giorno.

Interrogatives

Complete each of the following questions with one of the question words below. **Attenzione!** Two questions have more than one right answer. Can you figure out which two they are?

chi

come

perché   dove

quando   che (cosa)*

● Answers to this activity are in Appendix 2 at the back of your book.

1. _____ fai domani sera?

2. _____ esci?

3. _____ vai?

4. _____ sei triste?

5. _____ ti chiami?

6. _____ abiti?

7. Con _____ parli?

In italiano

In Italian, sentences and questions never end with a preposition.

Di dove sei?   Where are you *from*?
Con chi esci stasera?   Who are you going out *with*?

4.2   Quanti anni hai?

The interrogatives **quanto** *(how much) and* **quale** *(which)*

As you can see from the examples in the **Ripasso** section above, the endings of most question words never change. The exceptions are **quanto** and **quale,** which are adjectives and therefore agree in gender and number with the noun that follows.

1. When **quanto** is singular, it means *how much*, and when it is plural, it means *how many*.

	SINGOLARE	**PLURALE**
MASCHILE	**Quanto** caffè bevi?	**Quanti** fratelli hai?
FEMMINILE	**Quanta** pasta prepariamo?	**Quante** sorelle hai?

*The expressions **che** / **che cosa** / **cosa** are interchangeable.

2. When **quanto** precedes a verb and means *how much,* it is invariable.

Quanto costa? *How much does it cost?*
Quanto costano? *How much do they cost?*

3. Use **quale** (*which*) when the answer requires a choice. Since **quale** ends in an **-e,** it only has one singular and one plural form.

	SINGOLARE	PLURALE
MASCHILE	**Quale** film preferisci?	**Quali** libri ti piacciono?
FEMMINILE	**Quale** rivista ti piace, *Vogue* o *People*?	**Quali** macchine sono veloci?

4. The invariable expression **qual è** means *what*. It is used to ask for information, such as a telephone number, an address, or a favorite color.

Qual è il tuo numero di telefono?
Qual è il tuo indirizzo?
Qual è il tuo colore preferito?

A. Le preferenze. Use the correct form of **quale** to find out your partner's favorites. Pay attention to agreement.

Esempio: Quale squadra (*team*) di calcio preferisci?

1. le attrici
2. il gruppo musicale
3. il programma (alla TV)
4. i film
5. l'insegnante (*instructor*)
6. i corsi
7. la macchina
8. le canzoni

B. Per conoscerci meglio. (*To get to know each other better.*) Find out more about your instructor or a classmate. Formulate questions by combining elements from the three ovals. Then ask him/her the questions.

fare
studiare andare
guardare
bere tornare
comprare
mangiare ascoltare
uscire prendere
avere telefonare
preferire

al lavoro
l'italiano fratelli
la TV a casa la macchina
a pranzo (*lunch*) a colazione
sport a cena (*dinner*)
la musica l'autobus al cinema
sabato sera la mattina
a un amico

che (cosa)
con chi quando
perché a che ora
quale dove
quanto

C. Tutte le domande. With a partner, come up with all the possible questions that can be answered by the following statements. Pay attention to the subjects of your verbs! See who can come up with the most questions for each statement.

1. Il padre di Mauro è medico.
2. Cinzia ha due cani e un gatto.
3. Rita ed io andiamo a prendere un caffè al bar sabato mattina.
4. Torniamo a casa oggi alle quindici.
5. Gli studenti studiano almeno (*at least*) quattro ore tutti i giorni.
6. Non mi piace ballare!
7. Maria esce con Paolo stasera! Che scandalo!
8. Gli studenti italiani preferiscono l'esame orale, non l'esame scritto (*written*).

IN ITALIA

Se un italiano chiede «Giochi a pallone (*ball*)?» non pensa al baseball, al basket o al football americano. Pensa solo al calcio. Le squadre più famose in Italia sono la Juventus, il Milan, l'Inter, la Roma e la Lazio, ma tutte le città—anche quelle piccolissime—hanno almeno una squadra. Le persone che seguono (*follow*) una squadra si chiamano **i tifosi** (*fans*). **Fare il tifo per** significa *to be a fan of.* **Per quale squadra fai il tifo tu?**

D. Quanti ne hai? (*How many [of them] do you have?*)

Parte prima. Complete the questions with the correct form of **quanto.**

1. _____ regioni ci sono in Italia? Quale regione è la più estesa (*largest*)?

2. _____ catene montuose (*mountain chains*) ci sono in Italia? Come si chiamano?

3. _____ laghi ci sono in Italia? Quali sono i tre laghi più conosciuti? Dove sono?

4. _____ mari (*seas*) circondano (*surround*) l'Italia?

5. _____ abitanti ha l'Italia? Quale regione ha la più alta densità di popolazione (abitanti/km^2)?

Parte seconda. In groups answer as many of the questions as you can. Who knows the most about Italy?

The present indicative

Here are **i passatempi** (*pastimes*) of Cinzia's family members. Which conjugation does each of these regular verbs belong to, **-are** or **-ere**? Can you conjugate each verb?

Cinzia **guarda** la partita.

Suo zio Salvatore **scia** in montagna.

I suoi nonni **prendono** lezioni di ballo.

Sua madre **dipinge**.

Suo cugino **corre**.

Suo padre **nuota** in piscina.

Sua cugina **cucina**.

I suoi zii, Aurelia e Ahmed, **viaggiano**.

In italiano

The basic meaning of **prendere** is *to take:* **prendere l'autobus / l'aereo / lezioni di (karate, pianoforte, inglese).** Note that **prendere** is also used in the following idiomatic expressions: **prendere un caffè** (*to have a coffee*), **prendere il sole** (*to sunbathe*).

▶ Answers to this activity are in Appendix 2 at the back of your book.

4.3 Sai sciare?

More irregular verbs

► To review the conjugation of **avere**, see **Capitolo 2, Strutture 2.2,** and for **fare,** see **Capitolo 3, Strutture 3.3.**

1. There are three irregular verbs whose forms are similar to those of **avere** and **fare.**

Complete the conjugations of **avere** and **fare** and compare them to those of **dare** (*to give*), **sapere** (*to know*), and **stare** (*to be; to stay*).

avere	fare	dare	sapere	stare
	faccio	do	so	sto
		dai	sai	stai
		dà	sa	sta
abbiamo	facciamo	diamo	sappiamo	stiamo
avete		date	sapete	state
		danno	sanno	stanno

► Answers to this activity are in Appendix 2 at the back of your book.

2. The conjugation of **dire** (*to say, to tell*) is also irregular.

dire
dico
dici
dice
diciamo
dite
dicono

✔ **STUDY TIP**

Have you noticed that the **voi** form of irregular verbs is always regular? For example: **avete, fate, date, dite, sapete, state.** Always look for patterns to help you remember.

3. Here are some points to remember about each verb:

a. Note the use of the preposition **a** (*to*) in the sentences with **dare.**

| Mario **dà** il libro **a** Sandra. | *Mario gives the book to Sandra.* |
| **Diamo** i compiti **a** Marco. | *We give the homework to Marco.* |

b. There are two verbs that mean *to know* in Italian: **conoscere** and **sapere.**

- Use **conoscere** when you know or are acquainted with a person or place.

| Veronica **conosce** mio zio. | *Veronica knows my uncle.* |
| **Conosciamo** bene la città. | *We know the city well.* |

- Use **sapere** when you know a fact or have knowledge of a situation.

Gina **sa** chi è il primo ministro italiano.	*Gina knows who the Italian Prime Minister is.*
Sappiamo dov'è il ristorante *Stella*.	*We know where the restaurant Stella is.*

- Use **sapere** + infinitive to express *to know how* (to do something).

Mio padre **sa suonare** il violino.	*My father knows how to play the violin.*

c. You have already learned the most common use of **stare,** as in the question, **Come stai? Stare** can also mean *to stay, to remain.*

—**Esci** stasera?
—No. **Sto** a casa.

d. **Dire** means *to say, to tell.* It is used to report what others say:

Federico **dice:** «Non voglio venire!»	*Federico says "I don't want to come!"*
Antonella **dice** di no, ma Fiona **dice** di sì.	*Antonella says no, but Fiona says yes.*

Note: Dire shouldn't be confused with **parlare** which means *to speak, to talk*:

Parlo italiano.	*I speak Italian.*
Parlo con mia madre.	*I am talking with my mother.*

A. Il verbo appropriato. Choose the appropriate verb.

1. Paolo non _____ alla festa.

   a. esce   b. va

2. Io e Marcello _____ molte persone.

   a. conosciamo   b. sappiamo

3. Mene ed io giochiamo a tennis da tre ore. _____ sete!

   a. Siamo   b. Abbiamo

4. «Ciao, ragazze! Dove _____?»

   a. andate   b. uscite

5. Mio fratello _____ giocare bene a tennis.

   a. conosce   b. sa

6. Tu e Fatima _____ i capelli biondi.

   a. siete   b. avete

7. Mariella _____ solo 19 anni!

   a. è   b. ha

8. I miei genitori _____ un buon ristorante in via Piemonte.

   a. sanno   b. conoscono

(continued)

9. Maurizio non _____ perché Gino non parla con Sergio.

    a. sa   b. conosce

10. Andiamo in piscina perché _____ bel tempo.

    a. ha   b. fa

11. Sandra _____ al telefono con la sua amica.

    a. parla   b. dice

B. Che ne sai? (*What do you know about it?*) Complete the statements by selecting the appropriate question words, then indicate whether or not you know the facts. Who knows the most answers? Discuss the answers in class.

	sì	no
1. So <u>chi / come</u> si chiama il presidente della Repubblica Italiana.	☐	☐
2. So <u>quanto / quando</u> costa la benzina (*gasoline*) in Italia.	☐	☐
3. So <u>quale / quando</u> l'Italia fu (*was*) unita.	☐	☐
4. So <u>perché / quando</u> i negozi in Italia sono chiusi dalle 13.00 alle 15.30.	☐	☐
5. So di <u>come / dove</u> è Roberto Benigni.	☐	☐
6. So <u>quale / chi</u> inventò (*invented*) il telegrafo.	☐	☐
7. So <u>chi / quale</u> sport preferiscono gli italiani.	☐	☐

C. I verbi irregolari

Parte prima. Today, Fabrizio and his brothers are visiting Lecce and Susanna and Patrizia are visiting Palermo. Complete their conversations with the correct forms of the appropriate verbs.

andare (2)   bere   essere

fare (3)   sapere   stare   uscire

Fabrizio, Renato e Silvio a Lecce

FABRIZIO: Che (noi) _____[1] oggi?

RENATO E SILVIO: Perché non _____[2] una passeggiata in centro e poi prendiamo l'autobus per andare a Taranto dove il mare è splendido? Così prendiamo il sole!

FABRIZIO: Va bene e, mentre (*while*) (noi) _____[3] in centro, visitiamo l'Anfiteatro Romano. È molto interessante!

RENATO: Ma non camminiamo (*walk*) troppo: mi _____[4] male i piedi oggi.

FABRIZIO: Ma dai! In centro c'_____⁵ anche una chiesa barocca, la Chiesa di Santa Croce.

SILVIO: Allora, facciamo così: io e Renato _____⁶ a Taranto e tu _____⁷ qui (*here*) in città a visitare l'anfiteatro e la chiesa. Poi, verso le 20.00, ci vediamo qui e _____⁸ qualcosa insieme al bar.

FABRIZIO: Va bene! E per cena? Che programmi avete?

RENATO: Non lo (io) _____⁹, ma di sicuro (*certainly*) mangiamo le orecchiette,* la specialità della regione.

SILVIO: Dopo cena (io) _____¹⁰ con delle ragazze che conosco qui in città.

FABRIZIO: E noi?!

In italiano

To make a suggestion, such as *Why don't* + verb, use **Perché non** + verb:

Perché non andiamo al cinema stasera?
Why don't we go to the movies tonight?

Perché non vieni anche tu alla festa?
Why don't you come to the party, too?

Patrizia e Susanna a Palermo

andare (3)   avere   essere (2)

fare   sapere   venire (2)

PATRIZIA: Ciao Susanna, che programmi (tu) _____¹¹ per oggi?

SUSANNA: Prima (io) _____¹² al Palazzo dei Normanni e alla Cappella Palatina. _____¹³ che ci _____¹⁴ splendidi mosaici che raccontano (*tell*) la storia dell'Antico Testamento?

PATRIZIA: Hmm, interessante. Io, invece, visito la Galleria Regionale di Sicilia per vedere la collezione di arte regionale. C'_____¹⁵ un quadro molto famoso in questo museo—l'*Annunciata* di Antonello di Messina.

SUSANNA: Che bello! Anch'io vorrei vedere quel quadro. Allora _____¹⁶ con te stamattina. E tu perché non _____¹⁷ con me oggi pomeriggio? (Io) _____¹⁸ a vedere le Catacombe dei Cappuccini.

PATRIZIA: No, grazie! Preferisco _____¹⁹ un po' di shopping. Ma, senti, perché non _____²⁰ a mangiare dei cannoli dopo? Sono una specialità regionale.

(*continued*)

---

*pasta shaped roughly like little ears

Parte seconda. Match the photos to the places or things mentioned in the conversations.

a. La Chiesa di Santa Croce, Lecce
b. La Cappella Palatina, Palermo
c. La spiagga, Taranto
d. Cannoli siciliani
e. *L'Annunciata* (ca. 1476) di Antonello di Messina

1. _____

2. _____

3. _____

4. _____

5. _____

D. *Firma qui, per favore!* You are looking for classmates who have certain items or do certain things. Add three items to the list, then go around the room and find at least one person who can answer **Sì** to each. When you find that person, ask him/her to sign his/her name by saying **Firma qui, per favore!**

Esempio: **S1:** Hai una nonna italiana?
S2: Sì.
S1: Firma qui, per favore!

Cerco (*I am looking for*) una persona che...	Firma qui, per favore!
ha una nonna italiana	
sa contare da 0 a 100 in italiano	
preferisce stare a casa la domenica	
conosce una persona famosa	
non dice mai bugie*	

*lies

 ## Ripasso: Com'è la tua famiglia?

Adjectives

Read the following comments about the members of Cinzia's family, then describe them using the adjectives provided. **Attenzione!** Be sure to make the nouns and adjectives agree!

agitato   anziano

attivo   avventuroso

creativo   estroverso   generoso

magro

1. Sara ha 65 anni e Riccardo ha 75 anni.
2. Antonio nuota tre volte (*times*) alla settimana e gioca a calcio ogni weekend.
3. Maria fa foto, dipinge, scrive poesie e canta.
4. Salvatore paga tutto (*everything*) quando i suoi nipoti vanno in Svizzera.
5. Silvio è alto e pesa (*weighs*) 50 chili (*kilograms*).
6. Lucia è sempre preoccupata per gli esami. La settimana prima di (*before*) un esame mangia e dorme poco.
7. Cinzia parla con tutti, anche con le persone che non conosce.
8. Aurelia e Ahmed fanno spesso viaggi esotici con destinazioni poco conosciute (*not well-known*).

▶ Answers to this activity are in Appendix 2 at the back of your book.

4.4 L'italiano è più bello di...

The comparative

In English, comparisons of inequality are usually made by adding *-er* to the adjective or by saying *not as*: *John is taller than Mary* or *Mary is not as tall as John*. In Italian, you use the expressions **più** + adjective + **di** (*more than*) or **meno** + adjective + **di** (*less than*).

IN **ITALIA**

Ecco alcuni dati sulla demografia e sulla geografia d'Italia:

Emilia-Romagna: 22.123 km² (chilometri quadrati)

Etna: ultima eruzione 2008

Italia: 58 milioni di abitanti

Lago di Como: profondità di 410 m

Lago Maggiore: profondità di 372 m

Sardegna: 1.660.884 abitanti

Sicilia: 5.097.336 abitanti

Spagna: 40,5 milioni di abitanti

Toscana: 22.993 km²

Vesuvio: ultima eruzione 1944

 To learn about other types of comparisons, see **Per Saperne di più** at the back of your book.

Daniele è **più** alto **di** Sara.   Sara è **meno** alta **di** Daniele.

Note that the adjective agrees in number and gender with the subject of the sentence.

Antonio è più attiv**o** di Maria.   *Antonio is more active than Maria.*

Maria è più creativ**a** di Antonio.   *Maria is more creative than Antonio.*

Cinzia e Lucia sono più studios**e** di Silvio.   *Cinzia and Lucia are more studious than Silvio.*

Aurelia e Ahmed sono più avventuros**i** di Maria.   *Aurelia and Ahmed are more adventurous than Maria.*

A. In Italia. Use the information in the **In Italia** box to complete each statement using **più** or **meno**.

1. La popolazione d'Italia è _____ alta della popolazione della Spagna.

2. L'Emilia-Romagna è _____ grande della Toscana.

3. La Sardegna ha _____ abitanti della Sicilia.

4. L'Etna è _____ attivo del Vesuvio.

5. Il Lago di Como è _____ profondo del Lago Maggiore.

B. Ascolta. Remember the twins, Riccardo and Salvatore, from **Capitolo 3**? Listen as your instructor reads statements about them and complete the sentences with either **più** or **meno**.

1. Salvatore è _____ bravo in cucina di Riccardo.

2. Salvatore è _____ timido di Riccardo.

3. Salvatore è _____ paziente di Riccardo.

4. Salvatore è _____ veloce di Riccardo.

5. Salvatore è _____ creativo di Riccardo.

6. Salvatore è _____ pigro di Riccardo.

C. Una graduatoria (*ranking*).

Parte prima. With a partner, rank each of these elements from 1 to 4
(1 = **massimo**, 4 = **minimo**) based on the characteristic given.

veloce

___ una Ford

___ una Ferrari

___ una BMW

___ uno scooter

intelligente

___ Einstein

___ un bambino

___ una scimmia
(*monkey*)

___ un tipico studente
universitario

difficile

___ un corso di fisica

___ un corso di italiano

___ un corso di russo

___ un corso
di chimica

divertente

___ un esame d'italiano

___ un concerto dal
vivo (*live*)

___ una serata a casa
con la famiglia

___ un film con
Robert De Niro

Parte seconda. Make a series of statements comparing the items in each
group. Discuss your comparisons with those of another group or the class.
Do you agree?

> **Esempio:** Un corso d'italiano è più facile di un corso di chimica.
> o
> Un corso di chimica è più difficile di un corso d'italiano.

D. Paragoniamo.

With a partner, think of an adjective to describe
each of the following items, then create a sentence comparing the first
item to the second one. Share your answers with another group or the
class. Do you agree?

> **Esempio:** un cane / un gatto → Un cane è più intelligente
> di un gatto.

1. un cavallo (*horse*) / un elefante
2. un viaggio in Italia / un viaggio in Australia
3. un espresso / un tè
4. un concerto di musica rock / un'opera
5. una vacanza al mare / una vacanza in montagna
6. un film di Fellini / un documentario
7. una Ferrari / una Ford

Cultura

 Ascoltiamo!

La famiglia italiana oggi

Italy is not a state. It is a collection of families. —Italian aphorism

The importance of family has always been central in Italian culture. Family structure itself, however, changed dramatically in the period following World War II in response to rapid industrialization, urbanization, and emigration. Despite the changes that have occurred, Italian identity continues to be largely defined by family.

A. Osserva ed ascolta. Watch and listen as the instructor describes how different today's Italian family is from the traditional Italian family of the past. During the presentation, pay attention to her facial expressions, intonation, and gestures as well as to what she says, along with the accompanying images and captions to understand the meaning.

B. Completa. Complete the following sentences, *making them all true* by inserting either **più** or **meno.**

1. Oggi in Italia i matrimoni sono _____ numerosi che in passato; _____ persone abitano da sole.

2. La popolazione italiana oggi ha _____ anziani e _____ bambini.

3. Le famiglie dei nuovi immigrati hanno _____ bambini delle famiglie italiane di lunga residenza.

4. _____ italiani hanno membri della famiglia che abitano in città differenti.

5. _____ nonni abitano con figli e nipoti.

6. _____ italiani sono agricoltori (*farmers*).

7. Oggi la Chiesa cattolica ha _____ controllo sulla vita degli italiani.

8. Nell'Italia moderna, _____ donne italiane hanno una professione.

C. Tocca a te! Answer the following questions.

C'è una grande varietà tra le famiglie moderne. Quanti tipi diversi di famiglie conosci tu? Chi sono i membri di queste famiglie?

Leggiamo!

La famiglia Gonzaga nella Camera degli Sposi

A. Prima di leggere. With a partner describe the painting by answering the following questions. **Quanti uomini ci sono? Quante donne? Quanti bambini? Ci sono animali?**

B. Al testo!

Parte prima. Read the caption and the descriptions that accompany the painting.

Andrea Mantegna (pittore, 1431–1506) affrescò (*frescoed*) la Camera degli Sposi (Palazzo Ducale, Mantova) fra il 1465 e il 1474 in onore del marchese Ludovico II Gonzaga e di sua moglie Barbara di Brandeburgo.

> **Parole per leggere**
>
> la morte   *death*
> muore   *he/she dies*
>   (morire *to die*)
> nascere   *to be born*
> temere   *to fear*

- Ludovico II, figlio di Gian Francesco I e Paola Malatesta, è il secondo marchese di Mantova. Nasce nel 1414, sposa[1] nel 1433 Barbara di Brandeburgo, diventa Signore di Mantova nel 1444, muore nel 1478.

- Barbara si fidanza[2] con Ludovico II nel 1433 e in quello stesso anno si sposa. Notoriamente Barbara non è molto graziosa e l'unione viene conclusa molto in fretta perché si teme un ripensamento da parte di[3] Ludovico.

- Alessandro Gonzaga, fratello di Ludovico II, sta parlando[4] al Signore di Mantova.

- Federico, figlio primogenito[5] del marchese Ludovico II, diventa Signore di Mantova all'età di 36 anni, alla morte del padre.*

[1]*marries*   [2]*gets engaged*   [3]ripensamento... *change of mind on the part of*
[4]*is speaking*   [5]*first-born*

---

*Federico si trova tra (*between*) il padre e la madre. Ha un abito (*outfit*) giallo.

RETRO

I condottieri (*soldiers of fortune, captains*) **e le loro famiglie.** From the end of the thirteenth until the sixteenth century the Italian peninsula was fragmented into a number of small states, fearful of each other and vying to extend their influence. The constant wars between them were fought with hired companies of professional soldiers in exchange for money, land, and power. At first, these mercenary troops were led by their own foreign captains, but eventually some of these **condottieri** were native Italians. Occasionally, it was possible for a **condottiero** to become the lord (**signore**) of the city or district that he had helped subdue. Some of the most famous and powerful families of the time arose from beginnings as **condottieri**: Francesco Sforza, Bartolomeo Colleoni, Federigo d'Urbino, Giovanni delle Bande Nere (father of Cosimo I de' Medici), and Francesco Gonzaga I (1407–1444), the first marquis (**marchese**) of Mantova. The painting that accompanies the reading depicts some members of the Gonzaga family and its court.

CLICCA QUI You can learn more about **i condottieri** and other famous Italian families at the *Avanti!* website, **Clicca qui** (**www.mhhe.com/avanti2**).

To read about another famous Italian family from the same period, see **Capitolo 4, Cultura, Leggiamo!** in the *Workbook / Laboratory Manual.*

Parte seconda. Read the caption of the painting to find the answers to the following questions.

1. Chi è l'artista?
2. È un quadro su tela (*on canvas*)?
3. Quanti anni ci sono voluti (*did it take*) per completarlo?
4. Dove vai per vedere quest'immagine?

Parte terza. Now read the descriptions of the Gonzaga family members who appear in the painting and see if you can match the people in the painting with their descriptions.

C. Discutiamo! With a classmate, draw the Gonzaga family tree and insert the following names: Ludovico II, Gian Francesco, Paola Malatesta, Barbara di Brandeburgo, Alessandro, Federico.

Scriviamo!

Una famiglia famosa

Write a description of a famous family. The family can be historical, political, or from literature, film, or television. Be careful not to mention the last name of the family, but include the number of family members, their relationships to each other, their names and ages, and what they do. Share your description with the class and see if they can guess who it is.

Parliamo!

Mamma!

What if you were trying to find long-lost family members and you had some pieces of information, but not many to go on? Your instructor will give each student a card with information about an imaginary person (**nome, stato civile** [marital status], **città dove abita, professione, eccetera**). Everyone will go around the room, meet each other and ask and answer questions in Italian to find the other members of their imaginary families. When you think you've found everyone, sit down together in a group. When everyone is seated, be prepared to introduce your family member(s) to the rest of the class.

Guardiamo!

Film: *Ricordati di me*

(Commedia. Dramma. Italia. 2003. Gabriele Muccino, Regista. 125 min.)

A. Anteprima. To introduce the main characters, the opening scene moves from a wide perspective to an increasingly smaller one. With a partner put the following items in order, according to when you expect you will see them in the scene:

la casa   la città   i figli   il materasso (*mattress*)   **il quartiere**
(*neighborhood*)

Now pretend you are the narrator, pointing out the things that "belong" to Carlo and Giulia.

>   **Esempio:**   Questa è la loro città. Questo è...

B. Ciak, si gira!

Parte prima. Match each family member with his/her description. **Attenzione!** Some of them have more than one description that applies.

1. Carlo _____.
2. Giulia _____.
3. Paolo _____.
4. Paolo e Valentina _____.

a. dormono

b. strilla (*yells*)

c. porta l'Ovomaltina al figlio

d. puzza (*stinks*)

e. guida la maccchina

f. vanno a scuola

g. hanno sonno

h. ha fretta (*is in a hurry*)

Parte seconda. With a partner, write a description of one of the characters. When you have finished, present this person to the class without giving his/her name. See if the others can guess who it is.

C. È fatto! Answer the following questions.

1. Questa è una famiglia moderna o tradizionale? Perché?

2. La loro routine di mattina è simile o diversa dalla routine della tua famiglia?

IN **AMERICA**

The Piccirilli family, a father and six sons, were Italian American stone sculptors. The studio that they established in the Bronx, New York, in 1889 was one of the largest and most successful in the nation. They carved the statue of Lincoln in the Lincoln Memorial in Washington, D.C., and the majestic lions outside the New York Public Library. Other works include 30 large allegorical figures for the cornice of the Brooklyn Museum, the New York Stock Exchange pediment, and various other monuments throughout Manhattan.

 CLICCA QUI Two of the sons, Attilio and Furio, became famous sculptors in their own right. You can learn more about them at the *Avanti!* website, **Clicca qui (www.mhhe.com/avanti2).**

  Profilo | ▼   Amici | ▼   Reti | ▼   **Cassella** | ▼

Il blog di Emiliano—Roma

Sono Emiliano e sono di Roma, ma non sono senatore romano! Ti piace la toga?

Nome: Emiliano Betti

Età: 33 anni

Professione: ingegnere informatico

Ecco la mia zona preferita di Roma, il centro «vero» dei monumenti. In mezzo a tanta storia c'è molta vita.

Mi piacciono: le lunghe passeggiate nel parco, il cinema all'aperto d'estate, il gelato in Via Tor Millina (*Take It Easy Ice*).

 DVD CONNECTION Per vedere Roma e i posti preferiti di Emiliano, guarda il video **Il blog di Emiliano** sul DVD di *Avanti!*

 CLICCA QUI Per sapere di più sui posti di Roma presentati nel blog di Emiliano, vai sul sito di *Avanti!*, **Clicca qui (www.mhhe.com/avanti2).**

Vocabolario

Domande ed espressioni

Che (+ *adj.*)
  Che bello(a/i/e)!   How beautiful!
  Che furbo(a/i/e)!   How clever!
Che (+ *n.*)
  Che disastro!   What a disaster!
  Che genio!   What a genius!
  Che scemo(a/i/e)!   What a moron/idiot!
  Che schifo!   How gross/disgusting!
  Che mattone!   What a bore!
Che (+ *adj.* + *n.*)
  Che bella macchina!   What a beautiful car!
  Che bell'idea!   What a great idea!
Che (+ *n.* + *adj.*)
  Che film noioso!   What a boring film!
Chi è?   Who is it?
Chi sei? / Chi è?   Who are you (*inform./form.*)?
Cos'è?   What is it?
Cosa fai? / Cosa fa?   What do you (*inform./form.*) do for a living?

invece   instead; on the contrary
più/meno (+ *adj.*) **+ di**   more/less than
  più alto di   taller than
  meno interessante di   less interesting than

Verbi

conoscere   to know (*a person or place*)
correre   to run
cucinare   to cook
dare   to give
dipingere   to paint
dire   to say, to tell
fare il tifo per   to be a fan of, to cheer for
nuotare (in piscina)   to swim (in the pool)
prendere   to take
  prendere l'aereo   to travel by plane
  prendere l'autobus   to take the bus
  prendere un caffè   to have a coffee
  prendere lezioni di...   to take lessons in . . .
  prendere il sole   to sunbathe
sapere   to know (*a fact*)
sapere (+ *inf.*)   to know (*how to do something*)
sciare   to ski
stare   to be; to stay, to remain
viaggiare   to travel

Sostantivi (la famiglia)

la casalinga   housewife
il cugino / la cugina   cousin
la famiglia   family
il figlio / la figlia   son/daughter
il fratello   brother
i genitori   parents
la madre   mother
il marito   husband
la moglie   wife
il nipote / la nipote   grandson/granddaughter; nephew/niece
il nonno / la nonna   grandfather/grandmother
il padre   father
i parenti   relatives
la sorella   sister
lo zio / la zia   uncle/aunt

Aggettivi

agitato   excited, nervous
avventuroso   adventurous
creativo   creative
divorziato   divorced
generoso   generous
maggiore   older
minore   younger
separato   separated
sposato   married
unico   sole, only

Interrogativi

che (cosa)   what
chi   who
come   how
dove   where
perché   why; because
qual è... ?   what is . . . ?
quale   which
quando   when
quanto   how much; how many

5

A tavola!

SCOPI

In this chapter you will learn:

- to invite someone to do something
- to accept and decline invitations
- to make excuses
- restaurant terms and items on an Italian menu
- to talk about extreme qualities
- to talk about what you have to do, can do, and want to do
- to specify where, when, and with whom activities take place
- to express unspecific quantities of things
- about Italian meals and dining etiquette

La Vucciria (1974), Renato Guttuso

DVD

Online Learning Center
www.mhhe.com/avanti2

CENTRO Your media center for languages www.mhcentro.com

Online Workbook / Lab Manual

Ti piacerebbe... ? / Le piacerebbe... ?

Inviting someone to do something

To ask someone if he/she would like to do something, say:

(tu)	**(Lei)**
Ti piacerebbe + infinitive . . . ?	**Le piacerebbe** + infinitive . . . ?
Ti piacerebbe guardare la TV?	**Le piacerebbe fare una passeggiata in centro?**

A. Osserva ed ascolta.

Parte prima. Osserva ed ascolta come questi italiani si presentano e come rispondono alla domanda: «Ti/Le piacerebbe visitare gli Stati Uniti?» Scrivi il nome di ogni persona sotto la foto.

1. _____

3. _____

2. _____

4. _____

5. _____

Parte seconda. Dividi le persone che hai appena ascoltato (*that you just listened to*) in due gruppi. Scrivi il nome della persona nella categoria appropriata.

Sì, mi piacerebbe visitare gli Stati Uniti.	No, non mi piacerebbe visitare gli Stati Uniti.

- Instead of replying simply **sì** or **no** to an invitation, you can express agreement or indecision with any one of the following answers, or you may use them in combination.

  Sì! Certo! Come no?!   *Yeah! Sure! Why not!*
  Beh. Insomma. Mah.   *Well. Not really. Uhhh.*

  —**Ti piacerebbe cenare fuori?**
  —**Certo! Mi piacerebbe provare** (*to try*) **quel nuovo ristorante. (Beh. Insomma. Perché non stiamo a casa?)**

- **Attenzione!**

Ti/Le piace means *Do you like . . . ?*	**Ti/Le piacerebbe** means *Would you like . . . ?*
—**Ti piace ballare?**	—**Ti piacerebbe ballare?**
—**Sì, molto!**	—**Sì, grazie! Mi piacerebbe molto.**

B. Mi piacerebbe visitare...

Parte prima. Indica (✓) tutti i paesi che ti piacerebbe visitare.

1. _____ l'Italia
2. _____ l'Australia
3. _____ il Messico
4. _____ la Cina
5. _____ la Turchia
6. _____ il Giappone
7. _____ il Brasile
8. _____ la Nuova Zelanda

Parte seconda. Invita il tuo compagno / la tua compagna a visitare i paesi con te.

> **Esempio:**   **S1:** Ti piacerebbe visitare l'Italia?
> **S2:** Certo! (Insomma.)

- When you accept or decline an invitation, be sure to add **grazie**.

(tu)	(Lei)
—**Ti piacerebbe prendere un gelato?**	—**Le piacerebbe visitare il Museo del Duomo?**
—**Grazie, ma sono a dieta.**	—**Sì, grazie. Mi piacerebbe molto.**

- **Attenzione!** Italians say **grazie** in instances where North Americans might say *please:*

  —**Prendi un caffè?**
  —**Sì, grazie.**

C. Ti piacerebbe... ?

Parte prima. Invita un tuo compagno / una tua compagna a fare le seguenti attività. Prima di cominciare, aggiungi (*add*) due altre attività alla lista. Scrivi le risposte del tuo compagno / della tua compagna: ne avrai bisogno (*you will need them*) per la seconda parte di quest'attività.

Esempio: **S1:** Ti piacerebbe vedere un film?
S2: Sì, certo!

	sì	mah	no
1. vedere un film	☐	☐	☐
2. fare una passeggiata	☐	☐	☐
3. studiare insieme	☐	☐	☐
4. prendere un gelato	☐	☐	☐
5. mangiare un boccone*	☐	☐	☐
6.	☐	☐	☐
7.	☐	☐	☐

- Here are other ways to invite someone to do something, expressing *Do you want . . . ?*:

(tu)	(Lei)
vuoi + infinitive	**vuole** + infinitive
ti va di† + infinitive	
—**Vuoi entrare?**	—**Vuole vedere il menu?**
—**Ti va di ballare?**	

- You can also use the **noi** form, which means *Let's . . . .*

  —**Mangiamo?**
  —**Volentieri! Ho fame!**

---

*Un boccone** is, literally, *a mouthful*. **Mangiare un boccone** means *to grab a bite to eat*.
†You've already seen **Ti va di....** It is very informal, the equivalent of *Do you feel like ...?*

Parte seconda. Con un compagno / una compagna mettetevi d'accordo (*agree*) su un'attività da fare insieme. Poi organizzate tutti i particolari.

Esempio: **S1:** Allora, vuoi vedere un film. Quale?
  S2: (*titolo di un film*). Va bene?
  S1: Sì, sì, benissimo. Quando?
  S2: Domani sera?
  S1: OK. A che ora? (eccetera)

Grazie, ma non posso

Declining an invitation and making excuses

- Whereas Americans may offer something once and, if the other person says "no, thanks" consider the matter settled, Italians consider it polite to decline the first offer, so as not to appear too eager or to cause their host any trouble. The host may offer a second (and possibly even a third time) before the offer is accepted.

  —**Prendi un caffè?**
  —**No, no, grazie.**
  —**Sicuro?**
  —**Grazie, ma no. Non voglio disturbare.**
  (*I don't want to bother you.*)
  —**Ci mancherebbe altro.* Preparo il caffè!**
  —**Allora, sì, grazie.**

- Sometimes **no,** even with its accompanying **grazie,** is just too abrupt. In those cases, a reason for the refusal may be in order. Here are a few ways to soften the **no:**

non posso	*I can't*
devo	*I have to* + infinitive
forse	*maybe*
un'altra volta	*another time*
ho un altro impegno	*I have something else I have to do*

A. Perché no?

Parte prima. Abbina a ogni invito una scusa appropriata.

1. Ti piacerebbe fare una passeggiata dopo cena?
2. Vuoi venire con noi al nuovo discopub sabato?
3. Ti va di fare un giro in moto?
4. Ti piacerebbe venire a pranzo domenica?

a. Grazie, ma non posso. Vado a trovare gli zii questo weekend.
b. Grazie, ma non posso. Stasera devo studiare.
c. Grazie, ma non posso. Non ho il casco (*helmet*).
d. Grazie, ma non posso. Non so ballare.

Parte seconda. Confronta (*Compare*) le tue risposte rivolgendo (*by extending*) un invito al tuo compagno / alla tua compagna e rispondendo al suo.

***Ci mancherebbe altro** does not have a direct translation in English. It's the equivalent of saying *Not a problem! No big deal!*

B. Grazie, ma... Ritorna alla lista delle attività elencate in Attività C, **Ti piacerebbe... ?** a pagina 123. A turno, invita un compagno / una compagna a fare le attività con te. Se lui/lei si rifiuta (*refuses*), deve offrire (*must offer*) una scusa.

Esempio: **S1:** Vuoi vedere un film stasera?

S2: Sì, grazie! (Grazie, ma non posso. Ho un altro impegno.)

C. Dove vuoi mangiare?

Parte prima. Osserva le pubblicità di alcuni ristoranti. Con un compagno / una compagna, decidete dove cenare insieme a Bologna.

Esempio: **S1:** Vuoi mangiare a Nicola's?

S2: No, non mi va di mangiare una pizza.

S1: Allora, ti piacerebbe… ?

TAVERNA PARTENONE

Ambiente: Il locale si trova in **pieno centro**, a metà strada tra Piazza Maggiore e Piazza VIII Agosto. Facile da raggiungere anche a piedi, ha due sale arredate in modo semplice e confortevole.

Tipo di cucina: I piatti tipici e le specialità greche sono tutte a base di carne e verdure: Musakà, Suvlakki, Kleftiko, Kurabies.

Tutti i clienti possono avere uno sconto del 20% a mezzogiorno, escluso il sabato.

I possessori di Carta Giovani possono avere uno sconto del 25% a pranzo e cena, escluso il sabato.

Spesa media: 18.00 euro

Piazza S. Martino, 4/a
051 230185
Aperto dal martedì alla domenica, dalle 12.30 alle 14.30 e dalle 19.30 alle 23.30
Chiuso il lunedì

Strada Maggiore, 64/c
051 235343
Aperto dal lunedì al sabato dalle 12.15 alle 15.00 e dalle 19.30 alle 24.00
Chiuso la domenica
Bus: 14,18,25,27 – Fermata Strada Maggiore

Ambiente: È un ristorante vegetariano, nel pieno centro della città. La sua cucina, genuina e appetitosa, conquista anche gli amanti della carne!

Attenzione! Il locale non prevede zona fumatori.

Tipo di Cucina: Tra le specialità ricordiamo i wurstel vegetali, i vari centrifugati di frutta e verdura fresca, le numerose e diversissime insalate.

Tra i dolci trovate la torta clorofilla al cacao o alle fragole e la torta di carote e mandorle.

Spesa media. 20 euro

Piazza San Martino, 9
40126 Bologna
051232502
aperto dalle 12.00 alle 15.00 e dalle 19.00 alle 24.00
chiuso il martedì
Bus 50 Piazza San Martino

Ambiente. La pizzeria si affaccia sulla suggestiva Piazza San Martino. Il locale è molto accogliente.

In primavera e in estate i tavoli vengono disposti all'aperto ed è possibile mangiare in mezzo al panorama della bella piazza.

Cucina. La pizza di Nicola's è buonissima ed è fatta secondo la vera tradizione napoletana.

Spesa media. 10–12 euro

Parte seconda. Spiega la vostra decisione alla classe.

Esempio: Mangiamo al Clorofilla perché siamo vegetariani.

Tutti a tavola!

Restaurant terms and items on an Italian menu

Studia il menu e rispondi alle seguenti domande.

La Torre

Via della due Torri, 46
Bologna

Antipasto

paté di fegato 4,50
liver paté

prosciutto e melone 6,00
cured ham and melon

salmone affumicato. 10,30
smoked salmon

affettati misti 8,50
assortment of sliced meats and sausages

Primi Piatti

tortellini in brodo 7,00
tortellini in broth

gnocchi al sugo di pomodoro . 6,50
dumplings with tomato sauce

risotto alla marinara 8,50
creamy rice with seafood

spaghetti alla bolognese 6,30
spaghetti with meat sauce

Secondi Piatti

braciola di vitello 9,30
veal cutlet

pollo arrosto con funghi 8,00
roast chicken with mushrooms

pescespada alla brace 13,00
charcoal-grilled swordfish

bistecca fiorentina 15,00
Florentine steak

Contorni

peperoni alla griglia 3,50
grilled peppers

zucchine e fagiolini 5,20
zucchini and green beans

patate fritte 3,70
french fries

insalata mista 3,00
mixed salad

Formaggi

mozzarella di bufala 6,50
fresh buffalo milk mozzarella

gorgonzola 5,00
Gorgonzola cheese

parmigiano 5,50
Parmesan cheese

formaggi misti 8,50
mixed cheeses

Dolci

frutta fresca di stagione 4,50
seasonal fresh fruit

gelato alla crema 3,50
cream ice cream

torta al cioccolato 5,00
chocolate cake

Bevande

vino della casa   house wine
  mezzo litro (1/2 liter) 4,00
  litro 6,00
Pinot/Chardonnay 20,00
Merlot/Lambrusco 18,00
acqua minerale (naturale/gassata)
  mineral water (still/sparkling)
  mezzo litro (1/2 liter) 2,00
  litro 3,00
birra   beer
  piccola 2,00
  media 3,00

coperto (cover charge): 2,50

1. Quando si mangia (*does one eat*) l'antipasto, prima (*before*) o dopo (*after*) il primo piatto?
2. Qual è la differenza tra il primo piatto e il secondo piatto?
3. Con quale piatto si mangia il contorno?
4. Quando si mangia il formaggio, prima o dopo il dolce?

▶ Answers to this activity are in Appendix 2 at the back of your book.

IN ITALIA

- Ti piace cenare fuori? In Italia ci sono molte possibilità: **la trattoria** è meno formale—e meno cara—del **ristorante. La pizzeria** è molto informale; offre molti tipi diversi di pizze e un numero più limitato di primi e secondi. **La tavola calda** serve la pizza al taglio (*by the slice*) e altri piatti già pronti. **L'osteria** offre il vino e la birra con pasti semplicissimi.

- Alla fine del pasto il cameriere porta **il conto.** Alcuni ristoranti aggiungono (*add*) **un coperto** (*cover charge*) per ogni persona. **Il servizio** (*service charge*) può essere incluso nel conto. Se no, **la mancia** (*tip*) dal 10 al 15% (per cento) va lasciata (*is left*) sul tavolo, ma non alle tavole calde o ai locali self-service.

In italiano

In Italy it is customary for the server to bring one check for the entire table. When everyone at the table divides up the bill, the expression in Italian is **fare alla romana.**

Non è giusto che tu paghi la cena per tutti. Facciamo alla romana!

Apparecchiamo!°   Let's set the table!

il pane

i bicchieri

il tovagliolo

il piatto

il cucchiaio

la forchetta

il coltello

Quali posate (*silverware*) usi per mangiare questi cibi?

la bistecca   il brodo

il gelato   le lasagne   i piselli (*peas*)

il tiramisù   la torta al cioccolato

Esempio: Mangio i broccoli con la forchetta.

IN **ITALIA**

Non c'è una cucina «italiana». In Italia ogni regione ha la propria cucina con le sue specialità. Per esempio, Genova in Liguria è famosa per il pesto; Firenze in Toscana per la bistecca «fiorentina»; la Lombardia per il risotto. Bologna in Emilia-Romagna è il cuore (*heart*) gastronomico d'Italia. È celebre per la pasta fresca, in particolare le tagliatelle, le lasagne e i tortellini. Il ragù alla bolognese si trova in tutto il mondo. L'Emilia-Romagna è nota anche per il prosciutto (*smoke-cured ham*), la mortadella (*the original bologna*), l'aceto balsamico (*balsamic vinegar*) di Modena e il parmigiano reggiano (*Parmesan cheese*).

Puoi saperne di più leggendo **Il blog di Luca Lipparini—Bologna!** alla fine del **Capitolo 8.**

A. La piramide della dieta. La piramide della dieta rappresenta la distribuzione in frequenza e quantità di tutti gli alimenti principali compresi (*included*) nella dieta mediterranea. Alla base troviamo gli alimenti (*foods*) che possiamo consumare tutti i giorni, mentre quelli al vertice (*top*) sono da evitare. Guarda il menu alla pagina 126 e decidi in quale categoria inserire i vari piatti.

LA PIRAMIDE DELLA DIETA MEDITERRANEA

consumo
mensile — Carne rossa

consumo
settimanale — Dolci, Uova, Carni bianche, Pesce

consumo
quotidiano — Formaggi, yogurt / Olio extravergine di oliva / FRUTTA, LEGUMI, VERDURE / PANE, PASTA, RISO, PATATE, ECC

B. I piatti.

Parte prima. A quali piatti associ questi cibi?

l'antipasto   il dolce

il secondo

il primo   il contorno

1. gli scampi alla brace
2. i calamari fritti
3. il minestrone (*vegetable soup*)
4. le patate lesse (*boiled*)
5. le linguine
6. il tiramisù
7. i ravioli al prosciutto
8. i piselli
9. la bruschetta
10. le lasagne verdi
11. il coniglio (*rabbit*)

Parte seconda. Dove si trovano questi piatti nella piramide della dieta mediterranea? Ogni quanto bisogna mangiare questi piatti?

C. Da ordinare o da evitare (*avoid*)? Queste persone mangiano stasera a La Torre. Quali piatti e/o bevande ordinano e quali evitano?

Esempio: **S1:** Maria è a dieta.

S2: Allora, ordina il pollo arrosto e l'insalata. Evita la pasta e la torta al cioccolato.

1. Gianni non ha molta fame.
2. Salvatore e Giacomo hanno molta fame.
3. Sara e Abbas sono vegetariani.
4. Giovanni ha mal di pancia.
5. Rita va in palestra (*gym*) dopo cena.
6. Omar è astemio (non beve alcolici).
7. Riccardo ha fretta.
8. Marco non mangia carboidrati.

D. Non mangio mai...

Parte prima. Guarda il menu di La Torre a pagina 126 e fai una lista di cinque cibi e bevande che non mangi o non bevi mai.

Non mangio mai...	Non bevo mai...
1. il formaggio	1. la birra
2.	2.
3.	3.
4.	4.
5.	5.

Parte seconda. Intervista tre compagni/compagne e segna (✓) se loro evitano gli stessi (*same*) cibi e bevande.

Esempio: **S1:** Non mangio mai il fegato. Maria, tu mangi il fegato?

S2: No, non mangio mai il fegato. (✓)

Parte terza. Con chi hai più cose in comune? Riferisci i risultati ai compagni.

Esempio: Io e Maria non beviamo mai il vino, non mangiamo mai il fegato...

E. Ordiniamo! (*Let's order!*)

Il Menu

Antipasti
Sformatino[1] di carciofi e piselli in salsa delicata
Varietà di antipasti tipici siciliani caldi e freddi
Gran[2] fritto di verdure fresche di stagione e formaggi

Primi piatti
Raviolini in salsa di pistacchi e mandorle[3]
Tagliatelle ai funghi porcini dell'Etna
Zuppa di funghi

Secondi piatti
Bocconcini[4] di pollo dorati[5] all'aceto balsamico
Filettino di bue[6] con funghi e marsala
Pesce del giorno
(I piatti sono tutti guarniti con un contorno.)

Dessert
Semifreddo[7]
Sorbetto al limone

[1]*soufflè* [2]Gran = grande [3]*pistacchi... pistachios and almonds*
[4]*nuggets (literally, little mouthfuls)* [5]*golden* [6]*filettino... filet mignon* [7]*ice cream cake (literally, half-cold)*

Parte prima. Il signor Cecchi cena da solo al ristorante. Il cameriere ha già portato (*already brought*) un litro di acqua gassata e adesso il signor Cecchi deve ordinare. Completa il dialogo.

IL CAMERIERE: Cosa desidera (*want*)?

IL SIGNOR CECCHI: Come primo vorrei (*I would like*)_____.[1]

IL CAMERIERE: E da bere?

IL SIGNOR CECCHI: _____.[2]

IL CAMERIERE: E come secondo?

IL SIGNOR CECCHI: _____.[3]

IL CAMERIERE: Desidera altro?

IL SIGNOR CECCHI: _____.[4]

Parte seconda. A turno, svolgete il ruolo del cameriere. Cosa ordina il tuo compagno / la tua compagna? Usa il menu del ristorante La Pigna. Ricorda di usare le forme formali!

Esempio: **S1:** Cosa desidera come antipasto?
S2: Vorrei...
S1: E come primo?

5.1 Il più buono!
The superlative

Completa le frasi con la parola appropriata. Scegli tra le seguenti parole.

| affermati (*successful*) | antica (*ancient*) | autentica | famoso | piccolo |

Answers to this activity are in Appendix 2 at the back of your book.

1. **Il ristorante più _____ del mondo** (*world*) si trova a San Miniato (Toscana) ed è grande 10 m² metri quadrati! Il Peperino è un ristorante per solo 2 persone. È perfetto per chi vuole un'esperienza gastronomica davvero speciale. Il menu e l'esclusività sono degni (*deserving*) del prezzo: 190 euro a persona, vini esclusi!

2. L'Hostaria dell'Orso è **l'osteria più _____ di Roma.** Situata a pochi passi da Piazza Navona, è uno stupendo edificio che risale alla fine del 1400. Nel passato una taverna, un hotel e un night-club, oggi è un ristorante elegante che offre anche un pianobar e una discoteca.

3. Gualtiero Marchesi è **lo chef italiano più _____ del mondo.** Il primo ristoratore a ricevere le «tre stelle (*stars*)» della guida Michelin Italia nel 1985 è innovatore (*innovative*), intuitivo e amante (*lover*) della buona cucina. Nella sua cucina si sono formati molti de**gli chef italiani più _____.** Oggi è ristoratore a Erbusco in Franciacorta, a Roma e a Cannes.

4. Il classico piatto italiano è la pizza, di cui (*of which*) ci sono diversi tipi famossissimi. Ma **la pizza più _____** è a Napoli quella marinara; solo con pomodoro, aglio, olio ed origano. Da non dimenticare il calzone (pizza imbottita [*stuffed*] con salumi, ricotta e formaggi) e la pizza fritta (*fried*), uguale al calzone ma interamente fritta nell'olio!

1. The superlative (**il superlativo**) is used to talk about the extremes of a particular quality (*the smallest, the most famous, the least expensive*). Here's how you form the superlative in Italian.

definite
article + noun + più/meno + adjective

la	pizza	**più**	autentica	*the most authentic pizza*
il	ristorante	**meno**	costoso	*the least expensive restaurant*

If you are talking about a member of a particular group, you add:

di + name of the group
d'Italia   *in Italy*
del mondo   *in the world*

2. Some adjectives, like **bello, buono,** and **cattivo** may precede the noun. (Remember the forms of **bello?** See **Capitolo 2, Per saperne di più.**) They may also precede the noun in the superlative construction.

La Pigna ha i più bei camerieri!   *La Pigna has the handsomest waiters!*

Attenzione! The superlative forms of **buono** and **cattivo,** *the best* and *the worst,* are irregular: **più buono = migliore** and **più cattivo = peggiore.**

Il risotto è il **miglior(e)** primo.	*The risotto is the best first course.*
La zuppa di funghi è il piatto **peggiore.**	*The mushroom soup is the worst dish.*

A. I luoghi famosi. Scegli il luogo giusto per completare le affermazioni.

1. Secondo 651 giurati (*judges*) di *Restaurant Magazine*, il migliore ristorante italiano si trova a <u>Firenze / Livorno.</u>
2. La montagna più alta d'Europa è <u>il Monte Bianco (Francia-Italia) /</u> <u>Grossglockner (Austria).</u>
3. Il migliore chef del mondo è a <u>Barcellona / Parigi / Roma.</u>
4. L'edificio più alto d'Italia è <u>il palazzo Pirelli (Milano) / San Pietro</u> <u>(Roma).</u>
5. Secondo *Restaurant Magazine*, nel 2007 il miglior ristorante del mondo si trova in <u>Australia / Italia / Spagna.</u>
6. L'università più antica d'Europa è <u>l'Università di Cambridge /</u> <u>l'Università degli Studi di Bologna.</u>

B. I premi! Con i compagni, aggiungete altre categorie e date tre possibili risposte per ogni categoria. Poi votate.

Secondo voi, qual è...	1	2	3
1. il miglior dolce			
2. il peggior film			
3. il programma televisivo più seguito			
4.			
5.			
6.			

C. Esagerato!

Metti questi gruppi di parole in ordine. Indica poi se sei d'accordo (*in agreement*) con ciascuna frase. Se non sei d'accordo, cambia la frase in modo che sia vera per te.

	sono d'accordo	non sono d'accordo
1. cibo / nutriente / il / la / è / meno / carne	☐	☐
2. la / Roma / più / città italiana / è / famosa per la gastronomia	☐	☐
3. il / le / più / patate fritte / grasso (*fatty*) / contorno / sono	☐	☐
4. sono / più / i fagiolini e i broccoli / le verdure / saporite (*tasty*)	☐	☐
5. il / il / più / formaggio / gorgonzola / magro / è	☐	☐

D. Gli studenti.

Parte prima. Fai una lista di tre o quattro aggettivi che useresti per descrivere questi studenti.

| Luca | Marcella | Raffaella | Riccardo |

Parte seconda. Scrivi, per ciascuno studente, una frase per dire quale caratteristica ha rispetto alla classe.

Esempio: Marcella è la più sportiva della classe.

E. Le migliori ricette (*recipes*).

Parte prima. Leggi la home page di questo blog che presenta le migliori ricette americane. Ci sono quattro superlativi. Sottolinea questi superlativi.

> # LE MIGLIORI RICETTE
>
> # AMERICANE
>
> DIVERTITI[1] ANCHE TU CON LE FANTASIOSE RICETTE MADE IN USA! QUI POTRAI[2] TROVARE LE MIGLIORI RICETTE AMERICANE, DALLE PIÙ CLASSICHE A QUELLE PIÙ STRANE. SCOPRI COME CUCINARE UN SUCCULENTO HAMBURGER AL BARBEQUE, UN SOFFICE[3] MUFFIN O COME SORPRENDERE GLI AMICI CON UN FANTASTICO ED ORIGINALE BRUNCH.

[1]*Have fun*   [2]*You will be able to*   [3]*fluffy*

Parte seconda. In gruppi di tre o quattro create la home page per uno dei seguenti siti. Seguite il modello nella **Parte prima.** Usate un minimo di quattro superlativi.

> Dove trovare la migliore bistecca

> I migliori film

> I migliori ristoranti nella nostra città

> Le migliori squadre di calcio / basket / football americano

IN ITALIA

Parlano i numeri

8 sono gli anni che un essere umano (*human being*) passa mangiando nel corso di una vita media di 75 anni.

132 sono i chilogrammi di frutta che mangia in media un italiano ogni anno.

2.500 è il numero di olive necessarie per produrre un litro di olio extravergine.

24 mila sono le persone che attualmente muoiono di fame nel mondo.

41 mila sono le persone che ogni giorno morivano di fame 20 anni fa.

920 mila sono le pizze consumate quotidianamente in Italia. Ogni giorno 1 italiano su 63 sceglie, a pranzo o a cena, di mangiare una pizza.

5.2 Vuoi mangiare qualcosa?

Verb + infinitive

A Giacomo piace moltissimo Raffaella e finalmente trova il coraggio di telefonare a lei. Leggi la loro conversazione.

RAFFAELLA:	Pronto?
GIACOMO:	Buona sera, sono Giacomo. C'è Raffaella?
RAFFAELLA:	Sono io. Chi parla?
GIACOMO:	Ciao, Raffaella! Sono Giacomo. Ti telefono per sapere se ti va di cenare con me stasera. C'è una nuova trattoria in Via Gramsci.
RAFFAELLA:	Grazie, Giacomo, ma non posso uscire stasera. Devo studiare.
GIACOMO:	Allora, ti piacerebbe andare al cinema domani sera? Ci sono tanti bei film questa settimana.
RAFFAELLA:	Grazie, ma non posso. Ho un altro impegno.
GIACOMO:	Senti, sabato c'è una partita di calcio allo stadio. Vado con mio fratello Oscar. Vuoi venire con tua sorella Valeria?
RAFFAELLA:	Grazie, ma non possiamo. Dobbiamo pulire la casa. Scusa, ma adesso devo correre all'università. Ci vediamo. Ciao.
GIACOMO:	Ciao.

Da' almeno tre motivi per cui (*reasons why*) Raffaella non vuole (*doesn't want*) uscire con Giacomo. Poi, con tutti i compagni votate per il motivo più probabile.

Raffaella non vuole uscire con Giacomo perché...

(continued)

Answers to this activity are in Appendix 2 at the back of your book.

STUDY TIP

English speakers often incorrectly express *to have to* (*do something*) with the verb **avere** because they are translating word for word from English. The correct verb to use is **dovere**.

Devo andare a casa.
I have to go home.

Beware of the tendency to translate from English—it will get you into trouble!

Completa le coniugazioni. Cerca le forme giuste (*look for the correct forms*) dei verbi **dovere** (*to have to, must*), **potere** (*to be able to, can, may*) e **volere** (*to want*) nella conversazione telefonica tra Giacomo e Raffaella.

	dovere	potere	volere
io			voglio
tu	devi	puoi	
lui/lei/Lei	deve	può	vuole
noi			vogliamo
voi	dovete	potete	volete
loro	devono	possono	vogliono

1. You have already learned two verbs followed by the infinitive to express your preferences.

preferire: **Preferisco** stare a casa stasera.
piacere: **Mi piace** sciare, ma non **mi piace** giocare a calcio.

2. The verbs **dovere, potere, volere** are often followed by the infinitive.

Voglio mangiare una pizza.   *I want to eat pizza.*
Non **posso** bere il latte.   *I can't drink milk.*
Devo studiare.   *I must study.*

In italiano

- Two other verbs, **amare** (*to love*) and **odiare** (*to hate*), can also be followed by the infinitive.

  Amo andare al cinema.   **Odio** pulire la casa.

- However, note that the verbs **amare, odiare,** and **volere** can also be followed by nouns.

  Gianna **ama** il cioccolato.
  Enrica **odia** gli spinaci.
  Marco **vuole** le lasagne.

- Although **voglio** is the correct form of **volere** for **io,** Italians consider it very **maleducato** to use it when making a request. Instead they use **vorrei** (*I would like*):

  Vorrei gli spaghetti al pomodoro, per favore.
  Vorrei offrire (*to pay,* lit. *to offer*) **io il pranzo. Va bene?**

A. Mini-dialoghi.

Parte prima. Scegli il verbo giusto per completare le frasi.

1. OSCAR E GIACOMO: Ciao, ragazze! Dovete / Volete andare a mangiare la pizza con noi?

   VALERIA E RAFFAELLA: Ci dispiace (*We're sorry*) ma non possiamo / dobbiamo. Non abbiamo soldi. Possiamo / Dobbiamo passare dal bancomat (*ATM*).

2. RAFFAELLA: Sono molto impegnata oggi.
   GIACOMO: Cosa puoi / devi fare?
   RAFFAELLA: Posso / Devo lavorare tutto il giorno e poi preparare la cena per quattro ospiti (*guests*).

3. GIACOMO: Posso / Voglio venire anch'io alla festa venerdì?
   RAFFAELLA: Mi dispiace, ma solo i colleghi di lavoro sono invitati.

4. OSCAR: Giacomo, quando metti in ordine la casa? Tocca a te questa settimana.
   GIACOMO: La settimana prossima. Questa settimana non devo / posso perché devo / posso studiare molto.

5. OSCAR: Raffaella e Valeria non pranzano con noi perché possono / devono andare a trovare la madre.
   GIACOMO: Che peccato! (*Too bad!*)

6. OSCAR: Il sugo di pomodoro non è buono.
   GIACOMO: Cosa voglio / devo aggiungere?
   OSCAR: Un po' di sale.

7. VALERIA: Cosa devi / vuoi mangiare stasera?
   RAFFAELLA: Solo il primo.

Parte seconda. Adesso, completa le frasi con la forma giusta di **dovere, potere** o **volere**.

1. Raffaella e Valeria non _____ andare a mangiare la pizza con Oscar e Giacomo perché non hanno soldi. _____ passare dal bancomat.

2. Raffaella è molto impegnata oggi perché _____ lavorare tutto il giorno e poi preparare una cena per quattro ospiti.

3. Giacomo non _____ andare alla festa venerdì perché Raffaella ha invitato solo i colleghi di lavoro.

4. Questa settimana Giacomo non _____ mettere in ordine la casa perché _____ studiare molto.

5. Giacomo _____ aggiungere sale al sugo perché non è buono.

6. Raffaella _____ mangiare solo il primo stasera.

B. Cosa vogliono? Cosa vogliono queste persone?

Esempio: **S1:** Maria ha sete.
S2: Vuole un bicchiere d'acqua.

1. Hasim deve sempre prendere l'autobus.
2. Claudio ed io amiamo gli animali domestici.
3. Tu e Salvatore odiate la birra.
4. Il bambino ha la nausea e non sta bene.
5. Mio padre ed io siamo vegetariani e abbiamo molta fame.
6. Sabrina e Leyla hanno molta fame ma non hanno molto tempo.
7. Io ho sete.

C. Gli inviti. Francesca, una studentessa italiana che visita la vostra università per un mese, è molto impegnata. L'insegnante fa la parte di Francesca. Tu e i compagni invitate Francesca a fare varie attività, ma lei è sempre impegnata. Completa la tabella sulla base (*based on*) delle sue risposte.

> **Esempio:** STUDENTI: Vuoi prendere un caffè domenica mattina con noi?
> FRANCESCA: Grazie, ma non posso. Devo andare in chiesa.

	sabato	domenica
mattina		*va in chiesa*
pomeriggio		
sera		

 Solo musica. Go to the *Avanti!* iMix on the *Avanti!* Online Learning Center in Coursewide Content (**www.mhhe.com/avanti2**) where you can purchase *Mi piace vivere* by Nek. Review present tense verbs and listen for the use of **piacere** + infinitive.

RETRO

The classic **pizza margherita** with its toppings of mozzarella, tomato, and basil was named in honor of the newly unified nation's Queen Margherita in the late 1800s. Pizza, however, existed in various forms much earlier, probably even during the Etruscan period (sixth century B.C.E.). The southern Italian specialty that we recognize today was already popular in the sixteenth and seventeenth centuries as a poor man's meal: a disk of dough, baked in a wood oven and seasoned with lard, cheese, basil, and pepper. Another variety used bits of chopped fish as a topping. With the arrival of the tomato from the New World in the 1500s, it wasn't long before that, too, became a popular ingredient. But it wasn't until the 1800s that the pizza made its way to the Americas, thanks to southern Italian immigrants. Today, 93% of Americans eat pizza once a month.

 CLICCA QUI You can read more about pizza at the *Avanti!* website, **Clicca qui (www.mhhe.com/avanti2).**

5.3 Andiamo al ristorante

Prepositions

 To learn more about the prepositions **di** and **da**, see **Per saperne di più** at the back of your book.

Le preposizioni, come *on, to, at* e *for*, in inglese, legano (*link, connect*) due parole o frasi. Metti le seguenti frasi in ordine cronologico per ricreare la storia del weekend di Raffaella. Riesci a capire il significato o i significati delle preposizioni sottolineate in ogni frase?

| a | con | da | di | in | per | su |

__1__	Giovedì lavoro **da** mezzogiorno **a** mezzanotte.
_____	Arrivo **a** New York venerdì sera.
_____	Sabato mattina faccio shopping e compro un regalo (*gift*) **per** mia madre.
_____	Dopo mangiato esco **con** Mary e i suoi amici. Gli amici **di** Mary sono molto simpatici.
_____	La mia amica americana, Mary, mi porta **a** casa sua.
_____	Metto la valigia **in** camera **su** un tavolino. Vado **in** cucina. Mangiamo e parliamo **di** tante belle cose.
_____	Vado **a** casa e dormo. La mattina dopo preparo la valigia (*suitcase*).
_____	Domenica mattina salgo* **su** un aereo di nuovo per tornare a casa!
_____	Venerdì mattina parto **da** Milano **per** New York.
__10__	Che weekend **da** matti!

▶ Answers to this activity are in Appendix 2 at the back of your book.

*salgo (salire) *to go up, to get on*

In italiano

In Italian, the preposition **da** combines with other words to form commonly used expressions:

(scarpe) da uomo/donna	*men's/women's (shoes)*
(una cosa) da matti	*a crazy (thing/situation)*
(un film) da vedere	*a "must see" (film)*
(un libro) da leggere	*a "must read" (book)*
cose da fare	*things to do*
qualcosa da bere/mangiare	*something to drink / to eat*

and the following very colloquial expressions:

(bello/a) da morire	*"drop dead" (gorgeous)*
(una cena) da dio	*an awesome (dinner)*

1. Italian prepositions include: **a** (*to/at*), **da** (*from*), **per** (*for*), **in** (*in/to*), **con** (*with*), **di** (*of/about*), **su** (*on*), and **tra/fra** (*between*). Prepositions that stand alone are called **le preposizioni semplici**. However, some of them often contract with the definite article to form one word (**le preposizioni articolate**), such as **alle** (**a + le**).

Read the description on the next page of Raffaella's first date with Giacomo. Circle all of **le preposizioni semplici** and underline **le preposizioni articolate.** One of each is already done for you. (Remember Giacomo and Raffaella? If not, see page 135.)

Raffaella esce (con) Giacomo. Vanno a mangiare **al** ristorante La Torre. Giacomo arriva a casa di Raffaella alle 19.00. La prenotazione (*reservation*) è per le 20.00, ma Giacomo non vuole essere in ritardo perché è un ristorante molto frequentato ed* è difficile trovare un parcheggio (*parking space*). Quando arrivano il cameriere li accompagna (*accompanies them*) ad un tavolo vicino ad una finestra dalla quale possono vedere un bel panorama; l'atmosfera è molto romantica. La cena è splendida, ma la gente del tavolo accanto (*next*) è molto maleducata (*ill-mannered*): parlano a voce alta (*loudly*), il ragazzo mangia gli spaghetti con le mani (*hands*) e la ragazza ha un gomito (*elbow*) sulla tavola mentre mangia la minestra!

2. Now, can you figure out all the preposition and definite article combinations?

Esempio: a + il = al
a + le = alle

Follow the pattern and complete the chart with all the prepositions and their combinations with the definite articles.

Answers to these activities are in Appendix 2 at the back of your book.

	il	lo	la	l'	i	gli	le
a	al		alla		ai		alle
da		dallo		dall'		dagli	
su	sul					sugli	
di		dello	della		dei		delle
in	nel		nella	nell'	nei		nelle
con	con il			con l'			con le
per		per lo	per la			per gli	

Note that:

a. **di** and **in** change to **de-** and **ne-** in contractions.

b. **con** and **per** do not contract with the definite article.†

3. In **Capitoli 3** and **4** you learned several expressions with **a** and some common phrases designating locations with **in** that do not have a definite article:

Ettore gioca **a carte (a golf, a calcio, a tennis).**
va **a letto.**
esce **a mezzogiorno** e ritorna **a mezzanotte.**
va **a ballare.**
va **in biblioteca.**

STUDY TIP

There is no need to memorize each combination. Just remember that each contraction has the same ending as the definite article, and that contractions with the articles that begin with an **l** (**la, lo, l', le**) have two **l**'s:

a + la = alla
a + lo = allo
a + l' = all'
a + le = alle
a + i = ai
a + il = al
a + gli = agli

---

* **Remember:** If the preposition **a** or the conjunction **e** (*and*) are followed by a word beginning with a vowel, they may become **ad** and **ed:** **ad esempio** (*for example*); **tu ed io** (*you and I*).

†In formal, written Italian you may find that **con** combines with the articles **il** and **i** to form the contractions **col** and **coi.**

140   Capitolo 5   A tavola!

va/balla	**in discoteca.**
va	**in montagna.**
va/nuota	**in piscina.**

Note that:

a. When talking about home or school, you don't use the article with the preposition **a:**

Ritorno **a** scuola.   Vado **a** casa.

b. When talking about a city, use **a,** and when talking about a country, use **in** to express *to:*

Vado **a** Milano.   Andiamo **in** Italia.

● To learn how the pronoun **ci** is used to replace phrases with **a/in,** see **Per saperne di più** at the back of your book.

A. Scegli. Completa le frasi con le preposizioni giuste.

1. Mario e Raffi vanno <u>a / di</u> sciare <u>in / di</u> montagna quest'inverno.

2. Mia sorella ed io nuotiamo <u>su / in</u> piscina tre volte alla settimana.

3. Mettiamo le candeline (*candles*) <u>sulla / alla</u> torta.

4. Michela va sempre <u>a / al</u> letto <u>a / al</u> mezzanotte.

5. Mio padre mette molto zucchero <u>sul / nel</u> caffè.

6. Giuseppe gioca <u>a / di</u> calcio <u>per / con</u> i suoi amici il sabato.

7. Mi piace studiare <u>in / con</u> biblioteca.

8. Paolo fa il cameriere. Ogni sera finisce di lavorare <u>alle / all'</u> una e non arriva <u>a / per</u> casa fino (*until*) <u>alle / all'</u> due.

9. Sandro vuole fare un viaggio <u>in / a</u> Francia. Vuole andare <u>a / in</u> Parigi.

10. Stasera mangiamo <u>con la / alla</u> pizzeria da Luigi ma non mi piace perché c'è poco <u>dal / sul</u> menu.

11. Gli studenti tornano <u>dell' / dall'</u> Italia il primo del mese.

12. Cameriere! C'è un insetto <u>dal / nel</u> mio bicchiere!

B. Le preposizioni articolate. Unisci la preposizione all'articolo giusto e scrivi la preposizione articolata. Poi fai le domande al tuo compagno / alla tua compagna. Prendi appunti (*take notes*) e riferisci (*report*) le risposte agli altri compagni.

Esempio: Che fai lunedì (a + ? =) una?
　　　　　　Che fai lunedì *all'*una?

1. Cos'hai (<u>in + ? =   </u>) zaino?

2. Che fai sabato (<u>a + ? =   </u>) 21.00?

3. A che ora arrivi (<u>a + ? =   </u>) università?

4. A che ora torni a casa (<u>da + ? =   </u>) università?

5. Quale giorno (<u>di + ? =   </u>) settimana preferisci? Perché?

6. C'è un programma (<u>a + ? =   </u>) televisione che ti piace molto? Quale?

7. Con chi parli (<u>a + ? =   </u>) telefono più spesso?

8. Metti lo zucchero (<u>in + ? =   </u>) caffè?

C. La storia continua.
La storia di Giacomo e Raffaella continua. Completa la storia con le preposizioni semplici o articolate.

Raffaella ed io usciamo _____¹ ristorante _____² 22.30 e

andiamo _____³ ballare _____⁴ discoteca fino alle 4.00 di

mattina. Prima di tornare a casa andiamo _____⁵ prendere un caffè

_____⁶ bar _____⁷ gli amici. Raffaella torna _____⁸ casa

_____⁹ 5.30. Domani telefono a Raffaella per sapere se vuole andare

_____¹⁰ cinema.

D. Tante domande.

Parte prima. Collabora con un compagno / una compagna. Completate queste domande. Usate una preposizione.

> **Esempio:** A che ora tornate *dall'università?*

1. A che ora tornate... ?
2. Quando andate... ?
3. Preparate la cena... ?
4. Andate a lezione... ?
5. Giocate... ?
6. Venerdì sera uscite... ?
7. Prendete un caffè... ?
8. Che cosa fate... ?

Parte seconda. Fate le domande ad un'altra coppia. Discutete le risposte con i compagni.

> **Esempio:** Gina torna dall'università alle 17.00 ma Tommaso torna alle 14.00.

5.4 Compro del pane
The partitive

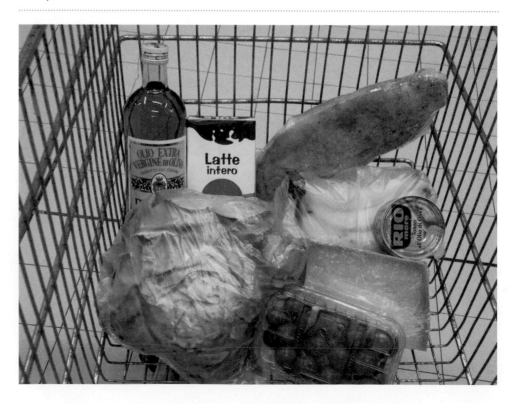

Raffaella fa la spesa (*grocery shopping*) al supermercato. Guarda il suo carrello (*grocery cart*) e segna (✓) le cose che compra. Come si dice *some* in italiano?

Raffaella compra...

☐ del latte.

☐ delle banane.

☐ dell'olio di oliva.

☐ del tonno (*tuna*).

☐ degli spaghetti.

☐ del pane.

☐ dell'insalata.

☐ del formaggio.

☐ della pasta.

☐ dei pomodorini.

ⓧ

1. The equivalent of *some* in Italian is the articulated preposition **di** + *article*.

Fill in the missing forms in the table.

	il	lo	la	l'	i	gli	le
di	del			dell'		degli	

◗ Answers to these activities are in Appendix 2 at the back of your book.

2. When used with a singular noun, **di** + *article* means *some* to indicate part of a whole. When used with a plural noun, it also means *some*, but indicates an unspecified quantity.

Vorrei **della torta.**
Gina mangia **delle banane.**
Compriamo **delle paste.**

I would like (some) cake.
Gina eats (some) bananas.
We are buying some pastries.

3. Di + *article* is almost always omitted in negative sentences.

No, non abbiamo pane.

No, we don't have bread.

4. An equivalent of **di** + *article* that means *a bit of* or *some* is **un po' di** + *noun* (without the definite article).

Mangio **un po' di** pasta = Mangio **della** pasta.
Bevo **un po' di** spumante = Bevo **dello** spumante.

A. Il partitivo giusto. Abbina i partitivi ai nomi giusti.

B. Il cuoco. (*The cook.*) Abbina le espressioni dell'insieme A alle espressioni dell'insieme B per completare le frasi. Poi sostituisci (*substitute*) **un po' di** con **di + articolo.**

Il cuoco mette (*puts*)...

A	B
1. un po' di aceto balsamico	a. sulle tagliatelle.
2. un po' di limone	b. nella salsa.
3. un po' di peperoncino (*red pepper*)	c. sul pesce.
4. un po' di parmigiano	d. nell'insalata.
5. un po' di pepe	e. sulla bistecca.

 IN **ITALIA**

In Italia **gli ospiti** a pranzo o a cena portano un regalo per **i padroni di casa** (*heads of household*): una scatola (*box*) di cioccolatini, delle paste dalla pasticceria (*pastry shop*) o un mazzo di fiori (*bouquet of flowers*).

Cosa porti tu quando sei invitato/a a cena?

Paste siciliane in una pasticceria (Erice in Sicilia)

In italiano

You have already learned two meanings of **pasta:** *pastry* and *pasta*. The masculine form, **il pasto,** means *meal*.

C. Il carrello. Scegli cinque cose dalla lista da mettere (*to put*) nel tuo carrello. Il tuo compagno / La tua compagna deve indovinare (*guess*) quello che compri usando **di + articolo.** Devi dire i prodotti che non ha indovinato. Il gioco continua finché (*until*) il compagno / la compagna non ha indovinato tutte le cose del carrello.

☐ acqua   ☐ fegato   ☐ paste

☐ banane   ☐ formaggio   ☐ patate

☐ birra   ☐ funghi   ☐ peperoni

☐ bistecche   ☐ latte   ☐ pomodori

☐ carne   ☐ pane   ☐ sale

☐ fagiolini   ☐ pasta   ☐ spinaci

Esempio: **S1:** Compri del latte, della pasta,...
S2: Non compro latte.
S1: Compri dei funghi.
S2: Sì.

D. Ti piace la maionese? Devi scoprire cosa mette un tuo compagno / una tua compagna sui/nei cibi dell'insieme A. Il compagno / La compagna risponde con gli elementi dell'insieme B.

A

- l'hamburger
- la bistecca
- il panino
- il pane
- la pasta
- le patate fritte
- le uova (*eggs*)
- i cereali
- il tè freddo
- il tè caldo
- il caffè

B

- il burro (*butter*)
- il limone
- il latte
- il pepe
- la marmellata (*jam*)
- lo zucchero
- la mostarda (la senape)
- la maionese
- il sale
- l'olio di oliva
- il parmigiano
- il miele (*honey*)
- il formaggio
- la cipolla (*onion*)
- il pomodoro
- il sugo
- il ketchup

Esempio: **S1:** Cosa metti sull'hamburger?
S2: Del ketchup e della cipolla.
S1: Cosa metti nel tè?
S2: Del miele.

Cultura

Ascoltiamo!

Il galateo° a tavola   Il... Etiquette

A. Osserva ed ascolta. Osserva ed ascolta mentre l'insegnante ti parla delle regole (*rules*) delle buone maniere (**il galateo**) in Italia.

B. Completa. Completa in italiano le seguenti frasi, inserendo la parola più appropriata della lista qui sotto. Usa ogni parola *una sola volta*. **Attenzione!** La lista contiene dieci parole; devi usarne solamente otto.

altrettanto	bicchieri	l'ospite	il tovagliolo
astemia	la forchetta	piatti	
beneducata	le mani	salute	

1. Una persona _____ osserva le regole del galateo anche a tavola.

2. È necessario apparecchiare la tavola secondo criteri precisi e fare attenzione alla posizione delle posate: il coltello va a destra, _____ a sinistra.

3. Per l'acqua e il vino, si devono usare _____ differenti.

4. _____ beneducato porta fiori o dolci alla padrona di casa.

5. _____ devono rimanere sul tavolo; i gomiti, invece, no.

6. La risposta a «Buon appetito!» è «Grazie, _____!»

7. Non è beneducato insistere per far bere una persona _____.

8. Prima di bere, si dice «_____».

C. Tocca a te!   E tu, rispetti le regole del galateo? Usa le informazioni di questa lezione per completare la frase seguente:

**A tavola io sono beneducato/a (maleducato/a) perché...
e perché...**

Leggiamo!

Associazione Slow Food

A. Prima di leggere.   Cosa sai del Movimento Slow Food? Segna (✓) tutte le frasi vere.

1. ☐ Il Movimento Slow Food esiste da più di vent'anni.

2. ☐ Il Movimento Slow Food è uno stile di vivere (*lifestyle*).

3. ☐ Il Movimento Slow Food è contro la carne clonata.

4. ☐ Il Movimento Slow Food vuole promuovere la cucina italiana in tutto il mondo.

5. ☐ Gli associati (*members*) al Movimento Slow Food sono a favore dei cibi biologici (*organic*).

B. Al testo!   Leggi la descrizione di Slow Food (**www.slowfood.it**) e controlla le risposte che hai dato in **Attività A.** Chi sapeva di più su Slow Food?

Slow Food è un'associazione internazionale non profit nata in Italia nel 1986: oggi coinvolge 40.000 persone in Italia e più di 80.000 nel mondo, in 130 paesi dei cinque continenti. Le condotte e i convivium[1] (350 in Italia e oltre 400 all'estero[2]) sono il punto di riferimento[3] del Movimento sul territorio e organizzano iniziative per gli associati.

Slow Food promuove il diritto al piacere, a tavola e non solo. Nata come risposta alla grande diffusione del fast food e alla frenesia della fast life, Slow Food studia, difende e divulga[4] le tradizioni agricole ed enogastronomiche[5] di ogni angolo[6] del mondo, per assicurare il piacere di oggi alle generazioni future [...]

Slow Food, con progetti, pubblicazioni e eventi difende la biodiversità, i diritti dei popoli all'autorità alimentare[7] e si batte contro[8] l'omologazione dei sapori,[9] l'agricoltura massiva, e le manipolazioni genetiche. [...]

Slow Food, con i suoi 20 anni di attività, lavora oggi perché tutti possano mangiare e apprezzare cibo buono, pulito e giusto.

Parole per leggere

apprezzare *to appreciate*
assicurare *to assure*
coinvolgere *to involve*
il diritto *right*
permettersi *to allow oneself*
promuovere *to promote*

[1]condotte... *chapters and clubs* [2]*abroad* [3]punto... *point of reference* [4]*spreads* [5]*pertaining to wine and food* [6]*corner* [7]*alimentary, that which refers to nutrition* [8]si... *fights against* [9]l'omologazione... *standardized flavors*

C. Discutiamo!

Parte prima. Quanto è importante il cibo per te? Decidi quale delle seguenti frasi ti descrive meglio:

Mangio per vivere *o* **Vivo per mangiare.**

Parte seconda. Trova almeno due compagni che pensano come te. Insieme scrivete tre motivi per cui siete d'accordo (o no) con il Movimento Slow Food.

Parte terza. Con i compagni, rispondete alle seguenti domande.

1. Volete diventare associati del Movimento anche voi?
2. Perché questo movimento è nato in Italia e l'Italia ha il numero più alto di associati?

Scriviamo!

Il buon ospite

Cosa deve fare un buon ospite? Cosa non deve fare? Scrivi **Le cinque regole d'oro** (*golden rules*).

> **Esempio:** Un buon ospite
>
> 1. deve fare i complimenti al cuoco.
> 2. non deve parlare a bocca piena.*
> 3.

full mouth

Parliamo!

Che maleducati!

Quanti errori di galateo trovi in questa vignetta? Spiega al tuo compagno / alla tua compagna (o alla classe) chi è maleducato e perché.

Guardiamo!

Film *Big Night*

(Drammatico. USA. 1996. Campbell Scott e Stanley Tucci, Registi. 107 min.)

A. Anteprima. Al ristorante quali sono gli elementi più importanti per assicurare un'esperienza piacevole? Con un compagno / una compagna, metti in ordine d'importanza (1 = il più importante   4 = il meno importante) questi elementi:

_____ il servizio   _____ la qualità della cucina

_____ il locale   _____ il costo

B. Ciak, si gira!

Parte prima. Con un compagno / una compagna usa le parole per creare delle frasi che spiegano perché tutti sono insoddisfatti dell'esperienza al ristorante.

la signora	è frustrata	perché	non	vuole	mangiare	gli spaghetti
il signore	frustrato			deve	preparare	i clienti
Primo				può	accontentare*	la moglie
Secondo						

Parte seconda. Condividete le frasi con i compagni. Quante spiegazioni diverse avete trovato?

C. È fatto! Questo film è ambientato (*takes place*) negli anni 50. Com'è diversa oggi la conoscenza della cucina italiana?

IN **AMERICA**

Una pizzeria americana
An Italian immigrant named Gennaro Lombardi opened the first American pizzeria in 1895 in New York City. It's still there today—Lombardi's, 32 Spring Street.

La dieta mediterranea
The benefits of **la dieta mediterranea** were recognized by American doctor Ancel Keys (1904–2004), after he disembarked in Salerno with his squadron in 1945 during World War II. Dr. Keys noticed that cardiovascular disease was much less prevalent in Italy than in the United States, prompting him to investigate the influence of diet on health. He compared dietary habits in the United States, Japan, Yugoslavia, Germany, Finland, and Italy. The results confirmed that the more a diet digressed from the Mediterranean model, the higher the rate of cardiovascular disease.

*accontentare = fare contento/a

Riassunto: Trying to make it in America, two brothers, Primo (Tony Shalhoub) and Secondo (Stanley Tucci), run a failing Italian restaurant. To save the restaurant from bankruptcy, they plan to invite the musician Louis Prima and serve a fabulous meal, but complications arise involving a love triangle, their competitors, and chef Primo's obsession with culinary perfection.

Scena: (DVD Capitolo 3): An American couple orders a meal, but when it arrives it is not what they expected. Suave manager, Secondo, tries to make the customers happy. Chef Primo, however, is outraged. All the characters are frustrated because they don't understand each other. The problem isn't the language; what is it?

Vocabolario

Domande ed espressioni

(*n.* +) **bello/a da morire**	"drop dead" gorgeous
(*n.* +) **da dio**	awesome (+ *n.*)
(*n.* +) **da leggere**	"must read" (+ *n.*)
(*n.* +) **da matti**	crazy, like crazy (+ *n.*)
(*n.* +) **da uomo/donna**	men/women's (+ *n.*)
(*n.* +) **da vedere**	"must see" (+ *n.*)
ci mancherebbe altro	not a problem, no big deal
cose da fare	things to do
forse	perhaps, maybe
Grazie, ma non posso.	Thanks, but I can't.
Ho un altro impegno.	I have something else I have to do.
mi dispiace	I'm sorry
un po' di	a bit of
qualcosa da bere/ mangiare	something to eat/drink
sicuro	sure
Ti piacerebbe... ? / Le piacerebbe... ?	Would you (*form./inform.*) like . . . ?
un'altra volta	another time
volentieri	gladly, willingly
Vorrei...	I would like…

Verbi

amare	to love
apparecchiare (la tavola)	to set (the table)
dovere	to have to, must
fare alla romana	to pay one's share of the bill; to split the bill
odiare	to hate
potere	to be able, can, may
volere	to want

Sostantivi

l'aceto	vinegar
l'acqua minerale (naturale/gassata)	mineral water (still/ sparkling)
gli affettati misti	assortment of sliced meats and sausages
l'antipasto	appetizer
la bevanda	drink
il bicchiere	glass
la birra	beer
la bistecca	steak
la braciola	cutlet
il brodo	broth
il burro	butter
il cameriere / la cameriera	server (*m./f.*)
la carne	meat
il cioccolato	chocolate
la cipolla	onion
il coltello	knife
il conto	bill
il contorno	side-dish

il coperto	cover charge
il cucchiaio	spoon
il dolce	dessert
i fagiolini	green beans
il fegato	liver
la forchetta	fork
il formaggio	cheese
la frutta	fruit
i funghi	mushrooms
il gelato	ice cream
gli gnocchi	gnocchi
l'insalata	salad
il latte	milk
il litro	liter
la marmellata	jam
il melone	melon
il mezzo litro	half liter
il miele	honey
la mozzarella	mozzarella
il pane	bread
il parmigiano	Parmesan cheese
le patate fritte	french fries
il paté	paté
il pepe	pepper
il peperone (alla griglia)	bell pepper (grilled)
il pesce	fish
il pescespada (alla brace)	swordfish (charcoal grilled)
il piatto	plate, dish
i piselli	peas
il pollo arrosto	roast chicken
il pomodorino	cherry tomato
il prosciutto	ham
il primo (piatto)	first course
il risotto (alla marinara)	rice dish (with seafood)
il sale	salt
il salmone (affumicato)	salmon (smoked)
il secondo (piatto)	second course
gli spaghetti (*m. pl.*) **(alla bolognese)**	spaghetti (with meat sauce)
il sugo	sauce
la torta	cake
i tortellini	tortellini
il tovagliolo	napkin
l'uovo (*pl.* **le uova**)	egg
la verdura	vegetable
il vino	wine
il vitello	veal
lo zucchero	sugar
le zucchine	zucchini

Preposizioni

a	to; at; in
con	with
da	from
di	of, about
in	in; to; at
per	for
su	on
tra/fra	between

I vestiti e la moda

6

Ritratto di Eleonora di Toledo con il figlio Giovanni (1545), Agnolo Bronzino

SCOPI

In this chapter you will learn:

- to make a polite request
- to ask permission
- to describe what you and others are wearing
- how to refer to people and things already mentioned
- how to talk about actions in progress
- to talk about your daily activities
- to describe how and when people do things
- about the Italian fashion industry

DVD

@ **Online Learning Center**
www.mhhe.com/avanti2

CENTRO
Your media center for languages
www.mhcentro.com

Online Workbook / Lab Manual

Mi puoi... ? / Mi può... ?

Making polite requests

- In the last chapter you learned that **potere** is used to say what one is able to do. It is also used to ask someone politely to do something *for* you:

(tu)
Mi puoi + infinitive

(Lei)
Mi può + infinitive

—**Mi puoi dire a che ora arriva l'autobus?**
(*Can you tell me when the bus arrives?*)

—**Mi può dire quanto costano questi jeans?**
(*Can you tell me how much these jeans are?*)

- If you ask someone to give or to show you something, the answer is likely to contain a form of **ecco** (*here it is / here they are*):

—**Mi puoi dare quella bottiglia d'acqua?**
—**Certo! Eccola.**
(*Of course! Here it is.*)

—**Mi può dire dove sono le t-shirt per ragazze?**
—**Subito. Eccole.**
(*Right away. Here they are.*)

- You will learn more about the pronouns (**lo, la, le...**) that follow **ecco** later in **Capitolo 11, Strutture 11.1. Attenzione!** Their forms depend on the gender and number of the nouns they refer to.

A. Osserva ed ascolta.

Leggi le seguenti domande. Poi osserva ed ascolta. Scrivi la lettera della domanda accanto al nome della persona che ha risposto a quella richiesta.

a. Scusa, mi puoi descrivere la tua famiglia?
b. Scusa, mi puoi parlare un po' della cucina bolognese?
c. Scusa, mi puoi dire come ti chiami, quanti anni hai e cosa fai?
d. Scusa, mi puoi spiegare la differenza tra i napoletani e i romani?
e. Scusi, mi può dire il nome di questa chiesa (*church*)?
f. Scusi, mi può dire l'orario del negozio?

1. _____ Nunzio

2. _____ Paolo

3. _____ Lucia

4. _____ Nunzia

5. _____ Lorenzo

6. _____ Natalia

B. Scusa, mi puoi fare un favore?

Chiedi al tuo compagno / alla tua compagna di farti questi favori, poi rispondi tu alle sue richieste. Aggiungi due richieste alla lista.

Esempio: **S1:** Scusa, mi puoi dare il numero del tuo cellulare?
S2: Sì, certo! È 390 123 4567.
(Mi dispiace. Non ho un cellulare.)
S1: Grazie! (Peccato!)

1. dare il numero del tuo cellulare
2. dire come si chiama l'insegnante
3. fare una fotografia
4. prestare (to loan) una penna
5. spiegare la regola per formare il plurale di un nome italiano
6. ?
7. ?

Posso?

Asking permission

To ask permission to do something, use: **posso** + infinitive.

—**Posso entrare?** (*May I come in?*)
—**Posso parlare?** (*May I speak?*)
—**Certo! Prego!**

A. Scusa (Scusi), posso... ?

Parte prima. Trova la domanda giusta per ogni situazione.

1. Devo spedire (*send*) una lettera.
2. Vorrei vederti.
3. Non mi piace questo programma.
4. Ho un problema.
5. Vorrei bere un buon vino.
6. Sono agitato.

Scusa/Scusi, posso...

avere una busta (*envelope*)?

cambiare (*to change*) canale?

parlare con il direttore?

fumare (*to smoke*)?

vedere la lista dei vini

venire a casa tua stasera?

Parte seconda. Con un compagno / una compagna, alternatevi a fare le domande che avete appena fatto e a dare le risposte seguenti.

| non c'è | certo! | peccato! | non lo so |
| è vietato (*prohibited*) | | eccolo | eccola |

Esempio: **S1:** Scusa, sono molto agitato. Posso fumare?
S2: Certo! (Mi dispiace! È vietato.)

In italiano

Sometimes it's enough just to say **posso?** all by itself. The context, with or without an accompanying gesture, will convey the meaning.

(*pointing to the seat next to you on the bus*)
Posso? = *May I sit here?*

(*poking your head through a partially opened door*)
Posso? = *May I come in?*

(*holding up a pair of pants in a clothing store*)
Posso? = *May I try these on?*

B. Mamma (Papà), posso... ?

Parte prima. Collabora con un compagno / una compagna: uno di voi fa la parte del genitore, l'altro quella del figlio / della figlia adolescente. Il figlio / La figlia deve chiedere il permesso di fare le cose seguenti. Il genitore deve decidere se rispondere «sì, certo» oppure «no». Aggiungi due richieste alla lista.

Esempio: FIGLIO/A: Mamma/Papà, posso uscire stasera?
    MAMMA/PAPÀ: Sì, certo! (No, mi dispiace!)

1. usare la macchina stasera
2. invitare un amico (un'amica) a cena
3. trascorrere (*to spend**) il weekend al mare con gli amici
4. avere 50 dollari
5. marinare la scuola domani
6. ?
7. ?

Parte seconda. Con un nuovo compagno / una nuova compagna, ripetete l'attività precedente. Però questa volta, se il genitore dice «sì», deve far seguire una domanda. Se dice «no», allora deve spiegare la ragione.

Esempio: FIGLIO/A: Posso usare la macchina stasera?
    MAMMA/PAPÀ: Sì, certo, tesoro! Dove vuoi andare? (No, mi dispiace. Devi rimanere a casa con la tua sorellina.)

IN **ITALIA**

- Alcuni modi di dire «no» sono internazionalmente riconosciuti.

vietato fumare

vietato parcheggiare

- Due comuni gesti italiani che puoi usare per dire «no» senza dire una parola sono: (1) muovere l'indice (*index finger*) da sinistra a destra (*from left to right*); (2) tirare indietro la testa e schioccare la lingua (*click your tongue*). Questo gesto è tipico dell'Italia Meridionale.

---

*The verb **trascorrere** can only be used to express *to spend time; to spend money* is **spendere.**

Cosa porti?

Describing your clothes

In questa sfilata (*fashion show*) dell'ultima moda (*fashion*) a Milano i modelli indossano gli abiti dei più famosi stilisti (*designers*) italiani. Mostrano le nuove linee per tutta la famiglia e tutte le stagioni.

---

*Paio (Pair) is irregular in the plural: **il paio → le paia.***

- **Il vestito** can refer to a suit or dress. The plural, **i vestiti,** can mean *suits*, *dresses,* or *clothes* (in general).

- In contemporary Italian, some English terms are frequently used instead of their Italian equivalents.

una t-shirt	=	**una maglietta**
un pullover	=	**un maglione**
un trench	=	**un impermeabile**
gli short	=	**i pantaloncini**

- Two terms, **un cardigan** and **i jeans,** do not have Italian equivalents.

Osserva il disegno a pagina 156 e scrivi tutti i vestiti e gli accessori dei seguenti colori. Poi, aggiungi alle liste i vestiti e gli accessori di questi colori che portate tu e i tuoi compagni.

1. azzurro
2. blu
3. nero
4. bianco
5. arancione
6. giallo
7. rosso
8. verde
9. marrone

Le parti del corpo

Nei Capitoli 2 e 3 hai imparato le seguenti parti del corpo che non sono segnate nella foto: **le labbra, il naso, l'occhio, l'orecchio, i capelli, la pancia, la gamba** e **il piede.** Indica dove sono nella foto.

● Answers to this activity are in Appendix 2 at the back of your book.

la bocca

la spalla

il braccio

il dito

la mano

il ginocchio

Ecco i plurali delle parti del corpo. Metti un asterisco (*) accanto alle forme irregolari.

le braccia
le dita
le gambe
le ginocchia /
  i ginocchi
le labbra
le mani
gli occhi
le orecchie /
  gli orecchi
i piedi
le spalle

In italiano

The verb **portare** has two meanings in Italian. It can mean *to wear:* **Il ragazzo porta una maglia rossa.** It can also mean *to bring:* **Gianni porta Maria alla festa.** Can you find another verb that means *to wear* in the vocabulary presented earlier?*

A. Ascolta! L'insegnante dice 10 frasi che descrivono i vestiti del disegno a pagina 156, però non tutte le descrizioni sono precise. Scrivi le 10 frasi e poi guarda il disegno e decidi se le frasi sono **vere** o **false**.

	vero	falso
1. _____	☐	☐
2. _____	☐	☐

B. Le parti del corpo. Quali parti del corpo si usano per fare queste attività?

1. mangiare i popcorn
2. guardare un film
3. guidare la macchina
4. scrivere un'e-mail
5. andare in bici
6. ballare il tango
7. giocare a calcio
8. sentire il profumo di un fiore

C. Cosa porti? Cosa porti in questi luoghi/occasioni?

1. ad un concerto di musica rock
2. ad un concerto di musica classica
3. ad un appuntamento al buio (*blind date*) in un ristorante elegante
4. ad una partita di football americano
5. al mare
6. in montagna
7. ad una festa con amici
8. al matrimonio di un buon amico

D. Un regalo.

Parte prima. Cosa vorresti ricevere (*would you like to receive*) dai tuoi compagni per il tuo compleanno? Scegli sette vestiti e accessori.

   Esempio: Vorrei ricevere…

Parte seconda. Senza guardare la lista del tuo compagno / della tua compagna, devi scegliere i regali per lui/lei. Quali vestiti o accessori vuoi comprare per il tuo compagno / la tua compagna?

   Esempio: Per il mio compagno / la mia compagna, voglio comprare…

Parte terza. Paragona (*Compare*) la lista dei regali che desideri alla lista dei regali che il tuo compagno / la tua compagna vuole comprare. Ci sono le stesse cose?

*¹La risposta: indossano (indossare)

E. Hai le spalle larghe (*wide*)!

Parte prima. Insieme ai compagni, pensate ad aggettivi adatti all'aspetto fisico o alle diverse parti del corpo. Quattro aggettivi sono già stati inseriti. (Ricordi gli aggettivi e l'accordo con i sostantivi? Vedi **Capitolo 2, Strutture 2.1.**)

1. il fisico: **alto, ...**
2. i capelli:
3. i piedi:
4. le dita:
5. le gambe:
6. gli occhi:
7. gli orecchi: **sporgenti** (*sticking out*)...
8. il naso:
9. i denti:
10. le spalle: **larghe...**
11. le braccia: **muscolose...**
12. le mani:

Parte seconda. Formate gruppi di quattro o cinque. A turno, descrivete una persona famosa. I compagni devono indovinare chi è.

F. Niente mi sta bene! (*Nothing fits me!*)

Parte prima. Con un compagno / una compagna trova tutti i vestiti che non stanno bene a queste persone. Ce ne sono sette.

Parole utili: corto, grande, lungo, piccolo, stretto (*tight*), troppo.

Esempio: 5. Il berretto è troppo grande.

> ## In italiano
>
> If something is *in style*, you use the expression: **andare di moda.**
>
> > **I tuoi jeans Armani vanno di moda. La mia gonna, invece, è vecchissima; non va più di moda.**
> >
> > **Anche le scarpe dei bambini vanno di moda!**

Parte seconda. Immagina la scena: Un(a) cliente entra in un negozio e prova vari vestiti e accessori ma niente (*nothing*) le/gli sta bene. Con il compagno / la compagna create un dialogo tra il commesso / la commessa (*salesperson*) e il/la cliente.

> ## In italiano
>
> There are two differents words in Italian for *size:* **taglia** for clothing and **numero** for shoes.
>
> —**Che taglia porta, signora?**
>
> —**La 38.**
>
> —**Signore, che numero ha?**
>
> —**Il 46.**

Strutture

6.1   Lo stilista dà il vestito alla modella

Direct and indirect objects

 Ci sono tre nomi (*nouns*) in questa frase. Qual è il soggetto (*subject*) del verbo **dare**?

> **Note:** The answers to these questions appear at the top of page 161.

> Lo stilista dà il vestito alla modella.

1. Dare also has a direct object and an indirect object. A direct object (**complemento diretto**) answers the question *What?* or *Whom?* So, in the sentence above, the designer gave *what* to the model? Circle the direct object.

2. An indirect object (complemento indiretto) answers the question *To whom?* or *For whom?* In the sentence above, the designer gave the dress *to whom?* Put a box around the indirect object. **Attenzione!** In Italian the indirect object is always preceded by a preposition, such as **a** or **per.**

You should have circled the direct object, **il vestito**, and put a box around the indirect object, **alla modella.**

Lo stilista	dà	il vestito	alla modella.
(soggetto)		(complemento diretto)	(complemento indiretto)

3. Attenzione! Some verbs that are followed by a preposition in English take a direct object in Italian.

ascoltare	**Ascolto** la radio.	I *listen to* the radio.
aspettare	**Aspetto** l'autobus.	I *wait for* the bus.
cercare	**Cerco** le scarpe.	I *look for* the shoes.
guardare	**Guardo** le foto.	I *look at* the photographs.
pagare	**Pago** la gonna.	I *pay for* the skirt.
provare	**Provo** i pantaloni.	I *try on* the pants.

Unlike English, the verb **telefonare** is always followed by an indirect object.

Telefono **a Maria** stasera.

A. Complemento diretto o indiretto? Completa queste frasi con un complemento diretto (**Luigi**) o un complemento indiretto (**a Luigi**).

	Luigi	a Luigi
1. Sentiamo	☐	☐
2. Marco telefona	☐	☐
3. Salvatore parla	☐	☐
4. Vedo	☐	☐
5. Date il regalo	☐	☐
6. Marta conosce	☐	☐
7. Tina scrive una lettera	☐	☐

In italiano

- As you know, the subjects of verbs do not always appear in sentences.

    Io e Gianni compriamo un gelato. or
    Compriamo un gelato.

- However, when the subject does appear, the most common word order in Italian is subject-verb-object.

    Silvia compra la collana.

- Remember that in questions, the subject may appear at the end (or not at all).

    Compra la collana Silvia?   **Compra la collana?**

B. Soggetto o complemento?

Parte prima. Decidi se l'elemento in corsivo in ogni frase è il soggetto, il complemento diretto o il complemento indiretto.

	soggetto	complemento diretto	complemento indirctto
1. *Mia zia* guarda gli orecchini in vetrina (*shop window*).	☐	☐	☐
2. Mio nonno prova *i pantaloni* neri.	☐	☐	☐
3. Salvatore dà l'anello *ad Aisha* la settimana prossima.	☐	☐	☐
4. Perché cerca le scarpe rosse *Maria?*	☐	☐	☐
5. Compro una sciarpa *alla mia amica*.	☐	☐	☐
6. Marisa vuole *un tatuaggio* (*tattoo*) alla schiena (*back*).	☐	☐	☐
7. Tommaso aspetta *l'autobus*.	☐	☐	☐

Parte seconda. Con un compagno / una compagna aggiungi (*add*) **perché** ad ogni frase e poi completa le frasi. Usa la fantasia!

> **Esempio:** Mia zia guarda gli orecchini in vetrina perché vuole fare un regalo alla sua nipotina.

C. Frasi nuove.
Combina i soggetti dell'insieme A con i verbi dell'insieme B e uno o più complementi dell'insieme C per formare frasi complete. Quante frasi puoi fare in cinque minuti?

A	B	C
io	bere	a Maria
io e Silvia	comprare	l'acqua minerale
io e la mia famiglia	cucinare	agli ospiti
Tommaso ed io	dipingere	una borsa di Prada
tu	festeggiare	le chiavi
tu e Giovanni	guardare	il compleanno di mio fratello
la mia amica	perdere (*to lose*)	il maglione giallo
i tuoi zii	provare	la partita
	telefonare	la pasta
	servire	per i bambini
		per un'amica
		il primo piatto
		un quadro (*picture*)

IN ITALIA

Ti piace fare shopping? In Italia le boutique che vendono l'ultima moda dei più grandi stilisti si trovano in centro (*the town center*). I centri commerciali (con i prezzi più bassi), invece, si trovano in periferia (*on the outskirts of the city*).

La Galleria Vittorio Emanuele a Milano è considerata il primo centro commerciale. Fu costruita nell'Ottocento (1865–1877) in onore del primo re (*king*) d'Italia. L'architetto Giuseppe Mengoni ha creato dei palazzi in stile neoclassico che formano una strada a croce (*cross street*) coperta di vetro (*glass*). È il centro della vita milanese dove puoi trovare le più famose librerie, i grandi caffè e dei bei ristoranti. È uno dei luoghi più chic di Milano.

Galleria Vittorio Emanuele a Milano in Lombardia

In italiano

Remember, not all prepositional phrases are indirect objects. Only one of the following sentences has an indirect object. Which one is it?*

Vado al centro commerciale.
Parlo a Maria.
Telefono a mezzogiorno.

D. La frase più lunga. Formate gruppi di quattro. La prima persona sceglie un soggetto e poi coniuga (*conjugates*) il verbo. Gli altri, a turno, devono aggiungere elementi logici. Vince il gruppo che forma le frasi più lunghe. **Attenzione!** Non si possono usare le congiunzioni **e** e **o,** ma si possono usare **perché** e **quando.**

*La risposta: Parlo a Maria.

Esempio: andare
    S1: Mohamed va
    S2: alla Galleria Vittorio Emanuele
    S3: con il suo amico
    S4: dopo pranzo
    S5: perché...

1. aspettare	3. viaggiare	5. parlare
2. fare	4. entrare	6. uscire

6.2   Che stai facendo?

Present progressive

 Giacomo dice la verità (*truth*) o una bugia (*lie*)?

1. If you want to stress that an action is in progress or is occurring at the moment you are speaking, you use the present progressive (**il presente progressivo**). It is formed with the present tense of the verb **stare** and the gerund (**il gerundio**) of the verb.

Do you remember the forms of **stare**? (See **Capitolo 4, Strutture 4.3.**)

stare	
io	sto
tu	
lui, lei; Lei	sta
noi	
voi	state
loro	

▶ Answers to this activity are in Appendix 2 at the back of your book.

2. The gerund corresponds to the *-ing* form of the verb in English (for example, *eating, sleeping*). It is formed by dropping the infinitive ending **-are, -ere, -ire** and adding **-ando** to **-are** verbs and **-endo** to **-ere** and **-ire** verbs.

mang**iare**	→	mangi**ando**
perd**ere**	→	perd**endo**
dorm**ire**	→	dorm**endo**

3. The gerunds of **fare** (**facendo**) and **bere** (**bevendo**) are irregular.

Cosa stai facendo tu in questo momento?

A. Ascolta! L'insegnante descrive varie situazioni. Cosa stanno facendo queste persone nelle varie situazioni?

1. a. Maria sta comprando un regalo.   b. Maria sta mangiando la torta.
2. a. Paolo sta prendendo il sole.   b. Paolo sta prendendo il caffè.
3. a. Molti italiani stanno dormendo.   b. Molti italiani stanno pranzando.
4. a. Stai mangiando il pesce.   b. Stai mangiando il risotto.
5. a. Stiamo andando al cinema.   b. Stiamo giocando a tennis.
6. a. I ragazzi stanno uscendo   b. I ragazzi stanno preparando
      dalla discoteca.   la cena.
7. a. Sto provando un paio di scarpe.   b. Sto dormendo.

 IN ITALIA

L'Italia primeggia (*takes the lead*) nel mondo per la produzione di **gioielli in oro** (*gold jewelry*). L'arte dell'oreficeria (*goldsmithing*) è un'antica tradizione. A Vicenza, la capitale italiana dell'oro, questa tradizione risale (*dates back*) al Trecento (*1300s*) e ancora oggi, in Piazza dei Signori, si trovano le botteghe (*shops*) dell'epoca. La città ospita tre fiere (*fairs*) internazionali all'anno (a gennaio, a giugno e a settembre), alle quali partecipano **gioiellieri** di tutto il mondo.

Altre città italiane celebri per la **gioielleria** sono Arezzo (Toscana) per la produzione dell'oro, Torre del Greco (Campania) per il corallo e il cammeo e Valenza (Piemonte) per la lavorazione (*working*) delle pietre (*stones*) preziose.

Orefice (*goldsmith*) al lavoro (Vicenza in Veneto)

@ **CLICCA QUI** Per sapere di più sull'oreficeria italiana, vai sul sito di *Avanti!*, **Clicca qui** (www.mhhe.com/avanti2).

B. Facciamo una frase. Formate gruppi di tre. La prima persona sceglie il soggetto, la seconda persona fornisce la forma giusta del verbo al presente progressivo e la terza persona completa la frase con un complemento diretto o indiretto.

> **Esempio:** provare
> **S1:** Alessandra
> **S2:** Alessandra sta provando
> **S3:** Alessandra sta provando gli occhiali da sole.

1. guardare   5. cercare
2. comprare   6. scrivere
3. parlare   7. servire il primo piatto
4. prendere   8. telefonare

C. Mimare. (To mime.)

Parte prima. Con il compagno / la compagna fate una lista di (almeno) 15 azioni comuni.

> **Esempio:** prendere l'autobus, giocare a tennis...

Parte seconda. A turno, mimate le azioni per un altro gruppo. Loro devono indovinare quello che state facendo.

> **Esempio:** **S1:** (*miming trying on shoes*)
> **S2:** Stai provando le scarpe!

D. Tempo e luogo. Cosa sta succedendo in questi luoghi?

Esempio: alle 20.30 in un aereo che viaggia da Chicago a Roma
I viaggiatori stanno guardando un film.

1. a mezzanotte in biblioteca
2. alle 18.00 in piazza
3. alle 9.00 (di mattina) alla Casa Bianca
4. alle 20.00 alla Scala di Milano
5. alle 16.00 in un negozio di Prada
6. alle 2.00 (di mattina) in un ospedale
7. alle 13.00 all'università
8. alle 21.00 a casa tua

6.3 Cosa mi metto oggi?

Reflexive verbs

 Che fai ogni mattina? Metti le attività in ordine cronologico a seconda delle tue abitudini. Perché tutti i verbi, tranne (*except*) **fare colazione,** hanno **mi** davanti?

____ Mi sveglio.   ____ Mi alzo.   ____ Mi rado.

_____ Mi lavo. _____ Mi vesto. _____ Mi trucco.

_____ Mi metto le lenti a contatto. _____ Faccio colazione. _____ Mi lavo i denti.

1. All of the verbs on pages 166–167 that are preceded by **mi** are reflexive. A reflexive verb (**verbo riflessivo**) normally indicates an action that one does to oneself.

Mi lavo.   I wash _myself_.

Ti vesti.   You dress _yourself_.

Note: One of the first verbs you learned is a reflexive verb. **Mi chiamo Sandra** literally means _I call myself Sandra_.

2. The infinitive of reflexive verbs ends in **-si.**

-are	**-ere**	**-ire**
mi alzo → alzarsi	mi metto → mettersi	mi vesto → vestirsi
mi lavo → lavarsi	mi rado → radersi	
mi sveglio → svegliarsi		
mi trucco → truccarsi		

3. Reflexive verbs are conjugated like all **-are, -ere,** and **-ire** verbs. The only difference is that they are preceded by a reflexive pronoun, which agrees with the subject.

Complete the conjugations of these verbs.

	lavarsi	mettersi	vestirsi
io	**mi** lavo	**mi** metto	
tu	**ti** lavi		**ti** vesti
lui, lei; Lei		**si** mette	
noi	**ci** laviamo		**ci** vestiamo
voi	**vi** lavate	**vi** mettete	
loro			**si** vestono

⏺ Answers to this activity are in Appendix 2 at the back of your book.

Note: The reflexive pronoun of the third-person singular (**lui, lei, Lei**) and third-person plural (**loro**) forms are the same: **si.**

In italiano

In Italian, some infinitives that end in **-si** are conjugated like reflexive verbs even though they don't refer to actions done to oneself.

annoiarsi *to get bored*	**Mi annoio a guardare i film rosa.**
arrabbiarsi *to get angry*	**Mi arrabbio con mia sorella.**
divertirsi *to have fun*	**Mi diverto alla lezione d'italiano.**
sbagliarsi *to be wrong*	**Non mi sbaglio mai!**
sentirsi *to feel*	**Mi sento bene oggi.**

4. The reflexive pronoun is usually placed before the conjugated verb, but it can also be attached to an infinitive which drops the final **-e.**

Mi devo lavare i denti.   Devo lavar**mi** i denti.

5. To form the negative, place **non** before the reflexive pronoun.

Non mi metto gli stivali oggi.

6. Some verbs can be used reflexively and nonreflexively. If the action affects oneself, it's reflexive. If it affects someone or something else, it's not. Compare the following:

REFLEXIVE	NON-REFLEXIVE
Mi lavo.	Lavo **la macchina.**
I wash myself.	*I wash the car.*
Mi sveglio alle 8.00.	Sveglio **mio fratello** alle 8.00.
I wake (myself) up at 8:00.	*I wake my brother up at 8:00.*
Mi guardo allo specchio.	Guardo **la sfilata.**
I look (at myself) in the mirror.	*I watch the fashion show.*

STUDY TIP

Now that you have learned reflexive pronouns, you may find yourself using them indiscriminately with all verbs. Be careful not to overgeneralize.

A. Ci divertiamo!

Parte prima. Completa queste frasi personali.

1. Mi diverto quando...

2. Mi annoio quando...

3. Mi arrabbio quando...

Parte seconda. Intervista un compagno / una compagna per sapere le sue risposte. Quanto siete simili?

Esempio: **S1:** Quando ti diverti?
S2: Io mi diverto quando cucino. E tu?
S1: Anch'io mi diverto quando cucino. (Io, invece, mi diverto quando gioco a pallone.)

Parte terza. Immagina come questi italiani completano le stesse frasi.

1. **Stefania, madre**

2. **Cristina, studentessa**

3. **il signor Mauro Civai, direttore di museo**

B. Il pronome riflessivo.
Scrivi il pronome riflessivo giusto e poi completa le frasi in modo appropriato.

1. Gianni e Tina _____ divertono...

2. Abbiamo mangiato il pesce ieri e oggi _____ sentiamo...

3. Mia madre _____ arrabbia spesso con...

4. Il nostro amico _____ mette...

5. Tu e il tuo compagno di casa dovete svegliar_____ ...

6. La sorella di Tommaso _____ trucca...

7. Voglio lavar_____ ...

8. I maschi _____ radono...

C. Riflessivo o no?
Scegli la forma appropriata per completare le frasi.

1. a. Di solito il bambino veste / si veste da solo.
   b. Oggi, la mamma veste / si veste il bambino perché ha fretta.

2. a. Mia madre mette / si mette il vestito di Dolce & Gabbana.
   b. Mio fratello mette / si mette i pantaloni sul letto.

3. a. Che puzza! (*What a stink!*) Dobbiamo lavare / lavarci il cane.
   b. Che puzza! Devi lavare / lavarti!

4. a. Ciao! Chiamo / Mi chiamo Salvatore.
   b. Ogni domenica chiamo / mi chiamo mia madre all'ora di pranzo.

(continued)

5. a. Questo film è troppo violento; non voglio <u>guardare / guardarmi</u>!
   b. Mi sono tinto (*colored*) i capelli e sono diventati (*became*) gialli!
      Non voglio <u>guardare / guardarmi</u> allo specchio.

D. Il mio compagno / La mia compagna.

Parte prima. Scrivi quattro domande da fare a un compagno / una compagna usando i verbi dell'insieme A e le espressioni di tempo dell'insieme B. Accanto ad ogni domanda scrivi la risposta che ti aspetti (*that you expect*).

Esempio: Ti arrabbi spesso con tua sorella? (Sì.)

A

divertirsi
portare
telefonare
lavare
arrabbiarsi
alzarsi
mettersi
uscire
pulire

B

spesso
non... mai
sempre
una volta alla settimana
raramente
ogni mese

Parte seconda. Ora fai le domande a un compagno / una compagna. Le sue risposte confermano le tue previsioni? Chi conosce meglio l'altra persona?

Esempio: **S1:** Ti arrabbi spesso con tua sorella?
S2: Sì. (No, non mi arrabbio quasi [*almost*] mai con mia sorella.)

6.4 Parlo bene l'italiano!

Adverbs

Come ti comporti (*How do you behave*)? Fai questo piccolo test. Riesci a capire il significato del suffisso **-mente**?

1. La lezione comincia alle 7.30 di mattina. Arrivi _____.

   a. puntualmente   b. in ritardo (*late*)

2. Tua madre ti chiede di lavare i piatti dopo cena.
   Lo fai _____.

   a. immediatamente.   b. più tardi.

3. Ti metti i jeans _____

   a. raramente   b. spesso

4. I tuoi genitori ti regalano una macchina nuova per il tuo compleanno. Guidi (*You drive*) la macchina _____.

   a. con prudenza (*carefully*)   b. velocemente

5. La tua migliore amica ti ha comprato un giubbotto per il tuo compleanno, ma non ti piace. Quando la tua amica ti chiede se ti piace, rispondi _____ .

   a. con una bugia   b. sinceramente

Il comportamento rivela molto del carattere. Che tipo di persona sei? Fai il conto delle volte che hai scelto la riposta **a** in questo piccolo test e poi leggi la descrizione del tuo carattere.

3–5 (a): Sei una persona precisa e pignola (*picky*). Cerchi di comportarti sempre in modo appropriato.

1–2 (a): Sei una persona rilassata e tranquilla. Non ti preoccupi dei dettagli (*details*).

---

1. The suffix **-mente** is the equivalent of *-ly* in English: **immediata*mente*** = immediate*ly*. Words ending in **-mente** are adverbs that describe how or when the action of a verb takes place and are usually placed after the verb.

   Tina parla **sinceramente.**   Miriam esce **frequentemente.**

2. To form adverbs in Italian, add **-mente** to the *feminine singular* form of the adjective.

   lento → **lenta** → **lentamente**   Giovanni corre lent**a**mente.

However, if the adjective ends in **-e,** you add the **-mente** directly to the adjective.

   veloce → **velocemente**   Maria corre veloc**e**mente.

Note: However, if the adjective ends in **-re** or **-le** and this ending is preceded by a vowel, drop the final **-e** before adding **-mente.**

   regol**are** → **regolarmente**
   gent**ile** (*kind*) → **gentilmente**

Now you try. Create adverbs from these adjectives.

   generoso → _____   difficile → _____
   forte → _____

> ● Answers to this activity are in Appendix 2 at the back of your book.

3. Some adverbs do not end in **-mente.** If you do something *well* or *badly,* use **bene** or **male.**

   Parlo **bene** l'italiano, ma parlo **male** il cinese.

> ● For more information about **molto/poco** and **bene/male** as adverbs, see **Per saperne di più** at the back of your book.

4. You have already learned several adverbs of time: **domani, ieri, non... mai, oggi, ogni tanto, presto, sempre, spesso, tardi, tutti i giorni.**

5. The adverbs **spesso** and **sempre** are usually placed after the verb.

   Leggi **spesso** il giornale?
   Studio **sempre** in biblioteca.

6. Non is placed before the conjugated verb and **mai** is placed after.

   Non gioco **mai** a tennis.
   Non possiamo **mai** studiare insieme.

(continued)

7. Other adverbs of time are usually placed at the end of a statement or question.

Scrivi molte e-mail **tutti i giorni?**
Torno a casa **tardi.**

A. La parola precisa.

Parte prima. Quali parole completano queste frasi?

Maria parla...   **Maria ha una sorella...**

seriamente	impegnata	lentamente	sincera
liberamente	buona	bella	gentilmente	bene
giovane	sinceramente	seria	

Parte seconda. In base alle frasi nella **Parte prima,** quali delle seguenti conclusioni sono vere?

1. ☐ La sorella di Maria ha sempre molte cose da fare.
2. ☐ La sorella di Maria dice molte bugie.
3. ☐ Maria è timida.
4. ☐ Maria non conosce bene la grammatica e spesso fa errori quando parla.

B. Com'è Paolo?

Parte prima. Forma avverbi in **-mente** con i seguenti aggettivi.

attento	frequente	gentile
onesto	puntuale	

Parte seconda. Descrivi come o quando Paolo fa queste attività usando gli avverbi che hai creato nella **Parte prima.**

Esempio: salutare i colleghi
Paolo saluta gentilmente i colleghi.

1. ascoltare l'insegnante
2. parlare con le persone anziane
3. rispondere a domande personali
4. arrivare agli appuntamenti
5. telefonare alla mamma

Parte terza. Che tipo di persona è Paolo? Ti piace o no? Perché?

C. Come?

Parte prima. Formate gruppi di quattro compagni. Ogni gruppo deve fare una lista di avverbi. Chi ha la lista più lunga dopo un minuto?

Parte seconda. Adesso, aggiungete un verbo ad ogni avverbio per creare un'azione.

Esempio: bene → giocare bene a tennis
tardi → arrivare tardi

Parte terza. Scambiate (*Exchange*) le liste con un altro gruppo. A turno, ogni studente del gruppo ha 30 secondi per mimare una delle azioni sulla lista. La persona che indovina vince un punto. Lo studente con più punti alla fine del gioco vince.

D. Firma qui, per favore!

Parte prima. Con i compagni, create una lista di attività (sport, hobby, faccende di casa [*housework*]) che fate spesso. Poi, per ciascuna (*for each*) segna (✓) per indicare quanto sei abile (*capable*).

Attività	bene	così così	male	Firma qui, per favore!
1. cucinare				
2.				

Parte seconda. Intervista i tuoi compagni per trovare qualcuno che ha le tue stesse abilità e chiedi la firma.

Esempio: **S1:** Come cucini?
S2: Male!
S1: Anch'io! Firma qui, per favore!

Cultura

Ascoltiamo!

La moda italiana

A. Osserva ed ascolta. Osserva ed ascolta mentre l'insegnante ti parla della moda in Italia.

B. Completa. Completa le seguenti frasi, inserendo la parola o l'espressione appropriata della lista qui sotto. Usa ogni espressione *una sola volta*. **Attenzione!** La lista contiene dodici parole o espressioni; devi usarne solamente nove.

l'abbigliamento (*clothing*)	fare bella figura	posti di lavoro
costosi	la firma	profumi
dopo la Seconda Guerra Mondiale (*WWII*)	negli anni Settanta	le sfilate
le esportazioni	occhiali	
	i palazzi	

1. _____ è il prodotto italiano più venduto (*sold*) nel mondo e contribuisce all'economia nazionale con la creazione di molti

_____.

2. _____ di moda organizzate a Milano e a Firenze presentano i modelli più recenti a un pubblico internazionale.

3. In Italia la moda è diventata (*became*) un fenomeno di massa
_____ quando gli stilisti hanno cominciato a creare prodotti
meno _____.

4. In Italia, _____ (o il nome) di uno stilista famoso è importante
non solo per i vestiti, ma anche per gli accessori, come _____,
scarpe, _____ e gioielli.

5. Per molti italiani vestire alla moda è importante per _____ o
fare buona impressione.

C. Tocca a te! Completa la seguente frase esprimendo la tua opinione
personale sulla moda italiana.

La moda italiana mi piace / non mi piace perché...

Leggiamo!

Maschere° italiane   *Masks, costumes*

A. Prima di leggere. Ti piacciono le maschere? Completa la frase:

A Halloween (o a Carnevale) mi vesto da...

Trova un compagno / una compagna che porta la stessa maschera. Quali
sono i vestiti o gli accessori più diffusi?

RETRO

La Commedia dell'arte was a form of popular theater that flourished in
Italy from the fourteenth to the eighteenth century, with its peak in the
sixteenth and seventeenth centuries. Although it appeared as if it were
improvisational, the plots were scripted and the characters were so well-defined
as to be predictable. This predictability added to the enjoyment of the
performances because it allowed the actors to embellish their parts, adding
elements of surprise, wit, and humor. **La Commedia dell'arte** was the
origin of acting as a profession in Europe.

 CLICCA QUI You can learn more about **la Commedia
dell'arte** and its **maschere** at the *Avanti!* website, **Clicca qui**
(www.mhhe.com/avanti2).

B. Al testo!

Parte prima. I personaggi (*characters*) della Commedia dell'arte sono
immediatamente riconoscibili (*recognizable*) dai vestiti che portano. Guarda
attentamente le figure e leggi le descrizioni per abbinare ogni figura
all'illustrazione giusta.

1.

2.

3.

4.

5.

a. Arlecchino, il servo[1] sciocco, indossa un abito multicolore.

b. Brighella, il servo furbo, indossa camicia e pantaloni bianchi.

c. Il Dottore è un avvocato (o un medico) di Bologna che sa tutto ed esprime le sue opinioni su tutto. Porta un abito serio ed elegante, nero, con colletto[2] e polsini[3] bianchi, un gran cappello, una giacca e un mantello.[4]

d. Pantalone è un vecchio mercante di Venezia. Porta pantaloni molto stretti, una giacca rossa e un lungo cappotto nero. Una borsetta di soldi e una spada corta pendono dalla cintura.

e. Pulcinella, il servo napoletano, porta un camiciotto bianco e un berretto a punta.[5]

[1]*servant* [2]*collar* [3]*cuffs* [4]*cloak, cape* [5]*a... pointed*

Parte seconda. Guarda ancora più attentamente le immagini e rileggi le descrizioni per abbinare ogni maschera alla città di provenienza (*of origin*). **Attenzione!** Due maschere provengono dalla stessa città. Puoi identificare in quali regioni si trovano queste città?

1. Arlecchino   a. Bergamo

2. Brighella   b. Bologna

3. il Dottore   c. Napoli

4. Pantalone   d. Venezia

5. Pulcinella

Parte terza. Ciascuna maschera della Commedia dell'arte si associa con il carattere (*personality*) del personaggio. Rileggi il testo un'ultima volta per abbinare la caratteristica al personaggio giusto.

1. Arlecchino   a. avaro (*stingy*)

2. Brighella   b. furbo

3. il Dottore   c. pigro

4. Pantalone   d. sciocco

5. Pulcinella   e. vanitoso (*vain*)

C. Discutiamo! Le maschere della Commedia dell'arte sono ancora fra le più popolari in Italia per Carnevale, la grande festa che si conclude con il Martedì Grasso. Quale maschera trovi più bella? Quale vorresti indossare tu? Quale no? Perché?

Scriviamo!

L'indumento° magico   *Article of clothing*

Nel mondo della fantasia, un indumento o un accessorio può avere un significato particolare, a volte perfino (*even*) magico. Harry Potter ha un mantello che lo rende invisibile. Nel racconto *The Red Shoes* di Hans Christian Andersen le scarpe costringono (*force*) chi le porta a ballare in continuazione. Usa la tua fantasia per inventare una storia originale con un indumento magico. Scrivi una piccola storia (un paragrafo) in cui descrivi l'indumento e l'effetto che ha.

> **Esempio:** il berretto magico
> Quando uno studente porta il berretto magico non deve mai studiare perché…

Parliamo!

Cosa portiamo in America?

Erica e Matteo vengono in America per seguire un corso d'inglese alla vostra università per un mese, ma non sanno cosa portare e hanno bisogno del vostro consiglio! Ecco le liste di quello che pensano di mettere in valigia. Con un compagno / una compagna decidi cosa devono portare, cosa possono lasciare a casa e se hanno bisogno di qualcos'altro. Spiegate alla classe le vostre scelte.

Erica	Matteo
dieci magliette	sette magliette
tre paia di jeans	un paio di jeans
tre gonne	quattro camicie
due maglioni di lana	due maglioni di lana
due paia di pantaloni	tre paia di pantaloni
un vestito (lungo) da sera	un abito scuro (elegante)
un vestito (corto) da sera	due cravatte
una felpa	due felpe
una tuta da ginnastica[1]	un paio di pantaloncini
un paio di scarpe da ginnastica	due paia di scarpe da ginnastica
due paia di scarpe da sera (con i tacchi alti[2])	un paio di mocassini eleganti (neri)
un paio di stivali	un paio di scarponi[6]
due paia di scarpe comode (ma belle)	un paio di scarpe comode[7] (marrone)
un cappotto pesante[3]	un giubbotto pesante
una giacca leggera[4]	tre cinture (una nera, due marrone)
due costumi da bagno (bikini e intero[5])	un costume da bagno

[1]tuta... *sweats* [2]tacchi... *high heels* [3]*heavy* [4]*light* [5]*one-piece* [6]*hiking boots* [7]*comfortable*

Guardiamo!

Film *Il posto*

(Dramma. Italia. 1961. Ermanno Olmi, Regista. 93 min.)

A. Anteprima.

Parte prima. Con un compagno / una compagna, fai una lista di almeno tre persone che indossano una divisa (*uniform*). Scrivete tutte le liste sulla lavagna.

Parte seconda. Perché certe persone indossano la divisa? Dividete le persone sulla lista in categorie diverse, a seconda (*according to*) del motivo.

Parte terza. Porti / Hai mai portato (*Have you ever worn*) una divisa? Per quale motivo?

B. Ciak, si gira! C'è pochissimo dialogo in questa scena e perciò dobbiamo interpretarla soltanto dall'espressione e dai gesti di Domenico. Cosa indossa? Gli piace la divisa? Come si sente?

Riassunto: Young Domenico Cantoni leaves his small town to find job security with a huge, faceless corporation in Milano. After undergoing a bizarre screening process, he lands an entry-level job as an errand boy until the death of an employee frees up a coveted position as a clerk. On the job, he meets Antonietta, a small-town girl, who has also just been hired as a typist. The film is both a touching coming-of-age story and a critical look at the dehumanizing experience of the corporate world.

Scena: (DVD Capitolo 13): In this scene Domenico wears his uniform for the first time and receives his first paycheck.

C. È fatto! A molti italiani non piacciono le divise e non le portano mai. Però seguono molto attentamente la moda. Nella tua opinione, la moda è una specie di divisa?

IN ITALIA

La divisa della Guardia svizzera nella Città del Vaticano risale al periodo rinascimentale e agli affreschi di Raffaello Sanzio (1483–1520) che l'hanno ispirata. La divisa originale era gialla e blu. Il papa Leone X (Giovanni di Lorenzo de' Medici, 1475–1521) ha fatto aggiungere anche il color rosso per rappresentare i tre colori della famiglia de' Medici. Contrariamente alla credenza popolare, le divise non sono state ideate da Michelangelo.

 CLICCA QUI Per sapere di più sulle Guardie svizzere e altre cose affascinanti da vedere in Vaticano, vai sul sito di *Avanti!*, **Clicca qui (www.mhhe.com/avanti2).**

Guardia svizzera
(Città del Vaticano)

IN AMERICA

Jeans, the international "uniform" of students and young people, were originally designed in the United States in the mid 1800s by Levi Strauss. The name *jeans* first referred to the type of material and only later to the pants themselves. The name comes from the Middle English designation ("Gene") for the Italian port city of **Genova.** In Genova Italian sailors wore pants made of jean material.

Vocabolario

Domande ed espressioni

Certo!	Of course!
Che taglia/numero porti/porta?	What (clothing/shoe) size do you wear? (*inform./form.*)
Ecco...	Here is / Here are . . .
Mi puoi... ? / Mi può... ?	Can you . . . ? (*inform./form.*)
Posso... + *infinitive*?	May I . . . ?
Subito!	Right away!

Verbi

alzarsi	to get up
andare di moda	to be in style
annoiarsi	to get bored

arrabbiarsi	to get angry
aspettare	to wait for
divertirsi	to have fun
fare bella figura	to make a good impression
indossare	to wear
lavarsi	to wash oneself
lavarsi i capelli	to wash one's hair
lavarsi i denti	to brush one's teeth
marinare la scuola	to play hooky, cut school
mettere	to put
mettersi	to put on (*clothes*)
portare	to bring; to carry; to wear
provare	to try on
radersi	to shave
sbagliarsi	to be wrong
sentirsi	to feel
svegliarsi	to wake up

truccarsi	to put on makeup
vestirsi	to get dressed

Sostantivi

gli abiti	clothes
l'accessorio	accessory
l'anello	ring
il berretto	cap
la borsa	purse
i calzini	socks
la camicia	shirt
il centro commerciale	large shopping center, mall
la cintura	belt
la collana	necklace
il costume da bagno	bathing suit, swimsuit
la cravatta	tie
la felpa	sweatshirt
la giacca	jacket
il giubbotto	winter jacket
la gonna	skirt
l'impermeabile (*m.*)	raincoat
la maglietta	t-shirt
il maglione	sweater
la moda	fashion
gli occhiali da sole	sunglasses
gli orecchini	earrings
il paio (*pl.* le paia)	pair
i pantaloncini	shorts
i pantaloni	pants
il pullover	pull-over
i sandali	sandals
le scarpe (da ginnastica)	shoes (sneakers)
la sciarpa	scarf
la sfilata	fashion show

gli short	shorts
lo/la stilista	designer
gli stivali	boots
il trench	raincoat
la t-shirt	t-shirt
il vestito	dress; suit

la bocca	mouth
il braccio (*pl.* le braccia)	arm
il corpo	body
il dito (*pl.* le dita)	finger
il ginocchio (*pl.* le ginocchia / i ginocchi)	knee
la mano (*pl.* le mani)	hand
la spalla	shoulder

Avverbi

con prudenza	carefully
domani	tomorrow
frequentemente	frequently
gentilmente	nicely, kindly
ieri	yesterday
immediatamente	immediately
in ritardo	late
lentamente	slowly
male	badly
oggi	today
presto	early
puntualmente	punctually
raramente	rarely
regolarmente	regularly
sinceramente	sincerely
velocemente	quickly, fast

7

Cosa hai fatto questo weekend?

I bari, (ca. 1594), Michelangelo Merisi da Caravaggio

SCOPI

In this chapter you will learn:

- common interjections to express surprise, pain, and so on
- how to ask and tell what happened
- to talk about your weekend activities

- to talk about what you did in the past
- to use negative expressions
- about music traditions in Italy

Dai!

Expressing surprise, pain, and so on

Le interiezioni (*interjections*) are those little exclamation words we use to express surprise, pain, encouragement, disbelief, uncertainty, or exasperation.

A. Osserva ed ascolta. Come rispondono Chiara, Rosario, Claudia, Cassandra e Giovanni alle seguenti domande? Abbina l'interiezione che senti (a–e) e la domanda (1–5).

Chiara

1. Ti piace il game show *L'Eredità*?

Rosario

2. Sa l'inglese?

Claudia

3. Puoi dire qualcosa in inglese?

Cassandra

4. Chi sono i tuoi attori e attrici preferiti?

a. Boh!
b. Magari!
c. Mamma mia!
d. Oddio!
e. Peccato!

Giovanni

5. Le piacerebbe visitare gli Stati Uniti?

B. Uffa! (*Oh man!*)

Parte prima. Abbina le domande alle risposte appropriate.

1. Quando mangiamo?
2. Fa troppo caldo.
3. Non posso uscire stasera. Devo studiare.
4. Chi è l'autore di *La Divina commedia*?
5. È tua quella Alfa Romeo?

a. Magari! La mia è quella piccola Ford.
b. Uffa! Stai sempre sui libri. Non vuoi mai uscire.
c. Boh! Non mi ricordo. (*I don't remember.*)
d. Dai! Hai sempre fame!
e. Macché! È un giorno bellissimo!

Parte seconda. Confronta le tue risposte con quelle di un compagno / una compagna. Lui/Lei dice una delle frasi e tu rispondi con l'interiezione appropriata. Scambiate i ruoli.

C. Come si dice *ouch* in italiano?

Completa la tabella con le espressioni equivalenti in inglese e in italiano. Alcune parole (*Some words*) sono già state inserite.

● Answers to this activity are in Appendix 2 at the back of your book.

In questa situazione...	gli americani dicono:	gli italiani dicono:
1. You see a friend across the street and want to get his/her attention.		**Ehilà!**
2. You grab a pot on the stove and it's hot.	*Ow! Ouch!*	
3. You look at your watch and realize you're late for an appointment.	*Omigosh!*	
4. You want your friend to get up off the couch and come for a run with you.		**Dai!**
5. Your friend says something you know isn't true.	*No way!*	
6. You're eager to go out and your parents keep adding to the list of chores they want you to do before you leave.		**Uffa!**
7. Someone asks you a question and you haven't got a clue.	*I dunno!*	
8. Someone asks if you've ever done something that's cool (you haven't, but you wish you had).		**Magari!**
9. Someone invites you to a concert, but it's on the same night as your exam.		**Peccato!**

Cos'è successo?

Asking what happened

> To find out what happened, ask:
>
> **Cos'è successo?**

Che brutta giornata!

Parte prima. Oggi va tutto male. Perché? Cos'è successo? (Le risposte sono al passato; trovi il passato in **Strutture 7.1** in questo capitolo.) Inserisci l'interiezione appropriata per iniziare ogni frase.

1. _____ Ho dimenticato (*I forgot*) il libro d'italiano.
   a. Oddio!   b. Dai!   c. Ahi!

2. _____ Non ho dormito (*I didn't sleep*) abbastanza e oggi devo lavorare.
   a. Dai!   b. Uffa!   c. Ehilà!

3. _____ Ho perso (*I missed*) l'autobus.
   a. Mamma mia!   b. Boh!   c. Magari!

4. _____ Non ho capito (*I didn't understand*) la lezione.
   a. Macché!   b. Magari!   c. Boh!

5. _____ Ho giocato (*I played*) a calcio ieri e le gambe mi fanno male.
   a. Dai!   b. Ahi!   c. Magari!

Parte seconda. Completa le frasi seguenti usando i verbi qui sotto. **Attenzione!** Puoi usare ciascun verbo *una sola volta*.

dormire	fare	guardare	prendere	venire

1. Puoi _____ a lungo questo weekend.

2. Puoi _____ due aspirine e riposarti (*rest*) oggi.

3. Puoi _____ con me in macchina.

4. Possiamo _____ i compiti insieme.

5. Puoi _____ il mio libro.

Parte terza. Chiedi al tuo compagno / alla tua compagna **Cos'è successo?** Lui/Lei dice qual è il problema dalla **Parte prima.** Tu proponi una soluzione con le frasi che hai creato nella **Parte seconda.**

> **Esempio:** **S1:** Cos'è successo?
> **S2:** Oddio! Ho dimenticato il libro d'italiano.
> **S1:** Non c'è problema! Puoi guardare il mio libro.

Il mio weekend

Talking about your weekend activities

Gessica

Luigi

Gessica e Luigi sono studenti all'università di Pisa. Gessica è di Pisa, ha 20 anni e studia lingue e letterature straniere. Luigi è di Arezzo, ha 21 anni e studia biologia.

Gessica è molto impegnata questo weekend. Completa la sua agenda con i numeri delle frasi appropriate. Cerca di capire il significato delle parole dal contesto o da una parola simile in inglese. C'è solo una risposta corretta.

1. Dorme fino alle 9.00, fa colazione, legge un libro e scrive un'e-mail alla sua amica americana.
2. Dorme fino alle 8.00, fa colazione, poi va alla lezione di letteratura inglese delle 9.30.
3. **Festeggia** il compleanno di Sandra a casa di Luisa.
4. Pranza dalla nonna (*at her grandmother's house*) e **fa un giro in bici** con il suo fratellino.
5. Va a **teatro** a **vedere uno spettacolo** di Shakespeare per il corso di letteratura inglese.
6. **Fa il bucato** perché tutti (*all*) i jeans sono sporchi (*dirty*), poi fa shopping. Compra un bel **regalo** per il compleanno dell'amica Sandra: il nuovo CD di Laura Pausini.

Il weekend di Gessica		
	sabato	**domenica**
la mattina	2	1
il pomeriggio	6	4
la sera	3	5

● Answers to this activity are in Appendix 2 at the back of your book.

Laura Pausini, nata il 16 maggio 1974 vicino a Faenza (Emilia Romagna), è una delle cantanti pop italiane più famose nel mondo. Canta in italiano, spagnolo, portoghese, francese e inglese. La sua carriera è stata lanciata quando ha vinto (*she won*) il *Festival di San Remo* nel 1993. L'anno successivo, il suo primo album in spagnolo, *Laura Pausini*, è diventato un *best seller* in Spagna e in America Latina. La sua popolarità è continuata a crescere soprattutto (*above all*) nel mondo latino e nel 2006 ha vinto il *Grammy Award* per il miglior album pop latino dell'anno. Nel 1999 ha inciso (*recorded*) il brano *One more time* per la colonna sonora (*soundtrack*) del film *Message in a bottle,* con Kevin Costner, Robin Wright Penn e Paul Newman. Il suo album *From the inside* è uscito in America nel 2002 e ha venduto 800.000 copie. In 14 anni di carriera Laura Pausini ha inciso 175 dischi di platino e ha venduto più di 34 milioni di dischi in tutto il mondo.

Laura Pausini in concerto

CLICCA QUI Per sapere di più su Laura Pausini e la sua musica, vai sul sito di *Avanti!*, **Clicca qui (www.mhhe.com/avanti2).**

Anche Luigi è molto impegnato questo weekend. Completa la sua agenda con i numeri delle frasi appropriate.

1. Guarda **la partita** di calcio con gli amici.
2. Va alla lezione di biologia alle 10.00.
3. Prende il treno alle 13.00 per **andare a trovare** gli amici a Siena.
4. Prende il treno alle 18.00 per tornare a Pisa perché ha un esame lunedì mattina presto.
5. Va al **concerto** di Ligabue a Siena con il suo amico Roberto, ma non è contento perché Ligabue canta solo **le canzoni** del nuovo CD.
6. Dorme fino alle 14.00.

 Answers to this activity are in Appendix 2 at the back of your book.

Il weekend di Luigi		
	sabato	**domenica**
la mattina		
il pomeriggio	3	
la sera		

In italiano

Italians use the expression **andare a trovare** to refer to visiting people. The verb **visitare** refers to visiting places, such as cities and museums. It is also used to talk about a doctor examining a patient.

Luigi va a trovare i suoi amici.
Gessica visita un museo d'arte moderna a Firenze.
Il medico visita la paziente in clinica.

IN **ITALIA**

Luciano Ligabue è nato nel 1960 a Correggio, in provincia di Reggio Emilia (Emilia-Romagna). È un cantante di musica pop/rock con uno stile che si può paragonare a quello di (*that can be compared to that of*) Bruce Springsteen o Matthew Sweet. È il primo musicista italiano ad apparire sulla copertina (*cover*) di *Rolling Stone*—edizione italiana del febbraio 2004. Non è solo cantante; è anche scrittore, poeta e regista. Nel 1997 ha pubblicato una collezione di racconti brevi (*short stories*), *Fuori e dentro il borgo*, che parlano della vita nella provincia emiliana e nel 2004 ha scritto un romanzo (*novel*) di fantascienza, *La neve se ne frega* ("Snow doesn't care"), ambientato nel 2166 in un ipotetico mondo dove regna la perfezione della vita. Nel 2006 è uscito il suo primo libro di poesie, *Lettere d'amore dentro il frigo*. Il suo primo film, *Radiofreccia* (1998), ha vinto tre premi (*awards*) David di Donatello, il premio più riconosciuto del cinema italiano.

Ligabue in concerto

 CLICCA QUI Per sapere di più su Ligabue e la sua musica, vai sul sito di *Avanti!*, **Clicca qui (www.mhhe.com/avanti2).**

A. *Ascolta!* L'insegnante comincia (*begins*) una frase; segna (✓) la fine appropriata.

1. ☐ il bucato   ☐ in macchina   ☐ in casa
2. ☐ un CD   ☐ lo spettacolo   ☐ le canzoni
3. ☐ il bucato   ☐ i miei compiti   ☐ un regalo
4. ☐ un film   ☐ una canzone   ☐ uno spettacolo
5. ☐ un biglietto (*ticket*)   ☐ uno stadio   ☐ uno spettacolo
6. ☐ mia madre   ☐ la mia amica   ☐ un museo
7. ☐ una pasticceria   ☐ mia nonna   ☐ un museo

B. Le attività tipiche. In base a quello che sai di Gessica e di Luigi, decidi quali possono essere attività tipiche di Gessica e quali possono essere attività tipiche di Luigi.

1. Fare il bucato ogni fine settimana.
2. Andare a trovare gli amici a Milano in un weekend prima di un esame importante.
3. Andare a vedere uno spettacolo a Firenze.
4. Ascoltare la musica rap.
5. Leggere un libro di James Joyce.
6. Giocare a calcio.
7. Fare una colazione abbondante domenica mattina alle 9.00.
8. Non fare colazione.

C. Il weekend ideale.

Parte prima. Scrivi nella tabella tutte le attività che vuoi fare durante il tuo weekend ideale.

Il mio weekend ideale		
	sabato	**domenica**
la mattina		
il pomeriggio		
la sera		

Parte seconda. Dai la tua tabella a un tuo compagno / una tua compagna. Lui/Lei deve decidere se il tuo weekend è più simile a quello di Gessica o a quello di Luigi. Poi lui/lei deve spiegare ai compagni perché ha preso questa decisione.

Esempio: Il weekend di Johnny è simile al weekend di Gessica perché...

D. Ogni quanto?

Parte prima. Con i compagni, indicate ogni quanto gli studenti fanno queste attività.

mai ogni giorno una volta (*once*) alla settimana

una volta al mese

Esempio: Gli studenti non puliscono mai la casa.

1. fare il letto
2. fare il bucato
3. cucinare
4. fare la spesa al supermercato
5. fare un giro in bici
6. fare una festa in casa
7. andare a teatro
8. andare al cinema
9. andare ad un concerto di musica rock
10. andare a trovare la famiglia

Parte seconda. Con un compagno / una compagna fate domande per sapere ogni quanto lui/lei fa queste attività. Il tuo compagno / la tua compagna è il classico / la classica studente/ssa? Perché? Comunica le tue conclusioni alla classe.

Esempio: **S1:** Ogni quanto pulisci la casa?
S2: Una volta alla settimana.
S1: Allora non sei il classico studente.

7.1 Che hai fatto questo weekend?

The present perfect of regular verbs

Lunedì mattina Gessica e Luigi si raccontano quello che hanno fatto il weekend (*tell each other what they did this weekend*). Tutti i verbi sono al passato prossimo e alla prima persona singolare (**io**). Sottolinea tutti i verbi e scrivi ognuno (*each one*) accanto all'infinito appropriato. Due verbi sono già stati inseriti. Riesci a (*Are you able to*) capire come si forma il passato prossimo?

Gessica	Luigi
Sabato mattina **sono andata** alla lezione di letteratura inglese. Il pomeriggio ho fatto il bucato e poi ho fatto shopping. Ho comprato un bel regalo per il compleanno di Sandra—il nuovo CD di Laura Pausini. Sabato sera ho festeggiato il compleanno di Sandra a casa di Luisa. Sono tornata a casa verso mezzanotte. Domenica mattina ho letto un libro e ho scritto delle e-mail. Sono andata a pranzo da mia nonna e dopo ho fatto un giro in bici con mio fratello. La sera ho visto un bello spettacolo di Shakespeare.	Sabato mattina **sono andato** alla lezione di biologia. All'una ho preso il treno per Siena. La sera sono andato ad un concerto di Ligabue e sono tornato a casa molto tardi. La mattina dopo ho avuto un gran mal di testa e ho dormito fino alle 2.00. Il pomeriggio ho guardato la partita con gli amici e la sera sono tornato a Pisa verso le 11.00.

comprare _____

fare _____

festeggiare _____

leggere _____

scrivere _____

vedere _____

andare _____*sono andata*_____

tornare _____

avere _____

dormire _____

guardare _____

prendere _____

andare _____*sono andato*_____

tornare _____

● Answers to this activity are in Appendix 2 at the back of your book.

1. The present perfect or **passato prossimo** is a tense used to talk about the past. As you can see, the **passato prossimo** is made up of two words.

> **Ho comprato** un biglietto.   *I bought, I have bought a ticket.*
> **Sono andato/a** al cinema.   *I went, I have gone to the movies.*

The first word is the present tense of the verb _____ or _____ and is known as the auxiliary. The second word is **il participio passato** (*past participle*) of the verb.

2. The past participles of **-are** and **-ire** verbs are formed by dropping the infinitive endings **-are** and **-ire** and adding **-ato** and **-ito.** Write the past participles of these verbs. Look at the chart on page 189 if you need help.

> compr **- are** → compr_____
> dorm **- ire** → dorm_____

The past participle of **-ere** verbs is formed by dropping the infinitive ending **-ere** and adding **-uto.**

What is the past participle of **avere**? Look at the chart on page 189 if you need help.

> av **- ere**   →   av_____

- The forms of **sapere** and **conoscere** in the **passato prossimo** are regular, but their meanings change. See **Per saperne di più** at the back of your book for more information.

3. Some verbs (such as **fare, leggere, prendere, scrivere,** and **vedere**) have irregular past participles. You will learn more about these in the next section.

4. Some verbs take **avere** and some take **essere** as their auxiliary. When **avere** is used as the auxiliary, the past participle ends in **-o,** regardless of the subject of the verb. When **essere** is used as the auxiliary, the past participle always agrees in gender and number with the subject of the verb. Therefore, the past participle has four forms ending in **-o, -a, -i, -e.**

Complete the endings of the past participles. Several have already been done for you.

- Answers to these activities are in Appendix 2 at the back of your book.

avere	essere
Gessica <u>ha ballat**o**</u> tutta la notte.	Gessica <u>è andat**a**</u> in discoteca.
Gessica e Tina <u>hanno ballat**o**</u> tutta la notte.	Gessica e Tina <u>sono andat_</u> in discoteca.
Luigi <u>ha mangiat_</u> la pasta.	Luigi <u>è tornat_</u> a casa.
Luigi e Massimo <u>hanno mangiat_</u> la pasta.	Luigi e Maria <u>sono tornat**i**</u>* a casa.

- *Piacere* takes *essere*. See **Per saperne di più** at the back of your book for more information.

5. Which verbs take **essere** and which take **avere**? Most verbs take **avere,** and relatively few take **essere.** Although there is no straightforward rule for identifying all the verbs that take **essere,** many express motion from one place to another. Here are the most frequent **essere** verbs with regular past participles (you will learn a few more verbs with irregular past participles in **Strutture 7.2**).

andare	**entrare** (*to enter*)	**stare**	**uscire**
arrivare	**partire** (*to depart/leave*)	**tornare**	

*****Attenzione!** If a verb is conjugated with **essere** and there are multiple subjects of the verb and at least one is masculine, the ending of the past participle is masculine plural (**-i**).

Now complete the conjugations of these verbs.

	comprare	credere	dormire
io		ho creduto	
tu	hai comprato		
lui, lei; Lei			ha dormito
noi			abbiamo dormito
voi	avete comprato		
loro		hanno creduto	

	andare	uscire
io		
tu	sei andato/a	
lui, lei; Lei		è uscito/a
noi		
voi	siete andati/e	
loro		sono usciti/e

▶ Answers to these activities are in Appendix 2 at the back of your book.

6. Here are some time expressions used to express the past: **ieri** (*yesterday*), **scorso/a/i/e** (*last*), **fa** (*ago*).

Ieri ho giocato a calcio.
La settimana **scorsa** sono andata al cinema.
Ho comprato una macchina due mesi **fa**.

A. Giulia o Giulio? Per ogni frase, indica chi ha fatto l'attività, **Giulia** o **Giulio**, o se non si sa (*can't tell*). Spiega le tue scelte (*choices*).

	Giulia	Giulio	Non si sa.
1. È stata a casa ieri sera.	☐	☐	☐
2. Ha comprato un libro.	☐	☐	☐
3. È arrivato tardi alla festa sabato scorso.	☐	☐	☐
4. Ha dormito otto ore.	☐	☐	☐
5. È tornata a casa alle 11.00.	☐	☐	☐
6. Ha mangiato un gelato.	☐	☐	☐
7. Ha studiato molto la settimana scorsa.	☐	☐	☐
8. È entrato nel bar.	☐	☐	☐

Each person has a different learning style. For example, some students like to work in groups and others prefer to study alone. Some listen to music or the TV while studying, others need perfect silence. Flashcards work for visual learners, while repetition works for aural learners. The color coding in the **passato prossimo** charts in this section—green for verbs conjugated with **avere**, and blue for verbs conjugated with **essere**—may serve as a helpful tool for visual learners. The key to being a successful learner is identifying what works best for you.

B. L'esame di fisica. Lunedì Marina e Lisa hanno un esame d'italiano e Rocco e Martino hanno un esame di fisica. Guarda le frasi e decidi chi ha fatto le varie attività il weekend prima dell'esame. Secondo te, chi ha preso (*received*) il voto più alto? Perché?

Marina e Lisa	Rocco e Martino

1. Sono tornate a casa alle 3.00 di mattina sabato.
2. Sono uscite con gli amici domenica sera.
3. Sono stati a casa sabato sera e sono andati a letto presto.
4. Lunedì mattina sono partiti da casa presto per studiare in biblioteca prima dell'esame.
5. Sono andati a studiare in biblioteca venerdì sera.
6. Sono andati al cinema domenica sera e sono tornati a casa alle 21.00 per studiare.
7. Sono arrivate tardi all'università lunedì mattina.
8. Sono andate in discoteca venerdì sera.

IN **ITALIA**

Pino Daniele è il musicista che è riuscito a introdurre l'idea di **contaminazione**—la combinazione di diversi generi (*types*) di musica—in Italia. Influenzato dalla musica rock, dal jazz e dal blues, negli anni '70 ha mescolato (*mixed*) l'R&B e il dialetto napoletano. Daniele ha chiamato la sua contaminazione «il tarumblu» (tarantella, rumba e blues). Negli anni '80 ha cominciato a collaborare con i musicisti internazionali più famosi. Nel 1981 ha radunato (*gathered*) 200.000 persone in Piazza Plebiscito a Napoli per il concerto di una superband di musicisti napoletani («Neapolitan Power»). Negli anni '90 l'aspetto socio-politico della sua musica ha cominciato ad attirare un pubblico sempre più vasto. Oggi è considerato uno dei più grandi musicisti della World Music.

Il 9 gennaio 2008 Pino Daniele ha dichiarato (*declared*) di aver rifondato il «Neapolitan Power» con l'intenzione di creare un CD dei vecchi successi. Ha composto anche colonne sonore (*soundtracks*) per diversi film; l'ultimo è *La seconda volta non si scorda* (*forget*) *mai* (2008).

 CLICCA QUI Per sapere di più su Pino Daniele e la sua musica, vai sul sito di *Avanti!*, **Clicca qui (www.mhhe.com/avanti2).**

Pino Daniele in concerto

C. Il compleanno di Sandra. Formate gruppi di tre. Uno di voi ha l'insieme A, un altro / un'altra ha l'insieme B e l'altro/a ha l'insieme C. Lavorate insieme per formare sette frasi complete che descrivono la serata. Quando finite, decidete se la festa è stata divertente o noiosa.

Esempio: Massimo e Maria sono arrivati molto tardi.

A	B	C
Massimo e Maria	andare	a comprare delle patatine (*chips*)
Beatrice ed io	arrivare	un CD di Laura Pausini a Sandra
tu	ballare	la chitarra
Antonio e Francesca	dare	molto presto
gli amici	guardare	molto tardi
tu e Rinaldo	lavare	una partita di calcio alla TV
Gessica	mangiare	tutta la notte
	partire	tutti i panini
	suonare	tutti i piatti dopo la festa

In italiano

If you have *never* done a particular activity in the past, place **non** before the auxiliary and **mai** after it.

Maria **non** è **mai** andata a teatro.
Gianni e Roberto **non** hanno **mai** mangiato il pesce.

D. L'ultima volta che (*The last time that*)...

Parte prima. Quando è stata l'ultima volta che hai fatto queste attività? Completa i verbi e poi completa le frasi con l'espressione di tempo giusta. Se c'è un'attività che non hai mai fatto, cambia la frase con **non... mai.**

la settimana scorsa
due settimane fa   il weekend scorso
due giorni fa   un mese fa   ieri
più di un mese fa   più di un anno fa
non... mai

1. Ho lavat_____ la macchina...
2. Sono uscit_____ con gli amici...
3. Ho comprat_____ un CD...
4. Sono andat_____ all'opera...
5. Ho festeggiat_____ il compleanno di un amico...
6. Sono tornat_____ a casa dopo mezzanotte...
7. Sono arrivat_____ a lezione in ritardo...
8. Ho pulit_____ la casa...
9. Ho guardat_____ un bel film...
10. Ho mangiat_____ la pizza...

Parte seconda. Intervista un compagno / una compagna per conoscere le sue risposte e prendi appunti. (Fai attenzione ai participi passati dei verbi con **essere!**)

Esempio: **S1:** Quando hai lavato la macchina?
S2: La settimana scorsa.

Parte terza. Confronta (*Compare*) le tue risposte con quelle del tuo compagno / della tua compagna e preparate tre frasi da presentare ai compagni.

Esempio: Gianni ed io abbiamo comprato un CD ieri.
Gianni ha lavato la macchina ieri, ma io ho lavato la macchina la settimana scorsa.

In italiano

When you are telling a story that includes a series of events, words like **prima** (*first*), **poi** (*then*), and **dopo** or **dopo di che** (*after*) come in handy.

Prima ho fatto shopping, poi sono tornata a casa e ho preparato la cena. Dopo ho telefonato a Maria e abbiamo parlato per mezz'ora.

E. I personaggi.

Parte prima. Insieme ai compagni scegliete il nome, l'età e la professione di questi personaggi, e poi descrivete il carattere di ciascuno (*personality of each*). Usa la fantasia! (Hai bisogno di ripassare gli aggettivi? Vedi **Capitolo 2, Strutture 2.1**)

Parte seconda. Formate gruppi di cinque o sei studenti e descrivete quello che hanno fatto questi personaggi l'estate scorsa. Lavorate così: La prima persona scrive una frase e poi passa il foglio alla seconda. La seconda legge e scrive una frase che continua la storia e poi passa il foglio alla terza. La terza… Alla fine, l'ultima persona deve leggere tutta la storia al gruppo.

7.2 Ieri abbiamo vinto la partita

The present perfect of irregular verbs

Alcuni verbi hanno participi passati irregolari. Consulta la tabella a pagina 189 e scrivi il passato prossimo di questi verbi. Il primo verbo è già stato inserito.

fare	→	*ho fatto* _____
leggere	→	_____
prendere	→	_____
scrivere	→	_____
vedere	→	_____

Scrivi nella tabella il passato prossimo (**io**) dei seguenti verbi accanto all'infinito appropriato. Otto verbi sono già stati inseriti. Quale coniugazione ha un numero maggiore (*larger number*) di verbi irregolari: **-are, -ere,** o **-ire**?

> ho chiuso
> ho corso   ho detto
> ho dipinto   sono morto/a   sono nato/a
> ho offerto   ho perso   sono rimasto/a
> ho rotto   ho scelto   sono venuto/a
> ho vinto

▶ Answers to these activities are in Appendix 2 at the back of your book.

-are		-ere		-ire	
fare	ho fatto	bere	ho bevuto	aprire	ho aperto
		chiudere	_____	dire	_____
		correre	_____	offrire (*to offer*)	_____
		dipingere	_____		
		mettere	ho messo		
		perdere (*to lose*)	_____		
		rispondere (*to respond*)	ho risposto		
		rompere (*to break*)	_____		
		scegliere (*to choose*)	_____		
		vincere (*to win*)	_____		
nascere (*to be born*)	_____			venire	_____
rimanere (*to stay, remain*)	_____			morire (*to die*)	_____

Some points about irregular verbs in the **passato prossimo:**

    a. -ere verbs have the largest number of irregular past participles;

    b. essere and **stare** have the same past participle (**stato/a/i/e**);

    c. essere and **avere** take themselves as their auxiliaries in the past tense.

        Gianna **è stata** all'opera ieri sera.
        Franca **ha avuto** un appuntamento all'una.

A. *Essere*. Trova tutti i verbi con l'ausiliare **essere** al passato prossimo. (**Attenzione!** Ci sono 12 verbi.)

andare	dipingere	leggere	perdere	telefonare
aprire	entrare	mettere	pulire	tornare
arrivare	essere	morire	rimanere	vedere
ascoltare	festeggiare	nascere	sapere	venire
avere	giocare	navigare	scrivere	uscire
ballare	lavare	nuotare	seguire	
dare	lavorare	partire	stare	

B. Participi passati. Completa i participi passati di ogni verbo e poi decidi se le frasi sono vere per te.

    Ieri...

	vero	falso
1. sono s____ molto contento/a quando ho finito i compiti.	☐	☐
2. ho pre____ l'autobus.	☐	☐
3. ho vi____ un bel programma alla TV.	☐	☐
4. ho le____ un libro interessante.	☐	☐
5. ho scri____ un'e-mail al mio professore.	☐	☐
6. ho rispo____ al telefonino due volte.	☐	☐
7. ho me____ i libri nello zaino.	☐	☐
8. ho giocato alla lotteria e ho vin____ mille dollari.	☐	☐
9. sono rima____ in casa tutta la sera.	☐	☐

C. Una volta.

Parte prima. Completa le frasi. Puoi rispondere con qualcosa che tu o qualcun altro ha fatto.

    Esempio: Una volta ho mangiato il pesce e sono
                stata molto male.

    1. Una volta _____ e sono stato/a molto male.
    2. Una volta _____ e sono stato/a molto contento/a.
    3. Una volta _____ e sono stato/a molto orgoglioso/a (*proud*).
    4. Una volta _____ e sono stato/a molto triste.
    5. Una volta _____ e sono stato/a molto imbarazzato/a.

Parte seconda. In gruppi di quattro o cinque, confrontate le vostre risposte. Poi riscrivete le frasi in modo che siano vere per tutti.

> **Esempio:** Una volta abbiamo mangiato il pesce e siamo stati molto male.

D. Che fai di solito?

Parte prima. Completa le frasi. Fai un paragone tra (*Make a comparison between*) quello che queste persone fanno **di solito** e quello che **invece** hanno fatto una sola volta.

> **Esempio:** Di solito Marco va a letto presto. Ieri, invece, è uscito con gli amici ed è andato a letto molto tardi.

1. Di solito prendete un caffè al bar dopo pranzo. Ieri pomeriggio, invece,...
2. Di solito Luisa e Gianpaolo vincono quando giocano a tennis. La settimana scorsa, invece,...
3. Di solito Gianna e la sua famiglia vanno in Italia durante l'estate. L'anno scorso, invece,...
4. Di solito Mario guarda la partita. Domenica scorsa, invece,...
5. Di solito la segretaria risponde al telefono. Ieri mattina, invece,...

Parte seconda. Adesso, insieme ad un compagno / una compagna, scrivete frasi che sono vere per tutti e due.

1. Di solito (noi)...   Ieri, invece,...
2. Di solito...   Venerdì scorso, invece,...
3. Di solito...   Domenica mattina, invece,...

E. Cos'è successo?   Leggi le situazioni e poi spiega cos'è successo. Ascolta le spiegazioni (*explanations*) dei compagni e poi vota per la spiegazione migliore.

> **Esempio:** **S1:** Maria è molto triste oggi. Cos'è successo?
> **S2:** La sua squadra ha perso il campionato (*championship*).

Oggi...
1. Pino ha un gran mal di testa.
2. Gianni e Rita vanno all'ospedale.
3. La casa è in disordine. Tutti i piatti e i bicchieri sono sporchi.
4. Il professore è molto arrabbiato.
5. La professoressa è contenta.
6. Salvatore e Marco dormono durante la lezione di matematica.
7. Gianna non ha i compiti d'italiano.

IN **ITALIA**

Quale percentuale degli italiani partecipa a queste attività?

Teatro	*18,7%*
Cinema	*50%*
Musei, mostre (exhibitions)	*28,1%*
Discoteche	*25,2%*
Spettacoli sportivi	*27,3%*

F. Cosa hai fatto? Fai domande a un tuo compagno / una tua compagna per sapere cosa ha fatto lo scorso weekend. Fai almeno (*at least*) tre domande per conoscere tutti i dettagli. Quando sai tutto, scrivi un paragrafo che descrive il suo weekend.

quando?
con chi?
come? dove? a che ora?
perché? quanto?
cosa?

Esempio: **S1:** Cosa hai fatto venerdì sera?
S2: Sono andato a una mostra d'arte moderna.
S1: Dove?
S2: Al museo.
S1: Con chi?

7.3 Non studio mai dopo mezzanotte!

Negative expressions

Quando Gessica e Luigi studiano, hanno abitudini (*habits*) diverse. Leggi le descrizioni delle loro abitudini e cerca di capire il significato delle parole evidenziate. Poi, segna (✓) le abitudini simili alle tue (*similar to yours*).

Gessica	Luigi
☐ A mezzanotte **non** studia **più.** Va a letto.	☐ Studia fino alle 3.00 di mattina. Di solito va a letto alle 3.30.
☐ Studia sempre presto di mattina. Qualche volta (*sometimes*) si alza alle 6.00 di mattina per studiare.	☐ **Non** studia **mai** presto di mattina. Gli piace studiare di notte.
☐ Quando prepara un esame, le piace studiare con un compagno di classe. Non le piace studiare da sola.	☐ Quando prepara un esame, **non** studia con **nessuno.** Deve essere da solo per concentrarsi (*concentrate*).
☐ Mentre (*While*) studia, di solito mangia i popcorn o le patatine e beve caffè.	☐ Mentre studia, **non** mangia e **non** beve **niente.**

1. In addition to **non... mai** (*never*), which you already know, some common negative expressions are: **non... nessuno** (*no one, nobody*), **non... niente** (*nothing*), and **non... più** (*not anymore, no longer*).

2. In the present tense **non** appears before the conjugated verb and **più, mai, nessuno,** and **niente** are placed after the verb.

Non leggo **più** quella rivista.	*I don't read that magazine anymore.*
Non bevo **mai** il tè.	*I never drink tea.*
Luigi **non** studia con **nessuno.**	*Luigi doesn't study with anyone.*
Il bambino **non** vuole mangiare **niente.**	*The child doesn't want to eat anything.*

3. In the **passato prossimo, non** appears before the verb, but **più** and **mai** are placed between the auxiliary and the past participle.

Dopo una cattiva cena, **non** ho **più** frequentato quel ristorante.
Virginia **non** è **mai** stata in Inghilterra.

Note, however, that **nessuno** and **niente** are placed after the past participle.

Non ho comprato **niente** al supermercato.
Non ho visto **nessuno** al bar.

4. Nessuno and **niente** can also be the subject of the verb, which is always in the third person singular. Note that **non** is not used in these constructions.

Nessuno è arrivato.
Niente è facile.

In italiano

Mai, when used without **non,** means *ever,* and is used to form generic questions.

—Sei **mai** andata ad un concerto di Pino Daniele?	*Have you ever been to a Pino Daniele concert?*
—No, **non** ho **mai** sentito la sua musica.	*No, I've never heard his music.*

E tu, hai mai sentito la musica di Pino Daniele?

 For additional negative expressions, see **Per saperne di più** at the back of your book.

A. Ascolta! L'insegnante parlerà di (*will talk about*) diversi tipi di persone. Scegli la definizione più adatta a ciascuno di essi (*the definition that best describes each*).

1. ☐ uno studente interessato   ☐ uno studente disinteressato

2. ☐ una persona generosa   ☐ una persona egoista

3. ☐ una persona estroversa   ☐ una persona timida

4. ☐ uno studente motivato   ☐ uno studente non motivato

5. ☐ un ragazzo educato   ☐ un ragazzo maleducato

IN **ITALIA**

Le opere liriche di Giuseppe Verdi sono le più rappresentate in Italia.
Sai abbinare questi famosi compositori italiani alle loro opere?

1. Giuseppe Verdi   a. *Tosca*

2. Gioacchino Rossini   b. *Pagliacci*

3. Vincenzo Bellini   c. *Aida*

4. Ruggero Leoncavallo   d. *Il Barbiere di Siviglia*

5. Giacomo Puccini   e. *Norma*

Nabucco di Giuseppe Verdi

**Conosci alcune opere liriche italiane? Hai un'opera o
un'aria preferita?**

Risposte: 1. c   2. d   3. e   4. b   5. a

CLICCA QUI   Per sapere di più su questi compositori e le loro opere,
vai sul sito di *Avanti!*, **Clicca qui (www.mhhe.com/avanti2).**

B. Le espressioni negative.
Sottolinea le espressioni negative in ogni frase. Poi indica quali di queste frasi sono vere per te.

	vero	falso
1. Ieri sera non ho visto nessuno. Sono stato/a a casa da solo/a.	☐	☐
2. Una volta ho fatto una festa, ma non è venuto nessuno.	☐	☐
3. Non compro mai regali per i miei amici.	☐	☐
4. Non studio più la matematica perché non mi piace.	☐	☐
5. Non sono mai stato/a ad un'opera lirica italiana.	☐	☐

C. La festa.
Gessica e Luigi ieri hanno fatto una festa e oggi Gessica è arrabbiata con Luigi. Secondo Luigi le sue accuse (*accusations*) sono completamente sbagliate (*wrong*). Completa le accuse di Gessica con un'espressione negativa. Dopo scrivi le risposte di Luigi.

mai	nessuno	niente	più

GESSICA: Non hai preparato _____¹ per la festa!

LUIGI: Non è vero. Ho preparato le pizze e ho apparecchiato la tavola!

GESSICA: Non hai ballato con _____²!

LUIGI: Non è vero...

GESSICA: Non hai _____³ parlato con la mia migliore amica.

LUIGI: Non è vero...

GESSICA: Dopo mezzanotte, non hai _____⁴ suonato la chitarra.

LUIGI: Non è vero...

D. Confusione!

Parte prima. Metti le parole in ordine per formare affermazioni sulla vita dell'insegnante. Poi indovina se le affermazioni sono vere o false.

> **Esempio:**   Irlanda / mai / in / stato/a / è / non
> L'insegnante d'italiano non è mai stato/a in Irlanda.

L'insegnante d'italiano...

	vero	falso
1. ricevuto / il / non / per / niente / compleanno / ha / l'anno scorso	☐	☐
2. mangia / rossa / non / la / più / carne	☐	☐
3. nessuno / ha / icri sera dopo le 8.00 / non / parlato / con	☐	☐
4. un' / non / alla / opera / visto / mai / Scala di Milano / lirica / ha	☐	☐

Parte seconda. Fai domande all'insegnante per sapere se le affermazioni sono vere o false. Chi conosce meglio l'insegnante?

> **Esempio:**   S: È mai stato/a in Irlanda?
> I: Non sono mai stato/a in Irlanda.

♫ **Solo musica.** Go to the *Avanti!* iMix on the *Avanti!* Online Learning Center in Coursewide Content (**www. mhhe.com/avanti2**) where you can purchase two songs by Zucchero: *Non ti sopporto più* and *Tutti i colori della mia vita.* As you listen to the songs, you will hear two frequent negative expressions: **non ti sopporto più** (*I can't stand you anymore*) and **non ne posso più** (*I can't take it anymore*).

Cultura

 Ascoltiamo!

La musica in Italia

A. Osserva ed ascolta. Osserva ed ascolta mentre l'insegnante ti parla della musica in Italia.

B. Completa. Completa le seguenti frasi, inserendo la parola o l'espressione appropriata della lista qui sotto. Usa ogni espressione *una sola volta*. **Attenzione!** La lista contiene dodici parole o espressioni; devi usarne solamente nove.

aria	in discoteca	le parole
canzoni	un festival	Pavarotti
i concerti	leggera	Puccini
il dialetto	opere liriche	alla Scala

1. Rossini, Verdi e _____ sono compositori di _____.

2. Il Teatro _____ di Milano è uno dei teatri più importanti per la rappresentazione dell'opera.

3. Il compositore dell'opera ha scritto la musica; il librettista, invece, ha scritto _____.

4. Il brano musicale melodico che esprime molta emozione in un'opera si chiama _____.

5. Ai giovani italiani piace molto andare a sentire _____ dal vivo (*live*) in piazza.

6. Invece dell'italiano, alcune canzoni incorporano una lingua straniera (lo spagnolo, l'inglese, il francese, l'arabo) o _____.

7. Ogni anno, a Sanremo, si organizza _____ di musica _____.

C. Tocca a te! Cosa pensi della musica italiana? Scrivi la tua opinione.

Per quello che ho imparato della musica italiana io preferisco _____ perché...

IN **ITALIA**

In Italia ci sono diversi teatri dedicati all'opera lirica noti per la loro straordinaria bellezza architettonica e decorativa. Tra i più famosi sono il Teatro alla Scala (Milano), il Teatro la Fenice (Venezia), il Teatro San Carlo (Napoli) e il Teatro Massimo (Palermo). Benché (*Although*) non sia un teatro *per se,* l'Arena di Verona è conosciuta in tutto il mondo per la stagione lirica che vi si svolge (*takes place*) ogni estate all'aperto.

Arena di Verona in Veneto

 CLICCA QUI Per sapere di più sui teatri dell'opera in Italia e per avere informazioni sugli orari degli spettacoli e sulla possibilità di tour virtuali, vai sul sito di *Avanti!,* **Clicca qui (www.mhhe.com/avanti2).**

Leggiamo!

Una serata misteriosa

A. Prima di leggere. Quando sei invitato/a ad una cena o ad una festa e non vuoi andarci, cosa fai? Con un compagno / una compagna scrivi almeno tre scuse che puoi usare. Confronta la lista con quelle dei compagni. Quali sono le scuse più diffuse?

B. Al testo! Piero e Vittoria sono amici da anni e si vedono spesso, ma recentemente Piero è perplesso. Lavora con un compagno / una compagna per determinare cos'è successo. Avete tre documenti su cui basare la vostra risposta: 1) un'e-mail di Vittoria, 2) un biglietto per l'opera e 3) un'e-mail di Piero.

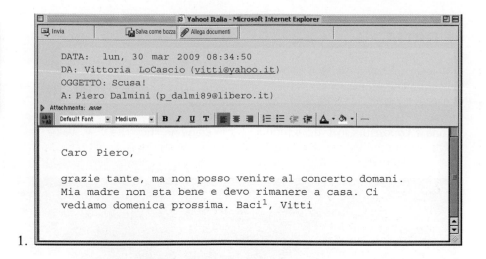

DATA: lun, 30 mar 2009 08:34:50
DA: Vittoria LoCascio (vitti@yahoo.it)
OGGETTO: Scusa!
A: Piero Dalmini (p_dalmi89@libero.it)

Caro Piero,

grazie tante, ma non posso venire al concerto domani.
Mia madre non sta bene e devo rimanere a casa. Ci
vediamo domenica prossima. Baci[1], Vitti

1.

FONDAZIONE
TEATRO MASSIMO
BELLINI

TEATRO BELLINI CATANIA
TURANDOT TERZO FUORI ABB.
31/03/09 ore 20.30
Palco
PALCO n. 17 OR. II/D Posto n.4

Euro 55,00
Tot. Euro 55,00
N.   1/ 5 INTERO Emesso il 10/03/04 ore 12:09 Cassa 2
A0004918 8681
757D7D7493B4F29D

Lirica

FONDAZIONE TEATRO M.V. BELLINI - PI: 02289370872
Via Perrotta 12 91135 Catania

2.

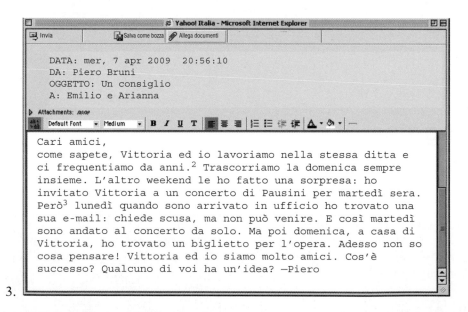

DATA: mer, 7 apr 2009 20:56:10
DA: Piero Bruni
OGGETTO: Un consiglio
A: Emilio e Arianna

Cari amici,
come sapete, Vittoria ed io lavoriamo nella stessa ditta e
ci frequentiamo da anni.[2] Trascorriamo la domenica sempre
insieme. L'altro weekend le ho fatto una sorpresa: ho
invitato Vittoria a un concerto di Pausini per martedì sera.
Però[3] lunedì quando sono arrivato in ufficio ho trovato una
sua e-mail: chiede scusa, ma non può venire. E così martedì
sono andato al concerto da solo. Ma poi domenica, a casa di
Vittoria, ho trovato un biglietto per l'opera. Adesso non so
cosa pensare! Vittoria ed io siamo molto amici. Cos'è
successo? Qualcuno di voi ha un'idea? —Piero

3.

C. Discutiamo! Allora, Vittoria ha detto la verità? È rimasta a casa
con sua madre? Perché non è andata al concerto con Piero?

---

[1]*Kisses*   [2]*ci... we see each other all the time*   [3]*However*

RETRO

Italy, like all of Western Europe throughout the late eighteenth to early twentieth centuries, was fascinated by the Orient, which it defined broadly to include Russia, Egypt, the Near East, India, and the Far East. This intense interest was reflected in all forms of art: painting, furniture, and music, especially opera. Opulent sets and elaborate costumes adorned the stages of the famous opera houses. Puccini's *Turandot*, the last great Italian opera to enter the international repertory, is set in the Far East and was first performed at **La Scala** on April 25, 1926.

You can read a plot summary of *Turandot* in the *Workbook / Laboratory Manual,* **Capitolo 7.**

Turandot di Puccini al Teatro Regio di Torino in Piemonte

Scriviamo!

Cos'è successo?

Parte prima. Metti le seguenti immagini in ordine per rispondere alla domanda: Cos'è successo?

Parte seconda. Ora racconta la storia, scrivendo almeno una frase per ogni immagine.

Parte terza. Con un compagno / una compagna scambiate le storie che avete scritto. Mentre leggi l'altra storia, segna l'ordine delle immagini. Le vostre storie sono simili o diverse?

Parliamo!

Le tre amiche

Tre amiche hanno ricevuto paghette (*allowances*) diverse. Con un compagno / una compagna parlate insieme usando gli indizi (*clues*) e la tabella per rispondere alle seguenti domande: **Come si chiama ciascuna ragazza (nome e cognome)? Quanti euro ha preso ogni ragazza? Cosa ha comprato?** Quando avete finito, spiegate ai compagni come siete arrivati alle vostre risposte.

Gli indizi

> **Indizio 1.** Anna ama i dolci e ha ricevuto meno soldi della ragazza che ha cognome Sandri.
>
> **Indizio 2.** Giulia ha ricevuto 5 euro.
>
> **Indizio 3.** Nina non ha speso i suoi soldi in cosmetici.
>
> **Indizio 4.** Nina e la ragazza Russo hanno ricevuto più di 4 euro.

		COGNOME			SOLDI			ACQUISTI		
		Russo	Manzi	Sandri	4 Euro	5 Euro	6 Euro	CD	Cosmetici	Dolci
NOMI	Anna									
	Giulia									
	Nina									
ACQUISTI	CD									
	Cosmetici									
	Dolci									
SOLDI	4 Euro									
	5 Euro									
	6 Euro									

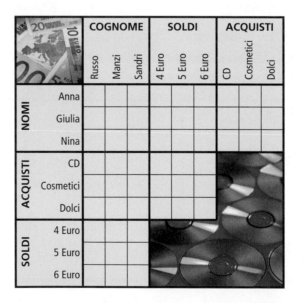

Guardiamo!

Film *Il mostro*

(Commedia. Italia. 1995. Roberto Benigni e Michel Filippi, Registi. 112 min.)

A. Anteprima.

Parte prima. Con un compagno / una compagna, leggete queste definizioni di un eroe e segnate quali vi sembrano giuste. Secondo voi, ci sono altre definizioni?

1. _____ Chi dà prova di straordinario coraggio.

2. _____ Chi fa azioni leggendarie, specialmente in guerra.

3. _____ Chi è dotato di eccezionali virtù o qualità.

Parte seconda. Ora fate una lista di tre eroi e scrivete i nomi sulla lavagna. Cos'hanno in comune?

B. Ciak, si gira! Guarda la scena e poi rispondi alla domanda **Cos'è successo?** mettendo i verbi al passato prossimo. **Attenzione!** I verbi in rosso hanno il participio passato irregolare.

1. Nel reparto (*section*) «articoli sanitari», Loris _____ (mettere) tre spazzolini da denti (*toothbrushes*) nella borsa di una signora.
2. Nel reparto «giocattoli» (*toys*) _____ (posare [*to place*]) un peluche (*stuffed animal*) nella carrozzina della bambina.
3. Poi _____ (gettare [*to throw*]) una scarpetta da bambina nella tasca (*pocket*) di un signore.
4. Nel reparto «frutta e verdura» _____ (infilare [*to stick*]) un fermaglio (*hair clip*) fra i capelli della donna manager.
5. Nel reparto «dolci», Loris _____ (prendere) un pacchetto di chewing-gum.
6. La signora con la bambina _____ (finire) di fare la spesa ed è passata con la carrozzina.
7. _____ (suonare) l'allarme.
8. La donna manager _____ (telefonare) al centro amministrazione e poi _____ (rassicurare) tutti: è stato un semplice guasto (*it was only a minor mechanical problem*).
9. Loris _____ (uscire) tranquillamente.

C. È fatto! Molti italiani considerano Loris un eroe perché con l'intelligenza, la furbizia (*cleverness*) e la fantasia riesce a sopravvivere (*survive*). Nella vostra cultura, Loris (o una persona simile) è un eroe? Perché?

Riassunto: A serial killer is on the loose and the police are out to find him. Under the direction of police psychologist Taccone (Michel Blanc), undercover cop Jessica (Nicoletta Braschi) is assigned to tail Loris (Roberto Benigni), the suspect who, unaware, often finds himself in compromising, but innocent, situations.

Scena: (DVD Capitolo 11): Loris is short on funds, but he needs to "pick up" some things at the **ipermercato** (*superstore*). He devises a plan to check out without paying with the unsuspecting help of the other customers and the manager.

IN AMERICA

Italian singers have enjoyed tremendous popularity, performing a wide variety of music styles. In addition to Laura Pausini, Ligabue, and Pino Daniele, how many of these popular artists do you recognize?

Male artists: Jovanotti, Zucchero, Ramazzotti, Vasco Rossi, Nek
Female artists: Elisa, Irene Grandi, Carmen Consoli, L'Aura
Groups: Nomadi, ZeroAssoluto, Negramaro, Articolo 31, Tiromancino

Those who like classical piano might know Giovanni Allevi.

@ CLICCA QUI You can learn more about these artists at the *Avanti!* website, **Clicca qui (www.mhhe.com/avanti2).**

Italian-American singers have also been extremely popular, especially in the 1930s and 1940s. Do you recognize any of these artists or the songs that made them popular?

Tony Bennett (Anthony Dominick Benedetto), *I Left My Heart in San Francisco*
Perry Como, *It's Impossible*
Frankie Laine (Frank Paul Lo Vecchio), *High Noon* (Rawhide theme)
Mario Lanza (Alfredo Arnold Cocozza), aria from *Pagliacci*
Dean Martin (Dino Paul Crocetti), *That's Amore*
Frank Sinatra (Francis Albert Sinatra), *I'll Be Seeing You*

Vocabolario

Domande ed espressioni

Cos'è successo?	What happened?
mai	ever

Verbi

andare a teatro	to go to the theater
andare a trovare	to visit (*people*)
andare al cinema	to go to the movies
entrare	to enter
fare il bucato	to do laundry
fare la spesa	to go grocery shopping
fare un giro in bici (moto/macchina)	to go for a bike ride (motorcycle ride / car ride)
festeggiare	to celebrate
morire	to die
nascere	to be born
offrire	to offer
partire	to leave
perdere	to lose

rimanere	to stay, to remain
rispondere	to respond
rompere	to break
scegliere	to choose
vedere	to see
vincere	to win
visitare	to visit (*places*)

Sostantivi

il biglietto	ticket
la canzone	song
il compleanno	birthday
il concerto	concert
il fine settimana / il weekend	weekend
la partita	game, match
il pranzo	lunch
il regalo	gift
lo spettacolo	show
il teatro	theater

Aggettivo

scorso	last

Avverbi di tempo

dopo / dopo di che	after
fa	ago
ieri	yesterday
mai	ever
poi	then
prima	before

Interiezioni

ahi!	ow!, ouch!
boh!	I dunno!
dai!	come on!
ehilà!	hey!
macché!	no way!
magari!	I wish!
mamma mia!	omigosh!
oddio!	omigosh!
peccato	too bad!
uffa!	oh man!, geez!

Espressioni negative

non... mai	never
(non...) nessuno	no one, nobody
(non...) niente	nothing
non... più	not anymore, no longer

8

Che bella festa!

Maschera italiana di Carnevale (Venezia)

 DVD   **Online Learning Center**
www.mhhe.com/avanti2

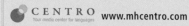 **CENTRO** *Your media center for languages* www.mhcentro.com

 **Online Workbook / Lab Manual**

Cos'è il Palio di Siena?

Asking for information

A. Osserva ed ascolta.

Osserva ed ascolta mentre Mauro Civai risponde alla domanda: «Mi può descrivere il Palio di Siena?» Poi rispondi tu alle domande seguenti. **Attenzione!** Ci sono due risposte corrette per ogni domanda.

Palio (Siena in Toscana)

1. Cos'è il Palio di Siena?
   a. una tradizione molto antica
   b. una festa recente
   c. una corsa di cavalli
2. Cosa vince il più veloce?
   a. un premio (*prize*) monetario
   b. un premio di uno stendardo dipinto (*colored banner*)
   c. un premio simbolico
3. Dove ha luogo (*takes place*) il Palio di Siena?
   a. nella Piazza del Campo
   b. in città
   c. in campagna
4. Quando è il Palio di Siena?
   a. una volta all'anno
   b. due volte all'anno
   c. d'estate

B. Mi piacerebbe vedere il Palio!

Parte prima. Immagina di incontrare il signor Civai. Lui ti chiede «Ti piacerebbe vedere il Palio?» Cosa rispondi? Tu fai la parte del signor Civai. Il tuo compagno / La tua compagna risponde alla domanda e ne fa un'altra. Poi scambiatevi i ruoli.

> **Esempio:** **S1:** Ti piacerebbe vedere il Palio?
> **S2:** Sì! È una festa molto variopinta (*colorful*). Quando è? (Insomma! Non mi piacciono i cavalli.)
> **S1:** È il 2 luglio e il 16 agosto. (È una festa molto bella.)

Parte seconda. Ora invita il/la preside (*dean, principal*) a vedere il Palio. Con un compagno / una compagna scrivi il dialogo. **Attenzione!** La situazione è formale. Cosa cambia?

Auguri!
Expressing good wishes

....

- **Auguri** are wishes for something good to happen to someone. For example, the most common expression to wish someone good luck is to say **in bocca al lupo** (literally, *in the mouth of the wolf*). It's similar to the American expression *Break a leg*. The reply is **Crepi!** (*May the wolf die!*).

- It is customary to reply to an **augurio** by saying **Grazie!** If the occasion makes it appropriate to wish the other person the same, say: **Grazie, altrettanto!** or **Grazie, anche a te (a Lei)!**

  —**Buon viaggio!**   —**Buon Natale!**
  —**Grazie!**   —**Grazie! Altrettanto!**

A. Osserva ed ascolta. Osserva ed ascolta come alcuni italiani fanno gli auguri. Poi osserva ed ascolta una seconda volta, segnalando (✓) le espressioni che senti. Se senti un'espressione più di una volta, segnala ancora.

	auguri	buon lavoro	buon viaggio	in bocca al lupo
1. Saverio	☐	☐	☐	☐
2. Stefano	☐	☐	☐	☐
3. Luca	☐	☐	☐	☐
4. Antonio	☐	☐	☐	☐
5. Marcello	☐	☐	☐	☐

B. Tanti auguri! Abbina le seguenti espressioni italiane alle equivalenti espressioni inglesi. Molte contengono (*contain*) parole che già conosci o parole simili. Confronta il tuo lavoro con quello di un tuo compagno / una tua compagna.

1. Enjoy your meal!	a. In bocca al lupo!
2. Have a good trip!	b. Buon anno!
3. Happy birthday!	c. Buon anniversario!
4. Have a nice day!	d. Buona giornata!
5. Merry Christmas!	e. Buon appetito!
6. Happy Easter!	f. Auguri!
7. Best wishes!	g. Buone vacanze!
8. Happy New Year!	h. Buon Natale!
9. Happy anniversary!	i. Buon viaggio!
10. Have a good vacation!	j. Buon compleanno!
11. Good luck!	k. Buona Pasqua!

C. Grazie! Scegli una delle seguenti occasioni (o inventane altre). Dilla a un compagno / a una compagna. Lui/Lei risponde con un augurio appropriato. Poi scambiatevi i ruoli.

Esempio: **S1:** Ho fame e la pasta è pronta.
S2: Allora, buon appetito!
S1: Grazie, altrettanto! (Grazie!)

1. Parto pcr l'Italia domani.
2. Oggi compio vent'anni.
3. È il 25 dicembre.
4. I miei genitori si sono sposati esattamente 25 anni fa.
5. Stasera ho un esame.
6. La settimana prossima ho un colloquio di lavoro (*job interview*).

IN **ITALIA**

- Gli italiani festeggiano i momenti importanti della vita: **la nascita** di un bambino / una bambina, **la laurea** (*graduation from university*), **il matrimonio** (le nozze). Alcuni di questi momenti sono legati ad eventi religiosi, come **il battesimo, la prima comunione, la cresima** (*Confirmation*).

- In alcune parti d'Italia **il diciottesimo** (*eighteenth*) **compleanno** è occasione di gran festeggiamento. Alcuni ragazzi lo celebrano in modo formale con le partecipazioni (*invitations*), i vestiti eleganti e un ricevimento (*reception*) in un albergo o in discoteca.

- Oltre il compleanno, alcuni italiani festeggiano anche **l'onomastico,** cioè la festa del santo con il quale condividono il nome. Chi si chiama «Patrizio» o «Patrizia» festeggia l'onomastico il 17 marzo, festa di San Patrizio. Ecco alcuni altri onomastici:

Gli auguri di buon compleanno

il 19 marzo San Giuseppe	**il 21 settembre San Matteo**
il 29 aprile Santa Caterina	**il 4 ottobre San Francesco**
il 13 luglio Sant'Antonio	**il 13 dicembre Santa Lucia**
il 24 luglio Santa Cristina	

Il giorno dell'onomastico si dice: «Auguri! Buon onomastico!» e in alcune famiglie si riceve anche un piccolo **regalo.**

 CLICCA QUI Per trovare la data del tuo onomastico, vai sul sito di *Avanti!,* **Clicca qui (www.mhhe.com/avanti2).**

Buone feste!

Talking about Italian and American holiday celebrations

Marina ha 22 anni ed è di Roma. Lavora in un'agenzia di viaggi insieme al suo amico americano Roger. Roger è venuto a casa sua a cena e parlano delle feste. Marina descrive le feste e le tradizioni della sua famiglia. Leggi le sue descrizioni delle feste a pagina 215 e abbina le parole evidenziate alle immagini. **Attenzione!** Alcune descrizioni si abbinano con più di un'immagine.

1. _____

2. _____

3. _____

4. _____

5. _____

6. _____

7. _____

8. _____

▶ Answers to this activity are in Appendix 2 at the back of your book.

a. **La vigilia di Natale (il 24 dicembre):** A Roma è tradizione fare una grande cena a base di pesce con anguille (*eel*) marinate. Mangiamo e poi apriamo **i regali** che sono sotto l'albero di Natale. Come tutti i bambini, i miei fratellini e sorelline credono (*believe*) che **Babbo Natale** porti i regali.

b. **Natale (il 25 dicembre):** La mattina andiamo in **chiesa** e poi pranziamo insieme ai miei zii. Di solito mangiamo l'antipasto misto, le lasagne e l'arrosto. Poi ci sono sempre i dolci tradizionali: **il panettone** e il torrone.

c. **San Silvestro (il 31 dicembre):** Mia madre prepara una grande cena (un cenone). A mezzanotte ci baciamo (*we kiss*), ci facciamo gli auguri di buon anno e guardiamo **i fuochi d'artificio.**

d. **La Befana (il 6 gennaio):** La notte prima della Befana, i miei fratellini e sorelline appendono le calze (*hang stockings*) per la visita della **Befana,** una vecchia signora che mette nelle calze dei piccoli regali. Però, i poveri ragazzini che non sono stati bravi ricevono il carbone (*coal*) fatto di zucchero!

e. **Pasqua (marzo/aprile):** La mattina andiamo **in chiesa** e poi pranziamo insieme. Mangiamo il dolce tradizionale: **la colomba** (una torta a forma di colomba [*dove*]). I bambini ricevono **le uova di Pasqua** (cioccolato a forma di un grande uovo [*egg*] con dentro una sorpresa).

f. **Il mio compleanno:** Quando **compio gli anni,** preparo un dolce e compro da bere per festeggiare insieme ai miei amici. Tutti cantano *Tanti auguri*. Di solito ricevo tanti regali dai miei parenti.

g. **L'anniversario delle nozze:** I miei genitori si sono sposati quando avevano 21 anni. Quest'anno fanno 25 anni di **matrimonio** e organizzano una grande festa. L'anniversario dei 25 anni di matrimonio si chiama **le nozze** d'argento (*silver*), mentre l'anniversario dei 50 si chiama le nozze d'oro (*gold*).

● Answers to this activity are in Appendix 2 at the back of your book.

IN **ITALIA**

Si festeggia **la Befana** il giorno della festa cattolica, **l'Epifania** (il 6 gennaio).

Secondo la leggenda la Befana è una vecchia signora che si è rifiutata (*refused*) di accompagnare i Re Magi (*Three Kings*) al seguito della stella (*star*) cometa che portava al bambino Gesù. Poi si è pentita (*repented*) e ha tentato di raggiungere i tre Re; durante il suo viaggio, ha lasciato un regalo per ogni bambino nella speranza che fosse (*in the hopes that it were*) Gesù.

Il nome della signora, Befana, deriva dalla corruzione volgare della parola greca «epifania» che significa «manifestazione» o «rivelazione».

Una canzone popolare racconta:

La Befana vien di notte
Con le scarpe tutte rotte
Col cappello alla romana
Viva viva la Befana!

A Roma, il giorno della Befana tutti vanno a Piazza Navona dove ci sono le bancarelle con calze piene di dolci e giocattoli.

Piazza Navona (Roma in Lazio)

A. Le feste. Quali elementi dell'insieme B associ con le feste dell'insieme A? Ci può essere più di una risposta appropriata. In base alle tue esperienze personali, quali altri oggetti o attività assoceresti alle feste dell'insieme A?

A	B	
1. l'Epifania	a. le uova	g. la Befana
2. l'anniversario delle nozze	b. i regali	h. l'albero
3. il compleanno	c. la colomba	i. il carbone
4. il Natale	d. il panettone	j. le calze
5. la Pasqua	e. la torta con le candeline	k. Babbo Natale
6. San Silvestro	f. il cenone	l. i fuochi d'artificio

B. Il cenone di San Silvestro.

Parte prima. Con un compagno / una compagna, create il menu per il cenone di San Silvestro a casa vostra. Dovete includere l'antipasto, il primo, il secondo e il contorno, il dolce e le bibite. (Vedete **Capitolo 5, Lessico** se non vi ricordate le parole utili.)

Parte seconda. Ogni gruppo appende il menu alla lavagna. Gli studenti leggono tutti i menu e mettono la firma sotto il cenone a cui vogliono partecipare. Chi ha più invitati?

C. Le tradizioni di famiglia.

Parte prima. Come passano il giorno di Natale Camilla e Ivano?

1.
Camilla Zamboni
24 anni, Verona
(Veneto)

Il giorno di Natale mi sveglio verso le 10 e aiuto mia madre a preparare il pranzo. Mangiamo il pasticcio di carne (le lasagne) o i cappelletti (*hat-shaped tortellini*) in brodo, un arrosto di faraona (*guinea fowl*) con verdure e poi lo spumante e il pandoro, il dolce tradizionale di Verona! Scambio i regali con i miei genitori e mio fratello e dopo faccio una passeggiata o parlo con mio nonno. Alla sera esco con gli amici.

2.
Ivano Fulgaro
32 anni, Foggia
(Puglia)

La mattina di Natale mi sveglio verso mezzogiorno e faccio una colazione leggera. Il pranzo è fantastico con le lasagne al forno, un po' di lenticchie (*lentils*) con la carne, frutta, gelato, carteddate (*sweet, dry bread typical of Puglia*), panettone, spumante, amaro e caffè. Il pomeriggio esco con gli amici e organizzo la mia serata che passerò sicuramente a casa di qualcuno a giocare a carte, dopo aver mangiato (*having eaten*) nuovamente di tutto.

Parte seconda. Paragona il Natale di Camilla a quello di Ivano e a quello di Marina (a pagina 215). Come sono simili? Come sono diversi? Ci sono differenze regionali? Il tuo giorno di Natale è simile a o diverso da quello di Camilla e Ivano? Perché?

Solo musica. Go to the *Avanti!* iMix on the *Avanti!* Online Learning Center in Coursewide Content (**www .mhhe.com/avanti2**) where you can purchase and listen to the most popular Italian Christmas song: *Tu scendi dalle stelle.*

IN **ITALIA**

Un proverbio italiano dice: **Natale con i tuoi, Pasqua con chi vuoi.**

E tu, con chi passi Natale e Pasqua?

Parte terza. La tua famiglia ha tradizioni particolari? Scegli una di queste feste e descrivi le tue tradizioni familiari ai compagni.

il giorno del ringraziamento (*Thanksgiving*)

il compleanno

Chanukà

Ramadan

il quattro luglio

il Capodanno (*New Year's Day*)

Strutture

 Ripasso: Mi preparo per la festa

Reflexive verbs

Oggi il tuo migliore amico compie gli anni e stasera si festeggia il suo compleanno in un ristorante elegante. Spiega ai compagni tutto quello che fai per prepararti per la festa e loro devono indovinare quanti minuti ci metti (*it takes you*). Se hai bisogno di aiuto (*If you need help*), guarda i verbi riflessivi a pagina 166–168 e il vocabolario per i vestiti e gli accessori a pagina 156. Chi ci mette meno tempo a prepararsi? Chi ce ne mette di più?

Esempio: Prima mi rado. Poi faccio la doccia (*I take a shower*). Mi lavo i capelli... .

8.1 Ci vediamo domani!

Reciprocal verbs

1. As you learned in **Capitolo 6,** reflexive verbs express actions that people do to *themselves.* Reciprocal verbs express actions that two or more people do to *each other,* so they are only used in the **noi, voi,** and **loro** forms. What is the difference between these two sentences?

    a. Gianni si lava.   **b.** Gianni e Maria si parlano.

In the first sentence (**a.**), the reflexive verb, **lavarsi,** indicates that Gianni washes *himself.* **Parlarsi,** in the second sentence (**b.**), is a reciprocal verb expressing that Gianni and Maria talk to *each other.*

2. Here are some common verbs that are frequently used reciprocally.

abbracciarsi *to hug*	**innamorarsi** *to fall in love*
baciarsi *to kiss*	**salutarsi** *to greet*
farsi gli auguri *to exchange good wishes*	**separarsi** *to separate*
	sposarsi *to marry*
incontrarsi *to meet*	

3. Like reflexive verbs, reciprocal verbs are conjugated with reflexive pronouns and their infinitives end in **-si.** Complete the conjugation of the reciprocal verb in the chart below.

	baciarsi
noi	
voi	
loro	si baciano

4. Some verbs have reciprocal and non-reciprocal forms. Remember, if you can say that two or more people do the action to each other, it is reciprocal and requires a reciprocal pronoun. Compare **salutare** and **salutarsi:**

Gianni **saluta** Maria.	*Gianni greets Maria.*
Maria **saluta** Gianni.	*Maria greets Gianni.*
Gianni e Maria **si salutano.**	*Gianni and Maria greet each other.*

Compare **scrivere** and **scriversi.**

Gianni **scrive** a Maria.	*Gianni writes to Maria.*
Maria **scrive** a Gianni.	*Maria writes to Gianni.*
Gianni e Maria **si scrivono.**	*Gianni and Maria write to each other.*

5. How are the meanings of these two sentences different?

> **a.** Misha fa gli auguri a sua nonna.
>
> **b.** Misha e sua nonna si fanno gli auguri.

● Answers to these activities are in Appendix 2 at the back of your book.

A. Franco e Maria.   Metti le frasi della storia in ordine cronologico da 1 a 8. Sottolinea tutti i verbi reciproci.

Gianni fa una festa e invita Franco e Maria...

a. _____ Maria chiede a Franco di uscire il prossimo weekend e Franco accetta.

b. _____ Quando Franco accompagna Maria a casa si baciano.

c. _____ Dopo tre mesi decidono di sposarsi.

d. _____ Passano molto tempo insieme ed escono almeno tre volte alla settimana.

e. _____ Franco e Maria si innamorano.

f. _____ Franco e Maria ballano e si parlano tutta la sera.

g. _____ Gianni presenta Franco a Maria.

h. _____ Franco telefona a Maria il giorno dopo.

IN **ITALIA**

- Nelle occasioni più importanti, per esempio la nascita di un bambino, la laurea o le nozze, gli italiani usano **le bomboniere** (*party favors*). Sono piccoli oggetti che contengono dolciumi, per tradizione un numero dispari (*odd*) di confetti* (*sugared almonds*). Il colore dei confetti dipende dall'occasione:

  la nascita: rosa per una femmina, celesti (*light blue*) per un maschietto
  la prima comunione: bianchi
  la laurea: rossi
  il 25° anniversario di nozze: argentati (*silvered*)
  il 50° anniverario di nozze: dorati (*gilded*)

Le bomboniere per la nascita di un bambino

- Si danno le bomboniere a tutti gli invitati e, se qualcuno non può partecipare alla festa, la bomboniera gli viene spedita a casa (*is mailed to his/her home*).

*****Attenzione!** This is a false cognate. The confetti that you throw is called **coriandoli** in Italian.

B. I buoni amici.

Parte prima. Segna (✓) le affermazioni che sono vere per te e il tuo migliore amico / la tua migliore amica. Se una frase non è adatta a voi (*true for you*), riscrivila.

Il mio migliore amico / La mia migliore amica ed io...

1. ☐ ci conosciamo molto bene.
2. ☐ ci vediamo tutti i giorni.
3. ☐ conosciamo tutti i segreti l'uno dell'altro.
4. ☐ usciamo insieme ogni weekend.
5. ☐ ci telefoniamo ogni sera.
6. ☐ conosciamo bene le famiglie l'uno dell'altro.
7. ☐ andiamo sempre d'accordo.
8. ☐ non ci diciamo mai bugie.
9. ☐ ci capiamo sempre.
10. ☐ ci incontriamo al bar ogni mattina.

Parte seconda. Paragona l'amicizia (*friendship*) fra te e il tuo migliore amico / la tua migliore amica a quella fra un compagno / una compagna e il suo migliore amico / la sua migliore amica. Sono uguali o differenti? Presenta le differenze ai compagni.

Esempio: Alessia ed io ci telefoniamo ogni sera, ma Marcello e Rocco si telefonano una volta alla settimana.

C. La famiglia.

Parte prima. Scegli la forma appropriata del verbo.

1. Mia sorella e mia cugina lavorano nello stesso ufficio e <u>vedono / si vedono</u> tutti i giorni.
2. Mio padre ed io <u>guardiamo / ci guardiamo</u> molti documentari alla TV.
3. Mia madre e mio padre <u>separano / si separano</u>.
4. Quando i miei genitori <u>incontrano / si incontrano</u>, <u>baciano / si baciano</u>.
5. Il mio fratellino <u>abbraccia / si abbraccia</u> sempre il suo orsacchiotto (*teddy bear*).
6. Mia madre e io non <u>capiamo / ci capiamo</u> molto bene.

Parte seconda. Adesso provate voi. Descrivete la vostra famiglia usando i seguenti verbi:

abbracciarsi	capire	conoscersi	parlarsi
scrivere	telefonare	vedersi	volersi bene

D. Ci vogliamo bene.

Parte prima. Collabora con un compagno / una compagna. Scrivete cinque cose che due persone che si vogliono bene fanno l'una per l'altra.

> **Esempio:** Due persone che si vogliono bene si aiutano...

Parte seconda. Quali sono le cose più importanti per mantenere (*for maintaining*) un buon rapporto (*relationship*)? Mettete le cinque affermazioni in ordine di importanza.

Parte terza. Formate gruppi di quattro, allungate la lista a 8–10 affermazioni e mettetele di nuovo in ordine di importanza. Poi discutete le vostre scelte con i compagni e mettetevi d'accordo sull'aspetto più importante di un buon rapporto.

🔄 Ripasso: Franco e Maria sono usciti insieme

The present perfect

Parte prima. Ricordi Franco e Maria? (Vedi **Capitolo 8, Strutture 8.1, Attività A.**) Ecco cosa hanno fatto la prima volta che sono usciti insieme. Completa la storia con la forma appropriata dell'ausiliare **avere** o **essere.**

Franco e Maria _____¹ andati a mangiare alla pizzeria preferita di Maria. Dopo cena, _____² fatto una passeggiata in centro e _____³ mangiato un gelato. _____⁴ parlato di tutto: degli amici, della famiglia, dei progetti per il futuro. Verso le dieci e mezzo _____⁵ andati al cinema e _____⁶ visto un film molto romantico. Dopo il film Franco _____⁷ accompagnato Maria a casa. Franco _____⁸ tornato a casa e Maria _____⁹ andata a letto, ma non _____¹⁰ dormito tutta la notte.

Parte seconda. Nella **Parte prima** due verbi hanno l'ausiliare **essere: andare** e **tornare.** Quali altri verbi hanno **essere** al passato prossimo? Fai una lista di 10 verbi.

▶ Answers to this activity are in Appendix 2 at the back of your book.

▶ To learn about the forms of **dovere, potere,** and **volere** in the **passato prossimo,** see **Per saperne di più** at the back of your book.

8.2 Ci siamo visti ieri

The present perfect of reflexive and reciprocal verbs

1. It's easy to form the **passato prossimo** of reflexive and reciprocal verbs because they always take **essere** as their auxiliary. Like all verbs that take **essere,** the past participle agrees in gender and number with the subject.

RIFLESSIVO	RECIPROCO
Maria si **è** guardat**a** allo specchio.	Maria e Franco si **sono** incontrat**i** in piazza.
Maria looked at herself in the mirror.	*Maria and Franco met each other in the square.*

2. Now complete the conjugations below.

	guardarsi	incontrarsi
io		
tu		
lui	si **è** guardat**o**	
lei	si **è** guardat**a**	
Lei	si **è** guardat**o/a**	
noi		
voi		
loro		si **sono** incontrat**i/e**

● Answers to this activity are in Appendix 2 at the back of your book.

A. Le mie attività.

Parte prima. Completa le frasi in modo che siano vere per te.

1. L'anno scorso _____ ed io ci siamo fatti/e un regalo a Natale.
2. Ieri sera _____ ed io ci siamo telefonati/e.
3. La settimana scorsa _____ ed io ci siamo visti/e.
4. _____ ed io ci siamo parlati due ore fa.
5. _____ ed io ci siamo incontrati/e questo weekend.

Parte seconda. Leggi le frasi a un tuo compagno / a una tua compagna. Lui/Lei ti chiederà altre informazioni. Usa le seguenti domande.

Chi è?	Com'è?	Cosa?	Dove?	Perché?	Quanti anni ha?

Esempio: **S1:** L'anno scorso mio fratello ed io ci siamo fatti un regalo a Natale.
S2: Cosa hai ricevuto?
S1: Un libro.
S2: Cosa hai regalato a tuo fratello?
S1: Una maglietta.

B. Natale con Ivano.
Con un compagno / una compagna completa i verbi e le frasi in modo appropriato per creare una breve descrizione dello scorso Natale di Ivano. (Ti ricordi Ivano? Vedi **Attività C** a pagina 216.)

1. Ivano e suo fratello si sono svegliat_____...
2. Hanno fatt_____ una colazione leggera e dopo, quando tutti i parenti sono arrivat_____, si sono mess_____ a tavola e hanno mangiat_____...
3. Dopo pranzo, Ivano e i suoi amici si sono incontrat_____ ...
4. Più tardi hanno mangiat_____ di nuovo e poi...
5. Tutti si sono divertit_____ moltissimo!

C. Il contrario.
Completa le seguenti frasi con un'azione diversa o contraria usando un verbo reciproco o riflessivo.

Esempio: Gianni si è messo i pantaloni. Gianna, invece, *si è messa la gonna.*

1. I genitori si sono divertiti alla festa. I figli, invece,...
2. Franco si è raso. Maria, invece,...
3. Osman ed io ci siamo incontrati al bar. Tu e Sandra, invece,...
4. Riccardo si è messo le lenti a contatto. I suoi fratelli, invece,...
5. Tommaso e Rita si sono sposati. I genitori di Rita, invece,...
6. Zena si è messa la gonna. Cinzia, invece,...
7. Dopo la festa i ragazzi si sono sentiti male. Le ragazze, invece,...
8. Cristina e Tommaso si sono lasciati. Rinaldo e Gessica, invece,...

D. Firma qui, per favore!

Parte prima. Con i compagni aggiungete alla seguente lista quattro o cinque azioni che avete fatto prima di uscire di casa stamattina. Poi, segna (✓) le azioni che hai fatto tu stamattina (*this morning*) prima di uscire.

Questa mattina...	Firma qui, per favore!
1. ☐ ho fatto la doccia	
2. ☐ mi sono messo/a le lenti a contatto	
3. ☐	

Parte seconda. Trova i compagni che stamattina hanno fatto le stesse azioni e chiedi la firma.

Esempio: **S1:** Hai fatto la doccia stamattina?
S2: Sì. (No.)

E. Romeo e Giulietta: una versione moderna.

Parte prima. Completa la storia con la forma appropriata dell'ausiliare **avere** o **essere**.

Romeo e Giulietta si _____[1] visti per la prima volta ad una festa di compleanno di un loro amico comune, Marcello. È stato amore a prima vista. Tutta la sera _____[2] parlato e _____[3] ballato insieme e si _____[4] divertiti molto. Dopo la festa Romeo ha accompagnato Giulietta a casa. Quando _____[5] arrivati a casa di Giulietta, si _____[6] baciati e si _____[7] salutati. Giulietta _____[8] entrata in casa ed _____[9] andata a letto. La mattina dopo, Giulietta si _____[10] svegliata alle 9.00 e _____[11] fatto colazione. Dopo, si _____[12] lavata i denti, _____[13] fatto la doccia e si _____[14] vestita. Verso le 10.30, Romeo _____[15] spedito (*sent*) un SMS a Giulietta...

In italiano

When two people start dating and decide to be a couple, Italians use the expression **mettersi insieme.** When the couple breaks up, the expression is **lasciarsi.**

Giulio e Francesca **si sono messi insieme,** ma dopo un mese **si sono lasciati.**

✓ STUDY TIP

Why can I write better than I can speak Italian? When you write, you have time to think about what you want to say and to formulate your sentences in your head. Speaking is spontaneous. Learning to speak another language is a slow process. Think about children learning their first language—they aren't able to speak for almost two (or even three) years! Take advantage of every opportunity to practice speaking with your classmates and your instructor.

Parte seconda. Collabora con un compagno / una compagna. Scrivete la conclusione della versione moderna della storia di Romeo e Giulietta.

IN ITALIA

Il famoso dramma di William Shakespeare, *Romeo e Giulietta,* ha luogo a Verona. Alcuni veronesi sostengono (*claim*) che i due innamorati, Romeo Montecchi e Giulietta Capuleti, siano stati veri personaggi del Quattrocento. Nonostante la loro esistenza non sia documentata, molti turisti visitano la Casa di Giulietta a Verona.

CLICCA QUI Per sapere di più su Verona e la casa di Giulietta, vai sul sito di *Avanti!,* **Clicca qui (www.mhhe.com/avanti2).**

Casa di Giulietta (Verona in Veneto)

Ripasso: L'amico di un amico

Definite and indefinite articles

Ascolta! L'insegnante dirà dei nomi che forse non conosci. Scrivi la parola che senti e poi scegli l'articolo appropriato.

1. un' / un / uno _____
2. un' / un / una _____
3. un / uno / una _____
4. una / un / uno _____
5. un / uno / una _____
6. un / una / uno _____
7. uno / una / un _____
8. una / uno / un' _____

9. il / lo / la _____
10. il / l' / la _____
11. la / l' / il _____
12. il / la / le _____
13. i / gli / le _____
14. i / gli / le _____
15. la / lo / il _____
16. gli / i / le _____

8.3 L'amore è bello
The use of definite and indefinite articles

1. The definite article (**la, l', il, lo, le, i, gli**) is used with:

a. dates

Il venticinque dicembre è festa.

b. possessives (see **Capitolo 4, Strutture 4.1** for exceptions with family members)

La mia macchina è rossa.

c. days of the week to indicate a routine activity (for example: every Monday)

Vado in palestra **il** lunedì e **il** giovedì.

d. proper names that have a title (unless you are talking directly to the person)

Ho parlato con **il** professor Bianchi ieri.
La signora Marchi compra delle bistecche.

e. parts of the body

Mi lavo **i** denti.

f. nouns that refer to universal concepts or general categories or groups

L'amore è bello.
La politica è difficile.

g. nouns referring to something/someone specific

Mi piace **l'**amico di Paolo.

2. The indefinite article is used:

a. to indicate quantity (the number 1)

La famiglia Martini ha **una** macchina, noi abbiamo due macchine.

b. to express *a* or *an*

—Seguo **un** corso molto interessante.
—Quale?
—Arte del Rinascimento (*Renaissance*).

Note: The English phrase *a friend of mine* is expressed with the possessive adjective and the indefinite article.

Luca è **un mio amico.**

A. Una scelta. Scegli l'articolo appropriato.

1. Simona ha ricevuto un / il bel regalo dal suo ragazzo per Natale.
2. Davide ha incontrato una / la ragazza americana in piazza ieri.
3. Ho uno / lo zio. E tu? Quanti zii hai?
4. Una / La famiglia è importante.
5. Un / Il dottor Rossi non è in ufficio oggi.
6. Hai visto un / l' albero di Natale di Pietro? È grandissimo!

B. L'articolo giusto. Completa le frasi con l'articolo determinativo o indeterminativo.

1. —Ieri ho visto _____ bel film.

   —Quale?

   —_____ vita è bella di Benigni.

2. —Quando fai _____ spesa?

   —Due volte alla settimana: _____ lunedì e _____ giovedì.

When a holiday falls during the week with only one working day between it and the weekend or another holiday, it can result in a longer break than usual. The "extra" day is called **il ponte** (*bridge*). The expression in Italian is **fare il ponte**.

Martedì è festa, allora lunedì facciamo il ponte. Cosa vuoi fare di bello?

3. —Quando è _____ vostro anniversario di nozze?

   —_____ 17 agosto.

4. _____ Signor Betucci lavora per _____ ditta (*company*) di Milano.

5. —Perché non esci stasera?

   —Perché devo lavarmi _____ capelli.

6. Paolo ha solo _____ biglietto per il concerto di stasera.

7. Ho letto _____ libro interessante.

8. _____ dolce tradizionale di Natale è _____ panettone.

9. —Silvia ha portato Jamaal alla festa.

   —Chi è?

   —È _____ fratello di Raschid.

10. Dov'è _____ mia giacca azzurra?

11. Martedì è _____ primo maggio, cosa facciamo per _____ ponte?

C. Generalizzazioni.

Parte prima. Collabora con un compagno / una compagna. Scrivete uno o due aggettivi che associate con ogni categoria.

amore	carne	famiglia	feste

lingue straniere	università

Parte seconda. Usate gli aggettivi per fare, per ogni argomento (*topic*), delle affermazioni generali. Comunicate le vostre affermazioni ai compagni. Sono d'accordo con voi?

> **Esempio:** L'amore è bello.

D. Non ho mai...

Scegli un verbo e poi crea una frase negativa che potrebbe (*could*) riflettere o *non* riflettere le tue esperienze personali. Ogni verbo deve essere seguito (*followed*) da un sostantivo con l'articolo indeterminativo. I compagni devono decidere se la frase è vera o falsa.

> **Esempio:** **S1:** (vedere) Non ho mai visto un'opera italiana.
> **I compagni:** Non è vero!
> **S1:** Sì, invece, è vero! (*o* Avete ragione! Non è vero!)

comprare	guidare	mangiare	portare

ricevere	scrivere	vedere

Prepositions

Parte prima. Unisci le preposizioni e gli articoli per formare preposizioni articolate (quando è possibile).

a + la = _____   con + i = _____   a + la = _____

per + il = _____   di + i = _____   di + gli = _____

in + il = _____   su + i = _____   da + i = _____

Parte seconda. Adesso completa ogni frasi con una preposizione articolata. Scegli dalla lista della **Parte prima.**

1. Ho festeggiato il compleanno _____ miei amici e parenti.

2. Mia madre ha dimenticato di mettere lo spumante _____ frigo!

3. Tutti sono arrivati _____ festa in ritardo. Invece di arrivare alle 7.00, sono arrivati verso le 8.00!

4. Mia madre ha preparato un piatto speciale _____ mio amico vegetariano. Noi altri abbiamo mangiato gli spaghetti alla bolognese e la bistecca.

5. Il mio nipotino ha mangiato _____ spaghetti, ma non ha mangiato il secondo.

6. Lui ha anche versato (*spilled*) un bicchiere d'aranciata _____ pantaloni di mio padre.

7. Carla e Mohamed, i miei amici di lavoro, hanno parlato solo _____ problemi d'ufficio.

8. Ho ricevuto un bel regalo _____ miei genitori: una collana d'oro!

9. Ho telefonato _____ mia migliore amica che abita lontano e non è potuta (*couldn't*) venire.

Parte terza. Adesso, usa queste preposizioni articolate per aggiungere (*add*) altre informazioni sulla festa di compleanno di Roberta.

agli   dal   sul

▶ Answers to this activity are in Appendix 2 at the back of your book.

▶ To learn how the pronoun **ne** replaces phrases with the preposition **di,** see **Per saperne di più** at the back of your book.

8.4 Non vado in macchina! Vado a piedi!

*The prepositions **in** and **a***

In **Capitolo 5, Strutture 5.3,** you learned several uses of the prepositions **a** and **in** without the definite article. Here are more uses.

1. When talking about means of transportation, the prepositions **in** and **a** do not require a definite article.

Ettore va	**in bicicletta** (*by bike*).	*but*	**Ettore va a piedi** (*on foot*).
	in treno.		
	in macchina.		
	in moto.		
	in aereo.		

2. When referring to specific locations, such as certain buildings, places in the city, or rooms in a house, **in** is not used with the article. The English equivalent can be *by, in,* or *to.*

in centro	*downtown*	**in ufficio**	*office*
in piazza	*town square*	**in bagno**	*bathroom*
in banca	*bank*	**in camera**	*bedroom*
in chiesa	*church*	**in cucina**	*kitchen*
in discoteca	*discotheque*	**in salotto**	*living room*

Guardo la TV **in salotto.**　　Faccio la spesa **in centro.**
Mangiamo **in cucina.**　　Mario lavora **in ufficio.**

A. Le abitudini di Marcello e Lorena.

Parte prima. Marcello e Lorena sono compagni di casa a Bologna dove fanno il terzo anno di università. Completa le frasi con un sostantivo appropriato. Scegli dalla lista qui sotto.

biblioteca	camera	casa	centro	cucina	discoteca
macchina	mezzanotte	piazza	piedi	teatro	treno

1. Quando è all'università Marcello studia in _____. Stasera Marcello rimane (*stays*) a casa ma deve studiare in _____ perché Lorena mangia in _____ con il fidanzato.

2. Marcello cammina (*walks*) molto. Tutti i giorni va all'università a _____. Lorena, invece, è pigra e ci va in _____.

3. Il venerdì sera Lorena non sta mai a _____. Esce con gli amici. Di solito vanno a ballare in _____. Di solito torna a casa verso le 4.00 o le 5.00 di mattina.

4. Il venerdì sera Marcello va in centro e incontra i suoi amici in _____. Di solito prendono un gelato e chiacchierano (*chat*), ma qualche volta vanno al cinema. Raramente vanno a _____ a vedere uno spettacolo. Normalmente torna a casa a _____.

5. Il sabato Lorena va in _____ per andare al mercato. Le piace comprare vestiti e scarpe.

6. Il sabato e la domenica Marcello preferisce andare a Rimini a trovare i suoi. Va in _____ perché è un po' lontano.

Parte seconda. Sono buoni compagni di casa Marcello e Lorena? Perché?

B. Scegliere.   Scegli la forma appropriata e poi decidi se le affermazioni sono vere o false per te.

	vero	falso
1. Vado a / alla casa a trovare i miei genitori questo weekend.	☐	☐
2. Preferisco studiare in / nella biblioteca perché a / alla casa mia c'è troppo rumore (noise).	☐	☐
3. Vado a / al cinema con gli amici ogni weekend.	☐	☐
4. Quando vado in vacanza, mi piace viaggiare nel / in treno.	☐	☐
5. Vado all' / a università ai / a piedi.	☐	☐
6. Metto di / dello zucchero in / nel caffè.	☐	☐
7. Vado a / al mare d'estate e vado in / nella montagna d'inverno.	☐	☐
8. Vado spesso a / ai concerti di musica rock.	☐	☐

C. Dove vai?   Chiedi a un compagno / a una compagna dove va a fare queste attività. Fate a turno.

Esempio: —Dove vai a preparare la cena?
           —Vado in cucina.

Dove vai...

1. a raderti o a truccarti?
2. per partecipare al matrimonio del tuo amico cattolico?
3. a lavorare?
4. a sciare?
5. a dormire?
6. a guardare la TV?
7. a ballare stasera con la tua amica?
8. a prendere dei soldi?
9. a studiare?

D. Tante domande.

Parte prima. Completa le espressioni con la preposizione **a** o **in**.

1. andare _____ letto dopo le due
2. andare _____ centro
3. fare un giro _____ bici
4. venire _____ piedi all'università
5. tornare _____ casa dopo mezzanotte
6. sciare _____ montagna
7. nuotare _____ piscina
8. giocare _____ calcio
9. fare le vacanze _____ Italia
10. viaggiare _____ treno

Parte seconda. Scegli tre espressioni e scrivi due domande per ciascuna (*each*): una per sapere quando è stata l'ultima volta che (*the last time that*) un tuo compagno / una tua compagna ha fatto l'attività e l'altra per sapere se fa spesso questa attività. Poi intervista il compagno / la compagna e prendi appunti.

> **Esempio:** **S1:** Quando è stata l'ultima volta che sei andato/a a letto dopo le due?
> **S2:** Ieri.
> **S1:** Vai spesso a letto dopo le due?
> **S2:** Sempre.
> **S1:** ...

Parte terza. In base alle risposte, cosa puoi concludere del compagno / della compagna? Il compagno / La compagna ti dirà se hai ragione o no.

> **Esempi:** **S1:** Ti piace fare le ore piccole.
> **S2:** Hai ragione!
>
> **S1:** Non hai la macchina.
> **S2:** Non è vero. Ho una macchina, ma mi piace venire all'università a piedi.

Cultura

Ascoltiamo!

Le feste italiane

A. Osserva ed ascolta. Osserva ed ascolta mentre l'insegnante ti parla delle principali feste in Italia.

B. Completa. Completa le seguenti frasi, inserendo la parola o l'espressione appropriata della lista qui sotto. Usa ogni espressione *una sola volta.* **Attenzione!** La lista contiene undici parole; devi usarne solamente nove.

in campagna	del Carnevale	le donne	il 2 novembre
fiori	le madri	maschere	il panettone
il 15 agosto	romana	la vigilia	

1. _____ di Natale gli italiani fanno una cena abbondante e mangiano _____.

2. Il giorno dopo Pasqua, chiamato Pasquetta, gli italiani fanno delle gite _____.

3. _____, giorno della Commemorazione dei Defunti, le famiglie italiane visitano i cimiteri e portano _____ sulle tombe dei morti.

4. A Venezia per la celebrazione _____ molte persone indossano _____.

5. Il Ferragosto è un'antica festa _____ che oggi simboleggia l'estate.

6. L'8 marzo è una festa in onore di tutte _____.

C. Tocca a te! Quale festa ti interessa di più? Completa la frase.

La festa italiana che mi interessa di più è... perché...

Leggiamo!

Tanti auguri!

A. Prima di leggere. Con un compagno / una compagna decidi quali sono i compleanni più importanti. Perché sono importanti?

B. Al testo! Elisa ed Edoardo sono gemelli e stanno festeggiando il compleanno. Hanno ricevuto tanti auguri. Eccone alcuni:

1. I tuoi splendidi 18 anni ti vedono bellissima, solare.[1] Conservati sempre così.

5. Il diciottesimo compleanno: il più atteso, il più festeggiato, il più speciale. Auguri affettuosissimi!

2. Finalmente sei maggiorenne. Ora puoi guidare, votare e firmarti le giustificazioni[2] da solo. Ma ricorda di fare tutte queste cose usando la testa. Ti ricordo che, ora che hai 18 anni, puoi anche andare in galera![3] Buon compleanno!!

6. Ti auguro di camminare sempre a testa alta, fiera dei tuoi pensieri e delle tue azioni. Non rifiutare le esperienze: è con queste che si diventa adulti. A una grande ragazza con tutto l'affetto più vero.

3. Voglio portarti a vedere le stelle!! Possiamo rientrare un po' più tardi, ora che hai diciotto anni.

7. Da parte dei tuoi amici che ancora non riescono a credere che sei così vecchio. A te sembrano tanti.

4. Finalmente sei entrato nel club dei responsabili... Noi ti conosciamo... Forse devi aspettare ancora qualche anno!

8. Oggi hai 18 anni. A te sembrano gioia tanti. Sei grande sì, ma, per noi, sei sempre il nostro adorato bambino.

---

[1]*sunny* [2]*excuses, including for absences from school* [3]*jail*

Parte prima. Dividi gli auguri in tre gruppi: quelli per Elisa, quelli per Edoardo e quelli che vanno bene a tutti e due.

Parte seconda. Decidi chi ha spedito ciascun augurio (un amico, un parente, eccetera).

C. Discutiamo! Perché il diciottesimo compleanno è importante per i ragazzi italiani? Paragona il compleanno che avete scelto nell'Attività A con il diciottesimo compleanno in Italia. Come sono simili? Come sono diversi?

 RETRO

Italy has a long tradition of local holidays and festivals (**feste di paese**) to celebrate everything from important historical events to the promotion of local products. Some, like **il Palio di Siena,** are quite famous. Others, much more obscure outside Italy, are equally colorful and fascinating. For example, on the second weekend in September of even-numbered years in Marostica (Veneto), one can enjoy a live enactment of a chess game in Renaissance costume, replete with knights on horseback. On the third weekend of May in the small town of Noto (Sicily), people stroll the small, winding streets admiring **l'Infiorata,** intricate designs made entirely of flower petals that cover the pavement. A particular type of **festa di paese** is the **festa patronale** or **festa del santo patrono,** the feast day of the town's patron saint. These celebrations, popular as much as religious, offer music, processions, stands, games, carousels, special foods, and displays of fireworks. Some of the most well known **feste patronali** include the following:

La partita a scacchi con personaggi viventi, Marostica (Veneto)

Bologna	**San Petronio, il 4 ottobre**
Catania	**Sant'Agata, il 5 febbraio**
Firenze, Genova, Torino	**San Giovanni Battista, il 24 giugno**
Milano	**Sant'Ambrogio, il 7 dicembre**
Napoli	**San Gennaro, il 19 settembre**
Palermo	**Santa Rosalia, il 15 luglio**
Roma	**Santi Pietro e Paolo, il 29 giugno**

Once the highlight of small town life, these events are enjoying a revival, as both a testament to the authenticity of local customs and folklore and as ways of attracting tourists and promoting the local culture and economy.

@ CLICCA QUI You can learn more about **le feste patronali** at the *Avanti!* website, **Clicca qui (www.mhhe.com/avanti2).**

 ## Scriviamo!

Quante feste!

Scegli una festa che non esiste in Italia. Scrivi un paragrafo in cui descrivi la festa a degli amici italiani. Rispondi alle seguenti domande e aggiungi tutti i particolari che distinguono questa festa dalle altre: Come si chiama? Quando è celebrata? Qual è l'origine della festa? Chi partecipa alla festa? Cosa fanno? Ci sono piatti particolari? Quali? La gente indossa maschere o costumi? Cosa hai fatto tu alla festa l'ultima volta?

Esempio: Il terzo weekend di agosto a Urbana, Illinois, c'è il Festival del *Sweet Corn* (il mais dolce). Tutti i cittadini e anche gli studenti dell'università vanno alla festa e mangiano *sweet corn* con tanto burro...

Parliamo!

Il regalo che fa per te°   °Il... Your ideal gift

Lavorate in due per creare una lista di cinque persone a cui (*to whom*) volete fare dei regali. Queste persone possono essere i vostri compagni di classe o personaggi famosi che tutti conoscono. Scrivete i nomi delle persone su un foglio e pensate alla personalità e alle caratteristiche di ogni persona per decidere che regalo fare. I regali possono essere concreti (una nuova automobile, una casa al mare) o astratti (un bel voto in chimica, l'eloquenza). Su un altro foglio scrivete tutti i regali, ma non nello stesso ordine dei nomi. Poi scambiatevi i fogli con un'altra coppia e cercate di abbinare le persone ai regali. **In bocca al lupo!**

Esempio: **S1:** La macchina deve essere il regalo per Amanda.
S2: Perché?
S1: Perché la sua è vecchia.
S2: Allora, qual è il regalo per José?

Guardiamo!

Film *Ciao, professore!*

(Commedia. Italia. 1993. Lina Wertmüller, Regista. 99 min.)

A. Anteprima. Quali feste festeggiano solo le donne? Con un compagno / una compagna fai una lista delle feste e scrivi le date corrispondenti.

B. Ciak, si gira!

Parte prima. In Italia, oltre alla Festa della mamma c'è un'altra festa: la Festa della donna. Guarda la scena per capire come si celebra questa festa in Italia.

Riassunto: A stuck-up schoolteacher from the North (Paolo Villaggio) requests a transfer to an elite school and instead, because of a bureaucratic mistake, ends up in Corzano, a poor small town near Naples. When only three pupils show up on the first day of class, he sets out to recruit others and comes face to face with life on the other side of the tracks.

Scena: (DVD Capitolo 11) The scene takes place on March 8, **la Festa della donna,** which the professor talks about with his third-grade pupils.

Parte seconda. In questa scena ci sono molte espressioni che hai studiato. Le hai sentite? Completa le frasi inserendo l'espressione giusta.

1. Il maestro ha detto «_____» davanti al palazzo.
2. Il venditore di fiori ha detto «_____» per strada.
3. Il maestro ha detto «_____» per strada.
4. Il maestro ha detto «_____» in aula.
5. Il ragazzo grassotello (*chubby*) ha detto «_____» in aula.

a. «È l'otto marzo!»
b. «Boh!»
c. «Me ne dà... ?»
d. «Su, su coraggio!»
e. «Cos'è successo?»

C. È fatto! Cosa pensi di questa festa? È giusto avere una festa solo per le donne?

IN **ITALIA**

Le mimose sono fiori gialli che si danno per tradizione alla Festa della donna. Se vuoi regalare fiori per altre occasioni in Italia, bisogna tener in mente un po' di galateo:

1. I crisantemi si danno solo per i funerali.
2. Un mazzo di fiori deve contenere sempre un numero dispari di fiori. (Un numero pari porta sfortuna [*bad luck*].)
3. Secondo un'antica tradizione il colore dei fiori porta un messaggio: quelli rossi indicano l'amore o la passione; quelli bianchi indicano la purezza dei sentimenti; quelli gialli invece significano il tradimento (*unfaithfulness*)!

IN **AMERICA**

La Festa della donna (International Women's Day) is commemorated by the United Nations and celebrated in many countries, including Italy, as a national holiday on March 8. According to the United Nations website, it is "a time to reflect on progress made, to call for change, and to celebrate acts of courage and determination by ordinary women who have played an extraordinary role in the history of women's rights." Although the first National Women's Day was observed in the United States on February 28, 1909, it is currently not counted among American holidays.

Il blog di Luca—Bologna

Profilo | ▼   Amici | ▼   Reti | ▼   **Cassella** | ▼

Tagliatelle fatte in casa

Nome: Luca Lipparini
Età: 31 anni
Professione: attualmente studente, prima operatore doganale[1]

Cinque cose che mi piacciono di Bologna:

1. La cucina, per esempio i tortellini in brodo, le tagliatelle al ragù fatte a mano, le lasagne, le crescentine con il prosciutto o la mortadella.

2. I portici[2], così non ci si bagna[3] quando piove.

3. Lo sport, in particolare il calcio (Bologna FC) e il basket (la Virtus). Bologna è considerata una «basket city».

4. Andare in bici per le vie del centro storico.

5. Le feste e i festival dei paesi di provincia.

DVD CONNECTION Per vedere Bologna e i posti preferiti di Luca, guarda il video **Il blog di Luca** sul DVD di *Avanti!*

CLICCA QUI Per sapere di più sui posti di Bologna presentati nel blog di Luca, vai sul sito di *Avanti!*, **Clicca qui** (**www.mhhe.com/avanti2**).

[1]operatore... *customs agent*   [2]*arcades*   [3]non... *one doesn't get wet*

Vocabolario

Domande ed espressioni

Auguri!	Best wishes!
In bocca al lupo! / Crepi!	Break a leg! Good luck! / Thanks!
Grazie, altrettanto! / Grazie, anche a te / a Lei!	Thanks, same to you!
Buon anniversario!	Happy Anniversary!
Buon anno!	Happy New Year!
Buon appetito!	Enjoy your meal!
Buon compleanno!	Happy Birthday!
Buone feste!	Happy holidays!
Buona giornata!	Have a nice day!
Buon lavoro!	Work well!
Buon Natale!	Merry Christmas!
Buona Pasqua!	Happy Easter!
Buone vacanze!	Have a good vacation!
Buon viaggio!	Have a good trip!
Ci vediamo!	See you later!

Verbi

abbracciarsi	to hug each other
amarsi	to love each other
andare a piedi	to walk, to go on foot
andare in aereo (bicicletta/ macchina/moto/treno)	to fly, to go by plane (to go by bike/car/ motorcycle/train)
andare in bagno (camera/ cucina/salotto)	to go in the bathroom (bedroom/kitchen/ living room)
andare in banca (centro/ chiesa/piazza/ufficio)	to go to the bank (downtown/church/ town square/office)
baciarsi	to kiss each other
compiere gli anni	to have a birthday
fare la doccia	to take a shower
fare il ponte	to take an extra day off
farsi gli auguri	to exchange good wishes

incontrarsi	to meet each other
innamorarsi	to fall in love
lasciarsi	to break up
mettersi insieme	to become a couple
salutarsi	to greet each other
separarsi	to separate
sposarsi	to marry
vedersi	to see each other
volersi bene	to love/care about each other

Sostantivi

l'albero (di Natale)	(Christmas) tree
l'anniversario	anniversary

Babbo Natale	Santa Claus
la Befana	Befana
le calze	stockings
il Capodanno	New Year's Day
il carbone	coal
la chiesa	church
la colomba	dove; traditional Easter cake
la festa di San Silvestro	feast of San Silvestro (New Year's Eve)
i fuochi d'artificio	fireworks
il Natale	Christmas
le nozze	wedding
le nozze d'argento / d'oro	silver/golden anniversary
il panettone	traditional Christmas bread-like cake
la Pasqua	Easter
l'uovo (di Pasqua)	(Easter) egg
la vigilia	eve

La scuola e i giovani

9

Il *bibliotecario* (1566), Giuseppe Arcimboldo

SCOPI

In this chapter you will learn:

- how to find out who someone is and what he/she does for a living
- to talk about education and professions
- to describe past events and talk about what people used to do
- to tell a story in the past
- to talk about events going on at a particular moment in the past
- about the Italian educational system

Cosa vuoi fare? / Cosa vuole fare?

Finding out someone's future plans

- In **Capitolo 4** you learned to ask **Cosa fai? / Cosa fa?** to find out what someone studies or does for a living.

- To find out what someone wants to do in the future, say:

(tu)	(Lei)
Cosa vuoi fare?	**Cosa vuole fare?**

Attenzione! Remember to use **vorrei** in your answer.

—**Martina, cosa fai all'università?**
—**Faccio lingue.**
—**E dopo, cosa vuoi fare?**
—**Vorrei insegnare l'inglese.**

A. Osserva ed ascolta.

Parte prima. Osserva ed ascolta mentre questi studenti italiani si presentano e dicono cosa studiano. Abbina il nome della persona al suo corso di studi.

1. Stefano   a. matematica
2. Alessia   b. scienze politiche
3. Elisa   c. biologia
4. Mario   d. moda e costume
5. Federica   e. giurisprudenza (*law*)

Parte seconda. Ora osserva ed ascolta di nuovo per avere ulteriori informazioni. Poi abbina ogni piano (*plan*) alla persona giusta.

1. Vuole fare il notaio.*   a. Alessia
2. Vuole lavorare nell'industria dell'informatica.   b. Elisa
3. Vuole aprire un negozio.   c. Mario
4. Vuole fare la carriera diplomatica.   d. Federica

B. E tu, cosa vuoi fare?

Parte prima. Chiedi agli altri studenti cosa studiano. Fai una lista delle loro risposte.

Parte seconda. Usa la lista dei corsi di studi che hai preparato e le espressioni seguenti per scoprire (*discover*) cosa vogliono fare tutti i compagni.

---

*A **notaio** is an official who checks, witnesses, and records public contracts, such as deeds of sale for property transactions and final wills and testaments.

Chi vuole... ?

fare un master /
una specializzazione
(in giurisprudenze /
in medicina)

fare ricerca (*research*)

lavorare alla televisione

lavorare in una ditta

prendere l'abilitazione
per l'insegnamento
(*teaching certificate*)

scrivere libri / per un giornale

suonare in un'orchestra

Esempio: **S1:** Jenny, fai scienze della comunicazione, vero?
S2: Sì.
S1: E cosa vuoi fare dopo?
S2: Vorrei lavorare alla televisione. (Boh! Non ho ancora deciso.)

IN **ITALIA**

I corsi di laurea (*university degrees*) più seguiti in Italia sono nei campi
(*fields*) seguenti:

1° Economico-statistico
2° Politico-sociale
3° Giuridico
4° Tecnico (Ingegneria)
5° Letterario

Quali sono i campi più seguiti nella tua università?

Com'era?

Describing how things used to be

- So far, you have learned to talk about events in the past using
  il passato prossimo. In this chapter you will learn how to
  describe the way things were in the past using a different verb
  form: **l'imperfetto.**

- To find out how things were, used to be, or what things were
  like, say:

  Com'era?
  —Com'era la festa ieri sera?   *How was the party last night?*
  —Com'era la vita di un   *What was a teacher's life like*
  ** maestro nel passato?**   * in the past?*

A. Osserva ed ascolta.

Parte prima. Guarda la cartina della Toscana. Poi osserva ed ascolta mentre il signor Dondoli si presenta. Infine rispondi alle seguenti domande.

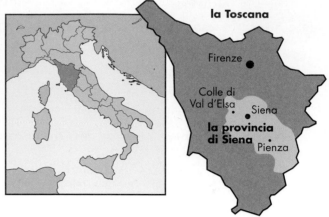

1. Cosa faceva di professione il signor Dondoli?
2. Da quanto tempo è in pensione?
3. Dove abita il signor Dondoli?
4. Di dov'è originariamente?

Parte seconda. Il signor Dondoli ha fatto la sua carriera in campagna, non in città. Osserva ed ascolta mentre il maestro Dondoli spiega l'importanza della scuola per i bambini dei contadini (*farmers*). Per ogni frase scegli la risposta giusta.

1. Per i ragazzi la scuola era _____.
   a. molto importante   b. poco importante

2. A scuola i bambini apprendevano _____.
   a. come coltivare i campi (*fields*)   b. cose che non potevano imparare a casa

Parte terza. Osserva ed ascolta l'ultima parte del video in cui il maestro Dondoli parla della sua esperienza come insegnante.

1. Segna (✓) tutte le qualità di un buon insegnante che menziona.

   a. avere l'entusiasmo   ☐

   b. essere intelligente   ☐

   c. essere creativo   ☐

   d. avere la capacità di mettersi in contatto con i bambini   ☐

   e. saper disciplinare   ☐

2. Segna (✓) la prova (*proof*) che i bambini si sentivano «in famiglia» con il maestro.

   a. L'hanno chiamato «maestro» invece di «signore».   ☐

   b. L'hanno chiamato «padre» invece di «maestro».   ☐

   c. L'hanno chiamato «babbo» invece di «maestro».   ☐

B. Com'era il tuo maestro preferito / la tua maestra preferita?

Lavora con un compagno / una compagna. Lui/Lei ti fa una delle domande (1–6). Tu rispondi scegliendo l'inizio giusto della frase (a–d) e completandola per descrivere il tuo maestro / la tua maestra preferito/a. Poi scambiatevi ruoli. **Attenzione!** Due inizi si usano due volte.

1. Come si chiamava la scuola?
2. Dov'era?
3. Quanti anni avevi?
4. Quale anno facevi?
5. Come si chiamava il maestro / la maestra?
6. Com'era?

a. Avevo...
b. Era...
c. Facevo...
d. Si chiamava...

C. E tu com'eri?

Parte prima. Scegli le frasi che descrivono com'eri da piccolo/a a scuola:

1. ☐ Scherzavo (*I used to joke around*) sempre.
2. ☐ Non stavo mai fermo/a (*still*).
3. ☐ Non creavo mai problemi.
4. ☐ Parlavo in continuazione.
5. ☐ Non aprivo bocca.
6. ☐ Facevo i compiti subito e volentieri.

Parte seconda. Con un compagno / una compagna scambiatevi a turno le frasi che avete scelto. Lui/Lei deve scegliere l'aggettivo giusto dalla seguente lista per dire com'eri a scuola.

a. birichino/a (*mischievous*)
b. chiacchierone (*chatterbox*)
c. studioso/a
d. timido/a
e. tranquillo/a
f. vivace

Esempio: **S1:** Scherzavo sempre.
S2: Davvero? Allora eri birichino/a.

Parte terza. Condividete le vostre risposte con la classe. Com'erano da piccoli i compagni?

Esempio: Tom era studioso, ma Gina era birichina.

IN ITALIA

In Italia i ragazzi cominciano la scuola a 6 anni e sono obbligati a frequentarla fino a 16 anni. I primi due livelli di scuola sono la scuola primaria (**le elementari**), che dura, 5 anni e la scuola secondaria di primo grado (**le medie**), che dura 3 anni.

I bambini da 2 anni e mezzo a 6 anni possono frequentare **la scuola materna,** che dura 3 anni. I più piccoli vanno all'**asilo nido** (*nursery school*).

Una gita scolastica

Siamo studenti!

Talking about education and professions

Le professioni

Ecco alcune professioni che già (*already*) conosci o che puoi riconoscere (*recognize*) facilmente perché hanno nomi simili in inglese.

l'architetto	l'artista	l'assistente sociale	il cameriere
il cantante	il dentista	il farmacista	il fotografo
il giornalista	l'insegnante	il poliziotto	lo psicologo
	lo scienziato	lo stilista	il veterinario

Dove si lavora?

Ecco altre professioni che forse non conosci. Abbina ogni professione ad uno di questi luoghi (*places*):

a. l'ufficio   c. il tribunale   e. la scuola elementare
b. il negozio   d. l'ospedale   f. il cantiere (*construction site*)

1. _____ l'avvocato

2. _____ il commesso

3. _____ l'operaio e l'ingegnere

4. _____ l'infermiere

5. _____ l'impiegata e la dirigente / la manager

6. _____ il maestro

In italiano

In Italian the gender of professions is indicated by the form of the definite or indefinite article and sometimes by the ending of the noun.

- Professions ending in **-o** in the masculine have **-a** in the feminine, such as **l'impiegato / l'impiegata.**

- Professions ending in **-iere** in the masculine have **-iera** in the feminine, such as **il cameriere / la cameriera, il parucchiere / la parucchiera.**

- The masculine and feminine singular forms of professions ending in **-e** and **-ista,** and terms borrowed from English are invariable, such as **il dirigente / la dirigente, il musicista / la musicista, il manager / la manager.**

The contemporary feminine forms of certain professions, particularly those that have not traditionally been occupied by women, are in flux. For example, the traditional feminine form of **avvocato** is **avvocatessa.** However, this form is rarely used. Instead you will most often hear **l'avvocata** or **l'avvocato.**

Scrivi la forma maschile e femminile di tutte le professioni nel **Lessico.**
Segui le regole (*rules*).

-o (*m.*) / -a (*f.*)	-iere (*m.*) / -iera (*f.*)	-e, -ista, parole inglesi (*m.*) / (*f.*)
lo scienziato / la scienziata	il cameriere / la cameriera	l'artista / l'artista

Le attività professionali

Abbina le persone dell'insieme A alle attività dell'insieme B.

A
1. Il poliziotto_____.
2. L'architetto_____.
3. La manager_____.
4. L'infermiera_____.
5. Il maestro_____.
6. L'impiegato_____.
7. Lo studente di giurisprudenza_____.

B
a. **guadagna** meno di un manager
b. **aiuta** il medico
c. **si laurea** e **diventa** (*becomes*) avvocato
d. **insegna** alla scuola elementare
e. **disegna** palazzi (*buildings*) e case
f. **fa la multa** di 200 euro al camionista (*truck driver*)
g. **dirige** un'azienda (*company*) di 50 impiegati

▶ Answers to these activities are in Appendix 2 at the back of your book.

IN ITALIA

Dopo la scuola media, i ragazzi italiani fanno la scuola superiore di secondo grado (**le superiori**). Però, prima devono scegliere quale tipo di scuola superiore vogliono frequentare. Chi vuole studiare soprattutto letteratura, filosofia e storia fa **il liceo classico;** chi, invece, preferisce le scienze fa **il liceo scientifico** che offre corsi di matematica, fisica, chimica e biologia. I ragazzi a cui piacciono le lingue scelgono **il liceo linguistico.** Tutti i ragazzi che completano il liceo e superano (*pass*) **l'Esame di Stato** possono frequentare l'università. Però, il 60% dei **laureati** (*university graduates*) ha frequentato il liceo classico. La maggior parte dei giovani italiani non va all'università e, invece, frequenta scuole superiori come **gli istituti tecnici, gli istituti professionali** e **gli istituti d'arte** per prepararsi a una professione specifica. Alla fine di questi corsi di studi, i giovani ricevono un diploma che li qualifica per entrare subito nel mondo del lavoro.

Il sistema scolastico in Italia ha una lunga tradizione, ma sta cambiando. Ci sono spesso nuove proposte e iniziative per aggiornare (*update*) le scuole e i corsi di studi.

 CLICCA QUI Per sapere di più sul sistema di istruzione in Italia, vai sul sito di *Avanti!,* **Clicca qui (www.mhhe.com/avanti2).**

Il mio curriculum (*resumé*)

Adesso leggi queste brevi descrizioni delle carriere di Massimo e Gianna. Cerca di capire dal contesto il significato delle parole evidenziate.

Massimo ha **un diploma** del **liceo** classico, ma non ha **una laurea** universitaria. Dopo il liceo ha fatto diversi lavori, ma poi **ha fatto domanda** ad **una piccola ditta.** Ormai ci lavora da cinque anni e **guadagna** 1.000 euro al mese. È fortunato perché lavora **a tempo pieno** mentre molti suoi amici lavorano **part-time.**

Gianna, invece, ha fatto il liceo economico e dopo ha frequentato Economia e Commercio all'Università di Bologna. Durante gli anni dell'università ha vinto **una borsa di studio** per passare un anno alla Sorbonne di Parigi. **Si è laureata** in quattro anni con il massimo dei voti. Attualmente **dirige una grande azienda** di 200 impiegati. Il suo **stipendio** è più di 4.000 euro al mese. Ha poco tempo libero e viaggia spesso per motivi di lavoro.

A. Ascolta.
L'insegnante descrive cinque attività professionali. Scegli dalla lista la persona che fa ogni attività.

l'attrice	la fotografa	l'infermiera	la scienziata
la cameriera	la giornalista	l'ingegnere	la veterinaria
la commessa	l'impiegata	la psicologa	

IN **ITALIA**

Mentre negli Stati Uniti **il cameriere** è un mestiere (*job*) che molti ragazzi fanno part-time per guadagnare un po' di soldi, in Italia è una vera professione. I giovani che vogliono lavorare nel campo della ristorazione frequentano **la scuola superiore alberghiera e del turismo** (*hotel school*), dove imparano il servizio a tavola ed al bar, l'arte culinaria, le norme sanitarie, le lingue straniere, l'economia sociale e la geografia. Possono specializzarsi per diventare chef, manager o per lavorare nel settore turistico.

In Italia la gastronomia ed il turismo sono importantissimi per l'economia nazionale, perciò (*therefore*) la formazione professionale in questi settori è essenziale.

 CLICCA QUI Per sapere di più su questo tipo di scuola, vai sul sito di *Avanti!*, **Clicca qui (www.mhhe.com/avanti2).**

B. Quale professione?
Quali professioni associ con i seguenti oggetti, persone o animali?

1. gli studenti dai 19 ai 22 anni
2. il computer
3. l'aspirina
4. i cani e i gatti
5. il ristorante
6. il teatro
7. la medicina
8. un articolo sulla moda italiana
9. le fotografie
10. il sangue (*blood*)
11. gli studenti dai 6 ai 10 anni
12. il cantiere

C. E tu? Cosa vuoi fare?

Parte prima. Segna (✓) le professioni che faresti volentieri (*you would gladly do*) e segna (**X**) quelle che non faresti mai (*you would never do*).

☐ il medico   ☐ l'avvocato   ☐ il maestro   ☐ l'impiegato

☐ il giornalista   ☐ il veterinario   ☐ l'assistente sociale   ☐ il cameriere

☐ il poliziotto   ☐ l'insegnante   ☐ l'attore   ☐ lo scienziato

Parte seconda. Scegli una professione che faresti volentieri e completa la prima affermazione; e poi scegli una professione che non faresti mai e completa la seconda affermazione. Discuti le tue affermazioni con la classe.

Vorrei diventare _____ perché mi piace (o mi piacciono)... .

Non vorrei diventare _____ perché non mi piace (o non mi piacciono)... .

D. Una graduatoria (*ranking*).

Parte prima. Secondo te, quale professione è più importante? Quale è meno importante? Metti queste professioni in ordine da 1 a 10 secondo la loro importanza nella società.

_____ l'architetto   _____ il medico   _____ il giornalista

_____ l'assistente sociale   _____ il poliziotto   _____ lo psicologo

_____ il veterinario   _____ l'ingegnere

_____ l'avvocato   _____ il maestro

Parte seconda. Confronta la tua lista con quella di un tuo compagno / di una tua compagna. Sono uguali o diverse? Discutete i criteri che avete usato per creare la graduatoria.

RETRO

Because they were established within preexisting urban centers, Italian universities do not have campuses in the North American sense. Instead, university buildings tend to be spread throughout the city. **Le facoltà** (*academic departments*) are frequently located in **palazzi** that are often centuries old. Every university has **un'aula magna** (*great hall*) in which the most important events take place; for example, the opening of the new academic year and prestigious lectures.

L'Università degli Studi di Bologna, founded in 1088, is the oldest continually active university in the world. For almost five hundred years, classes were held in private residences, churches, or rented buildings throughout the city. The first permanent university building, the palace of **l'Archiginnasio,** was inaugurated on October 21, 1563.

Stemmi (*Coats of arms*) al Palazzo dell'Archiginnasio (Bologna in Emilia-Romagna)

One of the most striking features of the building is the thousands of coats of arms and students' names that cover the ceilings of the vaulted hallways and the walls of the loggias and stairways. These were a way for students to literally "leave their mark" on the university, as well as to pay honor to a favorite teacher. In 1803 the university moved to Palazzo Poggi, where it is still located. **L'Archiginnasio** has been the site of **la Biblioteca comunale** since 1838.

9.1   C'era una volta...

The imperfect

La signora Martini racconta a suo nipote Francesco la storia di come ha conosciuto suo marito (il nonno di Francesco). Completa tutti gli aggettivi.

«Quando ero bambina, ero sempre malat____.[1] Soffrivo di (*I suffered from*) asma, avevo allergie e dovevo andare spesso dal medico. Però, quando avevo 18 anni, ero diventata una bell____[2] ragazza senza problemi di salute. Avevo i capelli lung____[3] e castan____.[4] Ero magr____[5] e alt____[6] con le gambe lung____.[7] Molti ragazzi mi chiedevano di uscire, ma non accettavo mai i loro inviti perché mi piaceva solo un ragazzo, tu____[8] nonno. Lui era bellissim____.[9] Aveva i capelli ner____,[10] gli occhi verd____[11] e portava gli occhiali. Era molto simpatic____[12] e intelligent____,[13] ma era anche timid____.[14] Non mi chiedeva mai di uscire, ma veniva a casa mi____[15] tutti i giorni con la scusa (*excuse*) di voler parlare con mi____[16] fratello.»

Sottolinea tutti i verbi. Non conosci la forma dei verbi di questo testo, ma puoi identificare quali verbi sono nella forma **io, lui** o **loro?**

1. You have already learned one past tense in Italian: the **passato prossimo.** La signora Martini is using another past tense, the imperfect (**l'imperfetto**). The imperfect is used to:

   a. talk about what people used to do in the past.
   b. talk about repetitive actions in the past.
   c. describe what people, places, and things were like in the past.
   d. state the date, time, weather, and age in the past.

Into which category would you put the following phrases from **la signora Martini's** story?

| avevo 18 anni | aveva i capelli neri | ero magra e alta |

| veniva a casa mia tutti i giorni | molti ragazzi mi chiedevano di uscire |

● Answers to these activities are in Appendix 2 at the back of your book.

2. It's easy to form the imperfect. To form the stem, just drop the **-re** from the infinitive.

accettare → accetta-   **prendere → prende-**   **venire → veni-**

Then add the same endings to all **-are, -ere,** and **-ire** verbs.

io	-vo
tu	-vi
lui, lei; Lei	-va
noi	-vamo
voi	-vate
loro	-vano

Now conjugate these verbs.

	accettare	prendere	venire
io	accettavo		
tu			
lui, lei; Lei		prendeva	
noi			
voi			venivate
loro			

3. The verb **volere** is used in the **imperfetto** when talking about what one intended to do in the past. **Potere** in the **imperfetto** describes what one was able to do in the past.

Marco **voleva** studiare in Italia, ma non aveva i soldi.

Marco wanted to study in Italy but he didn't have the money.

Quando **avevi** 16 anni, **potevi** tornare a casa tardi?

When you were 16, could you stay out late?

Attenzione! In the **imperfetto, dovere** means *supposed to*.

Dovevo scrivere un'e-mail alla mia amica, ma ho dimenticato di farlo.

I was supposed to write an e-mail to my friend, but I forgot to do it.

4. Two verbs that have irregular stems in the imperfect are **bere** and **fare**. To form the imperfect, just add the endings to their stems, **beve-** and **face-**.

Complete the conjugations.

	bere	fare
io	bevevo	
tu		
lui, lei; Lei		faceva
noi		
voi	bevevate	
loro		facevano

5. Essere is also irregular in the imperfect.

Here are all the forms. Put them in order: **eri, eravamo, erano, ero, eravate, era.**

	essere
io	
tu	
lui, lei; Lei	
noi	
voi	
loro	

● Answers to these activities are in Appendix 2 at the back of your book.

6. The equivalents of **c'è** and **ci sono** in the imperfect are **c'era** (*there was*) and **c'erano** (*there were*). (Remember **c'è** and **ci sono**? See **Capitolo 2, Strutture 2.3.**) They are used to describe scenes or events in the past.

　C'era molta gente alla festa sabato scorso.
　C'erano molti regali sotto l'albero di Natale.

7. Some common expressions that often accompany the imperfect are: **da bambino/a (da piccolo/a)** (*as a child*), **di solito, mentre** (*while*), **sempre, tutti i giorni (ogni giorno).**

　Da bambina ero sempre malata.
　Mentre la madre parlava al telefono, il figlio leggeva un libro.

In italiano

Most fairy tales begin with the expression, **C'era una volta...** (*Once upon a time . . .*).

A. Il mio compleanno.

Parte prima. Cosa ti ricordi dell'ultima volta che hai festeggiato il tuo compleanno? Segna (✓) le persone e le cose che c'erano.

☐ C'erano molti amici.

☐ C'era la musica.

☐ C'erano molti regali.

☐ C'era una torta con le candeline.

☐ C'era il mio migliore amico / la mia migliore amica.

☐ C'era la mia famiglia.

☐ C'erano i miei parenti.

☐ C'era molto da mangiare.

Parte seconda. Formate gruppi di tre. A turno, descrivete l'ultima volta che avete festeggiato il compleanno. Chi ha avuto il compleanno più divertente?

B. Le persone famose.
Abbina le persone famose alle attività che facevano da giovani.

Da giovane...

1. Enrico Fermi
2. Miuccia Prada
3. Roberto Benigni
4. Cristoforo Colombo
5. Grazia Deledda
6. Leonardo da Vinci
7. Isabella Rossellini
8. Luciano Pavarotti

a. disegnava e dipingeva.
b. navigava.
c. recitava (*acted*).
d. guardava film comici.
e. leggeva libri di fisica.
f. disegnava vestiti.
g. cantava.
h. leggeva romanzi e scriveva poesie e novelle (*short stories*).

In italiano

The equivalent of *people* in Italian is a feminine singular noun: **la gente.** When **la gente** is the subject, the verb is conjugated in the third person singular, and adjectives agreeing with **la gente** are feminine singular:

Una volta, la gente **era** più beneduca**ta** di adesso.

C. Le invenzioni.

Parte prima. Con i compagni, create una lista di invenzioni (*inventions*) dell'Ottocento (*1800s*) e del Novecento (*1900s*).

Esempio: l'automobile, gli antibiotici, il telefono, la coca-cola...

Parte seconda. Scrivi delle frasi per dire quello che faceva la gente prima di ogni invenzione (*before each invention existed*).

Esempio: Prima dell'automobile, la gente andava a cavallo.

D. Le regole.

Parte prima. Fai una lista delle cose che dovevi e non dovevi fare quando avevi meno di 18 anni, secondo le regole che imponevano (*were imposed by*) i tuoi genitori.

Dovevo...	Non dovevo...
tornare a casa prima di mezzanotte.	fumare.

Parte seconda. Quali differenze ci sono fra quello che dovevi fare e quello che facevi? Parla del tuo comportamento ai tuoi compagni. Segui l'esempio. Chi era il figlio / la figlia modello/a?

> **Esempio:** Dovevo tornare a casa prima di mezzanotte, ma tornavo a casa alle due o alle tre di mattina. (Dovevo tornare a casa prima di mezzanotte e tornavo sempre puntuale.)

E. La storia continua.

Continua la storia della signora Martini con l'imperfetto dei verbi appropriati. (Ricordi la storia della signora Martini? Vedi la pagina 247.)

andare	avere	cenare	essere	fare
parlare	piacere	preparare (2)	tornare	

Tuo nonno non mi chiedeva mai di uscire, ma veniva a casa mia tutti i giorni con la scusa di voler parlare con mio fratello. Mentre tuo nonno _____ ¹ con mio fratello, io _____ ² il caffè per tutti. Dopo, se _____ ³ bel tempo, mio fratello, tuo nonno ed io _____ ⁴ a fare una passeggiata in città. Mi _____ ⁵ guardare le vetrine e vedere la gente in giro. Quando (noi) _____ ⁶ a casa, _____ ⁷ fame e qualche volta tuo nonno _____ ⁸ con noi. (Lui) _____ ⁹ molto contento di restare quando mia madre _____ ¹⁰ il risotto—il suo piatto preferito.

F. Pinocchio.

Parte prima. Scrivi un minimo di tre frasi che descrivono te stesso/a (*yourself*) quando eri bambino/a o adolescente. **Attenzione!** Almeno una delle frasi deve essere falsa.

Parte seconda. Formate gruppi di quattro o cinque. A turno leggete le frasi e i compagni / le compagne devono decidere quale affermazione è falsa.

IN **ITALIA**

In Italia per avere **la patente di guida** (*driver's license*) bisogna avere almeno 18 anni e superare due esami: un esame di teoria ed un esame di guida. Molti giovani frequentano un'autoscuola per prepararsi agli esami. Dal 1° luglio 2004 tutti i ragazzi dai 14 ai 18 anni devono avere un **«patentino»** per poter guidare il motorino. Questo documento, che si chiama «certificato di idoneità (*suitability*) alla guida del ciclomotore», può essere conseguito (*obtained*) anche a scuola.

Solo musica. Go to the *Avanti!* iMix on the *Avanti!* Online Learning Center in Coursewide Content (**www.mhhe.com/avanti2**) where you can purchase *In bianco e nero* by Carmen Consoli. Pay attention to how she uses the **imperfetto** to describe the past.

9.2 Cosa facevi?

The imperfect vs. the present perfect

Ieri sera c'è stato un furto (*robbery*) nel palazzo di Marco e Giuliano. Oggi il poliziotto chiede a Marco di descrivere in dettaglio (*in detail*) tutto quello che ha fatto la sera precedente dalle 20.00 in poi. Completa la storia con i verbi al passato prossimo.

(Io) _____¹ (arrivare) a casa alle otto e _____² (andare) subito in cucina. _____³ (cominciare) a preparare la cena e poi sono andato sul balcone a fare una telefonata con il cellulare. _____⁴ (tornare) in cucina, _____⁵ (preparare) un piatto di pasta e un bicchiere di acqua gassata, sono andato in soggiorno (*living room*) e ho acceso (*turned on*) la televisione. Dopo aver mangiato, sono andato in camera da letto e _____⁶ (mettersi) il pigiama. Sono tornato in soggiorno e _____⁷ (guardare) ancora la TV. Verso le undici sono andato in bagno a lavarmi i denti e poi sono andato a dormire.

Purtroppo, Marco ha dimenticato dei dettagli. Adesso, leggi la storia completa. Nota che ci sono verbi al **passato prossimo** ed all'**imperfetto**. Mentre leggi, sottolinea tutti i verbi all'**imperfetto**. Puoi formulare delle regole per sapere quando si usa il **passato prossimo** e quando si usa l'**imperfetto**?

Sono arrivato a casa alle otto e **sono andato** subito in cucina. Il mio compagno di casa, Giuliano, <u>era</u> seduto (*seated*) al tavolo e parlava al telefono con la sua ragazza. **Ho cominciato** a preparare la cena e poi **sono andato** sul balcone a fare una telefonata con il cellulare. Mentre parlavo al telefono, **ho visto** un ragazzo che non conoscevo sul balcone del mio vicino di casa (*neighbor*). Era alto, magro e portava una giacca nera e i jeans. Aveva circa 25 o 26 anni. Appena (*as soon as*) mi **ha visto**, **è tornato** nell'appartamento. **Sono tornato** in cucina, **ho preparato** un piatto di pasta e un bicchiere di acqua gassata, **sono andato** in soggiorno e **ho acceso** la TV. Mentre mangiavo e guardavo il mio programma preferito, **ho sentito** dei rumori (*noises*) nell'appartamento del mio vicino. Non c'**ho fatto** caso (*I didn't take notice*) perché spesso sento i vicini. Dopo aver mangiato **sono andato** in camera da letto e **mi sono messo** il pigiama. **Sono tornato** in soggiorno e **ho guardato** ancora la TV (anche quando ero bambino mi piaceva guardare la TV in pigiama). Verso le undici **sono andato** in bagno a lavarmi i denti e poi **sono andato** a dormire.

● Answers to this activity are in Appendix 2 at the back of your book.

1. The **passato prossimo** is used to refer to isolated events in the past or to state a fact. It answers the question, **Cos'è successo?**

Cos'è successo ieri sera?

Marco **è arrivato** a casa alle otto.
Marco **è andato** sul balcone a fare una telefonata con il cellulare.

2. The **imperfetto** is used to talk about events that were *in progress* at a certain time in the past and answers the question, **Cosa succedeva?** (*What was going on?*)

Cosa **succedeva** in cucina?
What was going on in the kitchen?

Giuliano **parlava** al telefono con la sua ragazza.

3. As you learned earlier in this chapter, the **imperfetto** also provides background information about past situations.

Find examples from the story of the following uses of the **imperfetto.**

1. to describe people, places, and things	
2. to give the date, time, weather, age	
3. to talk about what people used to do	

▶ You can learn about the use of the **presente** and the **passato prossimo** with certain time expressions in **Per saperne di più** at the back of your book.

▶ Answers to this activity are in Appendix 2 at the back of your book.

▶ The verbs **sapere** and **conoscere** have different meanings in the **passato prossimo** and **imperfetto.** For more information, see **Per saperne di più** at the back of your book.

In italiano

Here are some words or phrases that often signal the use of either the **imperfetto** or the **passato prossimo.**

L'IMPERFETTO	IL PASSATO PROSSIMO
ogni estate *every summer*	**un giorno** *one day*
il sabato *every Saturday*	**sabato** *on Saturday*
mentre *while*	**d'improvviso** *suddenly*

Il sabato **facevo** sempre la spesa con mia madre. *On Saturdays I used to go shopping with my mother.*

Sabato **ho fatto** la spesa con mia madre. *On Saturday I went shopping with my mother.*

Quando ero piccolo/a ogni estate **andavo** al mare. *When I was little every summer I used to go to the seaside.*

Un giorno **sono andato** al mare. *One day I went to the seaside.*

(*continued*)

4. The **imperfetto** is used to describe two actions that were in progress at the same time. Both verbs express what was going on at a particular moment in the past.

Mentre Marco **preparava** la cena, Giuliano **parlava** al telefono.

While Marco was preparing dinner, Giuliano was talking on the phone.

5. When one action occurred while another was going on, use the **imperfetto** to express what was happening and the **passato prossimo** for the interruption.

i m p e r f e t t o
(*what was going on*)

〰〰〰〰〰〰X〰〰〰〰〰〰

passato prossimo
(*interruption*)

Mentre Marco **parlava** al telefono, *While Marco was talking on the phone,*

ha visto un ragazzo sul balcone del vicino. *he saw a guy on the neighbor's balcony.*

A. Lavori diversi e vite diverse.

Parte prima. Le seguenti frasi descrivono le esperienze di vita della signora Tognozzi e del signor Rossi. Completa le frasi con le espressioni appropriate.

La signora Tognozzi

1. Da bambina andava in vacanza con i suoi...   ☐ una volta   ☐ ogni estate

2. Si è laureata in Economia e Commercio...   ☐ spesso   ☐ 40 anni fa

3. Si è trasferita a Milano per motivi di lavoro...   ☐ 10 anni fa   ☐ di solito

4. Andava in ufficio...   ☐ sabato   ☐ il sabato

5. Andava in Giappone a incontrare clienti...   ☐ l'anno scorso   ☐ tre volte all'anno

6. Ha invitato amici a cena a casa sua...   ☐ ogni weekend   ☐ solo una volta

Il signor Rossi

1. Si è diplomato al liceo scientifico...   ☐ 45 anni fa   ☐ sempre

2. Portava i bambini in montagna...   ☐ due anni fa   ☐ ogni inverno

3. Andava a mangiare dai genitori...   ☐ la domenica   ☐ domenica

4. Tornava a casa dal lavoro alle 6.00... ☐ di solito ☐ una volta

5. È andato in Francia per motivi di lavoro... ☐ l'anno scorso ☐ tre volte all'anno

6. Invitava gli amici a cena a casa sua... ☐ ogni weekend ☐ la settimana scorsa

Parte seconda. Discuti le risposte alle seguenti domande con un compagno / una compagna.

1. Chi dei due aveva la carriera più impegnativa? Perché?
2. Indovinate quale lavoro facevano e motivate (*support*) la vostra risposta.

B. Marco e Giuliano.

Parte prima. Lavora con un compagno / una compagna e completate le frasi in modo logico.

1. Giovedì sera Marco è tornato a casa tardi dal lavoro e Giuliano era _____.

2. Giuliano è uscito venerdì sera con _____. Sono andati a _____. Marco, invece, è andato al ristorante con _____.

3. Marco ha ordinato _____, ma il cameriere ha portato _____. Marco era _____.

4. Sabato mattina Marco è andato dal medico perché aveva mal di _____. Dopo la visita, Marco si sentiva _____.

5. Domenica pomeriggio il poliziotto ha fatto _____ a Giuliano perché guidava _____.

6. Giuliano ha avuto un incidente di macchina (*car accident*)! Dopo l'incidente, Giuliano è andato subito a parlare con _____.

7. Quando erano bambini, Marco voleva diventare _____, ma Giuliano voleva diventare _____.

Parte seconda. In base alle informazioni nella **Parte prima,** scrivete una breve descrizione di Marco e di Giuliano. Poi confrontate le vostre descrizioni a quelle di un altro gruppo. Sono simili o diverse?

C. Interruzioni! (*Interruptions!*) Ogni cosa che hai cercato di fare oggi è stata disturbata. Completa le frasi.

Esempio: Mentre studiavo, ha telefonato una mia amica.

1. Mentre dormivo tranquillamente, _____.

2. Mentre facevo la doccia, _____.

3. Mentre davo l'esame di chimica, _____.

4. Mentre _____, un telefonino ha squillato (*rang*).

5. Mentre _____, un bambino ha cominciato a piangere (*cry*).

6. Mentre tornavo a casa, _____.

In italiano

Here are some other expressions related to work:

cercare lavoro *to look for a job*
lavorare sodo/duramente *to work hard*
licenziare *to fire*
licenziarsi *to quit a job*
risparmiare *to save (money)*
smettere di lavorare *to stop working*

Mario smette di lavorare perché preferisce stare a casa a badare (*to take care of*) **ai figli.**
Loredana si è licenziata ieri perché ha trovato un posto migliore.

D. Com'era? Cos'è successo?

Parte prima. Insieme ai compagni completate questo brano che descrive la situazione in cui si trovavano Gianna e Massimo cinque anni fa. Usate l'imperfetto del verbo appropriato. (Ricordi Gianna e Massimo? Vedi **Lessico,** pagina 244.)

avere	dovere (2)	essere (2)	volere

Gianna _____¹ molto in ansia (*anxious*) perché non sapeva cosa fare. _____² uno stipendio davvero buono, ma _____³ lavorare molto e spesso _____⁴ lontana da casa perché _____⁵ viaggiare per motivi di lavoro. Lei e Massimo _____⁶ mettere su famiglia (*start a family*), ma sembrava impossibile.

Parte seconda. Insieme ad un compagno / una compagna completate queste due possibili soluzioni al loro dilemma e poi aggiungetene altre due.

1. Gianna ha continuato a lavorare nella solita (*in the same*) ditta e...
2. Gianna si è licenziata e...
3.
4.

Parte terza. Discutete le soluzioni con un'altra coppia. Qual è la soluzione migliore?

E. Il ladro.

Parte prima. Completa il racconto del furto al palazzo di Giuliano e Marco (vedi pagina 252) con le forme appropriate del **passato prossimo** o dell'**imperfetto**.

Ieri sera, verso le otto e un quarto, Cinzia e Chiara _____¹ (decidere) di andare in bici a prendere un gelato. _____² (andare) in una gelateria vicino al palazzo di Giuliano e Marco. Mentre _____³ (mangiare) il gelato, _____⁴ (vedere) un uomo che usciva dal palazzo con un grande sacchetto (*bag*) nero in una mano e una pistola nell'altra. Il ladro _____⁵ (prendere) la bici di Cinzia ed è scappato (*ran away*). D'improvviso i carabinieri _____⁶ (arrivare) e hanno inseguito (*chased*) il ladro. Purtroppo, il ladro _____⁷ (essere) troppo furbo ed è sparito (*disappeared*).

Parte seconda. Collabora con un compagno / una compagna. Completate la storia in modo logico e poi raccontate la vostra versione ai compagni.

Parole utili: **arrestare** (*to arrest*), **rubare** (*to rob/steal*), **mountain bike**

I carabinieri sono tornati al palazzo e hanno chiesto una descrizione del ladro e della sua bici a tutta la gente che c'era in giro. Cinzia ha descritto la sua bici: _____. E Chiara ha descritto il ladro: _____. I carabinieri hanno preso tutte le informazioni e sono andati via. Il giorno dopo...

IN ITALIA

I carabinieri fanno parte dell'esercito (*military*) italiano ed hanno combattuto con distinzione e coraggio in ogni guerra a cui l'Italia ha partecipato. All'interno della società italiana, svolgono (*they perform*) funzioni di polizia. Nonostante questo ruolo importante, i carabinieri spesso sono oggetto di barzellette (*jokes*) e di storie umoristiche.

Carabinieri al lavoro

 CLICCA QUI Per sapere di più sui carabinieri, vai sul sito di *Avanti!*, Clicca qui (www.mhhe.com/avanti2).

9.3 Cosa stavi facendo?

The past progressive

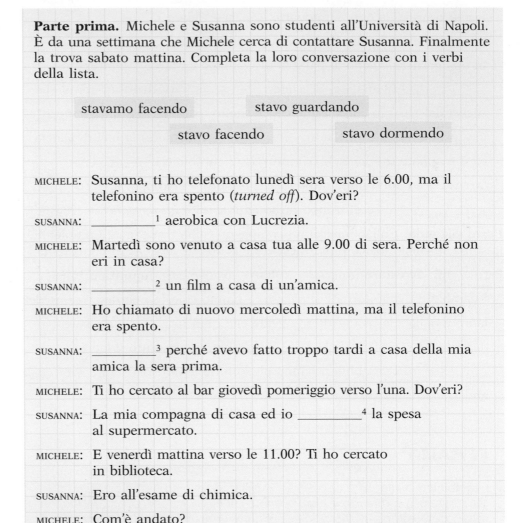

Parte prima. Michele e Susanna sono studenti all'Università di Napoli. È da una settimana che Michele cerca di contattare Susanna. Finalmente la trova sabato mattina. Completa la loro conversazione con i verbi della lista.

> stavamo facendo   stavo guardando
>
> stavo facendo   stavo dormendo

MICHELE: Susanna, ti ho telefonato lunedì sera verso le 6.00, ma il telefonino era spento (*turned off*). Dov'eri?

SUSANNA: _____¹ aerobica con Lucrezia.

MICHELE: Martedì sono venuto a casa tua alle 9.00 di sera. Perché non eri in casa?

SUSANNA: _____² un film a casa di un'amica.

MICHELE: Ho chiamato di nuovo mercoledì mattina, ma il telefonino era spento.

SUSANNA: _____³ perché avevo fatto troppo tardi a casa della mia amica la sera prima.

MICHELE: Ti ho cercato al bar giovedì pomeriggio verso l'una. Dov'eri?

SUSANNA: La mia compagna di casa ed io _____⁴ la spesa al supermercato.

MICHELE: E venerdì mattina verso le 11.00? Ti ho cercato in biblioteca.

SUSANNA: Ero all'esame di chimica.

MICHELE: Com'è andato?

SUSANNA: Male. Avevo perso il libro, quindi è stato difficile prepararmi. Perché mi cercavi così disperatamente?

MICHELE: Ti volevo dire che ho io il tuo libro di chimica: l'hai lasciato al bar quando abbiamo preso un caffè insieme domenica scorsa.

Parte seconda. Che significa questa nuova forma del verbo?

Answers to this activity are in Appendix 2 at the back of your book.

1. The past progressive (**il passato progressivo**) can be used in place of the imperfect to stress that an action was in progress at a particular moment in the past.

Michele **studiava / stava studiando** alle 8.00.

Michele was studying at 8:00.

Mentre Giovanna **faceva / stava facendo** la spesa al supermercato, ha incontrato il suo amico Davide.

While Giovanna was shopping at the supermarket, she met her friend Davide.

2. The form of the **passato progressivo** is similar to that of the **presente progressivo,** which you learned in **Capitolo 6, Strutture 6.2.** The **presente progressivo** is formed with the present tense of **stare** followed by the **gerundio.**

—Cosa **stai facendo**?
—**Sto studiando.**

What are you doing?
I'm studying.

The **passato progressivo** is formed with the imperfect of **stare** followed by the **gerundio.**

—Cosa **stavi facendo** ieri alle 8.00?
—**Stavo studiando.**

What were you doing yesterday at 8:00?
I was studying.

Now write the imperfect forms of **stare.**

	stare
io	stavo
tu	stavi
lui, lei, Lei	
noi	
voi	
loro	

Next, complete the forms of the **gerundio** for **-are, -ere,** and **-ire** verbs.

guardare → stavo guard_____   prendere → stavo prend_____

dormire → stavo dorm_____

● Answers to these activities are in Appendix 2 at the back of your book.

A. Susanna e Michele.
Leggi la conversazione tra Susanna e Michele (pagina 258) e decidi se le seguenti frasi sono vere o false. Poi correggi le frasi false.

	vero	falso
1. Lunedì sera Susanna stava facendo aerobica quando Michele l'ha cercata in biblioteca.	☐	☐
2. Michele le ha telefonato a casa martedì sera, ma Susanna stava guardando un film a casa di un'amica.	☐	☐
3. Mentre Susanna stava dormendo mercoledì mattina, Michele l'ha chiamata di nuovo.	☐	☐
4. Giovedì pomeriggio Susanna stava studiando in biblioteca quando Michele è andato a trovarla a casa.	☐	☐
5. Venerdì mattina, Susanna era all'esame di chimica quando Michele l'ha cercata in biblioteca.	☐	☐

B. Cosa stava succedendo?
Completa queste situazioni in modo logico usando il passato progressivo.

1. Luca e Mirella erano ad una festa con amici. Luca è andato a prendere da bere e quando è ritornato, Mirella...
2. La Signora Bertucci ha due bambini, Massimo (9 anni) e Luigi (5 anni), che sono davvero birichini. Ieri la signora ha dovuto parlare al telefono con il dottore. Quando ha finito la telefonata, è andata in cucina e Massimo e Luigi...
3. Ieri era il compleanno di Maria. Quando è ritornata in ufficio dopo pranzo, i suoi colleghi...
4. Ieri gli studenti di biologia avevano un esame. Durante l'esame il professore è dovuto uscire dall'aula per dieci minuti. Quando è rientrato, gli studenti...
5. I genitori di Luca sono andati in vacanza per due settimane. Dovevano tornare domenica scorsa, ma hanno avuto problemi e sono ritornati venerdì sera verso le undici. Quando sono entrati in casa, Luca e i suoi amici...

C. Cosa stava facendo lunedì scorso?

Parte prima. Collabora con un compagno / una compagna. Fate una lista di sei professioni. Consultate il **Lessico** se avete bisogno di aiuto.

Parte seconda. Scrivete sei frasi che descrivono quello che stavano facendo lunedì scorso alle 10.00 di mattina le persone che fanno le professioni sulla lista.

> **Esempio:** (il medico) Lunedì scorso alle 10.00 di mattina stava visitando un paziente in clinica.

Parte terza. A turno leggete le frasi ad un altro gruppo. I vostri compagni devono indovinare la professione. Vince il gruppo con più risposte corrette.

> **Esempio:** **Gruppo 1:** Lunedì scorso alle 10.00 di mattina stava visitando un paziente in clinica.
> Chi è?
> **Gruppo 2:** È il medico.
> **Gruppo 1:** Giusto!

D. Incontri per caso. (*Chance encounters.*)

Parte prima. Cosa stavi facendo sabato scorso alle ore indicate? Completa la prima colonna della tabella usando le attività suggerite dagli indizi (*clues*). Usa il passato progressivo. Un esempio è stato inserito.

Il Barbiere di Siviglia   Benetton e Gucci   la biblioteca

il calcio   la mensa   la piscina

il supermercato   la trattoria Nicola's   La vita è bella

	le mie attività	compagno 1	compagno 2
10.30–12.00			
12.00–14.00	stavo mangiando alla mensa		
14.00–16.00			
16.00–18.00			
18.00–20.00			
20.00–22.00			

Parte seconda. Formate gruppi di tre. A turno, leggete le vostre attività ai membri del gruppo. Segnate (✓) quando un compagno / una compagna ha fatto la stessa attività alla stessa ora. Chi hai incontrato più spesso sabato scorso?

IN ITALIA

Il progetto ERASMUS (European Community Action Scheme for the Mobility of University Students) nasce nel 1987 dalla Comunità Europea per dare la possibilità agli studenti universitari europei di studiare in un'università o **fare un tirocinio** (*internship*) in un altro paese dell'Unione Europea per un periodo che va dai 3 ai 12 mesi. Gli studenti partecipanti ricevono **una borsa di studio** in base alla fascia di reddito (*income bracket*). Finora (*So far*) più di un milione e mezzo di studenti ha partecipato a questa iniziativa. Attualmente, più di 2.000 università di 31 paesi sono associate al programma.

Il programma ERASMUS non incoraggia solamente l'apprendimento (*learning*) e la comprensione della cultura ospitante, ma anche un senso di comunità tra gli studenti appartenenti a paesi diversi.

Cultura

Ascoltiamo!

Il sistema d'istruzione in Italia

A. Osserva ed ascolta. Osserva ed ascolta mentre l'insegnante ti parla della scuola in Italia.

B. Completa. Completa le seguenti frasi, inserendo la parola o l'espressione appropriata della lista qui sotto. Usa ogni espressione *una sola volta*. **Attenzione!** La lista contiene dodici parole; devi usarne solamente otto.

l'asilo nido	un libro	poco	scuola superiore
diciotto	molto	quindici	una tesi
Esame di Stato	orali	scuola elementare	trenta

1. I bambini molto piccoli in Italia possono frequentare _____ se i loro genitori lavorano.

2. L'obbligo scolastico inizia a 6 anni nella _____.

3. Gli Istituti di formazione professionale fanno parte della _____.

4. Alla fine della scuola superiore gli studenti fanno un _____ per ricevere un diploma.

5. Gli esami nelle scuole italiane sono prevalentemente _____.

6. Per superare un esame universitario, gli studenti devono prendere almeno diciotto su _____.

7. Per laurearsi, gli studenti italiani devono superare tutti gli esami e scrivere _____.

8. Le attività sportive sono _____ importanti nella vita delle università italiane.

C. Tocca a te! Somiglianze (*Similarities*) e differenze. Completa le frasi.

Il sistema scolastico italiano è simile al nostro perché...
È differente perché...

IN **ITALIA**

- Gli studenti italiani completano l'equivalente di «general education» al liceo; per questo iniziano subito la specializzazione (*major*) all'università. Ci sono due tipi di laurea: **la laurea triennale** con una durata di 3 anni e **la laurea specialistica** con una durata di 5 anni. I corsi di laurea in giurisprudenza e in medicina sono di 5 anni. Però l'età media (*average*) di un laureato è 27,8 anni: gli studenti arrivano alla laurea dopo circa sette anni di studio.

- Gli studenti che non finiscono tutti gli esami del corso di studi nel tempo previsto sono **«fuori corso»**. Dopo aver completato tutti i corsi e superato tutti gli esami, gli studenti devono scrivere e difendere **una tesi di laurea.** La valutazione finale è su 110 punti: il massimo dei voti per la laurea è 110/110 e **lode** (*with honors*).

- Le tasse d'iscrizione (*tuition*) non sono molto alte perché l'istruzione pubblica è a carico (*an expense*) dello Stato. Ecco quanto è costato un anno accademico all'Università di Parma e all'Università di Bologna nel 2007–08:

	Parma	Bologna
Facoltà di lingue / Lingue moderne	**717,16 euro**	**1.230,00 euro**
	($1,108.58)*	($1,901.33)
Facoltà di ingegneria / Ingegneria	**826,08 euro**	**1.356,00 euro**
	($1,276.95)	($2,096.10)

Leggiamo!

Le avventure di Pinocchio

A. Prima di leggere. Cosa sai di Pinocchio? Con un compagno / una compagna completa le seguenti frasi con i verbi appropriati all'imperfetto.

avere	dire	essere	odiare	volere

1. Pinocchio era un burattino (*puppet*) che _____ essere un ragazzo come tutti gli altri.
2. Geppetto faceva il falegname (*carpenter*) ed _____ il «padre» di Pinocchio.
3. Quando Pinocchio _____ bugie, il naso gli si allungava.
4. Pinocchio _____ la scuola.
5. Pinocchio _____ un amico carissimo che si chiamava Lucignolo (*Lampwick*).

---

*Conversions based on the exchange rate 1 euro = approximately $1.55.

B. Al testo!

Nel brano (*excerpt*) seguente, tratto dal Capitolo XXX di *Le avventure di Pinocchio* (Carlo Collodi, 1826–1890), Pinocchio incontra per strada il suo amico Lucignolo che aspetta la carrozza (*carriage*) che lo porterà al Paese dei Balocchi (*Land of Toys*). Leggi il loro dialogo per scoprire perché è un paese tanto meraviglioso dal punto di vista (*point of view*) dei ragazzi. Poi rispondi alle domande che seguono.

Pinocchio dopo il soggiorno (stay) al Paese dei Balocchi

Parole per leggere

l'avvenimento *event*
avvicinandosi *drawing near*
benedetto *blessed*
dunque *so, therefore*
pentirsi *to regret*

— Che cosa fai costì[1]?—gli domandò Pinocchio, avvicinandosi.

— Aspetto la mezzanotte per partire…

— Dove vai?

— Lontano, lontano, lontano!

— E io che son venuto a cercarti a casa tre volte!…

— Che cosa volevi da me?

— Non sai il grande avvenimento? Non sai la fortuna che mi è toccata?[2]

— Quale?

— Domani finisco di essere un burattino e divento un ragazzo come te, e come tutti gli altri.

— Buon pro ti faccia.[3]

— Domani, dunque, ti aspetto a colazione a casa mia.

— Ma se ti dico che parto questa sera.

— A che ora?

— Fra poco.

— E dove vai?

— Vado ad abitare in un paese… che è il più bel paese di questo mondo: una vera cuccagna![4]

— E come si chiama?

— Si chiama il «Paese dei Balocchi». Perché non vieni anche tu?

— Io? no davvero!

— Hai torto, Pinocchio! Credilo a me[5] che, se non vieni, te ne pentirai. Dove vuoi trovare un paese più sano[6] per noialtri ragazzi? Lì non vi[7] sono scuole: lì non vi sono maestri: lì non vi sono libri. In quel paese benedetto non si studia mai. Il giovedì non si fa scuola: e ogni settimana è composta di sei giovedì e di una domenica. Figurati[8] che le vacanze dell'autunno cominciano col primo di gennaio e finiscono coll'ultimo di dicembre. Ecco un paese, come piace veramente a me! Ecco come dovrebbero[9] essere tutti i paesi civili!…

---

[1]*here* (literary form) [2]che… *that has happened to me* [3]Buon… *Good for you* [4]*earthly paradise* [5]Credilo… *Believe me* [6]*healthy* [7]ci [8]*Imagine* [9][*they*] *should*

1. Quando Pinocchio ha incontrato l'amico, Lucignolo stava aspettando la carrozza. Perché?
2. Lucignolo ha invitato Pinocchio ad accompagnarlo, ma Pinocchio ha risposto di no. Perché?
3. Com'è il Paese dei Balocchi? Perché Lucignolo e Pinocchio ci vogliono andare?
4. Cosa non c'è nel Paese dei Balocchi?
5. Quando ci sono le vacanze nel Paese dei Balocchi?

C. Discutiamo! Lucignolo era il soprannome (*nickname*) dell'amico di Pinocchio. Com'è Lucignolo? È un tipo simpatico? Nella tua classe alle elementari c'era un Lucignolo? Com'era? Lucignolo era l'amico del cuore di Pinocchio. Alle elementari com'era il tuo amico / la tua amica del cuore? E tu, da piccolo/a avevi un soprannome?

Scriviamo!

Che bel paese!

Nel brano tratto da *Le avventure di Pinocchio,* Lucignolo descrive il Paese dei Balocchi come un paradiso terrestre e dice che è «come tutti i paesi civili dovrebbero essere». Immagina di poter pianificare (*plan*) una società nuova, dove tutto è esattamente come vuoi tu. Scrivi un breve testo intitolato «Che bel paese!» in cui descrivi questa società. Ecco alcune espressioni per aiutarti a scrivere.

Nel paese più bello del mondo...

le donne...	gli anziani...	i poveri...
gli uomini...	i bambini...	tutti...
gli studenti...	i ricchi...	nessuno...

Parliamo!

Hai sempre voluto fare quel lavoro?

Un'indagine (*survey*).

Parte prima. Fai un'indagine in classe per sapere chi vuole ancora fare quello che voleva fare da bambino/a e perché. Se non ricordi quello che i compagni studiano, devi chiederglielo di nuovo.

Esempio: **S1:** Jenny, vuoi lavorare alla TV, vero?
S2: Sì. / No, vorrei insegnare lo spagnolo.
S1: Hai sempre voluto fare quello?
S2: Sì, fin da bambina (*since I was a little girl*)! (No, da bambina volevo fare la veterinaria. Avevo tanti animali in casa.)

Parte seconda. Quali erano i lavori preferiti da bambini? Perché? Quali sono i lavori più popolari tra i compagni ora? Perché hanno cambiato idea?

Guardiamo!

Film *Amarcord*

(Dramma/Commedia. Italia/Francia. 1973. Federico Fellini, Regista. 127 min.)

A. Anteprima. Con un compagno / una compagna, fai una lista di tutte le materie che avete studiato alle superiori.

B. Ciak, si gira! In questo filmato sono rappresentate nove lezioni diverse. Puoi identificarle? Per ogni lezione, inserisci il nome della materia. (Le materie per le lezioni 1, 3 e 7 sono già inserite.)

Materie: la filosofia il greco la matematica
la religione la storia dell'arte la storia romana

Lezione	Materia
1	la fisica
2	
3	la letteratura italiana
4	
5	
6	
7	la storia italiana
8	
9	

C. È fatto! Quali delle materie che hai visto in queste scene si trovano anche alle scuole superiori del paese dove vivi tu? Quali no? In Italia le stesse materie del film sono insegnate ancora al liceo classico. Per che cosa prepara i giovani il liceo classico? Per che cosa ti prepara il tuo corso di studi?

IN **AMERICA**

Although a cultural tradition in Italy, *Pinocchio* was largely unknown to the rest of the world until it was made popular by Disney in 1940 (European release 1947). The original story was written by Carlo Collodi, the pen name for the Florentine journalist and author Carlo Lorenzini (1826–1890). Originally released in serial form, the first chapter of *Pinocchio* appeared in July 1881 in the *Giornale dei bambini* and was a huge success. It was first translated into English by M. A. Murray in 1892 with the title, *The Story of a Puppet* or *The Adventures of Pinocchio*. The original version is a moralistic tale, warning children of the consequences of lying, disobedience, willfulness, and laziness. Geppetto's pets, Figaro the cat and Cleo the fish, are Disney's creations, as is the presence of Jiminy Cricket as Pinocchio's conscience. In Collodi's tale, **il Grillo parlante** (*The Talking Cricket*) plays a minor role.

Vocabolario

Domande ed espressioni

l'anno prossimo	next year
C'era una volta...	Once upon a time. . .
Chi sei? / Chi è?	Who are you? (*inform./form.*)
Com'era?	What was it like? / How was it?
Cosa vuoi fare? / Cosa vuole fare?	What do you want to do in the future? (*inform./form.*)
d'improvviso	suddenly
da bambino/a / da piccolo/a	as a child
mentre	while

Verbi

aiutare	to help
cercare (lavoro)	to look for (work)
dirigere	to manage, to run
disegnare	to design, draw
diventare	to become
fare domanda	to apply
fare la multa	to give a ticket
guadagnare	to earn/make money
insegnare	to teach
laurearsi	to graduate (*from college*)
lavorare	to work
a tempo pieno / part-time / sodo	full-time / part-time / hard
licenziare	to fire
licenziarsi	to quit a job
mettere su famiglia	to start a family
risolvere	to resolve (*an issue*), to solve (*a problem*)
risparmiare	to save (*money*)
smettere (di lavorare)	to stop (working)

Sostantivi

l'architetto (*m./f.*)	architect
l'artista (*m./f.*)	artist
l'assistente sociale (*m./f.*)	social worker
l'attore / l'attrice	actor/actress
l'avvocato (*m./f.*)	lawyer
l'azienda (*f.*)	company
la borsa di studio	scholarship
il/la cantante	singer
il cantiere	construction site
il commesso / la commessa	store clerk
il/la dentista	dentist
il diploma	diploma
il/la dirigente	executive, manager
la ditta	company
il/la farmacista	pharmacist
il fotografo / la fotografa	photographer
la gente	people
il/la giornalista	journalist
l'impiegato / l'impiegata	employee
l'infermiere / l'infermiera	nurse
l'ingegnere (*m./f.*)	engineer
l'insegnante (*m./f.*)	teacher
la laurea	university degree
il liceo	high school
il maestro / la maestra	elementary school teacher
il/la manager	executive, manager
il medico (*m./f.*)	doctor
il/la musicista	musician
il negozio	store, shop
l'operaio / l'operaia	blue-collar worker
l'ospedale	hospital
il parucchiere / la parucchiera	hairdresser
il poliziotto / la poliziotta	policeman / policewoman
il professore / la professoressa	professor; middle/high school teacher
lo psicologo / la psicologa	psychologist
lo scienziato / la scienziata	scientist
la scuola	school
elementare/media/ superiore	elementary/middle/ secondary
lo stipendio	salary
il tribunale	court (*legal*)
l'ufficio	office
il veterinario / la veterinaria	veterinarian

10 La vita e il benessere

SCOPI

In this chapter you will learn:

- to express regret and sorrow
- to make apologies
- to talk about sports and hobbies
- to talk about health and well-being
- to talk about future plans
- to talk about hypothetical situations
- about popular sports and fitness activities in Italy

Il David, particolare (1501–1504), Michelangelo Buonarroti

Purtroppo

Expressing regret

A. Osserva ed ascolta. Osserva ed ascolta mentre questi italiani parlano delle loro esperienze e delle loro delusioni (*disappointments*). Fai attenzione a quello che dicono dopo **purtroppo** (*unfortunately*). Poi abbina la persona alla situazione giusta.

1. Mario
2. Annalisa
3. Nunzia
4. Maurizio
5. Elena

a. Purtroppo non sa parlare bene l'inglese e vuole trovare un madrelingua (*native speaker*) per fare conversazione.
b. Purtroppo ha paura dell'aereo e perciò (*therefore*) non è mai stata negli Stati Uniti.
c. Purtroppo è fuori corso perché ha dovuto fare l'attività del negozio.
d. Purtroppo fa il tifo per il Napoli e la stagione non è andata bene.
e. Purtroppo la famiglia era povera e ha frequentato la scuola solo fino alla seconda media perché ha dovuto lavorare.

B. Peccato!

Parte prima. Completa le frasi, abbinando ciascuna circostanza (1–6) con il rammarico (*regret*) giusto (a f).

1. Vorrei vedere la partita allo stadio, ma purtroppo...
2. Mi piace quello che studio, ma purtroppo...
3. Mi piacerebbe andare in Italia, ma purtroppo...
4. Ho provato a fare la scuola di nuoto, ma purtroppo...
5. Mi piacciono le lingue, ma purtroppo...
6. Vorrei mantenermi in forma (*stay in shape*), ma purtroppo...

a. ho difficoltà con la pronuncia.
b. ho paura dell'acqua.
c. sono troppo sedentario/a.
d. i biglietti sono esauriti (*sold out*).
e. i miei voti non sono molto belli.
f. devo lavorare quest'estate.

Parte seconda. Con un compagno / una compagna trova una soluzione alle situazioni/ai problemi della **Parte prima**.

> **Esempio:** **S1:** Vorrei vedere la partita allo stadio, ma purtroppo i biglietti sono esauriti.
>
> **S2:** Peccato! Ma puoi vedere la partita alla TV.

Mi dispiace vs. Scusa/Scusi

Expressing regret, sorrow, and making apologies

- In addition to a phrase with **purtroppo,** another way to express regret is to use the expression **mi dispiace** (*I'm sorry*):

  —**Vuoi venire anche tu alla festa?**
  —**Mi dispiace, ma purtroppo devo lavorare sabato sera.**

- **Mi dispiace** is also used to convey sympathy or sorrow:

  Hai l'influenza! Mi dispiace. Purtroppo c'è tanta influenza in giro.

- In **Capitolo 1** you learned to get someone's attention using **scusa/scusi.** The same words can also be used to apologize:

(tu)	(Lei)
—Scusa, Marco, se ti ho svegliato.	—Scusi, signora, non La voglio disturbare, ma...

- **Attenzione!** Don't confuse **scusa/scusi** with **mi dispiace. Scusa/Scusi** is used to express a simple apology (*Sorry!*) and occurs much more frequently in Italian than **mi dispiace.**

A. Cosa dici? Con un compagno / una compagna scegli la risposta migliore.

1. Mi puoi prestare (*loan*) 10 euro?
2. Cameriere, questo bicchiere non è pulito!
3. Ahi! Che mal di testa!
4. Non ti sento! Puoi ripetere?
5. Vorrei due biglietti per *Tosca* il 23.

a. Mi dispiace. Vuoi delle aspirine?
b. Scusa, provo a parlare più forte.
c. Mi dispiace, sono esauriti.
d. Scusa, ma non mi hai ancora restituito i cinque che ti ho dato ieri!
e. Scusi, eccone un altro.

IN **ITALIA**

Non sai che il fumo fa male?

Il numero dei fumatori continua a diminuire in Italia, ma rimane un'abitudine diffusa. Il 30% degli uomini ed il 22,5% delle donne sopra (*over*) i 15 anni fuma. I numeri sono più alti per i giovani: il 35% degli italiani tra i 15 ed i 44 anni fuma. Solo il 12% degli anziani fuma.

E purtroppo anche il bere!

I giovani in Gran Bretagna e nel Nord Europa consumano una quantità di alcolici molto superiore rispetto ai giovani degli altri paesi europei. Questo comportamento è la causa del 25% dei morti tra i giovani europei dai 15 ai 29 anni. Per fortuna, l'Italia occupa un posto molto più basso nella classifica.

Ma quanto bevono i britannici!

La percentuale di giovani che hanno fumato o bevuto alcolici negli ultimi 30 giorni prima dell'intervista Paese per Paese.

Lessico

Le attività, gli hobby e il benessere

Activities, hobbies, and well-being

 Sei **sedentario/a** o **attivo/a**? Fai questo piccolo test.

1. Guardo la TV _____.

   a. 0–1 ora
   al giorno

   b. 1–3 ore
   al giorno

   c. più di tre ore
   al giorno

2. Sono in macchina (o in un mezzo di trasporto pubblico) _____.

   a. 0–30 minuti
   al giorno

   b. 30 minuti–1.5 ore
   al giorno

   c. più di 1.5 ore
   al giorno

3. **Cammino** (faccio passeggiate, vado a piedi a scuola / al lavoro, eccetera) _____.

   a. più di 45 minuti
   al giorno

   b. 45–20 minuti
   al giorno

   c. meno di 20 minuti
   al giorno

(continued)

In italiano

Words for sports often derive from the word for *ball*, **la palla**. You can add the suffix **-one** (*big*) to form **pallone**, which almost exclusively refers to a soccer ball or to the game of soccer. (If you add the suffix **-ina** [*small*], you get the word **pallina** which means a small ball, such as a golf or ping pong ball.) You can also form a compound word with the noun **canestro** (*basket*) to get **pallacanestro,** or use the verb **volare** (*to fly*) to form the word **pallavolo.**

In italiano

Here are some other expressions to talk about your health and well-being:

andare in palestra
to go to the gym

dimagrire (-isc) /
calare di peso
to lose weight

essere a dieta /
fare la dieta
to be on a diet

evitare
to avoid

ingrassare /
aumentare di peso
to gain weight

mangiare sano
to eat well

mantenersi in forma
to stay in shape

prendere vitamine /
un'aspirina
to take vitamins /
an aspirin

4. **Pratichi uno sport?** Segna tutti gli sport e le attività che ti piace fare.

- ☐ **andare a cavallo /**
  fare equitazione
- ☐ **correre**
- ☐ **ballare / fare danza**
- ☐ **fare ciclismo**
- ☐ **fare culturismo/**
  bodybuilding
- ☐ **fare ginnastica**
- ☐ **fare atletica leggera**
  (*track and field*)
- ☐ **fare nuoto / nuotare**
  (*swimming / to swim*)

- ☐ **fare pattinaggio / pattinare**
  (*skating / to skate*)
- ☐ **fare skateboard**
- ☐ **fare yoga**
- ☐ **giocare a calcio/pallone**
- ☐ **giocare a pallacanestro/**
  basket
- ☐ **giocare a pallavolo/volley**
  (*volleyball*)
- ☐ **giocare a tennis**
- ☐ **giocare a golf**
- ☐ **sciare**

Pratico uno sport o faccio un'attività fisica ____.
a. più di 4 ore   b. 2–4 ore   c. 0–2 ore
   la settimana   la settimana   la settimana

5. Studio ____.
  a. 0–2 ore al giorno   b. 2–4 ore al giorno   c. più di 4 ore al giorno

6. Gioco al computer ____.
  a. 0–1 ore al giorno   b. 1–2 ore al giorno   c. più di 2 ore al giorno

7. Dormo ____.
  a. 6–8 ore al giorno   b. 8–9 ore al giorno   c. più di 9 ore al giorno

Il tuo punteggio:
Adesso calcola il tuo punteggio: **a** vale 5 punti; **b** vale 10 punti; **c** vale 15 punti.

33–55: Sei una persona attiva. Ti piace **muoverti** e ti **dà fastidio** (*it bothers you*) stare fermo/a.

60–85: Ogni tanto fai attività fisica ma non con costanza.

90–105: Hai una vita molto sedentaria. Ti piace poco l'attività fisica e tanto meno fare sport. Hai mai pensato di cambiare abitudini?

La salute

Abbina le frasi a pagina 273 all'immagine giusta. Cosa devono fare queste persone per sentirsi meglio?

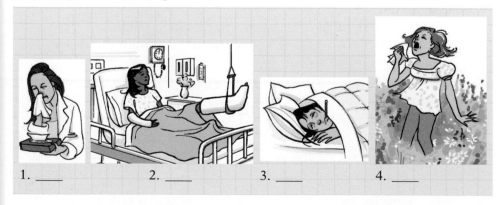

1. ____   2. ____   3. ____   4. ____

a. **Soffre*** di **allergie** e di **asma.**

b. Poverina! **Si è rotta** la gamba e il braccio.

c. È ammalata. Ha **la febbre.** Ha **l'influenza.**

d. È ammalata. Ha **il raffredore.**

In italiano

The Italian equivalent of *Gesundheit!* or *Bless you!* is **Salute!**

IN ITALIA

Il famoso disegno di Leonardo da Vinci, *L'uomo vitruviano*, è una rappresentazione basata su una formula di Vitruvio (80–70 a.C.–23 a.C.), ingegnere e architetto romano, per calcolare le proporzioni ideali del corpo umano. Il centro naturale del corpo è l'ombelico (*navel*). Se un uomo si sdraia (*stretches*) con le braccia e le gambe estese (*extended*) e si punta un compasso sull'ombelico, facendo un cerchio (*circle*) si toccherà l'estremità delle dita delle mani e dei piedi. Ecco alcune altre regole:

- la distanza dalle dita di un braccio alle dita dell'altro braccio = l'altezza (*height*)
- la larghezza (*width*) delle spalle = ¼ dell'altezza
- la distanza dalla punta (*top*) della testa a metà petto (*middle of the chest*) = ¼ dell'altezza
- la distanza da metà petto all'inizio della gamba = ¼ dell'altezza
- la distanza dall'inizio della gamba a sotto (*under*) il ginocchio = ¼ dell'altezza
- la distanza da sotto il ginocchio al fondo (*bottom*) del piede = ¼ dell'altezza

L'uomo vitruviano appare sulle monete italiane da 1 euro.

A. Ascolta. L'insegnante legge delle frasi. Decidi se sono logiche o illogiche. Se una frase è illogica, come puoi cambiarla per renderla logica?

	logica	illogica
1.	☐	☐
2.	☐	☐
3.	☐	☐
4.	☐	☐
5.	☐	☐

B. A cosa servono? (*What are they used for?*) Per quali sport servono i seguenti elementi?

1. le scarpe da ginnastica
2. la racchetta
3. la piscina
4. una pallina
5. i pattini (*skates*)
6. i pesi (*weights*)
7. la bici
8. il cavallo
9. la rete (*net*)
10. il casco
11. i piedi
12. le mani

*The past participle of *soffrire* is irregular: *ho sofferto* (*I suffered*).

IN ITALIA

In Italia il sistema sanitario permette a tutti i cittadini (*citizens*) ed anche agli stranieri in vacanza di farsi visitare gratuitamente (*free of charge*) da un medico al **pronto soccorso** (*emergency room*) in caso di bisogno. Il medico può prescrivere **una ricetta** (*prescription*) e suggerire **una cura.**

Poiché diversi farmaci (*drugs*) non richiedono la ricetta, gli italiani, invece di andare dal medico, spesso vanno direttamente in farmacia, dove descrivono i sintomi al farmacista che poi dispensa i farmaci appropriati.

Non tutte le farmacie in Italia sono aperte 24 ore o nei giorni festivi. Però ogni farmacia è obbligata ad esporre (*display*) il nome della **farmacia di turno,** cioè della farmacia aperta per le emergenze.

Farmacia (Siena in Toscana)

C. La salute.

Parte prima. Insieme ad un compagno / una compagna, create domande usando un elemento dell'insieme A e un elemento dell'insieme B.

Esempio: Perché la maestra ha preso un'aspirina?

A	B
lo scienziato	andare dal medico
l'operario la maestra	andare al pronto soccorso
la ragazza con lo skateboard	prendere antibiotici
lo studente universitario	prendere un'aspirina
il giocatore di golf	riposarsi (*rest*) a letto

Parte seconda. Cambia compagno/a e a turni fate le domande che avete creato.

D. Graduatoria.

Parte prima. Lavora con un compagno / una compagna. Scrivete una lista di tutte le cose che fate per mantenervi in forma.

Parte seconda. Unitevi ad un altro gruppo e create un'unica lista. Poi ordinate le attività dalla più alla meno importante per mantenersi in forma.

Parte terza. Accanto ad ogni attività della lista, indica quante persone del gruppo la fanno. Vi mantenete in forma?

In italiano

Like the verb **tenere** (*to have; to keep*), **mantenersi** is irregular.

mi mantengo
ti mantieni
si mantiene
ci manteniamo
vi mantenete
si mantengono

In Italia la richiesta (*demand*) di metodi di cura naturali continua a crescere. Fiori di Bach (*a homeopathic remedy that uses dilutions of flower parts*), yoga, medicina ayurvedica (*a holistic medicine that is traditional in India*) e omeopatia sono parole che fanno ormai (*by now*) parte del linguaggio comune. Le statistiche indicano che l'11% degli italiani ricorre (*resort*) all'omeopatia e l'8% alla fitoterapia, cioè all'uso di piante medicinali, erbe e fiori. Sempre più italiani preferiscono un approccio naturale alla salute ed al benessere.

Strutture

10.1 Che fai questo weekend?

Using the present to talk about the future

Che fai questo weekend? Scrivi tre attività.

1.

2.

3.

1. In this activity, you used the present indicative to talk about future plans. The present indicative often is used for activities that are already planned in the future.

2. Here are three common expressions of future time.

a. The equivalent of the adjective *next* in Italian is **prossimo.**

domenica **prossima**	*next Sunday*
la settimana **prossima**	*next week*
l'anno **prossimo**	*next year*

L'anno prossimo facciamo un viaggio in Italia dal 16 maggio al 15 giugno.

b. The equivalent of the English expression *in* + time in Italian is **fra** + time.

fra un'ora	*in an hour*
fra due giorni	*in two days*
fra un mese	*in a month*

Il mio amico arriva **fra due giorni.** Vado a prenderlo (*pick him up*) all'aeroporto.

c. The equivalent of *the day after tomorrow* in Italian is **dopodomani.**

(continued)

3. The present indicative is used in the following expressions to talk about one's hopes and plans for the future. Each is followed by the infinitive.

pensare di + infinitive	*to think about*
sognare di + infinitive	*to dream of*
sperare di + infinitive	*to hope to . . .*

Penso di cominciare la dieta domani. — *I'm thinking about starting a diet tomorrow.*

Sogno di diventare un ciclista famoso. — *I dream of becoming a famous bicyclist.*

Spero di dimagrire di 5 chili. — *I hope to lose five kilos.*

A. I miei programmi. Completa le frasi con i tuoi programmi (*plans*) e discuti con i compagni. Chi ha il programma più interessante nei cinque momenti diversi?

1. _____ fra due giorni.
2. _____ dopodomani.
3. _____ venerdì prossimo.
4. _____ domani alle tre.
5. _____ la settimana prossima.

B. Le Olimpiadi.

Parte prima. Tu sei un(a) atleta che si prepara per le Olimpiadi. Scrivi nell'agenda le tue attività per venerdì prossimo, l'ultimo giorno di allenamento (*training*) prima della partenza. (Due attività sono già state inserite.)

andare a cena a casa di un amico ✓	andare dal medico per un controllo
correre 10 chilometri	fare sollevamento pesi (*weightlifting*) in palestra
fare 20 chilometri in bici	mangiare due uova, la pancetta (*bacon*) e il pane ✓
mangiare una bistecca, delle patate, dei broccoli e dei piselli	nuotare 4 chilometri in piscina

Venerdì			
4.00		13.00	
6.30	*mangiare due uova, la pancetta e il pane*	14.30	
7.30		17.30	
11.00		20.00	*andare a cena a casa di un amico*

Parte seconda. Cerca un compagno / una compagna che ha organizzato l'orario nella stessa maniera (*in the same way*) e con cui puoi fare l'allenamento.

Esempio: **S1:** Che fai venerdì prossimo alle 6.30 di mattina?
S2: Mangio due uova, la pancetta e il pane.
S1: Anch'io! (Io, invece,...)

C. I programmi per il futuro. Intervista tre compagni per sapere (1) quello che pensano di fare l'anno prossimo, (2) quello che sperano di fare fra cinque anni e (3) quello che sognano di fare fra vent'anni.

l'anno prossimo	fra cinque anni	fra vent'anni
1.		
2.		
3.		

Parte seconda. Lavora con due o tre compagni ed esaminate i risultati insieme. I progetti per il futuro sono simili o diversi? C'è un rapporto tra i programmi per l'anno prossimo ed i sogni per il futuro?

Parte terza. Adesso valutate i progetti del vostro gruppo. Quali progetti sono più entusiasmanti? Quali sono più realistici?

D. Firma qui, per favore!

Parte prima. Cosa hai intenzione di fare dopo gli studi? Completa le frasi in base ai tuoi progetti. **Attenzione!** Ricorda di usare gli infiniti.

Dopo gli studi...

		Firma qui, per favore!
spero di		
penso di		
voglio		

Parte seconda. Trova un compagno / una compagna che ha gli stessi progetti e chiedi la firma.

Esempio: **S1:** Cosa speri di fare dopo gli studi?
S2: Spero di andare in Italia.
S1: Anch'io! Firma qui, per favore!

10.2 Andremo tutti in Italia!

The future

Nelle affermazioni seguenti sulla qualità della vita fra cinquant'anni tutti i verbi sono al futuro. Scrivi l'infinito di ogni verbo. (Due verbi sono già stati inseriti.) Poi segna (✓) le affermazioni che, secondo te, saranno vere. Discuti le tue risposte con i compagni.

(continued)

1. ☐ Grazie ai computer, molti impiegati **lavoreranno** a casa, non in ufficio. _____

2. ☐ Nessuno **fumerà.** _____

3. ☐ **Troveremo** una soluzione al problema della violenza. _trovare_

4. ☐ Tutti **si sentiranno** sempre allegri e contenti. _____

5. ☐ I corsi non si **faranno** più all'università. Tutti gli studenti universitari **studieranno** a casa con il computer. _____

6. ☐ Ci **sarà** una pillola per non ingrassare. _essere_

7. ☐ Il presidente degli Stati Uniti **sarà** una donna. _____

8. ☐ Tutti **avranno** un computer in casa. _____

9. ☐ Nessuno **prenderà** l'autobus. Tutti **avranno** la macchina. _____

⏵ Answers to this activity are in Appendix 2 at the back of your book.

---

1. The future tense is used to talk about actions that will take place in the future, particularly if the activities are not yet planned or you are not absolutely sure that they will actually take place. You form the stem of the future tense of all three conjugations by dropping **-e** from the infinitive. For **-are** verbs there is an extra step: change the **-a** of the future stem to **-e.**

(are)	(ere)	(ire)
lavor**er**-	risolver-	pulir-

Then add these same endings to all three conjugations.

io	-ò
tu	-ai
lui/lei/Lei	-à
noi	-emo
voi	-ete
loro	-anno

Now complete the conjugations of these verbs in the future tense.

	lavorare	risolvere	pulire
io			
tu			
lui, lei; Lei	lavorerà		
noi		risolveremo	
voi			
loro			puliranno

○ Answers to this activity are in Appendix 2 at the back of your book.

2. Some verbs have spelling changes in the future. Drop the **-i-** in the future forms of verbs ending in **-ciare** and **-giare.**

comin**ciare** → comin**cerò,** comin**cerai,...**
man**giare** → man**gerò,** man**gerai,...**

Add **-h-** to the future forms of verbs ending in **-care** and **-gare.**

pa**gare** → pa**gherò,** pa**gherai,...**
cer**care** → cer**cherò,** cer**cherai,...**

3. Several verbs have irregular stems in the future tense, but the endings are regular. Two of the most common are **avere** and **essere.** The future stem of **avere** is **avr-.** The future stem of **essere** is **sar-.** Put the future tense conjugations of **avere** and **essere** in their appropriate order.

sarò
avrò   sarai
avrà
avrai
sarà   saremo
saranno
avranno   avremo
avrete
sarete

	avere	essere
io		
tu		
lui, lei; Lei		
noi		
voi		
loro		

○ Answers to this activity are in Appendix 2 at the back of your book.

(continued)

4. The future forms of three verbs, **dare, fare,** and **stare,** are similar to those of **essere.** Complete the conjugations.

	dare	fare	stare
io	darò	farò	starò
tu			
lui, lei; Lei			
noi	daremo		
voi		farete	starete
loro			

● Answers to this activity are in Appendix 2 at the back of your book.

5. The future stems of some verbs are similar to those of **avere.**

avere	→	avrò
andare		andrò
dovere		dovrò
potere		potrò
sapere		saprò
vedere		vedrò
vivere (*to live*)		vivrò

Note the double **r** in the stems of the following verbs.

rimanere	→	rima**rr**ò
volere		vo**rr**ò
venire		ve**rr**ò
bere		be**rr**ò
tenere		te**rr**ò

A. Ascolta. L'insegnante legge delle frasi. Decidi se il verbo in ogni frase è al presente o al futuro.

1. ☐ presente ☐ futuro   6. ☐ presente ☐ futuro
2. ☐ presente ☐ futuro   7. ☐ presente ☐ futuro
3. ☐ presente ☐ futuro   8. ☐ presente ☐ futuro
4. ☐ presente ☐ futuro   9. ☐ presente ☐ futuro
5. ☐ presente ☐ futuro   10. ☐ presente ☐ futuro

B. L'infinito. Dà l'infinito di questi verbi.

andremo   berranno
cercherà   comincerò   darà   dimagrirete
dovranno   farete   mangerò   manterranno
pagherete   potrai   rimarrete   sapremo
saremo   vedrai   verrai   vivremo

C. Il nostro futuro.

Parte prima. Abbina i progetti dell'insieme A con le espressioni di tempo dell'insieme B per indicare quando hai intenzione di realizzarli.

A

finire l'università

mettere su famiglia

cambiare casa (*move*)

comprare una macchina nuova

cercare un (nuovo) lavoro

andare in Italia

sposarsi

B

mai

fra due anni

fra più di tre anni

l'anno prossimo

fra tre anni

Solo musica. Go to the *Avanti!* iMix on the *Avanti!* Online Learning Center in Coursewide Content (**www.mhhe.com/avanti2**) where you can purchase *Io canto* by Laura Pausini. As you listen to the song, how many verbs in the future can you identify?

Parte seconda. Intervista un compagno / una compagna per sapere i suoi progetti per il futuro e prendi appunti. Poi presenta i risultati alla classe.

Esempio: **S1:** Quando ti sposerai?
S2: Mi sposerò fra due anni.
S1: Franco si sposerà fra due anni...

D. L'oroscopo.

Parte prima. Lavora con un compagno / una compagna. Scrivete due previsioni (*predictions*) che di solito si trovano in un oroscopo e scrivetele (*write them*) alla lavagna.

Esempio: Vincerai la lotteria.
Perderai tutti i soldi.

Parte seconda. Scrivi due numeri su un foglio di carta. (Scegli da uno al numero totale delle frasi alla lavagna.)

Parte terza. L'insegnante assegnerà un numero a caso ad ogni previsione scritta alla lavagna. Come sarà il tuo futuro?

IN **ITALIA**

Gli italiani credono all'astrologia? Ecco i risultati di un sondaggio.

Sì, ci credo.	31%
Ci credo poco.	22%
Non ci credo.	44%
Sono incerto/a.	3%

@ **CLICCA QUI** Puoi leggere il tuo oroscopo sul sito di *Avanti!*, **Clicca qui** (**www.mhhe.com/avanti2**).

10.3 Se farà bel tempo domani...

Hypotheticals of probability

Un piccolo test. Scegli una delle opzioni o scrivi un'altra opzione usando verbi al futuro. Discuti le tue risposte con i compagni.

1. Se (*If*) stasera non avrò molti compiti,
   - ☐ uscirò con gli amici.
   - ☐ andrò in palestra.
   - ☐ _____.

2. Se domani farà bel tempo,
   - ☐ prenderò il sole.
   - ☐ andrò a correre.
   - ☐ _____.

3. Se la settimana prossima avrò un po' di tempo libero,
   - ☐ studierò per gli esami.
   - ☐ giocherò a golf.
   - ☐ _____.

4. Se l'anno prossimo avrò un po' di soldi,
   - ☐ farò un viaggio in Italia.
   - ☐ comprerò una macchina.
   - ☐ _____.

5. Se un giorno mi sposerò,
   - ☐ avrò figli.
   - ☐ non avrò figli.
   - ☐ _____.

1. The statements in the test are hypothetical. They are predictions of what will *most likely happen* if (and only if) another event occurs. Hypothetical statements are also called *if-then statements,* because they have two clauses, an *if* clause and a *then* clause. In Italian the verbs in both clauses are in the future tense.

if (**se**)		*then* (**conseguenza**)
Se domani **pioverà**	→	non **giocherò** a tennis con Michela.
If tomorrow it will rain	→	*I will not play tennis with Michela.*

2. However, you can also use the present tense in both clauses if you are referring to the present time or general truths.

Se **hai** fame, **puoi** mangiare con noi.	*If you are hungry, you can eat with us.*
Se non **dormo** otto ore, in classe non **riesco** a concentrarmi.	*If I don't sleep eight hours, I can't concentrate in class.*

A. Non si sa mai.

Parte prima. La vita è piena di sorprese e non si sa quello che succederà in futuro. Abbina le ipotesi dell'insieme A alle conseguenze dell'insieme B.

A
1. Se farò equitazione
2. Se farò bodybuilding
3. Se sarò medico
4. Se farò atletica leggera

B
a. passerò molte ore a sollevare pesi in palestra.
b. avrò molte paia di scarpe da ginnastica.
c. dovrò portare il casco.
d. passerò molte ore in ospedale.

Parte seconda. Adesso completa queste previsioni.

1. Se sarò giocatore / giocatrice di tennis → _____.
2. _____ → mi manterrò in forma.
3. _____ → vivrò in montagna.
4. Se andrò al Polo Nord → _____.

Parte terza. Quale delle situazioni della **Parte prima** o **seconda** è più probabile nel tuo futuro? Perché?

> **Esempio:** Forse andrò al Polo Nord perché mi piacciono gli sport estremi invernali.

B. I consigli. (*Advice.*)

Paolo è uno studente italiano di Pisa che frequenta la tua università per un anno. È molto disorientato (*disoriented*) e non sa come comportarsi (*how to behave*). Tu gli devi dare dei consigli. Da quali comportamenti (*behaviors*) possono derivare queste conseguenze?

1. Se... , riceverai bei voti.
2. Se... , riceverai brutti voti.
3. Se... , non dormirai bene.
4. Se... , avrai molti amici.
5. Se... , i vicini di casa (*neighbors*) chiameranno la polizia.

C. Il sapere comune. (*Common knowledge.*)

Parte prima. Lavora insieme ad uno o due compagni. Completate le affermazioni di sapere comune che si applicano al comportamento degli studenti, poi aggiungetene delle altre.

1. Se gli studenti prendono le vitamine tutti i giorni, ...
2. Se praticano uno sport tutti i giorni, ...
3. Se mangiano sano e non bevono alcolici, ...
4.
5.
6.

Parte seconda. Quali di queste affermazioni riguardano la vostra (personale) esperienza di studenti? Quali affermazioni sono più vere per voi? Perché?

IN ITALIA

Ami **gli sport estremi**? Francesco Galanzino (45 anni, piemontese) li ama. Nel 2007 ha compiuto le quattro gare (*competitions*) più estreme: ha percorso (*crossed*) 42.195 km al Polo Nord con le racchette ai piedi a −28 gradi C e ha fatto 3 corse di centinaia (*hundreds*) di chilometri nei deserti di Cina, Cile e Africa (Sahara).

Quali di questi sport estremi piacciono a te?

l'arrampicata (*f.*) **libera** (*free climbing*)
il base jumping
il bungee jumping
l'hydrospeed (*m.*)
la mountain bike
il parapendio (*hang gliding*)
il rafting
lo sci alpinismo
i tuffi (*diving*)

 CLICCA QUI
Per sapere di più su Francesco Galanzino, vai sul sito di *Avanti!*, **Clicca qui (www. mhhe.com/avanti2).**

RETRO

Spa water culture is an ancient practice to promote health and well-being. Testimony to its existence and benefits can be found in archeological discoveries, literary and scientific writings, and inscriptions dating over 24 centuries. Based on the principle that spa water is as natural as nature intended and best used in its unaltered form at its source, spa water was revered for its curative powers, through bathing, drinking, or inhaling its vapor long before the advent of chemical pharmaceuticals.

In Italy, warm thermal waters (**terme**) have been important since Roman times for therapeutic purposes. Mineral (cold) springs, used for drinking, are also purported to possess healing features. The wealth of both thermal and mineral springs throughout the peninsula is the result of Italy's underlying volcanic geology and vast network of groundwater channels. The combination of the curative properties of the water together with gorgeous natural landscapes, pleasant climate, and the opportunity to explore nearby art and architecture contributes to the total spa experience. Some of the most internationally famous spas are Abano (Veneto), Salsomaggiore (Emilia-Romagna), Chianciano (Toscana), Montecatini (Toscana), Fiuggi (Lazio), and Ischia (Campania). They attract millions of visitors every year and contribute to Italy's burgeoning "health care tourism."

Terme (Ischia in Campania)

Ascoltiamo!

Lo sport in Italia

A. Osserva ed ascolta. Osserva ed ascolta mentre l'insegnante ti parla dello sport in Italia.

B. Completa. Completa le seguenti frasi, inserendo la parola o l'espressione appropriata della lista qui sotto. Usa ogni espressione *una sola volta*. **Attenzione!** La lista contiene nove parole; devi usarne solamente otto.

il basket	il Gran Premio	lo scudetto
La Gazzetta	la maglia rosa	Serie A
il Giro d'Italia	la pallavolo	gli sport invernali

1. Le migliori squadre del calcio italiano giocano in _____ e i campioni vincono _____.
2. La Ferrari è la marca automobilistica che ha vinto più volte _____.
3. Ogni anno _____ può iniziare in città diverse, ma finisce sempre a Milano.
4. Il ciclista che vince la tappa del giorno porta _____.
5. _____ continua a crescere in popolarità e la squadra nazionale è sempre fra le prime dieci del mondo.
6. Anche _____ ha molta fortuna in Italia; praticata sia dalle donne che dagli uomini, le squadre nazionali sono tra le prime quattro del mondo.
7. Oltre 3 milioni di tifosi leggono _____ *dello Sport* per sapere tutte le novità sulle loro squadre preferite insieme agli ultimi risultati nel mondo dello sport.

C. Tocca a te! Completa le seguenti frasi paragonando lo sport in Italia e dove abiti tu.

In Italia, lo sport è...
Invece, ...

Leggiamo!

Istat, italiani meno sportivi e più sedentari

A. Prima di leggere.

Parte prima. Quanto sai degli sport che gli italiani praticano? Con un compagno / una compagna completa le frasi con le parole giuste.

1. In Italia l'attività fisica _____.
   a. sta aumentando   b. sta diminuendo   c. rimane stabile

2. L'attività sportiva più popolare in assoluto è _____.
   a. il calcio   b. il nuoto   c. il tennis

3. Gli italiani più attivi sono _____.
   a. gli uomini   b. le donne   c. i giovani

4. Le persone più attive vivono _____.
   a. al nord   b. al centro   c. al sud

5. Le persone più attive sono _____.
   a. più istruite (*educated*)   b. meno istruite   c. più anziane

Parte seconda. Completa le seguenti frasi con parole tue.

1. La gente partecipa alle attività fisiche perché... e perché... .
2. La gente non partecipa alle attività fisiche perché... e perché... .

Parte terza. Infine, decidi quali dei seguenti sport sono in crescita in Italia e quali, invece, sono in calo.

	in crescita	in calo
1. l'atletica leggera	☐	☐
2. la caccia (*hunting*)	☐	☐
3. il ciclismo	☐	☐
4. il nuoto	☐	☐
5. la pesca (*fishing*)	☐	☐
6. il tennis	☐	☐
7. gli sport invernali	☐	☐

B. Al testo! Ora leggi l'articolo di Matteo Tonelli dalla *Repubblica online* e usa le informazioni per controllare le tue risposte.

Parole per leggere

aumentare *to increase*
la cifra *figure, number*
crescere *to grow*
crollare *to collapse*
svolgere *to do, to perform,*
   to complete
il vantaggio *advantage*

la Repubblica.it/SPORT

**Ben 23 milioni di italiani dicono di non praticare attività fisica.
Il pallone travolto[1] dal boom della danza. Crolla il tennis.**

Istat,[2] italiani meno sportivi e più sedentari
E il ballo e la ginnastica scalzano[3] il calcio

di MATTEO TONELLI

Ballo, disciplina sportiva in continua espansione

ROMA — Più pigri, meno sportivi. Meno amanti del pallone e più del ballo. Qualche conferma e alcune sorprese nei dati dell'Istat sulla pratica sportiva in Italia. L'indagine, puntata sul tempo libero e realizzata a maggio 2006, fotografa un Paese dove la voglia di fare sport non aumenta. Mentre cresce la tendenza all'inattività.

Il dato da cui partire è quello degli sportivi: in Italia sono 17 milioni e 170 mila quelli che dicono di praticare uno o più sport (il 30%). Un milione di meno quelli che svolgono un'attività fisica (passeggiate, nuoto, bici). Poi ci sono i sedentari. Che crescono sempre di più: sono 23 milioni quelli che evitano ogni tipo di attività sportiva. Quasi il 41%. […]

---

[1]*crushed* [2]l'Istituto nazionale di statistica: il principale produttore di statistica ufficiale dello Stato italiano [3]*upset, overturn*

Allarme sedentarietà. Meno moto, più inattività. Se 23 milioni dichiarano di non muovere un muscolo, qualche preoccupazione c'è. Le donne sono più sedentarie degli uomini, al sud lo si è più del nord, mentre chi ha un livello di istruzione più alto lo è di meno. Male anche i giovani: dal 2000 al 2006 la sedentarietà è in aumento tra i ragazzi dagli 11 ai 14 anni e tra i giovani dai 25 ai 34. [...]

Male il calcio, bene la danza. È questo il dato che incuriosisce di più. In un paese dove il pallone permea praticamente tutto, i numeri dicono, invece, che ha perso il primato[4] di sport più praticato. A vantaggio di un gruppo di attività come ginnastica, aerobica, fitness e cultura fisica. Il calcio, infatti, è praticato da 4 milioni e 152 mila persone (con una netta[5] crescita del calcio a 5), mentre le altre attività emergenti da 4 milioni e 320 mila appassionati. Un distacco[6] che cresce, se si aggiungono i cultori della danza e del ballo. Due attività che negli ultimi anni hanno avuto un vero e proprio boom prevalentemente "rosa" (da 503 mila nel 2000 a 1 milione e 80 mila nel 2006). In totale si arriva a quota 5 milioni e 300 mila persone, una cifra che batte il calcio e gli toglie[7] un primato storico.

Perché si fa sport. O no. Per piacere o per passione (63,8%), per mantenersi in forma (53,6%), per divertimento (50,4%). Sono questi i tre motivi che spiegano la voglia di fare sport. Chi, invece, non lo fa mette al primo posto la mancanza di tempo (40,2%), il poco interesse (30,3%), l'età (24,1%), la pigrizia (16,2%), la salute (14,9%), e, da ultimo, i problemi economici (7,1%). [...]

Male il sud, bene il nord. Anche nello sport, come in molti altri indicatori sociali, il sud segna il passo[8] con meno del 25%. E tocca alla Campania la maglia nera della regione con la più bassa percentuale di praticanti (solo 22 su 100). In testa, invece, c'è il nord-est (36,5%), seguito dal nord-ovest (33,7%) e dal centro (31,3%).

La classifica degli sport. Del primo posto di ginnastica e danza si è detto, così come della piazza d'onore[9] del calcio. Al terzo posto il nuoto con 3 milioni e 576 mila praticanti (20,8 per cento degli sportivi). In calo netto il tennis (dal 7,8% al 6,1%): se poi si pensa che nel 1995 il dato era del 10,5% il crollo è ancora più chiaro. Calano anche gli sport invernali (dal 13,7% all'11,3%), mentre aumentano i praticanti negli sport ciclistici (dal 10,3% all'11,7%) e nell'atletica leggera (dal 5,8% al 7,8%). Maglia nera per la caccia e la pesca. Nel 1959, data della prima rilevazione Istat, erano al primo posto. Adesso raccolgono le briciole.[10]

(20 giugno 2007)

[4]*first place* [5]*clear, precise* [6]*separation, distance* [7]*takes away* [8]*segna... remains behind* [9]*piazza... runner up, 2nd place* [10]*raccolgono... pick up the crumbs*

C. Discutiamo! L'articolo sostiene (*claims*) che il calcio ha perso il primato di sport più praticato in Italia, ma ci sono 4.152.000 persone che giocano a calcio, mentre ci sono 1.080.000 persone che fanno danza e 4.320.000 persone che si dedicano ad un insieme di attività emergenti (ginnastica, aerobica, fitness e cultura fisica).

1. Secondo te, è giusto dire che il calcio non è al primo posto? Perché le attività come la danza, la ginnastica e l'aerobica sono diventate popolari?

2. La crescente sedentarietà è un fenomeno solo italiano? Quali aspetti degli italiani si trovano anche nella tua cultura?

3. I giovani fra i 15 ed i 24 anni non fanno parte di questo fenomeno. Secondo te, perché? Fai un'indagine della classe per sapere quanto siete simili/diversi dagli italiani.

Scriviamo!

Mantieni le promesse?

Un tuo professore ti ha invitato a partecipare ad un progetto di ricerca nel tuo campo di studi. È un'opportunità unica (bellissima per il tuo curriculum!) e la ricerca sarà durante una settimana di vacanza, perciò non ci saranno conflitti con le lezioni. Però, nello stesso periodo il tuo migliore amico / la tua migliore amica subirà un intervento (*will have a surgical procedure*) delicato e tu avevi promesso di passare la settimana insieme a lui/lei. Devi decidere cosa fare. Scrivi un'e-mail o al professore (formale) o all'amico/a (informale) spiegando la tua scelta.

> **Gentile professore, grazie per l'opportunità di fare ricerca ma purtroppo...**
>
> **Carissimo/a, mi dispiace tanto, ma non posso stare con te...**

 # Parliamo!

Salute, cambiare non è facile!

Sei appena ritornato/a da una visita medica e il dottore ti ha dato una lunga lista di consigli da seguire. Guarda la lista e poi decidi quelli che seguirai e quelli che, invece, ignorerai. Un compagno / Una compagna farà la parte del medico alla prossima visita. Poi scambiatevi ruolo. **Attenzione!** Devi spiegare come sei riuscito/a (*succeeded*) a seguire il consiglio o devi spiegare perché non l'hai fatto. Bisogna essere pronti a presentare il dialogo ai compagni.

Dott. PAOLO LOMBARDI
Medico Chirurgo
Via S. Francesco 66
37139 Verona
Tel. 0458904943

Verona, il 24/08/2009

- bere più acqua
- calare di peso
- dormire otto ore per notte
- evitare il fast food
- fare più movimento
- mangiare più frutta e verdura
- smettere di fumare
- trovare un hobby

Dott. PAOLO LOMBARDI

Esempio: **IL MEDICO:** Allora, è calato/a di peso?

MAURO/A: Sì, dottore! Ho perso 3 chili. Non mangio più dolci. (No, dottore, purtroppo sono aumentato/a di 3 chili. Avevo troppa fame!)

L'Argentina ha il tango, la Spagna il flamenco. Qual è il ballo tradizionale d'Italia? **La tarantella** è una danza folclorica con una storia lunga che inizia nel Trecento. Diffusa nell'Italia Meridionale, le variazioni includono la tarantella napoletana, calabrese, pugliese, lucana (della Basilicata), molisana e siciliana.

La musica ha un ritmo frenetico e si suona con il tamburello (*tambourine*) e il violino. Nell'Ottocento Gioachino Rossini compose una versione più «colta» (*cultured*) per il pianoforte: *La danza*. Nel 1918 Ottorino Respighi la trasformò in una versione orchestrale per il balletto *La boutique fantastque*. Nel 1998 il cantautore napoletano Eugenio Bennato ha fondato il movimento *Taranta Power* per promuovere la tradizione culturale mediterranea attraverso cinema, teatro e musica. Ci sono, poi, rassegne musicali come il grande festival *Notte della Taranta* a Melpignano (Lecce, Puglia).

Il nome della danza deriva dalla tarantola, un ragno (*spider*) velenoso (*poisonous*). Si dice che il veleno provoca forti convulsioni, per cui chi balla la tarantella sembra essere morso (*bitten*) dal ragno. Un'altra interpretazione ritiene che il nome derivi dalla città di Taranto o dal fiume Tana.

Guardiamo!

Film *Il mostro*

(Commedia. Italia. 1995. Roberto Benigni e Michel Filippi, Registi. 112 min.)

A. Anteprima. Se un amico ti chiede qualcosa (un favore o di uscire) e non vuoi farlo, cosa fai? Dici la verità o inventi una scusa? Con un compagno / una compagna, fai una lista di tre scuse possibili. Confronta la lista con quelle dei compagni. Quali sono le scuse classiche?

B. Ciak, si gira!

Parte prima. Ormai (*By now*) sai abbastanza italiano per seguire e apprezzare la scena senza sottotitoli in inglese. Guarda allora la scena senza sottotitoli.

Parte seconda. Guarda nuovamente la scena, ma questa volta scrivi le espressioni che hai riconosciuto. Confrontale con quelle di un tuo compagno / una tua compagna. Insieme, quante ne avete trovate?

Parte terza. Guarda in fine la scena con i sottotitoli. Quante espressioni hai capito?

C. È fatto! Loris ha usato la scusa di essere ammalato per evitare un incontro con l'amministratore del condominio. Tu hai mai usato una scusa simile? Quando? Per evitare che cosa? In Italia, se un impiegato non si presenta al lavoro per malattia, è possibile che un agente vada a casa sua a controllare (se è vero). Succede anche dove lavori tu? Secondo te, è giusto?

Riassunto: A serial killer is on the loose and the police are out to find him. Under the direction of police psychologist Taccone (Michel Blanc), undercover cop Jessica (Nicoletta Braschi) is assigned to tail Loris (Roberto Benigni), the suspect who, unaware, often finds himself in compromising, but innocent, situations.

Scena (DVD Capitolo 25): In this scene, the administrator of the building in which Loris (Benigni) has been renting an apartment (but not keeping up with his rent!) is trying to sell the apartment. Every time he tries to show it to a prospective buyer, however, Loris finds a way to foil his plans, even if it means faking an illness.

Vocabolario

Domande ed espressioni

l'anno prossimo	next year
la domenica/settimana prossima	next Sunday/week
dopodomani	the day after tomorrow
fra un mese / un'ora / due giorni	in a month / in an hour / in two days
Mi dispiace.	I'm sorry.
purtroppo	unfortunately
Scusa./Scusi.	Sorry. (*inform./form.*)

Verbi (gli sport)

andare a cavallo	to go horseback riding
andare in palestra	to go to the gym
fare atletica leggera	to do track and field
fare ciclismo	to bike ride
fare culturismo (bodybuilding)	to do bodybuilding
fare danza	to dance
fare equitazione	to go horseback riding
fare ginnastica	to do gymnastics
fare nuoto / nuotare	to swim
fare pattinaggio / pattinare	to skate
fare skateboard	to skateboard
fare yoga	to do yoga
giocare a calcio/pallone	to play soccer
giocare a pallacanestro/ basket	to play basketball
giocare a pallavolo/volley	to play volleyball
giocare a tennis/golf	to play tennis/golf

Verbi (salute)

ammalarsi	to get sick
camminare	to walk
dare fastidio	to bother
dimagrire (-isc) / calare di peso	to lose weight
essere a dieta / fare la dieta	to be on a diet
evitare	to avoid
ingrassare / aumentare di peso	to gain weight
mangiare sano	to eat well
mantenersi in forma	to stay in shape
muoversi	to move (*oneself*)
prendere vitamine / un'aspirina	to take vitamins / an aspirin
rompersi (la gamba/ il braccio)	to break (one's leg/arm)
soffrire di + (noun)	to suffer from (*an illness*)

Altri verbi

pensare di (+ *inf.*)	to think about (*doing something*)
sognare di (+ *inf.*)	to dream of (*doing something*)
sperare di (+ *inf.*)	to hope to (*do something*)
tenere	to have, to keep
vivere	to live
volare	to fly

Sostantivi (gli sport)

l'atletica leggera	track and field
il calcio	soccer
il ciclismo	cycling
il culturismo (bodybuilding)	bodybuilding
la danza	dance
l'equitazione	horseback riding
la ginnastica	gymnastics
il golf	golf
l'hobby	hobby
il nuoto	swimming
la palla	(small) ball
la pallacanestro / il basket	basketball (game, ball)
la pallavolo / il volley	volleyball (game, ball)
la pallina	(little) ball (golf, hand, ping pong)
il pallone	soccer (game, ball)
il pattinaggio	skating
lo skateboard	skateboarding
il tennis	tennis
lo yoga	yoga

Sostantivi (salute)

l'allergia	allergy
l'asma	asthma
il benessere	well-being
la febbre	fever
l'influenza	flu
il raffedore	cold
la salute	health
la vita	life

Aggettivi

ammalato	sick
sedentario	sedentary

11

Casa dolce casa

Visitazione (ca. 1290–1295), Giotto di Bondone

SCOPI

In this chapter you will learn:

- to manage conversations
- to describe Italian houses and furniture
- to describe the location of people and objects
- to refer to people and things already mentioned

- to refer to nonspecific people and things
- to express more complex ideas
- about the ancient city of Pompeii

Niente...

Managing conversations

- In **Capitolo 7** you learned that **niente** means *nothing*.

Non ho capito niente.	*I didn't understand anything. / I understood nothing.*
Non c'è niente da mangiare.	*There's nothing to eat.*
Non è niente di speciale.	*It's nothing special.*

- **Niente** is also frequently used in colloquial Italian to stop talking about something, to change the direction of the conversation, or to sum up.

  Abbiamo cenato, guardato un film e poi, niente, siamo andati a letto.

  Insomma, non sto tanto bene, sono raffreddata, ... niente. Tu come stai?

  Volevamo passare le vacanze in Egitto, poi abbiamo pensato di andare in Francia e... niente. Siamo rimasti a casa.

A. Osserva ed ascolta. Osserva ed ascolta mentre Laura si presenta, spiega perché si trova a Cerveteri e poi parla un po' della sua vita.

B. Chi è Laura e cosa fa a Cerveteri? Con un compagno / una compagna crea tutte le frasi possibili per descrivere Laura, usando in ogni frase un verbo dell'insieme A e un elemento dell'insieme B.

Laura...

       A   **B**

A:
cerca casa
è
lavora
ha
vive

B:
a Cerveteri
a Roma   fidanzata
impiegata   in banca
parecchio (*a lot*)   insieme a Filippo
trent'anni

C. Cambiamo discorso (*topic*)! Laura usa spesso la parola **niente** in questo dialogo. Decidi quando significa *nothing* e quando significa **basta, parliamo di qualcos'altro.**

	niente	basta
1. —Cosa faccio? Sono un'impiegata. Lavoro in banca. E niente di… niente di particolare.	☐	☐
2. —[…] spesso non faccio in tempo a cucinare niente […]	☐	☐
3. —[…] oppure andiamo da qualcun altro e… e poi… niente… molto tranquillo.	☐	☐
4. —Si chiama… si chiama Filippo. Viviamo insieme e… niente. Lui fa il biologo e per questo un po' la decisione di venire a vivere qui.	☐	☐

Ti dispiace… ? / Le dispiace… ?

Seeking approval and expressing hesitation

- You learned in **Capitolo 10** that **Mi dispiace** means *I'm sorry*. The question **Ti/Le dispiace?** means *Do you mind . . . ?*

(tu)	**(Lei)**
—**Ti dispiace abbassare la voce** (*to lower your voice*)? **Ho mal di testa.**	—**Le dispiace se fumo?**
—**Oh! Scusa! Mi dispiace. Vuoi un'aspirina?**	—**No, no. Prego! Fumo anch'io.**

- Because it would be considered rude to respond with an outright **sì** if they *do* mind, Italians will respond:

  insomma (*well . . .*), **veramente** (*really, actually*), **purtroppo**

  —**Le dispiace se fumo?**
  —**Insomma… (Veramente, sono allergica. / Purtroppo non è consentito [*allowed*]).**

- **Niente** can also be used, with or without **di**, as a reply to **Grazie!** to mean *No problem! Don't mention it!*

  —**Ti dispiace telefonare tu a Giancarlo? Non ho il numero.**
  —**Certo. Lo chiamerò dopo cena.**
  —**Grazie!**
  —**(Di) Niente!**

Attenzione! Don't confuse **dispiace** with **non piace.**

—**Ti dispiace** se ceniamo fuori stasera? Non ho fatto in tempo a cucinare.
—**Dai! Non mi piace** cenare fuori; mangiamo sempre meglio a casa.

A. Ti/Le dispiace? Lavora con un compagno / una compagna. Immaginate di essere compagni di casa. Domanda a uno compagno / una compagna se può fare una delle seguenti favori per te. Lui/Lei ti chiederà perché e tu devi rispondere in modo appropriato. Poi scambiate i ruoli. Dovete essere pronti a presentare il dialogo ai compagni. Se hai bisogno di aiuto, puoi trovare alcune idee alla pagina seguente.

abbassare
il volume della TV
/ della musica

aprire la
finestra

chiudere
la porta

fare il
bucato

lavare la
macchina

mettere i
piatti nella
lavastoviglie (*dishwasher*)

portare il
cane a spasso
(*for a walk*)

rispondere
al telefono

spegnere
la luce (*to turn
off the light*)

spostare
(*move*) quella
sedia

spolverare
(*to dust*)

tosare
l'erba (*to cut
the grass*)

agitato
forte
freddo
lungo
pesante
qualcuno
sporco

Esempio: **S1:** Ti dispiace aprire la finestra?
S2: Perché?
S1: Ho caldo.
S2: Va bene.
S1: Grazie.
S2: Niente!

Parte seconda. Segna (✓) quali delle attività della **Parte prima** sono faccende di casa (*household chores*). Quali faccende ti piace fare? Quali non ti piace fare?

B. Ti/Le dispiace se io...?

Scegli un'azione dalla lista e chiedi ad un compagno / una compagna se gli/le dispiace se fai quella cosa. Lui/Lei deve rispondere in modo appropriato. Poi scambiate i ruoli. Aggiungi altre due azioni.

Esempio: **S1:** Ti dispiace se uso il tuo telefonino?
S2: Prego! (Purtroppo è scarico [*the battery isn't charged*].)

Ti dispiace...

1. se guardo i tuoi appunti (*class notes*)?
2. se copio le tue risposte?
3. se fumo?
4. se guido la tua moto?
5. se bevo un po' della tua acqua?
6. ?
7. ?

IN **ITALIA**

Un sondaggio su 300 uomini italiani tra i 18 ed i 64 anni indica che solo il 7% non svolge (*do*) alcuna attività domestica. Ecco le faccende di casa più (e meno) praticate:

apparecchiare e sparecchiare la tavola	**79%**
fare la spesa	**78%**
cucinare	**62%**
stirare (*to iron*)	**16%**
pulire il bagno	**1%**
fare il letto	**1%**

Da **www.portalegiovani.comune.firenze.it**

Vieni a casa mia

Describing Italian houses and furniture

Giuliano Ricci e Marco Begnozzi studiano all'Università di Bologna. Abitano in un appartamento al terzo piano di un palazzo in via dei Lamponi, a venti minuti d'autobus dall'università.

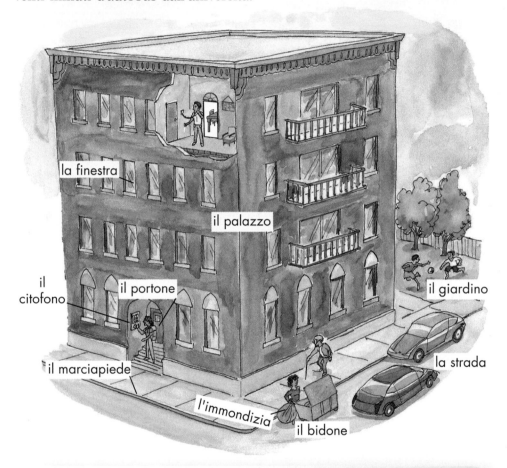

la finestra
il palazzo
il citofono
il portone
il giardino
il marciapiede
la strada
l'immondizia
il bidone

IN **ITALIA**

Il portone («porta grande») è l'entrata del palazzo. Vicino al portone si trova **il citofono** (*speakerphone*) che ti permette di chiamare gli abitanti dei singoli appartamenti o uffici.

In Italia il livello della strada si dice «pianterreno». Il piano superiore è il primo piano, poi c'è il secondo piano, il terzo piano, eccetera. Molti, ma non tutti, i palazzi italiani hanno **un ascensore** (*elevator*). Se non c'è, bisogna fare **le scale** (*stairs*)!

Il citofono

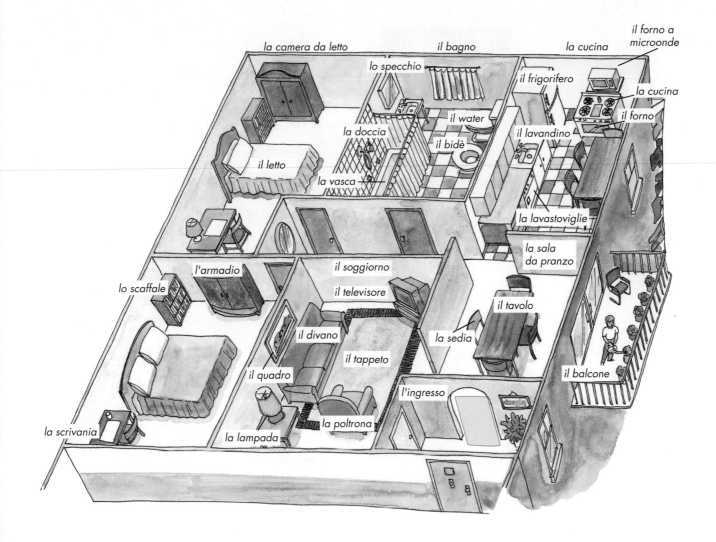

il forno a microonde

la camera da letto   il bagno   la cucina

lo specchio

il frigorifero

la cucina

il water

la doccia

il forno

il bidè

il lavandino

il letto

la vasca

la lavastoviglie

l'armadio

il soggiorno

la sala da pranzo

lo scaffale

il televisore

il tavolo

il divano

la sedia

il tappeto

il quadro

l'ingresso

il balcone

la scrivania

la lampada

la poltrona

Guarda i disegni e completa le frasi.

Primo disegno

1. Il signore anziano sta camminando sul _____.

2. La macchina è parcheggiata in _____.

3. I bambini stanno giocando a calcio in _____.

4. La signora sta buttando (*is throwing*) l'immondizia nel

_____.

Secondo disegno

5. Marco sta annaffiando (*is watering*) il basilico sul _____.

6. Marco e Giuliano fanno colazione in _____.

7. Marco e Giuliano dormono in _____.

8. Fanno la doccia in _____.

9. Guardano la TV in _____.

10. Quando invitano gli amici a cena, mangiano in _____.

● Answers to this activity are in Appendix 2 at the back of your book.

In italiano

Here are some common expressions for describing the location of people and objects.

accanto a *next to*
a destra di *to the right of*
a sinistra di *to the left of*
davanti a *in front of*

dietro *behind*
nell'angolo *in the corner*
tra/fra *between*

Dov'è il cane grande? Dov'è il piccolo cane bianco?

A. Dov'è? Guarda l'appartamento di Giuliano e Marco a pagina 297 e decidi se le frasi sono vere o false. Correggi le frasi false.

	vero	falso
1. Il forno è accanto alla lavastoviglie.	☐	☐
2. Il lavandino è davanti al frigorifero.	☐	☐
3. I letti sono nell'angolo.	☐	☐
4. Il lavandino è fra il bidè e il water.	☐	☐
5. La poltrona è dietro il divano.	☐	☐
6. Lo scaffale è a destra del letto.	☐	☐
7. Il televisore è davanti al divano.	☐	☐
8. La vasca è nell'angolo.	☐	☐
9. Lo scaffale è fra il letto e l'armadio.	☐	☐
10. La lampada è accanto al divano.	☐	☐
11. La scrivania è davanti al letto.	☐	☐
12. Il bidè è accanto al water.	☐	☐

B. Ascolta! Paola ha un piccolo appartamento con tre stanze: il soggiorno con angolo cottura (*kitchenette*), la camera da letto e il bagno. Ascolta la descrizione delle stanze e indica la lettera che rappresenta dove si trovano questi oggetti.

1. il lavandino	7. la lampada
2. il frigorifero	8. la scrivania
3. il tavolino con due sedie	9. l'armadio
4. la lavastoviglie	10. il water
5. la poltrona	11. il bidè
6. lo scaffale	12. la doccia

C. Frasi illogiche. Decidi se le frasi sono logiche o illogiche. Poi correggi le frasi illogiche.

	logica	illogica
1. Marco butta l'immondizia nel lavandino.	☐	☐
2. Giuliano lava i piatti nel bidè.	☐	☐
3. Marco mette il latte nel frigo.	☐	☐
4. Giuliano guida la macchina sul marciapiede.	☐	☐
5. Marco mette il tappeto nel forno.	☐	☐
6. Giuliano e Marco si siedono sul divano quando guardano la TV.	☐	☐
7. Marco e Giuliano preparano la cena in cucina.	☐	☐

> ### In italiano
>
> Here is the present tense of the irregular verb **sedersi** (*to sit*).
>
> **mi siedo ci sediamo**
> **ti siedi   vi sedete**
> **si siede   si siedono**

D. Le stanze. Collabora con un compagno / una compagna. A turno, uno di voi descrive varie attività che Giuliano sta facendo in casa. L'altro/a deve indovinare in quale stanza si trova. (Ti ricordi **stare + gerundio**? Vedi **Capitolo 6, Strutture 6.2.**)

la cucina   il bagno   la camera da letto

il soggiorno   la sala da pranzo

Esempio: **S1:** Giuliano sta lavando i piatti.
S2: È in cucina.

In italiano

When you cross the threshold and enter someone's house, it is customary to say **Permesso?,** which is the equivalent of asking permission to enter, even if you have already been invited in. The answer is **Avanti!**

E. Le differenze. Trova almeno cinque differenze fra le due immagini. **Parole utili: il poster, il cuscino** (*pillow*), **lo stereo.**

F. La mia stanza.

Parte prima. Con i compagni, fate una lista di tutti gli oggetti che di solito si trovano nella camera da letto di uno studente.

Parte seconda. Descrivi la tua stanza a un tuo compagno / una tua compagna e lui/lei dovrà fare un disegno.

La fumettista Pat Carra è nata a Parma nel 1954, insieme alla sua gemella. Nel 1978 si è trasferita (*she moved*) a Milano. Rappresenta con **il fumetto** il mondo visto dalle donne. Pubblica sulle riviste *Noi donne, Cuore, Smemoranda, Via Dogana* e soprattutto sul **settimanale** (*weekly magazine*) *Donna moderna.*

Strutture

11.1 Eccoci!

Object pronouns

Francesca porta un regalo al suo amico Gianni. Leggi le conversazioni. Riesci a capire i significati di **gli** e **lo**?

1. Pronouns can be used to replace direct and indirect objects to avoid repetition. (Do you remember the difference between a direct object and an indirect object? See **Capitolo 6, Strutture 6.1** for review.) In the conversations on the preceding page, **gli** replaces the masculine singular indirect object (**a Gianni**), and **lo** replaces the masculine singular direct object (**il quadro**).

COMPLEMENTO OGGETTO INDIRETTO

Ho comprato un quadro **a Gianni.** = **Gli** ho comprato un quadro.

COMPLEMENTO OGGETTO DIRETTO

Dove metti **il quadro?** = Dove **lo** metti?

2. Indirect and direct object pronouns replace both people and things. Here is a summary of direct and indirect object pronouns.

PRONOMI COMPLEMENTO OGGETTO DIRETTO			
mi	*me*	**ci**	*us*
ti	*you*	**vi**	*you* (*inform./ form., pl.*)*
La†	*you* (*form.*)		
lo	*him/it* (*m.*)	**li**	*them* (*m.*)
la	*her/it* (*f.*)	**le**	*them* (*f.*)

PRONOMI COMPLEMENTO OGGETTO INDIRETTO			
mi	*to/for me*	**ci**	*to/for us*
ti	*to/for you*	**vi**	*to/for you*
Le†	*to/for you* (*form.*)		(*inform./form.,pl.*)*
gli	*to/for him*		
le	*to/for her*	**gli**	*to/for them*

Note that:

a. Informal and formal singular *you* have different forms.

INFORMALE · FORMALE

Scusa Marco, non **ti** sento. · Scusi Professore, non **La** sento.
I can't hear you.

Marco, **ti** telefono domani. · Signor Marchi, **Le** telefono domani.
I'll call you tomorrow.

b. The first- and second-person direct and indirect object pronouns are the same.

COMPLEMENTO OGGETTO DIRETTO		COMPLEMENTO OGGETTO INDIRETTO	
Mi osservi.	*You observe me.*	**Mi** scrivi.	*You write to me.*
Ti vedo.	*I see you.*	**Ti** parlo.	*I talk to you.*
Ci conosci.	*You know us.*	**Ci** rispondi.	*You respond to us.*
Vi aiuto.	*I help you.*	**Vi** parlo.	*I speak to you.*

---

*In contemporary, spoken Italian, **vi** is also used for formal *you* (*pl.*). **Loro** is another form that expresses formal *you* (*pl.*). **Loro** is much more formal than **vi,** and unlike **vi,** it appears after the verb. Compare: ***Vi** porto una bottiglia di vino.* / *Porto **Loro** una bottiglia di vino.*

†The formal forms, **La/Le** begin with a capital letter to distinguish them from the informal forms and other object pronouns in writing.

c. Only the third-person direct and indirect object pronouns have different forms.

COMPLEMENTO OGGETTO DIRETTO		
Compro **il vestito nuovo.**	→	**Lo** compro.
Preparo **i tortellini.**	→	**Li** preparo.
Guardo **la TV.**	→	**La** guardo.
Vedo **le amiche.**	→	**Le** vedo.

COMPLEMENTO OGGETTO INDIRETTO		
Telefono **a Maria.**	→	**Le** telefono.
Parlo **a Michele.**	→	**Gli** parlo.
Scrivo **a Michele e a Maria.**	→	**Gli** scrivo.
Rispondo **a Lena e a Maria.**	→	**Gli** rispondo.

Now create sentences by replacing the nouns with the appropriate pronouns.

COMPLEMENTO OGGETTO DIRETTO		
1. Leggo <u>il libro</u>.	→	_Lo_ leggo.
2. Mangio <u>la pasta</u>.	→	_____ mangio.
3. Compro <u>i regali</u>.	→	_____ compro.
4. Vedo <u>le ragazze</u>.	→	_____ vedo.

COMPLEMENTO OGGETTO INDIRETTO		
Telefono <u>a Gianni</u>.	→	_Gli_ telefono.
Parlo <u>a Maria</u>.	→	_____ parlo.
Scrivo <u>ai ragazzi</u>.	→	_____ scrivo.
Scrivo <u>alle ragazze</u>.	→	_____ scrivo.

▶ Answers to this activity are in Appendix 2 at the back of your book.

3. Here are some things to remember about object pronouns.

a. Object pronouns are always placed immediately before the conjugated verb.

Non **lo** vedo.   Sì, **vi** do il libro.

b. When verbs such as **potere, volere,** or **dovere** precede an infinitive, the pronoun can appear before the conjugated verb or it can be attached to the infinitive after dropping the final **-e.**

Vi voglio parlare.   =   Voglio parlar**vi.**

c. Only the direct object pronouns **lo** and **la** may elide before verbs that begin with a vowel.

Aspetto il mio amico.   →   **L'**aspetto. (**Lo** aspetto.)

Ordino la pasta.   →   **L'**ordino. (**La** ordino.)

▶ For the use of object pronouns with verbs in the **passato prossimo,** see **Per saperne di più** at the back of your book. To learn how to combine direct and indirect object pronouns to form double object pronouns, see **Per saperne di più** for **Capitolo 12.**)

In italiano

You learned in **Capitolo 6, Strategie di comunicazione** that **ecco** (*here it is / here they are*) is often followed by a direct object pronoun that agrees in number and gender with the object to which it refers.

—**Mi puoi dare quella lampada?**   —**Dove sono i bicchieri?**
—**Certo! Eccola.** (*Sure! Here it is.*)   —**Eccoli.** (*Here they are.*)

A. Ecco. Scegli la risposta giusta per queste domande.

| Sì, eccolo. | Sì, eccole. | Sì, eccoli. | Sì, eccola. |

1. Mi puoi dare la coca-cola?
2. Mi può far vedere (*show*) quel vaso di Murano?
3. Mi può portare un caffè?
4. Mi può portare un panino e una limonata?
5. Mi puoi dare il telecomando (*remote*)?
6. Mi puoi dare quella rivista?
7. Mi puoi far vedere quelle foto?

 IN ITALIA

Murano è un insieme di sette piccolissime isole del Mar Adriatico a nord-est di Venezia. Più di mille anni fa, i vetrai (*glassblowers*) di Venezia iniziarono a produrre **il vetro** artistico. La tradizione continua anche oggi. A Murano vengono creati alcuni degli oggetti di vetro più straordinari del mondo. Il vetro di Murano si trova in vari elementi di design in *Avanti!*

 CLICCA QUI Per sapere di più sul vetro di Murano, vai sul sito di *Avanti!*, **Clicca qui (www.mhhe.com/avanti2).**

Vetro artistico di Murano (Veneto)

B. Frasi equivalenti. Leggi le frasi con i pronomi di complemento oggetto diretto o indiretto e poi scegli le frasi con gli stessi significati.

1. Gli telefona.
   a. Enzo telefona a Franca.   b. Franca telefona a Enzo.
2. Lo ama.
   a. Beatrice ama Dante.   b. Dante ama Beatrice.
3. La guarda.
   a. Antonella guarda Massimo.   b. Massimo guarda Antonella.

4. Le risponde.
   a. Simona risponde a Franco. b. Franco risponde a Simona.
5. Lo segue.
   a. La bambina segue il gatto. b. Il gatto segue la bambina.
6. Ci scrive.
   a. Noi scriviamo a Marco. b. Marco scrive a noi.
7. Vi parliamo.
   a. Voi parlate a noi. b. Noi parliamo a voi.

C. Scegli. Scegli la forma formale o informale del pronome secondo il contesto.

1. Professore, non sono venuto a lezione ieri perché ero ammalato. Posso dar**Le / ti** i compiti domani?
2. —Buon giorno, Professor Bianchi. Mi fa molto piacere veder**La / ti**.
   —Ciao, Irene. Non **La / ti** vedo da tanto tempo!
3. —Prof, ha ricevuto la mia e-mail?
   —No, purtroppo.
   —Che strano. Ieri **Le / ti** ho scritto un messaggio lunghissimo per giustificare (*justify*) le mie assenze.
4. —Signora, posso aiutar**La / ti**?
   —Sì, grazie. Cerco un paio di pantaloni blu.
5. —Gianni, vuoi uscire con noi sabato sera?
   —Sì! **Le / Ti** telefono domani.
6. —Signor Marchi, **Le / ti** piacerebbe l'antipasto misto?
   —Sì, grazie.
7. Paolo, **La / ti** aspetto a casa. Preparo gli gnocchi stasera.
8. Signora Franchi, **La / ti** aspetto nel mio ufficio. Dobbiamo parlare.

D. La mia infanzia (*childhood*).

Parte prima. Leggi le seguenti frasi sulla tua infanzia e adolescenza. Segna (✔) le frasi che sono vere.

I miei genitori...
1. ☐ mi portavano spesso allo zoo.
2. ☐ mi incoraggiavano (*encouraged me*).
3. ☐ mi leggevano molti libri.
4. ☐ mi davano la paghetta ogni settimana.
5. ☐ mi compravano vestiti alla moda.
6. ☐ mi aiutavano con i compiti.
7. ☐ mi accompagnavano a scuola.
8. ☐ mi portavano alle lezioni di musica (di karaté, di nuoto).

Parte seconda. Cosa hai in comune con il tuo compagno / la tua compagna? Cosa facevano per voi i vostri genitori?

Esempio: I nostri genitori ci portavano spesso allo zoo...

E. Luigi e Luisa. Riscrivi la storia. Sostituisci i nomi in corsivo con i pronomi appropriati. Poi cambia Luigi con Luisa e riscrivi la storia un'altra volta. **Attenzione!** Metti il pronome al posto giusto.

Luigi è il mio migliore amico. Tutti i giorni accompagno *Luigi* all'università perché non ha la macchina e aiuto *Luigi* con i compiti di matematica perché non ci capisce niente. Telefono *a Luigi* quasi tutti i giorni, e, quando non vedo *Luigi*, scrivo un'e-mail *a Luigi*. Per il compleanno porto *Luigi* ad un concerto di Ligabue, il suo cantante preferito. Ieri ho telefonato *a Luigi* diecimila volte ma non ha mai risposto. Chissà perché!

F. Dove metti i mobili?

Parte prima. Insieme ai compagni, create una lista di almeno 20 mobili o oggetti che si trovano in casa.

I mobili
1. la poltrona
2. i bicchieri
3. i libri
4.

Parte seconda. Collabora con un compagno / una compagna. Chiedi dove mette gli oggetti e i mobili in casa sua. Lui/Lei deve rispondere usando un pronome complemento oggetto diretto.

Esempio: **S1:** Dove metti la poltrona?
S2: La metto in soggiorno, accanto al divano.

11.2 Invitiamo tutti alla festa!

Indefinite pronouns

Giuliano sta organizzando una festa di compleanno per Marco. Marco vuole sapere tutto. (Ricordi Giuliano e Marco? Vedi **Lessico**, pagina 296.) Leggi la loro conversazione e cerca di capire il significato delle **parole evidenziate**.

MARCO: Chi inviti alla festa?
GIULIANO: **Tutti.**
MARCO: Cosa prepari?
GIULIANO: Tanti piatti diversi e **qualcosa** di speciale per te.
MARCO: Bene! Voglio assaggiare (*taste*) **tutto!** Dove facciamo la festa?
GIULIANO: Non qui. A casa di **qualcuno** degli amici.

Perché, secondo te, Giuliano dà risposte così imprecise?

1. Tutti (*everyone*), **qualcosa** (*something*), **qualcuno** (*someone*), and **tutto** (*everything*) are indefinite pronouns (**i pronomi indefiniti**); they take the place of nouns, but they do not refer to a particular person or thing.

Which two pronouns only refer to people and which two only refer to things?

le persone	le cose

Answers to this activity are in Appendix 2 at the back of your book.

2. Indefinite pronouns can function as the subject of the verb or the direct object.

SOGGETTO

Qualcosa è successo.	*Something happened.*
Tutto è in ordine.	*Everything is in order.*
Qualcuno ha telefonato.	*Someone called.*
Tutti sono venuti alla festa.	*Everyone came to the party.*

COMPLEMENTO DIRETTO

Ho mangiato **qualcosa**.	*I ate something.*
Ho fatto **tutto**.	*I did everything.*
Ho visto **qualcuno**.	*I saw someone.*
Ho invitato **tutti**.	*I invited everyone.*

3. Qualcuno and **tutti** can also be the indirect object of the verb.

Ho parlato con **qualcuno**.   Ho risposto a **tutti**.

4. To express *something to* + verb, use **qualcosa** + **da** + infinitive.

qualcosa da mangiare   **qualcosa da bere**   **qualcosa da fare**

The opposite, *nothing to* + verb, is expressed with **niente**:

niente da mangiare   **niente da bere**   **niente da fare**

5. To express the equivalent of *all* (*the*) + noun use **tutto/a/i/e** + article + noun. In this case, **tutto** functions like an adjective and agrees in gender and number with the noun that it modifies, so it has four forms.

tutto il giorno	*all day*
tutti i giorni	*every day* (literally, *all the days*)
tutta la pizza	*all the pizza*
tutte le ragazze	*all the girls*

To learn more about indefinite adjectives, see **Per saperne di più** at the back of your book.

In italiano

Many proverbs contain indefinite pronouns. Here are two:

Chi ama **tutti non** ama **nessuno**.

Tutto è fumo (*smoke*) fuorché (*except*) l'oro e l'argento.

A. Ascolta!

Parte prima. L'insegnante fa delle domande sulla festa per Marco. Scegli le risposte logiche.

1. a. Tutti.   b. Tutto.
2. a. Qualcuno.   b. Qualcosa.
3. a. Tutto.   b. Qualcuno.
4. a. Sì, hanno portato qualcosa.   b. Sì, hanno portato qualcuno.
5. a. No, non ha avuto niente da fare.   b. No, ha avuto qualcosa da fare.
6. a. No, hanno mangiato tutti.   b. No, hanno mangiato tutto.

Parte seconda. È stata una bella festa? Perché sì/no?

B. Un piccolo test. Scegli le affermazioni che descrivono quello che fai tu ad una festa. (Ricordi le espressioni negative? Vedi **Capitolo 7, Strutture 7.3.**)

1. a. Porto qualcosa da bere.
   b. Porto qualcosa da mangiare.
   c. Non porto niente.

2. a. Porto qualcuno.
   b. Non porto nessuno. Vado da solo/a.
   c. Porto tutti gli amici.

3. a. Mangio tutto.
   b. Mangio qualcosa.
   c. Non mangio niente.

4. a. Arrivo in anticipo.
   b. Arrivo in ritardo.
   c. Arrivo puntuale.

5. a. Parlo con tutti.
   b. Parlo solo con le persone che conosco.
   c. Non parlo con nessuno.

6. a. Ballo qualche volta.
   b. Ballo sempre.
   c. Non ballo mai.

C. I fratelli gemelli.

Parte prima. Carlo e Carlotta sono gemelli. Completa la descrizione di Carlo con la forma giusta del pronome appropriato.
Attenzione! Si usano tutte le parole, alcune più di una volta.

niente   nessuno   qualcosa   qualcuno   tutto

Carlo è un ragazzo timido e abbastanza introverso. Il venerdì non ha

_____¹ da fare perché non esce mai con _____.² Preferisce stare a

casa a guardare la TV o ad ascoltare la musica. Il suo compagno di casa

è contento perché fa _____³ in casa: pulisce e lava i piatti. Frequenta

_____⁴ le lezioni e studia _____⁵ i giorni. Le rare volte che va ad una

festa beve _____⁶ ma non mangia _____.⁷ Parla con _____⁸ che

conosce, ma mai con persone che non conosce bene. Poi torna a

casa presto.

Parte seconda. Il carattere di Carlotta è l'opposto di quello di Carlo. Crea una descrizione di Carlotta usando i pronomi indefiniti della **Parte prima** dove possibile. Usa la descrizione di Carlo come modello.

D. Domande. Collabora con un compagno / una compagna.

Preparate alcune domande su diversi aspetti della vita dei vostri compagni. Usate i pronomi indefiniti **qualcosa** o **qualcuno**. Poi fate le domande ai compagni.

Esempi: Chiara, fai qualcosa questo weekend?
Giuseppe, esci con qualcuno stasera?

♫ **Solo musica.** Go to the *Avanti!* iMix on the *Avanti!* Online Learning Center in Coursewide Content (**www.mhhe.com/avanti2**) where you can purchase *Vita spericolata* by Vasco Rossi. What does the indefinite pronoun **ognuno** mean?

11.3 Conosco una persona che parla tre lingue!

The relative pronoun **che**

 Leggi le frasi. Che cosa significa **che**?

1. Gianni esce con una studentessa **che** parla tre lingue.
2. I regali **che** ho ricevuto per il mio compleanno sono belli.
3. Ho visto il ragazzo **che** Maria ha incontrato ieri.

● Answers to this activity are in Appendix 2 at the back of your book.

1. Che is a relative pronoun that never changes form but that can refer to a person or a thing. Therefore, it can mean *who/whom* or *that/which*.

2. A relative pronoun introduces a relative clause. The relative clause provides additional information about the noun that precedes **che** in the sentence. Underline the relative clauses in the statements above. What additional information about **la studentessa, i regali,** and **il ragazzo** are provided by the relative clauses?

● To learn more about relative pronouns, see **Per saperne di più** at the back of your book.

A. Federica e Ahmed si sono sposati.

Parte prima. Federica e Ahmed si sono sposati e adesso Federica si trasferisce nell'appartamento di Ahmed. Completa le affermazioni dell'insieme A con le frasi relative dell'insieme B.

A	B
1. A Federica non piace il tappeto	a. che abbaia (*barks*) sempre e mangia tutte le scarpe di Federica.
2. Ahmed ha un divano giallo	b. che non si intona (*match*) con le pareti (*walls*) verdi e il nuovo tappeto azzurro.
3. Federica non sa cosa fare con i vestiti	c. che erano nella credenza (*cupboard*).
4. Federica ha rotto tutti i piatti	d. che non stanno nell'armadio.
5. Ahmed ha un cane	e. che la mamma di Ahmed ha fatto a mano perché è troppo grande.

Parte seconda. Cosa possono fare per risolvere i loro problemi?

B. Frasi personali.
Abbina i nomi dell'insieme A a pagina 310 con le frasi relative dell'insieme B. Poi completa le affermazioni personali. Discuti le frasi con i compagni.

Esempio: I corsi che seguo sono interessantissimi!

A

le feste

i libri   gli amici

i professori

i corsi

B

che seguo...

che ho conosciuto
(*I met*) all'università...

che leggo nei   che insegnano
miei corsi...   all'università...

che gli studenti fanno
nel weekend...

C. Rischio.

Parte prima. Insieme ai compagni fai una lista di cinque o sei persone o oggetti che associ ad ogni categoria.

| la casa | le feste | la scuola e le professioni | i vestiti e la moda |

Parte seconda. Collabora con un compagno / una compagna. Preparate frasi che descrivono varie persone o oggetti di ogni categoria. Le frasi devono cominciare con **È la persona che... o È la cosa che....**

Esempi: È la persona che porta dolcetti e regali ai bambini il 6 gennaio.
È la cosa che ti metti quando fa freddo.

Parte terza. Con un'altra coppia, a turno, presentate le descrizioni. L'altra coppia deve indovinare la persona o l'oggetto descritto.

Esempi: È la Befana!
È la sciarpa!

D. Firma qui, per favore!

Parte prima. Con i compagni completate le frasi e poi aggiungete altre frasi alla lista.

Le mie opinioni	1	2	3
1. Mi piacciono gli amici che...			
2. Non mi piacciono i professori che...			
3.			
4.			

Parte seconda. Confronta le tue opinioni con quelle di tre compagni. Chiedi la firma quando avete la stessa opinione.

Esempio: **S1:** Ti piacciono gli amici che fanno bei regali?
S2: Sì, mi piacciono. / No, non mi piacciono.
S1: Va bene. Firma qui, per favore.

Parte terza. Con chi hai più cose in comune? Riferisci i risultati ai compagni.

Esempio: Ho più cose in comune con Alessia perché ci piacciono gli amici che fanno bei regali, ma non ci piacciono i professori che...

Cultura

Ascoltiamo!

Le case di Pompei

A. Osserva ed ascolta. Osserva ed ascolta mentre l'insegnante ti parla delle case di Pompei.

B. Completa. Completa le seguenti frasi, inserendo la parola o l'espressione appropriata della lista qui sotto. Usa ogni espressione *una sola volta.* **Attenzione!** La lista contiene dieci parole o espressioni; devi usarne solamente otto.

città	su un divano	da un'eruzione	finestre
su marciapiedi	mosaici e affreschi	sui muri	alla sala
agli scavi	strette		da pranzo

1. Pompei ed Ercolano erano due _____ dell'Italia Meridionale, distrutte nel 79 d.C. _____ del Vesuvio.

2. Grazie _____ degli archeologi, sono stati ritrovati vari edifici pubblici e privati dell'antica Pompei.

3. Le strade di Pompei erano _____ e sporche; la gente camminava _____ alti e usava sassi (*stones*) per attraversare le strade.

4. La prima stanza era un atrio o ingresso con _____ che creavano una bell'impressionc agli ospiti.

5. I pompeiani mangiavano sdraiati (*lying down*) _____, chiamato il triclinio, chc dava il nome _____.

C. Tocca a te! Completa le seguenti frasi. Esprimi le tue impressioni sulla casa pompeiana.

Un aspetto della casa pompeiana che mi piace è... perché...
Una cosa che non mi piace, invece, è... perché...

RETRO

In densely populated urban centers, **il cortile** (*courtyard*) is considered a community space for condominium dwellers. As such, it is often used as a playground for the children who live in the buildings as well as green space for the residents. In many Italian cities these functions compete with the pressing need for off-street parking.

In the countryside, traditional farmhouses were also constructed around **un cortile**, which provided an open air space for raising **animali da cortile** (*chickens, rabbits, and ducks*).

(continued)

As an architectural feature, **il cortile** dates to Roman times. In the poorest of buildings, it provided a respite from the tiny, dark rooms that offered little more than basic shelter. In a wealthy home, it was an elegant outdoor living area for the family, a lush garden with fountains, surrounded by colonnaded porticoes. It allowed light and air to enter the indoor living spaces, while protecting the family from the noise, heat, and chaos of the street.

In Italy, the most important **palazzi** have equally splendid **cortili** with fine architectural details and historic gardens. They are often the site of concerts, theater productions, and art exhibits.

Peristilio (il cortile) di una casa antica (Pompei)

 CLICCA QUI You can enjoy a virtual visit of the excavations in Pompeii and Ercolano at the *Avanti!* website, **Clicca qui (www.mhhe. com/avanti2).**

 # Leggiamo!

Adotta° un nonno   *Adopt*

A. Prima di leggere. Con un compagno / una compagna fai una lista di tre vantaggi e tre svantaggi di vivere insieme ai genitori mentre studi.

 B. Al testo!

Parte prima. Leggi il seguente articolo di Sara Deganello (**www.ilsole24ore.com**) per sapere come alcune città universitarie in Italia hanno cercato di risolvere il problema dell'alloggio (*housing*) degli studenti fuori sede.

ILSOLE24ORE.COM > Italia   ARCHIVIO

Adotta un nonno. Come trovare casa fuori sede a prezzi equi[1]

di Sara Deganello
24 AGOSTO 2007

Dopo l'estate riaprono le università, e insieme alle attività accademiche ricomincia per molti studenti fuori sede anche la caccia al posto letto.[2] [...] Quello degli alloggi per gli studenti è un problema comune a tutte le grandi città di tradizione universitaria. Tuttavia c'è chi cerca strade alternative per risolvere la questione. [...]

In Italia esiste da quasi dieci anni un esperimento sociale che è la coabitazione tra anziani soli e giovani universitari. Si tratta di una formula di compromesso per cui lo studente, in cambio di vitto[3] e alloggio a casa dell'anziano proprietario, fa piccoli lavoretti domestici e paga una quota per le spese. [...]

A Milano il progetto «Prendi in casa uno studente» è coordinato dall'associazione Meglio Milano.
[...] La Provincia ha destinato incentivi ai proprietari partecipanti al progetto per migliorare la propria abitazione [...]

A **Firenze** [...] l'iniziativa «Abitare insieme: uno studente, un anziano» [...] mette on line i formulari[4] per richiedere la coabitazione.

Anche a **Viterbo** è attivo un progetto simile e dal web è possibile scaricare il modulo per richiedere la coabitazione, sia da parte degli studenti che[5] degli anziani.

L'università di **Modena** e **Reggio Emilia**, insieme al Comune di Modena e a Unicapi (Unitaria cooperativa abitazioni a proprietà indivisa) ha dato vita al progetto «Ospitalità studenti», per fuori sede che decidono di alloggiare in casa di anziani. Lo slogan è «Compagnia in casa e 150 euro di rimborso mensile[6]».

Sulla stessa linea, a **Padova** l'operazione «Non più da soli» viene promossa dall'Associazione studenti e dal sindacato pensionati Cgil.

[1] *fair*   [2] *posto... sleeping place*   [3] *board, meals*   [4] *forms, questionnaires*   [5] *sia... che as well as*   [6] *monthly*

Parte seconda. Ora rispondi alle domande.

1. Che cos'è il progetto «Adotta un nonno»?
2. In quali città è stato attivato questo progetto? Trova le città sulla cartina.
3. Quali sono i vantaggi per lo studente?
4. Quali sono i vantaggi per la persona anziana?

C. Discutiamo! Secondo te, un progetto simile avrebbe successo (*would be successful*) nella tua città? Perché? Ti piacerebbe partecipare ad un progetto simile? Tuo nonno / Tua nonna sarebbe contento/a di partecipare?

Scriviamo!

Chi cerca casa trova amico

Ecco due annunci (**www.politichesociali.vt.it/giovanianziani/**): uno per cercare anziani, l'altro per cercare studenti per il progetto «Prendi in casa uno studente» a Viterbo. Scrivi un messaggio in cui cerchi di convincere un anziano / un'anziana ad ospitarti. Cosa hai da offrirgli/le? E cosa ti aspetti da lui/lei?

> **PENSIONATO AUTOSUFFICIENTE?** Pensionato con una stanza in più e tanta voglia di compagnia? Ci sono molti studenti universitari in cerca di un alloggio. Se hai i requisiti giusti puoi ospitare un giovane. Offrendogli un tetto (*By offering him/her a roof*) puoi trovare un amico che ti aiuta nei lavori impegnativi, ti fa compagnia e ti dà una mano con la spesa.

> **STUDENTE PENDOLARE O FUORI SEDE?** Sei stanco di viaggiare e vuoi trovare una sistemazione a Viterbo? Ci sono molti pensionati disposti ad ospitarti. Se hai i requisiti giusti, in cambio di un po' di compagnia e un aiuto in casa, hai la possibilità di trasferirti in città con il vantaggio di non dover pagare l'affitto.

Parliamo!

Una casa su misura°　　su... *customized*

Con un compagno / una compagna progettate una casa. Potete scegliere tra le seguenti stanze e comodità, ma non potete averle tutte! Ogni elemento vale un certo numero di punti e insieme avete solo 25 punti da «spendere». Come sarà la vostra casa?

la cucina: piccola (2), grande (4)
il salotto (3)
il bagno con vasca (2), con doccia (3) con idromassaggio (*whirlpool*) (4)
la camera da letto (3)
lo studio (2)
la sala da pranzo (4)
la terrazza (4)
il balcone (2)

il giardino privato (5)
la piscina (7)
il garage (5)

il frigorifero (1)
la cucina a gas (1), con forno (2)
il forno a microonde (2)
la lavastoviglie (4)
la lavatrice (3)

Guardiamo!

Film *La vita è bella*

(Commedia. Dramma. Italia. 1997. Roberto Benigni, Regista. 116 min.)

A. Anteprima. Con un compagno / una compagna pensate a quando eravate piccoli e un parente veniva a trovarvi. Cosa faceva la famiglia per prepararsi per la visita? Fai una lista di almeno cinque attività.

B. Ciak, si gira!

Parte prima. Guarda la scena e poi segna (✓) chi ha detto le seguenti frasi, Guido, Dora o Giosuè?

	Guido	Dora	Giosuè
1. «Il bagno, non lo voglio fare.»	☐	☐	☐
2. «È vero. L'ha fatto venerdì l'ha fatto.»	☐	☐	☐
3. «Li ho già raccolti. Sono fuori. Li vado a prendere.»	☐	☐	☐
4. «Non lo voglio fare! Non lo voglio fare! Non lo voglio fare!»	☐	☐	☐
5. «Dove li metto, i fiori?»	☐	☐	☐
6. «Sss! L'ho fatto venerdì!»	☐	☐	☐
7. «Quella roba (*stuff*) là, la sistemi tu?»	☐	☐	☐
8. «I fiori, me li fai vedere?»	☐	☐	☐

Parte seconda. Trova tutte le frasi nella parte prima che si riferiscono al bagno.

C. È fatto! Rispondi alle domande.

1. Quante attività della tua infanzia hai identificato nel film?
2. *La vita è bella* ha vinto 52 premi (inclusi tre premi Oscar nel 1999) in diversi paesi del mondo e ha goduto (*enjoyed*) di fama internazionale. Le locandine del film (*movie posters*) apparse in Italia e negli Stati Uniti non sono identiche. Quali differenze vedi tra le due locandine? Poiché (*Because*) le locandine cercano di «vendere» il film, quali aspetti del film vende la locandina italiana? Che cosa vende, invece, quella americana?

Riassunto: Set in the 1930s, an ebullient Jewish waiter turned bookseller, Guido (Roberto Benigni), meets and falls in love with Dora, a schoolteacher (Nicoletta Braschi). After a fanciful courtship, they marry and have a son, Giosuè. However, the German occupation increasingly overshadows their life, resulting finally in their deportation to a concentration camp. Guido attempts to help his family survive the horrors of the concentration camp by convincing Giosuè that the Holocaust is a game and that the grand prize for winning is a tank.

Scena: (DVD Capitolo 17): In this scene, the happy family is preparing for a visit from Giosuè's grandmother to celebrate his birthday in the unusual house they share with Guido's uncle.

IN AMERICA

Have you ever heard of a house designed in the "Italianate style"? In the United States, it was one of the most popular housing styles of the Victorian age (1850–1890). The style—also known as Tuscan or Lombard— was inspired by Italian villas, or how North American architects imagined Italian villas were. The architectural details included wide cornices with single or paired decorative brackets.

 CLICCA QUI You can learn more about the Italianate style at the *Avanti!* website, **Clicca qui (www.mhhe.com/avanti2).**

Casa «Beechwood» della famiglia Astor (Newport, Rhode Island)

Vocabolario

Domande ed espressioni

a destra di	to the right of
a sinistra di	to the left of
accanto a	next to
Avanti!	Come in!
davanti a	in front of
dietro	behind
Eccolo/la/li/le.	Here it is / they are.
fra	between
nell'angolo	in the corner
niente	that's all, anyway
(Di) niente.	It's nothing. No problem!
niente da (+ *infinitive*)	nothing to (+ *verb*)
Permesso?	Can I come in?
qualcosa	something
qualcosa da (+ *infinitive*)	something to (+ *verb*)
qualcuno	someone
tra	between
Ti/Le dispiace... ?	Do you mind . . . ?
tutto	everything
tutti	everyone

Verbi

sedersi	to sit
trasferirsi	to relocate

Sostantivi

l'armadio	armoire, closet
l'ascensore (*m.*)	elevator
il bagno	bathroom

il balcone	balcony
il bidè	bidet
il bidone	trash bin
la camera da letto	bedroom
il citofono	speakerphone
la cucina	kitchen; stove
il divano	couch
la doccia	shower
la finestra	window
il forno	oven
il forno a microonde	microwave oven
il frigorifero	refrigerator
il giardino	garden
l'immondizia	trash, garbage
l'ingresso	foyer
la lampada	lamp
il lavandino	sink
la lavastoviglie	dishwasher
il letto	bed
il marciapiede	sidewalk
il palazzo	(apartment) building
il piano	floor
il pianterreno	ground floor
la poltrona	armchair
il portone	front door
il quadro	picture
la sala da pranzo	dining room
lo scaffale	bookcase
la scrivania	desk
la sedia	chair
il soggiorno	living room
lo specchio	mirror
la strada	street
il tappeto	rug
il tavolo	dining table
il televisore	television set
la vasca da bagno	bathtub
il water	toilet

Palazzo Ducale e Piazza San Marco (1755), Giovanni Antonio Canaletto

RIPASSO

In this chapter you will review:

- the **passato prossimo** of irregular verbs
- the imperfect vs. the **passato prossimo**
- how to compare people and things
- how to replace nouns with object pronouns

SCOPI

In this chapter you will learn:

- to express opinions
- to recognize events that took place in the distant past
- to compare people or things using *better* or *worse*
- more about the verb **piacere**
- about Italian cities, past and present

Secondo te... / Secondo Lei...

Expressing opinions

To express an opinion, say:

Secondo me...
or
A mio parere...

Secondo me, la cucina italiana è la migliore del mondo.
A mio parere, è essenziale studiare una lingua straniera.

To ask someone else's opinion, say:

(tu)	**(Lei)**
Secondo te... ?	**Secondo Lei... ?**

Secondo te, chi vincerà lo scudetto?

A. Osserva ed ascolta.

Parte prima. Osserva ed ascolta mentre il signor Civai si presenta. Poi rispondi alle domande.

1. Cosa fa il signor Civai?
2. In quale città lavora?
3. Gli piace il suo lavoro?

Parte seconda. Osserva ed ascolta mentre il signor Civai parla di Siena. Scegli tutte le risposte giuste. **Attenzione!** Per alcune domande c'è più di una risposta giusta.

Panorama (Siena in Toscana)

1. Secondo Lei, perché Siena è una bella città?

   Secondo il signor Civai, Siena è una città molto bella perché _____.

   a. è molto antica
   b. ha molti monumenti e musei
   c. è molto ben conservata

2. Secondo Lei, cos'è significativo del Museo Civico al Palazzo Pubblico?

   Secondo il signor Civai, il Museo Civico al Palazzo Pubblico è il museo più significativo della città perché _____.

   a. è il più grande
   b. è quello che dirige lui
   c. contiene le opere d'arte più importanti dei pittori senesi dal Trecento (*1300s*) all'Ottocento (*1800s*)

Palazzo Pubblico (Siena)

Allegoria del buon governo (1337–1340), Ambrogio Lorenzetti (Museo Civico al Palazzo Pubbico, Siena)

3. Secondo Lei, perché la storia politica di Siena è particolare?

   Secondo il signor Civai, bisogna ricordare la storia politica di Siena perché _____.

   a. Siena è sempre stata governata da gruppi di persone elette
   b. Siena era sotto il controllo di una famiglia importante
   c. fino alla metà del Cinquecento (*1500s*), Siena ha sempre avuto una forma democratica di governo

In italiano

- Italian has two ways of indicating **secoli** (*centuries*).

  As in English you can use ordinal numbers (which after 10 are formed by dropping the final vowel of the number and adding **-esimo**).

  > **undicesimo** (*eleventh*), **dodicesimo** (*twelfth*), **tredicesimo** (*thirteenth*), **quattordicesimo, quindicesimo, sedicesimo, diciassettesimo, diciottesimo, diciannovesimo, ventesimo, ventunesimo...**

- You can also eliminate the **mille** from the date and refer only to the *hundreds*.

  > **il Duecento, il Trecento, il Quattrocento, il Cinquecento, il Seicento...**

  > **Dante, Petrarca e Boccaccio furono i più grandi scrittori italiani del Trecento / del quattordicesimo secolo.**

- To distinguish between the centuries preceding 1200 and those following, Italian inserts **nell'anno** before the year or refers to the century:

  > **Nell'anno 200 (Nel terzo secolo)...**

  > **Nel Duecento (Nel tredicesimo secolo)...**

- To express time before and after the Common Era, use

  > **a.C. = avanti Cristo**   **d.C. = dopo Cristo**

  > **I Greci fondarono le prime colonie in Sicilia nell'VIII sec. a.C. (nell'ottavo secolo avanti Cristo).**

  > **Pompei ed Ercolano furono distrutte da un'eruzione del Vesuvio nel 79 d.C. (nel settantanove dopo Cristo).**

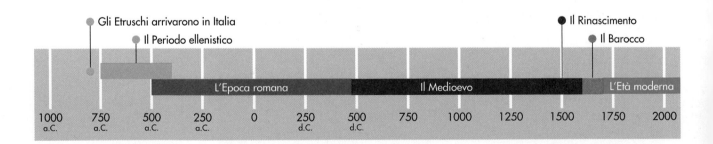

Gli Etruschi arrivarono in Italia
Il Periodo ellenistico
Il Rinascimento
Il Barocco
L'Epoca romana
Il Medioevo
L'Età moderna

| 1000 a.C. | 750 a.C. | 500 a.C. | 250 a.C. | 0 | 250 d.C. | 500 d.C. | 750 | 1000 | 1250 | 1500 | 1750 | 2000 |

B. Quando fu (*was*) il Medioevo?   Lavora con un compagno / una compagna. Leggi un anno e lui/lei userà la linea del tempo per dirti il periodo storico a cui corrisponde. Poi scambiatevi i ruoli.

> **Esempio:**   **S1:** l'ottavo secolo avanti Cristo
> **S2:** il Periodo ellenistico

1. il Trecento
2. il Duecento
3. il Seicento
4. il Novecento
5. dal 500 a.C. al V sec. d.C.
6. il Cinquecento

C. La città turistica o la città universitaria?

Parte prima. Con un compagno / una compagna, descrivi una delle città seguenti (o un'altra).

| Boston | Las Vegas | Miami | New York |
| San Francisco | | Toronto | Washington, D.C. |

Parte seconda. Cambia compagno/compagna. Descrivi la città che hai scelto nella parte prima senza nominarla. Il tuo compagno / La tua compagna deve indovinare di quale città stai parlando. Poi scambiatevi i ruoli.

> **Esempio:**   **S1:** Secondo me, questa città è interessante perché ci sono molti musei e monumenti da visitare: lo Smithsonian, la National Gallery of Art e il Vietnam War Memorial.
> **S2:** Boh, non lo so.
> **S1:** È la capitale degli Stati Uniti.
> **S2:** Oh! Certo! È Washington, D.C.

IN ITALIA

La città o il mare? Dove preferiscono andare I turisti in Italia?

	Città di interesse storico	Località marine (*Seaside resorts*)
Turisti italiani	17%	38%
Turisti stranieri	30%	28%

Secondo te, è più bello visitare una città storica o andare al mare?

D. Il punto di vista (*point of view*) di un bambino!

Spiega a un compagno / una compagna perché la città o il paese (*town*) dove sei cresciuto/a (*where you grew up*) era interessante dal punto di vista di un bambino. Preparatevi poi a presentare le vostre opinioni alla classe.

> **Esempio:**   Sono cresciuta a Chicago. Secondo me, era una città molto bella per una bambina: andavo in centro a visitare i musei, a Natale andavo a vedere tutte le vetrine e in estate potevo andare allo zoo.

La città e il paese di provincia

Talking about Italian cities and towns

La città e il paese sono due tipi centri abitati. Leggi questo brano per capire le differenze. (Riesci a capire le parole nuove evidenziate?)

In Italia ci sono più di 58 milioni di abitanti, molti dei quali vivono in città. Le città, o **i centri urbani,** si distinguono in base al numero di **abitanti.** Le città piccole hanno fino a 40.000 abitanti; le città medie hanno da 40.000 a 200.000 mila abitanti; le città grandi hanno da 200.000 a un milione di abitanti; **le metropoli** hanno più di un milione di abitanti (in Italia: Roma, Milano, Napoli).

Traffico urbano (Roma)

L'Italia è definita «L'Italia delle mille città» perché è ricca di centri urbani. Le città si differenziano dai **paesi di provincia** per il maggior numero di abitanti e anche perché hanno molti più servizi: scuole superiori, **banche,** vari tipi di negozi, supermercati, **musei, librerie,*** **parchi** pubblici, eccetera. Anche se ci sono meno servizi, per molte persone **vivere** in un paese di provincia è preferibile perché c'è meno **caos** e **rumore,** meno **smog** e **inquinamento,** e più verde.

Molte città italiane hanno **un centro storico,** dove si **trovano** gli edifici più antichi e interessanti di valore **religioso (il Duomo** ed altre chiese) e di valore **civico (il palazzo del comune).** Il centro storico è considerato una parte molto **prestigiosa** della città dove si trovano anche le boutique e dove il costo degli **affitti** è molto alto. Però le strade del centro storico non sono adatte al (*suited to*) **traffico,** perché sono state costruite quando le città erano meno popolate. Per questa ragione in centro è spesso più facile **muoversi** con **i mezzi pubblici**—gli autobus, i tram o **la metropolitana** (a Milano, Roma e Napoli).

Centro storico (Mantova)

La periferia della città è invece meno prestigiosa e meno **costosa.** Ci sono costruzioni **moderne** ed è di solito divisa in **quartieri** con caratteristiche diverse (residenziali, industriali, ospedalieri, sportivi).

Periferia (Roma)

*Attenzione! **La libreria** is a false cognate; it means *bookstore.* **La biblioteca** means *library.*

I negozi

Ci sono vari tipi di negozi nelle città italiane. Guarda le foto e poi rispondi alle domande scegliendo il negozio giusto.

a. la macelleria

c. il negozio di frutta e verdura

e. la salumeria

b. la pescheria

d. la gioielleria

f. il panificio / il forno

Dove vai per comprare...

1. il prosciutto? _____

2. il pesce? _____

3. la frutta fresca? _____

4. il pane? _____

5. un anello d'oro? _____

6. la carne? _____

Ogni regione italiana ha una città che è il centro amministrativo regionale, **il capoluogo.** Usa la cartina in fondo al libro per identificare la regione che corrisponde ad ogni capoluogo.

1. Ancona	6. Cagliari	11. Milano	16. Roma
2. Aosta	7. Campobasso	12. Napoli	17. Trento
3. L'Aquila	8. Catanzaro	13. Palermo	18. Torino
4. Bari	9. Firenze	14. Perugia	19. Trieste
5. Bologna	10. Genova	15. Potenza	20. Venezia

Answers to these activities are in Appendix 2 at the back of your book.

(continued)

Consulta la cartina di nuovo per rispondere alle seguenti domande.

1. Quali **fiumi** (*rivers*) attraversano le seguenti città?

   a. Roma   b. Verona   c. Firenze   d. Torino

2. Quali capoluoghi hanno **un porto**?

IN **ITALIA**

In Italia **i biglietti** per l'autobus si vendono in biglietteria (*ticket office*), in tabaccheria o in edicola (*newsstand*). Un biglietto urbano costa circa un euro. Quando salgono sull'autobus i passeggeri devono convalidare il biglietto, cioè metterlo nell'apposita macchina che ci stampa la data e l'ora. In molte città il biglietto rimane valido per 60–90 minuti.

Attenzione! Se i passeggeri non mostrano un biglietto convalidato quando passa il controllore (*conductor*), devono pagare **una multa** equivalente a 60 volte il prezzo del biglietto!

A. Città o paese?

Parte prima. Quali parole associ ad un centro urbano (**C**) e quali ad un paese di provincia (**P**)?

	C	P		C	P
1. la tranquillità	☐	☐	6. il monumento storico	☐	☐
2. il vigile (*traffic cop*)	☐	☐	7. la delinquenza	☐	☐
3. gli edifici	☐	☐	8. il taxi	☐	☐
4. il silenzio	☐	☐	9. lo stress	☐	☐
5. la metropolitana	☐	☐	10. la solitudine	☐	☐

Parte seconda. Collabora con tre o quattro studenti. Quanti altri luoghi, cose o persone che si trovano in un centro urbano e in un paese di provincia potete elencare (*list*) in due minuti?

Parte terza. Adesso prendete la lista di un altro gruppo. Quanti altri luoghi, persone o cose potete aggiungere alle due categorie in tre minuti? Quale gruppo ha le liste più lunghe?

B. Ho molto da fare oggi!

Parte prima. Scegli quattro o cinque dei seguenti negozi e scrivi frasi per dire quello che devi comprare oggi da ciascuno.

la pescheria   la macelleria   la gioielleria   il tabaccaio

il panificio / il forno   la libreria   la pasticceria   l'edicola

la salumeria   Benetton

Esempio: Devo comprare un dizionario.
Devo comprare...

Parte seconda. Di' quello che devi comprare a un tuo compagno / una tua compagna e lui/lei ti dirà dove devi andare.

Esempio: **S1:** Devo comprare un dizionario.
S2: Devi andare in libreria.

In italiano

- Here are some expressions for talking about life in the city.

cambiare casa *to move,*
to change houses

fare la spesa
to go grocery shopping

fare spese/shopping
to go shopping

fare un salto *to stop by*

guardare le vetrine
to window shop

mandare / spedire un pacco
to send a package

parcheggiare *to park*

il parcheggio *parking lot/space*

trasferirsi *relocate*

- Notice how **nascere, crescere** (*to grow up*), and **vivere** are used to refer to one's relationships to places.

Sono nato/a a Milano
ma sono cresciuto/a
a Bologna.

I was born in Milan but
I grew up in Bologna.

Ho vissuto cinque anni
a Genova.

I lived in Genova for
five years.

C. I consigli.
Il tuo migliore amico / La tua migliore amica ha sempre un problema da risolvere. Trova la soluzione appropriata.

Esempio: **S1:** Devo uscire stasera ma sono senza soldi.
S2: Perché non fai un salto al bancomat?

1. Devo trovare un vestito elegante per il matrimonio del mio amico ma non so cosa voglio.
2. È il compleanno di mia madre venerdì prossimo e non posso andare a casa a festeggiare perché non ho i soldi per il treno.
3. Non riesco a trovare lavoro in questo piccolo paese.
4. La mia amica viene a cena stasera e il frigo è vuoto (*empty*)!
5. Non ne posso più (*I can't stand it anymore*)! Abbiamo tre bambini ma solo due camere e un bagno. Questa casa è troppo piccola!
6. Ho un appuntamento alle 18.00 in centro ma è difficile trovare parcheggio a quell'ora.

D. La parola giusta.

Parte prima. Gianfranco e Caterina hanno sistemazioni diverse. Completa le frasi con l'espressione appropriata. **Attenzione!** Devi usare tutte le espressioni una volta.

> abitanti   l'affitto   edifici   l'inquinamento
>
> paese   periferia   il quartiere   spese   tranquilla

Gianfranco

1. Gianfranco non abita in città, abita in un piccolo _____ in montagna vicino a Trento.
2. Preferisce vivere in montagna dove l'aria (*air*) è pulita e non c'è _____.
3. In un paese di provincia la vita è più _____ che in città perché c'è meno caos e rumore.
4. Non ci sono negozi nel suo paese. Se Gianfranco vuole fare _____, deve andare a Trento.

Caterina

1. Caterina abita a Roma. Roma è una metropoli perché ha più di un milione di _____.
2. Caterina non è contenta di vivere in periferia dove le costruzioni sono moderne. Preferisce _____ antichi che si trovano nel centro storico.
3. Molte persone vogliono vivere a Trastevere perché è _____ più antico di Roma.
4. A Caterina piacerebbe un appartamento in centro, ma _____ è troppo alto e non ha molti soldi. Mi sa (*It seems to me*) che deve rimanere in _____.

Parte seconda. Lavora con un compagno / una compagna. Scrivete altre frasi sulle sistemazioni di Gianfranco e Caterina usando le seguenti parole.

> crescere   l'edicola   la macelleria   i mezzi pubblici
>
> il parcheggio   rumore   le vetrine

E. Città o provincia?

Parte prima. Collega i contrari (*opposites*). **Attenzione!** Alcuni aggettivi hanno più di un contrario.

1. caotico	a. calmo
2. complicato	b. divertente
3. frenetico	c. piacevole (*pleasing*)
4. monotono	d. sicuro (*safe*)
5. noioso	e. silenzioso
6. pericoloso (*dangerous*)	f. stimolante
7. rumoroso	g. semplice (*simple*)
8. stressante	h. tranquillo

Parte seconda. Adesso completa queste frasi secondo la tua opinione. Nel primo spazio inserisci degli aggettivi, poi motiva la tua scelta. Discuti le tue opinioni con i compagni.

> **Secondo me, la vita in un centro urbano è... perché...**
> **Secondo me, la vita in un paese di provincia è... perché...**

Solo musica. Go to the *Avanti!* iMix on the *Avanti!* Online Learning Center in Coursewide Content (**www.mhhe.com/avanti2**) where you can purchase *50 special* by Luna Pop, which pays homage to the most popular means of transportation in Italy: **la Vespa.**

IN **ITALIA**

Quali sono i problemi della vita in città? Ecco cosa dicono gli italiani:

il traffico	48,3%
le cattive condizioni stradali	41%
le difficoltà del parcheggio	40,8%
l'inquinamento dell'aria	40%

E i problemi nella zona in cui vivi tu, quali sono?

Ripasso: Ho vinto la lotteria!

The present perfect of irregular verbs

Parte prima. Completa ogni verbo con il participio passato.
(Hai bisogno di aiuto? Vedi **Capitolo 7, Strutture 7.2.**)

1. nascere	sono ____	6. vedere	ho ____
2. rimanere	sono ____	7. essere	sono ____
3. vincere	ho ____	8. prendere	ho ____
4. perdere	ho ____	9. vivere	sono ____
5. leggere	ho ____	10. crescere	sono ____

Parte seconda. Scegli sei verbi e scrivi frasi originali che sono vere
per te. Con gli altri quattro verbi, scrivi frasi false.

> **Esempio:** Sono nato il 24 luglio.

Parte terza. Leggi tutte le frasi a un compagno / una compagna.
Lui/Lei ascolterà e prenderà appunti e poi deciderà quali sono le
quattro frasi false.

▶ Answers to this activity are
in Appendix 2 at the back of
your book.

12.1 Chi fu?

The past absolute

1. The **passato remoto** is another past tense that is usually used to talk
about events in the distant past, such as historical events. It is often used
instead of the **passato prossimo** in novels and short stories.

2. The endings of the three regular conjugations are very similar in the
passato remoto. Notice that regular **-ere** verbs have alternative forms
for **io, lui,** and **loro.**

andare	credere	costruire (*to construct*)
and**ai**	cred**ei** / cred**etti**	costru**ii**
and**asti**	cred**esti**	costru**isti**
and**ò**	cred**è** / cred**ette**	costru**ì**
and**ammo**	cred**emmo**	costru**immo**
and**aste**	cred**este**	costru**iste**
and**arono**	cred**erono** / cred**ettero**	costru**irono**

 IN ITALIA

L'uso del passato remoto varia
secondo la zona geografica.
Nel Nord d'Italia si usa solo
nella lingua scritta formale,
ma nel Sud viene usato
quotidianamente nella
lingua parlata.

(*continued*)

3. Essere is completely irregular in the **passato remoto.**

essere
fui
fosti
fu
fummo
foste
furono

4. The verb **avere** is also irregular, but there is a pattern. The **io, lui/lei,** and **loro** forms are similar.

avere
ebbi
avesti
ebbe
avemmo
aveste
ebbero

5. Many irregular verbs, most of which are **-ere** verbs, also have irregular **io, lui,** and **loro** forms. Here are the third-person singular (**lui/lei**) forms of several commonly used irregular verbs.

STUDY TIP

The goal of this lesson is to be able to recognize the forms of the **passato remoto** when you read. Since it is used to tell stories and talk about historical events and people who are no longer living, the most frequent form that you will encounter in this chapter is the third person singular (**lui/lei**).

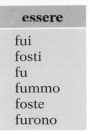 To learn about the use of the **passato remoto** vs. **l'imperfetto,** see **Strutture 12.2.**

INFINITO	PASSATO REMOTO lui/lei
conoscere	conobbe
decidere	decise
dipingere	dipinse
dire	disse
fare	fece
morire	morì
nascere	nacque
perdere	perse
rimanere	rimase
rispondere	rispose
scrivere	scrisse
vedere	vide
venire	venne
vincere	vinse

A. Gli italiani famosi. Completa le descrizioni con la persona giusta.

Enrico Fermi   Dante Alighieri   Carlo Collodi

Nicolò Machiavelli   Anna Magnani   Leonardo da Vinci

1. _____ dipinse *La Gioconda*.

2. _____ scrisse *Le Avventure di Pinocchio* nel 1881.

3. _____ fu la protagonista del film di Roberto Rossellini, *Roma, città aperta* (1945).

4. _____ fu l'autore del Trecento che scrisse la *Divina Commedia*.

5. _____ scoprì l'energia nucleare.

6. _____ fu il filosofo della politica che scrisse *Il Principe* durante il Rinascimento.

B. Riconosci il passato remoto?

Scrivi la forma equivalente al passato prossimo di questi verbi al passato remoto. **Attenzione!** Usa l'ausiliare (**avere/essere**) giusto.

1. scrisse	_____	8. vinse	_____
2. disse	_____	9. ebbe	_____
3. rispose	_____	10. conobbe	_____
4. rimase	_____	11. nacque	_____
5. decise	_____	12. morì	_____
6. perse	ha perso	13. inventò	_____
7. dipinse	_____		

C. Trova il passato remoto.

Parte prima. Leggi questo brano su Giulio Cesare e sottolinea tutti i verbi al passato remoto. Poi scrivi la forma equivalente al passato prossimo di ogni verbo. **Attenzione!** Ci sono nove verbi al passato remoto.

Intorno al 100 a.C., da una nobile e antica famiglia romana, nacque Caio Giulio Cesare. Nella sua giovinezza ebbe un ruolo importante la madre Aurelia e in lei Cesare ebbe sempre grandissima fiducia (*trust*). Verso i trent'anni Cesare cominciò ad affermarsi (*establish himself*) nella vita politica di Roma. Per attuare (*put into effect*) un suo programma di riforme, si alleò con (*he formed an alliance with*) le due persone più potenti (*powerful*) della città: Pompeo e Crasso. Questo patto fra i tre uomini prese il nome di «triumvirato». A Cesare fu affidato (*entrusted*) il governo della Gallia (*Gaul, now modern-day France*) e presto si rivelò (*he revealed himself*) il più forte dei triumviri. Il 15 marzo del 44 a.C. fu ucciso (*killed*) da un gruppo di oppositori che non tolleravano il suo potere.

Parte seconda. Rispondi alle domande.

1. Quando nacque Giulio Cesare?   3. Che fu il triumvirato?

2. Quando morì Giulio Cesare?   4. Chi fu il più forte dei triumviri?

D. Il bastone (cane) magico.

Parte prima. In questa favola (*fable*) di Gianni Rodari un ragazzino, Claudio, riceve un bastone magico da un vecchio signore. Sottolinea tutti i verbi al passato remoto e poi abbinali (*match them*) alle forme del passato prossimo qui sotto.

Solo musica. Go to the *Avanti!* iMix on the *Avanti!* Online Learning Center in Coursewide Content (**www.mhhe.com/avanti2**) where you can purchase *Nel così blu* by Zucchero. As you listen to the song, how many verbs in the **passato remoto** can you identify?

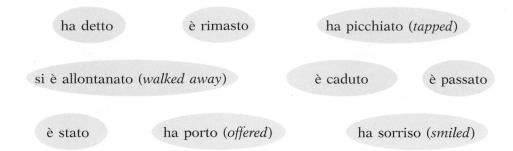

ha detto   è rimasto   ha picchiato (*tapped*)

si è allontanato (*walked away*)   è caduto   è passato

è stato   ha porto (*offered*)   ha sorriso (*smiled*)

Un giorno il piccolo Claudio giocava sotto il portone, e sulla strada passò un bel vecchio con gli occhiali d'oro, che camminava curvo (*bent over*), appoggiandosi ad (*leaning on*) un bastone, e proprio davanti al portone il bastone gli cadde (*fell from his hands*).

Claudio fu pronto a raccoglierlo e lo porse al vecchio, che sorrise e disse: «Grazie, ma non mi serve. Posso camminare benissimo senza. Se ti piace, tienilo.»

E senza aspettare risposta si allontanò, e pareva (*he seemed*) meno curvo di prima.

Claudio rimase lì col bastone fra le mani e non sapeva che farne. Era un comune (*normal*) bastone di legno (*wood*), col manico ricurvo (*curved handle*) e il puntale di ferro (*iron tip*), e niente altro di speciale da notare.

Claudio picchiò due o tre volte il puntale per terra, poi...

(Rodari, Gianni, 1993, *Favole al telefono*, Einaudi Ragazzi, p. 93–95)

Parte seconda. Leggi la favola. Non ti preoccupare se non capisci tutte le parole, cerca solo di capire l'idea generale della storia.

Parte terza. Il bastone è magico perché quando Claudio picchia il puntale per terra, succedono cose straordinarie. Formate gruppi di tre o quattro. Completate l'ultima frase insieme e raccontate la vostra versione ai compagni. **Attenzione!** Usate i verbi al passato prossimo.

Esempio: Claudio ha picchiato due o tre volte il puntale per terra, poi il bastone è diventato un albero di cioccolato. Claudio è salito sull'albero e ha cominciato a mangiare tutti i cioccolatini...

Firenze: città turistica d'arte

Abitanti: fiorentini

Regione: Toscana

Popolazione: 364.779

Piatti tipici: bistecca alla fiorentina, pici

Santo patrono: San Giovanni Battista, 24 giugno

 CLICCA QUI Per sapere di più su Firenze, vai sul sito di *Avanti!*, **Clicca qui (www.mhhe.com/avanti2).**

Ripasso: Una gita a Firenze

The imperfect vs. the **passato prossimo**

Dina è studentessa di storia dell'arte a Bologna. Ieri è andata a visitare la città e i musei di Firenze. Aveva solo un giorno a disposizione (*free*) e c'erano molte cose da vedere. Completa la descrizione della sua visita con il passato prossimo o l'imperfetto del verbo tra parentesi.

Dina _____¹ (prendere) il treno delle 7.00 da Bologna ed

_____² (arrivare) a Firenze alle 9.00. Prima _____³

(andare) a Santa Maria Novella, una chiesa medievale dove si possono vedere le opere di Brunelleschi,

Filippino Lippi e Masaccio.

Chiesa Santa Maria Novella

Poi _____⁴ (prendere) l'autobus per andare alla basilica di Santa Croce a vedere gli affreschi di Giotto e delle sculture rinascimentali.ᵃ Dopo _____⁵ (decidere) di fare un giro al mercato di San Lorenzo.

(*continued*)

ᵃ*from the Renaissance*

▶ Answers to this activity are in Appendix 2 at the back of your book.

San Lorenzo

Mentre _____6 (guardare) le borse ad una bancarella, _____7 (vedere) un'amica, Sabrina, che frequentava il suo corso di arte rinascimentale. L'ha invitata a passare la giornata insieme, ma Sabrina _____8 (avere) un altro impegno.

A questo punto _____9 (essere) le due del pomeriggio: ora di andare alla Galleria dell'Accademia. Dina _____10 (essere) ansiosa di vedere il *David,* la famosissima scultura di Michelangelo. Dopo tre ore nel museo, Dina _____11 (avere) una fame da lupo.

Ponte Vecchio

Mentre _____12 (andare) a Ponte Vecchio, _____13 (fermarsi) in un bar a prendere un panino e qualcosa da bere. Per non sprecare[b] tempo, _____14 (mangiare) mentre _____15 (guardare) le botteghe e gli orefici[c] sul ponte. Ormai _____16 (essere) tardi. Dina _____17 (andare) in stazione per tornare a Bologna.

[b]*to waste*   [c]botteghe... *shops and gold shops*

12.2 Chi fu? Com'era?

The imperfect vs. the past absolute

The same difference that exists between the **imperfetto** and the **passato prossimo** exists between the **imperfetto** and the **passato remoto**.

Mentre Claudio **giocava** sotto il portone, **passò** un bel vecchio.
Il vecchio **si allontanò** e **pareva** meno curvo di prima.

Firenze

Parte prima. Leggi il brano sulla storia di Firenze.

Prima del XII secolo la città di Firenze non aveva molta importanza. La sua importanza aumentò con la crescita economica del commercio tessile della lana (*wool*) e della seta (*silk*) e nel 1183 Firenze diventò repubblica. Molta gente si trasferì a Firenze e la città cominciò ad espandersi. Anche a causa di questa crescita, si crearono tensioni tra le due fazioni aristocratiche della città: i guelfi (sostenitori [*supporters*] del papa) ed i ghibellini (sostenitori dell'imperatore). Nonostante (*Despite*) le continue battaglie politiche tra le due fazioni, Firenze continuò a crescere e predominò su quasi tutta l'Italia centrale. La sua ricchezza (*wealth*) era particolarmente evidente nelle costruzioni cominciate in quell'epoca

(XIII secolo), come le chiese di Santa Maria Novella e di Santa Croce. Nella prima metà del XIV secolo, Firenze era una delle città più popolate nel mondo e un potente centro di commercio.

Parte seconda. Rispondi alle domande.

1. Quale fu la causa dell'urbanizzazione di Firenze nel Medioevo?
2. Quali erano le due fazioni che non andavano d'accordo a Firenze?
3. Quali chiese si cominciarono a costruire nel XIII secolo?

Parte terza. Fai due liste: una di tutti i verbi al passato remoto (ce ne sono sette) e una di tutti i verbi all'imperfetto (ce ne sono tre). Per i tre verbi all'imperfetto e tre verbi a scelta al passato remoto, spiega perché si usa l'imperfetto o il passato remoto.

▶ Answers to this activity are in Appendix 2 at the back of your book.

🌀 Ripasso: Il paese è più tranquillo della città

The comparative

....

Parte prima. Completa queste affermazioni con aggettivi appropriati.

1. Il paese è **meno** _____ **della** città.

2. La vita in città è **più** _____ **della** vita in un paese di provincia.

3. La metropolitana è **più** _____ **dell'**autobus.

4. Il costo della vita in un paese è **meno** _____ **del** costo della vita in città.

5. Il ritmo (*pace*) della vita in città è **più** _____ **del** ritmo della vita in un paese di montagna.

Parte seconda. Collabora con un compagno / una compagna. Fate un paragone tra due città italiane che conoscete.

> **Esempio:** Roma è più grande di Firenze, ma secondo noi Firenze è più bella perché…

12.3 Dove si vive meglio?

The irregular comparative

....

1. The adjectives **buono** (*good*) and **cattivo** (*bad*) describe nouns. When comparing two nouns, you can express the fact that one is *better than* or *worse than* the other with the regular comparative forms **più buono di / più cattivo di**.

Secondo me…	*In my opinion . . .*
la pasta è **più buona del** pesce.	*pasta is better than fish.*
gli gnocchi sono **più buoni delle** lasagne.	*gnocchi are better than lasagna.*
il pesce è **più cattivo della** pasta.	*fish is worse than pasta.*
le lasagne sono **più cattive degli** gnocchi.	*lasagna is worse than gnocchi.*

Attenzione! Remember that the adjective agrees in gender and number with the *first* noun in the comparison.

(continued)

The irregular forms of these adjectives, **migliore di** (*better than*) and **peggiore di** (*worse than*), have the same meaning.

La pasta è **migliore del** pesce.
Gli gnocchi sono **migliori delle** lasagne.
Il pesce è **peggiore della** pasta.
Le lasagne sono **peggiori degli** gnocchi.

2. Bene (*well*) and **male** (*badly*) are adverbs: they modify verbs. When comparing how an action is carried out, you use the comparative forms of adverbs, **meglio di** (*better than*) and **peggio di** (*worse than*).

Guido nuota **bene**.   *Guido swims well.*
Luca nuota **male**.   *Luca swims badly.*
Guido nuota **meglio di** Luca.   *Guido swims better than Luca.*
Luca nuota **peggio di** Guido.   *Luca swims worse than Guido.*

A. Le tue opinioni. Scegli la parola che esprime la tua opinione e poi completa la frase. Se hai bisogno di aiuto, consulta le cartine in fondo al libro. Quando hai finito, l'insegnante farà un sondaggio della classe per conoscere le opinioni della maggioranza.

Secondo me...

1. la qualità della vita a Napoli è migliore/peggiore della qualità della vita ad Assisi perché...
2. le possibilità di trovare lavoro in un'azienda internazionale in Lombardia sono migliori/peggiori delle possibilità in Campania perché...
3. a dicembre una gita (*trip*) a Catania è migliore/peggiore di una gita a Cortina perché...
4. in agosto un weekend a Bolzano è migliore/peggiore di un weekend a Rimini perché...
5. la qualità dell'aria a Milano è migliore/peggiore della qualità dell'aria ad Aosta perché...

 **IN ITALIA**

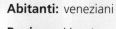

Venezia «la Serenissima»: città turistica d'arte

Abitanti: veneziani

Regione: Veneto

Popolazione: 268.516

Piatti tipici: risi e bisi, polenta, baccalà

Santo patrono: San Marco Evangelista, 25 aprile

 CLICCA QUI Per sapere di più su Venezia, vai sul sito di *Avanti!*, Clicca qui (**www.mhhe.com/avanti2**).

B. Marco e Riccardo.

Parte prima. Marco e Riccardo sono due compagni di casa molto differenti. Completa le frasi con le parole giuste.

1. Riccardo gioca a tennis <u>migliore / meglio</u> di Marco.
2. Marco cucina <u>migliore / meglio</u> di Riccardo. Quindi, le lasagne di Marco sono <u>migliori / meglio</u> delle lasagne di Riccardo.
3. Riccardo parla francese <u>peggiore / peggio</u> di Marco.
4. Riccardo gioca a golf <u>migliore / meglio</u> di Marco.
5. Riccardo e Marco seguono un corso di matematica insieme. I compiti di Marco sono sempre <u>migliori / meglio</u> dei compiti di Riccardo.
6. Marco pulisce la casa <u>migliore / meglio</u> di Riccardo.
7. La bici di Marco è vecchia e malandata (*in bad shape*) perché non la usa mai. Riccardo, invece, prende la sua tutti i giorni. La bici di Riccardo è <u>migliore / meglio</u>.

Parte seconda. Lavora con uno o due compagni. In base alle risposte della **Parte prima** descrivete Marco e Riccardo. Come sono di carattere? Cosa gli piace / non gli piace? Cosa fanno nel tempo libero?

C. Quale è migliore?

Parte prima. Scrivi le tue opinioni. Usa **migliore** o **peggiore**.

Esempio: Secondo me (A mio parere), l'opera lirica è migliore del jazz.

1. la pizza ai funghi / la pizza ai quattro formaggi
2. la vita in campagna / la vita in città
3. una vacanza al mare / una vacanza in montagna
4. una festa di compleanno con gli amici / una festa di compleanno con la famiglia
5. la musica rock / il rap
6. l'autobus / la metropolitana

Parte seconda. Trova un compagno / una compagna che ha le stesse opinioni. Prendi appunti e poi presenta i risultati ai compagni.

Esempio: **S1:** Secondo te, l'opera lirica è migliore del jazz?
   S2: Sì!
   S1 e S2: Secondo me e Cristina, l'opera è migliore del jazz.

> ### In italiano
>
> If you want to express that someone is *better* or *worse* at a particular activity than yourself, you use: **meglio/peggio di me.**
>
> Marcello gioca a tennis meglio di me, ma Sandra gioca peggio di me.

D. Chi gioca meglio?

Parte prima. Per ogni attività indica la tua abilità.

| benissimo | bene | male | malissimo |

1. cucinare
2. dipingere
3. giocare a tennis
4. giocare a calcio
5. ballare
6. nuotare

Parte seconda. Trova le persone che fanno queste attività meglio o peggio di te. Prendi appunti e poi presenta i risultati ai compagni.

Esempio: **S1:** Come cucini?
   S2: Bene.
   S1: Luigi cucina meglio di me.

Object pronouns

A chi o a cosa si riferiscono i pronomi evidenziati in questi mini-dialoghi? Sono complementi oggetto diretto o indiretto?

1. IL DIRETTORE: Signora Ricci, per favore, chiami il Signor Talmi e **gli** dica che posso incontrar**lo** domani mattina alle 10.00.
   LA SEGRETARIA: Sì, sì. Subito.
2. LA MAMMA: Tommaso, hai comprato i fiori per i nonni?
   TOMMASO: No, **li** compro stasera quando esco.
3. IL CAMERIERE: **Le** porto il conto?
   CARLO: Va bene. Grazie.
4. SOFIA E LUISA: **Ci** porti a casa in macchina?
   MAURO: Certo, volentieri.
5. ALESSANDRA: Hai dato i libri a Raffaella ed Enrica?
   RITA: No, non **gli** ho potuto dare niente.
   ALESSANDRA: Perché?
   RITA: Perché non **le** ho più viste a lezione.
6. LA COMMESSA: Posso aiutar**La**?
   SIMONE: Sì, grazie. Cerco una maglietta per la mia ragazza. **Le** piace il collo a 'V' (*V-neck*).

⊙ Answers to this activity are in Appendix 2 at the back of your book.

12.4 A Silvia piacciono le scarpe

*More about the verb **piacere***

1. The verb **piacere** doesn't behave like other verbs. **Piacere** literally means *to be pleasing to,* so it has a subject and an indirect object; the subject is what is pleasing, and the indirect object is the person who is pleased. In the following sentence **le scarpe** is the subject of **piacere,** and **Silvia** is the indirect object (that's why **Silvia** is preceded by the preposition **a**).

INDIRECT OBJECT	SUBJECT	
↓	↓	
A Silvia piacciono **le scarpe.**		*The shoes are pleasing to Silvia.* (*Silvia likes the shoes.*)
A Silvia piace **disegnare.**		*Drawing is pleasing to Silvia.* (*Silvia likes drawing.*)

2. If the indirect object of the verb **piacere** has a definite article, the preposition **a** contracts with the article to form an articulated preposition.

Alla mia amica piacciono gli orecchini.	*The earrings are pleasing to my friend (f.).* (*My friend [f.] likes the earrings.*)
Ai ragazzi piace il giubbotto.	*The jacket is pleasing to the guys.* (*The guys like the jacket.*)

3. Don't be fooled by the word order! With **piacere,** the indirect object, not the subject, may precede the verb.

Identify the subject of **piacere** in the following sentences.

1. Mi **piace** vivere in città.
2. Ci **piacciono** i negozi del nostro quartiere.
3. Ai bambini **piacciono** i biscotti.
4. A Luisa **piace** il cane di Maria.
5. La nuova macchina **piace** a mia madre, ma non **piace** a mio padre.

Answers to this activity are in Appendix 2 at the back of your book.

A. Ascolta. L'insegnante leggerà delle frasi. Indica il soggetto del verbo **piacere.**

1. a. Maria   b.   gli spaghetti
2. a. io   b.   nuotare
3. a. la natura   b.   Michele
4. a. fare le vacanze in Italia   b.   mia madre
5. a. Leonardo e Guido   b.   tutti gli sport

B. Le conclusioni.

Parte prima. Scegli la conclusione giusta per ogni frase.

1. Luigi mangia sempre i broccoli, le zucchine e l'insalata.

   a. Gli piace la verdura.   b. Le piace la verdura.

2. Tea gioca a tennis, a calcio e a golf.

   a. Gli piace lo sport.   b. Le piace lo sport.

3. Francesca e Maria guardano *La vita è bella, Roma, città aperta* e *Cinema Paradiso.*

   a. Gli piacciono i film italiani.   b. Le piacciono i film italiani.

4. Toni ed io ascoltiamo Nek, Eros Ramazzotti e Laura Pausini.

   a. Mi piace la musica italiana.   b. Ci piace la musica italiana.

5. Vai spesso a Firenze, Siena e San Gimignano.

   a. Ti piace la Toscana.   b. Mi piace la Toscana.

6. Non guiderò mai a Roma, Milano o Napoli.

   a. Non ti piace il traffico.   b. Non mi piace il traffico.

Parte seconda. Scrivi tu le conclusioni. Segui il modello della **Parte prima.**

1. Tu e Diana mangiate spesso le torte, i biscotti, il tiramisù e la zuppa inglese.
2. Roberto e Marta vanno sempre a Rimini.
3. Tu e i tuoi amici andate in Trentino–Alto Adige ogni inverno.
4. Io e mia madre andiamo spesso da Benetton.
5. Maurizio mangia sempre il gorgonzola, la mozzarella e la fontina.
6. Quando devo fare un viaggio lungo, non prendo mai la macchina. Viaggio sempre in treno.

C. Le persone famose.
Abbina le persone a sinistra con le cose che gli piacciono (o gli piacevano) a destra. Poi scrivi frasi complete con **piacere**.

Esempio: Ad Enrico Fermi piaceva la fisica.

Miuccia Prada
Cristoforo Colombo
Sofia Loren   Ligabue
Alessandro Del Piero
Enrico Fermi
Giuseppe Verdi

la fisica
viaggiare
recitare
le opere liriche
i vestiti
la musica rock
giocare a pallone

D. Il gioco della memoria.
Formate cerchi di 7 o 8 studenti. La prima persona sceglie una categoria e poi dice una cosa che (non) gli/le piace in quella categoria. Ogni persona che segue deve dire cosa (non) piace a lui/lei e ripetere cosa (non) piace a tutte le persone precedenti.

Le regole: Non si possono ripetere le risposte. Se dimentichi una risposta o se dimentichi di dire "a" prima dei nomi dei compagni, il gioco ricomincia da capo (*from the beginning*).

la cucina
italiana   i vestiti   le professioni   la vita universitaria

le feste (religiose e nazionali)   la città e la provincia

Esempio: la città e la provincia
S1: Mi piace Palermo.
S2: Mi piace Roma. A Maria piace Palermo.
S3: A Marco piace Roma, a Maria piace Palermo, non mi piace Rimini.

IN ITALIA

Palermo: città turistica d'arte

Abitanti: palermitani

Regione: Sicilia

Popolazione: 665.434

Piatti tipici: pasta con le sarde, caponata, pasta reale (*marzipan*), cannoli siciliani

Santa patrona: Santa Rosalia, 15 luglio

 CLICCA QUI Per sapere di più su Palermo, vai sul sito di *Avanti!*, Clicca qui (www.mhhe.com/avanti2).

Cultura

Ascoltiamo!

Le città italiane attraverso il tempo

A. Osserva ed ascolta. Osserva ed ascolta mentre l'insegnante ti parla delle caratteristiche delle città in diversi periodi storici.

B. Completa. Completa le seguenti frasi, inserendo la parola appropriata della lista qui sotto. Usa ogni parola *una sola volta*. **Attenzione!** La lista contiene dieci parole; devi usarne solamente otto.

coltivazione	clima	greca	medioevale	moderna
preistorica	il Rinascimento	romana	Seicento	il trasporto

1. I centri maggiori sono sorti (*sprang up*) in aree fertili e di facile _____.

2. I centri maggiori si trovano in zone dal _____ mite e presso un fiume o lungo le coste del mare per rendere più facile _____ di persone e merci (*goods*).

3. Le città di origine _____ erano delle colonie.

4. Le città di origine _____ hanno una tipica pianta quadrangolare.

5. Le città di origine _____ sono caratterizzate da piccole strade strette e a curve e da una cerchia di mura (*walls*) che le circonda.

6. Durante _____ non sono state fondate molte città. Invece quelle già esistenti sono state trasformate per farle più belle e più comode.

7. Lo stile grandioso del barocco nel _____ ha trasformato le città con la costruzione di imponenti edifici e monumenti dalle linee curve, con forti effetti scenografici.

C. Tocca a te! Secondo te, quale tipo di città è più interessante? Perché?

Secondo me (A mio parere), la città di origine… è la più interessante perché…

Leggiamo!

Le città italiane di oggi

A. Prima di leggere. Con un compagno / una compagna, fai una lista delle dieci città italiane più importanti e/o interessanti. Per ogni città scrivi perché è importante e/o interessante.

B. Al testo!

Parte prima. Guarda la cartina d'Italia e leggi le informazioni sulle città italiane.

Parole per leggere

la disoccupazione *unemployment*
inoltre *besides*
notevole *significant, noteworthy*
ospitare *to host*
possedere *to possess*
la rete *network; net*

La zona compresa tra Torino, Milano e Genova è definita anche «il triangolo industriale», perché possiede le maggiori industrie e i maggiori centri di produzione: Torino, centro di grandi industrie; Milano, centro industriale e commerciale; Genova, con il maggiore porto commerciale. In questa zona, che ha sempre offerto notevoli[1] possibilità di lavoro, è dunque affluito[2] un grande numero di persone da ogni regione d'Italia.

● La zona veneta (il cosiddetto «Nord-Est») è caratterizzata da un intensissimo, recente, impetuoso sviluppo industriale. Si produce «di tutto», si esporta ovunque;[8] questa zona è divenuta una vera e propria potenza[9] economica. Verona, Vicenza, Padova, Pordenone sono i centri più dinamici e noti, dove – si può quasi dire – «non esiste disoccupazione».

● La zona emiliana è caratterizzata da molte attività industriali e agricole ed è sede[10] di città grandi e medie, come Bologna, Parma, Reggio nell'Emilia, Modena, Ferrara, Ravenna.

● La zona marchigiana e umbra è rimasta più a lungo agricola, industrializzandosi[11] in tempi relativamente recenti; è sede di città medie e piccole, alcune delle quali dedite all'industria (ad esempio Terni), al commercio e ai trasporti (porti di Ancona e di San Benedetto del Tronto) e altre sono città turistiche e universitarie (come Perugia e Urbino).

● La zona toscana ospita oggi città industriali (tra cui Prato e Pistoia) e città turistiche (ad esempio Firenze, Pisa, Viareggio).

più di 1.000.000 abitanti

da 200.000 a 1.000.000 abitanti

meno di 200.000 abitanti

● Roma, capitale italiana dal 1871, pur possedendo poche industrie, ospita ministeri, uffici governativi e numerose attività di servizio, per cui attrae[3] un notevole flusso[4] di persone, specie[5] dall'Italia meridionale; è inoltre[6] uno dei «poli»[7] del turismo mondiale.

● La zona meridionale, pur ospitando alcune grandi città industriali e commerciali (Napoli, Bari, Palermo), è caratterizzata da attività ancora prevalentemente agricole ed è la meno urbanizzata d'Italia: vi manca la fitta rete[12] di città medie e piccole presente nel resto del territorio italiano.

[1]*noteworthy* [2]*è... has therefore streamed* [3]*attracts* [4]*flow* [5]*often* [6]*moreover* [7]*centers* [8]*si... exports everywhere* [9]*power* [10]*seat, site* [11]*vi... becoming industrialized* [12]*vi... it is missing the tight network*

Parte seconda. Insieme ad un compagno / una compagna, fai una scheda simile a quella che segue per le altre zone.

Scheda n. 1			
La zona	le città	le dimensioni	l'economia
«il triangolo industriale»	Torino	☐ piccola ☐ media ☑ grande ☐ metropoli	☐ agricola ☐ commerciale ☐ di porto ☐ di servizi ☑ industriale ☐ turistica ☐ universitaria
	Milano	☐ piccola ☐ media ☐ grande ☑ metropoli	☐ agricola ☑ commerciale ☐ di porto ☐ di servizi ☑ industriale ☐ turistica ☐ universitaria
	Genova	☐ piccola ☐ media ☑ grande ☐ metropoli	☐ agricola ☑ commerciale ☑ di porto ☐ di servizi ☐ industriale ☐ turistica ☐ universitaria

C. Discutiamo! Quali della città che hai incluso nella tua lista della **Parte prima** sono menzionate nella lettura? Per quali motivi? Dove si trovano le zone più industrializzate in Italia? Dove si trovano le zone più agricole? Dov'è la maggior parte delle città turistiche?

Scriviamo!

Dov'è meglio abitare?

Lavora con un compagno / una compagna. Su un foglio scrivete sette vantaggi di abitare in città.

> **Esempio:** È meglio abitare in città perché...
> ci sono più servizi (gli ospedali, le scuole, i negozi).

Su un altro foglio scrivete sette vantaggi di abitare in campagna.

> **Esempio:** È meglio abitare in campagna perché...
> c'è meno smog e inquinamento.

Parliamo!

Dibattito

In città o in campagna? Dov'è meglio abitare? I compagni che hanno lavorato insieme per *Scriviamo!* si dividono e ciascuno prende uno dei fogli preparati. Tutti gli studenti che hanno una lista di vantaggi «città» si mettono da una parte dell'aula; quelli con i vantaggi «campagna» si mettono dall'altra. Ogni gruppo cerca di convincere gli studenti dell'altro sui vantaggi della vita in città o campagna. Gli studenti, che alla fine si convincono che hanno ragione gli altri, si spostano (*they move*) dalla loro parte.

Secondo la maggioranza degli studenti, dov'è meglio abitare?

Guardiamo!

Film *Il postino*

(Commedia. Dramma. Italia. 1994. Michael Radford, Regista. 108 min.)

A. Anteprima.

Parte prima. Con un compagno / una compagna decidete quali dei seguenti elementi si trovano più comunemente in campagna.

☐ 1. la campana (*bell*)　　　☐ 6. le reti (*fishing nets*)

☐ 2. il cielo　　　　　　　☐ 7. la sirena

☐ 3. il cuore　　　　　　　☐ 8. il traffico

☐ 4. le onde (*waves*)　　　☐ 9. il vento

☐ 5. gli insetti (*insects*)　　☐ 10. i telefonini

Parte seconda. Questo film è ambientato in una piccola isola del Sud. In base a quello che hai imparato in **Leggiamo**, con un compagno / una compagna decidi quali elementi Mario ha registrato per il suo amico.

B. Ciak, si gira! Mario ha registrato i suoni di otto degli elementi elencati nell'**Anteprima**. Abbina i suoni con le loro descrizioni.

> **Esempio:** **2. g:** il cielo stellato

a. dei cespugli (*shrubs*)　　　e. grandi

b. della chiesa　　　　　　　f. piccole

c. della scogliera (*cliff, reef*)　g. stellato (*starry*)

d. del bambino　　　　　　　h. tristi di mio padre

C. È fatto! Quali suoni degli elementi dell'**Anteprima** preferisci ascoltare? Quali suoni della tua città o del tuo paese farebbero parte (*would belong*) del tuo album dei suoni?

Riassunto: Mario (Massimo Troisi), the unemployed son of a poor fisherman, takes the job of mail carrier on his small Southern Italian island when the famous Chilean poet Pablo Neruda is exiled there. Mario must hand-deliver the mail to the poet. The two become friends. From Neruda, Mario learns about the power of poetry and uses it to woo the beautiful Beatrice, a waitress at the village inn.

Scena: (DVD Capitolo 19): In this scene, Mario decides to make a recording of various sounds from the *paese* to send to Neruda, who has since left, to remember it by.

IN **AMERICA**

Many American cities share their names with famous Italian ones. In addition to Naples, Florida, 30 states have a Florence; and there are twenty cities in North America named Roma! How many cities in your state have Italian names?

Profilo | ▼   Amici | ▼   Reti | ▼   Cassella | ▼

Il blog di Barbara—Firenze

Fiesole in Toscana

Nome: Barbara Decanini
Età: 33 anni
Professione: madre e casalinga eclettica

Ciao!

Se hai poco tempo da passare a Firenze, questi sono, secondo me, i posti da vedere:

per i giovani—Via Tornabuoni il sabato pomeriggio per quello che i fiorentini chiamano «lo struscio», una lenta passeggiata.

per gli amanti del fitness—Nell'Arno, proprio tra Ponte alla Carraia e Ponte Vecchio, ci sono ogni giorno gli allenamenti della squadra di canottaggio.

per tutti—Il giardino di Boboli. Il mercato di S. Lorenzo, Via del Corso e le vie lì vicino che evocano l'atmosfera fiorentina. Piazza della Signoria. Questa piazza e la galleria degli Uffizi sono attaccati; lì, tra i due edifici, c'è un arco che permette una vista mozzafiato* del museo e dell'Arno... È uno dei miei posti preferiti.

Infine, a 6 km da Firenze, Fiesole.

 DVD CONNECTION Per vedere Firenze e i posti preferiti di Barbara, guarda il video **Il blog di Barbara** sul DVD di *Avanti!*

@ **CLICCA QUI** Per sapere di più sui posti di Firenze presentati nel blog di Barbara, vai sul sito di *Avanti!*, **Clicca qui** (**www.mhhe.com/avanti2**).

*breathtaking

Vocabolario

Domande ed espressioni

a mio parere	in my opinion
meglio/peggio di me	better/worse than me
secondo me	in my opinion
secondo te/Lei	in your (*inform./form.*) opinion

Verbi

cambiare casa	to move
costruire	to construct
crescere	to grow (up)
decidere	to decide
fare un salto	to stop by
fare la spesa	to go grocery shopping
fare spese/shopping	to go shopping, to shop
guardare le vetrine	to window shop
mandare / spedire (una lettera / un pacco)	to send (a letter / a package)
muoversi	to move, to get around
nascere	to be born
parcheggiare	to park
trasferirsi	to relocate
vivere	to live

Sostantivi

gli abitanti	inhabitants
l'affitto	rent
la banca	bank
il caos	chaos
il capoluogo	administrative center
il centro storico	historical center (*of a city*)
il centro urbano	city
il duomo	cathedral
l'edicola	newsstand
il fiume	river
il francobollo	stamp
la gioielleria	jewelry store
l'inquinamento	pollution
la libreria	bookstore
la macelleria	butcher shop
la metropoli	big city
la metropolitana	subway
i mezzi pubblici	public transportation
i mezzi di trasporto	means of transportation
il museo	museum
il negozio di frutta e verdura	fruit and vegetable shop

il paese (di provincia)	small town
il palazzo del comune	city hall
il panificio / il forno	bread shop, bakery
il parcheggio	parking lot/space
il parco	park
la periferia	periphery
la pescheria	fish shop
il porto	port
la posta / l'ufficio postale	post office
il quartiere	neighborhood
il ritmo (della vita)	rhythm (*of life*), pace
il rumore	noise
la salumeria	delicatessen
lo smog	smog
il tabaccaio	tobacco shop
il traffico	traffic

Aggettivi

civico	civic
costoso	expensive
moderno	modern
prestigioso	prestigious
religioso	religious

Comparativi

migliore di / peggiore di	better than / worse than (*adj.*)
meglio di / peggio di	better than / worse than (*adv.*)

I secoli (*Centuries*)

a.C. / avanti Cristo	B.C. / before Christ (before the Common Era)
d.C. / dopo Cristo	A.D. / anno domini (after the Common Era)
il Barocco	Baroque period
il Duecento / il Trecento	the 1200s / the 1300s
il Medioevo	Middle Ages
il Rinascimento	Renaissance
l'undicesimo secolo / il dodicesimo secolo	the eleventh century / the twelfth century

Andiamo in ferie!

Sulla spiaggia (1925), Giorgio De Chirico

13

SCOPI

In this chapter you will learn:

- to express wishes and desires
- to make suggestions and give advice
- to talk about vacations
- how to make requests using the present conditional
- how to give commands and instructions and offer advice using the formal and informal imperative
- about vacations and tourism in Italy

Hai/Ha un sogno nel cassetto?

Expressing wishes and desires

- The Italian expression: **avere un sogno nel cassetto** means *to have a secret wish* (literally, *to have a dream in the drawer*).

  To express what you *would like to do*, say:

  Vorrei + infinitive
  Mi piacerebbe + infinitive

- **Attenzione!** In conversation people seldom reply in a complete sentence. Part of the reply is implied:

  —**Hai un sogno nel cassetto?**
  —**Sì, andare in Italia! (Sì, vorrei / mi piacerebbe andare in Italia.)**

A. Osserva ed ascolta.

Parte prima. Osserva ed ascolta questi italiani che rispondono alla domanda «Hai/Ha un sogno nel cassetto?» Chi ha un sogno nel cassetto? Chi no?

1.   sì   no
     ☐   ☐

2.   sì   no
     ☐   ☐

3.   sì   no
     ☐   ☐

4.   sì   no
     ☐   ☐

(continued)

5.   sì no
     ☐ ☐

6.   sì no
     ☐ ☐

You learned **ti piacerebbe** and **Le piacerebbe** as a way to invite someone to do something. You can also use these expressions to ask what someone would like to do (if they could):

(tu)	(Lei)
Dove ti piacerebbe andare?	**Cosa Le piacerebbe vedere?**
Where would you like to go?	*What would you like to see?*

Parte seconda. Ora scrivi quello che piacerebbe fare alle persone intervistate. Se qualcuno non ha un sogno nel cassetto, scrivi «niente».

1.

2.

B. E tu, hai un sogno nel cassetto?   Intervista i compagni per trovare qualcuno che condivide (*shares*) il tuo sogno. Quando lo trovi, fai tutte le domande necessarie per capire quanto i vostri sogni sono simili o diversi.

Esempio: **S1:** Hai un sogno nel cassetto?
            S2: Sì. Mi piacerebbe viaggiare.
            S1: Anche a me! Dove ti piacerebbe andare?
            S2: In Egitto. E a te?
            S1: A me piacerebbe vedere il Sud America.

Sarebbe meglio...

Making suggestions and giving advice

To give advice, say:

Sarebbe meglio... /	*It would be better . . . /*
Sarebbe una buon'idea...	*It would be a good idea . . .*
or	*(continued)*

Non sarebbe meglio... ? /	Wouldn't it be better . . . ? /
Non sarebbe una buon'idea... ?	Wouldn't it be a good idea . . . ?
—Mi piacerebbe fare il giro del mondo.	I'd like to take a trip around the world.
—Non sarebbe meglio laurearti prima?	Wouldn't it be better to graduate first?

Remember, if you agree, you can reply with a positive comment such as **Che bello!** or you can say:

—Sono d'accordo. Sarebbe proprio bello.	I agree. It would be great.

A. Quale sarebbe meglio?

Parte prima. Ecco una lista di sogni possibili. Con un compagno / una compagna decidete che cosa sarebbe meglio fare prima.

Esempio: sposarsi / laurearsi
S1: Secondo te, sarebbe meglio prima sposarsi o laurearsi?
S2: Secondo me, sarebbe meglio prima laurearsi.
S1: Anche secondo me. (Secondo me, invece, sarebbe meglio prima sposarsi.)

1. trovare un lavoro / comprare una macchina
2. laurearsi / trovare un lavoro
3. avere una vita avventurosa / avere una vita tranquilla
4. diventare ricchi / essere felici
5. pagare i debiti / andare in vacanza
6. viaggiare / mettere su famiglia

Parte seconda. Fai una lista dei tuoi sogni e di quelli di alcuni compagni. Con un compagno / una compagna, decidete quali sogni sarebbe meglio realizzare prima.

Lessico

Dove vai in vacanza?

Talking about vacations

Vuoi prenotare una vacanza di una settimana su Internet? Ecco la pagina dell'Agenzia di Viaggi Adriatico. Scegli le tue preferenze fra le opzioni presentate (e cerca di capire le parole nuove evidenziate). Poi, quando hai finito, calcola il costo delle tue vacanze e confrontalo con quello delle vacanze di un compagno / una compagna. Chi spende di meno? Chi spende di più?

Prenota la vacanza qui con l'Agenzia di Viaggi Adriatico

1. La destinazione:

al mare
- ☐ Rimini
- ☐ Portofino
- ☐ Taormina

in montagna
- ☐ Cortina
- ☐ Madonna di Campiglio
- ☐ Aosta

all'estero
- ☐ Parigi
- ☐ Madrid
- ☐ Londra

2. Il periodo del soggiorno:

Alta stagione

estate: ☐ dal 1 agosto al 7 agosto

inverno: ☐ dal 1 gennaio al 7 gennaio

Bassa stagione

primavera: ☐ dal 1 maggio al 7 maggio

autunno: ☐ dal 1 ottobre al 7 ottobre

3. Il tipo di alloggio (i prezzi sono per camera doppia con bagno e aria condizionata):

	Alta Stagione		Bassa Stagione	
Albergo	Mezza pensione	Pensione completa	Mezza pensione	Pensione completa
★★★★★	☐ € 1.400	☐ € 1.600	☐ € 1.000	☐ € 1.200
★★★★	☐ € 1.000	☐ € 1.200	☐ € 800	☐ € 1.000
★★★	☐ € 800	☐ € 1.000	☐ € 600	☐ € 800

Pensione				
★★★★	☐ € 600	☐ € 750	☐ € 450	☐ € 600
★★★	☐ € 400	☐ € 1550	☐ € 350	☐ € 500

4. Escursioni turistiche

☐ al mare: escursione in **barca a vela** (€ 100)

☐ in montagna: **fare trekking** (€ 40)

☐ all'estero: tour della città in **pullman** (€ 40)

PRENOTA!

In italiano

- **Noleggiare** and **affittare** both mean *to rent,* but they are used for renting different things.

  noleggiare (or **prendere a noleggio**) *to rent cars, bikes, and videos*
  affittare *to rent houses and apartments*

  Quando Marco va in vacanza con la famiglia, preferisce affittare un appartamento e noleggiare una macchina.

- Here are other verbs that are used when talking about vacations.

dimenticare	*to forget*	**prenotare**	*to reserve*
godersi	*to enjoy*	**(fare una**	*(to make*
lamentarsi	*to complain*	**prenotazione)**	*a reservation)*
organizzare	*to organize*	**rilassarsi**	*to relax*

Lago di Garda in Lombardia

A. Ascolta. L'insegnante leggerà le descrizioni di alcune situazioni. Scegli le soluzioni migliori.

1. Sarebbe meglio _____.
   a. andare al mare
   b. andare in montagna
   c. andare in città

2. Sarebbe meglio _____.
   a. noleggiare un camper
   b. affittare una villa in campagna
   c. prenotare una camera in un albergo del centro

3. Sarebbe meglio _____.
   a. prenotare un albergo a quattro stelle (*four-star*)
   b. prenotare una pensione completa
   c. prenotare una mezza pensione

4. Sarebbe meglio _____.
   a. fare un tour della città in pullman
   b. andare in giro a piedi
   c. noleggiare una bici

5. Sarebbe meglio andare _____.
   a. al mare
   b. ad un'isola
   c. in montagna

6. Sarebbe meglio andare in vacanza _____.
   a. nel periodo di alta stagione
   b. nel periodo di bassa stagione
   c. lunedì e martedì

7. Sarebbe meglio _____.
   a. ritornare alla stessa agenzia per prenotare la vacanza l'anno prossimo
   b. lamentarsi con il direttore
   c. non viaggiare mai più

8. Sarebbe meglio _____.
   a. andare in America
   b. andare in montagna
   c. fare il paracadutismo

IN **ITALIA**

Dove fanno le ferie gli italiani?

D'estate	al mare	53,2%	**In Italia**	nel Nord	47,7%	
	in montagna	17,8%		nel Centro	25,7%	
D'inverno	in montagna	30%		nel Sud	20,8%	
	in spiaggia	18%	**In Europa**	in Francia	7,2 milioni	
	(all'estero)			in Spagna	2,3 milioni	
				in Gran Bretagna	1 milione	

B. Che significa?

Parte prima. Abbina le parole dell'insieme A ai significati dell'insieme B.

A	B
1. godersi	a. una terra circondata (*land surrounded*) dall'acqua
2. il trekking	b. i soldi che si pagano per un servizio o un oggetto
3. prenotare	c. il luogo in cui (*in which*) si vive, anche temporaneamente
4. l'isola	d. il periodo di tempo che si trascorre in un luogo
5. il prezzo	e. organizzare e fissare in anticipo
6. il soggiorno	f. un tipo di autobus con poltrone e servizi vari che si usa per viaggi lunghi o per escursioni
7. il pullman	g. escursioni a piedi in montagna o in campagna
8. l'alloggio	h. provare soddisfazione, essere contenti

Parte seconda. Collabora con un compagno / una compagna. Scrivete il significato di quattro delle seguenti parole. Presentate i vostri significati ad un altro gruppo e loro devono indovinare la parola.

l'albergo

la barca   la bassa stagione

la camera   dimenticare

l'escursione   l'estero   lamentarsi

noleggiare   la pensione

rilassarsi

IN **ITALIA**

In spiaggia gli stabilimenti balneari noleggiano **ombrelloni** (*beach umbrellas*), **lettini** (*lounge chairs*) e pattini (*paddle boats*). Offrono anche docce, parchi giochi per i piccoli e animazione (*organized activities*); ogni stabilimento balneare ha un bagnino (*lifeguard*). Se vuoi spendere di meno, puoi portare il tuo ombrellone, il tuo telo da mare (*beach towel*), eccetera su **una spiaggia libera** (*free/public beach*).

Spiaggia affollata d'estate (Rimini in Emilia-Romagna)

C. All'agenzia. Il signor Bolognese è all'agenzia di viaggi e parla con l'impiegata. Scegli le parole appropriate per completare la loro conversazione.

alta   escursioni guidate   in montagna   noleggiare
pensione   periodo   prenoto   le spiagge

L'IMPIEGATA: Buon giorno.

IL SIGNOR BOLOGNESE: Buon giorno. Senta, ogni estate andiamo al mare. Però _____[1] sono affollatissime (*very crowded*) e il caldo è insopportabile (*intolerable*). Quest'estate vorrei fare una vacanza diversa e portare la famiglia _____.[2] Mi potrebbe consigliare (*Could you suggest*) qualcosa?

L'IMPIEGATA: Per quante persone?

IL SIGNOR BOLOGNESE: Tre, due adulti e un ragazzo di 12 anni.

L'IMPIEGATA: In quale _____[3] vorrebbe andare?

IL SIGNOR BOLOGNESE: Ad agosto.

L'IMPIEGATA: Agosto è _____[4] stagione, ma abbiamo qualcosa che non costa tanto. C'è un'offerta speciale per Madonna di Campiglio: mezza _____,[5] camera doppia con bagno, 50 euro a persona per notte. Possiamo aggiungere un lettino per il ragazzo per altri 10 euro a notte.

IL SIGNOR BOLOGNESE: Quali attività ci sono?

L'IMPIEGATA: Potrebbe _____[6] le mountain bike, fare _____[7] o equitazione. Ci sono anche una piscina, un golf club e campi da tennis.

IL SIGNOR BOLOGNESE: Potrebbe andare bene. Mia moglie adora i cavalli e mio figlio gioca a tennis. A me invece piace molto la bicicletta. Va bene, _____.[8]

D. La vacanza estiva.

Parte prima. Su un foglio di carta, scrivi il tuo nome, tre cose che ti piace fare, tre cose che non ti piace fare e tre cose che devi avere quando sei in ferie.

Parte seconda. Consegna il foglio di carta all'insegnante e scegli un compagno / una compagna con cui collaborare. L'insegnante distribuirà due fogli a caso ad ogni gruppo. Leggete i desideri delle persone e poi descrivete la vacanza che faranno insieme l'estate prossima. Dove andranno? In quale periodo viaggeranno? Cosa faranno? **Attenzione!** Usate il futuro. (Ricordi il futuro? Vedi **Capitolo 10, Strutture 10.2.**)

Esempio: L'estate prossima Roger e Marissa andranno in Italia in alta stagione. Prenoteranno una camera in una pensione a Rimini. Di giorno prenderanno il sole sulla spiaggia e di notte andranno a ballare in discoteca...

13.1 Vorrei andare in Italia

The present conditional

Sei in vacanza in Italia per dieci giorni con il tuo migliore amico / la tua migliore amica. Scegli una risposta o dai una tua risposta alle sue domande. Siete compatibili?

1. Prenotiamo una camera senza bagno privato in una pensione per risparmiare (*save*)?
   a. Buon'idea!
   b. Io, invece, **vorrei** dormire in un albergo a quattro stelle.
   c. Io, invece, **vorrei** _____.

2. Noleggiamo una macchina?
   a. Buon'idea!
   b. No, secondo me **sarebbe** meglio viaggiare in treno.
   c. No, secondo me **sarebbe** meglio _____.

3. Andiamo a fare bungee jumping?
   a. Sì! Buon'idea!
   b. No, grazie. **Mi piacerebbe** fare un'escursione.
   c. No, grazie. **Mi piacerebbe** _____.

4. Facciamo un tour di Roma in pullman?
   a. Sì! Buon'idea!
   b. Io, invece, **vorrei** andare in giro a piedi.
   c. Io, invece, **vorrei** _____.

5. Trascorriamo cinque giorni in Sicilia con la mia famiglia?
   a. Sì! Buon'idea!
   b. No, grazie. **Mi piacerebbe** trascorrere cinque giorni a Roma.
   c. No, grazie. **Mi piacerebbe** _____.

1. The verbs in boldface in the questionnaire above are in the present conditional. The present conditional (**il condizionale presente**) corresponds to the English *would + verb.*

vorrei	*I would like*
mi piacerebbe	*it would be pleasing to me / I would like*
sarebbe (meglio)	*it would be (better)*

2. Forming the **condizionale presente** is easy. The stem is the same as that of the future tense.

-are	-ere	-ire
prenot**er**-	prender-	dormir-

The endings are the same for all three conjugations.

io	-ei
tu	-esti
lui/lei/Lei	-ebbe
noi	-emmo
voi	-este
loro	-ebbero

Now complete these conjugations.

	prenotare	prendere	dormire
io	prenoterei		
tu		prenderesti	
lui/lei/Lei			dormirebbe
noi			
voi			
loro			

▶ Answers to the activities in this section are in Appendix 2 at the back of your book.

3. Several verbs have irregular stems in the future and present conditional. Give the first-person singular (**io**) forms for each verb in the chart that follows. Several are already done for you. (**Attenzione!** If you don't remember the irregular future stems, see **Capitolo 10, Strutture 10.2.**)

avere → avrei	**essere** → sarei	**cercare** → cercherei
andare →	**dare** →	**pagare** →
dovere →	**fare** →	**noleggiare** → noleggerei
potere →	**stare** →	**cominciare** →
volere → vorrei		
rimanere →		
tenere →		

(*continued*)

4. The present conditional is often used to make polite requests.

Mi **faresti** un favore?	*Would you do me a favor?*
Potresti aiutarmi con i compiti?	*Could you help me with my homework?*

5. To express what one should or shouldn't do, use **dovere** in the present conditional.

Dovrei studiare di più.	*I should study more.*
Patrik **dovrebbe** telefonare alla mamma più spesso.	*Patrick should call his mom more often.*

 To learn how to form the past conditional, see **Per saperne di più** at the back of your book.

A. Dove ti piacerebbe dormire?   Stai organizzando le ferie.
Leggi la descrizione dell'ostello, del rifugio e del bed and breakfast e poi spiega dove ti piacerebbe dormire e dove non ti piacerebbe dormire e perché.

Mi piacerebbe dormire in un... perché...
Non mi piacerebbe dormire in un... perché...

Dove ti piacerebbe dormire in vacanza?

Ostello	**Rifugio**	**Bed & Breakfast**
L'ostello è un tipo di alloggio dedicato ai giovani viaggiatori o a chi ha un budget limitato. È una sistemazione semplice e pulita. Si dorme in camerate con i letti singoli o a castello[1] e i servizi sono in comune. Il prezzo comprende la prima colazione.	Il rifugio è un alloggio di alta montagna fatto di legno.[2] Ospita più che altro chi desidera riposarsi dopo una lunga camminata o una giornata sulle piste.[3] Come nell'ostello i servizi sono in comune e le camerate sono grandi, ma bisogna portare il proprio sacco a pelo.[4] Il cibo è buono e genuino, preparato con i prodotti del luogo.	Il concetto del Bed & Breakfast, o del letto e colazione, è nato nel nord Europa a metà [5] degli anni sessanta e indica le persone che alloggiano nella propria casa dei turisti. Il costo è limitato e il prezzo comprende la prima colazione che viene preparata e servita dai padroni di casa.

[1]letti... *single beds or bunk beds* [2]*wood* [3]*ski slopes* [4]sacco... *sleeping bag* [5]*middle*

B. Volentieri o mai?

Parte prima. Quali sono le tue preferenze per le ferie? Completa le frasi in modo che siano vere per te.

1. Non andrei mai a/in....
2. Andrei volentieri a/in...
3. Non dormirei mai...
4. Dormirei volentieri...
5. Non mangerei mai...
6. Mangerei volentieri...
7. Non viaggerei mai in...
8. Viaggerei volentieri in...

Parte seconda. Lavora con un compagno / una compagna. A turno leggete le vostre frasi. Ogni volta che lui/lei non è d'accordo con la tua opinione, chiede «Perché?» e tu devi giustificare la tua affermazione.

Esempio: **S1:** Non andrei mai al Polo Nord.
S2: Sono d'accordo.
S1: Andrei volentieri in Siberia.
S2: Perché?
S1: Perché è una parte interessante del mondo.

C. Gli scrupoli.

Parte prima. Collabora con un compagno / una compagna. Trovate due possibili soluzioni alle seguenti situazioni.

Esempio: Arrivi puntuale alla lezione di italiano ma non c'è l'insegnante.
a. Aspetterei 15 minuti.   b. Andrei a casa.

1. Sono le 8.00 di sera. Domani hai l'esame di fisica, un corso che non ti piace, e non hai ancora cominciato a studiare.

2. I tuoi genitori ti chiedono di tornare a casa questo weekend per il compleanno di tuo fratello, ma il tuo migliore amico fa una grande festa sabato sera.

3. I tuoi amici vanno in Italia per due settimane quest'estate. Vuoi andare anche tu, ma non hai molti soldi.

4. Quando mangi al ristorante con il tuo migliore amico / la tua migliore amica, paghi sempre tu. L'amico/a dice che pagherà la prossima volta, ma poi non paga mai e tu sei arrabbiato/a.

Parte seconda. Scambiate le soluzioni con un altro gruppo. Discutete tutti insieme sulle soluzioni dei due gruppi e poi scegliete la soluzione migliore.

D. Cosa si dovrebbe fare?   In gruppi di tre o quattro, decidete cosa dovrebbero fare queste persone. Poi confrontate le vostre proposte con quelle dei compagni e votate per le soluzioni migliori.

1. Martina è innamorata di Roberto, ma lui non lo sa.
Martina dovrebbe...

2. Andrea vorrebbe andare in Turchia ma ha paura di volare.
Andrea dovrebbe...

3. Franco vorrebbe un aumento di stipendio. Franco dovrebbe...

4. Maria ha visto il ragazzo della sua migliore amica baciare un'altra ragazza. Maria dovrebbe...

5. È da una settimana che Luisa chiama Luca e lascia messaggi sulla segreteria telefonica. Lui non la richiama. Luisa dovrebbe...

In italiano

- As you already know, **volentieri** is used to express willingness to do an activity.

  Andresti in Italia in vacanza?
  Would you go to Italy on vacation?
  Sì, volentieri.
  Yes, absolutely!

- It is also a common response when someone asks you a favor that you would be happy to do.

  Mi daresti un passaggio all'università?
  Would you give me a ride to the university?
  Certo. Volentieri.
  Certainly. Gladly.

- It is often used in combination with **spesso.**

  Spesso e volentieri andiamo da amici.
  We go to our friends' house really often.

E. Cosa faresti con...

Parte prima. Intervista tre o quattro compagni di classe per sapere quello chc farebbero con queste cose. Prendi appunti.

Cosa faresti con...

1. 1.000.000 (un milione) di euro?
2. una villa a Palermo?
3. un anno da vivere come vuoi?
4. due viaggi gratis (*free*) a Roma, tutto compreso (*included*)?
5. un biglietto d'aereo con destinazione aperta?

Parte seconda. Collabora con un compagno / una compagna. Basatevi sui risultati dell'intervista per decidere quali compagni hanno queste caratteristiche. Poi presentate le vostre conclusioni alla classe.

Chi è...

1. altruista?* 3. prudente? 5. divertente?
2. avventuroso/a? 4. generoso/a?

Esempio: Roberto è altruista perché darebbe un milione di euro alla Croce Rossa (*Red Cross*).

 Solo musica. Go to the *Avanti!* iMix on the *Avanti!* Online Learning Center in Coursewide Content (**www.mhhe.com/avanti2**) where you can purchase *Come saprei* by Giorgia. As you listen to the song, how many present conditional verbs can you hear?

IN ITALIA

L'Italia ha due **isole** maggiori: la Sicilia e la Sardegna. Oltre (*Besides*) a queste ci sono molte isole minori intorno alla penisola. Ecco alcune delle mete (*destinations*) più frequentate dai turisti.

- Le isole di Ischia e Capri nel Golfo di Napoli hanno una lunga tradizione turistica. A Ischia e Capri sono stati ambientati (*set*) molti film, per esempio, *The Talented Mr. Ripley* (1999).

- Le isole Eolie formano un arcipelago di sette isole vulcaniche a nord della Sicilia. La più grande del gruppo è Lipari, dove ci sono **terme** e belle spiagge.

- L'Isola d'Elba sulla costa toscana fu il luogo d'esilio (*exile*) di Napoleone Buonaparte nel 1814.

Burano e Murano si trovano nella laguna di Venezia. La prima è famosa per il pizzo (*lace*); la seconda per il vetro.

---

*The masculine and feminine singular forms of nouns and adjectives ending in **-ista** are the same: **Marco è altruista. Maria è altruista.**

13.2 Dimmi tutto!

The informal imperative

Segna (✓) le espressioni che hai sentito alle lezioni d'italiano.

Apri la porta, per favore.   Chiudi la finestra, per piacere.

Parlate italiano!   Non mangiare in classe.

Accendi le luci, per favore.   Spegni le luci, per favore.

Aprite i libri.   Non parlare inglese!   Ascolta.

Firma qui, per favore.

1. The imperative (**l'imperativo**) is frequently used to give commands or orders, but it also has other functions in Italian. The imperative is also used in the following cases.

a. to give instructions (directions or recipes)

Gira a sinistra.	*Turn left.*
Aggiungete un po' di zucchero. ⎱	*Add a little sugar.*
Aggiungere un po' di zucchero. ⎰	

Note: For recipes, you *always* use the second-person plural imperative or the infinitive.

b. to give advice

Non parlare più con Giacomo!   *Don't speak to Giacomo anymore!*

c. to encourage someone to do something

Dai, **vieni** alla festa stasera!   *Come on, come to the party tonight!*

2. The **tu/voi** forms of the imperative are used when speaking informally to one or more people. All are similar to the present-tense forms except for the **tu** form of **-are** verbs, which ends in **-a** instead of **-i.**

	-are	-ere	-ire
tu	**ascolta**	rispondi	dormi/pulisci
voi	ascoltate	rispondete	dormite/pulite

3. The **tu** forms of several commonly used verbs have alternative forms.

andare	→	**vai/va'**	fare	→	**fai/fa'**
dare	→	**dai/da'**	stare	→	**stai/sta'**
dire	→	**di'**			

(continued)

In italiano

The **tu** and **voi** forms of **essere** and **avere** are irregular: **abbi/abbiate** and **sii/siate.** However, they are very infrequent and are most often heard in comments such as:

Abbi pazienza! *Have patience!*
Sii gentile! *Be nice!*

4. The negative imperative of all **tu** forms is formed with **non** + infinitive. The **voi** forms do not change in the negative imperative.

	-are	**-ere**	**-ire**
tu	**non guardare**	**non rispondere**	**non dormire / non pulire**
voi	non guardate	non rispondete	non dormite / non pulite

5. In **Capitolo 5, Strategie di comunicazione,** you learned that the **noi** form is used to make suggestions to a group. It is the equivalent of English *Let's . . .* or *Let's not. . . .*

Andiamo al cinema! *Let's go to the movies!*
Non guardiamo la TV! *Let's not watch TV!*

6. Reflexive and object pronouns attach to the end of the informal imperative verbs.

Marco, metti**ti** la giacca! *Marco, put on your jacket!*
Silvana, leggi**lo**! *Silvana, read it!*

Note that when a pronoun attaches to **da', di', fa', sta',** or **va',** the first consonant is doubled (except when the pronoun is **gli**).

Dimmi! *Tell me!*
Fallo subito! *Do it right away!*
Dagli la foto! *Give him the photo!*

7. Imperative forms are often softened by adding the expressions **per favore, per piacere,** or **pure** (*by all means*).

Firma qui, **Dimmi la verità,** **Stai pure a casa.**
per favore. **per piacere.**

A. Perché si usa l'imperativo?
Abbina le frasi con il motivo per cui si usa l'imperativo.

_____ 1. Dai, **mangia** un po' di pasta: è buona.

_____ 2. **Dammi** una penna, per favore.

_____ 3. **Fate** bollire (*boil*) l'acqua e poi **aggiungete** il sale.

_____ 4. **Non ti preoccupare.** Andrà tutto benissimo.

_____ 5. **Vai** diritto (*straight*) e poi **gira** a destra al primo incrocio (*intersection*).

_____ 6. Dai, **vieni** con noi stasera. Ci divertiremo.

_____ 7. **Prendi** un'aspirina e **vai** a letto.

a. dare ordini

b. dare istruzioni (indicazioni stradali o ricette [*recipes*])

c. dare consigli

d. incoraggiare qualcuno a fare qualcosa

B. Mi puoi... / Ti dispiace... ?

Luigi chiede tanti favori a Maria, ma non è sempre molto gentile. Crea domande più gentili usando l'espressione **mi puoi** + infinito o **ti dispiace** + infinito. (Ricordi le espressioni **mi puoi / ti dispiace** + infinito? Vedi **Capitoli 6 e 11, Strategie di comunicazione.**)

Esempio: Dammi la penna! → Mi puoi dare la penna?
Vieni a casa mia. → Ti dispiace venire a casa mia?

1. Telefonami stasera.
2. Aspetta un attimo.
3. Prepara un dolce per cena.
4. Dimmi perché non esci stasera.
5. Portami a casa in macchina.
6. Scrivimi un'e-mail.
7. Invitami alla festa.
8. Noleggia una macchina per il viaggio.

C. Cosa dici?

Parte prima. Completa le frasi con l'imperativo giusto.

| non ti preoccupare | aspetta | vieni |
| dimmi | dammi | vai |

1. Qualcuno ti ha scritto un messaggio anonimo. Il tuo compagno / La tua compagna di casa sa chi è, ma non dice niente. Cosa dici al compagno / alla compagna di casa?

   «_____ chi ha scritto il messaggio!»

2. Tuo fratello è molto preoccupato perché la sua ragazza non lo chiama da una settimana. Cosa dici a tuo fratello?

   «_____. Ti telefonerà in questi giorni.»

3. Vai ad uno spettacolo stasera con tuo fratello. Lo spettacolo comincia alle 20.00. Sono le 19.30 e non sei ancora pronto/a. Tuo fratello vuole uscire subito. Cosa dici a tuo fratello?

   «_____ un attimo!»

4. La tua migliore amica studia sempre e non esce mai. Stasera festeggi il tuo compleanno a casa di un amico. Cosa dici all'amica?

   «Dai, _____ alla festa stasera!»

5. Tua madre vuole fare una torta, ma le manca (*she doesn't have*) lo zucchero. Cosa ti dice tua madre?

   «_____ al supermercato a comprare dello zucchero, per favore.»

6. Stai guardando la TV con tuo cugino. Tuo cugino cambia canale (*channel*) in continuazione. Cosa gli dici?

   «_____ il telecomando!»

Parte seconda. Insieme ad un compagno / una compagna, scrivete tre frasi usando l'imperativo. **Attenzione!** Non ripetete le frasi della **Parte prima.**

Esempio: Non parlare inglese!

Parte terza. Scambiate le frasi con un altro gruppo e poi, a turno, descrivete la scena in cui la frase imperativa viene usata.

Esempio: Uno studente è arrabbiato perché il compagno risponde in inglese alle sue domande.

IN **ITALIA**

In Italia **il treno** offre la possibilità di viaggiare comodamente (*comfortably*) ad un prezzo ragionevole (*reasonable*). Secondo il tipo di treno, bisogna **prenotare** il posto e/o pagare **un supplemento.**

TRENI PER IL TRASPORTO LOCALE
7.200 treni regionali al giorno, il 45% circolante nelle ore di punta (*rush hour*).

TRENI NAZIONALI (per le medie e lunghe distanze)
- Per arrivare a destinazione nel minor tempo possibile su treni eleganti e veloci: Treni Eurostar Italia Alta Velocità.
- Collegamenti (*Connections*) veloci tra le più importanti città italiane con treni moderni ed esclusivi: Treni Eurostar Italia (ES☆).
- Collegamenti capillari tra le città italiane: Treni Eurostar City e Intercity (IC).
- Collegamenti notturni lungo i principali assi di collegamento (*routes*) della penisola: Treni Notte.

TRENI INTERNAZIONALI
Collegamenti internazionali con la Svizzera, l'Austria, la Germania, la Francia, la Spagna, la Croazia, la Slovenia, Praga e Budapest. Tempi ridotti (*reduced*), ottimo comfort di viaggio e servizi di qualità giorno e notte in Europa: Treni Eurocity (EC) e Euronight (EN).

 CLICCA QUI Per sapere di più su come viaggiare in treno in Italia, vai sul sito di *Avanti!*, **Clicca qui (www.mhhe.com/avanti2).**

Adapted from Trenitalia website: **http://www.trenitalia.com**

13.3 Mi dica!

The formal imperative

 Che significa **si accomodi**? Quando si usa?

1. You have already learned the forms of the informal imperative. When speaking formally to one person, use the **Lei** form of the imperative.* To form the formal imperative, drop the infinitive ending and add **-i** to **-are** verbs and **-a** to **-ere** and **-ire** verbs. Note that **-ire** verbs that insert **-isc-** in the present tense also insert **-isc-** in the formal imperative.

-are	-ere	-ire
aspett**i**	rispond**a**	dorm**a** / finisc**a**

2. Here are the formal imperative forms of some common irregular verbs.

andare	→	**vada**
dare	→	**dia**
fare	→	**faccia**
dire	→	**dica**
stare	→	**stia**
venire	→	**venga**

3. To make the formal imperative negative, just add **non.**

Non si preoccupi!   **Non vada via!**

4. Reflexive and object pronouns are attached to the end of informal imperatives, but they do not attach to formal imperatives; they precede the verb.

INFORMALE	FORMALE
Marco, metti**ti** la giacca!	Signor Rossi, **si** metta la giacca!
Silvana, leggi**lo**!	Signora Rossi, **lo** legga!
Francesca, dim**mi**!	Signora Spinelli, **mi** dica!

A. Mi può... / Le dispiace... ?
Kamal è impiegato in un'agenzia di viaggi e parla con un cliente. Crea domande equivalenti alle frasi con l'imperativo. Usa le espressioni **mi può** + **infinito** o **Le dispiace** + **infinito.**

Esempi: Mi dia la carta di identità! → Mi può dare la carta di identità?
Firmi qui, per favore. → Le dispiace firmare qui, per favore?

1. Aspetti un momento.
2. Venga nel mio ufficio.
3. Mi telefoni fra una settimana.
4. Mi porti il passaporto domani.
5. Mi dica quando vuole partire.
6. Parli con il mio collega.

B. Formale o informale?
Scegli la risposta appropriata.

1. Marta lavora in ufficio. Un nuovo direttore è arrivato ieri. Oggi ha un problema con il computer e chiama Marta. Cosa le dice il direttore?

   a. Per favore, mi dia una mano.   b. Per favore, dammi una mano.

---

*In contemporary, spoken Italian, the **voi** form is often used to address more than one person formally. For example, **Accomodatevi** (*Make yourselves comfortable*); **Non vi preoccupate** (*Don't worry*). The **Loro** forms are much more formal and are not frequently used.

2. Tommaso ha bisogno della firma del professore su un documento importante. Il professore guarda il documento ma non sa dove firmare. Tommaso gli indica dove deve firmare e poi cosa dice al professore?

a. Firma qui, per favore.   b. Firmi qui, per favore.

3. Roberta va a studiare a casa della sua amica, Enrica. Cosa dice Enrica quando Roberta entra in soggiorno?

a. Accomodati.   b. Si accomodi.

4. Martina pensa che il suo fidanzato le stia dicendo (*is telling her*) una bugia. Cosa dice Martina al suo fidanzato?

a. Dimmi la verità!   b. Mi dica la verità!

5. Il signor Melissano va dal medico perché ha mal di pancia e mal di testa. Cosa gli dice il medico?

a. Non ti preoccupare.   b. Non si preoccupi.

In italiano

The formal imperative is used when giving directions to strangers with whom one would use the formal form of address. Some words and expressions that are comonly used when giving directions are: **andare diritto** (*go straight*), **girare a destra/sinistra** (*turn right/left*), **sulla destra/sinistra** (*on the right/left*).

—**Scusi, dov'è il museo?**
—**È in Via Gramsci. Vada diritto per Via Irnerio. Giri a destra in Via Gramsci. Il museo è sulla destra.**
—**Grazie!**
—**Prego.**

C. Cosa dici?

Parte prima. Completa le frasi con l'imperativo giusto.

> aspetti   stia   non si preoccupi
>
> vada   venga

1. Sei un nuovo/a impiegato/a alla reception di un grande albergo a Roma. Un cliente straniero (*foreign*) ti chiede qual è il migliore ristorante a Roma. Non lo sai. Cosa gli dici?

«Mi dispiace, non lo so. Ma _____ un momento. Vado a chiedere al mio collega.»

2. Il signor Stefanini è molto nervoso perché un ladro gli ha rubato il portafoglio. Arriva la polizia. Cosa gli dice il poliziotto?

_____ tranquillo. Tutto si risolverà.

3. La signora Marchi è molto preoccupata perché non riesce a trovare il suo gatto. Tu ti offri di cercare il gatto insieme a lei. Cosa le dici?

«_____. Troveremo il gatto.»

4. Lavori in banca. Oggi arriva il nuovo capo (*boss*) e tu devi mostrargli il suo ufficio. Cosa gli dici?

_____ con me. Le mostro il Suo ufficio.

5. Un signore ti chiede indicazioni per arrivare in piazza. Cosa gli dici?

«_____ diritto e poi giri a destra in via Gramsci.»

Parte seconda. Insieme ad un compagno / una compagna, scrivete tre frasi usando l'imperativo formale. **Attenzione!** Non ripetete le frasi della **Parte prima.**

Esempio: Stia calmo!

Parte terza. Scambiate le frasi con un altro gruppo e poi, a turno, descrivete la scena in cui la frase imperativa viene usata.

> **Esempio:** Un vecchio signore è stato derubato (*robbed*) ed è molto nervoso e stressato. Il poliziotto gli dice: «Stia calmo!»

D. Scusi, dov'è... ?

Parte prima. Leggi le indicazioni e poi consulta la pianta (*map*) della città per fare le domande appropriate. **Attenzione!** Per seguire le indicazioni si parte dalla piazza.

> **Esempio:** **S1:** Vada diritto per Via Mazzini. Giri a destra in Via Irnerio. È sulla sinistra.
> **S2:** Scusi, dov'è la banca?

1. Vada diritto per strada Maggiore. È sulla destra dopo la curva.
2. Vada diritto per Via Gramsci. Giri a destra in Via XX Settembre e giri a sinistra in Via dei Lamponi. È sulla sinistra dopo la farmacia.
3. Vada diritto per Via Cavour. Giri a sinistra in Via Rizzoli. È sulla destra prima del parco.

Parte seconda. Fai la parte di un turista che chiede indicazioni per andare in un determinato posto. Un compagno / Una compagna fa la parte dell'italiano/italiana e dà le indicazioni per arrivarci dalla piazza. Alla fine, scambiatevi i ruoli. Studente 1 chiede le indicazioni per lo stadio, il museo, la farmacia e la pizzeria. Studente 2 chiede le indicazioni per il cinema, la stazione dei treni, l'ufficio postale e McDonald's.

Solo musica. Go to the *Avanti!* iMix on the *Avanti!* Online Learning Center in Coursewide Content (**www.mhhe.com/avanti2**) where you can purchase *Per la libertà* by Virginiana Miller. As you listen to the song, see how many imperatives you hear. Are they formal or informal?

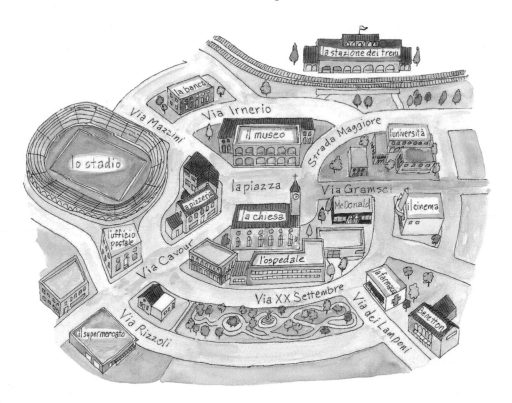

Cultura

 ## Ascoltiamo!

Le vacanze degli italiani

A. Osserva ed ascolta. Osserva ed ascolta mentre l'insegnante ti parla delle vacanze degli italiani.

B. Completa. Completa le seguenti frasi, inserendo la parola o l'espressione appropriata della lista qui sotto. Usa ogni espressione *una sola volta*. **Attenzione!** La lista contiene tredici parole o espressioni; devi usarne solamente otto.

affollate	in campagna	la costa adriatica	all'estero	due settimane
in ferie	di Ferragosto	il lunedì	un mese	i prezzi
primavera	la settimana bianca	le spiagge		

1. Chi lavora in Italia ha _____ di ferie all'anno.

2. Di solito, gli italiani vanno _____ nel mese di agosto.

3. Il giorno _____, le città sono vuote, gli uffici sono chiusi e le località di villeggiatura (*resorts*) sono _____ di turisti.

4. In passato, _____ era una delle destinazioni preferite per le vacanze estive. Oggi però i turisti preferiscono _____ del Sud e delle isole perché sono meno commerciali.

5. Il tipo di vacanza più popolare in inverno è _____: molti italiani amano sciare e praticare altri sport invernali.

6. La Pasquetta è il giorno tradizionale per una gita _____ con la famiglia o con gli amici.

C. Tocca a te! Completa la seguente frase:

Una differenza tra le vacanze degli italiani e quelle degli americani è...

August 15 is a national holiday when all of Italy goes on vacation. Signs on shop windows announce: **CHIUSO PER FERIE.**

The origins of the holiday are ancient. In 18 B.C.E. the Roman Emperor Caesar Augustus declared the eighth month of the year, named August in his honor, a period of thanksgiving to celebrate the grain harvest. **Ferragosto,** derived from the Latin **Feriae Augusti** (Augustus' Festival Days), was a time of uninhibited excess in eating, drinking, and partying culminating mid-month on the fifteenth.

The Christian church christianized the popular feast, rather than eliminate it, transforming it in the sixth century into the Feast of the Assumption of the Virgin Mary, the Mother of Jesus. In many cities it is still celebrated as such, as a **festa patronale**. However, the holiday has never lost its profane character. It continues to be the major rite of summer.

Leggiamo!

Marzo, tutti in gita scolastica°   gita... *class trip*

A. Prima di leggere. Hai mai fatto una gita scolastica? Quando? Dove sei andato/a? Quanto tempo è durata? Quanto è costata? Cos'hai imparato? Qual è stato l'aspetto più bello della gita? Qual è stato quello più negativo? Intervista un compagno / una compagna per sapere se la sua esperienza era simile alla tua.

B. Al testo!

Parte prima. Leggi quest'articolo sulle gite scolastiche in Italia da **la Repubblica.it**, sezione **Scuola & giovani**.

SCUOLA & GIOVANI

Tra le mete preferite Spagna, Praga, Sicilia e Roma. Ma i docenti accusano: «Una responsabilità enorme per una paga vergognosa»[1]

Marzo, tutti in gita scolastica
Tre milioni di studenti in viaggio

di DANIELE SEMERARO

ROMA—— I viaggi d'istruzione, le «gite», come sono più comunemente chiamati, tanto attesi[2] sono arrivati. Tanto attesi dagli studenti, decisamente meno—a leggere le indagini —dai docenti [...].

Le statistiche. Le gite riguardano[3] da vicino oltre il cinquanta per cento degli studenti italiani. [...] Marzo sembra essere il periodo prediletto[4] per allontanarsi per qualche giorno dalla scuola. Nel 2007 si sono spostati in media 2,7 milioni di studenti pari a un totale di circa 130 mila classi, ad un costo che supera i 350 milioni di euro.

(continued)

---

[1]paga... *shameful, disgraceful wage*   [2]*awaited, expected*   [3]*concern*   [4]*favorite*

Le mete. Parigi o Lombardia? Praga o la Grecia? La meta preferita, ovviamente, rimane l'estero, con oltre il 51 per cento delle partenze e con la Spagna al primo posto tra i paesi più gettonati:[5] lì si concentra circa un quarto dei viaggi. A seguire, Francia, Repubblica Ceca e Germania. Tra le città, preferite Barcellona, Praga, Parigi e a sorpresa da qualche anno anche Berlino. In Italia [...] la regione preferita per i viaggi è la Sicilia, seguita da Lazio, Veneto e Toscana; tra le città, a stravincere[6] è Roma, seguita da Firenze, Venezia e Napoli. [...]

Mezzi di trasporto, durata e costi del viaggio. Il mezzo di trasporto più gettonato è senza dubbio il pullman (72,6 per cento), pratico per spostarsi anche una volta arrivati a destinazione, seguito dall'aereo, utilizzato quasi esclusivamente per i viaggi all'estero. Tra le strutture ricettive l'hotel fa la parte del leone, mentre la durata media del viaggio è di 3,1 pernottamenti[7] in Italia e 4,9 all'estero. I costi, solitamente il punto più dolente[8] soprattutto per i genitori, lo scorso anno erano circa 267 euro per studente.

Episodi negativi. Il 17,6 per cento degli insegnanti intervistati ha segnalato che nel viaggio d'istruzione cui ha partecipato si è verificato un evento considerato negativo. [...] Gli eventi più segnalati riguardano la sistemazione alberghiera (servizio o pulizia scadenti,[9] eccessiva distanza dal centro cittadino, isolamento), furti,[10] infortuni[11] agli studenti e problemi organizzativi in generale. [...]

«I ragazzi ormai — spiega un docente di un liceo classico romano — intendono la gita scolastica come occasione di puro divertimento, di sballo,[12] più che di arricchimento culturale. Capita sempre più spesso che si parta con il presupposto di non dormire la notte, e nella mia esperienza ho avuto alunni[13] che sono stati capaci di non dormire anche per quattro notti di seguito, con il risultato che di giorno andavano in giro come «zombie» senza seguire le spiegazioni. [...]

Cosa, infine, si potrebbe migliorare? [...] «Tra le proposte più interessanti—spiegano ancora i ricercatori—alcuni insegnanti rilevano l'opportunità di impostare il viaggio d'istruzione non solo sul 'visitare e osservare', ma anche sul 'fare', impegnando gli studenti in attività che li aiutino a prendere consapevolezza[14] di cosa significhi un turismo responsabile e attento a non generare impatti negativi sul territorio». [...]

(19 febbraio 2008)

[5]*popular*   [6]*to win by a longshot*   [7]*overnight stays*   [8]*painful*   [9]*of inferior quality, shoddy*

[10]*thefts*   [11]*accidents*   [12]*blast (fam.), great time* [13]*high school students*   [14]*consciousness, awareness*

Parte seconda. Ora rispondi alle domande.

1. Quali sono le destinazioni preferite dai giovani italiani quando vanno in gita scolastica?
2. Quanto tempo dura, di solito, la gita scolastica?
3. Quanto costa?
4. Quali sono alcuni problemi che i giovani incontrano?
5. Secondo gli insegnanti, qual è il problema più grande?

C. Discutiamo!   Rispondi alle domande.

1. Secondo l'insegnante intervistato, la gita scolastica è un'esperienza educativa positiva? Perché? Secondo te, la soluzione proposta alla fine dell'articolo migliorerebbe l'esperienza?
2. Secondo te, la gita scolastica è un'esperienza formativa importante? Hai avuto un'esperienza simile al liceo? Se no, pensi che si dovrebbero organizzare gite scolastiche al tuo liceo?

IN ITALIA

In Italia c'è un tipo di turismo per tutti i gusti! Il **cicloturismo** è l'ideale per gli amanti della bicicletta. È un modo di viaggiare molto economico che piacerà alle persone che hanno un grande spirito di avventura e la curiosità di visitare luoghi insoliti (*unusual*). Chi, invece, preferisce i cavalli potrebbe fare **equiturismo.**

L'**ecoturismo** è una vacanza «verde» perfetta per chi vuole fare turismo responsabile nelle aree naturali. Questo tipo di vacanza assicura che la comunità locale riceva benefici dalle attività turistiche.

Chi, invece, vuole semplicemente scappare (*escape*) dalla confusione della città e godere l'aria pulita della campagna cercherà una sistemazione in un **agriturismo:** un'azienda agricola (*working farm*) che offre camere (o spazio all'aperto per il campeggio), piatti tipici, degustazione (*tasting*) dei prodotti locali inclusi i vini della zona e attività organizzate (ricreative, culturali, sportive e didattiche (*educational*).

Nel 2005 c'erano più di 13.500 aziende agrituristiche in Italia. Il maggior numero di posti letto si trova in Toscana (50.000), seguita dalla provincia di Bolzano, in Trentino–Alto Adige (20.000). Gli agriturismi del Nord d'Italia (Piemonte, Lombardia, Veneto) sono molto popolari fra gli italiani, mentre gli stranieri preferiscono la Toscana. L'agriturismo in Italia è regolato dallo Stato, contribuisce alla tutela (*protection*) del territorio rurale e favorisce la permanenza dei giovani in campagna.

@ CLICCA QUI Per sapere di più sull'agriturismo in Italia, vai sul sito di *Avanti!,* **Clicca qui (www.mhhe.com/avanti2).**

Scriviamo!

Una gita scolastica… in Italia!

La tua classe d'italiano ha deciso di fare una gita scolastica in Italia, ma dove? Scrivi una proposta per la gita in cui indichi in quale stagione andarci (in primavera, in estate, in autunno o in inverno), le mete da raggiungere, i mezzi di trasporto, la durata della gita (che non può superare nove pernottamenti) e il costo. Includi anche i motivi per le tue scelte.

Parliamo!

L'isola deserta

Tu ed un tuo compagno / una tua compagna dovete sopravvivere (*survive*) in un'isola deserta per un mese per vincere un milione di euro. Ci sono cibo e acqua, ma nient'altro. Ognuno ha un costume da bagno e un paio di sandali. Insieme potete portare 10 cose della lista seguente. Quali sono le 10 cose più utili?

(continued)

abbronzante (*suntan lotion*)	fiammiferi	sapone
ago e filo (*needle and thread*)	jeans	scarpe da ginnastica
asciugamano (*towel*)	libri (*massimo 3*)	scarponi
bussola (*compass*)	macchina fotografica	servizio di piatti
carta igienica (*toilet paper*)	maglione di lana	shampoo
coltello	mutande	tenda da campeggio (*tent*)
coperta (*blanket*)	occhiali da sole	torcia elettrica (*flashlight*)
crema per ustioni (*burns*)	orologio	t-shirt
	pantaloncini	
	pentola (*cooking pot*)	
	radio	
	rivoltella (*revolver*)	

Guardiamo!

Film *My Name is Tanino*

(Commedia. Italia/Canada. 2002. Paolo Virzì, Regista. 124 min.)

A. Anteprima. Prima di partire per gli Stati Uniti, Tanino spedisce questa e-mail a Sally.

> Dear Sally, finally I come to you! So I can take to you your video camera that you forget in my zainetto. I hope it's OK if I come to you.
> Ciao from Tanino.
> P.S. Are you happy that I come to you?

Sally gli risponde così:

> Caro Tannino, sono molto fellice che mi ha scritto!
> Ma non preoccupi per mia camera, può spedire per mio indirizzo:
> 241 St. Patrick Ln. – Green Hill –
> 02904 Seaport – Rhode Island (USA)
>   Take care,
>   Sally

Con un compagno / una compagna, decidi cosa significa la risposta di Sally. Secondo voi, ci saranno problemi quando Tanino si presenterà a casa sua? Quali? Fai una lista di almeno tre problemi che Tanino potrebbe incontrare.

B. Ciak, si gira! Ora guarda la scena ed elenca i problemi che Tanino incontra. Quanti di questi problemi avevi previsto?

C. È fatto! Quali sono alcune caratteristiche stereotipiche dei siciliani e degli americani che hai notato in questa scena? Quanto è facile/difficile vedere la propria cultura dal punto di vista degli altri?

Riassunto: Stereotypes of Sicilian and North American cultures abound and clash in this comedy. During the summer in a small seaside town in Sicily, dreamy Tanino (Corrado Fortuna) has a brief romance with Sally (Rachel McAdams), a young American tourist, but when the summer ends, so does the relationship. That is, until Tanino fails his university exam and finds himself facing obligatory military service. Instead, he decides to travel to the States to meet up with Sally, on the pretense of returning the video camera she had left behind.

Scena: (DVD, Capitolo 8): In this scene, just after his arrival in the U.S., Tanino escapes from the large Italian-American family that is hosting him in order to find Sally. He arrives at Sally's house and meets her family for the first time.

IN AMERICA

- Italy is the fourth largest market for tourism in the United States among European nations, following the United Kingdom, Germany, and France. Italians consider North America their preferred long-haul vacation destination and over 634,000 of them visited the United States in 2001.

- What do Italians like to do most while on vacation in the United States? Eat in restaurants and shop! They are also more interested than other tourists in sightseeing in cities and small towns and in visiting national parks and cultural heritage sites.

- New York City is the number one destination in the U.S. for Italian tourists.

Vocabolario

Domande ed espressioni

accomodati / si accomodi	make yourself comfortable; have a seat (*inform./form.*)
aspetti/aspetta un attimo	wait a moment (*inform./form.*)
dammi / mi dia	give me (*inform./form.*)
dimmi / mi dica	tell me (*inform./form.*)
mi piacerebbe (+ *infinitive*)	I would like to (*do something*)
(Non) sarebbe meglio... ?	Would (Wouldn't) it be better . . . ?
non ti preoccupare / non si preoccupi	don't worry (*inform./form.*)
pure (*with imperatives*)	by all means
sarebbe una buon' idea	it would be a good idea
sulla destra/sinistra	on the right/left
va'/vada	go (*inform./form.*)
vieni/venga qui	come here (*inform./form.*)
volentieri	willingly, gladly, absolutely

Verbi

affittare	to rent (apartments, houses)
andare diritto	to go straight
arrivarci	to get there
avere un sogno nel cassetto	to have a secret wish
dimenticare	to forget
essere d'accordo	to agree
fare trekking	to hike
fare una prenotazione	to make a reservation
girare (a destra / a sinistra)	to turn (right/left)
godersi	to enjoy
lamentarsi	to complain
noleggiare	to rent (*bikes, cars, videos*)
organizzare	to organize
prendere a noleggio	to rent (*bikes, cars, videos*)

prenotare	to reserve
rilassarsi	to relax

Sostantivi

l'albergo	hotel
l'agenzia di viaggi	travel agency
l'alloggio	lodging
l'alta (bassa) stagione	high (low) season
l'aria condizionata	air conditioning
la barca a vela	sailboat
la camera (singola/doppia)	(single/double) room
la destinazione	destination
l'escursione (*f.*)	excursion
l'estero	abroad
le ferie (*f. pl.*)	vacation
l'isola	island
il lago	lake
il lettino	beach lounge chair
il mare	sea
la montagna	mountain
l'offerta	sale, bargain, discount, offer
l'ombrellone	beach umbrella
la pensione	small hotel; pension
la mezza pensione	hotel stay with breakfast and lunch or dinner included
la pensione completa	hotel stay with breakfast, lunch, and dinner included
la prenotazione	reservation
il prezzo	price
il pullman	bus, tour bus
il soggiorno	stay (*period of time*)
la spiaggia (libera)	(free/public) beach
la stagione (alta/bassa)	high/low season
la stella	star
la vacanza	vacation

14

Chi sono gli italiani?

Pinocchio (1991), Campagna pubblicitaria, Benetton

SCOPI

In this chapter you will learn:

- to talk about what people do in general
- to talk about Italian society today
- to explain how things are done
- to express doubt or opinions

- to express desire, necessity, emotions, and subjective judgments
- about demographics and social issues

Strategie di comunicazione

Cosa si fa?
Talking about what people do in general

- To find out what people (in general) do, ask:

  Cosa si fa?
  —Cosa si fa nel weekend? *What do people do on the weekend?*

- To explain what people (in general) do, use **si** + verb (**lui/lei** form)

  —Si esce, si va al cinema, *People go out, go to the movies,*
  si mangia fuori. *go out to eat.*

A. Osserva ed ascolta. Osserva ed ascolta mentre Antonella, Anna Maria e Mario descrivono cosa fa di solito dopo pranzo una madre, una pensionata e uno studente. Segna (✓) cosa si fa.

	una madre	una pensionata	uno studente
1. si esce con gli amici	☐	☐	☐
2. si va in palestra	☐	☐	☐
3. si va a trovare parenti	☐	☐	☐
4. si va a bere qualcosa	☐	☐	☐
5. si accompagnano i figli	☐	☐	☐
6. si fa una passeggiata	☐	☐	☐
7. si passa la serata davanti alla TV	☐	☐	☐

B. Secondo te, cosa si fa?   Qual è l'attività che associ con queste situazioni? Lavora con un compagno / una compagna. Scegli un'attività dalla lista alla pagina seguente e dilla al compagno / alla compagna. Lui/ Lei deve trovare la situazione adatta. **Attenzione!** Alcune attività possono accompagnare più di una situazione.

Esempio: **S1:** Si dorme molto.
S2: Eh, sì. È quello che si fa nel weekend.

Le attività:	**Le situazioni:**

Le attività:

1. si prenota l'albergo
2. si va a letto
3. si va in pensione (*retires*)
4. si balla
5. si impazzisce (*goes crazy*)
6. si porta l'ombrello
7. si trova un lavoro
8. si esce
9. si dorme

Le situazioni:

a. in vacanza
b. il sabato a mezzogiorno
c. in discoteca
d. in occasione del compleanno di un amico / di un'amica
e. prima di partire per un viaggio all'estero
f. dopo la laurea
g. quando piove
h. quando non si sta bene
i. quando uno s'innamora
j. a settant'anni
k. nel weekend

Come si fa?

Explaining how things are done

- To find out how things are done, ask:

  Come si fa?

Come si fa per arrivare a Salerno da Napoli?	*How do people get to Salerno from Naples?*
Come si fa per aprire questa porta?	*How do you open this door?*
Come si fa a vivere con soli 500 dollari al mese?	*How can one live on only 500 dollars a month?*

- To explain how things are done, use **si** + verb:

Si prende l'autostrada...	*People take the highway . . .*
Si gira la chiave parecchie volte.	*You turn the key several times.*
Non si può; 500 dollari sono troppo pochi.	*One can't; 500 dollars aren't enough.*

Si fa così.   Leggi le seguenti istruzioni e indovina l'attività che descrivono. Poi scrivi la domanda.

Esempio: Si inserisce la carta, si fa il PIN, si digita la somma (*sum*) che si vuole, si prendono i soldi, si riprende la carta.
Come si fa per *prelevare soldi dal Bancomat*?

1. Si raccolgono i vestiti sporchi, si mettono i vestiti e il detersivo nella lavatrice, si accende la macchina, si mettono i vestiti puliti ad asciugare (*to dry*).
2. Si sceglie un argomento, si pensa, si legge qualche libro, si naviga in Internet, si scrive, si fanno le revisioni, si scrive la versione definitiva.
3. Si accende (*turn on*) il telefonino, si compone (*compose*) il messaggino. Si preme *invia*.
4. Si entra, ci si mette la cintura di sicurezza, si inserisce la chiave, si avvia il motore, si parte.
5. Si passano i controlli di sicurezza, si aspetta, si sale, ci si siede, ci si mette la cintura di sicurezza.

La società italiana oggi

Talking about Italian society today

Segna (✓) tutte le parole che già conosci o che riconosci perché sono simili in inglese. Chiedi le parole che non conosci all'insegnante o ai compagni.

l'anziano

aumentare

il divorzio   la droga   l'emigrazione

la fame   il fenomeno   il governo

l'immigrazione   l'industria   morire

nascere   la percentuale   la popolazione

la povertà   il razzismo   la solitudine

le tasse   trasformarsi

la violenza

Leggi i seguenti paragrafi. Abbina ogni paragrafo a una foto. Poi cerca di capire dal contesto i significati delle parole evidenziate.

1.

2.

(continued)

3.

4.

Combattiamo contro la droga!

5.

_____ a. **L'immigrato** è una persona coraggiosa perché lascia il proprio paese e va a vivere in un altro paese che spesso ha una cultura e una lingua diversa. Alcuni **motivi** per cui si emigra sono **la guerra** e **la povertà.** Molti emigrati **sognano** (*dream of*) un futuro migliore.

_____ b. Molti anziani scelgono (*choose*) di non lavorare più dopo i 63 anni. **Vanno in pensione** e ogni mese prendono **la pensione** dallo Stato. Secondo l'indagine Irp (Istituto di Ricerche sulla Popolazione), molti **pensionati** sono attivi. Il 36% si dedica ad attività di varia natura: il 19% fa sport, l'11% volontariato, il 6% frequenta corsi di vario genere. Grande successo anche per l'Università del**la terza età.**

_____ c. Molti neolaureati in Italia hanno paura di non trovare lavoro perché **il tasso di disoccupazione** (la percentuale di persone senza lavoro) è alto. Molti sono disoccupati perché non conoscono ancora **il mestiere** che vogliono fare o perché non trovano un lavoro adatto alla loro preparazione e alla loro inclinazione.

_____ d. La delinquenza è un grave problema sociale (che spesso va di pari passo con la droga). Un buon deterrente contro la criminalità sono le leggi e le condanne (*penalties*) significative, oltre che educare **i cittadini** al rispetto verso gli altri.

_____ e. La formula tradizionale della famiglia italiana ha subito molte **trasformazioni.** Oggi ci sono molte persone che vivono sole, coppie senza figli e famiglie con un solo genitore. Molti nonni aiutano i genitori nel**la gestione quotidiana** dei figli. Per esempio, vanno a prendere i nipoti a scuola e li accompagnano in vacanza.

🔵 Answers to this activity are in Appendix 2 at the back of your book.

In italiano

Nouns are often derived from verbs and vice versa. Can you figure out the meanings of these related words? Two are done for you.

aumentare	→	**l'aumento**
calare (*to fall, to reduce*)	→	**il calo** (*reduction*)
crescere (*to grow, to increase*)	→	**la crescita** (*growth, increase*)
drogarsi	→	**la droga / il drogato**
immigrare	→	**l'immigrato / l'immigrazione**
invecchiare	→	**l'invecchiamento / la vecchiaia**
morire	→	**la morte**
nascere	→	**la nascita**
sognare	→	**il sogno**

 IN **ITALIA**

- In Italia ci sono 59 milioni di abitanti.

- Le donne costituiscono il 51,4% della popolazione.

- Il 45% della popolazione abita nel Nord, il 19% nel Centro e il 35% nel Sud.

- L'industria si trova prevalentemente al Nord che è perciò economicamente prospero, mentre il Sud è prevalentemente agricolo e più povero. Per esempio, nel 2006, Bolzano vantava (*boasted*) un tasso di disoccupazione del solo 2,6%, Trento del 3,1% e l'Emilia-Romagna (con Bologna, Parma e Modena) del 3,4%. Queste cifre (*figures*) sono in netto contrasto con il tasso ufficiale del 13,5% per la Sicilia.

A. I contrari. Abbina i contrari dei due insiemi.

A	B
1. la vecchiaia	a. godersi la vita
2. la nascita	b. la ricchezza
3. aumentare	c. l'antipatia o l'inimicizia
4. soffrire	d. la morte
5. la guerra	e. sposare
6. la noia	f. la gioventù
7. l'amicizia	g. la pace
8. la povertà	h. calare/diminuire
9. divorziare	i. il divertimento

IN **ITALIA**

In Italia solo il 15% dei matrimoni finisce con **il divorzio.** Per legge (*law*) una coppia deve aspettare tre anni prima che il matrimonio sia sciolto (*dissolved*). Per questo motivo il 27% dei coniugi (*spouses*) si separa invece di divorziare.

B. Le notizie. Ecco alcuni titoli tratti da vari giornali e riviste italiani. Abbina i titoli a uno dei seguenti argomenti.

gli anziani la delinquenza la disoccupazione

la droga la guerra l'immigrazione

Doping: scandalo al sole

L'abuso dei videogiochi sviluppa la violenza. Lo dicono i neuroscienziati che consigliano alternative più sane.

Famiglia: per la felicità non bastano le coccole

I nonni? Risalgono a 30 mila anni fa

Come si giustifica la guerra?

Pochi figli, tanti immigrati In Italia siamo sempre di più

ISFOL: Molto lavoro è part time ma cresce quello femminile

Diminuisce la disoccupazione Restano le differenze di genere

I PROF NON VANNO PIÙ IN PENSIONE E CI SONO 50 MILA PRECARI A RISCHIO

Immigrati, integrazione a 2 velocità Molto bene al Nord, male al Sud

L'Italia immobile dei laureati I figli degli operai guadagnano meno

Record dei centenari: a Milano sono 547

«Un lavoratore su dieci è pagato in nero»

IN **ITALIA**

L'Italia ha due **giornali** nazionali: *Il Corriere della Sera* e *La Repubblica*. Tutte le grandi città hanno il proprio giornale: *La Stampa* (Torino), *La Nazione* (Firenze), *Il Messaggero* (Roma) e *Il Mattino* (Napoli). Gli italiani sono grandi lettori di **riviste mensili** (*monthly magazines*) e settimanali.

 CLICCA QUI Per esercitare le tue abilità linguistiche, puoi leggere giornali e riviste italiani sul sito di *Avanti!*, **Clicca qui (www.mhhe.com/ avanti2).**

C. Le riviste italiane. Abbina la rivista alla descrizione giusta.

1. *Cucina no problem*

2. *Starbene*

3. *Focus*

4. *L'espresso*

5. *TV Sorrisi e Canzoni*

6. *Gente*

a. Affronta ogni settimana i temi della politica, della cultura e dell'economia, ma anche del costume e del tempo libero.

b. Il mensile più diffuso e più letto in Italia. Dedicato a chi vuole scoprire e conoscere il mondo in cui viviamo.

c. La testata leader, per diffusione e lettura, del segmento benessere e bellezza.

d. È una rivista settimanale fra le più diffuse, dedicata ad attualità, personaggi famosi e il pettegolezzo (*gossip*).

e. Dedicato alle donne giovani, attive, che lavorano e allo stesso tempo amano dedicarsi ad una cucina semplice e veloce, ma gustosa e creativa.

f. Tutte le notizie e le anteprime di attualità e spettacolo, una guida completa alla programmazione televisiva e satellitare.

D. Il giornale.

Parte prima. A volte (*Sometimes*) è difficile leggere il giornale in lingua straniera, anche perché i giornalisti usano un linguaggio specialistico. Però, se fai attenzione alle parole simili all'inglese e alle parole che conosci già, riuscirai a capire più del previsto. Proviamo! Ecco tre articoli da diversi giornali italiani. Leggi gli articoli e sottolinea tutte le parole che conosci.

Istat: a febbraio inflazione a +2,9%

Su base mensile i prezzi al consumo cresciuti dello 0,3%.
Ma i generi alimentari crescono del 5%

ROMA— L'inflazione a febbraio è rimasta stabile al 2,9% (stesso dato di gennaio). Lo comunica l'Istat in base alla stima preliminare.

ALIMENTARI— - Ma se l'indice rimane al 2,9%, lo stesso non si può dire dei prezzi del cibo. A febbraio i prezzi dei generi alimentari sono infatti aumentati del 5% rispetto al febbraio 2007 e dello 0,5% rispetto al gennaio 2008. Lo comunica sempre l'Istat precisando che si tratta della variazione più alta dal 1996. In particolare il pane ha registrato un +12,5%, la pasta +14,4% e il latte +10%.

(Il Corriere della Sera)

Studenti stranieri iscritti alle superiori, è record

di Francesca Milano

Nell'ultimo anno sono aumentati del 24,9%, facendo registrare la percentuale di crescita più elevata di tutti gli ordini scolastici. Secondo i dati del ministero della Pubblica Istruzione gli studenti stranieri iscritti alle scuole superiori nell'anno scolastico 2006/2007 sono diventati 102.829. Una moltitudine multietnica di adolescenti che affolla istituti tecnici, professionali e licei e che rappresenta il 20,5% degli studenti stranieri iscritti alle scuole italiane.

(Il Sole 24 ore)

Piccoli grassi crescono

di Paola Emilia Cicerone

I menu delle mense scolastiche eccedono in proteine, vitamine, sale e zucchero. Una esperta lancia l'allarme. Colloquio con Jolanda Minoli.

La salute? Si rovina fin da piccoli. Con un'alimentazione sbagliata che apre la porta a obesità e malattie cardiovascolari. La denuncia arriva da Jolanda Minoli, guru della neonatologia mondiale. Che non ha paura di sfidare Asl (Azienda Sanitaria Locale) e amministrazioni scolastiche perché i bambini possano contare su un'alimentazione corretta anche al nido o all'asilo... «Sempre più spesso i piccolissimi che mangiano a mensa manifestano disturbi intestinali o allergie dovuti a una dieta scorretta. I bambini sono bambini e non devono mangiare di tutto».

(L'espresso)

Parte seconda. Con un compagno / una compagna cercate di capire dal contesto il significato di cinque parole che non sapete. Non usate il dizionario! Se non riuscite a capire una parola, passate ad una parola diversa.

Parte terza. Scrivete una frase che riassume l'idea principale di ogni articolo.

E. I problemi.

Parte prima. In gruppi di tre, fate una lista di tre problemi (in ordine di importanza) che i seguenti gruppi sociali devono affrontare (*confront*).

1. gli anziani
2. le donne
3. i genitori
4. gli immigrati
5. i neolaureati
6. gli uomini

Parte seconda. Confrontate le vostre liste con quelle di un altro gruppo e mettetevi d'accordo per fare delle liste uniche. Presentate i risultati alla classe e giustificate gli elementi che avete incluso e l'ordine.

Strutture

14.1 Si può?

Si + verb

 Decidi se questi usi e costumi sono tipici di dove abiti tu, dell'Italia o di tutti e due. Poi sottolinea i verbi in ogni affermazione. Perché **si** precede tutti i verbi?

	Dove abito io	L'Italia	Tutti e due
1. Si fa la dieta mediterranea.	☐	☐	☐
2. Si considera il pranzo il pasto principale.	☐	☐	☐
3. Si regalano le mimose per la Festa della donna.	☐	☐	☐
4. La sera si va al cinema o a bere qualcosa con gli amici.	☐	☐	☐
5. Per le vacanze di solito si va al mare o in montagna.	☐	☐	☐
6. Si fanno molte attività sportive alle scuole superiori e all'università.	☐	☐	☐
7. A San Silvestro si lanciano i fuochi d'artificio a mezzanotte.	☐	☐	☐
8. Si fa la scuola dell'obbligo fino a 16 anni.	☐	☐	☐

1. As you saw in the **Strategie di comunicazione** section, generalizations expressing an impersonal or unspecified subject are made by using **si +** verb. This construction is the equivalent in English of *one, we, they,* or *people* (in general) + verb.

2. Si is always followed by a verb in the third-person singular (**lui/lei/Lei**) or third-person plural (**loro**). The choice depends on the direct object; if the direct object of the verb is singular, or if there is no direct object, the verb is in the singular (**lui/lei**) form.

Si fa <u>la dieta mediterranea</u>.	*They are on the Mediterranean diet.*
La sera **si va** al cinema.	*In the evening people go to the movies.*

If the direct object is plural, the verb is in the plural, **loro** form.

Si regalano <u>le mimose</u> per la Festa della donna.	*People give mimosas on International Women's Day.*
A San Silvestro **si lanciano <u>i fuochi d'artificio</u>** a mezzanotte.	*On New Year's Eve people set off fireworks at midnight.*

3. When the **si** construction is used with reflexive verbs, the phrase **ci si** is used.

divertirsi: Ci si diverte in classe.	*One has fun in class.*
alzarsi: Ci si alza alle 8.00.	*One gets up at 8:00.*

4. A common expression using the **si** construction is **si vede che,** which means *you can tell that* or *it's clear that.*

Sara è andata a letto presto. **Si vede che** sta proprio male.	*Sara went to bed early. It's clear that she really doesn't feel well.*
Mark parla molto bene l'italiano. **Si vede che** ha passato molto tempo in Italia.	*Mark speaks Italian really well. It's clear that he has spent a lot of time in Italy.*

In italiano

When selling, renting, looking for items, or offering services, **si +** verb is used. However, the pronoun **si** is attached to the end of the third-person singular (**lui/lei**) form of the verb to create one word: **affittasi, cercasi, offresi, vendesi.**

Find the flyer in the photo that says:

affitasi
posto letto in doppia
a ragazza

for rent
single bed in double occupancy room
female only

A. Ascolta. L'insegnante leggerà delle frasi incomplete. Scegli la fine appropriata per ciascuna.

1. a. i monumenti   b. la delinquenza
2. a. le vitamine   b. una cura omeopatica
3. a. le guerre   b. la violenza
4. a. gli amici   b. un lavoro
5. a. i problemi sociali   b. il razzismo
6. a. libri interessanti   b. un giornale interessante

B. La vita cambia.

Parte prima. Scegli la forma giusta.

1. Quando <u>si emigra / si emigrano</u>, <u>si affronta / si affrontano</u> (*faces*) molte difficoltà.
2. Prima, <u>si deve / si devono</u> cercare casa e lavoro.
3. Spesso <u>si incontra / si incontrano</u> pregiudizi e razzismo.
4. <u>Si sogna / Si sognano</u> un futuro migliore per i bambini.

Parte seconda. Dai la forma giusta del verbo tra parentesi.

1. Quando _____ (andare) in pensione, la vita cambia.
2. Spesso _____ (badare) ai nipoti: _____ (portare) i bambini a scuola o li _____ (accompagnare) in vacanza.
3. _____ (cercare) un'attività, come fare sport, frequentare corsi, o fare volontariato.
4. Quando _____ (fare) volontariato, _____ (provare) molte soddisfazioni.

Parte terza. Insieme ad un compagno / una compagna scegliete un cambiamento di vita e scrivete quattro frasi che descrivono quello che si prova. Seguite il modello della **Parte prima** e della **Parte seconda.**

Quando ci si laurea... ,	Quando si decide di mettere su famiglia... ,	Quando ci si trasferisce in una città nuova... ,

C. Cosa si fa all'università?

Parte prima. Con i compagni, fate una lista di sette o otto attività tipiche degli studenti universitari.

> **Esempio:** All'università si studia molto.

Parte seconda. Formate gruppi di tre o quattro studenti e ordinate le attività cominciando con quella che considerate essenziale per il successo negli studi universitari. Quando avete finito, confrontate la vostra graduatoria con quelle degli altri studenti. Sono simili o diverse? Perché?

D. Affittiamo una villa. La tua classe d'italiano ha deciso di affittare una villa in Toscana per l'estate. Quando arrivate, vedete che la villa è più piccola di quanto avete immaginato: ci sono due bagni, una cucina piccola, un solo telefono, e si deve dormire in tre in ogni camera. In gruppi di tre, fate una lista delle regole che tutti devono seguire. Quando avete finito, mettetevi d'accordo con la classe per una lista finale.

Una bella villa in Toscana

(Non) Si può...	(Non) Si deve...

14.2 Penso che sia giusto così

The present subjunctive

Dino, Carla e Margherita abitano nello stesso palazzo a Milano. Dino chiede informazioni sul nuovo inquilino (*tenant*), Klaidi. Leggi la conversazione. Chi conosce Klaidi meglio, Carla o Margherita?

DINO:	Di dov'è Klaidi?
CARLA:	Penso che sia albanese.
MARGHERITA:	Sì, è albanese.
DINO:	Che fa?
CARLA:	Credo che faccia il medico.
MARGHERITA:	No, no. Sono sicura (*sure*) che fa l'avvocato.
DINO:	Ha famiglia?
CARLA:	Penso che abbia una grande famiglia.
MARGHERITA:	No, no. So che ha solo un figlio.
DINO:	Com'è?
CARLA:	Credo che sia un tipo timido.
MARGHERITA:	Sì, è vero che è timido, ma è molto gentile.

● Answers to this activity are in Appendix 2 at the back of your book.

1. Most of the verbs you have learned (except the conditional and imperative) have been in the indicative mood (**l'indicativo**), which expresses certainty or objectivity. The statements that begin with **penso che** and **credo che** in the dialogue above indicate doubt or opinion. These expressions are always followed by verbs in the subjunctive mood (**il congiuntivo**). Underline the verbs in the subjunctive in the dialogue above. Can you figure out the infinitive of each verb?

2. The subjunctive is also used after verbs or expressions that express desire, necessity, emotions, and subjective judgements, all of which are followed by **che.**

▶ The use of the subjunctive after expressions other than **pensare che** and **credere che** are discussed in more detail in the next section of this chapter.

volere
bisogna   +   **che**   +   **subjunctive**
essere contento/a
essere importante

3. To form the stem of the present subjunctive, drop the infinitive ending. Note that **-ire** verbs that insert **-isc-** in all forms except the **noi** and **voi** in the present indicative also do so in the subjunctive.

-are	-ere	-ire
lavorare → lavor-	prendere → prend-	dormire → dorm-
		capire → capisc-

Then add the endings to the stem.

	-are	-ere -ire
io	-i	-a
tu	-i	-a
lui/lei/Lei	-i	-a
noi	-iamo	-iamo
voi	-iate	-iate
loro	-ino	-ano

Note that:

a. **-ere** and **-ire** verbs have the same endings.

b. the **noi** and **voi** forms are the same in all three conjugations.

c. the singular forms have the same endings. The **-are** conjugation has **-i** endings and the **-ere/-ire** conjugations have **-a** endings.

Now complete the conjugations of these regular verbs.

	lavorare	prendere	dormire	capire
io	lavori			
tu				capisca
lui/lei; Lei		prenda		
noi				capiamo
voi				
loro			dormano	

▶ Answers to this activity are in Appendix 2 at the back of your book.

(continued)

4. The subjunctive has the same spelling changes as the indicative.

a. Verbs ending in **-care** and **-gare** add an **-h-** before the subjunctive endings, which all begin with **-i.**

Complete the conjugations of these verbs.

	cercare	pagare
io		pag**hi**
tu	cer**chi**	
lui/lei; Lei		
noi		
voi		
loro		

b. Verbs ending in **-ciare** and **-giare** have only one **-i.**

Complete the conjugations of these verbs.

	cominciare	mangiare
io	cominc**i**	
tu		
lui/lei; Lei		
noi		
voi		mang**i**ate
loro		

● Answers to these activities are in Appendix 2 at the back of your book.

5. Here are some frequently used verbs that are irregular in the subjunctive. **Attenzione!** Note that the **noi** and **voi** forms of **andare** and **uscire** have the same stem as in the present indicative.

	avere	essere	fare	andare	uscire
io	abbia	sia	faccia	vada	esca
tu	abbia	sia	faccia	vada	esca
lui/lei/Lei	abbia	sia	faccia	vada	esca
noi	abbiamo	siamo	facciamo	**andiamo**	**usciamo**
voi	abbiate	siate	facciate	**andiate**	**usciate**
loro	abbiano	siano	facciano	vadano	escano

● You can learn the conjugations of other irregular verbs in **Per saperne di più** at the back of your book.

6. The subject of the verb in expressions like **penso che, credo che** must always be different from the subject of the verb that follows **che**. Note that since the three singular forms (**io, tu, lui/lei/Lei**) are the same, subject pronouns are often used with the subjunctive to avoid confusion.

Sandra pensa che **io** abbia il libro.
Sandra pensa che **tu** abbia il libro.
Sandra pensa che **lui** abbia il libro.

In italiano

- The Italian equivalent of the English expression *to believe in* is **credere a** or **credere in.**

    Non credo **agli** UFO.   Credo **in** te.

- The Italian equivalent of *to think about someone/something* is **pensare a** + noun.

    Penso **a** te.

    Penso **al** futuro.

    A cosa pensi?   *What are you thinking about?*

A. Le ipotesi.

Parte prima. Conosci bene il tuo compagno / la tua compagna? Fai questo piccolo test.

Penso che il mio compagno / la mia compagna...

1. a. lavori a tempo pieno.
   b. lavori part-time.
   c. non abbia un lavoro.

2. a. abbia un gatto.
   b. abbia un cane.
   c. non abbia animali domestici.

3. a. abbia molti fratelli.
   b. abbia solo un fratello / una sorella.
   c. non abbia fratelli.

4. a. faccia sport una volta alla settimana.
   b. faccia sport più di una volta alla settimana.
   c. non faccia mai sport.

5. a. creda agli UFO.
   b. non creda agli UFO.
   c. sia indifferente agli UFO.

6. a. studi due ore al giorno.
   b. studi meno di due ore al giorno.
   c. studi più di due ore al giorno.

7. a. sia vegetariano/a.
   b. mangi la carne.
   c. sia vegano/a.

8. a. pensi sempre alla situazione politica del paese.
   b. non pensi mai alla situazione politica del paese.
   c. pensi ogni tanto alla situazione politica del paese.

Parte seconda. Verifica le tue ipotesi. Chi conosce meglio il compagno / la compagna?

    Esempio: **S1:** Lavori a tempo pieno?
                 S2: No, non ho un lavoro.

IN ITALIA

- Il diritto di **sciopero** (*strike*) è garantito dalla Costituzione italiana. La legge regola le modalità (*types*) e i tempi degli scioperi nei servizi di pubblica utilità (trasporti e sanità).

- Esistono vari tipi di sciopero: lo sciopero «a singhiozzo (*hiccup*)» è caratterizzato da brevi interruzioni (per esempio, 10 minuti ogni ora) del lavoro, mentre lo sciopero «a scacchiera (*checkerboard*)» è caratterizzato dall'astensione dal lavoro in tempi diversi da parte di diversi gruppi di lavoratori.

- Quasi sempre gli scioperi vengono annunciati in anticipo, in Internet, al telegiornale, alla radio e/o sui giornali.

 CLICCA QUI L'importante è saperlo! Prima di fare programmi di viaggio, scopri se ci sono scioperi imminenti sul sito di *Avanti!*, **Clicca qui (www.mhhe.com/avanti2).**

B. Il governo e l'economia.

Parte prima. Completa i verbi al congiuntivo. Poi segna (✓) le affermazioni con cui sei d'accordo e confronta la tua opinione con quella di un compagno / una compagna.

1. _____ Penso che il costo della vita aument_____ sempre.
2. _____ Credo che gli impiegati in fabbrica (*factory*) guadagn_____ molto.
3. _____ Penso che i giovani conosc_____ bene la situazione politica del paese.
4. _____ Credo che molti giovani si preoccup_____ della situazione economica del paese.
5. _____ Penso che il deficit del paese cresc_____ quest'anno.
6. _____ Non credo che il governo facc_____ abbastanza per eliminare la povertà nel mondo.
7. _____ Penso che lo sciopero s_____ il modo migliore per risolvere i conflitti sul lavoro.
8. _____ Credo che gli immigrati contribuisc_____ molto all'economia del paese.

C. I problemi sociali.

Parte prima. Con i compagni, fate una lista dei problemi sociali che i paesi del mondo devono affrontare.

Esempio: la droga, le tasse…

Parte seconda. In gruppi di due o tre studenti, completate le seguenti frasi insieme e poi fate un sondaggio nella classe. Quanti hanno le stesse opinioni?

1. Pensiamo che il problema più grave nel nostro paese sia…
2. Pensiamo che il problema più grave in Italia sia…
3. Pensiamo che il problema più grave nel mondo sia…

IN ITALIA

L'Italia è **una repubblica** costituzionale dal 1946, quando la monarchia fu abolita dal referendum popolare. **Il Presidente della Repubblica** è il capo dello Stato e rappresenta l'unità nazionale. Il suo ruolo è soprattutto simbolico. **Il Presidente del Consiglio** (in Italia detto anche **il primo ministro**), invece, indirizza, promuove e coordina la politica generale dello Stato. La sede ufficiale del governo è a Palazzo Chigi a Roma.

Palazzo Chigi (Roma in Lazio)

 CLICCA QUI Per sapere di più sul governo italiano, vai sul sito di *Avanti!*, **Clicca qui (www.mhhe.com/avanti2).**

D. Cosa credi?

Parte prima. Scegli l'elemento appropriato per completare le frasi secondo la tua opinione.

1. Credo che ci sia <u>molta / poca</u> delinquenza nella città dove abito.
2. Credo che l'adolescenza sia un periodo <u>divertente / difficile.</u>
3. Penso che gli immigrati abbiano <u>molte / poche</u> difficoltà.
4. Penso che i nonni abbiano un ruolo <u>importante / insignificante</u> nella famiglia.
5. Credo che sia <u>essenziale / sciocco</u> avere un sogno nel cassetto.

Parte seconda. Adesso giustifica le tue opinioni. Usa il presente indicativo nelle tue affermazioni.

Esempio: C'è poca delinquenza nella città dove abito perché ci sono tante attività per i giovani.

In italiano

As you've already learned, another way to express your opinion is to use **secondo me** followed by the indicative. Compare:

Secondo me, troppa gente **crede** agli stereotipi.
Penso che troppa gente **creda** agli stereotipi.

E. Le opinioni.

Parte prima. Con un compagno / una compagna, scrivete le vostre opinioni sui seguenti aspetti della vita nella vostra università. Cominciate ogni frase con **Secondo noi...** e ricordate di usare l'indicativo.

Esempio: **Secondo noi,** le tasse universitarie **sono** troppo alte.

gli appartamenti · le aule · i corsi · le feste · la mensa · i professori · la residenza universitaria · gli studenti · le tasse universitarie

Parte seconda. Scambiate le liste con un altro gruppo. Trasformate tutte le frasi con cui siete d'accordo con **Crediamo che....** Cominciate le frasi con cui non siete d'accordo con **Non crediamo che...** (Ricordate di usare il congiuntivo!). Discutete le frasi con cui non siete d'accordo con l'altro gruppo o con i compagni.

Esempio: **Crediamo che** le tasse universitarie **siano** troppo alte.

14.3 È bello che tu impari l'italiano

Verbs and expressions followed by the subjunctive

 Classifica le frasi dell'insieme A secondo le categorie dell'insieme B.

A	B
1. **Desidero che veniate** con noi.	a. opinione
2. **È necessario che** Matteo **trovi** lavoro.	b. desiderio (*desire*)
3. **Credo che** questa macchina **costi** troppo.	c. sentimento (*feeling*) personale
4. **Sono contenta che** mia sorella **venga** alla festa.	d. giudizio (*judgement*) con un'espressione impersonale
5. **Dubito che** il fratello di Daniele **sia** disoccupato.	e. necessità (*necessity*)
6. **È importante che si cerchi** di eliminare la povertà nel mondo.	f. dubbio

▶ Answers to this activity are in Appendix 2 at the back of your book.

1. As you saw in the preceding activity, the subjunctive is used after verbs or expressions that indicate doubt, opinion, desire, necessity, emotions, and judgements + **che.** Here are several expressions that typically introduce the use of the subjunctive.

bisogna che	**è strano che**	**sembra/pare** (*it seems*) **che**
è bene che	**immagino che**	**spero che**
è essenziale che	**mi dispiace che**	**temo** (*I fear*) **che**
è (im)possibile che	**preferisco che**	**voglio che**

2. As you learned in the previous section, the subject of the verb in expressions like **voglio che, spero che,** and so on must always be different from the subject of the verb that follows **che,** which is in the subjunctive.

Mia madre vuole che **io** vada all'università.	*My mother wants me to go to college.*
Mia madre preferisce che **io** studi medicina.	*My mother prefers that I study medicine.*
Mia madre pensa che **io** abiti da sola.	*My mother thinks that I live alone.*
Mia madre spera che **io** diventi medico.	*My mother hopes that I become a doctor.*

3. If the subject of the two verbs is the same, the infinitive is used instead of the subjunctive.

a. The verbs **volere** and **preferire** are followed by the infinitive when the subject of **volere/preferire** and the infinitive are the same. Compare:

SAME SUBJECT	DIFFERENT SUBJECTS
Non **voglio andare** all'università.	**Mia madre vuole** che **io vada** all'università.
I don't want to go to college.	*My mother wants me to go to college.*
Preferisco studiare recitazione.	**Mia madre preferisce** che **io studi** medicina.
I prefer to study acting.	*My mother prefers that I study medicine.*

b. You learned in **Capitolo 10, Strutture 10.1** that **pensare** and **sperare** followed by **di** + infinitive are used to talk about one's hopes and plans for the future when the subject of these verbs and the following verb are the same. However, when the subject of **pensare, sognare,** and **sperare** and the following verb are different, these verbs are followed by **che** + subjunctive. Compare:

SAME SUBJECT	DIFFERENT SUBJECTS
Penso di abitare con amici.	**Mia madre pensa** che **io abiti** da sola.
I think that I will live with friends.	*My mother thinks that I live alone.*
Spero di diventare attrice.	**Mia madre spera** che **io diventi** medico.
I hope to become an actress.	*My mother hopes that I become a doctor.*

● To learn more about constructions with the infinitive, see **Per saperne di più** at the back of your book.

A. Ascolta. Ascolta le frasi e indica perché si usa il congiuntivo.

	opinione	dubbio	desiderio	sentimento personale	necessità	giudizio con un'espressione impersonale
1.	☐	☐	☒	☐	☐	☐
2.	☐	☐	☐	☒	☐	☐
3.	☐	☒	☐	☐	☐	☐
4.	☒	☐	☐	☐	☐	☐
5.	☐	☐	☐	☒	☐	☐
6.	☐	☐	☐	☐	☒	☐
7.	☒	☐	☐	☐	☐	☐
8.	☒	☒	☐	☐	☐	☒

B. Come reagisci (react)? Completa le affermazioni con la tua reazione personale. Usa un'espressione che richiede il congiuntivo. Attenzione! Usa ogni espressione una sola volta.

> **Esempio:** Tommaso, un neolaureato in giurisprudenza, non riesce a trovare lavoro.
> **Spero che** il governo faccia qualcosa per ridurre il tasso di disoccupazione.

1. Mohamed è arrivato in Italia dall'Africa una settimana fa.
   _____ trovi un lavoro.

2. Il bambino ha la febbre a 40 gradi!
   _____ la madre lo porti subito dal medico.

3. C'è molta povertà nel mondo e molte persone soffrono la fame.
   _____ i paesi del mondo trovino una soluzione.

4. I prezzi stanno aumentando!
   _____ il governo faccia qualcosa per controllare l'inflazione.

5. Di solito Fatima viene a lezione tutti i giorni. _____ non sia a lezione oggi.

6. Roberto ha visto un ladro rubare una macchina.
   _____ che chiami subito la polizia.

C. La vita futura.

Parte prima. Ci sono tre alternative possibili per completare le seguenti affermazioni sulla tua vita dopo la laurea. Metti le frasi in ordine di importanza secondo la tua opinione (1 = la più importante, 3 = la meno importante).

1. È essenziale che il mio lavoro
   a. ___ sia pagato bene
   b. ___ dia molte soddisfazioni.
   c. ___ offra molte opportunità di viaggiare.

2. È importante che la mia casa
   a. ___ sia grande.
   b. ___ sia nel quartiere più bello della città.
   c. ___ abbia tutti i comfort.

3. È necessario che mio marito /
mia moglie

    a. ____ sia ricco/a.

    b. ____ sia gentile e intelligente.

    c. ____ sia bello/a.

4. È assolutamente necessario
che io

    a. ____ abbia un animale domestico.

    b. ____ abbia tanti amici.

    c. ____ abbia un buon rapporto con
la famiglia.

5. È importante che io

    a. ____ abiti vicino alla mia famiglia.

    b. ____ abiti lontano dalla mia
famiglia.

    c. ___ abiti in una bella città.

Parte seconda. Adesso giustifica la tua preferenza principale con
un'affermazione. Usa **il presente indicativo.** Presenta le tue affermazioni
ai compagni di classe.

    Esempio: Il mio lavoro deve pagare molto perché vorrei viaggiare in tutto
il mondo.

D. I dialoghi. Completa questi mini-dialoghi con i verbi appropriati
della lista. **Attenzione!** Non tutti i verbi verranno usati.

abbia	abbiano	abitino	capisca	dorma
esca	faccia	siano	si senta	vada

1. —Lavora ancora il signor Rossi?

   —È probabile che _____ in pensione l'anno prossimo.

2. —Roberto va alla riunione domani alle 16.00?

   —No, credo che _____ un impegno dalle 15.00 alle 16.30.

3. —Dove sono Raffaella e Angelica?

   —Credo che _____ ancora all'università.

4. —Quanti anni ha tua madre?

   —Ne ha 80.

   —Abita ancora da sola?

   —Sì, e ho paura che _____ sola, ma insiste che vuole essere
indipendente.

5. —Perché Mario è di cattivo umore?

   —Domani ha un esame di matematica. È importante che _____
bene l'esame, perché i voti finora sono stati molto bassi.

Solo musica. Go to the
Avanti! iMix on the *Avanti!*
Online Learning Center in
Coursewide Content (**www.
mhhe.com/avanti2**) where you
can purchase *Cosa vuoi che sia*
by Ligabue. As you listen to the
song, think about how the
subjunctive is used. What comes
after the phrase **penso a...**?

Cultura

Ascoltiamo!

La nuova demografia d'Italia

A. Osserva ed ascolta.   Osserva ed ascolta mentre l'insegnante ti parla delle trasformazioni demografiche nell'Italia di oggi.

B. Completa.   Completa le seguenti frasi, inserendo la parola o l'espressione appropriata della lista qui sotto. Usa ogni espressione *una sola volta*. **Attenzione!** La lista contiene undici parole o espressioni; devi usarne solamente nove.

adriatica	in aumento	in calo	farmaci
fertilità	degli immigrati	l'invecchiamento	in inverno
delle pensioni	il tempo libero	la terza età	

1. La popolazione italiana si sta trasformando: le nascite sono _____, mentre invece il numero degli anziani è _____.

2. Il numero complessivo degli abitanti, però, rimane stabile a causa dell'arrivo _____ dai paesi dell'Asia, Africa ed Europa Orientale (*Eastern*).

3. _____ della popolazione preoccupa il governo e crea problemi per l'economia nazionale, in particolare per l'enorme costo _____.

4. Gli anziani (chiamati anche «_____») influenzano sempre più il mercato dei consumi. Per loro, le industrie creano prodotti specializzati, come alimenti e _____.

5. _____, molte località turistiche dal clima mite sono piene di anziani in vacanza, soprattutto quelle della costa ligure e della costa _____.

C. Tocca a te!   Secondo te, il maggior numero di anziani è veramente un problema serio per una nazione?

Penso che il maggior numero di anziani sia / non sia un problema serio per una nazione perché...

Leggiamo!

In Italia più di 3 milioni di immigrati

A. Prima di leggere. Quanto sai già dell'immigrazione in Italia? Con un compagno / una compagna decidi se le seguenti frasi sono vere o false.

	vero	falso
1. Il numero di immigrati in Italia continua a calare.	☐	☐
2. Si prevede (*predicts*) che nel 2016 in Italia ci saranno circa 6 milioni di immigrati.	☐	☐
3. Più immigrati si stabiliscono (*settle*) nell'Italia Meridionale che in quella Settentrionale.	☐	☐
4. La maggior parte degli immigrati viene in Italia a trovare i parenti.	☐	☐
5. La maggioranza degli immigrati arriva da nazioni non-europee.	☐	☐
6. La religione più rappresentata tra i nuovi immigrati è quella musulmana.	☐	☐
7. Il numero di uomini e di donne che immigrano è pari.	☐	☐
8. La maggior parte degli immigrati pensa che la loro vita sia peggiorata in Italia.	☐	☐

B. Al testo!

Parte prima. Leggi il seguente articolo su uno studio condotto dalla Caritas, un'associazione pastorale. L'articolo è apparso sul sito del progetto Melting Pot Europa (originariamente dal settimanale *Panorama* on-line).

In Italia più di 3 milioni di immigrati

da www.panorama.it

Secondo uno studio dell'associazione, in Italia vivono oggi 3.035.000 stranieri regolari. E ogni anno ci sono 300.000 nuovi arrivi.

L'Italia resta una delle mete preferite per chi, spinto[1] dalla fame e dal sogno di una vita migliore, decide di abbandonare la patria. [...]

Tanti in Lombardia

Secondo lo studio, oggi gli immigrati che vivono regolarmente nel nostro paese sono 3.035.000. [...] Ciò che sorprende maggiormente è il trend di crescita che riguarda questo fenomeno: circa 300 mila nuove entrate in un anno, che porteranno, nell'arco di un decennio,[2] a un raddoppio qui da noi dei cittadini provenienti da altre nazioni.

Come si distribuisce la popolazione straniera? In Italia c'è un immigrato ogni 20 italiani (1 ogni 16 al nord, 1 ogni 15 al centro). L'incidenza sulla popolazione italiana è del 5,2%. [...] Roma e Milano detengono,[3] rispettivamente l'11,4% e il 10,9% della popolazione straniera. La Lombardia è la prima regione perché accoglie da sola quasi un quarto del numero complessivo. Al Nord si trova il 59,2% degli stranieri, al centro il 27% e nel meridione il 13,5%.

[...] Più di 9 su 10 immigrati sono presenti per motivi di lavoro (62,6%) e per famiglia (29,3%).

Parole per leggere

accogliere *to receive, to welcome*
complessivo *total*
quasi *almost*
raddoppio *doubling*
regolare *legal, documented*
stabilirsi *to establish oneself, to settle*

---

[1]*pushed* [2]*decade* [3]*have*

(continued)

Origine

La maggior parte degli immigrati ha nazionalità europea (5 su 10). Due su 10, invece, sono africani, 2 asiatici e 1 americano. Circa un milione proviene dall'Europa dell'Est, in particolare da Albania, Ucraina e Polonia.

Per l'Africa, spicca[4] la presenza marocchina, per l'Asia, quella cinese e filippina, per l'America, quella peruviana e statunitense. Per quanto riguarda il sesso dei cittadini stranieri, è possibile registrare una certa parità: il 50,1% sono uomini, il 49,9% donne. […] Nei confronti del mercato del lavoro, gli immigrati stanno esercitando un peso crescente: 1 ogni 10 occupati è nato in un paese extracomunitario. […] Rispetto alla fede, il 49,1% è di religione cristiana (circa un milione e mezzo), il 33,2% è musulmano (circa un milione), il 4,4% segue culti orientali. […]

Accoglienza scarsa

Immigrazione fa rima[5] con integrazione? Non sempre. Il rapporto Caritas infatti, riporta anche notizie meno confortanti. […] Il 40% degli italiani ritiene che gli immigrati siano maggiormente coinvolti nelle attività criminali […].

In Italia stanno bene

Più confortanti, invece, le notizie sulle condizioni di vita degli stranieri. Otto su dieci, secondo il dossier Caritas, ritengono che la loro qualità della vita sia migliorata. […]

Giovanni Macchione
[giovedì 26 ottobre 2006]

---

[4]*stands out*   [5]*fa… rhymes*

Parte seconda. Usa le informazioni nell'articolo per controllare le tue risposte nell'Attività A. Per ogni frase falsa, sottolinea la parola sbagliata e inserisci quella giusta.

C. Discutiamo!   Benché (*Although*) molti immigrati arrivino in Italia attraverso la Sicilia, le tre regioni italiane con il maggior numero di immigrati sono la Lombardia, il Lazio e l'Emilia-Romagna. Secondo te, perché gli immigrati scelgono di stabilirsi in queste regioni?

Scriviamo!

Io a ottant'anni

Scrivi un breve testo in cui descrivi la tua vita a ottant'anni.

Esempio: Spero di arrivare a ottant'anni! Il mio nonno paterno è vissuto (*lived*) fino a 102 anni; mio padre adesso ha 90 anni ed è ancora in buona salute. Come sarò? Avrò i capelli bianchi e tante rughe (*wrinkles*). Avrò poca memoria, penso, perché già adesso dimentico molte cose. Spero di essere nonna. Sarebbe bello vedere i figli dei figli. A ottant'anni non lavorerò più, o forse troverò una piccola occupazione solo per stare attiva. Spero di avere una vita tranquilla e felice.

Parliamo!

A che cosa tieni di più?

Fai una lista di dieci cose che pensi siano importanti nella tua vita. Puoi scegliere fra le seguenti cose o aggiungerne altre.

gli amici	un animale domestico	la salute
i soldi	l'autosufficienza	un hobby
il marito / la moglie	la bellezza	lo sport
il lavoro	la casa	
la patente di guida	la famiglia	

Immagina di avere cinquant'anni. Devi eliminare due cose dalla lista. Quali?

Immagina di avere sessant'anni. Devi eliminare altre due cose.

A settant'anni due ancora.

A ottant'anni nuovamente due.

A novant'anni cosa ti è rimasto?

Discuti le tue scelte con la classe. Ci sono cose a cui molti tengono? Cose a cui non tiene nessuno?

Guardiamo!

Film *Umberto D.*

(Dramma. Italia. 1952. Vittorio De Sica, Regista. 89 min.)

A. Anteprima. Con un compagno / una compagna immagina un motivo per cui dei pensionati potrebbero protestare. Condividi le idee con i compagni e fai un elenco delle loro risposte.

B. Ciak, si gira! Durante la manifestazione, i pensionati portano cartelli (*signs*) che esprimono i loro sentimenti. Cos'hanno scritto? Unisci le parole per formare quello che era scritto sui cartelli.

1. abbiamo lavorato
2. anche i vecchi
3. aumentate
4. giustizia
5. siamo

a. le pensioni
b. tutta la vita
c. i paria (*outcasts*) della nazione
d. devono mangiare
e. per i pensionati

Riassunto: Umberto Domenico Ferrari (Carlo Battisti) is a retired civil servant trying to survive on a meager state pension, while still maintaining his dignity. He hasn't paid his rent in a year; his landlady wants to evict him. His only friends are the young, uneducated maid, Maria, and his beloved little dog, Flike.

Scena: (DVD Capitoli 1 e 2): The film begins with a group of pensioners protesting for an increase in their pensions.

C. È fatto! Cosa pensi delle condizioni di vita degli anziani? Scegli una delle domande seguenti e discutila con un compagno / una compagna o con la classe.

1. Umberto D. ha debiti che non può pagare: è un anno che non paga l'affitto della sua camera. È giusto che la padrona di casa lo cacci via (*throws him out*) o no?

2. L'amico migliore di Umberto D. è il suo cane. Una persona che non ha i soldi per vivere può permettersi un animale?

3. Questo film è stato girato nel 1952. Quanto è simile o diversa la situazione dei pensionati oggi?

RETRO

Reality TV is as popular in Italy as it is in the U.S., but *Umberto D.* represents an older type of "reality" film called Neorealism (1943–1952) a movement, especially in Italian filmmaking, that is characterized by its unflinching depiction of the lives of the poor and working class. Directors of neorealist films shot almost entirely on location, rather than in a studio, using only available light, giving a gritty appearance to the films. They also tended to use local people, instead of professional actors, even in primary roles. Vittorio De Sica (1901–1974) was a master of Italian neorealism. Two of his previous films, *Sciuscià* (*Shoeshine*) and *Ladri di biciclette* (*The Bicycle Thief*), earned national and international acclaim including Oscars for Best Foreign Film, but *Umberto D.* was a box office disaster in Italy. It was criticized by the conservative government for depicting Italian social problems during the post-war economic boom and by the Left for its pessimistic portrayal of the Italian social welfare system.

IN **AMERICA**

Although Italy's experience with immigrants is new, the United States has been the destination of immigrants since its founding. One of the first problems facing immigrants is learning a new language. Do you know the ten languages other than English most frequently spoken at home in the United States? Here they are (in millions of speakers):

Spanish 28.1	Vietnamese 1.0
Chinese 2.0	Italian 1.0
French 1.6	Korean 0.9
German 1.4	Russian 0.7
Tagalog 1.2	Polish 0.7

Note: The number of Vietnamese speakers and the number of Italian speakers were not statistically different from one another.

Vocabolario

Domande ed espressioni

bisogna che	it is necesary that
Come si fa?	How is it done? / How do people do it?
Cosa si fa?	What do people do?
è bene che	it's good that
è essenziale che	it's essential that
è importante che	it's important that
è (im)possible che	it's (im)possible that
è necessario che	it's necessary that
è strano che	it's strange that
sembra/pare che	it seems that
si vede che...	you can tell that / it's clear that . . .

Verbi

andare in pensione	to retire
aumentare	to increase
calare	to drop; to fall; to reduce
credere (a/in)	to believe (in)
credere che	to believe that
crescere	to grow; to increase
desiderare	to desire, to want
drogarsi	to take drugs
dubitare che	to doubt that
emigrare	to emigrate
immaginare che	to imagine that
immigrare	to immigrate
invecchiare	to get old
pensare (a)	to think (about)
sognare	to dream
sperare che	to hope that
temere che	to fear that
trasformarsi	to transform

Sostantivi

l'anziano / l'anziana	elderly man/woman
l'aumento	increase
il calo	drop, reduction
il/la cittadino/a	city dweller; citizen
la crescita	growth; increase
la delinquenza	crime (in general)
la disoccupazione	unemployment
il divorzio	divorce
la droga	drugs
il drogato / la drogata	drug addict
l'emigrato	refugee, exile
l'emigrazione	emigration
la fame	hunger
il fenomeno	phenomenon
la gestione	care
il giornale	newspaper
il governo	government
la guerra	war
l'immigrato / l'immigrata	immigrant
l'immigrazione	immigration
l'industria	industry
l'invecchiamento	aging
il mestiere	trade; occupation
la morte	death
il motivo	reason, motivation
la nascita	birth
la noia	boredom
il pensionato / la pensionata	retiree
la pensione	pension
la percentuale	percentage
la popolazione	population
la povertà	poverty
il presidente della Repubblica	president
il primo ministro	Prime Minister
il quotidiano	daily newspaper
il razzismo	racism
la rivista	magazine
lo sciopero	strike
la solitudine	loneliness, isolation
la tassa	tax; fee
il tasso	level, rate
il tasso di disoccupazione	unemployment rate
la terza età	"golden years"
la trasformazione	transformation
la vecchiaia	old age
la violenza	violence
il volontariato	volunteer work

Aggettivi

quotidiano	daily
sicuro	safe, sure

15 Quali lingue parli?

SCOPI

In this chapter you will learn:

- to ask and verify whether someone can do something
- to recognize regional varieties of Italian
- about other varieties of language spoken in Italy
- to recognize opinions, doubts, and desires in the past
- the difference between expressions of fact and statements of opinion, doubt, and desire
- to talk about imaginary situations
- about the history of the Italian language

Manifestazione interventista (1914), Carlo Carrà

 DVD   **Online Learning Center** www.mhhe.com/avanti2

CENTRO Your media center for languages www.mhcentro.com
Quia **Online Workbook / Lab Manual**

Strategie di comunicazione

Sai/Sa l'inglese?
Puoi/Può dire qualcosa?

Asking and verifying whether someone can do something

- In **Capitolo 4** you learned that **sapere** + a noun is used to talk about knowing a fact and that **sapere** + a verb in the infinitive is used to talk about knowing how to do something or to be capable of doing something.

So l'indirizzo.	*I know the address.*
So sciare.	*I know how to ski. I can ski.*

- In English the verb *can* may be used in the second instance, but not in Italian. In Italian, **potere** conveys a willingness to do something, whereas **sapere** expresses capability.

Sai cantare?	*Do you know how to sing? Can you sing?*
Puoi cantare qualcosa?	*Can (Will) you sing something?*

A. Osserva ed ascolta.

Parte prima. Osserva ed ascolta mentre questi italiani rispondono alla domanda «Sai/Sa l'inglese?» Segna (✓) chi dice di sì.

1. Elisabetta   **sì** ☐   **no** ☐

2. Anna Maria   **sì** ☐   **no** ☐

3. Giacinto   **sì** ☐   **no** ☐

4. Giorgio   **sì** ☐   **no** ☐

(continued)

5. Lorenzo   **sì** ☐   **no** ☐   6. Lucia   **sì** ☐   **no** ☐

7. Stefano   **sì** ☐   **no** ☐   8. Iolanda   **sì** ☐   **no** ☐

9. Paolo   **sì** ☐   **no** ☐

Parte seconda. Ora osserva ed ascolta di nuovo mentre gli italiani rispondono alla domanda «È importante sapere l'inglese?». Segna (✓) chi ha dato le seguenti spiegazioni.

	Giorgio	Lorenzo	Iolanda	Paolo	Laura	Francesca
1. Soprattutto nel campo dell'informatica, i materiali sono in inglese.	☐	☐	☐	☐	☐	☐
2. Chi sa un'altra lingua ha un vantaggio nel mondo lavorativo.	☐	☐	☐	☐	☐	☐
3. Sapere un'altra lingua è un segno di apertura mentale (*open mindedness*) e di cultura.	☐	☐	☐	☐	☐	☐

B. E tu, quali lingue parli?   Fai un sondaggio in classe per sapere quali lingue parlano gli altri studenti. Chiedi anche se le hanno imparate a scuola o a casa. Secondo te, è importante saper parlare un'altra lingua?

Di dove sei? / Di dov'è? Si sente!

Recognizing regional varieties of Italian

IN ITALIA

Non c'è una sola lingua italiana. Benché si parli di **lingua nazionale,** la lingua italiana varia da regione a regione. Queste varietà regionali si differenziano per la pronuncia, la sintassi (*syntax*) ed anche per la scelta del vocabolario (come in inglese c'è chi dice «pop» per una bibita e chi, invece, la chiama «soda»). **Le varietà regionali** dell'italiano si dividono in tre gruppi maggiori: **l'italiano settentrionale, il toscano** e **l'italiano centro-meridionale.**

A. Osserva ed ascolta.   Osserva ed ascolta come parlano questi italiani. Non parlano tutti nello stesso modo. Riesci ad identificare alcune differenze tra le persone o tra una delle persone e il tuo / la tua insegnante?

1. Italia Settentrionale (Emilia-Romagna): Stefano
2. Toscana: il maestro Dondoli
3. Italia Meridionale (Campania): Anna Maria

B. Sa l'italiano?   Fai un sondaggio in classe per sapere chi conosce qualcuno che parla l'italiano. Scrivi le domande che devi fare per scopire:

1. se conosce qualcuno che sa l'italiano
2. il nome della persona che sa l'italiano
3. dove'è nata questa persona
4. dove ha imparato l'italiano

Le lingue d'Italia
The languages of Italy

RETRO

Only 30% of Italians are monolingual; that is, they only speak one language, **l'italiano nazionale** (*standard Italian*). Many Italians are bilingual: they speak both the national (standard) Italian and the dialect of their town or province. This was not always the case. As recently as 1951 60% of Italians spoke only dialect.

The dialects throughout Italy are separate languages and are distinct from one another. However, those that are geographically close tend to be more similar than those that are distant. For example, a person from **Milano** would probably be able to understand another Northern dialect, such as the dialect spoken in **Torino,** but he/she would not be able to understand the dialects of **Lecce** or **Napoli.** Compare the following proverb in standard Italian and versions of the same proverb in local dialects from various regions of Italy.

Meglio un uovo oggi che una gallina domani.
   (Better an egg today than a chicken tomorrow.)
Piemonte: A l'é mej 'n euv ancheuj che na galin-a domàn.
Emilia: L'é mei un ov incù che la galèina edmèng.
Toscana: Megl'un òvo oggi he una gallina domani.
Calabria: Miegliu òje l'uovu ca dumani a gaddina.
Sicilia: Megghiu òji l'ovu ca rumani a jaddina.
Sardegna: Menzus unu óu òje chi no una pudda crasa.

 CLICCA QUI   You can learn more about the Italian dialects at the *Avanti!* website, **Clicca qui (www.mhhe.com/avanti2).**

Un piccolo test. Che cosa sai della lingua italiana? Scegli la risposta giusta. Riesci a capire il significato delle parole evidenziate?

1. **La pronuncia** della lingua nazionale _____.
   a. è uguale in tutta l'Italia
   b. è diversa a seconda della zona geografica
   c. **cambia** da un giorno all'altro

2. L'italiano è una lingua _____.
   a. germanica   b. asiatica   c. **romanza**

3. Le principali lingue romanze sono l'italiano, **il rumeno,** lo spagnolo, il portoghese e _____.
   a. il tedesco   b. il francese   c. il greco

4. Le lingue romanze **derivano** _____.
   a. dall'inglese   b. dal latino   c. dal greco

5. La lingua italiana, come tutte le lingue, _____.
   a. continua ad **evolversi** nel tempo
   b. rimane sempre uguale, non cambia
   c. cambia velocemente

6. Nell'italiano **contemporaneo** si usano molti **termini** (parole) _____.
   a. inglesi   b. spagnoli   c. greci

7. **La lingua parlata** e **la lingua scritta** sono _____.
   a. uguali   b. diverse   c. difficili da capire

8. La lingua italiana ha una lunga **tradizione letteraria** che **risale al** _____.
   a. Duecento   b. Cinquecento   c. Novecento

9. Poiché sempre meno giovani italiani imparano il dialetto, i dialetti _____.
   a. potrebbero **scomparire** (*disappear*)
   b. potrebbero **diffondersi** (*spread*)

10. **Il fiorentino** è il dialetto di _____.
    a. Bologna   b. Milano   c. Firenze

11. **Il napoletano** è un dialetto dell'Italia _____.
    a. Settentrionale   b. Centrale   c. Meridionale

12. Circa 66 milioni di persone parlano italiano nel mondo. Anche se l'italiano è meno **diffuso** dello spagnolo e del francese, lo si parla in tanti paesi diversi. Si parla italiano in Brasile, Argentina, Stati Uniti, Australia, Canada, Tunisia, Eritrea, Libia, Albania, Somalia e _____.
    a. Russia   b. Svizzera   c. Cina

▶ Answers to this activity are in Appendix 2 at the back of your book.

In italiano

Here are some verbs related to talking and speaking. You already know some of them.*

chiacchierare (fare due chiacchiere) *to chat*	**parlare** *to talk*
chiedere (p.p. **chiesto**) *to ask*	**raccontare** *to tell (a story)*
dire (p.p. **detto**) *to say, to tell*	**raccontare una barzelletta** *to tell a joke*
discutere (p.p. **discusso**) *to discuss*	**rispondere** (p.p. **risposto**) *to respond*
litigare *to argue*	**scherzare** *to joke, to kid*

A. Ascolta. Ascolta le affermazioni e decidi se sono **vere** o **false**. Correggi le frasi false.

vero	falso		vero	falso
1. ☐	☐		5. ☐	☐
2. ☐	☐		6. ☐	☐
3. ☐	☐		7. ☐	☐
4. ☐	☐		8. ☐	☐

---

*All of these verbs take **avere** as their auxiliary in the **passato prossimo**.

B. Un po' di geografia.

Parte prima. Controlla la cartina geografica in fondo al libro e fai una lista di tre città dell'Italia Settentrionale, tre dell'Italia Centrale e tre dell'Italia Meridionale.

Parte seconda. Di' una città a un compagno / una compagna e lui/lei deve dire se si trova nell'Italia Settentrionale, Centrale o Meridionale senza consultare la cartina. Chi è riuscito a dare più risposte corrette?

C. L'inglese e l'italiano.
Leggi l'articolo e fai una lista delle parole inglesi che si usano nell'italiano contemporaneo nel campo della tecnologia, della moda e del fitness.

SEI TRENDY O UNA FASHION VICTIM? TI PIACE CHATTARE? E COME TI RILASSI? CON LO SPINNING O FACENDO CLUBBING? MA QUANTO INGLESE «MASTICHI» SENZA ACCORGERTENE?[1]

di Marina Fantini

ENGLISH *Style*

Il campo della tecnologia è ormai[2] del tutto inglesizzato, basta pensare al mondo di internet: alla homepage (la pagina principale) di un sito si accede digitando[3] www e poi il nome. www non è altro che una world wide web, ovvero[4] la rete stesa a coprire tutto il mondo! Poi ti serve uno username (un nome utente) e sicuramente una password (una chiave di accesso), ma anche un nickname (un tuo soprannome con cui farti riconoscere) altrimenti come chatti? Chattare è un verbo che in italiano non esiste, è un calco dall'inglese to chat! Così come cliccar

viene da to click e customizzare (cioè personalizzare) da to customize!

Questione di feeling e di carriera!

Se per vivere un bel flirt ci vuole feeling, per essere un VIP (una very important person), ci vuole fisico e tanto fitness! Ci può aiutare sicuramente un personal trainer (un allenatore tutto per noi) e qualche ora di sport passata a fare aquagym (ginnastica in acqua), step (la tipica ginnastica aerobica) o anche spinning (una bella pedalata). Per rilassarsi, poi, del training autogeno e sicuramente un po' di stretching (allungamento dei muscoli). E se una volta c'era tanto tempo per dedicarsi ai propri hobby (che suonano meglio di passatempi), ora tutte le professioni richiedono un impegno full time (cioè a tempo pieno.)

Fashion & style

Anche il mondo della moda e del beauty sono stati contaminati dall'inglese: i termini fashion e style hanno preso sempre più piede, così come aggettivi come trendy, cool, hip, funky... E scommettiamo che tra qualche anno si dirà solo catwalk e non più passerella? Certo un conto è essere trendy (cioè essere al passo con la moda e conoscere tutti i trend, gli stili del momento), un conto diventare una fashion victim, una schiava, una vittima della moda. E il trucco? Ovvero il make up? Intanto va tenuto in ordine in un bel beauty-case, dove ci possono entrare tutti i rossetti, sia gloss (lucidi) che matte (opachi), per non parlare poi di ombretti per dare al viso un tocco di glitter (ovvero con un effetto brillante).

[1]«MASTICHI»... *"Chew"* (here: *say without realizing it*)   [2]*by now*   [3]*si... get access by typing*
[4]*or rather*

D. Le barzellette. Completa le barzellette con le seguenti parole.

chiede	dice	dico	risponde

si dice	sta scherzando

Un tipo va dallo psicanalista. Si sdraia sul lettino, poi dice: «Dottore, nessuno mi prende sul serio (*seriously*).»

Lo psicanalista risponde: «_____?»

Due carabinieri entrano in un bar. Il primo _____ al compagno: «Cosa prendi?»

Il compagno risponde: «Prendo quello che prendi tu.»

Il primo dice al barista: «Due caffè, per favorc.»

Il compagno _____ al barista: «Due caffè anche per me.»

Alla scuola elementare, una maestra corregge i temi dei bambini. Nel tema Pierino ha scritto: «Ieri, ho caduto per terra. (*Yesterday I fell down.*)»

La maestra gli dice: «Attenzione, Pierino. Non si dice *ho caduto*. _____ *sono caduto*.»

Pierino _____: «Ma maestra, che importanza ha se _____ *ho caduto* o *sono caduto*, sempre per terra ho andato.»

Lingua nazionale o dialetto?
La scelta tra la lingua
nazionale e il dialetto non
è casuale. Ecco le occasioni
in cui vengono usati:

la lingua nazionale	il dialetto
fuori casa	a casa
in contesti formali	in contesti informali
in città	in campagna
dalle donne	dagli uomini
	con gli anziani

Chi ha un basso livello
d'istruzione tende a parlare
di più il dialetto e meno la
lingua nazionale, ma molti
laureati sanno tutte e due
le lingue.

Dopo la Seconda Guerra
Mondiale, i linguisti avevano
paura che i dialetti fossero
(*were*) in pericolo (*danger*)
d'estinzione. Invece, l'uso
del dialetto è ancora forte,
soprattutto nel Nord-Est, nel
Sud e nelle isole (la Sicilia e
la Sardegna). Anche quando
parlano la lingua nazionale,
gli italiani inseriscono parole
ed espressioni dialettali per
esprimere informalità e
cordialità e per dare un
tono leggero al discorso.

E. Dici bugie?

Parte prima. Completa le frasi in modo che siano vere per te. Usa una di
queste espressioni o completa le frasi liberamente.

raramente	sempre	spesso

una volta alla settimana	una volta al mese

1. Litigo con i miei genitori...
2. Discuto di politica con gli amici...
3. Racconto barzellette...
4. Dico bugie...
5. Faccio due chiacchiere con il mio migliore amico / la mia
   migliore amica...

Parte seconda. Formate gruppi di quattro o cinque studenti. Confrontate
le vostre risposte e poi decidete chi del gruppo è...

1. il figlio / la figlia migliore   4. più onesto/a
2. più interessato/a alla politica   5. l'amico/a migliore
3. più buffo/a

Parte terza. Presentate i risultati ai compagni.

> **Esempio:**   Maria è l'amica migliore perché parla sempre con i suoi amici.

F. Mini-dialoghi.

Parte prima. Completa i mini-dialoghi con la forma corretta del
verbo giusto. **Attenzione!** Non si usano tutte le parole.

chiacchierare	dire	discutere

litigare	raccontare (2)	rispondere	scherzare

1. —Perché ti piace tanto Jamaal?
   —Perché è un tipo molto spiritoso (*witty*); gli piace _____
   barzellette e mi fa ridere (*laugh*).
2. —Gianna, ti va di andare al cinema con me domani sera?
   —Francesco, quante volte te lo devo _____?! Non voglio
   uscire con te!
3. —Ho sentito che vostro nonno è un tipo molto interessante.
   —Infatti! Ci _____ sempre delle sue esperienze durante
   la Seconda Guerra Mondiale.
4. —Perché sei sempre al telefono?
   —Mi piace _____ con mia sorella.

Parte seconda. Con un compagno / una compagna inventate altri mini-
dialoghi usando le parole che non avete utilizzato nella **Parte prima.**

15.1 Penso che sia andata in vacanza

The past subjunctive

 Durante le vacanze a Salerno con la famiglia, Alessia ha telefonato al suo migliore amico, Daniele, per sapere tutti i pettegolezzi (*gossip*) sui loro amici. Abbina le domande di Alessia (insieme A) alle risposte di Daniele (insieme B).

A

1. Paola e Marco sono ancora insieme?
2. Taden parte per Bologna la settimana prossima?
3. Marina ha comprato una macchina nuova?
4. Alberto e Francesca hanno trovato un appartamento?
5. Sara è uscita con Francesco?
6. Marina e Stefano hanno litigato di nuovo?
7. Samira lavora ancora in ufficio?

B

a. No. Penso che **abbiano deciso** di vivere con i genitori di lui.
b. Sì. Credo che **siano andati** a mangiare una pizza insieme.
c. No. Non litigano più. Sembra che **abbiano fatto** la pace.
d. No. Credo che **si siano lasciati**.
e. No. Pare che **si sia licenziata** ieri.
f. Penso che **sia partito** la settimana scorsa.
g. Sì. Credo che **abbia preso** una Fiat.

I verbi evidenziati sono al congiuntivo passato. Scrivi l'infinito di ogni verbo. Riesci a capire come si forma il congiuntivo passato?

abbiano deciso _____	siano andati _____
abbiano fatto _____	si siano lasciati _____
abbia preso _____	si sia licenziata _____
	sia partito _____

 Answers to this activity are in Appendix 2 at the back of your book.

1. Il congiuntivo passato is the equivalent of the **passato prossimo,** but in the subjunctive mood. It is formed with the present subjunctive of **avere** or **essere** and the past participle of the verb.

Do you remember the present subjunctive of **avere** and **essere**? Write the forms here. (If you need help, see **Capitolo 14, Strutture 14.2.**)

	avere	essere
io		
tu		
lui/lei/Lei		
noi		
voi		
loro		

Conjugate the following verbs in the **congiuntivo passato. Attenzione!** First decide which of the following verbs take **essere** as their auxiliary and which take **avere.**

	divertirsi	litigare	partire
io			
tu			
lui/lei/Lei			
noi			
voi			
loro			

● Answers to these activities are in Appendix 2 at the back of your book.

2. The past subjunctive is used primarily after verbs and/or expressions that express doubt, opinion, desire, emotions, and impersonal statements + **che.** (See page 391 for a list of expressions followed by the subjunctive.)

Credo che Mirella **sia partita** per l'Italia.

I think that Mirella has left for Italy.

Temo che Marco **abbia** già **letto** quel libro.

I'm afraid that Marco has already read that book.

A. Gli indizi.   Sei andato/a via per una settimana. Torni lunedì mattina alle 7.30 e trovi l'appartamento in disordine. Osserva bene e cerca degli indizi per capire cosa ha fatto il tuo compagno / la tua compagna di casa durante la tua assenza (*absence*).

1. È probabile che il mio compagno / la mia compagna di casa abbia fatto _____.

2. Pare che abbia mangiato _____.

3. Sembra che abbia suonato _____.

4. Credo che abbia guardato _____.

5. Penso che abbia studiato _____.

B. I pettegolezzi. È venerdì. Alessia è tornata dalle vacanze e parla con Daniele della loro amica Paola. Paola e il suo ragazzo, Marco, si sono lasciati ed è da circa una settimana che non si vede Paola in giro. Daniele racconta su Paola delle chiacchiere che sono del tutto false. Fai la parte di Alessia, che conosce bene Paola, e dai le informazioni giuste a Daniele. **Attenzione!** Alessia parla con certezza, quindi usa l'indicativo nelle sue risposte.

> **Esempio:** DANIELE: Penso che Marco l'abbia chiamata venerdì scorso. Hanno parlato per delle ore!
> ALESSIA: Marco non l'ha chiamata! Le ha telefonato Roger, un ragazzo irlandese che ha conosciuto in biblioteca la settimana scorsa.

1. Sembra che sia andata dalla parrucchiera e abbia comprato un vestito nuovo per tirarsi su di morale (*raise her spirits*).

2. Credo che sia rimasta sempre a casa il weekend scorso. Dicono che abbia pianto (*cried*) tanto.

3. Penso che abbia marinato la scuola lunedì perché aveva paura di vedere Marco.

4. Non è venuta a lezione nemmeno martedì e mercoledì. Sembra che sia andata a casa a trovare la famiglia e stare un po' tranquilla.

5. Sembra che sia uscita ieri sera, ma non so dove sia andata o con chi.

C. Vero o falso?

Parte prima. Scrivi tre frasi per dire le attività che hai fatto ieri. **Attenzione!** Una delle tre frasi deve essere falsa.

Esempio:
1. Ho nuotato in piscina.
2. Sono andato al cinema.
3. Ho mangiato la pizza.

Parte seconda. Formate gruppi di quattro o cinque. Leggi le frasi ai compagni del tuo gruppo. Ognuno deve indovinare quale frase è falsa e scrivere: **Dubito che...** Le persone che indovinano, vincono un punto.

Esempio:
S2: Dubito che tu abbia nuotato in piscina.
S3: Dubito che tu sia andato al cinema.
S4: Dubito che tu abbia mangiato la pizza.
S1: Ha indovinato lo studente / la studentessa 3, perché non sono andato al cinema.

D. Chi sa perché?

Parte prima. Giuseppe è ingegnere presso una ditta di Bologna. Lunedì mattina arriva tardi in ufficio e i suoi colleghi fanno ipotesi sul suo comportamento insolito (*odd behavior*). Lavora insieme ad un compagno / una compagna. Scegliete la forma appropriata di **essere** o **avere**.

Sembra che Giuseppe non si <u>abbia / sia</u> raso oggi e ha la faccia molto stanca. Chi sa perché?

1. Chiara ha paura che Giuseppe <u>abbia / sia</u> lasciato la sua ragazza, Irene.
2. Anna immagina che <u>abbia / sia</u> uscito ieri con gli amici e che si <u>abbia / sia</u> alzato tardi stamattina.
3. Luca pensa che Giuseppe <u>abbia / sia</u> lavorato fino a tardi ieri. Ha un progetto che deve consegnare entro (*turn in by*) venerdì.

Parte seconda. Irene, la ragazza di Giuseppe, lavora nella stessa ditta. Lunedì mattina i suoi colleghi fanno ipotesi sul suo comportamento insolito. Completate le frasi.

Irene non è venuta a lavorare oggi. Chi sa perché?

1. Chiara ha paura che...
2. Anna immagina che...
3. Luca pensa che...

Parte terza. Lavorate insieme ad una o due altre coppie e confrontate le vostre ipotesi sul comportamento di Giuseppe e Irene. A quali conclusioni arrivate? Perché Giuseppe non si è raso e ha la faccia stanca? Perché Irene non è venuta in ufficio oggi? **Attenzione!** Se cominciate con **Secondo noi...** , usate l'indicativo; se cominciate con **Pensiamo che...** , usate il congiuntivo.

15.2 Sono sicura che è partita per le vacanze

The subjunctive vs. the indicative

Leggi le affermazioni. Indica quali frasi hanno un verbo evidenziato all'indicativo e quali hanno un verbo al congiuntivo. (Due sono già state inserite.) Riesci a capire quando si usa l'indicativo e quando si usa il congiuntivo?

	indicativo	congiuntivo
1. Preferisco che mia madre **prepari** una torta al cioccolato.	☐	☑
2. So che i ragazzi **arrivano** stasera alle 8.00.	☑	☐
3. Non credo che Tina **sia andata** alla festa ieri sera.	☐	☐
4. Sono sicura che Rita e Elena **sono andate** alla festa ieri.	☐	☐
5. È importante che i linguisti **studino** i dialetti.	☐	☐
6. È vero che sempre meno giovani **parlano** il dialetto.	☒	☐
7. Penso che Gianni **parli** il dialetto.	☐	☒

▶ Answers to this activity are in Appendix 2 at the back of your book.

As you know, expressions followed by **che** that indicate opinion, doubt, desire, emotions, or impersonal statements or judgements are followed by a verb in the subjunctive. In contrast, expressions that express certainty and objectivity are followed by a verb in the indicative. Here are some expressions that denote certainty and therefore take the indicative.

è chiaro (*clear*) **che...**	**si sa che...**
è ovvio (*obvious*) **che...**	**so che...**
è un fatto che...	**sono certo/a che...**
è vero che...	**sono sicuro/a che...**
non c'è dubbio che...	**vedo che...**

▶ To learn about conjunctions that are followed by the subjunctive, see **Per saperne di più** at the back of your book.

To review the expressions followed by the subjunctive, see **Strutture 14.3.**

A. La risposta precisa. Completa la risposta appropriata secondo le tue conoscenze. Chi sa tutto con certezza?

1. Chi dipinse *Primavera* (**Capitolo 1,** pagina 1)?

   a. Sono certo/a che _____ dipinse *Primavera*.

   b. Mi sembra che _____ abbia dipinto *Primavera*.

   c. Non ho la minima idea.

2. Chi inventò il telescopio?

   a. Sono certa che _____ inventò il telescopio.

   b. Mi sembra che _____ abbia inventato il telescopio.

   c. Non ho la minima idea.

(*continued*)

3. Quante persone nel mondo parlano italiano?

   a. Sono certa che circa _____ persone nel mondo parlano italiano.

   b. Mi sembra che circa _____ persone nel mondo parlino italiano.

   c. Non ho la minima idea.

4. Sai elencare cinque paesi dove si parla italiano?

   a. Sono certa che si parla italiano in _____.

   b. Mi sembra che si parli italiano in _____.

   c. Non ho la minima idea.

5. Quali sono le due isole principali d'Italia?

   a. Sono certa che le due isole principali d'Italia sono_____.

   b. Mi sembra che le due isole principali d'Italia siano_____.

   c. Non ho la minima idea.

B. Ascolta. L'insegnante legge delle frasi incomplete. Scegli la fine giusta.

1. a. parlano italiano.	b. parlino italiano.
2. a. ha dovuto lavorare oggi.	b. abbia dovuto lavorare oggi.
3. a. i suoi amici le fanno una festa per il compleanno.	b. i suoi amici le facciano una festa per il compleanno.
4. a. non hanno imparato il dialetto.	b. non abbiano imparato il dialetto.
5. a. Ettore si è trasferito a Milano per motivi di lavoro.	b. Ettore si sia trasferito a Milano per motivi di lavoro.

C. So che... Dubito che...

Parte prima. Collabora con i compagni. Fate due liste: una lista di sette espressioni che sono seguite dall'indicativo e una seconda lista di sette espressioni che sono seguite dal congiuntivo.

Parte seconda. Con un compagno / una compagna completate queste affermazioni con una delle espressioni della **Parte prima.**

1. _____ Fausto si sia licenziato ieri.

2. _____ il padre di Lorenzo sia andato in pensione l'anno scorso.

3. _____ ci sono 365 giorni in un anno.

4. _____ Sergio ha preso 30 e lode (A+) all'esame di chimica.

5. _____ c'è molta povertà nel mondo di oggi.

6. _____ Fatima abbia cambiato casa.

7. _____ ci sono molti studenti che vogliono imparare l'italiano.

D. Minidialoghi. Completa i minidialoghi con la forma appropriata del verbo.

Dialogo 1

CRISTINA: Hai visto Mohamed? È / Sia[1] molto scontento.
GIACOMO: So che non gli piace / piaccia[2] il suo lavoro. Lavora / Lavori[3] 50 ore alla settimana e il capo non gli dà / dia[4] le ferie quando le vorrebbe. Credo che cerca / cerchi[5] un altro lavoro.
CRISTINA: Beh, farebbe bene.

Dialogo 2

MICHELE: Dove vai oggi pomeriggio?
SANDRA: Vado / Vada[6] a trovare la mia amica. Penso che si sente / si senta[7] un po' triste.
MICHELE: Perché?
SANDRA: Perché lei e il suo ragazzo si sono lasciati / si siano lasciati[8] ieri.

Dialogo 3

GIANNI: È vero che Clara e Cinzia partono / partano[9] per una vacanza avventurosa?
RICCARDO: Sì. Credo che fanno / facciano[10] paracadutismo in Australia.
GIANNI: Non è possibile. Clara ha / abbia[11] paura di volare.

Dialogo 4

RAFFAELLA: Hai sentito che Gianni e Marcella hanno comprato casa?
TONINO: Sì. E so che comprano / comprino[12] molti mobili pregiati (*high quality*). Stanno spendendo un sacco di soldi!
RAFFAELLA: Ma dove trovano / trovino[13] tutti questi soldi?
TONINO: Sono sicuro che i genitori di Gianni sono / siano[14] ricchi. Penso che hanno / abbiano[15] una ditta di computer.

Dialogo 5

ALESSANDRO: Beatrice parla il dialetto del suo paese?
ROBERTA: No. Ma sua nonna pensa che lei lo sa / sappia[16] molto bene. Ogni volta che va / vada[17] a trovarla, la nonna le parla in dialetto. Beatrice capisce / capisca[18] un po', ma non sa / sappia[19] mai rispondere.

E. Il segreto.

Parte prima. Angela e Antonio hanno un segreto. Lavora insieme ad un compagno / una compagna. Leggete i commenti degli amici di Angela e Antonio. Prima decidete se il verbo deve essere al presente indicativo o al presente congiuntivo, poi scrivete la forma giusta del verbo fra parentesi.

indicativo	congiuntivo	
1. ☐	☐	So che Angela _____ (parlare) tre lingue: l'italiano, l'inglese e il russo.
2. ☐	☐	Penso che Antonio _____ (sapere) solo l'italiano.
3. ☐	☐	È ovvio che Antonio e Angela _____ (essere) brave persone. Lavorano molto e sono sempre simpatici con tutti.
4. ☐	☐	Mi dispiace che Angela e Antonio non _____ (venire) a pranzo con noi venerdì. Purtroppo _____ (avere) un appuntamento con l'avvocato.

Parte seconda. Leggete altri commenti dei loro amici. Prima decidete se il verbo deve essere al passato prossimo o al passato del congiuntivo, poi scrivete la forma giusta del verbo fra parentesi.

	indicativo	congiuntivo	
1.	☐	☐	Sono andata al bancomat con Antonio ieri. So che _____ (prendere) un sacco di soldi dal suo conto.
2.	☐	☐	Sono sicuro che Angela _____ (fare) shopping la settimana scorsa. Ero insieme a lei quando ha comprato tanti vestiti e scarpe nuovi.
3.	☐	☐	Sembra che Angela e Antonio _____ (andare) in un'agenzia di viaggi sabato scorso.
4.	☐	☐	È strano che Antonio _____ (vendere) il suo appartamento in centro. Era tanto carino e gli piaceva tanto.

Parte terza. Come si spiega il comportamento di Angela e Antonio? Completate la frase seguente, poi leggete la vostra conclusione ai compagni di classe. Chi ha la soluzione più probabile? **Attenzione!** Si usa l'indicativo o il congiuntivo dopo **Secondo noi...** ?

Secondo noi, Angela e Antonio...

 ## IN **ITALIA**

L'italiano non è l'unica lingua che si parla in Italia. Ci sono, infatti, varie **minoranze linguistiche,** cioè comunità che parlano una lingua diversa rispetto alla lingua nazionale. La legge riconosce 12 minoranze linguistiche: il tedesco e il ladino (in Trentino-Alto Adige), il francese (in Valle d'Aosta), il friulano e il sloveno (in Friuli-Venezia Giulia), il sardo e il catalano (in Sardegna), l'albanese (in diverse regioni del Sud), il greco (in Puglia e Calabria), il croato (in Molise), l'occitano (in Piemonte e Calabria), e il franco-provenzale (in Valle d'Aosta e Puglia).

Il tedesco è la lingua di comunicazione quotidiana per tre quarti della popolazione dell'Alto-Adige, chiamato anche Sud-Tirolo, al confine (*border*) con l'Austria, mentre molte persone che parlano sloveno vivono a Trieste, al confine nord-orientale con la Slovenia. Il franco-provenzale, poi, è una combinazione di francese e occitano, la lingua tradizionale del Sud della Francia; questa lingua si parla, per esempio, in Valle d'Aosta, al confine con la Francia. Il catalano è parlato ad Alghero (Sardegna) ed è una variante del catalano orientale che si parla in Catalogna (Spagna).

Bolzano in Trentino-Alto Adige

15.3 Se vincessi un viaggio...

Hypotheticals of possibility

Alessia e Daniele spiegano quello che farebbero se vincessero (*if they won*) un viaggio di un mese in un qualsiasi paese del mondo. Secondo te, chi farebbe un viaggio in Svizzera? Chi farebbe un viaggio in Cina?

Alessia: Se vincessi un viaggio, andrei in un paese dove conosco bene la cultura e c'è gente che parla italiano. Visiterei tutti i musei e mangerei solo nei ristoranti italiani. Se rimanessi in questo paese per un mese, scriverei tante cartoline perché avrei molta nostalgia di casa.	**Daniele:** Se vincessi un viaggio, andrei in un paese dove non conosco né la cultura né la lingua. Passerei delle ore ad osservare la gente ed eviterei (*I would avoid*) i ristoranti italiani. Se rimanessi in questo paese per un mese, uscirei con la gente del luogo. Mi divertirei e dimenticherei di telefonare a casa.

1. In **Capitolo 10, Strutture 10.3,** you learned hypotheticals of probability, or statements that predict what will most likely happen if and only if another event occurs.

if (**se**) clause	*then* clause (**conseguenza**)
Se avrò tempo, *If I (will) have time,*	uscirò con gli amici. *I will go out with my friends.*

It is also possible to talk about imaginary situations, or what *would* happen if another event occurred.

if (**se**) clause	*then* clause (**conseguenza**)
Se vincessi un viaggio, *If I won a trip,*	andrei in Italia. *I would go to Italy.*

Alessia and Daniele described the choices that they would make if they won a trip anywhere in the world. Fill in the clauses from Alessia's hypothetical statements in this chart.

if (**se**) clause	*then* clause (**conseguenza**)
Se io vincessi un viaggio,	
	scriverei tante cartoline perché avrei molta nostalgia di casa.

Answers to this activity are in Appendix 2 at the back of your book.

> **STUDY TIP**
>
> In this chapter you will learn the first three persons (**io, tu, lui/lei/ Lei**) of the imperfect subjunctive and one irregular verb (**essere**). The singular forms of the verb are used most frequently and are usually acquired by learners before the plural forms. Remember, during your first year of study, it's not necessary (or possible) to acquire all the grammar of Italian. Acquisition of a second language is a slow process that requires building on previous knowledge. The goal is to develop a strong base on which to build more structures.

2. You have already been introduced to the form of the verb used in the *then* clause. It is the present conditional. (To review the present conditional, go to **Capitolo 13, Strutture 13.1.**) The form of the verb in the *if* clause is a new conjugation. It is the imperfect subjunctive (**l'imperfetto del congiuntivo**). The **imperfetto del congiuntivo** is easy to form. Drop the **-re** from the infinitive and add the same endings to all three conjugations: **-ssi, -ssi, -sse.**

Fill in the missing forms.

	mangia(re)	prende(re)	dormi(re)
io	mangia**ssi**		dormi**ssi**
tu	mangia**ssi**	prende**ssi**	
lui/lei; Lei	mangia**sse**		

3. The verb **avere** is regular in the imperfect subjunctive.

Fill in the forms in the chart below.

	avere
io	
tu	
lui/lei; Lei	

● Answers to these activities are in Appendix 2 at the back of your book.

4. The verb **essere** is irregular.

	essere
io	fossi
tu	fossi
lui/lei; Lei	fosse

● To learn the full conjugation and more irregular verbs in the imperfect subjunctive, see **Per saperne di più** at the back of your book.

A. Conosci bene il tuo compagno / la tua compagna?

Parte prima. Completa queste affermazioni personali.

1. Se avessi 10.000 euro, comprerei _____.

2. Se potessi imparare una nuova lingua, imparerei _____.

3. Se avessi un aereo privato, andrei _____.

4. Se potessi passare una serata con qualsiasi (*any*) persona, uscirei con _____.

5. Se non fossi a lezione adesso, vorrei _____.

Parte seconda. Lavora con un compagno / una compagna. Secondo te, cosa farebbe lui/lei in queste situazioni? Completa le frasi in modo che siano vere per lui/lei.

Parte terza. Verifica la validità delle tue ipotesi facendo domande al compagno / alla compagna. Vi conoscete bene?

Esempio: **S1:** Se avessi 10.000 euro, compreresti una barca a vela.
S2: Sì, è vero! (No, non è vero. Viaggerei per tutto il mondo.)

IN ITALIA

Contrariamente a quanto molti credono, per **il linguaggio dei segni** (*sign language*) non c'è uno standard internazionale. Come le lingue parlate, la lingua dei segni varia da stato a stato, da regione a regione. Se si conosce la Lingua Italiana dei Segni, si può in parte capire la Lingua Francese dei Segni, ma non la Lingua Americana dei Segni.

In Italia poi ci sono differenze regionali, però gli italiani che usano la lingua dei segni riescono a comunicare efficacemente, anche se sono di regioni diverse.

 CLICCA QUI Per sapere di più sulla Lingua Italiana dei Segni, vai sul sito di *Avanti!*, **Clicca qui (www.mhhe.com/avanti2).**

B. Sei romantico/a?

Parte prima. Con un compagno / una compagna abbina le ipotesi dell'insieme A alle conseguenze dell'insieme B. Poi decidete chi è la persona più romantica.

A	B
1. Se Giovanni andasse a Roma con la sua ragazza,	a. andrebbero in una pizzeria dove si spende poco.
2. A Jamaal piace molto la natura. Se lui portasse la sua ragazza a fare un viaggio,	b. sceglierebbe un documentario.
3. Se Giulia avesse molti soldi,	c. andrebbero a vedere il Colosseo al tramonto (*sunset*).
4. Se Filippo invitasse la sua ragazza a cena fuori,	d. la porterebbe a fare campeggio (*camping*) in Alaska.
5. Se Daniela noleggiasse un film da vedere stasera con il suo ragazzo,	e. farebbe molti regali al suo ragazzo.

Parte seconda. E tu sei romantico/a? Completa le frasi e poi confronta le risposte con quelle dei compagni. Chi è più romantico/a?

1. Se andassi a Roma con il mio ragazzo / la mia ragazza...

2. Se portassi il mio ragazzo / la mia ragazza a fare un viaggio...

3. Se avessi molti soldi...

4. Se portassi il mio ragazzo / la mia ragazza a cena fuori...

5. Se noleggiassi un film da vedere stasera con il mio ragazzo / la mia ragazza...

C. Un'indagine.

Parte prima. Completa queste affermazioni personali.

1. Se fossi ricco/a...

2. Se potessi vivere in qualsiasi paese del mondo...

3. Se potessi risolvere un problema nel mondo...

4. Se potessi fare qualsiasi carriera...

5. Se potessi mangiare qualsiasi cosa a cena stasera...

6. Se potessi comprare qualsiasi cosa...

Parte seconda. Fate un sondaggio fra gli studenti. Quali sono le risposte più frequenti?

D. Se potessi essere qualsiasi animale... Se potessi essere qualsiasi animale, quale animale vorresti essere? Perché?

> il cane
> il cavallo   l'elefante
> il gatto   la giraffa   il leone
> la mosca (*fly*)   il pesce
> il pinguino   l'uccello (*bird*)

Esempio: Se potessi essere qualsiasi animale, vorrei essere un gatto perché il gatto dorme sempre!

In italiano

The equivalent of *If I were you* . . . in Italian is **Se fossi in te...**

Completa il consiglio che Michele dà al suo amico Gianni:
«**Gianni, se fossi in te...** »

Ascoltiamo!

Una breve storia della lingua italiana

«Quaeso, puella, ubi cauponam reperire possum?»

«Di grazia, madamigella, in qual sito invenir potrei una taberna?»

«Mi scusi, signorina, dove potrei trovare un bar?»

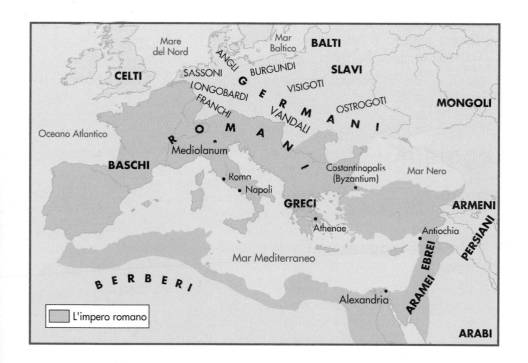

A. Osserva ed ascolta. Osserva ed ascolta mentre l'insegnante ti parla della storia della lingua italiana.

B. Completa. Completa le seguenti frasi, inserendo la parola appropriata della lista qui sotto. Usa ogni parola *una sola volta*. **Attenzione!** La lista contiene dodici parole; devi usarne solamente nove.

dialetti	Duecento	fiorentino	mille
parlato	popoli	questione	romanza
scritto	settantacinque	Trecento	volgari

1. La lingua italiana deriva dal latino _____.

2. Il _____ per cento delle parole italiane viene dal latino.

3. L'italiano, come il francese, il portoghese, il rumeno e lo spagnolo, è una lingua _____.

4. Il primo documento che dà testimonianza di una lingua italiana diversa dal latino risale a _____ anni fa.

5. Dopo la caduta dell'Impero romano le lingue parlate nel territorio italiano erano chiamati i _____ italiani perché erano parlati dal popolo.

6. Il grande dibattito, avvenuto nel Cinquecento, sulla ricerca di uno standard della lingua scritta viene detto «la _____ della lingua».

7. Il _____ scritto fu scelto come «l'italiano» grazie all'influenza di tre grandi autori del _____: Dante, Petrarca e Boccaccio.

8. Anche se esisteva una lingua letteraria «italiana», la gente ha continuato a parlare i _____ fino a tempi recenti.

C. Tocca a te! È importante avere una lingua nazionale uguale per tutti o no? Completa la frase.

Secondo me, avere una lingua nazionale (non) è importante perché...

Leggiamo!

Napule è

Solo musica. Go to the *Avanti!* iMix on the *Avanti!* Online Learning Center in Coursewide Content (**www.mhhe.com/avanti2**) where you can purchase and listen to *Napule è* by Pino Daniele and one of the most famous contemporary songs about Naples: *Caruso* by Lucio Dalla.

A. Prima di leggere. Secondo te, quanto è importante il testo di una canzone? Con un compagno / una compagna, completa le frasi.

1. Per me, il testo di una canzone è _____.
   a. meno importante della musica
   b. importante come la musica
   c. più importante della musica

2. Preferisco le canzoni con un testo che _____.
   a. è facile da ricordare
   b. ha un messaggio importante
   c. esprime una forte emozione
   d. (altro)

3. Una canzone che mi piace soprattutto per il testo è _____.

B. Al testo!

Parte prima. Leggi il testo della canzone *Napule è* (Pino Daniele, 1998) in cui il cantautore (*singer/songwriter*) descrive la sua città in dialetto napoletano.

Parole per leggere

la camminata *walk*
importarsene *to care about*
la sorte *fortune, fate, destiny*
il testo (di una canzone) *lyrics*
il vicolo *lane, alley*

Napule è

Napule è mille culure
Napule è mille paure
Napule è a voce de' criature
che saglie chianu chianu e
tu sai ca nun si sulo.
Napule è nu sole amaro*
Napule è addore 'e mare
Napule è 'na carta sporca
e nisciuno se ne importa e
ognuno aspetta a' ciorta.
Napule è 'na cammenata
inte viche miezo all'ato
Napule è tutto 'nu suonno

e a' sape tutti o' munno ma
nun sanno a verità.
Napule è mille culure
(Napule è mille paure)
Napule è 'nu sole amaro
(Napule è addore 'e mare)
Napule è 'na carta sporca
(e nisciuno se ne importa)
Napule è 'na camminata
(inte viche miezo all'ato)
Napule è tutto nu suonno
(e a' sape tutti o' munno)

✓ STUDY TIP

Reading song lyrics is a little like reading a poem. Repetition, rhythm, rhymes, and images are all important elements. Because of the limited number of words in a song, as in a poem, each word counts. For this reason, in order to understand a song, it is important to know the meaning of all of the words.

*bitter

Parte seconda. Ora con un compagno / una compagna trova come si dicono le seguenti parole ed espressioni in napoletano.

In italiano	in napoletano
colori	_____
delle creature (*human beings*)	_____
sale piano piano	_____
che non sei solo	_____
odore di mare	_____
nessuno	_____
la sorte	_____
una camminata	_____
nei vicoli in mezzo agli altri (*in crowded alleys*)	_____
un sogno	_____
la sa tutto il mondo	_____

C. Discutiamo! Rispondi alle domande.

1. Secondo te, cosa pensa Pino Daniele di Napoli? E tu, dopo aver letto il testo, cosa pensi di Napoli? È una città che vuoi visitare?
2. Secondo te, perché il cantautore ha deciso di scrivere il testo in dialetto invece di scriverlo nella lingua nazionale?
3. Quali aspetti della canzone ti piacciono? Quali no? Perché?

IN **ITALIA**

- I giovani italiani, come i giovani di tutto il mondo, usano un linguaggio particolare: **il linguaggio dei giovani.** Lo parlano con i coetanei (*peers*), in modo informale, per scherzare, per parlare di scuola, di sport e della loro vita sentimentale.

  La caratteristica più saliente del linguaggio dei giovani è la continua formazione di parole nuove e l'uso nuovo di parole già esistenti. Queste parole ed espressioni cambiano rapidamente. Riesci a indovinare cosa significano queste espressioni?

  1. **tirarsela:** Quella ragazza è bella, ma se la tira moltissimo!

  2. **provarci con qualcuno:** Quel ragazzo ci ha provato con me tutta la sera.

  3. **tirare il pacco:** Dovevamo andare al cinema, ma mi ha tirato il pacco.

  a. to not show up, to stand someone up

  b. to act like you're the coolest

  c. to hit on someone

- **Il telefonino** sembra diventato lo strumento più importante per comunicare, fare amicizie e superare la timidezza (*shyness*). Un'indagine del 2008 rivela che i giovani italiani fra i 16 ed i 24 anni si inviano in media 15 **messaggini** al giorno. Per risparmiare soldi e tempo hanno inventato un linguaggio «breve». Riesci a decifrare queste parole ed espressioni?

  1. xké
  2. dove 6?
  3. + o –
  4. tvb

  5. 6 3mendo!
  6. Se nn mi kiami, t kiamo io.
  7. msidt
  8. zzz

Scriviamo!

Io e l'italiano

Scrivi un tema in cui racconti la tua esperienza con la lingua italiana. Cosa hai imparato? Cosa non hai imparato che volevi imparare? Nel tuo apprendimento, cosa ti è servito di più? Cosa hai trovato facile? Cosa hai trovato difficile?

Parliamo!

Quale italiano bisogna studiare?

Non esiste un'unica lingua italiana. Ci sono invece molte lingue italiane: la lingua nazionale, le varietà regionali, il linguaggio dei giovani e altri linguaggi speciali e, in più, i dialetti. Secondo te, quale lingua dovrebbero studiare gli stranieri che vogliono imparare «l'italiano»? Secondo te, uno studente dovrebbe imparare una specifica varietà regionale o un dialetto? Secondo te, la scuola dovrebbe insegnare il linguaggio dei giovani? Discuti l'argomento prima con un compagno / una compagna e poi con la classe.

Guardiamo!

Film *Ciao, professore!*

(Commedia. Italia. 1993. Lina Wertmüller, Regista. 99 min.)

A. Anteprima. Con un compagno / una compagna, paragona le seguenti frasi nella lingua nazionale e nell'italiano meridionale. Quante differenze riesci a trovare?

l'italiano meridionale	la lingua nazionale
1. Mi dispiace. La cioccolata non ci sta.	Mi dispiace. Non c'è la cioccolata.
2. Quando viene la domenica sapete mio padre che dice?	Quando viene la domenica sa che cosa dice mio padre?
3. Non la verite? Le strade sono tutte sfravecate, i palazzi fracidi e terremotati. Ci sta solo munnezza e siringhe drogate.	Non la vede? Le strade sono tutte dissestate (*torn up*), i palazzi fradici (*rotten, leaking*) e terremotati (*damaged by earthquakes*). C'è solo immondizia e siringhe dei drogati.

B. Ciak, si gira! Mentre guardi la scena nota tutti i contrasti che vedi nell'uso dell'italiano. Oltre al linguaggio, quali altri contrasti hai notato?

C. È fatto! Rispondi alle domande.

1. Quali contrasti hai visto? Discuti quello che hai notato con la classe.
2. Il professore non ha capito quando Vincenzino ha detto «i pirucchi». Ha capito la parola «parrucche» (*wigs*), invece della parola «pidocchi» (*lice*). Secondo te, quale personaggio nel film è più facile da capire? Chi, invece, è più difficile? Perché?
3. Anche il titolo del film, *Ciao, professore!*, non è italiano «standard». Qual è l'errore?

Riassunto: A stuck-up schoolteacher from the North (Paolo Villaggio) requests a transfer to an elite school and instead, because of a bureaucratic mistake, ends up in Corzano, a poor small town near Naples. When only three pupils show up on the first day of class, he sets out to recruit others and comes face to face with life on the other side of the tracks.

Scena: (DVD Capitolo 1): The film opens with the professor's arrival in Corzano. He meets almost immediately a couple of his pupils, who are working instead of attending school.

IN AMERICA

In the early twentieth century, when many Italians emigrated to the United States and South America, the majority came from rural areas of Southern Italy and had little formal education. They came speaking the local dialect of their village. As new immigrants, they often settled in Italian communities in large urban areas ("Little Italys"), where they met other immigrants who spoke different dialects. The languages influenced each other to create interesting varieties of the language that contained elements of various dialects, standard Italian, and English. Children, who were encouraged to learn English, often only understood single words of the Italian they heard at home and, even those, imperfectly. They were surprised and confused when they traveled to Italy, or took a formal language course, and were told that those words weren't Italian. Maria Laurino describes this experience in a wonderful chapter entitled "Words" in *Were You Always an Italian?* (2000, Norton)

Vocabolario

Domande ed espressioni

è chiaro che…	it's clear that . . .
è ovvio che…	it's obvious that . . .
è un fatto che…	it's a fact that . . .
non c'è dubbio che…	there's no doubt that . . .
Puoi/Può dire qualcosa?	Can you (*inform./form.*) say something?
Sai/Sa (l'inglese)?	Do you know (*inform./form.*) (English)?
se fossi in te…	if I were you . . .
si sa che…	everyone knows that . . .
sono certo/a che…	I'm certain that . . .
sono sicuro/a che…	I'm certain that . . .

Verbi

cambiare	to change
chiacchierare / fare due chiacchiere	to chat
chiedere	to ask
derivare	to derive
diffondersi	to spread
discutere	to discuss
evolversi	to evolve
litigare	to argue
raccontare (una storia / una barzelletta)	to tell (*a story/joke*)
risalire a	to date back to
scherzare	to joke, to kid
scomparire	to disappear

Sostantivi

la barzelletta	joke
il dialetto	dialect
il fiorentino	Florentine dialect
l'italiano regionale	regional variation of standard Italian
la lingua nazionale	standard Italian
la lingua romanza	Romance language
la lingua scritta/parlata	written/spoken language
il napoletano	Neapolitan dialect
la pronuncia	pronunciation
il rumeno	Romanian (*language*)
il termine	word
il toscano	Tuscan dialect
la tradizione letteraria	literary tradition

Aggettivi

centrale	central
centro-meridionale	central-southern
contemporaneo	contemporary
diffuso	widespread
meridionale	southern
settentrionale	northern
toscano	Tuscan

Sono famosi

16

Il bacio (1859), Francesco Hayez

RIPASSO

In this chapter you will review:

- how to talk about activities in the present
- how to talk about past activities
- how to use object pronouns

SCOPI

In this chapter you will learn:

- about famous historical figures and important dates
- about the history of Italian art

 DVD   **Online Learning Center** www.mhhe.com/avanti2

 **CENTRO** Your media center for languages www.mhcentro.com

 Online Workbook / Lab Manual

Hai/Ha qualcosa da dire?

Making recommendations

A. Osserva ed ascolta. Gli italiani che abbiamo intervistato hanno offerto consigli agli studenti nord americani. Osserva ed ascolta quello che (*what*) dicono questi italiani. Per ogni persona, segna (✓) il consiglio o i consigli che senti. Qual è il consiglio più comune?

	studiare l'italiano	venire in Italia	provare la cucina italiana	imparare altre culture	viaggiare
1. Anna Maria					
2. Antonella					
3. Annalisa e Claudia					
4. Chiara					
5. Lucia					
6. Stefano					
7. Iolanda					

B. E tu, che dici? Come risponderesti ai consigli degli italiani? Scegli uno dei consigli e prepara una risposta appropriata.

Esempio: (studiare l'italiano) Grazie. È un buon consiglio. Continuerò a studiare l'italiano perché, anche secondo me, è importante sapere un'altra lingua. (Grazie. È un buon consiglio, ma è difficile imparare un'altra lingua e devo studiare altre cose per laurearmi.)

C. Tutto sommato. Usando tutto ciò che hai imparato nel corso d'italiano, cosa consiglieresti tu agli studenti italiani? Con un compagno / una compagna, fate una lista di tre consigli che dareste a loro.

I personaggi storici

Talking about historical people and events

Associa queste figure agli oggetti o alle persone sotto indicati.

1. l'artista
2. il compositore / la compositrice
3. l'inventore / l'inventrice
4. il politico*

5. il religioso / la religiosa
6. lo scrittore / la scrittrice
7. il soldato / la soldatessa

l'affresco

la chiesa la Costituzione

i diritti (*rights*) il dittatore il generale

la guerra l'indipendenza l'invenzione

la medicina il militare la musica

l'orchestra il papa (*pope*)

il Parlamento la patria (*homeland*) la poesia

il quadro il re la regina (*queen*)

la Repubblica il romanzo

il Vaticano la scultura

il sonetto la vittoria

Abbina i personaggi famosi al quadro giusto: Galileo Galilei, Leonardo da Vinci, Artemisia Gentileschi, Cristoforo Colombo, Francesco d'Assisi.

1.

2. (*continued*)

---

*The feminine form of **il politico** is **una donna in politica**. In most cases specific terms are used for the feminine forms, such as **la deputata, la senatrice, la candidata,** and **la rappresentante della Camera.**

3.

4.

5.

In un sondaggio degli italiani è stato chiesto chi è stato il personaggio italiano più illustre del secondo millennio (dall'anno 1000 al 2000). I personaggi indicati sono presentati nell'insieme A. Abbina questi personaggi ai motivi per cui sono famosi nell'insieme B.

A	B
1. Alessandro Manzoni (1785–1873) scrittore	a. la prova (*proof*) che la Terra (*earth*) gira intorno al Sole
2. Alessandro Volta (1745–1827) inventore/scienziato	b. l'energia nucleare
3. Enrico Fermi (1901–1954) inventore/scienziato	c. la Spedizione dei Mille e l'unificazione d'Italia
4. Francesco d'Assisi (1181–1226) religioso	d. *La Divina Commedia*
5. Guglielmo Marconi (1874–1937) inventore/scienziato	e. la pila (*battery*) elettrica
6. Dante Alighieri (1265–1321) scrittore	f. *La Gioconda* (*Mona Lisa*) e *L'Ultima Cena*
7. Leonardo da Vinci (1452–1519) artista	g. *I Promessi Sposi* (*The Betrothed*)
8. Giuseppe Garibaldi (1807–1882) generale	h. la scoperta dell'America da parte degli europei nel 1492
9. Cristoforo Colombo (1451–1506) navigatore	i. la rinuncia ai beni terreni e la predicazione della povertà e dell'amore per tutti, anche per gli animali
10. Galileo Galilei (1564–1642) inventore/scienziato	j. la comunicazione senza fili (*wireless*) e la radio

▶ Answers to these activities are in Appendix 2 at the back of your book.

Ecco alcuni verbi che si associano con le attività dei personaggi famosi. Alcuni li conosci già e altri sono simili all'inglese. Riesci a capire il significato di tutti i verbi?

	passato prossimo	**passato remoto**
combattere	ha combattuto	combatté
comporre	ha composto	compose
dimostrare	ha dimostrato	dimostrò
fondare	ha fondato	fondò
governare	ha governato	governò
inventare	ha inventato	inventò
liberare	ha liberato	liberò
proteggere	ha protetto	protese

realizzare*	ha realizzato	realizzò
rischiare	ha rischiato	rischiò
risolvere	ha risolto	risolse
scoprire	ha scoperto	scoprì
trasformare	ha trasformato	trasformò

RETRO

Italian women have left their mark in history.

Santa Caterina da Siena (1347–1380) was one of the most profound theological minds of her day, although she had no formal education. Her letters and her treatise, *A dialogue,* are considered among the most brilliant writings in the history of the Catholic Church. She was canonized in 1461 and is one of the two patron saints of Italy. The other is San Francesco d'Assisi.

Caterina dei Vigri (Santa Caterina da Bologna) (1413–1463) was a renowned painter (one of the few of her time), who was also well versed in Latin and skilled in music and manuscript illumination. She was canonized in 1703 and is one of the patron saints of Bologna.

Gaspara Stampa (1523–1554) is considered one of the greatest female poets of the Italian Renaissance. After her death, Stampa's sister published her *Rime,* containing 311 poems, most of which are sonnets.

Sofonisba Anguissola (1531/2–1625) is considered one of the first Italian women painters to have a successful career. She studied with famous painters in Cremona, had her work critiqued by Michelangelo, and worked as a court painter in Spain.

Artemisia Gentileschi (1593–1652/3) was one of the first women artists to achieve recognition in the male-dominated world of Baroque art. In an era when female artists were limited to portrait painting and imitative poses, she was the first woman to paint major historical and religious scenarios.

Maria Gaetana Agnesi (1718–1799) was an extraordinary figure in mathematics in the eighteenth century. Agnesi was a child prodigy who mastered many languages, such as Latin, Greek, and Hebrew, by a young age. At the age of 20, she wrote her most important work in mathematics, *Istituzioni analitiche.*

Laura Bassi (1711–1778) was a physicist and the first woman to earn a doctoral degree from the Università degli Studi di Bologna. She became the university's first female professor.

Anna Morandi Manzolini (1716–1774) was an anatomical artist and the first person to make models of internal organs. Her models were used to train medical students and can still be seen in the Anatomical Museum of the Università degli Studi di Bologna.

A. Ascolta.

L'insegnante dice delle frasi. Decidi se sono vere o false.

	vero	falso		vero	falso
1.	☐	☐	5.	☐	☐
2.	☐	☐	6.	☐	☐
3.	☐	☐	7.	☐	☐
4.	☐	☐			

*****Realizzare** has two meanings: *to realize* and *to carry out, to bring about.*

B. I personaggi storici.

Parte prima. Completa le affermazioni con il verbo appropriato.

combatté	compose	dimostrò	dipinse	fece

governò	inventò	realizzò	scrisse

1. Raffaello Sanzio fu l'artista rinascimentale che _____ la Madonna «della Seggiola» (**Capitolo 4,** pagina 92).
2. Giuseppe Verdi fu il compositore dell'Ottocento che _____ L'Aida, Falstaff e Rigoletto.
3. Nel Settecento Anna Morandi Manzolini _____ dei modelli degli organi umani che furono studiati dagli studenti dell'Università degli Studi di Bologna.
4. Francesco Petrarca fu lo scrittore del Trecento che _____ Il Canzoniere, una raccolta di poesie dedicate al suo grande amore, Laura.
5. Giuseppe Garibaldi fu un generale coraggioso che _____ molte battaglie (battles) per l'unificazione d'Italia.
6. Benito Mussolini fu un dittatore che _____ per vent'anni la società italiana.
7. Maria Gaetana Agnesi fu una matematica che _____ il suo capolavoro, Istituzioni analitiche, quando aveva solo 20 anni.
8. Galileo Galilei fu lo scienziato del Seicento che _____ che la terra gira intorno al sole.
9. Guglielmo Marconi _____ la radio e la comunicazione senza fili.

Parte seconda. Lavora con un compagno / una compagna. A turno, uno/a di voi chiude il libro mentre l'altro/a sceglie una frase dalla **Parte prima** e sostituisce il nome del personaggio famoso con l'interrogativo **chi** per formare una domanda. Il compagno / La compagna deve dire il nome della persona famosa.

> **Esempio:** **S1:** Chi fu l'artista rinascimentale che dipinse la Madonna «della Seggiola»?
> **S2:** Raffaello Sanzio.
> **S1:** Giusto!

C. Quando vissero (did they live)?

Parte prima. Con i compagni, elencate tutti i personaggi italiani che conoscete che vissero durante questi periodi.

1. il Medioevo
2. il Rinascimento
3. il Seicento
4. il Settecento
5. l'Ottocento
6. il Novecento

Parte seconda. Collabora con un compagno / una compagna. Scegliete cinque personaggi e fate una lista dei capolavori o delle attività per cui sono famosi. Poi leggete le vostre liste ad un'altra coppia e loro devono indovinare chi è.

D. Rischio.

Parte prima. Collabora con un compagno / una compagna. Scegliete cinque delle seguenti parole e scrivete una definizione per ogni parola.

Esempio: (il papa) È il capo della chiesa cattolica.

il compositore

la costituzione   il dittatore

la guerra   l'indipendenza

l'invenzione   il militare   il navigatore

l'orchestra   la patria   la poesia

il quadro   la regina   il romanzo

il santo   la vittoria

Parte seconda. Leggete le definizioni ad un'altra coppia. Loro devono indovinare chi o cosa è.

Esempio: È il capo della chiesa cattolica. → È il papa.

Strutture

Ripasso: Torniamo all'inizio!

The infinitive and present indicative

Parte prima. Completa le coniugazioni.

l'infinito

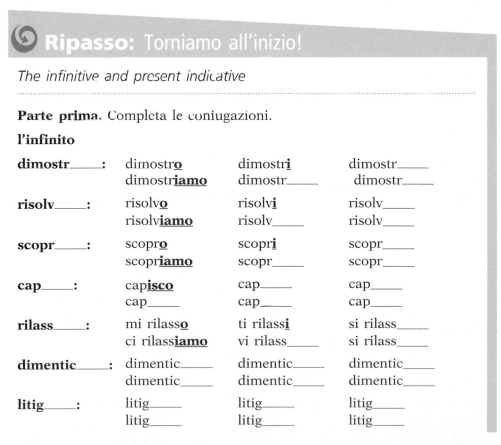

dimostr____:	dimostr**o**	dimostr**i**	dimostr____
	dimostr**iamo**	dimostr____	dimostr____
risolv____:	risolv**o**	risolv**i**	risolv____
	risolv**iamo**	risolv____	risolv____
scopr____:	scopr**o**	scopr**i**	scopr____
	scopr**iamo**	scopr____	scopr____
cap____:	cap**isco**	cap____	cap____
	cap____	cap____	cap____
rilass____:	mi rilass**o**	ti rilass**i**	si rilass____
	ci rilass**iamo**	vi rilass____	si rilass____
dimentic____:	dimentic____	dimentic____	dimentic____
	dimentic____	dimentic____	dimentic____
litig____:	litig____	litig____	litig____
	litig____	litig____	litig____

(continued)

● Answers to this activity are in Appendix 2 at the back of your book.

● To review the present indicative and the infinitive, see **Capitolo 3, Strutture 3.1, 3.2,** and **3.3.**

Parte seconda. Coniuga questi verbi irregolari nella forma indicata.

Esempio: dire (io) → dico

1. volere (io)
2. andare (loro)
3. uscire (tu)
4. dovere (lui/lei)
5. dare (voi)
6. stare (noi)
7. potere (tu)
8. bere (noi)
9. essere (voi)
10. sapere (loro)
11. avere (lui/lei)
12. fare (io)

A. Cosa fanno?

Parte prima. Completa le frasi con la forma giusta dei verbi della lista. Usa il presente indicativo. (**Attenzione!** Non si usano tutti i verbi.)

| affittare | cominciare | crescere | godersi | litigare |

| noleggiare | proteggere | rischiare | smettere | viaggiare |

1. Gianni, perché _____ sempre con tua sorella? Dovete cercare di andare d'accordo.
2. Paola ha un bellissimo bambino. Ogni volta che lo vedo è più alto: _____ così velocemente!
3. Che fate quest'estate? _____ un appartamento al mare con gli amici o andate in montagna con la famiglia?
4. Quando vado al mare, _____ il sole e la spiaggia.
5. Maria, quando vai in Italia, _____ una macchina o _____ sempre in treno?
6. Da domani Franco non compra più sigarette e _____ di fumare!

Parte seconda. Crea frasi originali usando i verbi che non hai utilizzato nella **Parte prima.**

B. Le frasi originali.

Parte prima. Abbina in modo appropriato i verbi dell'insieme A agli elementi dell'insieme B. **Attenzione!** Conosci già alcuni verbi e altri sono simili all'inglese.

A	B
1. costruire (isc)	a. i diritti
2. scoprire	b. una battaglia
3. difendere	c. il prigioniero (*prisoner*)
4. risolvere	d. la vita
5. rischiare	e. un problema
6. combattere	f. una nuova cura
7. liberare	g. il materiale
8. distribuire (isc)	h. un nuovo palazzo

Parte seconda. Collabora con un compagno / una compagna. Scrivete insieme una frase completa per ogni combinazione della **Parte prima.** Chi ha scritto le frasi più lunghe e interessanti?

Esempio: I volontari costruiscono un nuovo palazzo per il quartiere più povero della città.

1. I volontari...
2. Lo scienziato...
3. La Costituzione...
4. Il presidente...
5. I carabinieri...
6. I soldati...
7. Il generale...
8. L'assistente...

C. Qui si parla italiano.

Parte prima. L'insegnante leggerà un breve testo due volte. La prima volta, ascolta soltanto. La seconda volta, prendi appunti mentre l'insegnante legge.

Parte seconda. Collabora con un compagno / una compagna. Usando i vostri appunti, cercate di riscrivere in modo preciso il testo che avete sentito.

D. Racconta una storia!
Collabora con un compagno / una compagna. Scegliete una delle seguenti opzioni e create una breve storia usando le tre parole indicate e verbi al presente indicativo. Quando avete finito, cambia compagno/a e raccontagli/le la storia a memoria senza guardare gli appunti. Chi ha creato la storia più carina?

a. il divano
   il bicchiere
   il salotto

d. il cucchiaio
   il primo piatto
   il vino

g. i pantaloni
   le scarpe
   la gonna

j. il soldato /
   la soldatessa
   la guerra
   la patria

b. il biglietto
   il concerto
   gli amici

e. il sole
   la spiaggia
   l'estero

h. Natale
   il regalo
   la sorpresa

c. il viaggio
   la prenotazione
   l'albergo

f. i genitori
   i parenti
   il futuro

i. l'immigrato/a
   l'alloggio
   la famiglia

E. Le attività preferite.

Parte prima. Completa le frasi con le tue attività preferite. (**Attenzione! Dormire** non è un'attività!)

1. Nel weekend di solito mi piace...
2. La sera preferisco...
3. Questa settimana vorrei...
4. D'estate amo...

Parte seconda. Intervista i tuoi compagni. Quando trovi qualcuno che desidera fare la tua stessa attività, organizzatevi per farla insieme.

Esempio: **S1:** Cosa ti piace fare di solito nel weekend?
S2: Mi piace andare al cinema.
S1: Anche a me. Andiamo insieme?
S2: Va bene! Quale film vuoi vedere?
S1: ...

▶ To review verb + infinitive constructions, see **Capitolo 5, Strutture 5.2.**

The present perfect

Parte prima. Scrivi **E** (**essere**) o **A** (**avere**) accanto ad ogni verbo secondo il suo ausiliare al passato prossimo.

1. ___ festeggiare   7. ___ nascere   13. ___ essere

2. ___ risolvere   8. ___ seguire   14. ___ scoprire

3. ___ partire   9. ___ rimanere   15. ___ dipingere

4. ___ fermarsi   10. ___ proteggere 16. ___ combattere

5. ___ vincere   11. ___ venire   17. ___ aprire

6. ___ rompere   12. ___ bere   18. ___ fare

Parte seconda. Su un foglio di carta scrivi il passato prossimo (alla prima persona singolare [**io**]) dei verbi elencati sopra.

◗ Answers to this activity are in Appendix 2 at the back of your book.

◗ To review the present perfect, see **Capitolo 7, Strutture 7.1, 7.2,** and **7.3.**

A. La mia verità.

Parte prima. Completa le frasi in modo che siano vere per te.

1. Sono nato/a a/in…

2. L'ultima volta che sono andato/a in vacanza, mi sono goduto/a…

3. Non ho mai creduto a…

4. Sono cresciuto/a in una casa…

5. Ieri ho discusso di… con…

6. Una volta ho rotto…

Parte seconda. Lavora con un compagno / una compagna. A turno, leggete le vostre frasi. Lui/Lei deve fare domande per avere più informazioni. Prendete appunti.

> **Esempio:** **S1:** Sono nata a Miami.
> **S2:** Quando?
> **S1:** Il nove marzo 1991.

Parte terza. Racconta alla classe o ad un'altra coppia la cosa più interessante che hai imparato del tuo compagno / della tua compagna.

B. I contrari.

Parte prima. Completa le frasi con il contrario del verbo evidenziato.

1. Andrea _____ il portafoglio (*wallet*), ma Maria **ha trovato** le sue carte di credito.

2. Elisa **ha chiuso** la porta e Silvia _____ la finestra.

3. Hussein ha studiato fino a tardi. **È andato a letto** alle 3.00 e _____ alle 7.00 per andare a lezione.

4. Quando è uscita, Marina _____ le chiavi ma **ha lasciato** lo zaino a casa.

5. Oggi la mia squadra di calcio **ha vinto** 3–0, ma la settimana scorsa _____ 0–3.

6. Cristiano **è entrato** in ufficio alle 8.00, ma _____ di nuovo alle 8.30.

7. Gianni e Riccardo _____ all'aeroporto di Milano alle 19.00 e **sono partiti** per Parigi alle 20.00.

Parte seconda. Lavora insieme ad un compagno / una compagna. Scrivete una frase usando i verbi contrari. Seguite il modello della **Parte prima.**

1. nascere / morire   4. crescere / calare
2. rompere / riparare   5. uscire / (re)stare
3. amare / odiare

C. Cos'hanno fatto?

Parte prima. Immagina la vita di questi personaggi. Descrivi tre o quattro esperienze che, secondo te, hanno avuto durante la loro vita. Cosa hanno fatto? Chi hanno conosciuto? Dove sono stati?

Lorena Roberti
35 anni
single
attrice

Massimo Caruso
50 anni
sposato con due figli
esploratore, navigatore

Ottavio Giovannini
99 anni
vedovo con otto figli
ex-politico

Parte seconda. Collabora con un compagno / una compagna. Scegliete uno dei tre personaggi. Scrivete un paragrafo per raccontare la storia della vita del vostro personaggio. Poi cambia compagno/a e raccontagli/le la storia senza guardare gli appunti.

D. Dove siete andati in vacanza?

Parte prima. Tu e un compagno / una compagna avete fatto una vacanza di una settimana in Italia. Collaborate per rispondere alle domande.

1. Dove siete andati/e?

2. Quali monumenti avete visitato?

3. Cosa avete visto?

4. Cosa avete fatto?

Parte seconda. Scrivete un'e-mail ai vostri compagni in cui descrivete la vacanza che avete fatto.

Parte terza. Scambiate le e-mail con un altro gruppo e riscrivetele. Modificate la descrizione aggiungendo tre frasi nuove. Quando avete finito, riconsegnate le e-mail. Adesso, come sono andate le vacanze? Meglio o peggio?

● To review the **passato remoto,** see **Capitolo 12, Strutture 12.1.**

E. Dante Alighieri. Leggi il breve testo su Dante Alighieri. Trova tutti i verbi al passato remoto e scrivi le forme equivalenti al passato prossimo. (**Attenzione!** Ci sono 8 verbi.)

DANTE

Dante e il suo poema (1463), Domenico di Michelino

Dante Alighieri nacque nel 1265. Fu uno scrittore che compose molte opere sia in prosa sia in poesia[1], ma il suo capolavoro fu la *Divina Commedia*. Egli[2] lo intitolò solo *Commedia*, altri poi vi aggiunsero l'aggettivo *divina*. Dante racconta un immaginario viaggio da lui compiuto attraverso[3] i tre regni dell'aldilà:[4] Inferno,[5] Purgatorio e Paradiso. Nel suo cammino[6] egli è accompagnato dapprima[7] dal poeta a lui più caro, Virgilio, poi da Beatrice, la donna amata in vita che lo condurrà[8] in Paradiso. Il racconto è allegorico, vuole cioè insegnare quale è stata per Dante la via della redenzione[9] per conquistare la felicità celeste.[10] Dante scrisse il poema in italiano, non in latino come allora ancora si usava per scrivere le opere importanti. Per la prima volta, più di sei secoli fa, alla lingua italiana fu riconosciuta[11] dignità poetica.

---

[1]sia... *both in prose and poetry* [2]*He* [3]compiuto... *made through* [4]regni... *kingdoms of the afterworld* [5]*Hell* [6]*travels* [7]*first* [8]*will guide* [9]via... *road to redemption* [10]*celestial* [11]fu... *was recognized*

Ripasso: Era così bello!

The imperfect

Parte prima. L'imperfetto è un altro tempo passato. Ti ricordi come si forma? L'insegnante dice 15 verbi. Scrivi i verbi su un foglio di carta e poi segna (✓) i verbi all'imperfetto.

Parte seconda. Abbina le frasi a uno dei motivi per cui si usa l'imperfetto.

    Si usa l'imperfetto per...

a. descrivere le persone, i luoghi, le cose o il tempo nel passato.

b. descrivere quello che stava succedendo.

c. dare la data, l'ora o l'età nel passato.

d. parlare di avvenimenti ripetuti nel passato.

____ 1. Quando Giulio **aveva** 20 anni, ha fatto un viaggio in Africa.

____ 2. Quando Luca è entrato, Michele **suonava** la chitarra.

____ 3. Da giovane, ogni anno Roberta **festeggiava** il compleanno con la sua migliore amica.

____ 4. **Erano** le 5.00 di mattina quando Alessandro è rientrato dal suo viaggio.

____ 5. Il signor Bentivoglio **era** molto bello e affascinante.

____ 6. Quel giorno il tempo **era** bruttissimo: **nevicava** (*it was snowing*) e **tirava** vento (*the wind was blowing*).

▶ Answers to this activity are in Appendix 2 at the back of your book.

▶ To review the imperfect, see **Capitolo 9, Strutture 9.1** and **9.3.**

IN **ITALIA**

Vittoria Colonna (1490–1547) fu Marchesa di Pescara e poetessa. Sposò Ferrante Francesco d'Avalos, Marchese di Pescara, un nobiluomo napoletano di origini spagnole, che fu uno dei più alti generali dell'Imperatore Carlo V. Dopo la morte di suo marito nel 1525 nella battaglia di Pavia, si dedicò alla religione e alla letteratura. La sua poesia consistette di componimenti religiosi e sonetti petrarcheschi (sonetti la cui forma ebbe origine nel tredicesimo secolo e fu perfezionata dal poeta italiano Petrarca [1304–1374]), composti in memoria di suo marito. Vittoria ebbe molte amicizie intellettuali con scrittori e artisti, fra cui il più noto fu Michelangelo Buonarroti, conosciuto nel 1538. I due poeti si scambiarono lettere e sonetti, ed il grande scultore, pittore e poeta fu con lei al momento della sua morte.

 CLICCA QUI Per sapere di più su Vittoria Colonna, vai sul sito di *Avanti!*, **Clicca qui (www.mhhe.com/avanti2).**

Ritratto di Vittoria Colonna (ca. 1540), Michelangelo Buonarroti

A. Casa tua.

Parte prima. La tua casa era ordinata o disordinata quando sei uscito/a stamattina? Segna (✓) tutte le frasi vere. Poi aggiungi due frasi in più.

____ 1. In cucina c'erano bicchieri e piatti sul tavolo.

____ 2. C'erano piatti da lavare nel lavandino.

____ 3. Tutti i vestiti erano appesi (*hung up*) nell'armadio.

____ 4. Il pavimento (*floor*) del bagno era sporco e bagnato.

____ 5. Il letto era fatto.

____ 6. La scrivania era ordinata.

____ 7. ?

____ 8. ?

Parte seconda. Confronta le tue risposte con quelle di tre altri compagni. Chi ha la casa più ordinata/disordinata?

B. Quando avevo 15 anni.

Parte prima. Confronta come sei adesso e com'eri a 15 anni. Completa le frasi in modo che siano vere per te.

Quando avevo 15 anni...	Adesso, ...
1. _____ raramente.	6. _____ raramente.
2. _____ spesso.	7. _____ spesso.
3. _____ sempre.	8. _____ sempre.
4. _____ la domenica.	9. _____ la domenica.
5. _____ a Capodanno.	10. _____ a Capodanno.

Parte seconda. Racconta le tue abitudini a un compagno / una compagna. Lui/Lei prenderà appunti e poi racconterà alla classe come sei cambiato/a.

> **Esempio:** Quando Giovanni aveva 15 anni, giocava sempre a calcio. Adesso, invece, gli piace recitare a teatro.

C. Giulio.

Parte prima. Ora Giulio ha 65 anni. Com'era da giovane? Insieme ai compagni guarda quest' immagine e fai una lista di aggettivi per descrivere Giulio quando aveva 20 anni e frequentava l'università.

Parte seconda. Con un compagno / una compagna, decidete come o quanto spesso Giulio faceva queste attività quando aveva 20 anni. Abbinate i verbi dell'insieme A agli avverbi appropriati dell'insieme B. **Attenzione!** Dovete usare tutti gli avverbi; potete usare alcuni avverbi più di una volta.

A

andare a lezione
ballare   cucinare
fare i compiti   fare delle feste
guidare   lavarsi   studiare
uscire con amici
vestirsi

B

bene
male   lentamente
non... mai   puntualmente
raramente   in ritardo
sempre   spesso
velocemente

Parte terza. Usate le frasi che avete creato per scrivere una descrizione di Giulio quando era giovane. Quando avete finito, leggete la descrizione a due altre coppie. Quanto sono simili o diverse le vostre descrizioni?

Esempio: Quando aveva 20 anni, Giulio…

● To review the difference between the imperfect and present perfect, see **Capitolo 9, Strutture 9.3.**

D. La storia di Giulio.

Ecco la vera storia di Giulio. Completa la sua storia con il passato prossimo o l'imperfetto dei verbi tra parentesi.

Quando Giulio _____¹ (avere) 20 anni, _____² (essere) un ragazzo molto serio. Tutte le sere _____³ (studiare) fino a tardi, non _____⁴ (fare) mai feste e _____⁵ (andare) sempre a lezione. Per rilassarsi, gli _____⁶ (piacere) leggere romanzi e suonare la chitarra. Poi, il giorno del suo ventunesimo compleanno, ha conosciuto (*met*) Alessandro. Alessandro _____⁷ (avere) 25 anni. Non _____⁸ (avere) un lavoro e _____⁹ (suonare) la chitarra per strada per guadagnarsi da vivere.

Giulio _____¹⁰ (essere) molto affascinato da Alessandro, perché la sua vita _____¹¹ (essere) completamente diversa dalla sua. Giulio _____¹² (cominciare) a studiare di meno perché tutte le sere _____¹³ (suonare) la chitarra con Alessandro. (Loro) _____¹⁴ (suonare) dappertutto, per strada, alle feste universitarie e nei locali e tutti li _____¹⁵ (conoscere). Un giorno poi _____¹⁶ (fare) un CD insieme e sono diventati famosi. Oggi sono ricchissimi e hanno case a Roma, Los Angeles e New York.

Ripasso: Lo vedo e gli parlo

Object pronouns

Decidi se i pronomi evidenziati hanno funzione di complemento oggetto diretto o indiretto.

	Complemento oggetto diretto	Complemento oggetto indiretto
1. **Gli** do il suo libro.	☐	☐
2. **Le** compro dei fiori.	☐	☐
3. Non **le** mangia mai.	☐	☐
4. **Li** vedo domani.	☐	☐
5. **Vi** offro un gelato.	☐	☐
6. **La** prepara per la festa.	☐	☐
7. Ecco**lo**!	☐	☐
8. **Ti** telefono domani.	☐	☐

● Answers to this activity are in Appendix 2 at the back of your book.

● To review direct and indirect object pronouns, see **Capitolo 11, Strutture 11.1.**

● To learn about stressed pronouns and pronominal verbs, see **Per saperne di più** at the back of your book.

IN **ITALIA**

Maria Montessori (1870–1952) fu una delle prime donne a ricevere una laurea in medicina. Si dedicò alla cura dei bambini con problemi psicologici, convinta che il trattamento basato sull'educazione avrebbe portato a risultati migliori delle medicine tradizionali. Nel 1906 fondò la Casa dei Bambini ed iniziò le sue attività educative con i figli degli operai del quartiere di San Lorenzo a Roma. A causa della sua opposizione al fascismo, lasciò l'Italia nel 1936 e fondò **le scuole Montessori** in vari paesi del mondo. Prima dell'adozione dell'euro, la sua immagine era stampata sulle banconote da 1.000 lire.

Maria Montessori (1870–1952)

A. Ascolta. Ascolta le domande dell'insegnante e scegli le risposte giuste.

1. a. Lo metto in cucina.
   b. Li metto in cucina.
   c. Le metto in cucina.

2. a. Sì, lo guardo ogni giovedì.
   b. Sì, la guardo ogni giovedì.
   c. Sì, li guardo ogni giovedì.

3. a. Certo! Vi scriverò tutti i giorni.
   b. Certo! Ti scriverò tutti i giorni.
   c. Certo! Ci scriverò tutti i giorni.

4. a. No, ti telefono
domani.

b. No, vi telefono
domani.

c. No, gli telefono
domani.

5. a. Sì, mi piace
molto.

b. Sì, mi piacciono
molto.

c. Sì, ci piacciono
molto.

6. a. Sì, ti compro dei
fiori.

b. Sì, gli compro dei
fiori.

c. Sì, le compro dei
fiori.

B. Domanda e risposta.

Parte prima. Scrivi la forma appropriata del verbo in queste risposte.

1. Preparate i documenti?   Sì, li _____ questa settimana.

2. Mi telefoni stasera?   No, ti _____ domani pomeriggio.

3. I bambini guardano la TV?   Sì, la _____ da tre ore!

4. Lasciate il fratellino a casa
con vostra madre?   No, lo _____ dai nonni.

5. Scrivete un'e-mail al
signor Rossi?   No, gli _____ una lettera.

Parte seconda. Scrivi le domande per queste risposte. **Attenzione!** Non usare pronomi nelle domande.

1. _____?   No, le parliamo domani.

2. _____?   Sì, voglio vederlo domani.

3. _____?   No, le compriamo per Giovanna.

4. _____?   Sì, lo prendo ogni mattina.

5. _____?   Sì, gli telefono domani.

C. Intervista.

Parte prima. Abbina un interrogativo dell'insieme A a un verbo dell'insieme B. Poi aggiungi altri elementi per formare domande da fare ad un compagno / una compagna.

Esempio: Dove fai il bucato?

A	B
a che ora	ascoltare
con chi dove	bere cominciare
perché	fare finire guardare
quando	leggere mangiare
	scrivere
	telefonare

Parte seconda. Fai le domande ad un compagno / una compagna. Quando lui/lei risponde, deve usare un pronome.

Esempio: **S1:** Dove fai il bucato?
    S2: Lo faccio a casa mia.

To review hypotheticals of possibility, see **Capitolo 15, Strutture 15.3.**

D. L'Italia, gli italiani e l'italiano. In questo corso hai imparato molte cose dell'Italia, degli italiani e della lingua italiana. Completa le seguenti frasi secondo la tua opinione. Poi parlane con i tuoi compagni.

1. Se andassi in vacanza dieci giorni in Italia, visiterei... perché...

2. Se vivessi in Italia, abiterei... perché...

3. Se potessi passare una festa (Natale, San Silvestro, eccetera) insieme ad una famiglia italiana, sceglierei... perché...

4. Se potessi conoscere un italiano famoso (vivo o morto), vorrei conoscere... perché...

5. Se potessi fare qualsiasi domanda ad un italiano / un'italiana, gli/le chiederei...

Cultura

Ascoltiamo!

L'arte italiana attraverso i secoli

Hai notato che quasi tutti i capitoli di *Avanti!* iniziano con un capolavoro dell'arte italiana? Con un compagno / una compagna abbina le opere d'arte ai rispettivi artisti, poi mettile in ordine cronologico (1–14). **Attenzione!** Puoi trovare tutte le informazioni richieste nelle didascalie (*captions*) che accompagnano le opere.

OPERA	ARTISTA
Capitolo 1: *Primavera*	a. Renato Guttuso
Capitolo 2: *Amore e Psiche stanti*	b. Giuseppe Arcimboldo
Capitolo 3: *Ballerina blu*	c. Giotto di Bondone
Capitolo 4: *La Madonna «della seggiola»*	d. Agnolo Bronzino
	e. Antonio Canova
Capitolo 5: *La Vucciria*	f. Michelangelo Buonarroti
Capitolo 6: *Ritratto di Eleonora di Toledo con il figlio Giovanni*	g. Giorgio De Chirico
	h. Sandro Botticelli
Capitolo 7: *I bari*	i. Giovanni Antonio Canaletto
Capitolo 9: *Il bibliotecario*	j. Carlo Carrà
Capitolo 10: *Il David*	k. Gino Severini
Capitolo 11: *Visitazione*	l. Francesco Hayez
Capitolo 12: *Palazzo Ducale e Piazza San Marco*	m. Raffaello Sanzio
Capitolo 13: *Sulla spiaggia*	n. Michelangelo Merisi da Caravaggio
Capitolo 15: *Manifestazione interventista*	
Capitolo 16: *Il bacio*	

A. Osserva ed ascolta. Osserva ed ascolta mentre l'insegnante ti parla della storia dell'arte in Italia.

B. Completa. Completa le seguenti frasi, inserendo la parola o l'espressione appropriata della lista qui sotto. Usa ogni parola o espressione *una sola volta*. **Attenzione!** La lista contiene dodici parole o espressioni; devi usarne solamente nove.

Amore e Psiche	**barocco**	**Canaletto**	**Caravaggio**
David	**il Futurismo**	**Giotto**	**medievale**
moderno	**neoclassico**	**il Rinascimento**	**romantico**

1. _____ fu uno dei vedutisti (*landscape artist*) più famosi per la rappresentazione dei paesaggi (*landscapes*) urbani creati soprattutto per gli europei che avevano fatto il Gran Tour.
2. Il movimento chiamato _____ mostra un forte dinamismo, cioè un intenso senso del movimento, l'importanza della tecnologia e dell'originalità e un'opposizione al passato e alla tradizione.
3. Il periodo _____ privilegiava (*favored*) il controllo perfetto delle forme canoniche (*established*). Un bellissimo esempio del periodo è _____ di Canova.
4. Il periodo artistico per cui l'Italia è più famosa, _____, nacque in Toscana.
5. Caratterizzato da mosaici e affreschi che servirono da decorazione e raffigurarono (*depicted*) temi religiosi, il periodo _____ ebbe grandi artisti come _____.
6. Il periodo _____ si distingue per la sua esuberanza fantasiosa e l'uso drammatico della luce. Un artista rappresentativo del periodo fu _____.

C. Tocca a te! Se tu potessi visitare una mostra delle opere di uno degli artisti sopranominati, quale vorresti vedere? Perché?

Di tutti questi artisti, vorrei vedere una mostra di _____ perché...

RETRO

Il bacio, painted by Francesco Hayez in 1859 (**Capitolo 16,** pagina 427) during **il Risorgimento,** obtained enormous popularity. Although the setting appears medieval, the painting was meant to symbolize the patriot's **addio** (*farewell*) as he left to fight for the liberation of Italy. In a similar way, Verdi's 1841 opera *Nabucco,* recounting the enslavement of the Hebrews in Babylon, was perceived as a metaphor for the people of the Lombardo-Veneto region under the domination of the Austrians. In fact, patriotic Italians suggested that the opera's famous aria «*Va pensiero*» become Italy's national anthem.

Solo musica. Go to the *Avanti!* iMix on the *Avanti!* Online Learning Center in Coursewide Content (**www .mhhe.com/avanti2**) where you can purchase *Va pensiero* from the opera *Nabucco* by the great Italian composer Verdi.

Leggiamo!
Il dolore° perfetto   *pain*

A. Prima di leggere. Sapri è una piccolissima città di mare a sud di Salerno, in Campania. Colle è una cittadina toscana vicino a Siena. Usando quello che hai imparato finora sulla geografia e sull'economia d'Italia, perché, secondo te, una persona si trasferirebbe da Sapri a Colle? Con un compagno / una compagna fai una lista di tre motivi.

B. Al testo!

Parte prima. Leggi questo brano tratto dal libro *Il dolore perfetto* (Ugo Riccarelli, 2004), che racconta la vita di due famiglie italiane dalla fine dell'Ottocento a metà Novecento. Il brano è tratto dal primo capitolo del libro in cui un giovane signore arriva sul treno e poi incontra un fattore (*tenant farmer*) che gli dà un passaggio per il paese.

[Il giovane signore] Era arrivato da sud, da un paesino vicino a Sapri non troppo diverso da Colle, arroccato[1] anch'esso sopra una collina, ma senza ferrovia e con più miseria. Era arrivato con due valigie: nella prima qualche mutanda, qualche paio di calze, due camicie e un vestito nero uguale a quello che indossava. L'altra era piena di libri, e pesava come un morto.

[...]

[Il giovane signore e il fattore] fecero il viaggio in silenzio, l'uno per l'imbarazzo verso uno straniero, l'altro perché immerso nella malinconia[2] e intento a osservare quel mondo sconosciuto nel quale la sua nuova vita sarebbe presto cominciata.

Solo quando ormai, assieme alle prime case del Colle, fu prossima la porta delle mura,[3] il fattore domandò dove avrebbe potuto lasciarlo, e [il giovane] rispose:

«Dov'è un albergo, o qualcuno che dia a pigione[4] una stanza.»

Poi [il giovane] fece qualche secondo di pausa e, come vergognandosi di quello che stava per dire, abbassando lo sguardo quasi sussurrò[5]:

«Sono _____, vengo a _____.»

---

[1]*perched* [2]*melancholy* [3]porta... *gate in a medieval wall (entrance to the town)* [4]dia... *rents*
[5]*whispered*

Parte seconda. Ora completa le frasi.

1. Il giovane signore viene da _____ e va a _____.
2. In una valigia ha _____ e nell'altra ha _____.
3. Il giovane e il fattore non parlano perché il giovane è _____ ed il fattore è _____.
4. Il giovane cerca _____.

C. Discutiamo! Rispondi alle domande.

1. Secondo te, chi è questo giovane signore e cosa viene a fare a Colle? Con un compagno / una compagna, completa l'ultima frase: «Sono _____, vengo a _____.» Poi condividete con la classe la vostra risposta e il motivo della vostra scelta. Chi ha la storia più probabile? Chi ha la storia che più studenti vorrebbero continuare a leggere?

2. Per molti immigrati italiani è stato difficile lasciare il paese d'origine. Per te sarebbe difficile andare a vivere in un'altra città o in un altro paese? Per quale motivo andresti a vivere altrove (*elsewhere*)?

Scriviamo!

Arrivederci!

Scrivi una lettera ad un compagno / una compagna di classe (o all'insegnante) in cui ricordi il tempo trascorso insieme durante il corso di italiano e fai gli auguri per il prossimo futuro.

Parliamo!

La tua intervista

Ecco alcune delle domande che sono state rivolte alle persone che hai visto nel video. Intervista un compagno / una compagna, facendo a lui/lei queste domande. Poi scambiatevi i ruoli.

1. Ti puoi presentare: dire il tuo nome, l'età, di dove sei e cosa fai?

2. Ti piace il cinema italiano? Chi sono i tuoi attori preferiti? (Ti piace la musica italiana? Che genere di musica preferisci?)

3. Com'è la tua giornata tipica? (A che ora... ?)

4. Cosa ti piace fare nel tempo libero?

5. Puoi descrivere la tua famiglia? (Com'è... ?)

6. Ti piacerebbe visitare l'Italia? Cosa ti piacerebbe vedere? (Sei stato/a in Italia? Dove sei stato/a? Cosa hai visto?)

7. Sai l'italiano?

8. Hai un sogno nel cassetto? Quale?

Guardiamo!

Film *Nuovo Cinema Paradiso*

(Commedia. Italia. 1990. Giuseppe Tornatore, Regista. 124 min.)

A. Anteprima. Quando si parte per un viaggio e si salutano la famiglia e gli amici, loro spesso offrono consigli vari. Con un compagno / una compagna fai una lista di cinque consigli che hai ricevuto prima di partire (o che hai dato a qualcuno in partenza). Condividi le risposte con la classe. Quali sono i consigli più comuni? Chi ha ricevuto (o dato) il consiglio più sorprendente?

B. Ciak, si gira! In questa scena Alfredo dà diversi consigli a Totò prima della sua partenza per Roma. Guarda la scena e scrivi almeno tre consigli che senti.

Riassunto: A famous Italian filmmaker, Salvatore (Salvatore Cascio) returns to his hometown in Sicily after an absence of 30 years. While at home, he remembers the events that shaped his life, especially his friendship with Alfredo (Philippe Noiret) who first introduced him to movies.

Scena: (DVD Chapter 26): In this scene a young Salvatore (Totò) leaves his hometown, Giancaldo, to pursue a career in the film business. His mother, sister, and Alfredo accompany him to the train station to see him off.

C. È fatto! Totò parte da un paese in Sicilia per andare a Roma. In quali altri film che hai visto in *Avanti!* il protagonista lascia il proprio paese? I protagonisti sono simili o diversi? Perché? Secondo te, perché gli italiani affrontano spesso questo tema?

IN **AMERICA**

Every year the president of the United States designates the month of October National Italian American Heritage Month to recognize and celebrate the contributions and achievements of Americans of Italian background, as well as Italians living in America. According to the last census, there are over 26 million Americans of Italian descent in the United States, constituting the fifth largest ethnic group. Most of them are employed in professions such as business, medicine, law, and education.

 Profilo | ▼ Amici | ▼ Reti | ▼ Cassella | ▼

Il blog di Enrica—Napoli

Napoli: il mare, il monte e la pizza

Nome: Enrica Viparelli

Eta: 29 anni

Professione: ingegnere e studente di post-dottorato

Cos'è Napoli? È...

il mare—Tutta la zona di S. Lucia attorno al porto è da vedere: le barche, i piccoli ristoranti, il Castel dell'Ovo. Il sole che splende sul mare è una meraviglia.

il monte—Il Vesuvio, il gigante buono che è l'icona-simbolo della città. E se dovesse risvegliarsi???

la cultura e la tradizione—A Napoli ci sono musei importanti, palazzi eleganti e bellissimi parchi, ma anche Spaccanapoli, Pulcinella, gesti, presepi* e paste (le sfogliatelle... mmmh... che buone!).

e, naturalmente, la pizza—Marinara, margherita, fritta. Tutta ottima. Napoli ha tutto; è unica. Solo Napoli è Napoli.

Ma soprattutto Napoli è la gente—Un proverbio napoletano dice «Ccà nisciuno è fesso.» (Qui nessuno è stupido.) I napoletani sono furbi, sì, ma sono anche ospitali, genuini e vitali.

Venite a trovarci! Viva Napoli!

 DVD CONNECTION Per vedere Napoli e i posti preferiti di Enrica, guarda il video **Il blog di Enrica** sul DVD di *Avanti!*

 CLICCA QUI Per sapere di più sui posti di Napoli presentati nel blog di Enrica, vai sul sito di *Avanti!*, **Clicca qui** (**www.mhhe.com/avanti2**).

*Nativity scenes

Vocabolario

Domande ed espressioni

Hai/Ha qualcosa da dire?   Do you (*inform./form.*) have something you'd like to say?

Verbi

combattere	to fight
comporre	to compose
dimostrare	to demonstrate
fondare	to found
governare	to govern
inventare	to invent
liberare	to liberate, to free
proteggere	to protect
realizzare	to realize; to carry out, to bring about
rischiare	to risk
scoprire	to discover

Sostantivi

l'affresco	fresco
il compositore / la compositrice	composer
il consiglio	advice
la Costituzione	Constitution
i diritti	rights
il dittatore / la dittatrice	dictator
il generale	general
l'indipendenza	independence
l'inventore / l'inventrice	inventor
l'invenzione (*f.*)	invention
la medicina	medicine
il militare	military
il navigatore / la navigatrice	navigator
l'orchestra	orchestra
il papa	pope
il Parlamento	Parliament
la patria	homeland
la pila	battery
la poesia	poetry
la politica	politics
il politico / la donna in politica	politician
il re	king
la regina	queen
il religioso / la religiosa	member of religious order
la repubblica	republic
il romanzo	novel
il santo / la santa	saint
lo scrittore / la scrittrice	writer
la scultura	sculpture
il senatore / la senatrice	senator
il soldato / la soldatessa	soldier
il sonetto	sonnet
trasformare	to transform, to change
la vittoria	victory

Capitolo 1

Activities to practice the structure points presented in **Per saperne di più** are at the back of the *Workbook / Laboratory Manual*.

1.1 Gender

1. Some nouns are an abbreviation of a longer word. They retain the gender of the long form.

foto	fotografia (*f.*)
cinema	cinematografo (*m.*)
moto	motocicletta (*f.*)
auto	automobile (*f.*)
bici	bicicletta (*f.*)

2. Not all nouns that end in **-a** are feminine. Some are masculine.
il programma   **il problema**   **il sistema**

3. Not all nouns that end in **-o** are masculine. One common exception is:
la mano (*hand*)

4. Some words have a different suffix to indicate the gender. The suffix **-tore** is masculine and the suffixes **-trice** and **-essa** are feminine.

actor	l'attore	l'attrice
painter	il pittore	la pittrice
doctor	il dottore	la dottoressa
professor	il professore	la professoressa
student	lo studente	la studentessa

1.3 Number

1. Nouns do not change in the plural if their singular form

a. is an abbreviation of a longer word:

una bicicletta	una bici	→	due bici
un cinematografo	un cinema	→	due cinema
una fotografia	una foto	→	due foto

b. is monosyllabic:

un re (*king*)	→	due re
uno sci	→	due sci

c. ends in **-i:**

una crisi (*crisis*)	→	due crisi
un brindisi (*toast*)	→	due brindisi
una tesi (*thesis*)	→	due tesi

2. Some nouns have irregular plurals.

l'uomo (*man*)   →   gli uomini

3. Nouns that end in **-ca** and **-ga** in the singular add an **-h-** before the **-e** in the plural form in order to preserve the hard sound of the consonant.

	SINGOLARE	PLURALE
-ca → **-che**	ami**ca**	ami**che**
-ga → **-ghe**	tar**ga** (*license plate*)	tar**ghe**

4. Nouns ending in **-go** in the singular generally form their plural by adding an **-h-**.

	SINGOLARE	PLURALE
-go → **-ghi**	la**go** (*lake*)	la**ghi**

Note that:

- The plural of **asparago** (*asparagus*) is **asparagi.**
- Nouns that end in **-logo** form their plural by adding an **-h-** when the noun refers to things: **dialogo / dialoghi, catalogo / cataloghi.** The **-h-** is not added in the plural for nouns referring to people: **biologo** (*biologist*) / **biologi, astrologo** (*astrologist*) / **astrologi.**

5. Nouns that end in **-co** in the singular form don't always have an **-h-** in the plural to preserve the hard sound. The form of the plural depends on the location of the stress in the word. An **-h-** is added only if the stress falls on the second-to-last syllable (the syllable before **-co**). Compare the following examples.

		SINGOLARE	PLURALE
Stress on second-to-last syllable	**-co** → **-chi**	<u>par</u>-**co** *park*	par-**chi**
Stress on third-to-last syllable	**-co** → **-ci**	<u>me</u>-di-**co** *doctor*	me-di-**ci**

One common exception to this rule is:

a-<u>mi</u>-**co** (*sing.*) → **a-<u>mi</u>-ci** (*pl.*)

6. If a masculine singular noun ends in **-io** and the **-i-** is stressed, the plural is formed normally (by changing **-o** to **-i**). If the **-i-** is unstressed, the **-o** is dropped and plural has one **-i.**

		SINGOLARE	PLURALE
Stressed **-i-**	**-<u>io</u>** → **ii**	<u>zi</u>-**o** (*uncle*)	zi-**i**
Unstressed **-i-**	**-io** → **i**	o-ro-<u>lo</u>-gio	o-ro-lo-g**i**

7. Nouns ending in **-cia** or **-gia** omit the **-i-** when it is not stressed or pronounced, and when **c** or **g** are preceded by another consonant.

arancia (*orange*) → **arance**
spiaggia (*beach*) → **spiagge**

Note that the **-i-** is retained when it is stressed or if a vowel precedes **c** or **g**.

farma<u>ci</u>a (*pharmacy*)	→	**farmacie**
cami<u>ci</u>a (*shirt*)	→	**camicie**
cil<u>le</u>gia (*cherry*)	→	**ciliegie**

Capitolo 2

2.1 Adjectives

Irregular plural adjectives

1. Adjectives that end in **-ca, -co,** and **-ga** form the plural just like nouns with the same endings. (For a review of the plurals of nouns, see **Capitolo 1, Per saperne di più**).

un'amica simpati**ca**	due amiche simpati**che**
una porta lar**ga** (*wide*)	due porte lar**ghe**

Remember, the plural of adjectives ending in **-co** depends on the location of the stress in the word. An **-h-** is inserted before the **-i** only if the stress falls on the second-to-last syllable (the syllable before **-co**).

un quaderno bian**co**	due quaderni bian**chi**
un ragazzo simpati**co**	due ragazzi simpati**ci**

2. All adjectives ending in **-go** form the plural by adding an **-h-** before the **-i.**

un tavolo lar**go**	due tavoli lar**ghi**

The demonstrative pronouns *questo* and *quello*

When you are pointing out someone or something, the appropriate forms of **questo** and **quello** can also be used alone to mean *this one / that one* in the singular or *these/those* in the plural. When **questo** and **quello** are used as pronouns, they both have four forms and agree in gender and number with the object or person you are pointing out.

	SINGOLARE	PLURALE	SINGOLARE	PLURALE
MASCHILE	questo	questi	quello	quelli
FEMMINILE	questa	queste	quella	quelle

(*pointing to your mother in a photo*)	**Questa** è mia madre. *This is my mother.*
(*pointing to your books*)	**Questi** sono i miei libri. *These are my books.*
(*pointing to your car down the street*)	**Quella** è la mia macchina. *That is my car.*
(*pointing to your dog in the park*)	**Quello** è il mio cane. *That is my dog.*
(*pointing to your female friends across the street*)	**Quelle** sono le mie amiche. *Those are my (female) friends.*

Other adjectives that precede the noun

1. Two common adjectives always precede the noun: **altro** (*other*) and **stesso** (*same*).

l'**altro** amico	*the other friend*
gli **altri** studenti	*the other students*
lo **stesso** zaino	*the same backpack*
le **stesse** penne	*the same pens*

2. The adjectives **buono** and **bello** usually precede the noun, but they have special forms. The singular forms of **buono** resemble the indefinite article. (See **Capitolo 1, Strutture 1.2** for a review of the indefinite article.)

SINGOLARE		PLURALE		
(uno) il **buono** zaino	**(una)** la **buona** scuola		zaini	scuole
(un) il **buon** libro	**(una)** la **buona** penna	i **buoni** ⎱ libri	le **buone**	penne
(un) il **buon** amico	**(un')** la **buon'**università		amici	università

The forms of **bello** are similar to the definite article and the demonstrative adjective **quello**. (See **Capitolo 1, Strutture 1.4** for a review of the definite article.)

SINGOLARE		PLURALE		
(lo) il **bello** zaino	**(la)** la **bella** scuola	**(gli)** i **begli** zaini		scuole
(il) il **bel** libro	**(la)** la **bella** penna	**(i)** i **bei** libri	**(le)** le **belle**	penne
(l') il **bell'**amico	**(l')** la **bell'**università	**(gli)** i **begli** amici		università

2.2 The verbs *essere* (to be) and *avere* (to have)

● Activities to practice the structure points presented in **Per saperne di più** are at the back of the *Workbook / Laboratory Manual*.

Here are other idiomatic expressions with **avere**.

avere bisogno di (*to need*)	**Che caldo! Abbiamo bisogno di una limonata.**
avere voglia di (*to want*)	**Ho fame. Ho voglia di un hamburger.**

3.3 Irregular verbs

The verbs *rimanere* (*to remain*) and *scegliere* (*to choose*)

Here are two more irregular verbs that follow the same pattern as the verb **venire**. (Note that **-gl-** in **scegliere** becomes **-lg-** in **scelgo** and **scelgono**.)

venire	rimanere (*to stay, to remain*)	scegliere (*to choose*)
vengo	rimango	scelgo
vieni	rimani	scegli
viene	rimane	sceglie
veniamo	rimaniamo	scegliamo
venite	rimanete	scegliete
vengono	rimangono	scelgono

Mario **rimane** a casa stasera.　　*Mario is staying home tonight.*
Gina **sceglie** il vestito blu.　　*Gina chooses the blue dress.*

Capitolo 4

Lessico

Suffixes

1. Adding certain suffixes to nouns (and even names) can modify their meaning. The suffix **-accio** (**a/i/e**) expresses badness or ugliness.

la parola	→	**la parolaccia**	*dirty word*
il tempo	→	**il tempaccio**	*bad weather*

2. The suffix **-ino** (**a/i/e**) expresses smallness or endearment and is often used when speaking with children.

la ragazza	→	**la ragazzina**	*cute little girl*
la mano	→	**la manina**	*cute little hand*
il naso	→	**il nasino**	*cute little nose*
la finestra	→	**la finestrina**	*little window*

3. The suffix **-one** (**a/i/e**) suggests largeness.

la macchina	→	**la macchinona**	*big car*
il ragazzo	→	**il ragazzone**	*big boy*
il libro	→	**il librone**	*big book*

Attenzione! None of the suffixes should be used indiscriminately because they can change the meaning (and the gender) of the noun. Compare:

il mulo	*mule*	**il mulino**	*windmill*
la finestra	*window*	**il finestrino**	*window (of a train, bus, or car)*

la bocca	mouth	un boccone	a mouthful
la porta	door	il portone	main entrance, front door
la foca	seal	la focaccia	flatbread

4.4 The comparative

● Activities to practice the structure points presented in **Per saperne di più** are at the back of the *Workbook / Laboratory Manual.*

Comparatives of inequality with *che*

1. Di is used when comparing two nouns with a particular quality.

Il cane è più <u>intelligente</u> del **gatto.**
The dog is more intelligent than the cat.

Gianna è più <u>simpatica</u> di **Marco.**
Gianna is nicer than Marco.

2. Che is used when comparing two parts of speech or two of the same construction: two adjectives, two nouns, two verbs, or two nouns preceded by a preposition.

(two adjectives) L'atleta è più **agile** che **veloce.**
The athlete is more agile than fast.

(two nouns) Ho meno **penne** che **matite.**
I have fewer pens than pencils.

(two verbs) Mi piace più **correre** che **nuotare.**
I like running more than swimming.

(two nouns preceded by a preposition) Vado più spesso **in montagna** che **al mare.**
I go more often to the mountains than to the sea.

Comparatives of equality

1. As you already know, when you want to talk about the differences between two people or things, you use **più... di** or **meno... di.** If you want to say that a person or thing is the same as another, place **così** before the adjective, and **come** after it. Note that **così** is often omitted.

Rita è (**così**) simpatica **come** Gina.
Rita is as nice as Gina.

2. An alternative construction is **tanto... quanto.** Like **così, tanto** is often omitted.

Salvatore è (**tanto**) bello **quanto** Riccardo.
Salvatore is as handsome as Riccardo.

Capitolo 5

5.3 Prepositions

● Activities to practice the structure points presented in **Per saperne di più** are at the back of the *Workbook / Laboratory Manual.*

The preposition *di*

1. Remember the use of **di** as an alternative way to indicate possession? (See **Capitolo 2, Strutture 2.4.**)

il compleanno **di** Maria
Maria's birthday (literally, the birthday of Maria)

il libro **dello** studente
the student's book (literally, the book of the student)

2. Di is also used in the following constructions.

il corso **di** scienze politiche	*the political science course*
la professoressa **di** matematica	*the math professor*

The preposition *da*

1. The preposition **da** means *from* in English.

Sono partita **da** Roma.	*I left from Rome.*
Ho ricevuto un regalo **da** mia madre.	*I received the gift from my mother.*
Abito a dieci chilometri **da** Napoli.	*I live 10 kilometers from Naples.*

2. Attenzione! To say where you are from, you use **di**.

Sono **di** Milano.	*I'm from Milan.*

3. Da is frequently used with the verb **uscire** to mean *to leave/exit* (*from*) a place.

Esco **dall'**uffico.	*I leave/exit (from) the office.*

4. When **da** is used with a pronoun or proper name, it means *at the house/office/business of.*

Vado **da** Mirella.	*I'm going to Mirella's house.*
Vado **dal** dentista oggi.	*I'm going to the dentist today.*

The pronoun *ci*

1. In order to avoid repetition, you can use the pronoun **ci** (*there*) to replace nouns or phrases referring to places. These phrases are often introduced by the prepositions **a** or **in**. Note that **ci** precedes the conjugated verb.

—Vai **a casa**?	*Are you going home?*
—Sì, **ci** vado.	*Yes, I'm going (there).*
—Vai **in centro**?	*Are you going downtown?*
—No, non **ci** vado.	*No, I'm not going (there).*

Note: Although the word *there* is not always expressed in English, **ci** must be used in Italian.

2. Ci can also replace **a** + infinitive after verbs such as **andare**.

—Vai **a ballare** stasera?	*Are you going dancing tonight?*
—No, non **ci** vado.	*No, I'm not going (dancing).*

3. As you have seen, **ci** always precedes the conjugated verb, but when using verb + infinitive constructions, it may be attached to the infinitive. The infinitive drops the final **-e.**

—Vuoi andare **al cinema**?	*Do you want to go to the movies?*
—Sì, **ci** voglio andare.	*Yes, I want to go (there).*
(No, non voglio **andarci**.)	(*No, I don't want to go [there].*)

Capitolo 6

6.4 Adverbs

● Activities to practice the structure points presented in **Per saperne di più** are at the back of the *Workbook / Laboratory Manual.*

Molto and *poco*

1. Adjectives describe nouns. Their endings change to agree in gender and number with the noun they describe. As you learned in **Capitolo 2, Strutture 2.1,** when **molto** and **poco** are adjectives, they precede the noun and the definite article is omitted.

Abbiamo molti libri.	*We have many books.*
Bevo poca birra.	*I drink little beer. (I don't drink much beer.)*

2. Adverbs can modify verbs, adjectives, or other adverbs. Their endings never change. When describing a verb, **molto** means *a lot / frequently* and **poco** means *little/rarely*. They both follow the verb.

Tu e Marianna studiate **molto**.	*You and Marianna study a lot.*
Silvia parla **poco** al telefono.	*Silvia rarely talks / doesn't talk long on the phone.*

3. As you learned in **Capitolo 2, Strutture 2.1,** when modifying an adjective or adverb, the adverb **molto** means *very* and **poco** means *not very*. They both come before the adjective or adverb and their endings do not change.

Quella ragazza è **molto** simpatica.	*That girl is very nice.*
I ragazzi sono **poco** simpatici.	*The guys are not very nice.*
Gianni esce **molto** spesso.	*Gianni goes out very often.*
Oggi mi sento **poco** bene.	*Today I don't feel very well.*

Buono/cattivo vs. *bene/male*

1. As you learned in **Capitolo 2, Lessico, buono** and **cattivo** are adjectives. They indicate how *good* or *bad* something or someone is, so they agree in gender and number with the noun they modify.

Questa torta è buona.	*This cake is good.*
Queste bistecche sono cattive.	*These steaks are bad.*

2. The adverbs **bene** and **male** modify verbs. They indicate how *well* or *badly* something is done, so they appear after the verb and their forms are invariable.

Giacomo gioca **bene** a calcio.	*Giacomo plays soccer well.*
Mariella suona **male** il clarinetto.	*Mariella plays the clarinet badly.*

Activities to practice the structure points presented in **Per saperne di più** are at the back of the *Workbook / Laboratory Manual*.

7.1 The present perfect

Sapere and *conoscere*

1. In **Capitolo 4, Strutture 4.3,** you learned the difference in meaning between **sapere** and **conoscere** in the present tense. In the **passato prossimo** these verbs take **avere** as their auxiliary and have regular past participles, but their meanings change.

	PRESENTE	PASSATO PROSSIMO
sapere	• to know something (a fact) **So** perché Luigi studia stasera. *I know why Luigi is studying tonight.*	• to find out something (a fact) **Ho saputo** perché Luigi studia stasera. *I found out why Luigi is studying tonight.*
conoscere	• to be familiar with a person, place, or thing **Conosco** tua sorella. *I know your sister.*	• to have met a person for the first time **Ho conosciuto** tua sorella alla festa. *I met your sister at the party.*

Piacere

1. **Piacere** is conjugated with **essere** in the **passato prossimo,** so the past participle agrees in gender and number with the subject. **Attenzione!** Remember that the subject is the person, place, or thing that is liked and it often follows **piacere.**

Mi piace la musica.

I like the music.

Mi è piaciuta la musica.

I liked the music.

Ti piacciono gli spettacoli.

You like the shows.

Ti sono piaciuti gli spettacoli.

You liked the shows.

2. When the subject is an action (an infinitive verb), **piacere** is in the third person singular and the participle ends in **-o.**

A Gianna è piaciuto sciare.

Gianna liked skiing.

A Luigi e Massimo è piaciuto cucinare.

Luigi and Massimo liked cooking.

7.3 Negative Expressions

Other negative expressions

1. Two other negative expressions are:

> **non... né... né** (*neither . . . nor*)
> **non... ancora** (*not . . . yet*)

Non mangio **né** la carne **né** il pesce.	*I eat neither meat nor fish.*
Non ho studiato **né** l'italiano **né** lo spagnolo.	*I've studied neither Italian nor Spanish.*
Non parto **ancora**.	*I'm not leaving yet.*
Non ho **ancora** fatto il letto.	*I haven't made my bed yet.*

Attenzione! Non ancora means *not . . . yet* but **ancora** by itself means *still*.

Devo **ancora** fare il tema.	*I still have to write the composition.*
Non ho **ancora** fatto il tema.	*I haven't written the composition yet.*

Capitolo 8

 ## The present perfect

*Activities to practice the structure points presented in **Per saperne di più** are at the back of the Workbook / Laboratory Manual.*

The present perfect of *dovere, potere,* and *volere*

The choice of the auxiliary of **dovere, potere,** and **volere** in the **passato prossimo** depends on whether the infinitive following these verbs takes **avere** or **essere**.

I ragazzi...

sono voluti <u>andare</u> a casa.	**sono** potuti <u>uscire</u>.	**sono** dovuti <u>stare</u> a casa.
hanno voluto <u>mangiare</u>.	**hanno** potuto <u>cucinare</u>.	**hanno** dovuto <u>dormire</u>.

Prepositions

The pronoun *ne*

1. The pronoun **ne** replaces nouns preceded by **di** + *article* (**partitivo**), a number, or by an expression of quantity, such as **molto.** It literally means *of it, of them* and is usually not expressed in English.

Mangio **della pasta**.	→	**Ne** mangio.	*I eat some (of it).*
Ho due **fratelli**.	→	**Ne** ho due.	*I have two (of them).*
Ho molti **CD**.	→	**Ne** ho molti.	*I have many (of them).*

● See **Capitolo 2, Strutture 2.2** and **Per saperne di più, Capitolo 2** to review idiomatic expressions with **avere.**

2. Ne is often used in response to questions with **quanto** (*how many*).

—Quante sorelle hai?   *How many sisters do you have?*
—**Ne** ho due.   *I have two (of them).*

3. Ne also replaces phrases introduced with the preposition **di.** The equivalent in English is often *of* or *about it/them.* It may be optional in English, but it is required in Italian.

—Parli spesso **di politica**?   *Do you talk about politics often?*

—Sì, **ne** parlo spesso.   *Yes, I often talk about it.*

—Hai paura **dei cani**?   *Are you afraid of dogs?*
—No, non **ne** ho paura.   *No, I'm not afraid of them.*

—Hai voglia **di un panino**?   *Do you feel like [having] a sandwich?*

—Sì, **ne** ho voglia.   *Yes, I feel like [having] one.*

4. The pronoun **ne** may precede a conjugated verb or it may be attached to the infinitive. The infinitive drops the final **-e.**

Vuoi prendere un caffè?   *Do you want to have a coffee?*
Ne voglio prendere due! /   *I want to have two [of them]!*
   Voglio prender**ne** due!

5. Ne is also used to express the date.

Quanti **ne** abbiamo oggi?   *What is today's date?* (Literally, *How many of them do we have today?*)

● Activities to practice the structure points presented in **Per saperne di più** are at the back of the *Workbook / Laboratory Manual.*

Capitolo 9

9.2 The imperfect vs. the present perfect

da/per + expressions of time

1. To talk about how long you have been doing an activity that began in the past and that you are still doing today, you use the following expression:

> present tense verb + **da** + length of time

Studio l'italiano **da** tre anni.   *I have been studying Italian for three years.*
     (I began three years ago and I am still studying Italian today.)

2. To talk about how long you did an activity in the past that you are no longer doing now, use this expression:

> past tense verb + **per** + length of time

Ho studiato l'italiano **per** tre anni.   *I studied Italian for three years.*
                                            (I did it for three years and now
                                            I am no longer studying Italian.)

Sapere and *conoscere*

Sapere and **conoscere** have different meanings in the **imperfetto** and the **passato prossimo**.

	IMPERFETTO	PASSATO PROSSIMO
sapere	• to have known a fact **Sapevo** perché Irene era arrabbiata. *I knew* why Irene was mad. • to have known how to do something **Sapevo** sciare quando ero giovane. *I knew how* to ski when I was young.	• to have found out something (*a fact*) **Ho saputo** perché Irene era arrabbiata. *I found out* why Irene was mad.
conoscere	• to have been familiar with a person, place, or thing **Conoscevo** Irene quando ero giovane. *I knew* Irene when I was young.	• to have met a person for the first time **Ho conosciuto** Martino alla festa. *I met Martino (for the first time)* at the party.

Capitolo 10

10.2 The future

The future of probability

The future tense has an additional function that is unrelated to future time; it can be used to speculate about a present situation. It expresses ideas that in English are introduced by *probably* or *must*. Here are some examples.

Gianni went out late last night and didn't come to his 8:30 class today, so the students speculate about where he must be and what he must be doing.

Sarà a casa.   *He's probably at home.*
Vorrà dormire.   *He probably wants to sleep.*

Milena and Virginia are out shopping and neither has a watch.

MILENA: Che ore **saranno**?   *What time must it be?*
VIRGINIA: **Saranno** le tre.   *It's probably about 3:00.*

● Activities to practice the structure points presented in **Per saperne di più** are at the back of the *Workbook / Laboratory Manual.*

🔘 Activities to practice the structure points presented in **Per saperne di più** are at the back of the *Workbook / Laboratory Manual*.

11.1 Object pronouns

Object pronouns and the present perfect

1. When the direct object pronouns, **lo, la, li, le,** precede a verb in the **passato prossimo,** the past participle must agree in gender and number with the pronoun.

Ho visto **l'amico.**	→	**L'**ho vist**o.**
Ho visto **l'amica.**	→	**L'**ho vist**a.**
Ho visto **gli amici.**	→	**Li** ho vist**i.**
Ho visto **le amiche.**	→	**Le** ho vist**e.**

Agreement with **mi, ti, ci,** and **vi** is optional.

Mi hai visto/**a.**
Ti ho visto/**a.**
Ci hai visto/**i/e.**
Vi ho visto/**i/e.**

2. The past participle *never* agrees with indirect object pronouns.

Ho parlato **a Gianni.**	→	**Gli** ho parlat**o.**
Ho parlato **a Maria.**	→	**Le** ho parlat**o.**
Ho parlato **a Maria e Gianni.**	→	**Gli** ho parlat**o.**
Ho parlato **a Maria e Irene.**	→	**Gli** ho parlat**o.**

11.2 Indefinite pronouns

Indefinite adjectives

1. Like indefinite pronouns, indefinite adjectives do not refer to a particular person or thing. Unlike most adjectives, however, indefinite adjectives are placed before the noun. You have already learned the indefinite adjective that means *every.*

Ogni giorno studio l'italiano.	*I study Italian every day.*

2. Two indefinite adjectives mean *some* and can be used interchangeably.

    a. Qualche is invariable and always precedes a singular noun.

Qualche ragazzo è venuto alla festa.	*Some guys came to the party.*
Qualche ragazza è venuta alla festa.	*Some girls came to the party.*

    Attenzione! In English the noun is plural (*guys/girls*), but in Italian it is singular (**ragazzo/ragazza**).

    b. Alcuni/alcune always precede a plural noun, and agree in gender and number with the noun.

Alcuni ragazzi sono venuti alla festa.	*Some guys came to the party.*
Alcune ragazze sono venute alla festa.	*Some girls came to the party.*

Some is also expressed with the partitive. See **Capitolo 5, Strutture 5.4.**

The relative pronoun *cui* (whom/which)

1. In informal, spoken English prepositions are often left dangling at the end of a sentence. Italian, however, follows the structure of formal, written English, in which prepositions are not allowed to dangle.

INFORMAL	FORMAL
*I like the student I gave the book **to.***	*I like the student **to whom** I gave the book.*
*Gianni saw the film you are talking **about.***	*Gianni saw the film **about which** you are talking.*
*This is the girl I'm going to the party **with.***	*This is the girl **with whom** I am going to the party.*

2. The relative pronoun **cui** is an alternative form of **che** that is used with prepositions. Compare the following sentences.

Gianni è lo studente **che** parla tre lingue.	*Gianni is the student who speaks three languages.*
Il libro **che** ho letto è interessante.	*The book that I read is interesting.*
Mi piace la studentessa **a cui** ho dato il libro.	*I like the student to whom I gave the book.*
Gianni ha visto il film **di cui** parlate.	*Gianni saw the film about which you are talking.*
Questa è la ragazza **con cui** vado alla festa.	*This is the girl with whom I am going to the party.*

Capitolo 12

🌀 Object pronouns

🌑 Activities to practice the structure points presented in **Per saperne di più** are at the back of the *Workbook / Laboratory Manual.*

Double object pronouns

1. You have already learned how to substitute either direct objects or indirect objects with pronouns. It is also possible to replace both at the same time using a double object pronoun (**un pronome doppio**).

	Scrivo la lettera a Maria.	*I write the letter to Maria.*
COMPLEMENTO OGGETTO DIRETTO	**La** scrivo a Maria.	*I write it to Maria.*
COMPLEMENTO OGGETTO INDIRETTO	**Le** scrivo la lettera.	*I write the letter to her.*
PRONOME DOPPIO	**Gliela** scrivo.	*I write it to her.*

2. Here are all the combinations.

	lo	**la**	**li**	**le**
mi	me lo	me la	me li	me le
ti	te lo	te la	te li	te le
ci	ce lo	ce la	ce li	ce le
vi	ve lo	ve la	ve li	ve le
gli / le / Le	glielo	gliela	glieli	gliele

Note that:

    a. the indirect object pronoun always comes first.
    b. the indirect object pronouns **mi, ti, ci,** and **vi** change to **me, te, ce,** and **ve** and are separated from the direct object pronoun.
    c. gli, le, and **Le** all have the same form, **glie-,** when they are combined with the direct object pronoun.

3. Double object pronouns are placed in the same positions as single object pronouns. They usually appear before the conjugated verb, but they may also be attached to an infinitive, which drops the final **-e.**

Roberto ed io vogliamo dare   Roberto ed io **gliela** vogliamo dare.
la bicicletta a Antonella.   Roberto ed io vogliamo dar**gliela.**

4. When a double object pronoun precedes a verb in the **passato prossimo,** the past participle agrees in gender and number with the direct object pronoun.

Mi hai preparato i biscotti.   **Me li** hai preparat**i.**
Ti ho preparato le lasagne.   **Te le** ho preparat**e.**

Capitolo 13

13.1 The present conditional

The past conditional

1. The present conditional is used to talk about what you *would* do today or in the future. The past conditional is used to talk about what you *would have* done in a past moment (but did not do). It is formed with the conditional of the auxiliary verb **avere** or **essere** and the past participle.

	comprare	**andare**
io	avrei comprato	sarei andato/a
tu	avresti comprato	saresti andato/a
lui/lei/Lei	avrebbe comprato	sarebbe andato/a
noi	avremmo comprato	saremmo andati/e
voi	avreste comprato	sareste andati/e
loro	avrebbero comprato	sarebbero andati/e

● Activities to practice the structure points presented in **Per saperne di più** are at the back of the *Workbook / Laboratory Manual*.

| Ieri **avrei comprato** il libro, ma non avevo soldi. | *Yesterday I would have bought the book, but I didn't have any money.* |
| **Sarei andata** in vacanza con Giuseppe l'anno scorso, ma ho dovuto lavorare. | *I would have gone on vacation with Giuseppe last year, but I had to work.* |

2. Notice the meanings of **dovere, potere,** and **volere** in the past conditional. **Attenzione!** The use of **avere** or **essere** as the auxiliary depends on the following verb. (See **Capitolo 8, Per saperne di più.**)

Avrei dovuto fare i compiti, ma ho deciso di uscire con gli amici.	*I should have done my homework, but I decided to go out with friends.*
Sarei potuta andare alla partita perché Gianni aveva due biglietti.	*I could have gone to the game because Gianni had two tickets.*
Sarei voluta rimanere a casa, ma mio marito voleva uscire.	*I would have liked to stay home, but my husband wanted to go out.*

Capitolo 14

14.2 The present subjunctive

▶ Activities to practice the structure points presented in **Per saperne di più** are at the back of the *Workbook / Laboratory Manual.*

More irregular verbs in the subjunctive

1. An easy way to remember the present subjunctive of many irregular verbs is to drop the **-o** from the first-person present indicative (**io**) form and add the present subjunctive endings.

PRESENT INDICATIVE (**io**)				PRESENT SUBJUNCTIVE	
andare	vado	→	vad-	→	vada
bere	bevo	→	bev-	→	beva
uscire	esco	→	esc-	→	esca

Note: Verbs that have stem changes in the **noi** and **voi** forms of the present indicative, such as **dovere, uscire,** and **venire,** also have stem changes in these forms in the present subjunctive.

bere (bevo)	dire (dico)	fare (faccio)	piacere (piaccio)	potere (posso)	volere (voglio)
beva	dica	faccia		possa	voglia
beva	dica	faccia		possa	voglia
beva	dica	faccia	piaccia	possa	voglia
beviamo	diciamo	facciamo		possiamo	vogliamo
beviate	diciate	facciate		possiate	vogliate
bevano	dicano	facciano	piacciano	possano	vogliano

dovere (devo)	uscire (esco)	venire (vengo)
deva/debba	esca	venga
deva/debba	esca	venga
deva/debba	esca	venga
dobbiamo	usciamo	veniamo
dobbiate	usciate	veniate
devano/debbano	escano	vengano

2. Some common verbs that do not follow this pattern are **avere, dare, essere, sapere,** and **stare.**

avere	dare	essere	sapere	stare
abbia	dia	sia	sappia	stia
abbia	dia	sia	sappia	stia
abbia	dia	sia	sappia	stia
abbiamo	diamo	siamo	sappiamo	stiamo
abbiate	diate	siate	sappiate	stiate
abbiano	diano	siano	sappiano	stiano

▶ Activities to practice the structure points presented in **Per saperne di più** are at the back of the *Workbook / Laboratory Manual*.

14.3 Verbs and expressions followed by the subjunctive

a/di + infinitive

1. In **Capitolo 3, Strutture 3.1, Capitolo 4, Strutture 4.3,** and **Capitolo 5, Strutture 5.2,** you learned that the infinitive may directly follow certain verbs.

amare	odiare	potere	sapere
dovere	piacere	preferire	volere

Amo **mangiare!**   Gianni odia **ballare.**   Preferisci **uscire** stasera?

However, many verbs require the preposition **a** or **di** between the verb and the infinitive.

Gianni impara **a ballare.**   *Gianni learns to dance.*
Mirella ha deciso **di licenziarsi.**   *Mirella decided to quit (her job).*

2. Here are some common verbs that are followed by **a** or **di** before an infinitive.

verbo + a + infinito	verbo + di + infinito
andare	accettarc
cominciare	cercare
continuare	chiedere
fermarsi (*to stop*)	credere
imparare	decidere
insegnare	dimenticare
prepararsi	finire
riuscire	promettere (*to promise*)
venire	ricordare
	smettere
	sperare

Mi fermo a guardare la vetrina.	*I stop to look in the shop window.*
Riesco a finire il lavoro entro le 5.00.	*I am able to finish the job by 5:00.*
Spero di uscire.	*I hope to go out.*
Cerco di fare del mio meglio.	*I try to do my best.*

3. Do you remember these idiomatic expressions with **avere** + the preposition **di**?

Ho bisogno di dormire.	*I need to sleep.*
Simona **ha paura di** volare.	*Simona is afraid to fly.*
Abbiamo voglia di bere qualcosa.	*We want to drink something.*

Capitolo 15

15.2 The subjunctive vs. the indicative

Activities to practice the structure points presented in **Per saperne di più** are at the back of the *Workbook / Laboratory Manual*.

Conjunctions followed by the subjunctive

1. A conjunction (such as *and, but, because, while*) connects words and phrases. The conjunctions that you have learned so far are followed by phrases with indicative verbs.

Raffaella va a studiare **e** Simone **prepara** la cena.
Rita ha una bici **ma** il suo ragazzo **ha** la macchina.
Mia madre non va al supermercato **perché ha fatto** la spesa ieri.
Ettore faceva il bucato **mentre** il suo compagno **puliva** la casa.

2. Here are several conjunctions that are always followed by verbs in the subjunctive. Note that the first three (**a condizione che, benché,** and **affinché**) each have a synonym (another form with the same meaning) that is also followed by the subjunctive.

a condizione che / purché	*on the condition that / as long as*
affinché / perché	*so that*
benché / sebbene	*even though*
prima che	*before*
senza che	*without*

a. a condizione che / purché

Ti do la macchina **a condizione che** me la **riporti** entro le cinque.	I'll give you the car *on the condition that* (*as long as*) you bring it back to me by five o'clock.
La mamma mi presta dei soldi **purché** glieli **restituisca** entro una settimana.	My mom will lend me some money *on the condition that* (*as long as*) I pay it back within a week.

b. affinché / perché

Pulisco **affinché** la casa **sia** pulita per la visita dei tuoi genitori.	I'll clean *so that* the house is clean for your parents' visit.
Ti compro il biglietto **perché** tu **possa** andare al concerto.	I'll buy the ticket *so that* you can go to the concert.

Attenzione! Note that **perché** has two meanings: *because,* which is followed by a verb in the indicative, and *so that,* which is followed by a verb in the subjunctive.

c. benché / sebbene

Benché non **abbiano finito** il lavoro, partiranno lo stesso.	*Even though* they haven't finished the job, they will leave anyway.
Sebbene non **abbia** tanti soldi, Marco compra una macchina nuova.	*Even though* he doesn't have a lot of money, Marco is going to buy a new car.

d. senza che

Parlerò con il direttore **senza che** Roberto me lo **chieda.**	I will talk with the director *without* Robert asking me to do it.

e. prima che

Parto **prima che** gli altri **arrivino.**	I'm going to leave *before* the others arrive.

3. When the subjects of both phrases are the same, **senza che** and **prima che** become **senza** and **prima di** and are followed by the infinitive.

Esco stasera **senza chiedere** il permesso ai miei.	I'm going out tonight *without* asking my parents' permission.
Faccio la spesa **prima di tornare** a casa.	I'm going shopping *before* returning home.

15.3 Hypotheticals of possibility

The imperfect subjunctive

1. Here are all of the endings of the imperfect subjunctive.

io	**-ssi**
tu	**-ssi**
lui/lei/Lei	**-sse**
noi	**-ssimo**
voi	**-ste**
loro	**-ssero**

mangiare	**credere**	**dormire**
mangiassi	credessi	dormissi
mangiassi	credessi	dormissi
mangiasse	credesse	dormisse
mangiassimo	credessimo	dormissimo
mangiaste	credeste	dormiste
mangiassero	credessero	dormissero

2. The verbs **bere, dare, dire, essere, fare,** and **stare** are irregular.

bere	**dare**	**dire**	**essere**	**fare**	**stare**
bevessi	dessi	dicessi	fossi	facessi	stessi
bevessi	dessi	dicessi	fossi	facessi	stessi
bevesse	desse	dicesse	fosse	facesse	stesse
bevessimo	dessimo	dicessimo	fossimo	facessimo	stessimo
beveste	deste	diceste	foste	faceste	steste
bevessero	dessero	dicessero	fossero	facessero	stessero

Se **stessi** a casa, guarderei la TV. *If I stayed home, I would watch TV.*
Se mi **deste** i soldi, vi comprerei *If you gave me the money, I would*
  i panini. *buy you the sandwiches.*
Se gli studenti **facessero** i compiti, *If the students did their homework,*
  supererebbero l'esame senza *they would pass the exam without*
  problemi. *a problem.*

Capitolo 16

🗘 Object pronouns

Stressed pronouns

1. Stressed pronouns (**pronomi tonici**) are used after a verb or a preposition.

me	*me*	**noi**	*us*
te	*you*	**voi**	*you (pl.)*
Lei	*you (form.)*	**Loro**	*you (form.)*
lui, lei	*him, her*	**loro**	*them*
sé	*oneself, him-/herself*	**sé**	*themselves*

Vedo **lui** tutti i giorni.	*I see him every day.*
Voglio parlare con **lei**.	*I want to talk with her.*
Secondo **te,** la torta è buona?	*In your opinion, is the cake good?*

2. Stressed pronouns are often used to create a contrast or to give greater emphasis to the noun to which they refer.

Compro il regalo per **voi,** non per **loro**.	*I'm buying the gift for you all, not for them!*
Vado alla festa con **lei,** non con **lui**!	*I'm going to the party with her, not with him!*

3. You have already learned the expression **meglio di me** (*better than me*) in **Capitolo 12, Strutture 12.3.** Stressed pronouns are also used in comparisons.

Mio fratello è più alto di **me**.	*My brother is taller than me.*
Franca è meno stressata di **te**.	*Franca is less stressed than you.*

Pronominal verbs and the idiomatic expressions: *andarsene, farcela,* and *avercela con qualcuno*

Pronouns are added to certain verbs to form idiomatic expressions. Three of the most common are **andarsene, farcela,** and **avercela con qualcuno.**

a. The verb **andarsene** means *to go away, to leave, to get out.* It is formed with the reflexive pronoun + **ne** + **andare. Ne** is invariable, but the reflexive pronoun agrees with the subject of the verb.

Me ne vado subito.	*I'm leaving right away.*
Perché **te ne vai** così presto?	*Why are you leaving so early?*

Attenzione! The imperative **Vattene!** means *Get out of here!*

b. Farcela means *to manage* or *to cope* and **avercela con qualcuno** means *to hold a grudge against someone* or *to be angry with someone.* Unlike **andarsene,** both pronouns are invariable.

Non **ce la faccio** a finire i compiti.	*I can't manage to finish my homework.*
Non **ce la facciamo** più!	*We can't take it anymore!*
Marco **ce l'ha** con me perché sono uscito con sua sorella.	*Marco is angry with me because I went out with his sister.*
Ce l'ho con mio fratello perché ha rotto il mio computer.	*I'm holding a grudge against my brother because he broke my computer.*

Appendix 1

A. *Avere* e *essere*

Coniugazione del verbo *avere*

INFINITO		PARTICIPIO	GERUNDIO
PRESENTE: avere PASSATO: avere avuto		avuto	avendo

INDICATIVO				CONDIZIONALE	CONGIUNTIVO		IMPERATIVO
PRESENTE	IMPERFETTO	PASSATO REMOTO	FUTURO	PRESENTE	PRESENTE	PASSATO	
ho	avevo	ebbi	avrò	avrei	abbia	abbia	—
hai	avevi	avesti	avrai	avresti	abbia	abbia	abbi (non avere)
ha	aveva	ebbe	avrà	avrebbe	abbia	abbia	abbia
abbiamo	avevamo	avemmo	avremo	avremmo	abbiamo	abbiamo	abbiamo
avete	avevate	aveste	avrete	avreste	abbiate	abbiate	abbiate
hanno	avevano	ebbero	avranno	avrebbero	abbiano	abbiano	abbiano

(avuto applies to the congiuntivo passato group)

PASSATO PROSSIMO	TRAPASSATO	TRAPASSATO REMOTO	FUTURO ANTERIORE	PASSATO	IMPERFETTO	TRAPASSATO	
ho	avevo	ebbi	avrò	avrei	avessi	avessi	
hai	avevi	avesti	avrai	avresti	avessi	avessi	
ha	aveva	ebbe	avrà	avrebbe	avesse	avesse	
abbiamo	avevamo	avemmo	avremo	avremmo	avessimo	avessimo	
avete	avevate	aveste	avrete	avreste	aveste	aveste	
hanno	avevano	ebbero	avranno	avrebbero	avessero	avessero	

(avuto applies to each group)

Coniugazione del verbo *essere*

INFINITO		PARTICIPIO	GERUNDIO
PRESENTE: essere PASSATO: essere stato/a/i/e		stato/a/i/e	essendo

INDICATIVO				CONDIZIONALE	CONGIUNTIVO		IMPERATIVO
PRESENTE	IMPERFETTO	PASSATO REMOTO	FUTURO	PRESENTE	PRESENTE	PASSATO	
sono	ero	fui	sarò	sarei	sia	sia	—
sei	eri	fosti	sarai	saresti	sia	sia (stato/a)	sii (non essere)
è	era	fu	sarà	sarebbe	sia	sia	sia
siamo	eravamo	fummo	saremo	saremmo	siamo	siamo	siamo
siete	eravate	foste	sarete	sareste	siate	siate (stati/e)	siate
sono	erano	furono	saranno	sarebbero	siano	siano	siano

PASSATO PROSSIMO	TRAPASSATO	TRAPASSATO REMOTO	FUTURO ANTERIORE	PASSATO	IMPERFETTO	TRAPASSATO	
sono (stato/a)	ero (stato/a)	fui (stato/a)	sarò (stato/a)	sarei (stato/a)	fossi	fossi (stato/a)	
sei	eri	fosti	sarai	saresti	fossi	fossi	
è	era	fu	sarà	sarebbe	fosse	fosse	
siamo (stati/e)	eravamo (stati/e)	fummo (stati/e)	saremo (stati/e)	saremmo (stati/e)	fossimo	fossimo (stati/e)	
siete	eravate	foste	sarete	sareste	foste	foste	
sono	erano	furono	saranno	sarebbero	fossero	fossero	

B. Verbi regolari

Coniugazione del verbo *lavorare*

INFINITO		PARTICIPIO	GERUNDIO
PRESENTE: lavorare PASSATO: avere lavorato		lavorato	lavorando

INDICATIVO				CONDIZIONALE	CONGIUNTIVO		IMPERATIVO
PRESENTE	**IMPERFETTO**	**PASSATO REMOTO**	**FUTURO**	**PRESENTE**	**PRESENTE**	**PASSATO**	
lavoro	lavoravo	lavorai	lavorerò	lavorerei	lavori	abbia	——
lavori	lavoravi	lavorasti	lavorerai	lavoreresti	lavori	abbia	lavora (non lavorare)
lavora	lavorava	lavorò	lavorerà	lavorerebbe	lavori	abbia ⎫ lavorato	lavori
lavoriamo	lavoravamo	lavorammo	lavoreremo	lavoreremmo	lavoriamo	abbiamo	lavoriamo
lavorate	lavoravate	lavoraste	lavorerete	lavorereste	lavoriate	abbiate	lavorate
lavorano	lavoravano	lavorarono	lavoreranno	lavorerebbero	lavorino	abbiano ⎭	lavorino
PASSATO PROSSIMO	**TRAPASSATO**	**TRAPASSATO REMOTO**	**FUTURO ANTERIORE**	**PASSATO**	**IMPERFETTO**	**TRAPASSATO**	
ho ⎫	avevo ⎫	ebbi ⎫	avrò ⎫	avrei ⎫	lavorassi	avessi ⎫	
hai	avevi	avesti	avrai	avresti	lavorassi	avessi	
ha ⎬ lavorato	aveva ⎬ lavorato	ebbe ⎬ lavorato	avrà ⎬ lavorato	avrebbe ⎬ lavorato	lavorasse	avesse ⎬ lavorato	
abbiamo	avevamo	avemmo	avremo	avremmo	lavorassimo	avessimo	
avete	avevate	aveste	avrete	avreste	lavoraste	aveste	
hanno ⎭	avevano ⎭	ebbero ⎭	avranno ⎭	avrebbero ⎭	lavorassero	avessero ⎭	

Coniugazione del verbo *credere*

INFINITO		PARTICIPIO	GERUNDIO
PRESENTE: credere PASSATO: avere creduto		creduto	credendo

INDICATIVO				CONDIZIONALE	CONGIUNTIVO		IMPERATIVO
PRESENTE	**IMPERFETTO**	**PASSATO REMOTO**	**FUTURO**	**PRESENTE**	**PRESENTE**	**PASSATO**	
credo	credevo	credei	crederò	crederei	creda	abbia	——
credi	credevi	credesti	crederai	crederesti	creda	abbia	credi (non credere)
crede	credeva	credé	crederà	crederebbe	creda	abbia ⎫ creduto	creda
crediamo	credevamo	credemmo	crederemo	crederemmo	crediamo	abbiamo	crediamo
credete	credevate	credeste	crederete	credereste	crediate	abbiate	credete
credono	credevano	crederono	crederanno	crederebbero	credano	abbiano ⎭	credano
PASSATO PROSSIMO	**TRAPASSATO**	**TRAPASSATO REMOTO**	**FUTURO ANTERIORE**	**PASSATO**	**IMPERFETTO**	**TRAPASSATO**	
ho ⎫	avevo ⎫	ebbi ⎫	avrò ⎫	avrei ⎫	credessi	avessi ⎫	
hai	avevi	avesti	avrai	avresti	credessi	avessi	
ha ⎬ creduto	aveva ⎬ creduto	ebbe ⎬ creduto	avrà ⎬ creduto	avrebbe ⎬ creduto	credesse	avesse ⎬ creduto	
abbiamo	avevamo	avemmo	avremo	avremmo	credessimo	avessimo	
avete	avevate	aveste	avrete	avreste	credeste	aveste	
hanno ⎭	avevano ⎭	ebbero ⎭	avranno ⎭	avrebbero ⎭	credessero	avessero ⎭	

Coniugazione del verbo *dormire*

INFINITO		PARTICIPIO	GERUNDIO
PRESENTE: dormire PASSATO: avere dormito		dormito	dormendo

INDICATIVO				CONDIZIONALE	CONGIUNTIVO		IMPERATIVO
PRESENTE	**IMPERFETTO**	**PASSATO REMOTO**	**FUTURO**	**PRESENTE**	**PRESENTE**	**PASSATO**	
dormo	dormivo	dormii	dormirò	dormirei	dorma	abbia	—
dormi	dormivi	dormisti	dormirai	dormiresti	dorma	abbia	dormi (non dormire)
dorme	dormiva	dormì	dormirà	dormirebbe	dorma	abbia } dormito	dorma
dormiamo	dormivamo	dormimmo	dormiremo	dormiremmo	dormiamo	abbiamo	dormiamo
dormite	dormivate	dormiste	dormirete	dormireste	dormiate	abbiate	dormite
dormono	dormivano	dormirono	dormiranno	dormirebbero	dormano	abbiano	dormano

PASSATO PROSSIMO	**TRAPASSATO**	**TRAPASSATO REMOTO**	**FUTURO ANTERIORE**	**PASSATO**	**IMPERFETTO**	**TRAPASSATO**	
ho	avevo	ebbi	avrò	avrei	dormissi	avessi	
hai	avevi	avesti	avrai	avresti	dormissi	avessi	
ha } dormito	aveva } dormito	ebbe } dormito	avrà } dormito	avrebbe } dormito	dormisse	avesse } dormito	
abbiamo	avevamo	avemmo	avremo	avremmo	dormissimo	avessimo	
avete	avevate	aveste	avrete	avreste	dormiste	aveste	
hanno	avevano	ebbero	avranno	avrebbero	dormissero	avessero	

Coniugazione del verbo *capire*

INFINITO		PARTICIPIO	GERUNDIO
PRESENTE: capire PASSATO: avere capito		capito	capendo

INDICATIVO				CONDIZIONALE	CONGIUNTIVO		IMPERATIVO
PRESENTE	**IMPERFETTO**	**PASSATO REMOTO**	**FUTURO**	**PRESENTE**	**PRESENTE**	**PASSATO**	
capisco	capivo	capii	capirò	capirei	capisca	abbia	—
capisci	capivi	capisti	capirai	capiresti	capisca	abbia	capisci (non capire)
capisce	capiva	capì	capirà	capirebbe	capisca	abbia } capito	capisca
capiamo	capivamo	capimmo	capiremo	capiremmo	capiamo	abbiamo	capiamo
capite	capivate	capiste	capirete	capireste	capiate	abbiate	capite
capiscono	capivano	capirono	capiranno	capirebbero	capiscano	abbiano	capiscano

PASSATO PROSSIMO	**TRAPASSATO**	**TRAPASSATO REMOTO**	**FUTURO ANTERIORE**	**PASSATO**	**IMPERFETTO**	**TRAPASSATO**	
ho	avevo	ebbi	avrò	avrei	capissi	avessi	
hai	avevi	avesti	avrai	avresti	capissi	avessi	
ha } capito	aveva } capito	ebbe } capito	avrà } capito	avrebbe } capito	capisse	avesse } capito	
abbiamo	avevamo	avemmo	avremo	avremmo	capissimo	avessimo	
avete	avevate	aveste	avrete	avreste	capiste	aveste	
hanno	avevano	ebbero	avranno	avrebbero	capissero	avessero	

C. Verbi irregolari

Forms and tenses not listed here follow the regular pattern.

VERBI IRREGOLARI IN -ARE

There are only four irregular **-are** verbs: **andare**, **dare**, **fare**, and **stare**.

andare to go

PRESENTE:	vado, vai, va; andiamo, andate, vanno
FUTURO:	andrò, andrai, andrà; andremo, andrete, andranno
CONDIZIONALE:	andrei, andresti, andrebbe; andremmo, andreste, andrebbero
CONGIUNTIVO PRESENTE:	vada, vada, vada; andiamo, andiate, vadano
IMPERATIVO:	va' (vai), vada; andiamo, andate, vadano

dare to give

PRESENTE:	do, dai, dà; diamo, date, danno
FUTURA:	darò, darai, darà; daremo, darete, daranno
CONDIZIONALE:	darei, daresti, darebbe; daremmo, dareste, darebbero
PASSATO REMOTO:	diedi (detti), desti, diede (dette); demmo, deste, diedero (dettero)
CONGIUNTIVO PRESENTE:	dia, dia, dia; diamo, diate, diano
IMPERFETTO DEL CONGIUNTIVO:	dessi, dessi, desse; dessimo, deste, dessero
IMPERATIVO:	da' (dai), dia; diamo, date, diano

fare to do, to make

PARTICIPIO:	fatto
GERUNDIO:	facendo
PRESENTE:	faccio, fai, fa; facciamo, fate, fanno
IMPERFETTO:	facevo, facevi, faceva; facevamo, facevate, facevano
FUTURO:	farò, farai, farà; faremo, farete, faranno
CONDIZIONALE:	farei, faresti, farebbe; faremmo, fareste, farebbero
PASSATO REMOTO:	feci, facesti, fece; facemmo, faceste, fecero
CONGIUNTIVO PRESENTE:	faccia, faccia, faccia; facciamo, facciate, facciano
IMPERFETTO DEL CONGIUNTIVO:	facessi, facessi, facesse; facessimo, faceste, facessero
IMPERATIVO:	fa' (fai), faccia; facciamo, fate, facciano

stare to stay

PRESENTE:	sto, stai, sta; stiamo, state, stanno
FUTURO:	starò, starai, starà, staremo, starete, staranno
CONDIZIONALE:	starei, staresti, starebbe; staremmo, stareste, starebbero
PASSATO REMOTO:	stetti, stesti, stette; stemmo, steste, stettero
CONGIUNTIVO PRESENTE:	stia, stia, stia; stiamo, stiate, stiano
IMPERFETTO DEL CONGIUNTIVO:	stessi, stessi, stesse; stessimo, steste, stessero
IMPERATIVO:	sta' (stai), stia; stiamo, state, stiano

VERBI IRREGOLARI IN -ERE

assumere to hire

PARTICIPIO:	assunto
PASSATO REMOTO:	assunsi, assumesti, assunse; assumemmo, assumeste, assunsero

bere to drink

PARTICIPIO:	bevuto
GERUNDIO:	bevendo
PRESENTE:	bevo, bevi, beve; beviamo, bevete, bevono
IMPERFETTO:	bevevo, bevevi, beveva; bevevamo, bevevate, bevevano
FUTURO:	berrò, berrai, berrà; berremo, berrete, berranno
CONDIZIONALE:	berrei, berresti, berrebbe; berremmo, berreste, berrebbero
PASSATO REMOTO:	bevvi, bevesti, bevve; bevemmo, beveste, bevvero
CONGIUNTIVO PRESENTE:	beva, beva, beva; beviamo, beviate, bevano
IMPERFETTO DEL CONGIUNTIVO:	bevessi, bevessi, bevesse; bevessimo, beveste, bevessero
IMPERATIVO:	bevi, beva; beviamo, bevete, bevano

cadere to fall

FUTURO:	cadrò, cadrai, cadrà; cadremo, cadrete, cadranno
CONDIZIONALE:	cadrei, cadresti, cadrebbe; cadremmo, cadreste, cadrebbero
PASSATO REMOTO:	caddi, cadesti, cadde; cademmo, cadeste, caddero

chiedere to ask

PARTICIPIO:	chiesto
PASSATO REMOTO:	chiesi, chiedesti, chiese; chiedemmo, chiedeste, chiesero

chiudere to close

PARTICIPIO:	chiuso
PASSATO REMOTO:	chiusi, chiudesti, chiuse; chiudemmo, chiudeste, chiusero

condividere to share

PARTICIPIO:	condiviso
PASSATO REMOTO:	condivisi, condividesti, condivise; condividemmo, condivideste, condivisero

conoscere to know   **riconoscere** to recognize

PARTICIPIO:	conosciuto
PASSATO REMOTO:	conobbi, conoscesti, conobbe; conoscemmo, conosceste, conobbero

convincere to convince

PARTICIPIO:	convinto
PASSATO REMOTO:	convinsi, convincesti, convinse; convincemmo, convinceste, convinsero

correre to run

PARTICIPIO:	corso
PASSATO REMOTO:	corsi, corresti, corse; corremmo, correste, corsero

crescere to grow (up); to raise; to increase

PARTICIPIO:	cresciuto

cuocere to cook

PARTICIPIO:	cotto
PRESENTE:	cuocio, cuoci, cuoce; cuociamo, cuocete, cuociono
PASSATO REMOTO:	cossi, cocesti, cosse; cocemmo, coceste, cossero
CONGIUNTIVO PRESENTE:	cuocia, cuocia, cuocia; cuociamo, cuociate, cuociano
IMPERATIVO:	cuoci, cuocia; cuociamo, cuocete, cuociano

decidere to decide

PARTICIPIO: deciso

PASSATO REMOTO: decisi, decidesti, decise; decidemmo, decideste, decisero

dipendere to depend

PARTICIPIO: dipeso

PASSATO REMOTO: dipesi, dipendesti, dipese; dipendemmo, dipendeste, dipesero

dipingere to paint

PARTICIPIO: dipinto

PASSATO REMOTO: dipinsi, dipingesti, dipinse; dipingemmo, dipingeste, dipinsero

discutere to discuss

PARTICIPIO: discusso

PASSATO REMOTO: discussi, discutesti, discusse; discutemmo, discuteste, discussero

distinguere to distinguish

PARTICIPIO: distinto

PASSATO REMOTO: distinsi, distinguesti, distinse; distinguemmo, distingueste, distinsero

dividere to divide

PARTICIPIO: diviso

PASSATO REMOTO: divisi, dividesti, divise; dividemmo, divideste, divisero

dovere to have to

PRESENTE: devo (debbo), devi, deve; dobbiamo, dovete, devono (debbono)

FUTURO: dovrò, dovrai, dovrà, dovremo, dovrete, dovranno

CONDIZIONALE: dovrei, dovresti, dovrebbe; dovremmo, dovreste, dovrebbero

CONGIUNTIVO PRESENTE: debba, debba, debba; dobbiamo, dobbiate, debbano

iscriversi to join; to enroll

PARTICIPIO: iscritto

PASSATO REMOTO: iscrissi, iscrivesti, iscrisse; iscrivemmo, iscriveste, iscrissero

leggere to read

PARTICIPIO: letto

PASSATO REMOTO: lessi, leggesti, lesse; leggemmo, leggeste, lessero

mettere to put   **scommettere** to bet

PARTICIPIO: messo

PASSATO REMOTO: misi, mettesti, mise; mettemmo, metteste, misero

muovere to move

PARTICIPIO: mosso

PASSATO REMOTO: mossi, muovesti, mosse; muovemmo, muoveste, mossero

nascere to be born

PARTICIPIO: nato

PASSATO REMOTO: nacqui, nascesti, nacque; nascemmo, nasceste, nacquero

offẹndere to offend

PARTICIPIO:	offeso
PASSATO REMOTO:	offesi, offendesti, offese; offendemmo, offendeste, offẹsero

piacere to be pleasing

PARTICIPIO:	piaciuto
PRESENTE:	piaccio, piaci, piace; piacciamo, piacete, piạcciono
PASSATO REMOTO:	piacqui, piacesti, piacque; piacemmo, piaceste, piạcquero
CONGIUNTIVO PRESENTE:	piaccia, piaccia, piaccia; piacciamo, piacciate, piạcciano
IMPERATIVO:	piaci, piaccia; piacciamo, piacete, piạcciano

piạngere to cry

PARTICIPIO:	pianto
PASSATO REMOTO:	piansi, piangesti, pianse; piangemmo, piangeste, piạnsero

potere to be able

PRESENTE:	posso, puoi, può; possiamo, potete, pọssono
FUTURO:	potrò, potrai, potrà; potremo, potrete, potranno
CONDIZIONALE:	potrei, potresti, potrebbe; potremmo, potreste, potrẹbbero
CONGIUNTIVO PRESENTE:	possa, possa, possa; possiamo, possiate, pọssano

prẹndere to take   **riprẹndere** to resume   **sorprẹndere** to surprise

PARTICIPIO:	preso
PASSATO REMOTO:	presi, prendẹsti, prese; prendemmo, prendeste, prẹsero

produrre to produce   **tradurre** to translate

PARTICIPIO:	prodotto
PRESENTE:	produco, produci, produce; produciamo, producete, prodụcono
IMPERFETTO:	producevo, producevi, produceva; producevamo, producevate, producẹvano
PASSATO REMOTO:	produssi, producesti, produsse; producemmo, produceste, prodụssero
CONGIUNTIVO PRESENTE:	produca, produca, produca; produciamo, produciate, prodụcano
IMPERFETTO DEL CONGIUNTIVO:	producessi, producessi, producesse; producẹssimo, produceste, producẹssero

promẹttere to promise

PARTICIPIO:	promesso
PASSATO REMOTO:	promisi, promettesti, promise; promettemmo, prometteste, promịsero

rẹndere to give back

PARTICIPIO:	reso
PASSATO REMOTO:	resi, rendesti, rese; rendemmo, rendeste, rẹsero

richiẹdere to require

PARTICIPIO:	richiesto
PASSATO REMOTO:	richiesi, richiedesti, richiese; richiedemmo, richiedeste, richiẹsero

rịdere to laugh

PARTICIPIO:	riso
PASSATO REMOTO:	risi, ridesti, rise; ridemmo, rideste, rịsero

rimanere to remain

PARTICIPIO:	rimasto
PRESENTE:	rimango, rimani, rimane; rimaniamo, rimanete, rimạngono
FUTURO:	rimarrò, rimarrai, rimarrà, rimarremo, rimarrete, rimarranno
CONDIZIONALE:	rimarrei, rimarresti, rimarrebbe; rimarremmo, rimarreste, rimarrẹbbero
PASSATO REMOTO:	rimasi, rimanesti, rimase; rimanemmo, rimaneste, rimạsero
CONGIUNTIVO PRESENTE:	rimanga, rimanga, rimanga; rimaniamo, rimaniate, rimạngano
IMPERATIVO:	rimani, rimanga; rimaniamo, rimanete, rimạngano

rispọndere to answer

PARTICIPIO:	risposto
PASSATO REMOTO:	risposi, rispondesti, rispose; rispondemmo, rispondeste, rispọsero

rọmpere to break   **interrọmpere** to interrupt

PARTICIPIO:	rotto
PASSATO REMOTO:	ruppi, rompesti, ruppe; rompemmo, rompeste, rụppero

sapere to know

PRESENTE:	so, sai, sa; sappiamo, sapete, sanno
FUTURO:	saprò, saprai, saprà; sapremo, saprete, sapranno
CONDIZIONALE:	saprei, sapresti, saprebbe; sapremmo, sapreste, saprẹbbero
PASSATO REMOTO:	seppi, sapesti, seppe; sapemmo, sapeste, sẹppero
CONGIUNTIVO PRESENTE:	sappia, sappia, sappia; sappiamo, sappiate, sạppiano
IMPERATIVO:	sappi, sappia; sappiamo, sappiate, sạppiano

scẹgliere to choose

PARTICIPIO:	scelto
PRESENTE:	scelgo, scegli, sceglie; scegliamo, scegliete, scẹlgono
PASSATO REMOTO:	scelsi, scegliesti, scelse; scegliemmo, sceglieste, scẹlsero
CONGIUNTIVO PRESENTE:	scelga, scelga, scelga; scegliamo, scegliate, scẹlgano
IMPERATIVO:	scegli, scelga; scegliamo, scegliete, scẹlgano

scẹndere to descend, to go down; to get off

PARTICIPIO:	sceso
PASSATO REMOTO:	scesi, scendesti, scese; scendemmo, scendeste, scẹsero

scrịvere to write

PARTICIPIO:	scritto
PASSATO REMOTO:	scrissi, scrivesti, scrisse; scrivemmo, scriveste, scrịssero

sedere to sit

PRESENTE:	siedo, siedi, siede; sediamo, sedete, siẹdono
CONGIUNTIVO PRESENTE:	sieda, sieda, sieda; sediamo, sediate, siẹdano
IMPERATIVO:	siedi, sieda; sediamo, sedete, siẹdano

succedere to happen
> PARTICIPIO: successo
> PASSATO REMOTO: successi, succedesti, successe; succedemmo, succedeste, successero

svolgere to carry out; **svolgersi** to take place
> PARTICIPIO: svolto
> PASSATO REMOTO: svolsi, svolgesti, svolse; svolgemmo, svolgeste, svolsero

tenere to hold   **appartenere** to belong   **ottenere** to obtain
> PRESENTE: tengo, tieni, tiene; teniamo, tenete, tengono
> FUTURO: terrò, terrai, terrà; terremo, terrete, terranno
> CONDIZIONALE: terrei, terresti, terrebbe; terremmo, terreste, terrebbero
> PASSATO REMOTO: tenni, tenesti, tenne; tenemmo, teneste, tennero
> CONGIUNTIVO PRESENTE: tenga, tenga, tenga; teniamo, teniate, tengano
> IMPERATIVO: tieni, tenga; teniamo, tenete, tengano

uccidere to kill
> PARTICIPIO: ucciso
> PASSATO REMOTO: uccisi, uccidesti, uccise; uccidemmo, uccideste, uccisero

vedere to see
> PARTICIPIO: visto (*or* veduto)
> FUTURO: vedrò, vedrai, vedrà; vedremo, vedrete, vedranno
> CONDIZIONALE: vedrei, vedresti, vedrebbe; vedremmo, vedreste, vedrebbero
> PASSATO REMOTO: vidi, vedesti, vide; vedemmo, vedeste, videro

vincere to win
> PARTICIPIO: vinto
> PASSATO REMOTO: vinsi, vincesti, vinse; vincemmo, vinceste, vinsero

vivere to live
> PARTICIPIO: vissuto
> FUTURO: vivrò, vivrai, vivrà; vivremo, vivrete, vivranno
> CONDIZIONALE: vivrei, vivresti, vivrebbe; vivremmo, vivreste, vivrebbero
> PASSATO REMOTO: vissi, vivesti, visse; vivemmo, viveste, vissero

volere to want
> PRESENTE: voglio, vuoi, vuole; vogliamo, volete, vogliono
> FUTURO: vorrò, vorrai, vorrà; vorremo, vorrete, vorranno
> CONDIZIONALE: vorrei, vorresti, vorrebbe; vorremmo, vorreste, vorrebbero
> PASSATO REMOTO: volli, volesti, volle; volemmo, voleste, vollero
> CONGIUNTIVO PRESENTE: voglia, voglia, voglia; vogliamo, vogliate, vogliano
> IMPERATIVO: vuoi (vogli), voglia; vogliamo, vogliate, vogliano

VERBI IRREGOLARI IN -*IRE*

aprire to open
> PARTICIPIO: aperto

dire to say, to tell
> PARTICIPIO: detto
> GERUNDIO: dicendo

PRESENTE:	dico, dici, dice; diciamo, dite, dicono
IMPERFETTO:	dicevo, dicevi, diceva; dicevamo, dicevate, dicevano
PASSATO REMOTO:	dissi, dicesti, disse; dicemmo, diceste, dissero
CONGIUNTIVO PRESENTE:	dica, dica, dica; diciamo, diciate, dicano
IMPERFETTO DEL CONGIUNTIVO:	dicessi, dicessi, dicesse; dicessimo, diceste, dicessero
IMPERATIVO:	di', dica; diciamo, dite, dicano

morire to die

PARTICIPIO:	morto
PRESENTE:	muoio, muori, muore; moriamo, morite, muoiono
CONGIUNTIVO PRESENTE:	muoia, muoia, muoia; moriamo, moriate, muoiano
IMPERATIVO:	muori, muoia; moriamo, morite, muoiano

offrire to offer

PARTICIPIO:	offerto

salire to climb

PRESENTE:	salgo, sali, sale; saliamo, salite, salgono
CONGIUNTIVO PRESENTE:	salga, salga, salga; saliamo, saliate, salgano
IMPERATIVO:	sali, salga; saliamo, salite, salgano

scoprire to discover

PARTICIPIO:	scoperto

soffrire to suffer

PARTICIPIO:	sofferto

uscire to go out   **riuscire** to succeed

PRESENTE:	esco, esci, esce; usciamo, uscite, escono
CONGIUNTIVO PRESENTE:	esca, esca, esca; usciamo, usciate, escano
IMPERATIVO:	esci, esca; usciamo, uscite, escano

venire to come   **avvenire** to happen

PARTICIPIO:	venuto
PRESENTE:	vengo, vieni, viene; veniamo, venite, vengono
FUTURO:	verrò, verrai, verrà, verremo, verrete, verranno
CONDIZIONALE:	verrei, verresti, verrebbe; verremmo, verreste, verrebbero
PASSATO REMOTO:	venni, venisti, venne; venimmo, veniste, vennero
CONGIUNTIVO PRESENTE:	venga, venga, venga; veniamo, veniate, vengano
IMPERATIVO:	vieni, venga; veniamo, venite, vengano

VERBI CON PARTICIPI PASSATI IRREGOLARI

aprire *to open*	aperto	cuocere *to cook*	cotto
assumere *to hire*	assunto	decidere *to decide*	deciso
avvenire *to happen*	avvenuto	dimettersi *to resign*	dimesso
bere *to drink*	bevuto	dipendere *to depend*	dipeso
chiedere *to ask*	chiesto	dipingere *to paint*	dipinto
chiudere *to close*	chiuso	dire *to say, to tell*	detto
comporre *to compose*	composto	dirigere *to direct*	diretto
condividere *to share*	condiviso	discutere *to discuss*	discusso
conoscere *to know*	conosciuto	distinguere *to distinguish*	distinto
convincere *to convince*	convinto	dividere *to divide*	diviso
convivere *to live together*	convissuto	eleggere *to elect*	eletto
correre *to run*	corso	esistere *to exist*	esistito
crescere *to grow (up); to raise; to increase*	cresciuto	esprimere *to express*	espresso
		essere *to be*	stato

fare *to do; to make*	fatto	ridere *to laugh*	riso
interrompere *to interrupt*	interrotto	rimanere *to remain*	rimasto
iscriversi *to enroll*	iscritto	riprendere *to resume*	ripreso
leggere *to read*	letto	risolvere *to solve; to resolve*	risolto
mettere *to put*	messo	rispondere *to answer*	risposto
morire *to die*	morto	rompere *to break*	rotto
muovere *to move*	mosso	scegliere *to choose*	scelto
nascere *to be born*	nato	scendere *to get off*	sceso
nascondersi *to hide* (oneself)	nascosto	scommettere *to bet*	scommesso
offendere *to offend*	offeso	scoprire *to discover*	scoperto
offrire *to offer*	offerto	scrivere *to write*	scritto
parere *to seem*	parso	smettere *to stop*	smesso
perdere *to lose*	perso *or* perduto	*(doing something)*	
permettere *to allow*	permesso	soffrire *to suffer*	sofferto
persuadere *to persuade*	persuaso	sopravvivere *to survive*	sopravvissuto
piacere *to be pleasing*	piaciuto	sorprendere *to surprise*	sorpreso
piangere *to cry*	pianto	sorridere *to smile*	sorriso
prendere *to take*	preso	spingere *to push*	spinto
produrre *to produce*	prodotto	succedere *to happen*	successo
promettere *to promise*	promesso	svolgersi *to take place*	svolto
promuovere *to promote*	promosso	trasmettere *to broadcast*	trasmesso
proteggere *to protect*	protetto	uccidere *to kill*	ucciso
rendere *to return, to give back*	reso	vedere *to see*	visto (*or* veduto)
resistere *to resist*	resistito	venire *to come*	venuto
richiedere *to require*	richiesto	vincere *to win*	vinto
riconoscere *to recognize*	riconosciuto	vivere *to live*	vissuto

D. Verbi coniugati con *essere*

andare *to go*
arrivare *to arrive*
avvenire *to happen*
bastare *to suffice, to be enough*
bisognare *to be necessary*
cadere *to fall*
cambiare* *to change, to become different*
capitare *to happen*
cominciare* *to begin*
costare *to cost*
crescere *to grow (up); to increase*
dipendere *to depend*
dispiacere *to be sorry*
diventare *to become*
durare *to last*
entrare *to enter*
esistere *to exist*
essere *to be*
finire* *to finish*
fuggire *to run away*
guarire *to get well*
ingrassare *to put on weight*

mancare *to be missing*
morire *to die*
nascere *to be born*
parere *to seem*
partire *to leave, to depart*
passare† *to stop by*
piacere *to like, to be pleasing*
restare *to stay*
rimanere *to remain*
ritornare *to return*
riuscire *to succeed*
salire‡ *to go up; to get in*
scappare *to run away*
scendere* *to go down; to get off*
sembrare *to seem*
stare *to stay*
succedere *to happen*
tornare *to return*
uscire *to leave, to go out*
venire *to come*
vivere *to live*
volerci *to take* (time)

In addition to these verbs, all reflexive and reciprocal verbs are conjugated with **essere.**

---

*Conjugated with **avere** when used with a direct object.
†Conjugated with **avere** when the meaning is *to pass, to spend* (time).
‡Conjugated with **avere** when the meaning is *to climb.*

E. Le frasi ipotetiche

Hypothetical statements are also called *if-then statements*, because they have two clauses, an *if* (**se**) clause that states the condition and a *then* clause that indicates the outcome of the condition. Here are the most common types of hypothetical statements.

1. To make truthful statements about the present (or past), use the present (or past) tense in both clauses.

Se vuoi ballare, possiamo andare in discoteca.	*If you want to dance, we can go to a disco.*
Se volevi ballare, potevamo andare in discoteca.	*If you wanted to dance, we could have gone to a disco.*
Se non faccio colazione, mi viene fame verso le undici.	*If I don't have breakfast, I get hungry at around eleven o'clock.*
Se non facevo colazione, mi veniva fame verso le undici.	*If I didn't have breakfast, I got hungry at around eleven o' clock.*

2. To predict what *will most likely happen* if (and only if) another event occurs, use the future tense in both clauses.

Se andrò in Italia, visiterò Roma.	*If I (will) go to Italy, I will visit Rome.*

3. To describe what *would happen* in the present if another event occurred, use the imperfect subjunctive in the **se** clause and the present conditional in the *then* clause. This is also known as a contrary-to-fact situation, because the outcome will not occur.

Se avessi più soldi, comprerei quel vestito azzurro.	*If I had more money, I would buy that blue dress.*

4. To describe what *would have happened* in the past if another event had occurred, use the pluperfect subjunctive in the **se** clause and the past conditional in the *then* clause. This is also a contrary-to-fact situation, because the outcome did not occur.

Se avessi avuto più soldi, avrei comprato quel vestito azzurro.	*If I had had more money, I would have bought that blue dress.*

F. La correlazione dei tempi nel congiuntivo

The subjunctive is used primarily after verbs or phrases that express doubt, opinion, emotions, and after impersonal statements + **che.** The tense of the verb in the subjunctive is determined by the tense of the verb that precedes **che** and by the time relationship between the two actions. The verb preceding **che** establishes the point of reference.

1. If the verb preceding **che** is in the present tense,

   a. the following verb is in the **presente del congiuntivo** if the action took place at the same time or in the future.

Credo che Maria vada alla festa.	*I think Maria is going to the party.*

b. the following verb is in the **passato prossimo del congiuntivo** if the action took place in the past.

| Credo che Maria sia andata alla festa. | *I think Maria went to the party.* |

2. If the verb preceding **che** is in the past tense or the present conditional,

a. the following verb is in the **imperfetto del congiuntivo** if the action took place at the same time or later.

| Credevo che Maria andasse alla festa. | *I believed Maria was going to the party.* |
| Vorrei che Maria andasse alla festa. | *I wish Maria was going to the party.* |

b. the following verb is in the **trapassato del congiuntivo** if the action took place before the action of the verb preceding **che.**

| Credevo che Maria fosse andata alla festa. | *I believed Maria had gone to the party.* |
| Avrei voluto che Maria fosse andata alla festa. | *I wished Maria had gone to the party.* |

Appendix 2

Answer Key to the Inductive Activities

This appendix contains the answers to the activities in the **Strategie di comunicazione, Lessico,** and **Strutture** presentations that require students to write on graph paper charts within the chapters. Answers are also included for the **Ripasso** activities in **Capitoli 4, 8, 12,** and **16.**

CAPITOLO 1

Lessico (p. 10): 1. marzo, aprile, maggio 2. giugno, luglio, agosto 3. settembre, ottobre, novembre 4. dicembre, gennaio, febbraio
Strutture 1.1 (p.14): Question 1: Nouns ending in **-o** are masculine. Nouns ending in **-a** are feminine. **Question 2:** Nouns ending in **-e** can either be masculine or feminine.
Strutture 1.1 (p. 14): -o (*m.*): aereo, dizionario, gatto, inverno, libro, numero, orologio, quaderno, voto, zaino; **-a (*f.*):** bicicletta, festa, macchina, penna, residenza, università; **-e (*m.* o *f.*):** cane (*m.*), esame (*m.*), studente (*m.*), televisione (*f.*)
Strutture 1.2 (p. 15), Maschile: before *s* + consonant, *z:* uno; **before all other consonants and all vowels:** un; **Femminile: before all consonants:** una; **before a vowel:** un'
Strutture 1.3 (p. 17): (-a), -e, -i, -e, -i
Strutture 1.4 (p. 19): lo, il, l', la, gli, i, le
Strutture 1.5 (p. 20): you use **piace** when it is followed by a singular noun and **piacciono** when it is followed by a plural noun.

CAPITOLO 2

Lessico (p. 36–37): allegro≠triste, grasso≠magro, giovane≠anziano, alto≠basso, attivo≠pigro, debole≠forte, veloce≠lento, ricco≠povero
Strutture 2.1 (p. 40), l'acqua minerale: è disintossicante, è sportiva, è energetica, è pura, è buona, è digeribile, è naturale, è rilassante, è equilibrata, è dissetante, è economica, è completa, è sana. **le bevande:** sono disintossicanti, sono sportive, sono energetiche, sono pure, sono buone, sono digeribili, sono naturali, sono rilassanti, sono equilibrate, sono dissetanti, sono economiche, sono complete, sono sane. **i vini:** sono bianchi, sono puri, sono buoni, sono digeribili, sono naturali, sono rilassanti, sono equilibrati, sono completi, sono sani.
Strutture 2.1, 1. (p. 41): le ragazze attive, i quaderni gialli, gli zaini neri, il bambino tranquillo, la segretaria impegnata
Strutture 2.1, 2. (p. 41): le informazioni importanti, lo studente intelligente, il ragazzo veloce, la bambina triste, il mese difficile
Strutture 2.1, 4. (p. 42): quei, quegli, quegli, quella, quell', quelle, quelle
Strutture 2.3 (p. 48): 1. giallo 2. rosso 3. giallo 4. verde
Strutture 2.4, 1. (p. 50): la mia, il tuo, le tue, il nostro, i nostri, la vostra, le vostre

CAPITOLO 3

Lessico (pp. 68–69): 1. d 2. l 3. f 4. c 5. b 6. m 7. a 8. g 9. h 10. j 11. k 12. e 13. i
Lessico (p. 69), Salvatore: (Guardo la TV con la mia ragazza.) La mattina faccio colazione. Gioco a carte. Leggo molti libri. Vado al cinema. Parlo al telefonino. Faccio sport. Ascolto la musica. Frequento le lezioni tutte le mattine. Bevo un'aranciata. Prendo l'autobus per andare all'università. Mangio alla mensa. Prendo un caffè. Esco con gli amici. Studio in biblioteca.
Riccardo: Pulisco la pizzeria. Bevo un'aranciata. Prendo un caffè. Dormo a lungo. Lavo i piatti. Lavoro tutte le sere fino alle due di notte. La mattina faccio colazione. Torno a casa molto tardi. Ascolto la musica. Ballo in discoteca. Leggo molti libri.

Strutture 3.1, 1. (p. 72): arrivo-arrivare, pulisco-pulire, frequento-frequentare, ceno-cenare, prendo-prendere, gioco-giocare, ballo-ballare, guardo-guardare, ascolto-ascoltare, (dormo-dormire), lavo-lavare, lavoro-lavorare, inizio-iniziare, scrivo-scrivere, parlo-parlare, mangio-mangiare, studio-studiare, chiudo-chiudere, pranzo-pranzare, leggo-leggere, preferisco-preferire, servo-servire, torno-tornare, suono-suonare, apro-aprire

Strutture 3.1, 2. (p. 73), -are: frequentare, giocare, guardare, ascoltare, ballare, lavorare, iniziare, mangiare, studiare, tornare, suonare, parlare, lavare, arrivare; **-ere:** prendere, leggere, chiudere, scrivere; **-ire:** dormire, pulire, servire, preferire, aprire

Strutture 3.1, 3. (p. 73): sono-essere, faccio-fare, vado-andare, esco-uscire, ho-avere, bevo-bere, vengo-venire

Strutture 3.2, 3. (p. 77), parlare: parli, parla, parliamo, parlano; **scrivere:** scrive, scrivete, scrivono; **aprire:** apri, apriamo, aprite

Strutture 3.2, 4. (p. 77), finire: finisco, finisci, finisce, finiamo, finite, finiscono; **preferire:** preferisco, preferisci, preferisce, preferiamo, preferite, preferiscono; **pulire:** pulisco, pulisci, pulisce, puliamo, pulite, puliscono

Strutture 3.2, 5. (p. 78), mangiare: mangio, mangia, mangiate, mangiano; **studiare:** studio, studia, studiate, studiano

Strutture 3.2, 6. (p. 78), giocare: gioco, gioca, giocate, giocano; **pagare:** pago, paga, pagate, pagano

Strutture 3.3, 1. (p. 81), andare: vado, vai, va; **bere:** bevo, bevi, beve; **fare:** faccio, fai, fa **uscire:** esco, esci, esce

Strutture 3.3, 2. (p. 82): 1. c 2. a 3. b 4. a

CAPITOLO 4

Lessico (pp. 96–97): 1. zio, Salvatore 2. nonno, Riccardo 3. cugino, Silvio 4. zia, Aurelia 5. nonna, Sara

Ripasso (p. 99): 1. i 2. mie 3. il 4. mia

Ripasso (p. 102): 1. Che cosa 2. Quando, Perché 3. Dove 4. Quando, Perché 5. Come 6. Dove 7. Chi

Ripasso (p. 105), -are, guardare: guardo, guardi, guarda, guardiamo, guardare, guardano. **-are, sciare:** scio, scii, scia, sciamo, sciate, sciano. **-ere, prendere:** prendo, prendi, prende, prendiamo, prendete, prendono. **-ere, dipingere:** dipingo, dipingi, dipinge, dipingiamo, dipingete, dipingono. **-ere, correre:** corro, corri, corre, corriamo, correte, corrono. **-are, nuotare:** nuoto, nuoti, nuota, nuotiamo, nuotate, nuotano. **-are, cucinare:** cucino, cucini, cucina, cuciniamo, cucinate, cucinano. **-are, viaggiare:** viaggio, viaggi, viaggia, viaggiamo, viaggiate, viaggiano.

Strutture 4.3 (p. 106): avere: ho, hai, ha, hanno; **fare:** fai, fa, fate, fanno

Ripasso (p. 111): 1. anziani 2. attivo 3. creativa 4. generoso 5. magro 6. agitata 7. estroversa 8. avventurosi

CAPITOLO 5

Lessico (p. 127): 1. prima del primo piatto 2. Il primo piatto è pasta o riso o zuppa e il secondo piatto è carne o pesce. (*Answers may vary.*) 3. Il secondo piatto 4. prima del dolce

Strutture 5.1 (p. 132): 1. piccolo 2. antica 3. famoso, affermati 4. autentica

Strutture 5.2 (p. 136): dovere: devo, dobbiamo; **potere:** posso, possiamo; **volere:** vuoi

Strutture 5.3 (p. 139): (1), 4, 8, 7, 5, 6, 2, 9, 3, (10)

Strutture 5.3, 1. (p. 140) circled: con, a, a, di, per, in, ad, ad, a, con; **underlined:** al, alle, dalla, del, sulla

Strutture 5.3, 2. (p. 140): a: allo, all', agli; **da:** dal, dalla, dai, dalle; **su:** sullo, sulla, sull', sui, sulle; **di:** del, dell', degli; **in:** nello, negli; **con:** con lo, con la, con i, con gli; **per:** per il, per l', per i, per le

Strutture 5.4 (p. 143): del latte, dell'insalata, delle banane, dell'olio di oliva, del tonno, del pane, del formaggio, dei pomodori; *some* = del, della, dell', dei, delle, degli

Strutture 5.4, 1. (p. 143): di: dello, della, dei, delle

CAPITOLO 6

Lessico (p. 157): le braccia, le dita, le ginocchia, le labbra, le mani, le orecchie

Strutture 6.2, 1. (p. 164): stai, stiamo, stanno

Strutture 6.3, 3. (p. 168): lavarsi: si lava, si lavano; **mettersi:** ti metti, ci mettiamo, si mettono; **vestirsi:** mi vesto, si veste, vi vestite

Strutture 6.4, 2. (p. 171): generosamente, difficilmente, fortemente

CAPITOLO 7

Strategie di comunicazione (p. 183): 1. Hey! 2. Ahi! 3. Oddio! 4. Come on! 5. Macché!
6. Ugh! 7. Boh! 8. I wish! 9. Too bad!

Lessico (pp. 185–186): Il weekend di Gessica, sabato: 2, 6; **domenica:** 1, 4, 5; **Il weekend di Luigi, sabato:** 2, 5; **domenica:** 6, 1, 4

Strutture 7.1 (p. 189): Gessica: ho comprato, ho fatto, ho festeggiato, ho letto, ho scritto, ho visto, sono tornata; **Luigi:** ho avuto, ho dormito, ho guardato, ho preso, sono tornato

Strutture 7.1, 1. (p. 190): avere/essere

Strutture 7.1, 2. (p. 190): compr**ato**, dorm**ito**; av**uto**

Strutture 7.1, 4. (p. 190): avere: ha mangiat**o**, hanno mangiat**o**; **essere:** sono andat**e**, è tornat**o**

Strutture 7.1, 5. (p. 191): (Green) **comprare:** ho comprato, ha comprato, abbiamo comprato, hanno comprato; **credere:** hai creduto, ha creduto, abbiamo creduto, avete creduto; **dormire:** ho dormito, hai dormito, avete dormito, hanno dormito; (Blue) **andare:** sono andato/a, è andato/a, siamo andati/e, sono andati/e; **uscire:** sono uscito/a, sei uscito/a, siamo usciti/e, siete usciti/e

Strutture 7.2 (p. 195): ho letto, ho preso, ho scritto, ho visto

Strutture 7.2 (p. 195), -ere: ho chiuso, ho corso, ho dipinto, ho perso, ho rotto, ho scelto, ho vinto, sono nato/a, sono rimasto/a; **-ire:** ho detto, ho offerto, sono venuto/a, sono morto/a

CAPITOLO 8

Lessico (pp. 214–15): 1. b 2. a 3. e, b 4. e 5. f 6. d 7. c 8. g

Strutture 8.1, 3. (p. 218): ci baciamo, vi baciate

Strutture 8.1, 5 (p. 218): a. Misha wishes her grandmother well. b. Misha and her grandmother wish each other well.

Ripasso (p. 221): 1. sono 2. hanno 3. hanno 4. hanno 5. sono 6. hanno 7. ha 8. è 9. è 10. ha

Strutture 8.2, 2. (p. 222): guardarsi: mi sono guardato/a, ti sei guardato/a, ci siamo guardati/e, vi siete guardati/e, si sono guardati/e; **incontrarsi:** ci siamo incontrati/e, vi siete incontrati/e

Ripasso (p. 227), Parte prima: alla, per, il, nel, con i, dei, sui, alla, degli, dai; **Parte seconda:** 1. dei 2. nel 3. alla 4. per il 5. degli 6. sui 7. dei 8. dai 9. alla; **Parte terza:** *Answers will vary.*

CAPITOLO 9

Lessico (p. 242): 1. c 2. b. 3. f. 4. d. 5. a. 6. e.

Lessico (p. 243): -o/-a: l'architetto / l'architetta; l'avvocato / l'avvocata / l'avocatessa; il commesso / la commessa; il fotografo / la fotografa; l'impiegato / l'impiegata; il maestro / la maestra; l'operaio / l'operaia; il poliziotto / la poliziotta; lo psicologo / la psicologa; (lo scienziato / la scienziata); il veterinario / la veterinaria; **-iere/-iera:** (il cameriere / la cameriera); l'infermiere / l'infermiera; il parrucchiere / la parrucchiera; **-e, -ista, parole inglesi:** (l'artista / l'artista); l'assistente sociale / l'assistente sociale; il cantante / la cantante; il dentista / la dentista; il dirigente / la dirigente; il farmacista / la farmacista; il giornalista / la giornalista; l'insegnante / l'insegnante; il manager / la manager; il musicista / la musicista; lo stilista / la stilista

Lessico (p. 243): 1. f 2. e 3. g 4. b 5. d 6. a 7. c

Strutture 9.1 (p. 247): 1. malat**a** 2. bell**a** 3. lung**hi** 4. castan**i** 5. magr**a** 6. alt**a** 7. lung**he** 8. tu**o** 9. bellissim**o** 10. ner**i** 11. verd**i** 12. simpatic**o** 13. intelligent**e** 14. timid**o** 15. mi**a** 16. mi**o**

Strutture 9.1, 1. (p. 247), a: molti ragazzi mi chiedevano di uscire; b: veniva a casa mia tutti i giorni; c: aveva i capelli neri, ero magra e alta; d: avevo 18 anni

Strutture 9.1, 2. (p. 248), accettare: accettavi, accettava, accettavamo, accettavate, accettavano; **prendere:** prendevo, prendevi, prendevamo, prendevate, prendevano; **venire:** venivo, venivi, veniva, venivamo, venivano

Strutture 9.1, 4. (p. 249), bere: bevevi, beveva, bevevamo, bevevano; **fare:** facevo, facevi, facevamo, facevate

Strutture 9.1, 5. (p. 249), essere: ero, eri, era, eravamo, eravate, erano

Strutture 9.2 (p. 252), Underline: (era), parlava, parlavo, conoscevo, Era, portava, Aveva, mangiavo, guardavo, ero, mi piaceva

Strutture 9.2, 3. (p. 253): 1. era alto, magro e portava una giacca nera; 2. aveva circa 25 o 26 anni, ero bambino; 3. mi piaceva guardare la TV in pigiama

Strutture 9.3 (p. 258), Parte prima: 1. stavo facendo 2. stavo guardando 3. stavo dormendo 4. stavamo facendo; **Parte seconda:** *Answers will vary.*

Strutture 9.3, 2. (p. 259), stare: stava, stavamo, stavate, stavano; stavo guard**ando**; stavo prend**endo**; stavo dorm**endo**

CAPITOLO 10

Strutture 10.2 (p. 278): 1. lavorare 2. fumare 3. (trovare) 4. sentirsi 5. fare / studiare
6. (essere) 7. essere 8. avere 9. prendere / avere
Strutture 10.2, 1. (p. 279), lavorare: lavorerò, lavorerai, lavoreremo, lavorerete, lavoreranno;
risolvere: risolverò, risolverai, risolverà, risolverete, risolveranno; **pulire:** pulirò, pulirai, pulirà,
puliremo, pulirete
Strutture 10.2, 3. (p. 279), avere: avrò, avrai, avrà, avremo, avrete, avranno; **essere:** sarò,
sarai, sarà, saremo, sarete, saranno
Strutture 10.2, 4. (p. 280), dare: darai, darà, darete, daranno; **fare:** farai, farà, faremo,
faranno; **stare:** starai, starà, staremo, staranno

CAPITOLO 11

Lessico (p. 297): Primo disegno 1. marciapiede 2. strada 3. giardino 4. bidone **Secondo
disegno** 5. balcone 6. cucina 7. camera (da letto) 8. bagno 9. soggiorno 10. sala da pranzo
Strutture 11.1, 2c. (p. 303): Complemento oggetto diretto: 2. La mangio. 3. Li compro.
4. Le vedo. **Complemento oggetto indiretto:** 2. Le parlo. 3. Gli scrivo. 4. Gli scrivo.
Strutture 11.2, 1. (p. 307): le persone: tutti, qualcuno; **le cose:** tutto, qualcosa
Strutture 11.3 (p. 309): 1. that/who 2. that/which 3. that/whom

CAPITOLO 12

Lessico (p. 323): 1. la salumeria 2. la pescheria 3. il negozio di frutta e verdura 4. il panificio /
il forno 5. la gioielleria 6. la macelleria
Lessico (p. 323): 1. Marche 2. Valle d'Aosta 3. Abruzzo 4. Puglia 5. Emilia-Romagna
6. Sardegna 7. Molise 8. Calabria 9. Toscana 10. Liguria 11. Lombardia 12. Campania
13. Sicilia 14. Umbria 15. Basilicata 16. Lazio 17. Trentino–Alto Adige 18. Piemonte
19. Friuli–Venezia Giulia 20. Veneto
Lessico (p. 324): 1. a. il Tevere b. l'Adige c. l'Arno d. il Po 2. Ancona, Bari, Cagliari, Genova,
Napoli, Palermo, Trieste, Venezia
Ripasso (p. 327): 1. sono nato/a 2. sono rimasto/a 3. ho vinto 4. ho perso 5. ho letto
6. ho visto 7. sono stato/a 8. ho preso 9. sono vissuto/a 10. sono cresciuto/a, **Parte prima /
Parte seconda.** *Answers will vary.*
Ripasso (p. 331): 1. ha preso 2. è arrivata 3. è andata 4. ha preso 5. ha deciso 6. guardava
7. ha visto 8. aveva 9. erano 10. era 11. aveva 12. andava 13. si è fermata 14. ha mangiato
15. guardava 16. era 17. è andata
Strutture 12.2 (p. 333), Parte seconda: 1. La crescita economica del commercio 2. I guelfi
ed i ghibellini 3. Santa Maria Novella e Santa Croce; **Parte terza, Verbi al passato remoto:**
aumentò, diventò, si trasferì, cominciò, si crearono, continuò, predominò; **Verbi all'imperfetto:**
aveva, era, era; *Answers will vary.*
Ripasso (p. 336): 1. indiretto, diretto 2. diretto 3. indiretto 4. diretto 5. indiretto, diretto
6. diretto, indiretto
Strutture 12.4, 3. (p. 337): 1. vivere in città 2. i negozi del nostro quartiere 3. i biscotti 4. il
cane di Maria 5. la nuova macchina

CAPITOLO 13

Strutture 13.1, 2. (p. 355): prenotare: prenoteresti, prenoterebbe, prenoteremmo,
prenotereste, prenoterebbero; **prendere:** prenderei, prenderebbe, prenderemmo, prendereste,
prenderebbero; **dormire:** dormirei, dormiresti, dormiremmo, dormireste, dormirebbero
Strutture 13.1, 3. (p. 355): andrei, dovrei, potrei, rimarrei, terrei, darei, farei, starei; pagherei,
comincerei

CAPITOLO 14

Lessico (pp. 375–6): 1. b 2. a 3. e 4. c 5. d
Strutture 14.2 (p. 384): sia/essere; faccia/fare; abbia/avere; sia/essere
Strutture 14.2, 3. (p. 385): lavorare: lavori, lavori, lavoriamo, lavoriate, lavorino; **prendere:**
prenda, prenda, prendiamo, prendiate, prendano; **dormire:** dorma, dorma, dorma, dormiamo,
dormiate; **capire:** capisca, capisca, capiate, capiscano
Strutture 14.2, 4. (p. 386), a. cercare: cerchi, cerchi, cerchiamo, cerchiate, cerchino; **pagare:**
paghi, paghi, paghiamo, paghiate, paghino; **b. cominciare:** cominci, cominci, cominciamo,
cominciate, comincino; **mangiare:** mangi, mangi, mangi, mangiamo, mangino
Strutture 14.3 (p. 390): 1. b 2. e 3. a 4. c 5. f 6. d

CAPITOLO 15

Lessico (pp. 404–5): 1. b 2. c 3. b 4. b 5. a 6. a 7. b 8. a 9. a 10. c 11. c 12. b

Strutture 15.1 (p. 409): 1. d 2. f 3. g 4. a 5. b 6. c 7. e

Strutture 15.1 (p. 409): decidere, fare, prendere, andare, lasciarsi, licenziarsi, partire

Strutture 15.1, 1. (p. 410): avere: abbia, abbia, abbia, abbiamo, abbiate, abbiano; **essere:** sia, sia, sia, siamo, siate, siano

Strutture 15.1, 2. (p. 410): divertirsi: mi sia divertito/a, ti sia divertito/a, si sia divertito/a, ci siamo divertiti/e, vi siate divertiti/e, si siano divertiti/e; **litigare:** abbia litigato, abbia litigato, abbia litigato, abbiamo litigato, abbiate litigato, abbiano litigato; **partire:** sia partito/a, sia partito/a, sia partito/a, siamo partiti/e, siate partiti/e, siano partiti/e

Strutture 15.2 (p. 413): 1. congiuntivo 2. indicativo 3. congiuntivo 4. indicativo 5. congiuntivo 6. indicativo 7. congiuntivo

Strutture 15.3, 1. (p. 417): Se io vincessi un viaggio, **andrei in un paese dove conosco bene la cultura. Se rimanessi in questo paese per un mese,** scriverei tante cartoline perché avrei molta nostalgia di casa.

Strutture 15.3, 2. (p. 418), prendere: prendessi, prendesse; **dormire:** dormissi, dormisse

Strutture 15.3, 3. (p. 418): avessi, avessi, avesse

CAPITOLO 16

Lessico (p. 430): 1. g 2. e 3. b 4. i 5. j 6. d 7. f 8. c 9. h 10. a

Ripasso (pp. 433–4): Parte prima: dimost**rare:** dimostra, dimostrate, dimostrano; risol**vere:** risolve, risolvete, risolvono; scop**rire:** scopre, scoprite, scoprono; cap**ire:** capisci, capisce, capiamo, capite, capiscono; rilass**arsi:** si rilassa, vi rilassate, si rilassano; dimentic**are:** dimentico, dimentichi, dimentica, dimentichiamo, dimenticate, dimenticano; litig**are:** litigo, litighi, litiga, litighiamo, litigate, litigano; **Parte seconda:** 1. voglio 2. vanno 3. esci 4. deve 5. date 6. stiamo 7. puoi 8. beviamo 9. siete 10. sanno 11. ha 12. faccio

Ripasso (p. 436): Parte prima: 1. A 2. A 3. E 4. E 5. A 6. A 7. E 8. A 9. E 10. A 11. E 12. A 13. E 14. A 15. A 16. A 17. A 18. A; **Parte seconda:** 1. ho festeggiato 2. ho risolto 3. sono partito/a 4. mi sono fermato/a 5. ho vinto 6. ho rotto 7. sono nato/a 8. ho seguito 9. sono rimasto/a 10. ho protetto 11. sono venuto/a 12. ho bevuto 13. sono stato/a 14. ho scoperto 15. ho dipinto 16. ho combattuto 17. ho aperto 18. ho fatto

Ripasso (p. 439): 1. c 2. b 3. d 4. c 5. a 6. a

Ripasso (p. 442): 1. indiretto 2. indiretto 3. diretto 4. diretto 5. indiretto 6. diretto 7. diretto 8. indiretto

Glossario

The Italian–English vocabulary contains contextual meanings of most words used in this book. Active vocabulary is indicated by the number of the chapter in which the word first appears (the designation PSP refers to **Per saperne di più,** the supplemental grammar section following Chapter 16). Geographical names are not included in this list. Exact cognates do not appear unless they have an irregular plural or irregular stress.

The gender of nouns is indicated by the form of the definite article, or by the abbreviation *m.* or *f.* if neither the article nor the final vowel reveals the gender. Adjectives are listed by their masculine form. Irregular stress is indicated by a dot under the stressed vowel. Idiomatic expressions are listed under the major word(s) in the phrase, usually a noun or a verb. An asterisk (*) before a verb indicates that the verb requires **essere** in compound tenses. Verbs ending in **-si** always require **essere** in compound tenses and therefore are not marked. Verbs preceded by a dagger (†) usually take **essere** in compound tenses unless followed by a direct object, in which case, they require **avere.** Verbs followed by **(isc)** are third-conjugation verbs that insert **-isc-** in the present indicative, present subjunctive, and in the imperative. The following abbreviations have been used:

abbr.	abbreviation	*form.*	formal	*p.p.*	past participle
adj.	adjective	*gram.*	grammar	*pl.*	plural
adv.	adverb	*inf.*	infinitive	*prep.*	preposition
art.	article	*inform.*	informal	*pron.*	pronoun
coll.	colloquial	*inv.*	invariable	*s.*	singular
conj.	conjunction	*lit.*	literally	*subj.*	subjunctive
def.	definite article	*m.*	masculine		
f.	feminine	*n.*	noun		

Glossario italiano-inglese

A

a at (5); to (5); in

a condizione che on the condition that, as long as (PSP-15)

a destra di to the right of (11)

a mio parere in my opinion (12)

A più tardi! See you later! (3)

A presto! See you soon! (3)

a sinistra di to the left of (11)

a.C. (avanti Cristo) B.C. (Before Christ) (12)

abbaiare to bark

abbandonare to abandon; to leave behind

l'abbandono abandonment; neglect (*of duty or responsibility*)

abbassare to lower

abbastanza *inv.* enough

abbellire (isc) to beautify

l'abbigliamento clothing

abbinare to match

abbondante abundant, plentiful

abbracciare to hug; **abbracciarsi** to hug (*each other*) (8)

l'abbronzante *m.* suntan lotion

abile capable

l'abilità skill, ability

l'abilitazione *f.* certificate; **l'abilitazione per l'insegnamento** teaching certificate

l'abitante *m./f.* inhabitant; **gli abitanti** inhabitants (12)

abitare to live **Dove abiti? / Dove abita?** Where do you live? (*inform./form.*) (1); **abito a** I live in (*name of city*) (1); **abitare in** to live on (*name of street*) (1)

l'abito outfit; item of clothing; **gli abiti** clothes (6); **l'abito non fa il monaco** the clothes don't make the man (*lit.* the habit doesn't make the monk)

abituarsi a to get used to

l'abitudine *f.* habit

abolire to abolish

l'abuso abuse

accademico academic

***accadere** to take place; to happen

accanto a next to (11)

accendere (*p.p.* **acceso**) to turn on

l'accento accent

l'accessorio (*pl.* **gli accessori**) accessory (6)

accettare to accept (10); **accettare di** (+ *inf.*) to accept to (*do something*) (PSP-14)

accogliere (*p.p.* **accolto**) to receive; to welcome

l'accoglienza reception

accomodarsi to make oneself comfortable (13); to have a seat

accompagnare to accompany

accontentare to please, to satisfy

l'accordo agreement; ***andare d'accordo** to get along; **d'accordo** OK; ***essere d'accordo** to agree (13); **mettersi d'accordo** to come to an agreement

l'accusa accusation

accusare to accuse

l'aceto vinegar (5); **l'aceto balsamico** balsamic vinegar

l'acqua water (1); **l'acqua minerale (naturale/gassata)** (still/sparkling) mineral water (5)

adattato adapted

adatto a suited to, appropriate for

addio good-bye

l'addio (*pl.* **gli addii**) farewell, good-bye

addirittura even

adesso now

l'adolescente *m./f.* adolescent

l'adolescenza adolescence

adoperare to use; to adopt

adorare to adore; to love

adottare to adopt

l'adozione *f.* adoption

adriatica *adj.* Adriatic

l'adulto adult

l'aereo plane (1); ***andare in aereo** to fly, to go by plane (8); **prendere l'aereo** to travel by plane (4)

l'aerobica aerobics; **fare aerobica** to do aerobics

l'aeroporto airport

affascinante charming

affascinato fascinated

affermare to claim, to assert; **affermarsi** to establish oneself

l'affermazione *f.* statement, claim

gli affettati misti (*m. pl.*) assortment of sliced meats and sausages (5)

l'affetto affection

affettuoso affectionate

affiancato placed side by side

affidato entrusted

affinché so that (PSP-15)

affittare to rent (*apartments, houses*) (13); **affittasi** for rent

l'affitto rent (12)

affollare to crowd

affollato crowded

affrescare to fresco

l'affresco (*pl.* **gli affreschi**) fresco (16)

affrontare to confront

affumicato smoked (5)

africano African

l'agenda agenda, appointment book

l'agente *m./f.* police officer

l'agenzia di viaggi travel agency (13)

l'aggettivo adjective

aggiornare to update

aggiungere (*p.p.* **aggiunto**) to add

aggiustare to fix, to repair

agile agile (PSP-4)

agitato agitated, restless, anxious, upset

l'aglio garlic

l'ago (*pl.* **gli aghi**) needle

l'agopuntura acupuncture

agosto August (1)

agricolo agricultural

l'agricoltore/l'agricoltrice farmer

l'agricoltura agriculture

l'agriturismo farm vacation

agrituristico pertaining to a farm vacation

ahi! ow!, ouch! (7)

aiutare to help (9)

l'aiuto help

albanese *adj.* Albanian

alberghiero *adj.* hotel; **la scuola alberghiera** hotel-management school

l'albergo (*pl.* **gli alberghi**) hotel (13); **l'albergo a quattro stelle** four-star hotel

l'albero tree (8); **l'albero genealogico** family tree; **l'albero di Natale** Christmas tree (8)

l'album *m.* album

l'alcol *m.* alcohol

l'alcolico (*pl.* **gli alcolici**) alcoholic drink

alcuni/alcune some

l'aldilà *m.* afterlife

alimentare *adj.* food

gli alimentari grocery store

l'alimentazione *f.* nutrition

gli alimenti foods

all'aperto outdoors

l'allarme *m.* alarm

l'alleanza alliance

allearsi con to form an alliance with

allegorico (*m. pl.* **allegorici**) allegoric

allegro happy, cheerful (2)

l'allenamento practice

l'allergia allergy (10)

allergico (*m. pl.* **allergici**) allergic

alloggiare to stay; to live

l'alloggio (*pl.* **gli alloggi**) lodging (13); **vitto e alloggio** room and board

allontanarsi to walk away

allora so; then

allungare to extend, to lengthen

almeno at least

l'alpinismo mountain climbing

alternarsi to take turns

alternativo alternate

l'altezza height

alto tall (2); high; **l'alta stagione** high season (13)

altrettanto same to you (8); likewise

altro other (PSP-2); **ci mancherebbe altro** not a problem, no big deal (5); **un altro** another; **l'uno dell'altro** one another, each other

altrove elsewhere

altruista altruistic, unselfish

l'alunno/l'alunna pupil

alzarsi to get up (6)

amante *adj.* enthusiastic

l'amante *n.* fan

amare to love (5); **amarsi** to love (*each other*) (8)

amaro *adj.* bitter

l'amaro *n.* bitter; alcoholic beverage

ambedue *inv.* both

ambientale environmental

ambientare to set a story or film

americano *adj.* American (2)

l'amicizia friendship

l'amico/l'amica (*pl.* **gli amici / le amiche**) friend (1)

ammalarsi to get sick (10)

ammalato ill, sick (2)

amministrativo administrative

l'amministratore *m./f.* manager of an apartment building

l'amministrazione *f.* administration; management; government

l'ammirazione *f.* admiration

l'amore *m.* love; **l'amore a prima vista** love at first sight

analitico (*pl.* **analitici**) analytical

anche also; **anche se** even if

ancora still (PSP-6); yet; again

*andare to go (3); ***andare** (**a** + *inf.*) to go (*to do something*) (3); ***andare d'accordo** to get along; ***andare in aereo** to fly, to go by plane (8); ***andare avanti e indietro** to go back and forth; ***andare in bagno** to go in the bathroom (8); ***andare in banca** to go to the bank (8); ***andare bene** to go well; to be ok; ***andare in bicicletta** to go by bicycle (8); ***andare in camera da letto** to go in the bedroom (8); ***andare a casa** to go home (PSP-5); ***andare a cavallo** to go horseback riding (10); ***andare in centro** to go downtown (8); ***andare in chiesa** to go to church (8); ***andare al cinema** to go to the movies (7); ***andare ad un concerto** to go to a concert; ***andare in cucina** to go in the kitchen (8); ***andare da** (*name of a person*) to go to (*person's*) house (PSP-5); ***andare da** (+ *name of professional*) to go to (*professional's office/place of business*) (PSP-5); ***andare dal dentista** to go to the dentist's (office) (PSP-5); ***andare dal medico** to go to the doctor's (office); ***andare da Mirella** to go to Mirella's (house); ***andare dalla parrucchiera** to go to the hairdresser's; ***andare diritto** to go straight (13); ***andare in galera** to go to jail; ***andare in giro** to go around; ***andare in giro a piedi** to go walk around; ***andare a letto** to go to bed (3); ***andare al mare** to go to the seaside; ***andare in macchina** to go by car (8); ***andare di moda** to be in style (6);

*andare in montagna to go to the mountains (4); ***andare in palestra** to go to the gym (10); ***andare in pensione** to retire (14); ***andare in piazza** to go to the town square (8); ***andare a piedi** to walk, go on foot (8); ***andare in salotto** to go in the living room (8); ***andare a teatro** to go to the theater (7); ***andare in treno** to go by train (8); ***andare a trovare** to visit (*people*) (7); ***andare in ufficio** to go to the office (8); ***andare in vacanza** to go on vacation (PSP-13); ***andare via** to go away; ***andarsene** to go away; to leave; to get out (PSP-16); **Come va?** How's it going? (2); **Ti va di** (+ *inf.*)**?** Do you feel like (*doing something*)? (3); **va bene** okay (3); **Vattene!** Get out of here! (PSP-16)

l'anello ring (6)

l'anfiteatro amphitheater

l'angolo corner; **nell'angolo** in the corner (11)

l'animale *m.* animal; **l'animale domestico** domesticated animal; pet

l'animazione *f.* organized activities

annaffiare to water

l'anniversario (*pl.* **gli anniversari**) anniversary (8); **Buon anniversario!** Happy Anniversary! (8)

l'anno year (1); **l'anno prossimo** next year (10); **l'anno scorso** last year (PSP-13); **Buon anno!** Happy New Year! (8); **compiere gli anni** to have a birthday (8); **Quanti anni ha?** How old are you? (*form.*) (2); **Quanti anni hai?** How old are you? (*inform.*) (2)

annoiarsi to get bored (6)

annunciare to announce

l'annuncio (*pl.* **gli annunci**) announcement; ad; notice

annuo annual

anonimo anonymous

l'ansia anxiety; **in ansia** anxious, worried

ansioso anxious, worried

l'antenna antenna

l'anteprima film preview

l'antibiotico (*pl.* **gli antibiotici**) antibiotic

l'anticipo advance; **in anticipo** early; in advance

antico (*m. pl.* **antichi**) ancient, old

l'antipasto antipasto (5); appetizer

l'antropologia anthropology (1)

l'anziano/l'anziana elderly man/woman (14)

anziano old, elderly (2)

l'apertura opening; **l'apertura mentale** open-mindedness

apparecchiare la tavola to set the table (5)

*apparire (*p.p.* **apparso**) to appear

l'appartamento apartment

†appartenere (**a**) to belong (to)

appena as soon as; just

appendere (*p.p.* **appeso**) to hang

l'appassionato *m./f.* fan

l'appetito appetite; **Buon appetito!** Enjoy your meal! (8)

applicarsi to apply

appoggiarsi to lean on

apposito proper

apprendere (*p.p.* **appreso**) to learn

l'apprendimento learning

l'apprendistato apprenticeship

apprezzare to appreciate

l'approccio approach

appropriato appropriate

l'appuntamento appointment; date; **l'appuntamento al buio** blind date

l'appunto note; **prendere appunti** to take notes

aprile April (1)

aprire (*p.p.* **aperto**) to open (3)

arabo Arabic

l'arancia (*pl.* **le arance**) orange (*fruit*) (PSP-1); **il succo d'arancia** orange juice (1)

l'aranciata orange soda

arancione *adj. inv.* orange (2)

l'archeologo/l'archeologa (*pl.* **gli archeologi / le archeologhe**) archeologist

l'architetto *m./f.* architect (9)

architettonico architectural

l'archivio archive

l'arcipelago archipelago

l'arco arch; **nell'arco di** in the span of

l'area area

argentato silvered

l'argento silver; **d'argento** *adj.* silver

l'argomento topic

l'aria air; aria; **l'aria condizionata** air conditioning (13)

aristocratico aristocratic

l'armadio (*pl.* **gli armadi**) armoire (11); wardrobe, closet

arrabbiarsi to get angry (6)

arrabbiato angry (2)

l'arrampicata *n.* climb

arrestare to arrest

*arrivare to arrive (3); **arrivarci** to get there (13)

arrivederci good-bye (1)

l'arrivo arrival

arroccato *p.p.* perched

arrosto *inv.* roast, roasted; **il pollo arrosto** roast chicken (5)

l'arte *f.* art; **la Commedia dell'arte** form of popular theater in 14th–18th-century Italy; **l'opera d'arte** work of art; **la storia dell'arte** art history

l'articolo article; **gli articoli sanitari** hygiene products

l'artificio (*pl.* **gli artifici**) device; **fuochi d'artificio** fireworks (8)

l'artista *m./f.* artist (9)

l'ascensore *m.* elevator (11)

l'asciugamano towel

†asciugare to dry

ascoltare to listen to (3)

asiatico (*pl.* **asiatici**) *adj.* Asian

l'asilo nido nursery school

l'asma asthma (10)

l'asparago (*pl.* **gli asparagi**) asparagus (PSP-1)

aspettare to wait for (6); **aspettare un attimo** to wait a moment (13)

l'aspetto appearance; look; aspect

l'aspirina aspirin

assaggiare to taste

l'asse *m.* axis

l'assenza absence

assicurare to assure; **assicurarsi** to make sure

assieme together; **assieme a** together with

l'assistente sociale *m./f.* social worker (9)

l'assistenza assistance; care; welfare

associare to associate

associativo associative

l'associazione *f.* association; society

assolutamente absolutely

assoluto absolute

l'assunzione *f.* hiring; staffing

assurdo absurd, ridiculous

astemio (*m. pl.* **astemi**) *adj.* teetotal (abstaining from alcohol)

l'astensione *f.* abstention

l'asterisco asterisk

astratto abstract

l'astrologo/l'astrologa (*pl.* **gli astrologi / le astrologhe**) astrologist (PSP-1)

l'atleta *m./f.* athlete (PSP-4)

l'atletica leggera track and field (10)

atletico (*pl.* **atletici**) athletic

l'atmosfera atmosphere

atomico (*pl.* **atomici**) atomic; **la bomba atomica** atomic bomb

attento careful

l'attenzione *f.* attention; **Attenzione!** Attention!, Note!, Careful!; **fare attenzione a** to pay attention to

atteso awaited; **in attesa** in anticipation

l'attimo moment; **aspettare un attimo** to wait a moment (13)

attirare to attract

l'attività *f.* activity; **l'attività fisica** physical activity; **l'attività sportiva** sports activity (2)

attivo active (2)

l'attore/l'attrice actor (9)

attraversare to cross

attraverso through; across; by way of

l'attualità *f.* current events

attualmente currently

attuare to put into effect

augurare to wish

l'augurio (*pl.* **gli auguri**) wish; **Auguri!** Best wishes! (8); **farsi gli auguri** to exchange good wishes (8)

l'aula classroom

***aumentare** to increase; **aumentare di peso** to gain weight (10)

l'aumento increase (14)

l'ausiliare auxiliary (verb)

australiano *adj.* Australian (2)

austriaco (*m. pl.* **austriaci**) *adj.* Austrian (2)

l'autobus *m.* bus (3); **prendere l'autobus** to take the bus (4)

l'automobile, l'auto (*pl.* **le auto**) *f.* car (PSP-1)

automobilistico *adj.* car

autonomo autonomous, independent

l'autore/l'autrice author

l'autorità authority

l'autoscuola driving school

l'autostrada highway

autosufficiente self-sufficient

l'autosufficienza self-sufficiency

l'autunno autumn (1), fall; **in autunno** in the autumn

avanti before; ahead; **Avanti!** Come in! Go ahead! Keep moving! (11); **avanti Cristo**

(a.C.) Before Christ (B.C.) (12); **più avanti** further ahead, further on, later

avaro stingy

avere (*p.p.* **avuto**) to have (2); **avere un altro impegno** to have something else to do (5); **avere... anni** to be . . . years old (PSP-12); **avere bisogno di** to need (PSP-2); **avere caldo** to be hot (2); **avere l'entusiasmo** to have enthusiasm, to be enthusiastic; **avere fame** to be hungry (2); **avere una fame da lupo** to be ravenously hungry; to be starving (*coll.*); **avere freddo** to be cold (2); **avere un incidente** to be in an accident; **avere l'influenza** to have the flu (10); **avere intenzione di** (+ *inf.*) to intend to (*do something*); **avere un intervento** to have an operation; **avere un intervento chirurgico** to have surgery; **avere luogo** to take place; **avere mal di gola** to have a sore throat (2); **avere mal di pancia** to have a stomachache (2); **avere mal di testa** to have a headache (2); **avere paura di** to be afraid (of) (2); **avere un raffreddore** to have a cold (10); **avere ragione** to be right (2); **avere sete** to be thirsty (2); **avere un sogno nel cassetto** to have a secret wish (*lit.* to have a dream in the drawer) (13); **avere sete** to be thirsty; **avere successo** to succeed; **avere torto** to be wrong (2); **avere voglia di** to want (PSP-2); **avercela con qualcuno** to hold a grudge against someone (PSP-16); to be angry with someone (PSP-16); **Abbi pazienza!** Have patience!, Be patient!; **Quanti anni ha?** How old are you? (*form.*) (2); **Quanti anni hai?** How old are you? (*inform.*) (2)

l'avvenimento event

***avvenire** (*p.p.* **avvenuto**) to take place; to happen

l'avventura adventure

avventuroso adventurous

l'avverbio adverb

avviarsi to start (up)

avvicinarsi to near, move closer

l'avvocato *m./f.* lawyer (9); **l'avvocatessa** *f.* lawyer (*rarely used form*)

l'azienda firm, business, company (9)

l'azione *f.* action

gli Azzurri Italian national soccer team

azzurro (sky) blue (2)

B

il babbo dad; **Babbo Natale** Santa Claus (8)

il baccalà cod

baciare to kiss; **baciarsi** to kiss (*each other*) (8)

il bacio (*pl.* **i baci**) kiss

badare a to look after; to take care of

bagnato wet

il bagnino / la bagnina lifeguard

il bagno bathroom (11); ***andare in bagno** to go in the bathroom (8); **con bagno** with bath; **il costume da bagno** bathing suit (6); **fare il bagno** to take a bath; to go swimming; **la vasca da bagno** bathtub (11)

il balcone balcony (11)

ballare to dance (3)

la ballerina dancer

il ballo dance; **le lezioni di ballo** dance lessons

balneare *adj.* swimming; **lo stabilimento balneare** beach club

il balocco (*pl.* **i balocchi**) toy

balsamico (*m. pl.* **balsamici**) *adj.* balsamic; **l'aceto balsamico** balsamic vinegar

il bambino / la bambina child, little boy / little girl; **da bambino/a** as a child (9); **fin da bambino/a** since he/she was a child

la banca (*pl.* **le banche**) bank (12); ***andare in banca** to go to the bank (8)

la bancarella stall

il Bancomat ATM

la banconota bill (*money*)

la bandiera flag

il bar bar; café

la barba beard

il barbiere barber

la barca (*pl.* **le barche**) boat; **la barca a vela** sail boat (13)

il/la barista bartender; café worker

il barocco Baroque period (17th–18th centuries) (12)

la barzelletta joke (15); **raccontare una barzelletta** to tell a joke (15)

basare su to base on

la base base; basis; **a base di** based on; **in base a** according to, based on; **sulla base di** based on

il basket basketball (10); **giocare a basket** to play basketball (10)

basso short (2); low; **la bassa stagione** low season (13); **lineetta bassa** underscore

il bastone cane, walking stick; club (*playing card*)

la battaglia battle

battere to beat (*heart*)

battersi contro to fight against

il battesimo baptism

la Befana Befana (*celebration of the Catholic feast of the Epiphany, January 6; the kindly old woman who brings gifts to children on Epiphany eve*) (8)

beige *inv.* beige (2)

la bellezza beauty

bello beautiful (PSP-2); good, nice (*thing*); **fare bello** to be beautiful weather (2); **Che bel ragazzo!** What a cute guy! (4); **Che bella ragazza!** What a cute girl! (4); **Che bello(a/i/e)!** How beautiful! (4); **Cosa fai di bello?** What fun (interesting) thing do you have planned? (*inform.*) (3); **fare bella figura** to make a good impression (6)

benché even though (PSP-15)

bene *adv.* well, fine (2); ***andare bene** to go well; to be ok; **benissimo** great (2); **è bene che** it's good that (14); **molto bene** very good; ***stare bene** to be well (2); ***stare benissimo** to be great (2); ***stare molto bene** to be very well (2); **va bene** okay (3); **volere bene** to love; **volersi bene** to love each other (8)

benedetto blessed

beneducato well-mannered, well-brought-up

il beneficio benefit

il benessere *m. inv.* wellness (10)

i beni goods, commodities; **i Beni Culturali** cultural assets (archeological, historical, artistic, environmental, or archival treasures)

benissimo terrific; great (3)

la benzina gasoline

bere (*p.p.* **bevuto**) to drink (3); **qualcosa da bere** something to drink; **niente da bere** nothing to drink

il berretto cap (6)

la bestia beast, animal

la bevanda drink (5)

la biancheria linen; underwear

bianco (*m. pl.* **bianchi**) white (2); **la settimana bianca** a week-long skiing vacation

la bibita soft drink

la biblioteca (*pl.* **le biblioteche**) library (3); *andare in biblioteca to go to the library; **studiare in biblioteca** to study in the library

il bibliotecario / la bibliotecaria librarian

il bicchiere glass (1)

la bicicletta bicycle (1); **la bici** (*pl.* **le bici**) bike (PSP-1); *andare in bicicletta to go by bicycle (8); **fare un giro in bici** to go for a bike ride (7)

il bidè bidet (11)

il bidone trash bin (11)

la biglietteria ticket booth

il biglietto ticket (7); card (*greeting card, written note*)

la bimba baby girl, toddler

il bimbo baby boy

la biodiversità biodiversity

la biologia biology (1)

il biologo / la biologa (*pl.* **i biologi / le biologhe**) biologist (PSP-1)

biondo blond; **i capelli biondi** blond hair (2)

il birichino rascal

la birra beer (1)

bis encore

il biscotto cookie (PSP-12)

i bisi peas

bisognare (che) to be necessary (that) (14); **bisogna** (+ *inf.*) one needs to (3)

il bisogno need; **avere bisogno di** to need (PSP-2)

la bistecca (*pl.* **le bistecche**) steak (5)

blu *inv.* blue (2)

la bocca (*pl.* **le bocche**) mouth (6); **aprire bocca** to say a word; **In bocca al lupo!** Good luck!; Break a leg! (*lit.* In the mouth of the wolf!) (8); **parlare a bocca piena** to talk with one's mouth full

il boccone mouthful (PSP-10); **mangiare un boccone** to grab a bite to eat

boh! I dunno! (7)

bollire to boil

bolognese *adj.* Bolognese; **alla bolognese** with meat sauce (5)

la bomba bomb; **la bomba atomica** atomic bomb

la bomboniera party favor

la borghesia middle class; **la piccola borghesia** lower middle class

il borgo hamlet

la borsa purse (6); bag; **la borsa di studio** scholarship (9); **la borsetta di soldi** money purse

la bottega (*pl.* **le botteghe**) shop

la bottiglia bottle (1)

il bozzetto sketch

il braccio (*pl.* **le braccia**) arm (6)

alla brace charcoal grilled (5)

la braciola cutlet (5)

il brano excerpt

bravo good, capable; *essere bravo in to be good at

breve brief, short

la briciola crumb

il brindisi (*pl.* **i brindisi**) toast (PSP-1)

la brioche (*pl.* **le brioche**) type of sweet roll, danish

il brodo broth (5)

la bruschetta toasted bread with chopped tomato, onion, and garlic topping

brutto ugly; **fare brutto** to be bad weather (2)

il bucato laundry; **fare il bucato** to do laundry (7)

la bufala buffalo; **la mozzarella di bufala** buffalo-milk mozzarella

buffo funny (2)

la bugia lie

il buio darkness; **l'appuntamento al buio** blind date

buono good (2); **Buon anniversario!** Happy Anniversary! (8); **Buon anno!** Happy New Year! (8); **Buon appetito!** Enjoy your meal! (8); **Buon compleanno!** Happy Birthday! (8); **buon giorno** good morning, good day (1); **Buon lavoro!** Work well! (8); **Buon Natale!** Merry Christmas! (8); **Buon proseguimento!** Keep on going!; **Buon viaggio!** Have a good trip! (8); **Buona giornata!** Have a nice day!; **buona notte** good night (1); **Buona Pasqua!** Happy Easter! (8); **buona sera** good evening (1); **Buone feste!** Happy Holidays! (8); **Buone vacanze!** Have a good vacation! (8)

il burattino puppet

il burro butter (5)

la bussola compass

la busta envelope

buttare to throw; **buttare via** to throw away

C

la caccia hunting

*cadere to fall

la caduta fall

il caffè coffee (1); **prendere un caffè** to have a coffee (3)

il calamaro squid

calare to drop (14); to fall, to reduce; *calare di peso to lose weight (10)

il calciatore soccer player

il calcio soccer; **giocare a calcio** to play soccer (3); **la partita di calcio** soccer game

calcolare to calculate

caldo hot; **avere caldo** to be hot (2); **fare caldo** to be hot weather (2); **la tavola calda** cafeteria (*lit.* hot table)

il caldo heat

calmo calm

il calo drop, reduction (14); **in calo** falling

le calze stockings (8)

i calzini socks (6)

†**cambiare** to change (15); †**cambiare casa** to move (*to a different residence*) (12); **cambiare discorso** to change topic; **cambiare idea** to change one's mind

in cambio di in exchange for

la camera bedroom (8); **la camera singola** single room (13); **la camera doppia** double room (13); **la Camera degli Sposi** the Wedding Chamber; *andare in camera da letto to go in the bedroom (8); **prenotare una camera** to reserve a room

il cameriere / la cameriera waiter/waitress (5)

la camicia (*pl.* **le camicie**) shirt (6)

il camiciotto shirt

il/la camionista *m./f.* truck driver

il cammeo cameo

camminare to walk (10); **camminare a testa alta** to walk proudly

la camminata walk

la campagna country; campaign

la campana bell

il campeggio camping; **fare campeggio** to camp; **la tenda da campeggio** camping tent

il campionato championship

il campo field; **il campo di studi** field of studies; **il campo da tennis** tennis court

canadese *adj.* Canadian (2)

il canale channel

il cancro cancer

la candelina candle

il candidato / la candidata candidate

il cane dog (1)

il canestro basket

canonico canonical, established

il/la cantante singer (9)

cantare to sing

il cantautore / la cantautrice songwriter

il cantiere construction site (9)

la canzone song (7)

il caos chaos (12)

caotico (*m. pl.* **caotici**) chaotic

la capacità skill, ability

i capelli hair (2); **i capelli biondi** blond hair (2); **i capelli castani** brown hair (2); **i capelli lisci** straight hair (2); **lavarsi i capelli** to wash one's hair (6)

capillare widespread

capire (isc) to understand (3)

la capitale capital

*capitare to happen

il capitolo chapter

il capo head; boss; top; **da capo** from the beginning

il Capodanno New Year's Day (8)

il capolavoro masterpiece

il capoluogo (*pl.* **i capoluoghi**) administrative center (12)

la cappella chapel

il cappello hat

il cappotto coat

Cappuccetto Rosso Little Red Riding Hood

il cappuccino cappuccino (1); **il Cappuccino** Capuchin (*monk*)

il/la carabiniere military police officer

il carattere personality

la caratteristica (*pl.* **le caratteristiche**) characteristic

caratterizzare to characterize

i carboidrati carbohydrates

il carbone coal (8)

cardiovascolare cardiovascular

a carico di at the expense of; care of

carino cute

la carne meat (5)

il Carnevale Carnival, Mardi Gras

caro dear, sweetie; expensive

la carota carrot

il carrello shopping cart

la carriera career

la carrozza carriage

la carrozzina baby carriage

la carta paper; card; **la carta di credito** credit card; **la carta di identità** identity card; **la carta igienica** toilet paper; **il foglio di carta** sheet of paper

le carte (*playing*) cards; **le carte da gioco** playing cards; **giocare a carte** to play cards (3)

il cartello placard, sign

la cartina map

la cartoleria stationery store; office supply store

la cartolina postcard

la casa house, home (1); dynasty; *andare a casa** to go home (PSP-5); †**cambiare casa** to move (11); **il compagno di casa** housemate; **le faccende di casa** housework; **la padrona di casa** female head of house; *tornare a casa** to go home; **il vicino di casa** neighbor

casalingo *adj.* homemade; homeloving; **la casalinga** housewife (4) *essere casalingo** to be a homemaker

il casco helmet

il caso case; **a caso** at random; **farci caso** to take notice; **per caso** by chance

il cassetto drawer; **avere un sogno nel cassetto** to have a secret wish (*lit.* to have a dream in the drawer) (13)

castano brown (*color*); **i capelli castani** brown hair (2)

casuale casual

catalano Catalan

il catalogo (*pl.* **i cataloghi**) catalogue (PSP-1)

la categoria category

la catena range (*mountains*)

cattivo bad, naughty, mean (2); **di cattivo umore** in a bad mood

cattolico (*m. pl.* **cattolici**) Catholic

la causa cause; **a causa di** because of

il cavallo horse; *andare a cavallo** to go horseback riding (10); **la corsa di cavalli** horse race

il CD CD-ROM (1); CD (PSP-8)

c'è there is (2); **c'era una volta...** once upon a time ... (9)

celebrare to celebrate; to honor

la celebrazione celebration

celebre famous

celeste celestial, heavenly; light blue

celibe (*m.*) single, unmarried (4)

il cellulare cell phone

la cena dinner

cenare to have dinner, to eat dinner (3)

il cenone large, important dinner (for a special occasion, such as New Year's Eve)

il centenario centenarian

il centesimo cent

il centinaio hundred

cento hundred; **per cento** percent

centrale central (15)

centro central; **centro-meridionale** Central-Southern (15)

il centro town center (6); **il centro amministrazione** management office; **il centro commerciale** large shopping center, mall (6); **il centro storico** historical center (of a city) (12); **il centro urbano** city (12); *andare in centro** to go downtown (8)

in cerca di in search of

cercare to look for (3); **cercare casa** to look for a home; **cercare di** (+ *inf.*) to try to (*do something*) (PSP-14); **cercare lavoro** to look for work (9); **cercasi** wanted

il cerchio circle

i cereali cereal

la cerimonia ceremony; **la cerimonia civile** civil ceremony

il cero candle

la certezza certainty; **con certezza** with certainty

il certificato certificate

certo certain; **Certo!** Of course! (6); *essere certo che** to be certain that (15)

il cespuglio (*pl.* **i cespugli**) shrub, bush

il ceto social class

che what (4); **che cosa** what (4); **Che bel ragazzo!** What a cute guy! (4); **Che bella ragazza!** What a cute girl! (4); **Che bello(a/i/e)!** How beautiful! (4); **Che disastro!** What a disaster! (4); **Che furbo!** How clever! (4); **Che genio!** What a genius! (4); **Che giorno è oggi?** What day is today? (3); **Che mattone!** What a bore! (4); **Che ora è? / Che ore sono?** What time is it? (3); **A che ora... ?** At what time ... ? (3); **Che ore saranno?** What time must it be? (PSP-13); **Che scemo(a/i/e)!** What a moron/idiot! (4); **Che schifo!** How gross/disgusting! (4)

chi who (4); **Chi è?** Who is it? (4)

la chiacchiera chit-chat; **fare due chiacchiere** to chat (15)

chiacchierare to chat (15)

chiamare to call; **chiamarsi** to call oneself, to be named; **Come si chiama?** What's your name? (*form.*) (1); **Come ti chiami?** What's your name? (*inform.*) (1); **Mi chiamo...** My name is ... (1)

chiaro clear; *essere chiaro che** to be clear that (15)

la chiave key

chiedere (*p.p.* **chiesto**) to ask (15); **chiedere di** (+ *inf.*) to ask to (*do something*) (PSP-14)

la chiesa church (8); *andare in chiesa** to go to church (8)

il chilo kilogram

il chilometro kilometer (PSP-5)

la chimica chemistry (1)

la chiocciola snail; @

chirurgico (*m. pl.* **chirurgici**) surgical;

avere un intervento chirurgico to have surgery (10)

la chitarra guitar (3)

chiudere (*p.p.* **chiuso**) to close (3)

chiunque whoever

ci *pron.* us; there (PSP-5)

ci mancherebbe altro not a problem, no big deal (5)

ci sono there are (2)

Ci vediamo! See you later! (8)

il ciak clapperboard (*film*); **Ciak, si gira!** Action, rolling!

ciao hi; bye (1)

ciascuno each, every

il cibo food

il ciclismo cycling (10); **fare ciclismo** to bike ride (10)

il/la ciclista bike rider

ciclistico related to bicycles

il ciclomotore motor scooter

il cicloturismo cyclotourism

cieco (*pl.* **ciechi**) blind

il cielo sky

la cifra figure (*number*)

la ciliegia (*pl.* **le ciliegie**) cherry (PSP-1)

il cinema (*pl.* **i cinema**) movie theater (1); film (*industry*) (3); *andare al cinema** to go to the movies (7)

il cinematografo movie theater (PSP-1)

cinese *adj.* Chinese (2)

il Cinquecento the 1500s

la cintura belt (6); **la cintura di sicurezza** seatbelt, safety belt

ciò che what

la cioccolata hot chocolate

il cioccolatino chocolate; **la scatola di cioccolatini** box of chocolates

il cioccolato chocolate (5); **al cioccolato** chocolate (*flavored*)

cioè that is to say

la cipolla onion (5)

circa about, approximately

circondare to surround

circondato surrounded

la circostanza circumstance

il citofono speakerphone (11)

la città city (1); **la città di origine** hometown

il cittadino / la cittadina city dweller (14); citizen

civico civic (12)

civile civil; **i paesi civili** civilized countries; **lo stato civile** marital status

il clarinetto clarinet (PSP-7)

la classe group (*of students*) (1); classroom (1); **il compagno di classe** classmate

classico classic, classical; **il liceo classico** high school with a focus on literature (humanities); **la musica classica** classical music

la classifica rating

cliccare to click; **clicca qui** click here

il/la cliente client; customer

il clima climate

la clinica clinic

clonare to clone

la coabitazione to live in shared quarters

il coetaneo peer

il cognome last name

coinvolgere to involve
la colazione breakfast; **fare colazione** to eat breakfast (3)
collaborare (con) to work (with)
la collana necklace (6)
il/la collega colleague
il collegamento connection
collegare to link, to connect
la collezione collection
il collo neck; **il collo a "v"** v-neck
collocarsi to place oneself
il colloquio (*pl.* **i colloqui**) interview; **il colloquio di lavoro** job interview
la colomba dove (8); traditional Easter cake (*in the shape of a dove*) (8)
la colonia colony
la colonna column; **la colonna sonora** sound track
colorare to color
il colore color (2)
la colpa fault; guilt; **è tutta colpa mia** it's all my fault
colpito da hit, struck by
il coltello knife (5)
coltivare to cultivate, to farm
combattere to fight (16)
combinare to combine; to do; to be up to
la combinazione combination
come how (4); like; **Come ti chiami? / Come si chiama?** (*inform./form.*) What is your name?; **Com'è... ?** What is she/he/it like? (2); **Com'era... ?** What was he/she/it like? (9); **Come no!** Of course!; **Come si dice... in italiano?** How do you say . . . in Italian?; **Come si fa?** How is it done? How do people do it? (14); **Come si scrive... ?** How do you write . . . ?; **Come sono... ?** What are they like? (2); **Come sta?** How are you? (*form.*) (2); **Come stai?** How are you? (*inform.*) (2); **Come va?** How's it going? (2)
la cometa comet
comico (*m. pl.* **comici**) comic, funny
†**cominciare** to begin; †**cominciare a** (+ *inf.*) to start to (*do something*) (PSP-14)
la commedia comedy; **la Commedia dell'arte** form of popular theater in 14th–18th-century Italy; **le maschere della Commedia** masked characters of the Commedia dell'arte
commentare to comment
il commento comment; commentary
commerciale *adj.* commercial, trade; **il centro commerciale** large shopping center, mall (6)
il/la commerciante shopkeeper
il commercio (*pl.* **i commerci**) commerce; business; **l'economia e commercio** business administration
il commesso / la commessa store clerk (9)
la comodità comfort, amenity
comodo comfortable
la compagnia company; firm; **fare compagnia a** to keep someone company
il compagno / la compagna (di classe) classmate; **il compagno / la compagna di casa** housemate/roommate (PSP-15)
il comparativo comparative
compatibile compatible
comperare (*p.p.* **comprato**) to buy

(PSP-13)
la competizione competition
compiere (*p.p.* **compiuto**) to complete; **compiere gli anni** to have a birthday (8)
il compito homework assignment; **fare i compiti** to do homework (3)
il compleanno birthday (7); **Buon compleanno!** Happy Birthday! (8); **la festa di compleanno** birthday party
complessivo total
completamente completely
completare to complete
completo complete; **la pensione completa** bed-and-breakfast with breakfast, lunch, and dinner included (13)
complicato complicated, complex
il complimento compliment; **fare i complimenti** to pay compliments
il componimento composition (PSP-6)
comporre (*p.p.* **composto**) to compose (16)
il comportamento behavior; conduct; **le regole di comportamento** rules of etiquette
comportarsi to behave
il compositore / la compositrice composer (16)
composto di composed of, made up of
comprare to buy
comprendere (*p.p.* **compreso**) to include; to comprise
la comprensione comprehension
compreso di composed of, made up of; **tutto compreso** all-inclusive
il compromesso compromise
il computer computer (1); **giocare al computer** to play on the computer; **studiare con il computer** to study on the computer
comunale *adj.* city, community
comune common; normal; **il Comune** city government; **in comune** in common; **il palazzo del comune** city hall (12)
comunicare to communicate
la comunicazione communication
la comunione communion; **la prima comunione** first communion
la comunità community
con with (5)
concentrarsi to concentrate
concentrato concentrated, focused
il concerto concert (7); *****andare ad un concerto** to go to a concert
concludere (*p.p.* **concluso**) to end
la conclusione end, ending
concreto concrete, tangible
la condanna penalty
condividere (*p.p.* **condiviso**) to share
il condizionale conditional (*gram.*)
condizionato conditioned; **l'aria condizionata** air conditioning (13)
la condizione condition
il condominio apartment building
la condotta chapter of the Slow Food movement
il condottiero soldier of fortune; captain
condurre (*p.p.* **condotto**) to lead, to guide
la conferma confirmation
i confetti sugared almonds
il conflitto conflict

confortante comforting
confrontare to confront; to compare
nei confronti di in regard to
la confusione confusion
il congiuntivo subjunctive (*gram.*)
congruo a relative to
il coniglio (*pl.* **i conigli**) rabbit
coniugare to conjugate
il/la coniuge *m./f.* spouse
la conoscenza knowledge
conoscere (*p.p.* **conosciuto**) to know (*a person or place*) (4); to meet (*in the past tense*); to be familiar with a person, place, or thing (PSP-6)
conquistare to attain, to achieve
la consapevolezza awareness
consegnare to deliver; to turn in
la conseguenza conclusion; consequence
conseguire to attain; to acquire
consentire to allow
conservare to save, to keep
conservato preserved; **ben conservato** well-preserved
considerare to consider
considerato considered
consigliare to recommend; to give advice
il consiglio (*pl.* **i consigli**) (*piece of*) advice (16); **dare consigli** to give advice; **il Presidente del Consiglio** Prime Minister
*****consistere di** to consist of
consolidare to consolidate
la consonante consonant
consultare to consult
il consultorio doctor's office
consumarsi to take
il consumo consumption, use; **il mercato dei consumi** consumer market
contadino *adj.* farm
la contaminazione contamination
contare to count
contattare to contact
il contatto contact; **a contatto con** in contact with; **le lenti a contatto** contact lenses (2); **mettersi in contatto** to contact, to get into contact
il conte count
contemporaneo contemporary (15)
contenere to contain
contento happy (2); *****essere contento di** to be happy about
il contesto context
il continente continent
†**continuare** to continue; †**continuare a** (+ *inf.*) to continue to (*do something*); to keep on (*doing something*)
continuato continuous; **l'orario continuato** continuous hours, all-day hours (*shops, businesses*)
la continuazione continuation; **in continuazione** in continuation
continuo continuous
il conto bill (5); count
il contorno side dish (5)
contrario (*m. pl.* **contrari**) *adj.* opposite
il contrario (*pl.* **i contrari**) opposite
il contrasto contrast, difference
contribuire (a) (isc) to contribute (to)
il contributo contribution
contro against

controllare to control; to check

il controllo control

il controllore conductor

convalidare to validate

la conversazione conversation

convincere (*p.p.* **convinto**) to convince; **convincersi** to convince oneself

convivere con (*p.p.* **convissuto**) to live with

la cooperativa co-operative

coordinato coordinated

la coperta blanket

la copertina book cover

coperto covered

il coperto cover charge (*in a restaurant*) (5)

la copia copy

copiare to copy

la coppa cup; heart (*playing card*)

la coppia couple, pair

il coraggio courage; **Su, coraggio!** Cheer up!

coraggioso courageous, brave

il corallo coral

i coriandoli confetti (*paper*)

il corpo body (6)

correggere (*p.p.* **corretto**) to correct

correlato correlated

†**correre** (*p.p.* **corso**) to run (4)

corretto correct

la correzione correction

corrispondere a to correspond to

la corsa race; **la corsa di cavalli** horse race

corsivo *adj.* italicized

il corsivo italics; **in corsivo** in italics

il corso course (*of study*) (1); avenue; **lo studente fuori corso** "super senior"

il cortile courtyard

corto short

cosa what; **Cosa c'è?** What's the matter? (2); **Cos'è?** What is it? (4); **Cosa fai di bello?** What fun (interesting) thing do you have planned? (*inform.*) (3); **Cosa vuoi fare?** (*inform.*) / **Cosa vuole fare?** (*form.*) What do you want to do in the future? (9)

la cosa thing; **qualsiasi cosa** anything

così so (PSP-16); **così così** so-so (2)

così… come as . . . as (PSP-4)

i cosmetici cosmetics

la costa coast

la costanza perseverance

*****costare** to cost; **Quanto costa?** How much does it cost?; **Quanto costano?** How much do they cost?

la Costituzione Constitution (16)

il costo cost; **il costo della vita** cost of living

costoso expensive (12)

costruire (isc) to construct (12); to amount to

la costruzione construction; building

il costume costume; outfit; habit; custom; **il costume da bagno** bathing suit (6)

il cranio (*pl.* **i crani**) (*coll.*), brainiac, intelligent person

la cravatta tie (6)

creare to create

creativo creative

la creazione creation

la credenza belief

credere to believe (14); to think; **credere a/in** to believe in (*something/someone*) (14);

credere che to believe that (14); **credere di** (+ *inf.*) to believe or think about (*doing something*) (PSP-15)

il credito credit; **la carta di credito** credit card

la crema cream; lotion

*****crepare** to die; **Crepi!** Thanks! (*lit.* May the wolf die!) (8)

crescente increasing

†**crescere** (*p.p.* **cresciuto**) to grow (up) (12); to increase (14)

la crescita growth (14), increase; **in crescita** growing, on the rise

la cresima Confirmation

la criminalità crime

il crisantemo crysanthemum

la crisi (*pl.* **le crisi**) crisis (PSP-1)

il cristallo glass

cristiano *adj.* Christian

il cristiano / la cristiana Christian

Cristo Christ; **avanti Cristo, a.C.** before Christ, B.C. (12); **dopo Cristo, d.C.** anno domini, A.D. (12)

i criteri criteria

croato Croatian

la croce cross

*****crollare** to collapse

il crollo collapse

cronico (*m. pl.* **cronici**) chronic

cronologico (*m. pl.* **cronologici**) chronological; **l'ordine cronologico** chronological order

il cruciverba crossword

crudo raw; **il prosciutto crudo** cured ham

cubano *adj.* Cuban (2)

la cuccagna earthly paradise

il cucchiaio (*pl.* **i cucchiai**) spoon (5)

la cucina kitchen (11); stove (11); cuisine, cooking; *****andare in cucina** to go in the kitchen (8); **la cucina a gas** gas stove; **la cucina italiana** Italian cuisine, Italian cooking

cucinare to cook (4)

le cuffie headphones

il cugino / la cugina cousin (4)

cui whom; which (PSP-9)

culinario culinary

il culto cult

il cultore devotee

la cultura culture

culturale cultural; **i Beni culturali** cultural assets (archeological, historical, artistic, environmental, or archival treasures)

il culturismo bodybuilding (10); **fare culturismo** to bodybuild (10)

il cuoco / la cuoca (*pl.* **i cuochi / le cuoche**) cook; chef

il cuore heart

la cura treatment, care; cure; doctor's instructions for care

curioso curious (2)

il curricolo career; resumé, curriculum vitae

la curva curve

curvo curved; bent over, hunched

D

d.C. (dopo Cristo) A.D. (anno domini) (12)

da from (5); to (*a place*); at (PSP-5); **da bambino/a** as a child (9); **da dio**

awesome; **da leggere** "must read" (5); **da matti** crazy, like crazy (5); **da vedere** "must see" (5); *****andare da** (*name of a person*) to go to (*person's*) house (PSP-5); *****andare da** (+ *name of professional*) to go to (*professional's office/place of business*) (PSP-5); *****andare dal dentista** to go to the dentist's (office) (PSP-5); *****andare dal medico** to go to the doctor's (office); *****andare da Mirella** to go to Mirella's (house); *****andare dalla parrucchiera** to go to the hairdresser's; **dal vivo** live

dai! come on! (7)

il danno damage

la danza dance (10); **fare danza** to dance (10)

dappertutto everywhere

dapprima at first

dare to give (4); **dare consigli** to give advice; **dare fastidio** to bother (10)

la data date

il dato datum

davanti a in front of (11)

davvero really

il debito debt; **pagare i debiti** to pay one's debts

debole weak (2)

il decennio decade

decidere (*p.p.* **deciso**) to decide (12); **decidere di** (+ *inf.*) to decide to (*do something*) (PSP-14)

decifrare to decipher; to decode

decimo tenth (1)

la decisione decision; **prendere una decisione** to make a decision

decollare to take off, to get off the ground (*airplane*)

decorativo decorative

dedicare to dedicate (PSP-12); **dedicarsi (a)** to dedicate oneself (to)

definire (isc) to define

definitivamente finally; definitively

definitivo final

la definizione definition

i defunti dead, deceased (*persons*); **la Commemorazione dei Defunti** Commemoration of the Dead

la degustazione tasting

la delinquenza crime (*in general*) (14)

la delusione disappointment

democratico (*m. pl.* **democratici**) democratic

la demografia demography

demografico *adj.* demographic, population

il denaro money; diamond (*playing card*)

il dente tooth (2); **al dente** cooked al dente, firm (*lit.* to the tooth); **lavarsi i denti** to brush one's teeth (6); **lo spazzolino da denti** toothbrush

il/la dentista dentist (9); *****andare dal dentista** to go to the dentist's (office); **dal dentista** at the dentist's (office)

dentistico (*m. pl.* **dentistici**) dental

dentro inside

la denuncia charge

depresso depressed

il deputato / la deputata representative (*in government*); member of Parliament

*****derivare** to derive (15)

derubare to rob

descrittivo descriptive

descritto described

descrivere (*p.p.* **descritto**) to describe

la descrizione description

deserto deserted; desert; **l'isola deserta** deserted island

desiderare to want, to desire; to wish

il desiderio (*pl.* **i desideri**) desire; wish

destinare to destine; to assign

la destinazione destination (13)

destra right (*direction*); **a destra di** to the right of (11); **di destra** right-wing; **girare a destra** to turn right (13); **sulla destra** on the right (13)

detenere to hold

determinare to determine

determinato particular, certain

il deterrente deterrant

il detersivo detergent

il dettaglio (*pl.* **i dettagli**) detail; **in dettaglio** in detail

il dettato dictation

devastante devastating

di of (5); about (5); ***essere di** to be from

dialettale dialectal

il dialetto dialect (15)

il dialogo (*pl.* **i dialoghi**) dialogue (PSP-1)

il diario (*pl.* **i diari**) diary, journal

il dibattito debate

dicembre December (1)

dichiarare to declare; to state

diciottesimo eighteenth

didattico educational

la dieta diet; **la dieta mediterranea** Mediterranean diet; **essere a dieta / fare la dieta** to be on a diet (10)

dietro behind (11)

difendere (*p.p.* **difeso**) to defend

differente different

la differenza difference

differenziarsi da to be different from; to distinguish oneself from

difficile difficult (2)

la difficoltà difficulty

diffondersi (*p.p.* **diffuso**) to spread (15)

la diffusione circulation (*of books and papers*)

diffuso widespread (15)

la dignità dignity

*dimagrire (isc) to lose weight (10)

la dimensione dimension

dimenticare to forget (3); **dimenticare di** (+ *inf.*) to forget to (*do something*) (PSP-14)

†diminuire (isc) to reduce, to decrease; to lessen

dimostrare to demonstrate (16)

d'improvviso suddenly (9)

il dinamismo dynamism

il dio (*pl.* **gli dei**) god; **da dio** awesome (5)

*dipendere (*p.p.* **dipeso**) **da** to depend on

dipingere (*p.p.* **dipinto**) to paint (4)

dipinto painted; **lo stendardo dipinto** colored banner

il diploma diploma (9)

diplomarsi to graduate (*from high school*)

diplomatico diplomatic

il diplomatico / la diplomatica (*pl.* **i diplomatici / le diplomatiche**) diplomat

dire (*p.p.* **detto**) to say, to tell (3); **Come si dice... in italiano?** How do you say . . . in Italian?; **dire di no** to say no; **dire di sì** to say yes

diretto direct

il direttore / la direttrice director (PSP-15), manager

il/la dirigente executive, manager (9)

dirigere (*p.p.* **diretto**) to manage, to run (9); **dirigere a** to direct to

i diritti rights (*legal*) (16)

diritto straight; ***andare diritto** to go straight (13)

il disastro disaster; **Che disastro!** What a disaster! (4)

disciplinare to discipline

il disco record

il discopub pub with dancing

il discorso speech; **cambiare discorso** to change the subject

la discoteca (*pl.* **le discoteche**) discotheque (3)

discutere (*p.p.* **discusso**) to discuss (15)

disegnare to draw (9)

il disegno design; drawing

disinteressato disinterested

disoccupato unemployed

la disoccupazione unemployment (14); **il tasso di disoccupazione** unemployment rate (14)

disordinato messy, untidy; disorganized (2)

il disordine disorder, mess, untidiness; **in disordine** in disorder, in a mess, untidy

disorientato disoriented

dispari odd

dispensare to dispense

disperatamente desperately

*dispiacere (*p.p.* **dispiaciuto**) to be sorry; **mi dispiace** I'm sorry (5); **Ti/Le dispiace... ?** Do you mind . . . ? (*inform./form.*) (11)

a disposizione available

disposto a willing to

dissestato ruined

il distacco separation

distare to be distant

distinguere (*p.p.* **distinto**) to distinguish; **distinguersi** to distinguish oneself

distinto distinct

la distinzione distinction

distratto distracted

distribuire (isc) to distribute; to hand out

la distribuzione distribution

distrutto destroyed

disturbare to bother; to disturb

disturbato bothered, disturbed

il disturbo disturbance

il dito (*pl.* **le dita**) finger (6)

la ditta company (9)

il dittatore / la dittatrice dictator (16)

il divano couch (11)

*diventare to become (9)

diverso different

divertente fun

il divertimento fun; good time

divertirsi to have fun (6); to have a good time; to enjoy oneself

dividere, dividersi (*p.p.* **diviso**) to divide; to split up

divino divine

la divisa uniform

divorziare to divorce

divorziato divorced (4)

il divorzio (*pl.* **i divorzi**) divorce (14)

divulgare to divulge

il dizionario (*pl.* **i dizionari**) dictionary (1)

la doccia (*pl.* **le docce**) shower (11); **fare la doccia** to take a shower (8)

il docente teacher

documentare to document

il documentario (*pl.* **i documentari**) documentary

il documento document; paper

dodicesimo twelfth; **il dodicesimo secolo** the 12th century

dolce sweet; **il mais dolce** sweet corn

il dolce dessert (5)

il dolciume candy

il dollaro dollar

il dolore pain; ache

la domanda question; **fare domanda** to apply (9); **fare una domanda** to ask a question (3)

domandare (a) to ask (*someone*)

domani tomorrow (6); **Ci vediamo domani!** See you tomorrow!; **dopodomani** the day after tomorrow (10); **meglio un uovo oggi che una gallina domani** better an egg today than a chicken tomorrow

domenica Sunday (3)

domestico (*m. pl.* **domestici**) domestic; **l'animale domestico** domestic animal; pet; **il lavoro domestico** housework

il dominio (*pl.* **i domini**) rule, dominion

il donatore / la donatrice donor

la donna woman (PSP-12)

dopo after (7); **dopo aver mangiato** after having eaten; **dopo Cristo (d.C.)** anno domini (A.D.) (12); **dopo di che** after (7); **dopodomani** the day after tomorrow (10)

doppio (*m. pl.* **doppi**) double; **la camera doppia** double room (13)

dorato gilded

dormire to sleep (3)

dotato di equipped with

il dottore / la dottoressa doctor (PSP-1)

dove where (4); **Di dove sei?** Where are you from? (*inform.*) (1); **Di dov'è?** Where are you from? (*form.*) (1)

†dovere to have to, must (5); to be supposed to (*in the imperfect*)

il dramma drama

drammatico (*m. pl.* **drammatici**) dramatic

la droga drugs (14)

il drogato / la drogata drug addict

drogarsi to take drugs (14)

il dubbio (*pl.* **i dubbi**) doubt; **non c'è dubbio che** there's no doubt that (15)

dubitare (che) to doubt (that) (14)

il Duecento the 1200s (12)

dunque so; therefore

il duomo cathedral (12)

duramente hard; **lavorare duramente** to work hard

durante during

durare to last

E

e, ed (*before vowels*) and
eccetera etcetera
eccezionale exceptional
l'eccezione *f.* exception
ecco here is, here are (6); here it is, here they are; **Eccolo/la/li/le** Here it is / they are (11)
ecologico (*m. pl.* **ecologici**) ecological
l'economia economy, economics (1); **l'economia e commercio** business administration
economico (*m. pl.* **economici**) economic; inexpensive; **il liceo economico** high school with a focus on economics
l'edicola newsstand (12); **in edicola** at the newsstand
l'edificio (*pl.* **gli edifici**) building
l'edizione *f.* edition
educare to bring up, to rear
educativo educational
l'educazione *f.* politeness
l'effetto effect
egli he
egoista selfish
ehi! hey
ehilà! hey! (7)
l'elefante *m.* elephant
elegante elegant
elementare elementary; **la scuola elementare** elementary school (9)
l'elemento element; item
elencare to list
l'elenco (*pl.* **gli elenchi**) list
elettrico (*m. pl.* **elettrici**) electrical; **la pila elettrica** battery; **la torcia elettrica** flashlight
elevato elevated, high
eliminare to eliminate
l'eloquenza eloquence
l'e-mail (*pl.* **le e-mail**) *f.* e-mail (3)
emergente emerging
l'emergenza emergency
†**emigrare** to emigrate (14)
l'emigrato/l'emigrata emigrant (14)
l'emigrazione *f.* emigration (14)
emozionante exciting, thrilling
l'emozione *f.* emotion
emulare to emulate
l'energia energy; **l'energia nucleare** nuclear energy
l'enigmistica puzzles; puzzle-solving
enigmistico (*m. pl.* **enigmistici**) *adj.* puzzle; **La settimana enigmistica** Puzzle Week
enogastronomico (*pl.* **enogastronomici**) pertaining to food and wine
enorme enormous, huge; tremendous
*__entrare__ to enter (7)
l'entrata entrance
entro within, by (*a certain time*) (PSP-14)
entusiasmante thrilling
l'entusiasmo enthusiasm, excitement; **avere l'entusiasmo** to have enthusiasm, to be enthusiastic; to be excited
l'Epifania Epiphany (Catholic holiday on January 6th)
l'episodio episode
l'epoca era
l'equitazione *f.* horseback riding; **fare**

equitazione to go horseback riding (10)
l'equiturismo vacation at a dude ranch
equivalente equivalent, equal
equo equitable; fair
l'erba grass; **tosare l'erba** to mow the lawn; **le erbe** *pl.* spices
l'erboristeria herbalist's shop
l'eroe *m.* hero
l'errore *m.* error, mistake (1)
l'eruzione *f.* eruption
esagerato exaggerated
l'esame *m.* exam (1), test; **l'esame orale** oral exam; **l'esame scritto** written exam; **dare l'esame** to take an exam; **fare l'esame** to take an exam; **superare un esame** to pass an exam
esaminare to examine
esattamente exactly
esatto exact
esaurito sold out
l'esclusività exclusivity
escluso not included
l'escursione *f.* excursion (13)
eseguire to carry out; to perform
l'esempio (*pl.* **gli esempi**) example
esercitare to exert
l'esercito army
l'esigenza need
l'esilio exile
esistente existing
l'esistenza existence
*__esistere__ (*p.p.* **esistito**) to exist
esotico (*m. pl.* **esotici**) exotic
espandersi to expand
l'espansione *f.* expansion
l'esperienza experience
l'esperto/l'esperta expert
l'esploratore/l'esploratrice explorer
esporre (*p.p.* **esposto**) to present
l'esportazione *f.* export
l'espressione *f.* expression
l'espresso espresso (coffee)
esprimere (*p.p.* **espresso**) to express
essa *f.* it
esse *f.* they
essenziale essential; *__essere essenziale che__ to be essential that (14)
*__essere__ (*p.p.* **stato**) to be (2); *__essere__ (+ *nationality*) to be (*nationality*) (2); *__essere d'accordo__ to agree (13); *__essere bravo in__ to be good at; *__essere di__ (+ *city*) to be from (*city*) (2); **essere a dieta** to be on a diet (10); *__essere in ritardo__ to be late; *__essere ricoverato all'ospedale__ to be admitted to the hospital (10); *__essere in vacanza__ to be on vacation; **Che ora è? / Che ore sono?** What time is it? (3); **Com'è... ?** What is he/she/it like? (2); **Come sono... ?** What are they like? (2); **è mezzogiorno** it's noon (3); **è mezzanotte** it's midnight (3); **è presto** it's early (3); **è tardi** it's late (3); **saranno le tre** it's probably about 3:00 (PSP-13); **se fossi in te** if I were you (15)
l'essere *m.* being; **l'essere umano** human being
essi *m.* they
esso *m.* it
l'Est East; **il Nord-Est** Northeast

l'estate *f.* summer (1); **d'estate** in the summer; **in estate** in the summer, during the summer
estero *adj.* abroad (13); **all'estero** *n.* abroad
esteso wide
estetico (*m. pl.* **estetici**) aesthetic
l'estinzione *f.* extinction; **in via d'estinzione** dying-out
estivo *adj.* summer; **le vacanze estive** summer vacation
l'estremità *f.* extremity; end
estremo extreme
estroverso outgoing (2)
l'esuberanza exuberance
l'età *f.* age; **la terza età** the "golden years" (14)
l'euro euro (currency of the European Union)
europeo European
l'evento event
evidente evident
evidenziato highlighted; indicated
evitare to avoid (10)
evolversi (*p.p.* **evoluto**) to evolve (15)
l'extracomunitario/l'extracomunitaria (*pl.* **gli extracomunitari / le extracomunitarie**) resident from outside the European community

F

fa ago (7)
la fabbrica (*pl.* **le fabbriche**) factory
la faccenda chore; **le faccende di casa** housework
la faccia (*pl.* **le facce**) face
facile easy
facilmente easily
la facoltà department (*college*)
i fagiolini green beans (5)
il falegname carpenter
falso false
la fama fame
la fame hunger (14); **avere fame** to be hungry
la famiglia family (4); **l'albero della famiglia** family tree; **mettere su famiglia** to start a family
familiare familiar; *adj.* family
famoso famous
la fantascienza science fiction
la fantasia imagination; fantasy
fantastico (*m. pl.* **fantastici**) imaginary
fare (*p.p.* **fatto**) to do (3); to make (3); to do for a living (4); to study (*a subject*); **fa per te** perfect/ideal for you; **fare atletica leggera** to do track and field (10); **fare attenzione a** to pay attention to; **fare il bagno** to take a bath; **fare bella figura** to make a good impression (6); **fare bello** to be beautiful weather (2); **fare brutto** to be bad weather (2); **fare il bucato** to do laundry (7); **fare caldo** to be hot weather (2); **fare campeggio** to camp; **fare due chiacchiere** to chat (15); **fare ciclismo** to bike ride (10); **fare colazione** to eat breakfast (3); **fare i compiti** to do homework (3); **fare i complimenti** to pay compliments; **fare conversazione** to have a conversation; **fare culturismo / fare**

bodybuilding to bodybuild (10); **fare danza** to dance (10); **fare la dieta** to be on a diet (10); **fare la doccia** to take a shower (8); **fare domanda** to apply (9); **fare una domanda** to ask a question (3); **fare equitazione** to go horseback riding (10); **fare equiturismo** to vacation at a dude ranch (10); **fare l'esame** to take an exam; **fare le ferie** to go on vacation; **fare una foto** to take a photo (3); **fare foto** to take photos; **fare freddo** to be cold weather (2); **fare ginnastica** to do gymnastics (10); **fare un giro in bici** to go for a bike ride (6); **fare un giro in macchina** to go for a car ride (7); **fare un giro in moto** to go for a motorcycle ride (7); **fare una gita** to go on a trip; **fare il letto** to make the bed (PSP-6); **fare male** to hurt (*a body part*) (10); **fare la multa** to give a parking/traffic ticket (9); **fare nuoto** to swim (10); **fare le ore piccole** to stay up late (3); **fare paracadutismo** to go parachuting/skydiving; **fare un paragone** to make a comparison; **fare una passeggiata** to take a walk (3); **fare pattinaggio** to skate (10); **fare la parte di** to play the role of; **fare il pendolare** to commute; **fare il ponte** to take an extra day off (8); **fare una prenotazione** to make a reservation (13); **fare un regalo** to give a present; **fare una riunione** to have a meeting; **fare alla romana** to split the bill; to pay one's share of the bill (5); **fare un salto** to stop by (12) **fare le scale** to take the stairs; **fare shopping** to go shopping; **fare skateboard** to skateboard (10); **fare sollevamento pesi** to lift weights; **fare la spesa** to go grocery shopping, to grocery shop (7); **fare spese/ shopping** to go shopping, to shop (12); **fare sport** to play sports (3); **fare uno spuntino** to have a snack (3); **fare una telefonata** to make a phone call; **fare in tempo a** to have enough time to; **fare il tifo per** to be a fan of; **fare trekking** to go hiking (13); **fare una vacanza** to take a vacation; **fare vedere** to show; **fare un viaggio** to take a trip; **fare volontariato** to volunteer; **fare yoga** to do yoga (10); **farsi gli auguri** to exchange good wishes (8); **farcela** to manage, to cope (PSP-16); **Che tempo fa?** What's the weather like?; **Come si fa?** How are things done? (14); **Cosa fai di bello?** What fun (interesting) thing do you have planned? (*inform.*) (3); **Cosa si fa?** What do people do? (14); **Cosa vuoi fare?** (*inform.*) / **Cosa vuole fare?** (*form.*) What do you want to do in the future? (9); **mi fa male...** my (body part, *sing.*) hurts (3); **mi fanno male...** my (body part, *pl.*) hurts (3); **niente da fare** nothing to do; **qualcosa da fare** something to do
la farmacia (*pl.* **le farmacie**) pharmacy (10); **la farmacia di turno** pharmacy whose turn it is to remain open in case of an emergency
il/la farmacista pharmacist (9)
il farmaco (*pl.* **i farmaci**) medicine, drug

la fascia group
il fascismo fascism
il fastidio bother; **dare fastidio** to bother (10)
il fatto fact; ***essere un fatto che** to be a fact that (15)
il fattore farmer
la favola fable; fairy tale
il favore favor; **a favore di** in favor of; **per favore** please (1)
favorire (isc) to favor
favorito favorite
la fazione faction
febbraio February (1)
la febbre fever (10)
la fede faith
il fegato liver (5)
felice happy (2)
la felicità happiness
la felpa sweatshirt (6)
la femmina female; girl
femminile feminine
il fenomeno phenomenon (14)
le ferie vacation; **fare le ferie** to go on vacation; **in ferie** on vacation
ferito wounded; injured
il fermaglio (*pl.* **i fermagli**) hair clip
fermarsi to stop oneself (*from moving*); **fermarsi a** (+ *inf.*) to stop to (*do something*) (PSP-14)
stare fermo to stay still
il Ferragosto Catholic feast of the Assumption (August 15)
il ferro iron
la ferrovia railroad
fertile fertile
la fertilità fertility
la festa party (1); holiday (1); **Buone feste!** Happy Holidays! (8); **fare una festa** to have a party; **la festa di compleanno** birthday party; **la festa patronale** feast/ celebration of a patron saint; **la festa di San Silvestro** feast of San Silvestro (New Year's Eve) (8)
il festeggiamento celebration
festeggiare to celebrate (7)
festivo *adj.* holiday; **i giorni festivi** Sundays and public holidays
la fiaba fairy tale
i fiammiferi matches
il fico (*pl.* **i fichi**) fig; cute guy (*coll.*)
fidanzarsi to get engaged
il fidanzato / la fidanzata fiance/fiancée
la fiducia (*pl.* **le fiducie**) trust
il figlio / la figlia (*pl.* **i figli / le figlie**) son/ daughter (4); **la figlia unica** only daughter; **il figlio unico** only son
la figura image; **fare bella figura** to make a good impression (6)
figurarsi to imagine; **Figurati!** Imagine that!, Would you believe it?!
il film film, movie (1); **un film da vedere** a "must-see" film
il filmato film clip; short film
il filo thread; wire; **senza fili** wireless
la filosofia philosophy (1)
finalmente finally
finché until
la fine end, ending; **il fine settimana**

weekend (7)
la finestra window (11)
la finestrina little window (PSP-10)
il finestrino window (*train, bus, car*) (PSP-10)
fingere di (*p.p.* **finto**) to pretend to
†**finire (isc)** to finish, to end; †**finire di** (+ *inf.*) to finish (*doing something*) (PSP-14)
fino a until; **fin quando** until
finora till now
il fiore flower (1); **il mazzo di fiori** bouquet of flowers
fiorentino *adj.* Florentine
il fiorentino Florentine dialect (15)
la firma signature
firmare to sign
la fisica physics (1)
fisico (*m. pl.* **fisici**) physical; **l'aspetto fisico** physical appearance; **l'attività fisica** physical activity
fissare to set; to arrange
fisso fixed; regular
la fitoterapia medicinal plants
il fiume river (12)
flagellare to lash, to whip
il foglio (*pl.* **i fogli**) sheet; **il foglio di carta** sheet of paper
fondamentale fundamental
fondare to found (16)
la fondazione foundation
il fondo bottom; end
la fontana fountain
la forchetta fork (5)
la forma form; shape; **mantenersi in forma** to stay in shape (10)
il formaggio (*pl.* **i formaggi**) cheese (5)
formale formal
formare to form, to create
formativo educational
la formazione formation; training; **la formazione professionale** vocational training
la formula formula; form
formulare to formulate
il formulario form
fornire (isc) to provide
il forno oven (11); bread shop, bakery (12); **il forno a microonde** microwave oven (11)
forse maybe; perhaps (4)
forte strong (2); **lavorare forte** to work hard
la fortuna fortune; luck; **per fortuna** luckily
fortunato lucky; fortunate
la forza force; **le forze lavoro** workforce; **Forza!** Go! (in sports)
fotocopiare to photocopy
la fotografia photograph (1); **la foto** photo (PSP-1); photography; **fare una foto** to take a photo (3); **fare foto** to take photos
fotografico (*m. pl.* **fotografici**) photographic; **la macchina fotografica** camera
il fotografo / la fotografa photographer (9)
il/la fotoreporter press photographer
fra between (5); within; **fra due giorni** in two days (10); **fra un mese** in a month (10); **fra un'ora** in an hour (10)
fradicio rotten

la fragola strawberry; **la macchia di fragola** beauty mark (*lit.* spot of strawberry)

francese *adj.* French (2)

il francese French (*language*)

il francobollo stamp

la frase sentence; phrase

il fratellino little brother

il fratello brother (4)

freddo cold; **avere freddo** to be cold (2); **fare freddo** to be cold weather (2); **il tè freddo** iced tea

il freddo cold

fregarsene to not give a damn

la frenesia frenzy

frenetico (*m. pl.* **frenetici**) hectic

frequentare to attend (3); **frequentare l'università** to attend college

frequente frequent

frequentemente frequently (6)

la frequenza frequency

fresco (*m. pl.* **freschi**) fresh

la fretta hurry; haste; **avere fretta** to be in a hurry; **in/di fretta** in a hurry

il frigorifero refrigerator (11); **il frigo** fridge

fritto fried; **le patate fritte** french fries (5)

friulano from the region of Friuli

di fronte a facing

frustrato frustrated

la frutta fruit (5); **il negozio di frutta e verdura** fruit and vegetable shop (12); **un succo di frutta** fruit juice

fumare to smoke; **vietato fumare** no smoking

il fumatore / la fumatrice smoker

il/la fumettista comic strip writer

il fumetto comic strip

il fumo smoke

il funerale funeral

i funghi mushrooms (5)

funzionare to work, to function

la funzione function; **avere funzione di** to function as

il fuoco (*pl.* **i fuochi**) fire; **i fuochi d'artificio** fireworks (8)

fuorché except

fuori out; outside; **lo studente fuori corso** "super senior"; **fuori sede** non-resident

furbo sly; **Che furbo!** How clever! (4)

il furto robbery

futuro *adj.* future

il futuro future

G

il galateo etiquette

la galera jail

la galleria gallery (*architecture*); arcade

la gallina chicken; **meglio un uovo oggi che una gallina domani** better an egg today than a chicken tomorrow

la gamba leg (3); **rompersi la gamba** to break a leg (10)

la gara competition

garantire (**isc**) to guarantee

il gas gas; **la cucina a gas** gas stove

la gastronomia gastronomy

gastronomico gastronomic

gassato sparkling; **l'acqua gassata** sparkling water

il gatto cat (1)

la gelateria ice cream parlor

il gelato ice cream (1); **prendere un gelato** to get an ice cream

gemello *adj.* twin; **il fratello gemello** twin brother

il gemello/la gemella twin brother/sister; **i gemelli** twins

generale general

il generale general (16)

la generalizzazione generalization

generalmente generally

generare to generate

la generazione generation

il genere kind, type; **in genere** in general, generally

i generi alimentari food

generico (*m. pl.* **generici**) generic

generoso generous (2)

genetico genetic

il genio (*pl.* **i geni**) genius; **Che genio!** What a genius!

il genitore parent; **i genitori** parents (4)

gennaio January (1)

la gente people (9)

gentile kind

gentilmente nicely, kindly (6)

il gentiluomo gentleman

la geografia geography

geografico (*m. pl.* **geografici**) geographic

germanico Germanic

il gerundio gerund (*gram.*)

la gestione management

il gesto gesture

gettare to throw

gettonare to select

il ghiaccio (*pl.* **i ghiacci**) ice

già already

la giacca (*pl.* **le giacche**) jacket (6)

giallo yellow (2)

il giallo detective story, mystery novel

giapponese *adj.* Japanese (2)

il giapponese Japanese (*language*)

il giardino garden (11)

la ginnastica exercise; gymnastics; **fare ginnastica** to do gymnastics (10); **le scarpe da ginnastica** sneakers; **la tuta da ginnastica** sweats, sweatsuit

il ginocchio (*pl.* **le ginocchia / i ginocchi**) knee (6)

giocare to play (*game, sport*) (3); **giocare a calcio/pallone** to play soccer (10); **giocare a carte** to play cards (3); **giocare a golf** to play golf (3); **giocare a pallacanestro** to play basketball (10); **giocare a pallavolo** to play volleyball (10); **giocare a tennis** to play tennis (3); **giocare al computer** to play on the computer

il giocatore / la giocatrice player

il giocattolo toy

il gioco (*pl.* **i giochi**) game; **le carte da gioco** playing cards

la gioia joy

la gioielleria jewelry store (12)

il gioiello piece of jewelry; jewel

il giornale newspaper (14)

il/la giornalista journalist (9)

la giornata day, the whole day; **Buona giornata!** Have a nice day! (8)

il giorno day (PSP-9); **al giorno** each day, per day; **buon giorno** good morning, good day (1); **Che giorno è oggi?** What day is today? (3); **di giorno** during the day; **fra due giorni** in two days (10); **il giorno lavorativo** workday; **un giorno** one day; **ogni giorno** everyday (3); **tutti i giorni** everyday (3); **tutto il giorno** all day

giovane young (2)

il/la giovane youth; young person

giovedì Thursday (3)

la gioventù youth

la giovinezza youth

la giraffa giraffe

girare to turn (13); to film; **girare a destra** to turn right (13); **girare a sinistra** to turn left (13)

il giro tour; trip; ***andare in giro** to go around; **fare un giro in bici** to go for a bike ride (7); **fare un giro in macchina** to go for a car ride (7); **fare un giro in moto** to go for a motorcycle ride (7); **in giro** around

la gita trip; **la gita scolastica** school trip

il giubbotto winter jacket (6)

il giudizio (*pl.* **i giudizi**) judgment; **il Giudizio Universale** The Last Judgment

giugno June (1)

il giullare jester

il giurato juror

giuridico (*m. pl.* **giuridici**) legal

la giurisprudenza law

giustificare to justify

la giustificazione justification; excuse

la giustizia justice

giusto right, correct; **l'ora giusta** the right time; **Giusto!** That's right!; **Non è giusto!** It is not fair!

il glossario (*pl.* **i glossari**) glossary

gli gnocchi gnocchi (potato dumplings) (5)

godere, godersi to enjoy oneself (13)

la gola throat; **avere mal di gola** to have a sore throat (2)

il golf golf; **giocare a golf** to play golf (3)

il gomito elbow

la gonna skirt (6)

governare to govern (16)

il governo government (14)

il grado degree

la graduatoria ranking

grande big, great (2)

grandioso grand, majestic

grasso fat (2)

grassottello chubby

gratuito free of charge

grave serious

grazie thank you (1); **Grazie, altrettanto!** Thanks, same to you! (8); **grazie tanto** thanks a lot; **Mille grazie!, Tante grazie!** Thanks a lot!

grazioso gracious, charming

greco (*m. pl.* **greci**) *adj.* Greek

il greco Greek (*language*)

grigio (*m. pl.* **grigi**) gray (2)

la griglia grill; grid; **alla griglia** grilled

il grillo cricket; **il Grillo parlante** The Talking Cricket

grosso big

il gruppo group; **il gruppo musicale** musical group, band

guadagnare to earn money, to make money (9); **guadagnarsi da vivere** to earn a living

guardare to look at (3); to watch; **guardare la televisione** to watch television; **guardare la TV** to watch TV; **guardare le vetrine** to window shop (12); **guardarsi** to look at oneself

la guardia guard

il guasto mechanical problem

la guerra war (14); **la Seconda Guerra Mondiale** Second World War (WWII)

la guida guide; **l'esame di guida** driving test; **la patente di guida** driver's license

guidare to drive

guidato guided; **la visita guidata** guided tour

il gusto taste

gustoso tasty

H

l'hamburger hamburger (1)

l'hobby m. hobby (10)

I

l'idea idea; **non ho la minima idea** I don't have the slightest idea; **sarebbe una buon'idea** it would be a good idea (13)

ideale ideal, perfect

identico identical

identificare to identify

l'identità identity; **la carta d'identità** identity card

idoneità fitness; aptitude

l'idraulico/l'idraulica (pl. gli idraulici / le idrauliche) plumber

l'idromassaggio (pl. gli idromassaggi) hydromassage; whirlpool tub

ieri yesterday (7); **ieri sera** yesterday evening, last night

igienico (m. pl. **igienici**) hygienic, sanitary; **la carta igienica** toilet paper

ignorare to ignore

illogico (m. pl. **illogici**) illogical

l'illustrazione f. illustration

illustre renowned, famous

imbarazzato embarassed

l'imbarazzo embarrassment

imbottire (isc) to stuff

immaginare to imagine; **immaginare che** to imagine that (14)

immaginario (m. pl. **immaginari**) imaginary

l'immagine f. image

immediatamente immediately (6)

immenso immense

immerso immersed

*immigrare to immigrate (14)

l'immigrato / l'immigrata immigrant (14)

l'immigrazione f. immigration (14)

immobile motionless

l'immondizia trash, garbage (11)

imparare to learn (PSP-14); **imparare a** (+ inf.) to learn to (do something) (PSP-14)

l'impatto impact

impazzirsi to go crazy

impegnare to engage

impegnato busy (2)

l'impegno: avere un altro impegno to have something else to do (5)

l'imperativo imperative (gram.)

l'imperatore/l'imperatrice emperor/ empress

l'imperfetto imperfect (gram.)

l'impermeabile m. raincoat (6)

l'impero empire

impersonale impersonal

l'impiegato/l'impiegata employee (9)

imponente imposing, grand, stately

imporre (p.p. **imposto**) to impose

importante important; ***essere importante che** to be important that (14)

l'importanza importance

importarsene to care about

impossibile impossible; ***essere impossibile che** to be impossible that (14)

impostare to set up

l'impresa company; firm

l'impressione f. impression

improvviso sudden; **all'improvviso** suddenly; **d'improvviso** suddenly (9)

in in (5); to (5); at (5)

inammorarsi to fall in love

inammorato in love (2)

l'inattività inactivity

incartare to wrap

l'incentivo incentive

incerto uncertain

l'incidente m. accident

incidere (p.p. **inciso**) to record (music)

l'inclinazione f. inclination

includere (p.p. **incluso**) to include

incompleto incomplete

incontaminato unspoiled, uncontaminated

incontrare to meet; to meet with; to run into; **incontrare per strada** to meet, to run into on the street; **incontrarsi** to meet (each other) (8)

l'incontro meeting

incoraggiare to encourage

incorporare to incorporate

incrementare to increase

incuriosire (isc) to intrigue

l'indagine f. survey, poll

indefinito indefinite

indeterminativo indefinite

indicare to indicate

l'indicativo indicative (gram.)

l'indicatore m. indicator

l'indicazione f. indication; direction; sign

l'indice m. index

indietro backward

indifferente indifferent

indimenticabile unforgettable

indipendente independent

l'indipendenza independence (16)

indiretto indirect

indirizzare to address

l'indirizzo address

indiviso undivided

l'indizio (pl. gli indizi) clue

indossare to wear (6)

indovinare to guess

l'indumento article of clothing

l'industria industry (14)

industriale industrial

l'industriale m./f. industrialist, manufacturer

industrializzato industrialized

infantile adj. infant; **l'assistenza materno-infantile** mother-infant care

l'infanzia childhood

infatti in fact

l'infermiere/l'infermiera nurse (9)

l'inferno Hell

infilare to stick

infine finally

l'infinito infinitive (gram.)

l'inflazione f. inflation

l'influenza flu; (10)

influenzare to influence

informale informal

l'informatica computer science

l'informazione f. information; **un'informazione** piece of information

l'infortunio accident

l'ingegnere m./f. engineer (9)

l'ingegneria engineering (1)

inglese adj. English (2); **la zuppa inglese** English trifle (dessert of sponge cake soaked in liqueur with cream)

l'inglese English (language)

*ingrassare to gain weight (10)

l'ingresso foyer (11); entry (admission)

l'inimicizia animosity

†iniziare to begin (3)

l'iniziativa initiative

l'iniziazione f. initiation

l'inizio (pl. gli inizi) beginning

innamorarsi to fall in love (8)

innamorato in love (2)

innovatore innovator

inoltre besides

l'inquilino/l'inquilina tenant

l'inquinamento pollution (12)

l'insalata salad (5); **l'insalata mista** mixed salad

l'insegnamento teaching; **l'abilitazione per l'insegnamento** teaching certificate

l'insegnante m./f. teacher (9)

insegnare to teach (9); **insegnare a** (+ inf.) to teach to (do something) (PSP-14)

inseguire to chase, to run after

inserire (isc) to insert

l'insetto insect

insieme together; **insieme a** together with; **mettersi insieme** to be a couple (8)

l'insieme m. the whole

insignificante insignificant

insistere (p.p. **insistito**) to insist

insoddisfatto unsatisfied, disappointed

insolito unusual

insomma not very well (2); well . . . (10)

l'insonorizzazione f. soundproofing

insopportabile intolerable

l'integrazione f. integration

intellettuale intellectual

intelligente intelligent (2)

l'intelligenza intelligence

intendere (p.p. **inteso**) to intend

intenso intense

intento a intent on

l'intenzione f. intention; **avere intenzione di** (+ inf.) to intend to (do something)

interamente entirely

interessante interesting (2)
interessato a interested in
l'interesse *m.* interest
l'interiezione *f.* interjection
internazionale international
intero entire; **il costume da bagno intero** one-piece bathing suit
interpretare to interpret
interregionale inter-regional; **il treno inter-regionale (IR)** train that connects different regions in Italy
l'interrogativo interrogative
l'interrogazione *f.* interrogation
interrompere (*p.p.* **interrotto**) to interrupt
l'interruzione *f.* interruption
l'intervento operation; **l'intervento chirurgico** surgery; **avere un intervento** to have an operation; **avere un intervento chirurgico** to have surgery (10)
l'intervista interview
intervistare to interview
intitolare to entitle; to title
intitolato entitled
intonarsi con to harmonize with
intorno a around
introdurre (*p.p.* **introdotto**) to introduce
introverso introverted (2)
intuitivo intuitive
l'invecchiamento aging (14)
***invecchiare** to get old (14)
invece instead; on the other hand; **invece di** instead of
inventare to invent (16)
l'inventore/l'inventrice inventor (16)
l'invenzione *f.* invention (16)
invernale *adj.* winter
l'inverno winter (1); **d'inverno** in the winter, during the winter; **in inverno** in the winter
inviare to send
invidiabile enviable
invisibile invisible
invitare to invite
l'invito invitation
io I
l'ipermercato superstore
ipnotizzare to hypnotize
l'ipotesi (*pl.* **le ipotesi**) *f.* hypothesis
ipotetico hypothetical
irlandese *adj.* Irish
irregolare irregular
iscritto enrolled
l'iscrizione *f.* enrollment; membership
l'isola island (13); **l'isola deserta** deserted island
l'isolamento isolation
ispirare to inspire
l'istituto institute
l'istituzione *f.* institution
l'istruzione *f.* direction, instruction; education; **dare istruzioni** to give directions/instructions
italiano *adj.* Italian (2)
l'italiano Italian (*language*) (1); **l'italiano/l'italiana** Italian (*person*); **l'italiano regionale** regional variation of standard Italian (15)
l'itinerario (*pl.* **gli itinerari**) itinerary

L

il labbro (*pl.* **le labbra**) lip (2)
il ladro / la ladra thief
il lago (*pl.* **i laghi**) lake (13)
la laguna lagoon
lamentarsi to complain (13)
la lampada lamp (11)
la lana wool; **il maglione di lana** wool sweater
lanciare to throw; **lanciare l'allarme** to sound the alarm
la larghezza width
largo (*m. pl.* **larghi**) wide, broad
le lasagne lasagna (PSP-12)
lasciare to leave; **lasciarsi** to break up (8)
il latino Latin (*language*)
il latte milk (5)
il latticino dairy product
la laurea degree (*college*) (9); graduation; **la laurea triennale** three-year college degree
il laureato / la laureata college graduate
laurearsi to graduate (*college*) (9)
la lavagna (black)board
il lavandino sink (11)
lavare to wash (3); **lavarsi** to wash oneself (6); **lavarsi i denti** to brush one's teeth (6); **lavarsi i capelli** to wash one's hair (6)
la lavastoviglie dishwasher (11)
la lavatrice washing machine
lavorare to work (3); **lavorare a tempo pieno** to work full-time (9); **lavorare part-time** to work part-time (9); **lavorare sodo** to work hard (9); **lavorare duramente/forte** to work hard; **smettere di lavorare** to stop working (9)
lavorativo *adj.* work; **il giorno lavorativo** workday
il lavoratore / la lavoratrice worker
la lavorazione manufacturing
il lavoro job (PSP-15); work (PSP-15); **Buon lavoro!** Work well! (8); **cercare lavoro** to look for work (9); **il colloquio di lavoro** job interview; **le forze lavoro** workforce; **il mercato del lavoro** job market; **trovare un lavoro** to find a job
Legambiente Italian environmentalist group
legare to link, to connect
la legge law; **per legge** by law
la leggenda legend
leggendario legendary
leggere (*p.p.* **letto**) to read (3); **leggere nel pensiero** to mindread; **un libro da leggere** a "must-read" book (5)
leggero light
il legno wood
lei her; **Lei** you (*form.*) (PSP-16)
lentamente slowly (6)
la lente lens; **le lenti a contatto** contact lenses (2)
la lenticchia lentil
lento slow (2)
il lessico (*pl.* **i lessici**) vocabulary
lesso boiled
la lettera letter (PSP-12); **le lettere** letters, humanities
letterario (*m. pl.* **letterari**) literary; **la tradizione letteraria** literary tradition (15)
la letteratura literature; **la letteratura inglese** English literature (1)

il lettino beach lounge chair (13); cot
il letto bed (11); **la camera da letto** bedroom (11); ***andare in camera da letto** to go in the bedroom (8); ***andare a letto** to go to bed (3); **fare il letto** to make the bed; **il letto a castello** bunk bed
il lettore / la lettrice reader
la lettura reading
la lezione lesson, individual class period (1); ***andare a lezione** to go to class; **prendere lezioni di** to take lessons in (4)
liberamente freely
liberare to liberate, to free (16)
libero free (2); available; **il tempo libero** free time
la libreria bookstore (12)
il/la librettista writer of a libretto (*opera*)
il libro book (1); **un libro da leggere** a "must read" book
il librone big book (PSP-10)
licenziare to fire (9)
licenziarsi to quit a job (9)
il liceo high school (9); **il liceo classico** high school with a focus on literature (humanities); **il liceo economico** high school with a focus on economics; **il liceo scientifico** high school with a focus on the sciences
ligure *adj.* Ligurian
limitato limited
la limonata lemonade
il limone lemon
la linea line
la lineetta hyphen, dash (-); **la lineetta bassa** underscore (_)
la lingua language (1); **la Lingua Italiana dei Segni** Italian Sign Language; **la lingua nazionale** standard Italian (15); **la lingua romanza** Romance language (15); **la lingua parlata** spoken language (15); **la lingua scritta** written language (15); **la lingua straniera** foreign language
il linguaggio (*pl.* **i linguaggi**) jargon; special language
il/la linguista linguist
linguistico linguistic; **il liceo linguistico** high school with a focus on foreign languages
il liquido liquid
la lira lira (*former Italian currency*)
lirico (*m. pl.* **lirici**) operatic, lyrical
liscio (*m. pl.* **lisci**) smooth; straight (*hair*); **i capelli lisci** straight hair (2)
la lista list
litigare to argue (15)
il litigio quarrel
il litro liter (5); **il mezzo litro** half liter (5)
il livello level
il locale place, spot
la località place; **la località di villeggiatura** vacation resort
la locandina film poster
la lode honors
logico (*m. pl.* **logici**) logical
lontano far, distant (2)
loro they; their (2); them (PSP-16); **Loro** you (*pl. form.*) (PSP-16); your (*pl. form.*) (2)
la lotteria lottery

la luce light; **spegnere le luci** to turn off the lights

luglio July (1)

lui he (PSP-16); him

lei her (PSP-16); she

luminoso bright

lunedì Monday (3)

lungo (*m. pl.* **lunghi**) long; **a lungo** for a long time, for a while

il luogo (*pl.* **i luoghi**) place; **avere luogo** to take place

il lupo wolf; **avere una fame da lupo** to be ravenously hungry, to be starving (*coll.*); **In bocca al lupo!** Good luck! (*lit.* In the mouth of the wolf!) (8)

il lusso luxury; **di lusso** luxury, deluxe

M

ma but (PSP-13)

macché! no way! (7)

la macchia spot; **la macchia di fragola** beauty mark (*lit.* spot of strawberry)

la macchina car (1); ***andare in macchina** to go by car (8); **fare un giro in macchina** to go for a car ride (6); **la macchina fotografica** camera; **noleggiare una macchina** to rent a car

la macchinona big car (PSP-10)

la macelleria butcher shop (12)

la madre mother (4); **madre natura** Mother Nature

il/la madrelingua native speaker

il maestro / la maestra elementary/middle school teacher (9)

magari! I wish! (7)

maggio May (1)

la maggioranza majority

maggiore *adj.* older (4); greater, larger; **il/la maggiore** greatest, largest; **il maggior numero di** the majority of; **la maggior parte di** the majority of

maggiorenne of legal age

magico (*m. pl.* **magici**) magical

la maglia shirt; **la maglia nera** last place

la maglietta t-shirt (6)

il maglione sweater (6); **il maglione di lana** wool sweater

magro thin (2)

mai ever (7), never (3); **non... mai** never (3)

il maiale pig

la maionese mayonnaise

il mais corn; **il mais dolce** sweet corn

malandato in disrepair

malato ill, sick

la malattia illness, disease

il male harm; pain; **il mal di pancia** stomachache; **il mal di testa** headache; **avere mal di gola** to have a sore throat (2); **avere mal di pancia** to have a stomachache (2); **avere mal di testa** to have a headache (2); **Meno male!** Thank goodness!; **non c'è male** not bad (2)

male *adv.* badly (6); **fare male** to hurt (*a body part*) (3); **mi fa male...** my (body part, *sing.*) hurts (3); **mi fanno male...** my (body part, *pl.*) hurts (3); ***stare male** to not feel well, to feel unwell

maleducato ill-mannered

la malinconia melancholy

la mamma mom

mamma mia! omigosh! (7)

il mammismo momism (excessive dependence on one's mother)

il/la manager executive, manager (9)

la mancanza di lack of

†**mancare** to not have, to be missing

ci mancherebbe altro not a problem, no big deal (5)

la mancia (*pl.* **le mance**) tip

mandare to send (e-mail/letter)

mangiare to eat (3); **mangiare un boccone** to grab a bite to eat; **mangiare sano** to eat healthy food (10); **niente da mangiare** nothing to eat; **qualcosa da mangiare** something to eat

il manico (*pl.* **i manici** or **manichi**) handle

la maniera way; **le belle maniere** *pl.* good manners

manifestare to protest; to show

la manifestazione demonstration, protest

la manina cute little hand (PSP-10)

la manipolazione manipulation

la mano (*pl.* **le mani**) hand (6); **dare una mano** to help

la mantellina cape

il mantello cloak

mantenere to maintain; **mantenersi in forma** to stay in shape (10)

il marchese marquis

il marciapiede sidewalk (11)

il mare sea (13); ***andare al mare** to go to the seaside; **telo da mare** beach towel

alla marinara with seafood (5)

marinare la scuola to play hooky, cut school (11)

marino *adj.* seaside; **la località marina** seaside resort

il marito husband (4)

la marmellata jam (5)

marocchino *adj.* Moroccan

marrone brown (2)

martedì Tuesday (3)

marzo March (1)

la maschera mask; masquerade (*costume or party*); masquerade character; **le maschere italiane / le maschere della Commedia** masked characters of the Commedia dell'arte

il maschietto baby boy

maschile masculine

il maschio (*pl.* **i maschi**) male

la massa mass; **di massa** *adj.* mass

il massimo dei voti top grade

la matematica mathematics (1)

il materasso mattress

la materia (di studio) subject matter (1)

il materiale material

materno *adj.* mother; **l'assistenza materno-infantile** mother-infant care; **la scuola materna** nursery school

la matita pencil (PSP-4)

il matrimonio (*pl.* **i matrimoni**) marriage

da matti crazy, like crazy (5)

la mattina morning; **di mattina** in the morning (3)

matto crazy; **una cosa da matti** a crazy thing/situation; **prezzi da matti** crazy prices; **ridere da matti** to laugh like crazy

il mattone brick; **Che mattone!** What a bore! (*lit.* What a brick!) (4)

i matusa parents (*coll.*); elderly people

il mazzo bunch; **il mazzo di fiori** bouquet of flowers

me me (PSP-16); **secondo me** in my opinion

la media average; **in media** on average

la medicina medicine (16)

medicinale healing

medico (*m. pl.* **medici**) *adj.* medical

il medico (*pl.* **i medici**) *m./f.* doctor (9); ***andare dal medico** to go to the doctor's (office)

medievale medieval

medio (*m. pl.* **medi**) average; middle; medium; **la città media** medium-sized city; **le medie** middle school; **la scuola media** middle school (9); **la vita media** average lifespan

il Medioevo the Middle Ages (12)

mediterraneo Mediterranean; **la dieta mediterranea** Mediterranean diet

meglio *adv.* better; **meglio di** better than (12); **meglio un uovo oggi che una gallina domani** better an egg today than a chicken tomorrow; **il mio meglio** my best (PSP-14)

melodico melodic

il melone melon (5)

il membro member

la memoria memory; **in memoria di** in memory of; **raccontare a memoria** to tell by heart

meno less, fewer; minus; **il/la meno** least, fewest; **meno... che** less . . . than (PSP-4); **meno... di** less . . . than (PSP-4); **meno + adj. + di** less . . . than (4); **Meno male!** Thank goodness!

la mensa cafeteria (3)

mensile monthly

mentale mental; **l'apertura mentale** open-mindedness

la mente mind; **tenere in mente** to keep in mind

mentre while (9)

menzionare to mention

la meraviglia wonder; **il paese delle Meraviglie** Wonderland

meraviglioso wonderful

il/la mercante shopkeeper, merchant

il mercato market; **il mercato dei consumi** consumer market

la merce merchandise

mercoledì Wednesday (3)

meridionale Southern (15); **centro-meridionale** Central-Southern (15)

mescolare to mix

il mese month; **fra un mese** in a month (10)

il messaggino text message

il messaggio (*pl.* **i messaggi**) message

messicano *adj.* Mexican (2)

il mestiere trade (14); occupation (14)

la meta destination

la metà half; **a metà** halfway

il metallurgico / la metallurgica (*pl.* **i metallurgici / le metallurgiche**) metal worker

il metodo method

il metro meter; **il metro quadrato** square meter

la metropoli big city (12)

la metropolitana subway (12)

mettere (*p.p.* **messo**) to put; (6) **mettere su famiglia** to start a family (9); **mettere in ordine** to arrange; **mettersi** to put on (*clothes*) (6); **mettersi d'accordo** to come to an agreement; **mettersi insieme** to become a couple (8)

mezzanotte midnight; **è mezzanotte** it's midnight (3)

mezzo *adj.* half; **mezz'ora** half an hour; **la mezza pensione** bed-and-breakfast with breakfast and lunch or dinner included (13); **il mezzo litro** half liter (5)

il mezzo means; middle; **i mezzi pubblici** public transportation (12); **i mezzi di trasporto** means of transportation (12); **in mezzo a** among, in the midst of

mezzogiorno noon; **è mezzogiorno** it's noon (3)

mi to/for me

la microonda microwave; **il forno a microonde** microwave oven (11)

i miei my parents (*coll.*) (PSP-15)

il miele honey (5)

migliorare to improve

migliorato improved

migliore *adj.* better; **migliore di** better than (12); **il/la migliore** best

il milione million

il militare military (16)

mille (*pl.* **mila**) a thousand

il millennio (*pl.* **i millenni**) millennium

mimare to mime

la mimosa mimosa (flower)

minerale mineral; **l'acqua minerale (naturale/gassata)** (still/sparkling) mineral water (5)

la minestra soup

il minestrone vegetable soup

minimo smallest, least; **non ne ho la minima idea** I don't have the slightest idea

il ministero ministry

il ministro *m./f.* minister (*government*); **il primo ministro** prime minister

la minoranza minority

minore *adj.* younger (4)

minuscolo minuscule; **la lettera minuscola** lower-case letter

il minuto minute

mio my (2); **a mio parere** in my opinion

mirare to aim

la miseria poverty

misterioso mysterious

misto mixed; assorted; **gli affettati misti** assortment of sliced meats and sausages (5); **l'antipasto misto** assorted appetizer; **l'insalata mista** mixed salad

la misura measure; **su misura** customized

mite mild

i mobili furniture

il mocassino loafer

la moda fashion (6); style; **alla moda / di moda** fashionable, in style; **andare di moda** to be in style (6); **l'ultima moda** latest trend

la modalità procedure

il modello / la modella model

moderno modern (12)

il modo way; **in modo che** in a way that, so that

il modulo form

la moglie wife (4)

molto *adj.* many, a lot of (2); *adv.* very (6); a lot, frequently (6); **molto bene** very good; **stare molto bene** to be very well (2)

il momento moment

il monaco (*pl.* **i monaci**) monk; **l'abito non fa il monaco** the clothes don't make the man (*lit.* the habit doesn't make the monk)

la monarchia monarchy

mondiale global, worldwide; **la Seconda Guerra Mondiale** Second World War (WWII)

il mondo world; **del mondo** in the world; **in tutto il mondo** all over the world

la moneta coin

monolingue monolingual

monotono dull, tedious

la montagna mountain (13); **andare in montagna** to go to the mountains (4)

montuoso mountainous

il monumento monument

la morale *f.* morale, spirits; **tirarsi su di morale** to raise one's spirits

morire (*p.p.* **morto**) to die (7)

la mortadella bologna

la mortalità mortality rate, death rate

la morte death (14)

morto dead

il morto / la morta dead person

il mosaico mosaic

la mosca fly

la mostarda mustard

la mostra exhibit, exhibition

il mostro monster

motivato motivated

il motivo reason

il moto movement; exercise

la motocicletta motorcycle (PSP-1); **la moto** motorcycle (PSP-1); **fare un giro in moto** to go for a motorcycle ride (7)

il motore motor

il motorino moped

il movimento movement

la mozzarella mozzarella (5)

il mulino windmill (PSP-10)

il mulo mule (PSP-10)

la multa fine; **fare la multa** to give a parking/traffic ticket (9)

multicolore *adj.* multicolor

multietnico multiethnic

multimediale *adj.* multimedia

muovere (*p.p.* **mosso**) to move; **muoversi** to exercise; to move (*oneself*), to get around (12)

le mura *pl.* walls (*of a city*)

il muro wall

il muscolo muscle

muscoloso muscular

il museo museum (12)

la musica music (16); **la musica classica** classical music

musicale musical; **il gruppo musicale** musical group, band

il/la musicista musician (9)

musulmano *adj.* Muslim

il musulmano / la musulmana Muslim (*person*)

le mutande underwear

N

il nano dwarf

napoletano *adj.* Neapolitan (*from Naples*)

il napoletano Neapolitan dialect (15); **il napoletano / la napoletana** Neapolitan (*person from Naples*)

nascere (*p.p.* **nato**) to be born (7); **Sono nato/a a...** I was born in (*name of city*) (2)

la nascita birth (14)

nascondersi (*p.p.* **nascosto**) to hide oneself

il nasino cute little nose (PSP-10)

il naso nose (2)

il Natale Christmas (8); **l'albero di Natale** Christmas tree (8); **Babbo Natale** Santa Claus (8); **Buon Natale!** Merry Christmas! (8)

la natura nature; **madre natura** Mother Nature

naturale natural; **l'acqua minerale naturale** still mineral water (5)

la nausea nausea

navigare to navigate; **navigare in Internet** to surf the web

il navigatore / la navigatrice navigator (16)

nazionale national; **la lingua nazionale** standard Italian (15); **l'italiano nazionale** standard Italian

la nazionalità nationality

la nazione nation

ne of it, of them (PSP-8); about it, about them (PSP-8)

necessario (*m. pl.* **necessari**) necessary; **essere necessario che** to be necessary that (14)

la necessità necessity

la necropoli necropolis (*lit.* city of the dead)

negativo negative

il negozio (*pl.* **i negozi**) store, shop (9); **il negozio di frutta e verdura** fruit and vegetable shop (12)

il nemico / la nemica (*pl.* **i nemici / le nemiche**) enemy (PSP-12)

nemmeno not even

neoclassico neoclassic

il neolaureato / la neolaureata recent graduate

la neonatologia neonatology

il neretto boldface

nero black (2); **la maglia nera** last place; **pagare in nero** to pay illegally

nervoso nervous (2)

nessuno, non... nessuno no one, nobody (7)

netto clear; marked

la neve snow

†**nevicare** to snow

il nido nest; **l'asilo nido** nursery school

niente nothing; anyway..., that's all (11) **(non...) niente** nothing (7); **niente da** + *inf.* nothing to + *inf.* (11); **niente da bere** nothing to drink; **niente da fare** nothing to do (11); **niente da mangiare** nothing to eat; **(Di) niente.** It's nothing. No problem! (11)

il/la nipote grandchild, grandson/granddaughter (4); nephew/niece (4)

il nipotino / la nipotina little nephew/niece; little grandson/granddaughter

nobile noble

il nobiluomo nobleman

noi we; us (PSP-16)

la noia boredom (14); **Che noia!** How boring!

noioso boring

noleggiare to rent (*bikes, cars, videos*) (13)

il noleggio (*pl.* **i noleggi**) rental; **prendere a noleggio** to rent (*cars, bikes, videos*)

il nome noun; name

nominare to name

non no, not; **non... ancora** not yet (PSP-6); **non c'è male** not bad (2); **non... mai** never (3); **non... né... né** neither . . . nor (PSP-6); **(non...) nessuno** no one, nobody (7); **(non...) niente** nothing (6); **non... più** not anymore, no longer (7)

il nonno / la nonna grandfather/grandmother (4)

nono ninth (1)

nonostante despite

il Nord North

la norma norm

la nostalgia nostalgia; **la nostalgia di casa** homesickness

nostro our (2)

il notaio *m./f.* notary

notare to note; to notice

notevole notable, noteworthy

la notizia piece of news

notoriamente notoriously, well known (*for a particular quality*)

la notte night; **buona notte** good night (1)

notturno overnight

il Novecento the 1900s

la novella short story

novembre November (1)

la novità news

le nozze wedding (8); marriage; **le nozze d'argento / d'oro** silver/golden anniversary (8)

nubile *f.* single, unmarried (4)

nucleare nuclear; **l'energia nucleare** nuclear energy

il numero number (1); issue (1); **il maggior numero di** the majority of; **il numero di telefono** phone number (1); **il numero verde** toll-free number; **Che numero porta?** What size (*shoe*) do you wear? (*form.*) (6)

numeroso numerous

nuotare to swim (4); **nuotare in piscina** to swim in the pool (4)

il nuoto swimming (10); **fare nuoto / nuotare** to swim (10)

nuovamente again

nuovo new (2); **di nuovo** again; **la Nuova Zelanda** New Zealand

nutriente nutritious

O

obbligare to mandate

obbligato obligatory, required

l'obbligo obligation; **la scuola dell'obbligo** compulsory education

l'obesità *f.* obesity

l'obiettivo objective, goal, target

l'occasione *f.* occasion; **in occasione di** on the occasion of

l'occhio (*pl.* **gli occhi**) eye (2); **gli occhi** eyes (2); **gli occhi azzurri** blue eyes (2); **gli occhi verdi** green eyes (2)

gli occhiali eyeglasses (2); **gli occhiali da sole** sunglasses (6)

*****occorrere** (*p.p.* **occorso**) to be necessary

occupare to take up (*time*)

occupato occupied, busy; employed

l'occupazione *f.* employment (14); occupation (14)

oddio! omigosh! (7)

odiare to hate (5)

l'odore *m.* smell; odor

offendersi (*p.p.* **offeso**) to take offense

l'offerta sale, bargain, discount (13); offer

offrire (*p.p.* **offerto**) to offer (7)

l'oggetto object

oggi today (6); **meglio un uovo oggi che una gallina domani** better an egg today than a chicken tomorrow; **Che giorno è oggi?** What day is today? (3)

ogni *inv.* each, every (PSP-9); **ogni giorno** everyday (3); **ogni tanto** sometimes (3); every now and then

ognuno *adj.* each one; *pron.* everyone, each one

le Olimpiadi Olympics

l'olio (*pl.* **gli oli**) oil; **l'olio di mais** corn oil; **l'olio di oliva** olive oil

l'oliva olive; **l'olio d'oliva** olive oil

oltre more than; **oltre che** besides, in addition to, as well as

l'ombelico navel

l'ombra shadow

l'ombrello umbrella

l'ombrellone *m.* beach umbrella (13)

l'omeopatia homeopathic treatments

l'omologazione *f.* approval, recognition

l'onda wave

onesto honest

l'onomastico (*pl.* **gli onomastici**) the feast day of one's namesake saint

l'onore *m.* honor; **in onore di** in honor of; **la piazza d'onore** second place (*in sports*)

l'opera opera; work (*artistic, literary, musical, etc.*); **l'opera d'arte** work of art

l'operaio/l'operaia blue-collar worker (9)

l'operazione *f.* operation

l'opinione *f.* opinion

l'opportunità *f.* opportunity, occasion, chance

opportuno suitable, appropriate

l'oppositore/l'oppositrice opponent

l'opposizione *f.* opposition

l'opposto opposite

l'oppresso/l'oppressa oppressed person

oppure or

l'opzione *f.* option

ora now

l'ora hour; time; **fare le ore piccole** to stay up late (3); **A che ora... ?** At what time . . . ? (3); **Che ora è? / Che ore sono?** What time is it? (3); **fra un'ora** in an hour (10); **mezz'ora** half an hour; **non vedere l'ora di** (+ *inf.*) to not be able to wait (to do something); **l'ora di pranzo** lunchtime, lunch hour

orale oral; **l'esame orale** oral exam

l'orario (*pl.* **gli orari**) schedule; **l'orario continuato** all-day/continuous hours; **l'orario dei treni** train schedule

l'orchestra orchestra (16)

ordinale ordinal

ordinare to order

ordinato neat, tidy (2)

l'ordine *m.* order; **dare ordini** to give orders; **mettere in ordine** to arrange; **l'ordine cronologico** chronological order

le orecchiette pasta (*in the shape of ears*)

gli orecchini earrings (6)

l'orecchio (*pl.* **gli orecchi** or **le orecchie**) ear (2)

l'orefice goldsmith

organizzare to organize (13)

l'organo organ

orgoglioso/a proud

gli ori diamonds (*playing cards*)

orientale Oriental

l'origano oregano

l'originalità *f.* originality

l'origine *f.* origin; **la città di origine** hometown

orizzontale horizontal

ormai by now

l'oro gold; **d'oro** gold, golden; **le nozze d'oro** golden anniversary; **le regole d'oro** golden rules

l'orologio (*pl.* **gli orologi**) clock, watch (1)

l'oroscopo horoscope

orribile horrible

l'orsacchiotto teddy bear

l'orso bear

l'ortaggio (*pl.* **gli ortaggi**) vegetable

ortodosso orthodox

l'ospedale *m.* hospital (9); *****essere ricoverato all'ospedale** to be admitted to the hospital (10)

ospedaliere *adj.* hospital

l'ospitalità hospitality

ospitare to host

l'ospite *m./f.* guest

osservare to observe

l'ostello hostel

l'osteria pub

ottavo eighth (1)

ottenere to obtain, to get

ottimo excellent

ottobre October (1)

l'Ottocento the 1800s

l'Ovest West

ovvero or, or rather

ovvio (*m. pl.* **ovvi**) obvious; *****essere ovvio che** to be obvious that (15)

P

il pacchetto pack, packet

il pacco package (12)

la pace peace

il padre father (4)

la padrona di casa female head of the house

il paesaggio landscape

il paese town (12); land, country; **il Paese dei Balocchi** the Land of Toys; **i paesi**

civili civilized countries; **il paese delle Meraviglie** Wonderland; **il paese di provincia** small town (12)

la paga pay

il pagamento payment

pagare to pay (3); **pagare in nero** to pay illegally

la paghetta allowance

la pagina page; **a pagina...** on page . . .

il pagliaio pile of straw; haystack

il paio (*pl.* **le paia**) pair (6)

la pala shovel

il palazzo building; apartment building (11); **il palazzo del comune** city hall (12)

palermitano from Palermo

la palestra gym; *andare in palestra to go to the gym (10)

il Palio traditional horse race of Siena

la palla ball (10); **la palla da tennis** tennis ball

la pallacanestro basketball (game, ball) (10); **giocare a pallacanestro** to play basketball (10)

la pallavolo volleyball (game, ball) (10); **giocare a pallavolo** to play volleyball (10)

la pallina ball (10)

il pallone soccer ball; **giocare a pallone** to play soccer (10)

la pancetta bacon

la pancia stomach (10); **avere mal di pancia** to have a stomachache (2)

il pandoro traditional Christmas cake

il pane bread (5)

il panettone traditional Christmas cake (8)

il panificio (*pl.* **i panifici**) bread shop, bakery (12)

il panino sandwich (1)

il panorama panorama

i pantaloncini shorts (6)

i pantaloni pants (6)

il papa pope (16)

il pappagallo parrot

il paracadutismo parachuting, skydiving; **fare paracadutismo** to go parachuting/ skydiving

il paradiso paradise; heaven

paragonare to compare

il paragone comparison; **fare un paragone** to make a comparison

il paragrafo paragraph

il parapendio paragliding

parcheggiare to park (12); **vietato parcheggiare** no parking

il parcheggio (*pl.* **i parcheggi**) parking; parking lot/space (12)

il parco (*pl.* **i parchi**) park (12)

parecchio (*m. pl.* **parecchi**) quite a lot of

il/la parente relative

la parentesi parenthesis; **tra parentesi** in parentheses

i parenti relatives (4)

***parere** (*p.p.* **parso**) **(che)** to seem (that) (14)

il parere opinion; **a mio parere** in my opinion (12)

la parete wall

pari equal; **il numero pari** even number; **di pari passo** at the same rate/pace; **pari a** equal to

il/la paria (*inv.*) pariah, outcast

la parità equality

il Parlamento Parliament (16)

parlare to talk (3); to speak (3); **parlare a bocca piena** to talk with one's mouth full; **parlare di** to talk about; **parlare con** to talk to

parlato spoken; **la lingua parlata** spoken language (15)

il parmigiano Parmesan cheese (5)

la parola word (PSP-10); **la parola simile** cognate

la parolaccia (*pl.* **le parolacce**) dirty word (PSP-10)

la parrucca (*pl.* **le parrucche**) wig

il parrucchiere / la parrucchiera hairdresser (9); *andare dal parrucchiere / dalla parrucchiera to go to the hairdresser's

la parte part; role; **fare la parte di** to play the part/role of; **la maggior parte di** the majority of; **le parti del corpo** parts of the body

partecipare a to participate in, to take part in

la partecipazione participation; wedding, birth, funeral announcement

la partenza departure

il participio (*pl.* **i participi**) participle; **il participio passato** past participle

particolare particular; **in particolare** in particular

particolarmente particularly

***partire** to leave (7); to depart

la partita game, match (7)

il partito political party

il partitivo partitive (*gram.*)

part-time: lavorare part-time to work part-time (9)

la Pasqua Easter (8); **Buona Pasqua!** Happy Easter! (8); **l'uovo di Pasqua** Easter egg (8)

la Pasquetta Easter Monday, the day after Easter

il passaporto passport

***passare** to stop by; **passare il tempo** to spend time

il passaggio ride; **dare un passaggio** to offer a ride

il passatempo pastime

il passato past; **il passato prossimo** present perfect (*gram.*); **il passato progressivo** past progressive (*gram.*); **il passato remoto** past absolute (*gram.*)

il passeggero / la passeggera passenger

la passeggiata walk, stroll; **fare una passeggiata** to take a walk (3)

la passione passion

passivo passive

il passo (foot)step; pace; **di pari passo** at the same rate/pace; **segnare il passo** to lag behind

la pasta pasta; pastry (1)

la pasticceria pastry shop

il pasticcio pie; pudding

il pasto meal

la patata potato; **le patate fritte** french fries (5); **le patate lesse** boiled potatoes

la patatina potato chip

il paté paté (5)

la patente di guida driver's licence

paterno paternal

la patria homeland (16)

il patrimonio (*pl.* **i patrimoni**) heritage

la patrona patron; **la santa patrona** patron saint

patronale patronal; **la festa patronale** feast/celebration of a patron saint

il patrono patron; **il santo patrono** patron saint

il pattinaggio skating (10); **fare pattinaggio** to skate (10)

pattinare to skate (10)

i pattini skates

il patto pact, agreement

la paura fear; **avere paura (di)** to be afraid (of) (2); **da paura** extraordinary

la pausa break

il pavimento floor

paziente *adj.* patient; *essere paziente to be patient

il/la paziente patient

la pazienza patience; **avere pazienza** to be patient; **Abbi pazienza!** Be patient!

peccato! too bad! (7)

peggio *adv.* worse; **peggio di** worse than (12)

***peggiorare** to worsen

peggiore *adj.* worse; **peggiore di** worse than (12)

il peluche stuffed animal

pendere to hang

il pendolare commuter; **fare il pendolare** to commute

la penisola peninsula

la penna pen (1)

pensare to think; **pensare (a)** to think (about) (14); **pensare di** (+ *inf.*) to think about (*doing something*) (10)

il pensiero thought; **leggere nel pensiero** to mindread

il pensionato / la pensionata retiree (14)

la pensione small hotel (13); pension, bed-and-breakfast (13); retirement; **la mezza pensione** bed-and-breakfast with breakfast and lunch or dinner included (13); **la pensione completa** bed-and-breakfast with breakfast, lunch, and dinner included (13); *andare in pensione to retire (14)

pentirsi to regret

la pentola cooking pot

il pepe pepper

il peperone bell pepper (5)

per for (5); **per favore / per piacere** please (1)

la percentuale percentage (14)

perché why (4); because (4); so that (PSP-15)

perciò therefore

il percorso route

perdere (*p.p.* **perso** or **perduto**) to lose (7)

perfetto perfect

perfezionare to perfect

la perfezione perfection

perfino even

il pericolo danger

pericoloso dangerous

la periferia periphery (12); outskirts

periodico (*m. pl.* **periodici**) recurring

il periodo period

il peristilio (*pl.* **i peristili**) internal courtyard in ancient homes; internal courtyard that served as a private garden in Pompeii homes

la permanenza stay

permeare to permeate

il permesso permission (PSP-15); **Permesso?** Can I come in? (11)

permettere (*p.p.* **permesso**) to allow; **permettersi** to allow oneself; to afford

il pernottamento overnight stay

però but

la persona person; **a persona** per person

il personaggio (*pl.* **i personaggi**) character

personale personal; **il personale** staff

la personalità personality

personalmente personally

peruviano Peruvian

pesante heavy

†**pesare** (*p.p.* **peso**) to weigh

la pesca fishing

il pesce fish (5); **il pescespada** swordfish

la pescheria fish shop (12)

il peso weight; **aumentare di peso** to gain weight (10); **calare di peso** to lose weight (10); **sollevare i pesi** to lift weights

pestare to step on

il pettegolezzo piece of gossip

il petto chest

*****piacere** (*p.p.* **piaciuto**) to like (PSP-14); **mi piace** (+ *inf.*) I like (*to do something*) (3); **ti piace** (+ *inf.*) you (*inform.*) like (*to do something*) (3); **le/gli piace** (+ *inf.*) she/he likes to (*do something*) (3); **(Non) ti/Le piace/piacciono... ?** Do (Don't) you like ... ? (*inform./form.*) (1)

il piacere pleasure; **Piacere!** Pleased to meet you! (1); **per piacere** please (1)

piacevole pleasing

piangere (*p.p.* **pianto**) to cry

pianificare to plan

il piano plan; piano; floor (*of a building*); **piano piano** very slowly; **il primo piano** the first floor; **il secondo piano** the second floor; **il terzo piano** the third floor; **al primo piano** on the first floor; **al secondo piano** on the second floor; **al terzo piano** on the third floor

il pianoforte piano (3)

la pianta city map; plant

il pianterreno ground floor (*first floor in the United States*); **a pianterreno** on the ground floor

il piatto plate, dish (3); **il primo piatto** first course (5); **il secondo piatto** second course (5)

la piazza town square (1); *****andare in piazza** to go to the town square (8)

picchiare to tap

piccolo small, little (2); **fare le ore piccole** to stay up late (3); **la piccola borghesia** lower middle class

il pidocchio (*pl.* **i pidocchi**) lice

il piede foot (3); **a piedi** on foot; *****andare a piedi** to walk, to go on foot (8)

pieno full; **lavorare a tempo pieno** to work full-time (9); **parlare a bocca piena** to talk with one's mouth full

la pietra stone

il pigiama pajamas

la pigione *coll.* rent; **dare a pigione** to rent out

pignolo picky

la pigrizia laziness

pigro lazy (2)

la pila elettrica battery (16)

la pinacoteca (*pl.* **le pinacoteche**) art gallery

il pinguino penguin

la pioggia (*pl.* **le piogge**) rain

la pipa pipe

la piramide pyramid

la piscina swimming pool; **nuotare in piscina** to swim in the pool (4)

i piselli peas (5)

la pistola pistol, handgun

il pittore / la pittrice painter (PSP-1)

più more; **di più** more; **il/la più** the most; **più... che** more ... than (PSP-4); **più... di** more ... than (PSP-4); **più + adj. + di** more ... than (4); **non... più** not anymore, no longer (7)

la pizza pizza; **la pizza al taglio** pizza by the slice

il pizzo lace

la pizzeria pizzeria

il platino platinum

il plurale plural

poco (*m. pl.* **pochi**) *adj.* few, not much (2); *adj.* not very (7); *adv.* little, rarely (6); **un po' di** a bit of (5)

il poema poem

la poesia poetry (16); poem (PSP-12)

il poeta / la poetessa poet (PSP-12)

poetico (*m. pl.* **poetici**) poetic

poi then (7); **prima o poi** sooner or later

poiché since

la politica politics (16)

politico (*m. pl.* **politici**) political; **le scienze politiche** political science

il politico (*pl.* **i politici**) politician (16)

la polizia police

il poliziotto / la poliziotta police officer (9)

il pollo chicken; **il pollo arrosto** roast chicken (5)

il polsino cuff

la poltrona armchair (11)

pomeridiano *adj.* afternoon

il pomeriggio (*pl.* **i pomeriggi**) afternoon; **del pomeriggio** in the afternoon (3)

il pomodorino cherry tomato (5)

il pomodoro tomato

il ponte bridge; **fare il ponte** to take an extra day off (8)

popolare popular

la popolarità popularity

popolato populated

la popolazione population (14)

il popolo people

il porco (*pl.* **i porci**) pig

porgere (*p.p.* **porto**) to hand

la porta door (1)

il portafoglio (*pl.* **i portafogli**) wallet

portare to bring, to carry (6); to wear (6); **Che taglia/numero porta?** What size (*clothing/shoe*) do you wear? (*form.*) (6);

portare a to lead to; **portare sfortuna** to bring bad luck

portatile portable; **il computer portatile** laptop

il porto port (12)

portoghese *adj.* Portuguese (2)

il portone front door (11); main entrance

posare to place

le posate silverware

positivamente positively

positivo positive

la posizione position

possedere to possess

possessivo *adj.* possessive

possibile possible; *****essere possibile che** to be possible that (14)

la possibilità possibility

la posta post office (12)

postale postal; **l'ufficio postale** post office (12)

il posto place; position (*employment*); **il posto di lavoro** job position; **il posto a sedere** seat; **tutto a posto** everything's OK

potente powerful

la potenza power

†**potere** to be able, can, may (5); **potere** (+ *inf.*) to be able to (*do something*) (6)

il potere power

i poveri the poor

povero poor (2); **Povero/a!** Poor (thing/you)!

la povertà poverty (14)

pranzare to eat lunch (3)

il pranzo lunch (7); **l'ora di pranzo** lunchtime, lunch hour; **la sala da pranzo** dining room (11)

praticare to practice (3)

il precario temporary worker

precedente previous

precedere to precede, to come before

precisare to point out

preciso precise

la predicazione preaching

prediletto favorite

predominare to prevail

la preferenza preference

preferibile preferable

preferire (**isc**) to prefer (3)

preferito favorite (2)

pregare to pray (3)

pregiato of high quality

il pregiudizio bias

prego you're welcome; come in; please sit down; make yourself comfortable; after you / you first; go ahead; help yourself; by all means; **prego?** may I help you? (1)

preistorico (*m. pl.* **preistorici**) prehistoric

prelevare soldi to withdraw money

preliminare preliminary

premere to press

il premio (*pl.* **i premi**) prize; **il Gran Premio** Grand Prix

prendere (*p.p.* **preso**) to take (4); to have (*food or drink*); *****andare a prendere** to pick up (in a car); **prendere l'abilitazione** to earn a teaching certificate; **prendere l'aereo** to travel by plane (4); **prendere appunti** to take notes; **prendere l'autobus** to take the bus (3); **prendere un caffè** to have a coffee (3); **prendere**

consapevolezza to become aware; **prendere una decisione** to make a decision; **prendere lezioni di** to take lessons in (4); **prendere a noleggio** to rent (*cars, bikes, videos*); **prendere il sole** to sunbathe (4); **prendere vitamine** to take vitamins (10)

prenotare to reserve (13); **prenotare una camera** to reserve a room

la prenotazione reservation (13); **fare una prenotazione** to make a reservation (13)

preoccupare to worry

preoccupato worried

la preoccupazione worry

preparare to prepare; **preparare a** (+ *inf.*) to prepare to (*do something*) (PSP-14); **preparare la cena** to prepare dinner, to get dinner ready; **prepararsi** to prepare oneself, to get oneself ready (PSP-12)

la preparazione preparation

la preposizione preposition

prescrivere (*p.p.* **prescritto**) to prescribe

presentare to present; to introduce; **presentarsi al lavoro** to show up at work

la presentazione presentation

il presente present tense (*gram.*); **il presente progressivo** present progressive (*gram.*)

la presenza presence

il preside school principal

il/la presidente *m./f.* president

presso near; at

prestare to loan, to lend (PSP-15)

prestigioso prestigious (12)

presto early (6); **A presto!** See you soon! (3); **è presto** it's early (3); **troppo presto** too early (3)

il presupposto assumption

il prete priest

prevalentemente chiefly, mainly

prevedere (*p.p.* **previsto** or **preveduto**) to predict

prevenire (*p.p.* **prevenuto**) to prevent

la previsione prediction; **le previsioni del tempo** weather forecast

il prezzo price (13); **prezzi da matti** crazy prices

la prigione prison

il prigioniero / la prigioniera prisoner

prima before (7); first; **prima che** before (PSP-15); **prima di** before; **prima o poi** sooner or later

primario primary

il primato supremacy

la primavera spring (1); **in primavera** in the spring

primeggiare to excel

primo first (1); **il primo ministro** *m./f.* prime minister; **il primo piano** first floor (*second floor of an Italian building*); **al primo piano** on the first floor (*second floor of an Italian building*); **il primo (piatto)** first course (5)

il primogenito / la primogenita first born son/daughter

principale main, principal

il principe prince

privato private

privilegiare to favor

probabile probable

il problema (*pl.* **i problemi**) problem (PSP-1)

la processione procession

il prodotto product

produrre (*p.p.* **prodotto**) to produce

produttivo productive

il produttore / la produttrice producer

la produzione production

professionale professional

la professione profession; **di professione** as a profession, professionally

il/la professionista professional

il professore / la professoressa professor (1)

la profondità depth

profondo deep

il profumo perfume

progettare to plan

il/la progettista designer

il progetto project; **i progetti** plans

il programma program (PSP-1); **il programma alla TV** TV program; **i programmi** plans

la programmazione programming

progressivo progressive; **il passato progressivo** past progressive (*gram.*); **il presente progressivo** present progressive (*gram.*)

la promessa promise

promesso promised; **i promessi sposi** betrothed

promettere (*p.p.* **promesso**) (**di** + *inf.*) to promise (*to do something*) (PSP-14)

promozionale promotional

promuovere (*p.p.* **promosso**) to promote

il pronome pronoun

pronto ready; hello (*on the telephone*) (3); **il pronto soccorso** emergency room

la pronuncia (*pl.* **le pronunce**) pronunciation (15)

proporre (*p.p.* **proposto**) to propose, to suggest

la proporzione proportion

a proposito di with regard to

la proposta proposition, suggestion; proposal

la proprietà property

il proprietario / la proprietaria owner

proprio (*m. pl.* **propri**) really

il proprio (*adj.*) one's own

la prosa prose

il prosciutto ham (5); **il prosciutto crudo** smoked/cured ham

il proseguimento continuation; **Buon proseguimento!** Keep on going!

prossimo next; **l'anno prossimo** next year (10); **il passato prossimo** present perfect (*gram.*); **la settimana prossima** next week (10)

il/la protagonista protagonist

proteggere (*p.p.* **protetto**) to protect (16)

la proteina protein

la prova proof; **dare prova di** to demonstrate, to show

provare to try; to try on (6); to feel; **provare a** to try to; **provarci con** to make a pass at

proveniente (da) originating (from), coming (from)

la provenienza place of origin

*****provenire da** to be originally from

il proverbio (*pl.* **i proverbi**) proverb

la provincia (*pl.* **le province**) province; **il paese di provincia** small town (12)

provocare to bring on, to provoke

prudente careful

la prudenza carefulness; **con prudenza** carefully (6)

lo/la psicanalista psychoanalyst

lo/la psichiatra psychiatrist

la psicologia psychology (1)

psicologico psychological

lo psicologo / la psicologa (*pl.* **gli psicologi / le psicologhe**) psychologist (9)

pubblicare to publish

la pubblicazione publication

la pubblicità ad

pubblico (*m. pl.* **pubblici**) public; **i mezzi pubblici** public transportation (12)

il pubblico audience, public

pulire (isc) to clean (3)

pulito clean (PSP-15)

la pulizia cleaning

il pullman bus, tour bus (13)

il pullover pull-over (6)

la punta top; **ora di punta** rush hour

il puntale tip (*of an object*)

puntare to aim

il punteggio score

il punto period (*gram.*) (.); point; **il punto di vista** point of view

puntuale punctual

puntualmente punctually (6)

purché on the condition that, as long as (PSP-15)

pure even; by all means (*with imperatives*) (13)

la purezza purity

puro pure

purtroppo unfortunately (10)

la puzza stink, bad smell; **Che puzza!** What a stink!

Q

il quaderno notebook (1)

quadrangolare *adj.* square

quadrato square; **il metro quadrato** square meter

il quadro picture (11), painting (*individual piece*) (16)

qualche some (PSP-9); **qualche volta** sometimes

qualcosa something (11); **qualcosa da** + *inf.* something to + *inf.* (11); **qualcosa da bere** something to drink; **qualcosa da fare** something to do (11); **qualcosa da mangiare** something to eat

qualcuno someone (11)

quale which (4); **qual è** what is (4)

qualificarsi to qualify

la qualità quality; **la qualità della vita** quality of life

qualsiasi any; **qualsiasi cosa** anything

quando when (3); **fin quando** until

la quantità quantity

quanto how much (4); how many (4); **Quant'è?** How much is it? (1) **Quanti anni ha?** How old are you? (*form.*) (2); **Quanti anni hai?** How old are you? (*inform.*) (2); **Quanti ne abbiamo oggi?**

What is today's date? (*lit.* How many of them do we have today?) (1); **Quanto costa?** How much does it cost?; **Quanto costano?** How much do they cost?; **ogni quanto** how often

il quartiere neighborhood (12)

quarto fourth (1)

il quarto one quarter; **Sono le sette e un quarto.** It's 7:15. / It's a quarter past 7:00.; **Sono le sette e tre quarti.** It's 7:45. / It's a quarter to 8:00.

quasi almost

il Quattrocento the 1400s

quello that (2); **quello che** what; that which

la questione question; issue

questo this (2)

qui here; **clicca qui** click here; **qui vicino** nearby, near here

la quiete quiet

quindi therefore

quinto fifth (1)

il quiz *inv.* quiz

la quota fee; amount, level; **la quota associativa** membership fee; **la quota di partecipazione** program fee

quotidianamente *adv.* daily, everyday

quotidiano *adj.* daily, everyday

il quotidiano daily newspaper (14)

R

la racchetta racket; snowshoe

raccogliere (*p.p.* **raccolto**) to collect, to gather

la raccolta collection

raccontare to tell (15); **raccontare una storia** to tell a story (15); **raccontare una barzelletta** to tell a joke (15)

il racconto short story

raddoppiato doubled

radersi to shave (6)

radio *adj. inv.* radio; **la stazione radio** radio station

la radio (*pl.* **le radio**) radio (PSP-1)

la radiofonia radiotelephony (transmission of information via radiowaves)

radunare to gather

raffigurare to represent

rafforzato reinforced

il raffreddore cold (*infection*); (10)

il ragazzino / la ragazzina little boy/girl, kid; cute little boy/girl (PSP-10)

il ragazzo / la ragazza boy/girl, guy/girl (1); boyfriend/girlfriend (PSP-15); **Che bel ragazzo!** What a cute guy! (4); **Che bella ragazza!** What a cute girl! (4)

il ragazzone big boy (PSP-10)

raggiungere (*p.p.* **raggiunto**) to reach, to arrive at

la ragione reason (14); **avere ragione** to be right (2)

ragionevole reasonable

il ragù meat sauce

il rammarico sorrow

il rapporto relationship; report

il/la rappresentante representative

rappresentare to represent; to perform (*play, opera, etc.*)

la rappresentazione performance; representation

raramente rarely (6)

raro rare

il razzismo racism (14)

il re (*pl.* **i re**) king (16); **i tre Re** the Wise Men

***reagire* (isc)** to react

reale royal

realistico (*m. pl.* **realistici**) realistic

realizzare to realize (16); to carry out, to bring about (16)

la realtà reality; **in realtà** really, actually

la reazione reaction

il rebus word and picture puzzle

recente recent

reciproco (*m. pl.* **reciproci**) reciprocal

recitare to act, to perform

la recitazione acting

il reddito income

la redenzione redemption

regalare to give as a gift

il regalo gift (7)

reggiano from Reggio Emilia

la regina queen (16)

regionale regional; **l'italiano regionale** regional variation of standard Italian (15); **il treno regionale** train that travels within one region of Italy

la regione region (1)

il/la regista director (*film*)

registrare to record

regnare to rule

il regno kingdom

la regola rule; **le regole di comportamento** rules of conduct; **le regole d'oro** golden rules

regolare regular; **l'immigrato regolare** legal immigrant

regolare *v.* to regulate

regolarmente regularly (6)

relativamente relatively

relativo respective

la religione religion (1)

religioso religious (12)

il religioso / la religiosa monk/nun (16); member of a religious order (16)

remoto remote; **il passato remoto** past absolute (*gram.*)

rendere (*p.p.* **reso**) to make

il rene kidney

il reparto section

la repubblica (*pl.* **le repubbliche**) republic (16)

il requisito qualification

residente *adj.* resident

il/la residente resident

la residenza residence (1)

residenziale residential

respirare to breath

***restare** to stay, to remain

restituire (isc) to give back (PSP-15)

il resto rest, remainder

la rete net

la revisione revision

riaprire (*p.p.* **riaperto**) to reopen

il riassetto tidying up

riassumere (*p.p.* **riassunto**) to summarize

il riassunto synopsis, summary

ricaricare to recharge

la ricchezza wealth

riccio (*m. pl.* **ricci**) curly; **i capelli ricci** curly hair

ricco (*m. pl.* **ricchi**) rich (2)

la ricerca (*pl.* **le ricerche**) research; **fare ricerca** to do research

il ricercatore researcher

la ricetta prescription; recipe

ricettivo receptive

ricevere to receive (PSP-5)

il ricevimento reception

richiamare to call back

richiedere (*p.p.* **richiesto**) to require

la richiesta request

†**ricominciare** to start over, to start again

riconoscere (*p.p.* **riconosciuto**) to recognize

riconoscibile recognizable

il riconoscimento recognition

riconsegnare to give back

ricordare to remember; to remind; **ricordare di** (+ *inf.*) to remember to (*do something*) (PSP-14)

***ricorrere** (*p.p.* **ricorso**) **a** to turn to

ricoverato recovered; ***essere ricoverato all'ospedale** to be admitted to the hospital (10)

ricreare to recreate

ricreativo recreational

ricurvo curved

ridere (*p.p.* **riso**) to laugh; **ridere da matti** to laugh like crazy

ridurre (*p.p.* **ridotto**) to reduce

***rientrare** to come home (3)

rifare (*p.p.* **rifatto**) to redo

il riferimento reference

riferire (isc) to report; to refer to

rifiutare to refuse

riflessivo reflexive

riflettere to reflect

rifondare to found again

la riforma reform

il rifugio (*pl.* **i rifugi**) refuge

la riga (*pl.* **le righe**) line

riguardare to concern

rilassarsi to relax (13)

rileggere to reread

rilevare to emphasize

la rima rhyme, verse

***rimanere** (*p.p.* **rimasto**) to stay (7); to remain (7); ***rimanere aperto** to stay open; ***rimanere a casa** to stay home (PSP-3)

il rimborso reimbursement

rimediare to remedy

rinascimentale *adj.* Renaissance

il Rinascimento Renaissance (12)

il ringraziamento thanks; **il giorno del ringraziamento** Thanksgiving Day

il rinnovamento renewal

la rinuncia (*pl.* **le rinunce**) renunciation

rinunciare to give up

riparare to repair

ripassare to review

il ripasso review

il ripensamento change of mind, second thought

ripetere to repeat

riportare to bring back (PSP-15); to report

riposarsi to rest

riprendere (*p.p.* **ripreso**) to take again; to

shoot (a film)

risalire (a) to date back (to) (15)

il riscaldamento heating

rischiare to risk (16)

il rischio (*pl.* **i rischi**) risk

rischioso risky

riscrivere (*p.p.* **riscritto**) to rewrite

riservato reserved

il riso rice

risolvere (*p.p.* **risolto**) to resolve (*an issue*), to solve a problem (9)

il Risorgimento movement for Italian unification

la risorsa resource

il risotto rice dish (5)

risparmiare to save (*money*) (9)

rispettare to respect; to follow (rules)

rispettivo respective

rispetto a compared to, respective to

il rispetto respect

rispondere (*p.p.* **risposto**) to respond (7); to answer

*risposarsi to remarry

la risposta response; answer

il ristorante restaurant (1)

il ristoratore restaurateur

la ristorazione restaurant management

il risultato result

il ritaglio (*pl.* **i ritagli**) clipping

il ritardo delay; ***essere in ritardo** to be late; **in ritardo** late (6)

ritenere to believe

il ritmo rhythm (12); pace; **il ritmo della vita** rhythm of life (12); pace of life

*ritornare to return

il ritratto portrait

ritrovare to discover, to find

la riunione meeting; **fare una riunione** to have a meeting

*riuscire to succeed; ***riuscire a** (+ *inf.*) to succeed in (*doing something*) (PSP-14); to be able (*to do something*)

rivelare to reveal

la rivelazione revelation

la rivista magazine (3)

rivolgere, rivolgersi (*p.p.* **rivolto**) **(a)** to turn (to), to address (oneself) (to); to consult

la rivoltella revolver

la roba stuff

romano *adj.* Roman

il romano / la romana Roman (*person from Rome*); **fare alla romana** to split the bill; to pay one's share of the bill (5)

romantico (*m. pl.* **romantici**) romantic

romanzo Romance; **la lingua romanza** Romance language (15)

il romanzo novel (16)

rompere (*p.p.* **rotto**) to break (7); **rompersi la gamba / il braccio** to break a leg/arm (10)

rosa *inv.* pink (2)

rosso red (2); **la Croce Rossa** Red Cross

rovinare to ruin; to spoil

rubare to rob, to steal

la ruga (*pl.* **le rughe**) wrinkle

il rumeno Romanian (*language*) (15)

il rumore noise (12)

rumoroso noisy

il ruolo role

russo Russian

S

non si sa mai one never knows

sabato Saturday (3); on Saturday; **il sabato** every Saturday

il sacchetto bag

il sacco (*pl.* **i sacchi**) bag; **il sacco a pelo** sleeping bag; **un sacco di** a whole lot of

il/la saggista essayist, non-fiction writer

la sala hall; **la sala da pranzo** dining room (11)

il sale salt (5)

saliente salient, important

*salire to climb

il salmone salmon (5)

saltare to skip (*something*)

la salumeria delicatessen (12)

i salumi *pl.* cold cuts

salutare to greet; **salutarsi** to greet (*each other*) (8)

la salute health (10); **Salute!** Bless you! / Gesundheit! (10)

il saluto greeting; **tanti saluti** best regards, all the best

la salvaguardia protection; **la salvaguardia ambientale** protection of the environment

i sandali sandals (6)

il sangue blood

la sanità health

sanitario (*m. pl.* **sanitari**) *adj.* health; **gli articoli sanitari** hygiene products; **il sistema sanitario** health-care system

sano healthful; **mangiare sano** to eat healthy food

il santo / la santa saint (16); **Santa Cleopatra!** Good grief!; **il santo patrono / la santa patrona** patron saint

sapere to know (*a fact*) (4); to find out (*in the past tense*); **sapere** + *inf.* to know how to (*do something*) (4); **si sa che** everyone knows that (15)

il sapone soap

il sapore taste

saporito tasty

la sarda sardine

sardo Sardinian

il sasso stone

il sassofono saxophone

satellitare *adj.* satellite

sbagliarsi to be wrong (6)

lo sbaglio (*pl.* **gli sbagli**) error; **per sbaglio** by accident

lo sballo fun

la scacchiera chessboard; **lo sciopero a scacchiera** strike affecting alternating groups of workers

lo scacco (*pl.* **gli scacchi**) checker, square; **a scacchi** plaid

scadente mediocre

lo scaffale bookcase (11)

le scale stairs; **fare le scale** to take the stairs

scalzare to undermine

scambiare to exchange

lo scambio (*pl.* **gli scambi**) exchange

gli scampi prawns

lo scandalo scandal

*scappare to run away

scaricare to download

le scarpe shoes (6); **le scarpe da ginnastica** sneakers (6)

la scarpetta child's shoe; **le scarpette di cristallo** glass slippers

lo scarpone boot, hiking boot

scatenarsi to let loose (*lit.* to unchain oneself)

la scatola box; **la scatola di cioccolatini** box of chocolates

lo scavo excavation site

scegliere (*p.p.* **scelto**) to choose (7)

la scelta choice

lo scemo / la scema moron; **Che scemo/scema!** What a moron!

la scena scene

*scendere (*p.p.* **sceso**) to go down, to descend

scenico (*m. pl.* **scenici**) *adj.* stage, theatrical

scenografico (*m. pl.* **scenografici**) *adj.* stage; spectacular

lo sceriffo sheriff

la scheda chart; form; **la scheda telefonica** prepaid phone card

lo scheletro skeleton

scherzare to joke (15); to kid (15)

la schiena back; **schiena a schiena** back to back

lo schifo disgust; **Che schifo!** How gross! (4)

lo sci (*pl.* **gli sci**) ski (PSP-1)

sciare to ski (4)

la sciarpa scarf (6)

scientifico (*m. pl.* **scientifici**) scientific; **il liceo scientifico** high school with a focus on the sciences

la scienza science; **le scienze della comunicazione** communications (*subject matter*) (1); **le scienze politiche** political science (1)

lo scienziato / la scienziata scientist (9)

la scimmia monkey

sciocco (*m. pl.* **sciocchi**) foolish

scioperare to strike

lo sciopero strike (14); **lo sciopero a scacchiera** strike affecting alternating groups of workers; **lo sciopero selvaggio** wild (unannounced) strike; **lo sciopero a singhiozzo** strike scheduled for various periods during the day (i.e., morning and evening rush hour)

la scogliera cliff, reef

scolastico (*m. pl.* **scolastici**) *adj.* school; **la gita scolastica** school trip; **il sistema scolastico** school system

*scomparire (*p.p.* **scomparso**) to disappear (15)

sconfitto defeated

scontento unhappy

lo sconto discount

lo scooter motorscooter

la scoperta discovery

lo scopo purpose; goal

scoprire (*p.p.* **scoperto**) to discover (16)

scorretto bad, incorrect

scorso last (7)

scritto written; **l'esame scritto** written exam; **la lingua scritta** written language (15)

lo scrittore / la scrittrice writer (16)

la scrivania desk (11)

scrivere (*p.p.* **scritto**) to write (3); **Come si scrive... ?** How do you write . . . ?

lo scudetto Italian Soccer Cup

la scultura sculpture (16)

la scuola school (9); **frequentare la scuola** to attend school; **marinare la scuola** to play hooky, cut school (6); **la scuola alberghiera** hotel-management school; **la scuola elementare** elementary school (9); **la scuola materna** nursery school; **la scuola media** middle school (9); **la scuola superiore** secondary school (9)

scuro dark

scusa (*inform.*) excuse me (3); sorry (10)

la scusa excuse

scusi (*form.*) excuse me (3); sorry (10)

sdraiarsi to lay down

se if; **anche se** even if; **se fossi in te** if I were you

sé oneself (PSP-16); herself, himself (PSP-16); themselves (PSP-16)

sebbene even though (PSP-15)

il secolo century; **l'undicesimo secolo** the 11th century (12); **il dodicesimo secolo** the 12th century (12)

a seconda di according to; depending on

secondo second (1); **la Seconda Guerra Mondiale** Second World War (WWII); **il secondo piano** second floor (*third floor of an Italian building*); **al secondo piano** on the second floor (*third floor of an Italian building*); **il secondo (piatto)** second course (5)

secondo *prep.* according to; **secondo me** in my opinion (12); **secondo te/Le** in your opinion (*inform./form.*) (12)

il secondo second (*unit of time*)

la sede residence; **lo studente fuori sede** non-resident student

la sedentarietà sedentariness

sedentario (*m. pl.* **sedentari**) sedentary (10)

sedersi to sit (11)

la sedia chair (11)

la seggiola chair

il segmento segment

segnalare to indicate; to point out

segnare to mark; **segnare il passo** to lag behind

il segno sign; **la Lingua Italiana dei Segni** Italian Sign Language

il segretario / la segretaria (*pl.* **i segretari / le segretarie**) secretary, assistant

la segreteria telefonica answering machine

segreto *adj.* secret

il segreto secret

seguente following

seguire to follow; to take a course (1)

il Seicento the 1600s

selvaggio (*m. pl.* **selvaggi**) wild; **lo sciopero selvaggio** wild (unannounced) strike

*sembrare to seem; **sembrare che** to seem that (14)

il seme seed

il seminario (*pl.* **i seminari**) seminary; seminar

semplice simple

sempre always (3)

la senape mustard

il senatore / la senatrice senator (16)

senese Sienese

il senso way; sense; **a senso unico** *adj.* one-way; **il senso unico** one way

senta (*form.*) listen (3)

senti (*inform.*) listen (3)

il sentimento feeling

sentire to hear, to listen; to smell; **sentirsi** to feel (6)

senza without; **senza che** without (PSP-15); **senza di me** without me; **senza fili** wireless

separarsi to separate (*from each other*) (8)

separato separated (4)

la sera evening; **alla/di sera** in the evening (3); **buona sera** good evening (1); **da sera** *adj.* evening; **ieri sera** yesterday evening, last night; **le scarpe da sera** evening shoes; **il vestito da sera** evening dress

la serata evening, the whole evening

la serenità serenity

seriamente seriously

serio (*m. pl.* **seri**) serious (2); **sul serio** seriously

il serpente snake, serpent

servire to serve (3); to help; to be useful, to be of use; to need; **A cosa servono?** What are they used for?

il servizio (*pl.* **i servizi**) service charge; service; **i servizi** service industry

il servo / la serva servant

il sesso sex

sesto sixth (1)

la seta silk

la sete thirst; **avere sete** to be thirsty

il Settecento the 1700s

settembre September (1)

settentrionale Northern (15)

la settimana week; **il fine settimana** weekend (7); **la settimana bianca** a week-long skiing vacation; **la settimana prossima** next week (9); **la settimana scorsa** last week

il settimanale weekly magazine; weekly publication

settimo seventh (1)

il settore sector

la sezione section

sfidare to challenge

la sfilata fashion show (6)

sfiorare to come close to; to skim over; to brush against

lo sguardo glance

lo shopping shopping (3); **fare shopping** to go shopping (3)

gli short shorts (6)

sicuro safe (14); sure (5); **di sicuro** certainly; ***essere sicuro che** to be sure that (15)

la sigaretta cigarette

significare to mean; **Che significa... ?** What does . . . mean?

significativo significant

il significato meaning

il signore / la signora gentleman/lady; sir / madam, ma'am; Mr. / Mrs., Ms.

il silenzio silence

silenzioso quiet

simboleggiare to symbolize

simbolico (*m. pl.* **simbolici**) symbol

simile similar

la simpatia friendliness

simpatico (*m. pl.* **simpatici**) nice, likeable (PSP-2)

sinceramente sincerely, honestly (6)

sincero sincere, honest (2)

il sindacato labor union

il sindaco mayor

il singhiozzo hiccup; **lo sciopero a singhiozzo** strike scheduled for various periods during the day (i.e., morning and evening rush hour)

singolare singular

singolo single; **la camera singola** single room (13)

la sinistra left (*direction*); **a sinistra** on the left; **a sinistra di** to the left of (11); **di sinistra** on the left; **girare a sinistra** to turn left (13); **sulla sinistra** on the left (13)

sino a up to

la sintassi syntax

il sintomo symptom

la sirena siren

la siringa syringe

il sistema system (PSP-1); **il sistema d'istruzione** educational system; **il sistema sanitario** health care system; **il sistema scolastico** school system

sistemare to arrange; to set up; to put in order

la sistemazione arrangement

il sito Internet web site

la situazione situation

lo skateboard skateboarding (10); **fare skateboard** to skateboard (10)

sloveno Slovenian

smettere (*p.p.* **smesso**) (**di** + *inf.*) to quit (*doing something*), to stop (*doing something*) (PSP-14); **smettere di fumare** to quit smoking; **smettere di lavorare** to stop working (9)

lo smog smog (12)

l'sms *m.* text message

il soccorso emergency care; **il pronto soccorso** emergency room (10)

sociale social

la società society

la socievolezza sociability

la sociologia sociology (1)

il sociologo / la sociologa (*pl.* **i sociologi / le sociologhe**) sociologist

soddisfacente satisfying

soddisfatto di satisfied with, happy with

la soddisfazione satisfaction; **provare soddisfazione** to be happy, to feel happy

sodo hard; **lavorare sodo** to work hard (9)

soffiare to blow

soffice soft

soffrire (*p.p.* **sofferto**) to suffer; **soffrire di** to suffer from (*an illness*) (10)

il soggetto subject

il soggiorno living room (11); ***andare in soggiorno** to go to the living room (8); stay (*period of time*) (13)

sognare to dream; **sognare di** (+ *inf.*) to dream of (*doing something*) (10)

il sogno dream; **avere un sogno nel cassetto** to have a secret wish (*lit.* to have a dream in the drawer) (13)

solamente only

il soldato / la soldatessa soldier (16)

i soldi *m. pl.* money (3); **prelevare soldi** to withdraw money

il sole sun; **gli occhiali da sole** sunglasses (6); **prendere il sole** to sunbathe (4)

la solidarietà solidarity, sympathy

solito usual, same; **di solito** usually

la solitudine loneliness, isolation (14)

sollevamento pesi weight lifting; **fare sollevamento pesi** to lift weights

sollevare to lift

solo *adj.* sole, only, alone; *adv.* only, alone; **da solo** *adj./adv.* alone; **una sola volta** just one time, just once

soltanto only, just

la soluzione answer, solution

il somaro donkey

la somiglianza similarity

la somma sum

sommato added up, totaled; **tutto sommato** all things considered, all in all

il sondaggio (*pl.* **i sondaggi**) poll, survey

il sonetto sonnet (16)

il sonno sleep; **avere sonno** to be sleepy (2); **mi fa venire sonno** it makes me sleepy

sopra above

il soprannome nickname

soprattutto above all; especially

***sopravvivere** (*p.p.* **sopravvissuto**) to survive

la sorella sister (4)

la sorellina little sister

sorprendente surprising

sorprendere (*p.p.* **sorpreso**) to surprise

la sorpresa surprise

sorridere (*p.p.* **sorriso**) to smile

la sorte fortune

il sostantivo noun

sostenere to maintain; to support

il sostenitore supporter

sostituire (isc) to substitute

sotto under, below; **qui sotto** here below

sottolineare to underline

sottolineato underlined

sottoporsi (*p.p.* **sottoposto**) **(a)** to undergo

il sottotitolo subtitle

la sottoveste vest

la spada sword

gli spaghetti spaghetti (5)

spagnolo *adj.* Spanish (2)

lo spagnolo Spanish (*language*) (PSP-6)

la spalla shoulder (6)

sparecchiare to clear; **sparecchiare la tavola** to clear the table

sparito disappeared

lo spasso amusement, entertainment; **portare il cane a spasso** to take the dog for a walk

lo spazio (*pl.* **gli spazi**) space

lo spazzolino small brush; **lo spazzolino da denti** toothbrush

lo specchio (*pl.* **gli specchi**) mirror (11); **allo specchio** in the mirror; **guardarsi allo specchio** to look at oneself in the mirror

speciale special

lo/la specialista specialist

specialistico specialized

la specialità specialty

specializzarsi to specialize

specializzato specialized

la specializzazione graduate degree, specialization

la specie species; sort

specifico (*m. pl.* **specifici**) specific

spedire (isc) to send (12)

spegnere (*p.p.* **spento**) to turn off; **spegnere le luci** to turn off the lights

spendere (*p.p.* **speso**) to spend money

la speranza hope

sperare to hope (14); **sperare che** to hope that (14); **sperare di** (+ *inf.*) to hope to (*do something*) (10)

la spesa grocery shopping; **fare la spesa** to go grocery shopping, to grocery shop (7)

le spese costs; **fare spese** to go shopping (3)

spesso often (3)

lo spettacolo show (7)

la spiaggia (*pl.* **le spiagge**) beach (13)

spiccare to stand out

spiegare to explain (3)

la spiegazione explanation

gli spinaci spinach

spingere (*p.p.* **spinto**) to push; to drive

lo spirito ghost; spirit

spiritoso witty, clever

splendido splendid, magnificent

spolverare to dust

sporadico (*m. pl.* **sporadici**) occasional, sporadic

sporco (*m. pl.* **sporchi**) dirty

sporgente sticking out

lo sport sport (1); **fare sport** to play sports (3); **gli sport estremi** extreme sports

sportivo *adj.* sports; athletic; **l'attività sportiva** sports activity

sposarsi to marry (8); **sposarsi con una cerimonia civile** to marry in a civil ceremony; **sposarsi in chiesa** to marry in a church

sposato married (4)

lo sposo / la sposa spouse; **la Camera degli Sposi** Wedding Chamber; **i promessi sposi** betrothed; **gli sposi** newlyweds

spostare to move

spostarsi to move

sprecare to waste

lo spumante sparkling wine

lo spuntino snack; **fare uno spuntino** to have a snack (3)

la squadra team

†**squillare** to ring

stabile steady, stable

lo stabilimento establishment; **lo stabilimento balneare** beach club

stabilirsi (isc) to settle (oneself)

lo stadio (*pl.* **gli stadi**) stadium

la stagione season; **l'alta stagione** high season (13); **la bassa stagione** low season (13)

stamattina this morning

stampare to print

stanco (*m. pl.* **stanchi**) tired (2)

la stanza room

***stare** to be (4); to stay (4); to remain (4); ***stare bene** to be well (2); ***stare**

benissimo to be great (2); ***stare così così** to be so-so (2); ***stare molto bene** to be very well (2); **Come sta?** How are you? (*form.*) (2); **Come stai?** How are you? (*inform.*) (2)

stasera tonight (PSP-3), this evening

la statistica (*pl.* **le statistiche**) statistic; statistics course

statistico (*m. pl.* **statistici**) statistical

lo stato state; **gli Stati Uniti** the United States; **lo stato civile** marital status

la statua statue

statunitense American

la stazione station; train station; **la stazione radio** radio station

la stella star; **a quattro stelle** *adj.* four-star

stellato starry

lo stendardo banner; **lo stendardo dipinto** colored banner

stereotipico stereotypical

lo stereotipo stereotype

stesso same (PSP-2); -self; **noi stessi** ourselves; **me stesso** myself; **te stesso** yourself

lo stile style

lo/la stilista designer (9)

la stima estimate

stimolante stimulating

lo stipendio (*pl.* **gli stipendi**) salary (9)

stirare to press

gli stivali boots (6)

la storia story; history (1); **raccontare una storia** to tell a story (15)

storico (*m. pl.* **storici**) historical; **il centro storico** historical center (of a city) (12)

la strada street (11); **per (la) strada** on the street

stradale *adj.* road

straniero *adj.* foreign

lo straniero / la straniera foreigner

strano strange; ***essere strano che** to be strange that

straordinario extraordinary

la strategia strategy

stravincere to triumph

stressante stressful

stressato stressed (2)

stretto narrow; **a stretto contatto** in close contact

la striscia (*pl.* **le strisce**) stripe

lo strumento instrument

la struttura structure

lo studente / la studentessa student (1)

gli studi internazionali International Studies (1)

studiare to study (3); **studiare in biblioteca** to study in the library; **studiare con il computer** to study on the computer

lo studio (*pl.* **gli studi**) study; study, office; practice; **la borsa di studio** scholarship (9); **il campo di studi** field of studies; **il corso di studi** curriculum; **finire gli studi** to complete one's studies; **la materia di studio** subject matter (1); **gli studi** studies; **lo studio medico-dentistico** medical-dental practice

studioso studious, diligent (2)

lo studioso / la studiosa scholar, researcher

stupendo wonderful, marvelous
stupido stupid (2)
lo stuzzicadente *inv.* toothpick
su on (5); out of; **20 su 30** 20 out of 30; **Su, coraggio!** Cheer up!; **su misura** customized; **sul serio** seriously; **sulla destra** on the right; **sulla sinistra** on the left
subire to undergo
Subito! Right away! (6); ***tornare subito** to be right back, to come right back
*succedere (*p.p.* **successo**) to happen; **Cos'è successo?** What happened?
successivo following
il successo success
il succo (*pl.* **i succhi**) juice; **il succo d'arancia** orange juice (1); **il succo di frutta** fruit juice
succulento succulent
il Sud South
il suffisso suffix
suggerire to suggest
il sugo (*pl.* **i sughi**) sauce (5)
suo her/his (2); its (2); **Suo** your (*sing. form.*) (2)
suonare to play (*an instrument*) (3); ***suonare l'allarme** to sound the alarm
il suono sound
superare to pass; **superare l'esame** to pass an exam (PSP-15)
superiore higher; better; **il piano superiore** upper floor; **la scuola superiore** secondary school (9)
il superlativo superlative
il supermercato supermarket (PSP-15)
il supplemento supplement
sussurrare to whisper
lo svantaggio disadvantage
svariato different, varied
svegliare to wake up; **svegliarsi** to wake (oneself) up (6)
lo sviluppo development
svizzero Swiss
svolgere (*p.p.* **svolto**) to carry out, to do; **svolgersi** to take place

T

il tabaccaio (*pl.* **i tabaccai**) tobacco shop (12), tobacconist
la tabaccheria tobacco store
la tabella table
il tacco (*pl.* **i tacchi**) heel; **le scarpe con i tacchi alti** high-heeled shoes
la taglia size (*clothing*); **Che taglia porta?** What size do you take? (*form.*) (6)
il tango (*pl.* **i tanghi**) tango
tanto *adj.* many, a lot (PSP-15); *adv.* very; **ogni tanto** sometimes (3); every now and then; **tanto... quanto** as... as (PSP-4)
il tappeto rug (11)
tardi late (6); **è tardi** it's late (3); **A più tardi!** See you later! (3); **troppo tardi** too late (3)
la targa license plate (PSP-1)
la tasca (*pl.* **le tasche**) pocket
la tassa tax (14); fee (14); **le tasse universitarie** university fees
il tasso rate (14); **il tasso di disoccupazione** unemployment rate (14)

il tatuaggio tattoo
la tavola table; **apparecchiare la tavola** to set the table (5); **il galateo a tavola** table manners; **la tavola calda** cafeteria (*lit.* hot table)
il tavolino small table
il tavolo table (11)
te you (PSP-16)
il tè tea (1)
teatrale *adj.* theater
il teatro theater (7); ***andare a teatro** to go to the theater (7)
la tecnica (*pl.* **le tecniche**) technology
la tecnologia (*pl.* **le tecnologie**) technology
tedesco (*m. pl.* **tedeschi**) *adj.* German (2)
il tedesco German (*language*)
la tela cloth; canvas
il telecomando TV remote
telefonare (a) to call, to telephone
la telefonata phone call; **fare una telefonata** to make a phone call
telefonico (*m. pl.* **telefonici**) *adj.* telephone; **la segreteria telefonica** answering machine
il telefonino cellular phone (3)
il telefono telephone (3); **il numero di telefono** phone number (1); **al telefono** on the phone
il telegiornale TV news
la televisione television (1); **alla televisione** on television; **guardare la televisione** to watch television; **lavorare alla televisione** to work in television
televisivo *adj.* television; **il programma televisivo** television program
il televisore television set (11)
il telo da mare beach towel
il tema (*pl.* **i temi**) theme; essay
temere (che) to fear (that) (14)
il tempaccio (*pl.* **i tempacci**) bad weather (PSP-10)
la temperatura temperature
il tempo time; weather (PSP-10); **che tempo fa?** what's the weather like? (2); **lavorare a tempo pieno** to work full-time (9); **passare tempo** to spend time; **il tempo libero** free time
temporaneamente temporarily
la tenda tent; **la tenda da campeggio** camping tent
la tendenza trend
tendere (*p.p.* **teso**) **a** to tend to
tenere to have; to keep (10); **tenere a** to care about
il tennis tennis; **giocare a tennis** to play tennis (3)
la tensione tension
tentare di to attempt to
la teoria theory
le terme *pl.* baths; spa
il termine word, term (15)
la terra earth; ground; **per terra** on the ground
la terrazza terrace
il terremotato / la terremotata earthquake victim
terreno earthly; **i beni terreni** worldly goods
terrestre *adj.* earth; **il paradiso terrestre**

earthly paradise
terrificante terrifying
il territorio (*pl.* **i territori**) territory
terzo third (1); **la terza età** the "golden years" (14); **il terzo piano** third floor (*fourth floor of an Italian building*); **al terzo piano** on the third floor (*fourth floor of an Italian building*)
il terzo one third
la tesi (*pl.* **le tesi**) *inv.* thesis (PSP-1)
tesoro honey (*term of endearment; lit.* treasure)
la tessera card
tessile textile
la testa head (2); **avere mal di testa** to have a headache (2)
la testata heading
la testimonianza evidence
il testo text
il tetto roof
il tifo support; **fare il tifo per** to be a fan of
il tifoso / la tifosa fan
la timidezza shyness
timido shy
tipico (*m. pl.* **tipici**) typical
il tipo type, kind; **il tipo / la tipa** guy/girl
il tiramisù dessert of ladyfingers soaked in espresso and layered with cream cheese, whipped cream, and chocolate
tirare to pull; to blow (*wind*); **tirare vento** to be windy; **tirarsela** to be a snob; **tirarsi su di morale** to raise one's spirits
il titolo title
toccare to touch; **toccare a** to be the turn of; **Tocca a te!** It's your turn!
togato well dressed (*coll.*)
togliere to take away
tollerare to tolerate, to stand
il tono tone
la torcia (*pl.* **le torce**) torch; **la torcia elettrica** flashlight
*tornare to return (3); ***tornare a casa** to go home; ***tornare subito** to be right back
la torre tower
il torrone nougat
la torta cake (5); **la torta al cioccolato** chocolate cake
i tortellini tortellini (5)
i tortelloni large tortellini
il torto wrong, error; **avere torto** to be wrong (2)
tosare l'erba to mow the lawn
toscano Tuscan (15)
il toscano Tuscan dialect (15)
il/la tossicodipendente drug addict (14)
tossire (isc) to cough
totale total
il tovagliolo napkin (5)
tra between (5); **tra parentesi** in parentheses
il tradimento betrayal
tradizionale traditional
la tradizione tradition; **la tradizione letteraria** literary tradition (15)
la traduzione translation
il traffico (*pl.* **i traffici**) traffic (12)
tramite through
il tramonto sunset
tranne except

tranquillamente calmly
la tranquillità calm
tranquillo *adj.* calm (2)
trarre (*p.p.* **tratto**) to get out
***trascorrere** (*p.p.* **trascorso**) to spend time
trascurabile unimportant, irrelevant
trasferirsi (isc) to relocate (11)
trasformare to transform (16);
  trasformarsi to transform (14);
  trasformarsi in to change into
la trasformazione change, transformation
il trasporto transport; **i mezzi di trasporto** means of transportation
il trattamento treatment
trattarsi di to be a matter of
il trattino dash, hyphen (-)
tratto da taken from
la trattoria casual restaurant
travolgere (*p.p.* **travolto**) to overturn
il Trecento the 1300s (12)
tredicesimo thirteenth
il trekking hiking; **fare trekking** to hike
tremendo awful, terrible
il trench raincoat (6)
il treno train; ***andare in treno** to go by train (8); **prendere il treno** to take the train; **viaggiare in treno** to travel by train
il triangolo triangle
il tribunale courtroom (9)
il triclinio (*pl.* **i triclini**) chaise lounge the people of Pompeii reclined on while eating
triste sad (2)
il triumvirato the group of three magistrates which was the highest governing body in ancient Rome
il triumviro member of the triumvirate
troppo too much; too many; **troppo presto** too early (3); **troppo tardi** too late (3)
trovare to find (12); **trovarsi** to find oneself (*in a place*); ***andare a trovare** to visit (*people*) (7)
truccarsi to put on makeup (6)
la t-shirt t-shirt (6)
il tumore tumor; cancer
tuo your (*sing. inform.*) (2)
i tuoi your parents (*coll.*); your family
turco (*m. pl.* **turchi**) *adj.* Turkish
il turismo tourism
il/la turista tourist
turistico (*m. pl.* **turistici**) *adj.* tourist
il turno turn; **a turno** in turns; **di turno** on duty; **la farmacia di turno** pharmacy whose turn it is to remain open in case of an emergency
la tuta: la tuta da ginnastica sweats, sweatsuit
la tutela protection
tuttavia nevertheless
tutti everyone (11)
tutto everything (11); all; **tutta la notte** all night; **tutta la sera** all evening; **tutti e due** both; **tutti i giorni** every day (3); **tutto il giorno** all day; **in tutto il mondo** all over the world; **tutto a posto** everything's ok; **tutto sommato** all things considered, all in all
la TV TV; **alla TV** on TV; **guardare la TV** to watch TV

U

l'uccello bird
ucciso killed
uffa! oh man!, geez! (7)
ufficiale *adj.* official
l'ufficio (*pl.* **gli uffici**) office (9); ***andare in ufficio** to go to the office (8); **l'ufficio postale** post office (12); **in ufficio** in/at the office
l'UFO *inv.* UFO
uguale equal, same
ulteriore additional, further
ultimo last
umano *adj.* human; **l'essere umano** human being
l'umore *m.* mood; **di cattivo umore** in a bad mood
umoristico comic
un po' di a bit of (5)
undicesimo eleventh; **l'undicesimo secolo** the 11th century
unico (*m. pl.* **unici**) sole, only (4); **la figlia unica** only daughter; **il figlio unico** only son; **a senso unico** *adj.* one-way; **il senso unico** one way
unifamiliare *adj.* one-family
l'unificazione *f.* unification (16)
uniformare to make uniform, to spread evenly
l'unione *f.* union
unire (isc) to join; to unite
unità unity
unito united; **gli Stati Uniti** the United States
universale universal; **il Giudizio Universale** The Last Judgment
l'università university (1)
universitario (*m. pl.* **universitari**) *adj.* university; **l'esame universitario** university exam; **le tasse universitarie** university fees
uno one; a/an; **l'uno dell'altro** one another, each other
l'uomo (*pl.* **gli uomini**) man (PSP-1)
l'uovo (*pl.* **le uova**) egg (5); **meglio un uovo oggi che una gallina domani** better an egg today than a chicken tomorrow; **l'uovo di Pasqua** Easter egg (8)
l'urbanizzazione *f.* urbanization
urbano *adj.* city, urban; **il centro urbano** city (12)
gli USA the U.S., the United States of America
usare to use
***uscire** to leave a place (3); to exit (3);
  ***uscire (con)** to go out (with others) (3)
l'uso use
l'ustione *f.* burn
utile useful
l'utilità *f.* usefulness
utilizzare to utilize

V

la vacanza vacation (13); ***andare in vacanza** to go on vacation; ***essere in vacanza** to be on vacation; **fare una vacanza** to take a vacation
le vacanze vacation (3); **Buone vacanze!** Have a good vacation! (8); **passare le vacanze** to spend a vacation
***valere** (*p.p.* **valso**) to be worth
valido effective
la valigia (*pl.* **le valigie**) suitcase
il valore value
valutare to evaluate
la valutazione evaluation
vanitoso vain
il vantaggio (*pl.* **i vantaggi**) advantage, benefit; **a vantaggio di** to the benefit of
vantare to boast
variare to vary
la variazione variation
la varietà variety
vario (*m. pl.* **vari**) various
variopinto colorful
la vasca tub; **la vasca da bagno** bathtub (11)
il vaso vase
la vecchiaia old age (14)
vecchio (*m. pl.* **vecchi**) old (2)
il vecchio / la vecchia (*pl.* **i vecchi / le vecchie**) old man/woman
vedere (*p.p.* **visto** or **veduto**) to see (7); **Ci vediamo!** See you! (8); **da vedere** "must see" (5); **far vedere** to show; **un film da vedere** a "must see" film; **non vedere l'ora** (**di** + *inf.*) to not be able to wait (*to do something*) (3); **si vede che** you can tell that / it's clear that (14); **vedersi** to see each other (8)
vegetariano vegetarian
la vela sail; **la barca a vela** sail boat (13)
veloce fast (2)
velocemente quickly, fast (6)
la velocità speed
vendere to sell
vendesi for sale
il venditore / la venditrice vendor
venerdì Friday (3)
veneziano Venetian
***venire** (*p.p.* **venuto**) to come (3); ***venire a** (+ *inf.*) to come to (*do something*) (PSP-14); **mi fa venire sonno** it makes me sleepy
il vento wind; **tirare vento** to be windy
veramente really, actually (10); truly
il verbo verb
verde green (2); **i Verdi** Green Party; **il numero verde** toll-free number
la verdura vegetable (5); vegetables; **il negozio di frutta e verdura** fruit and vegetable shop (12)
la vergine virgin; **l'olio d'oliva extra vergine** extra virgin olive oil
vergognarsi to be ashamed
vergognoso shameful
verificare to check; **verificarsi** to occur
la verità truth
vero true; **vero?** right?
veronese from Verona
versare to pour; to spill
la versione version
verso toward; around, about
verticale vertical
il vertice top
vestire to dress; **vestirsi** to get dressed (6); **vestire alla moda** to dress fashionably
i vestiti clothes (6)

il vestito dress (6); suit (6)

il veterinario / la veterinaria (*pl.* **i veterinari / le veterinarie**) veterinarian (9)

il vetraio glass blower

la vetrina shop window (PSP-14)

il vetro glass

via away; ***andare via** to go away; **buttare via** to throw away; **cacciare via** to throw out

la via street (1)

viaggiare to travel (4); **viaggiare in treno** to travel by train

il viaggiatore / la viaggiatrice traveler

il viaggio (*pl.* **i viaggi**) trip; **Buon viaggio!** Have a good trip! (8); **fare un viaggio** to take a trip

il viale avenue, boulevard

vicino (a) near; **da vicino** closely; **qui vicino** nearby, near here

il vicino / la vicina di casa neighbor

il vicolo alley

il video (*pl.* **i video**) video

vietato prohibited; **vietato fumare** no smoking; **vietato parcheggiare** no parking

il vigile traffic warden

il/la vigilessa *m./f.* traffic cop (12)

la vigilia (*pl.* **le vigilie**) eve (8)

la vignetta cartoon

la villa villa, large house

la villeggiatura vacation; **la località di villeggiatura** resort

vincere (*p.p.* **vinto**) to win (7)

il vincitore / la vincitrice winner

il vino wine (5)

viola *inv.* violet (2)

violento violent

la violenza violence (14)

il violino violin (3)

la virtù virtue

la visita visit (PSP-15); **la visita guidata** guided tour; **la visita medica** medical examination

visitare to visit (*places*) (7)

il viso face

la vista view; **l'amore a prima vista** love at first sight; **il punto di vista** point of view

la vita life (10); lifespan, lifetime; **le condizioni di vita** life conditions; **il costo della vita** cost of living; **dar vita a** to originate; **la doppia vita** double life; **le esperienze di vita** life experiences; **la qualità della vita** quality of life; **il ritmo della vita** rhythm of life (12); pace of life; **la vita media** average lifespan

la vitaccia (*pl.* **le vitacce**) crazy, hectic life

la vitamina vitamin (10)

il vitello veal (5)

vitruviano Vitruvian

il vitto food; **vitto e alloggio** room and board

la vittoria victory (16)

Viva! Hooray!; **Viva... !** Long live . . . !

vivace lively ·

***vivere** (*p.p.* **vissuto**) to live (10); **guadagnarsi da vivere** to earn a living

vivo living, live; **dal vivo** live

il vocabolario (*pl.* **i vocabolari**) vocabulary

la vocale vowel

la voce voice; **leggere ad alta voce** to read aloud; **parlare a voce alta** to talk in a loud voice

la voga vogue, style; **in voga** in style

la voglia desire, wish; **avere voglia di** to want

voi you (*pl. inform.*), you all (PSP-16)

†volare to fly (10)

volentieri willingly, gladly (5)

†volere to want (5); **volersi bene** to love (*each other*) (8); **vorrei...** I would like . . . (2); **Ci vuole / Ci vogliono...** It takes . . . ; **Cosa vuol dire... ?** What does . . . mean?; **Cosa vuoi fare?** What do you want to be?

volgare vulgar

il volontariato volunteer work (14)

il volontario / la volontaria (*pl.* **i volontari / le volontarie**) volunteer

la volta time (*occasion*); **c'era una volta...** once upon a time . . . (9); **qualche volta** sometimes; **una volta** once; **un'altra volta** another time (5)

vorrei I would like (9)

vostro your (*pl. inform.*) (2)

votare to vote

il voto vote (1); grade; **il massimo dei voti** top grades

vulcanico volcanic

W

il water toilet (11)

il weekend weekend (7)

Y

lo yoga yoga (10); **fare yoga** to do yoga (10)

lo yogurt yogurt

Z

lo zaino backpack (1)

la zia aunt (4)

lo zio (*pl.* **gli zii**) uncle (4)

la zona area, zone

lo zoo (*pl.* **gli zoo**) zoo

lo zucchero sugar (5)

le zucchine zucchini (5)

la zuppa soup; **la zuppa inglese** English trifle (dessert of sponge cake soaked in liqueur with cream)

Glossario inglese-italiano

This glossary contains the translations of all of the words and expressions from the end-of-chapter vocabularies.

A

a lot **tanto** *adj.* (PSP-15)
A.D. (anno domini) **d.C. (dopo Cristo)** (12)
to be able, can, may †**potere** (5); to be able to (*do something*) †**potere** (+ *inf.*) (6)
about **di** (5); about it **ne** (PSP-8); about them **ne** (PSP-8)
abroad **estero** *adj.* (13)
to accept **accettare** (10); to accept to (*do something*) **accettare di** (+ *inf.*) (PSP-14)
accessory **l'accessorio** (*pl.* **gli accessori**) (6)
active **attivo** (1)
actor **l'attore/l'attrice** (9)
actually **veramente** (10)
administrative center **il capoluogo** (12)
adventurous **avventuroso** (4)
advice (*piece of*) **il consiglio** (16)
to be afraid of **avere paura di** (2)
after **dopo** (7); **dopo di che** (7)
in the afternoon **del pomeriggio** (3)
agile **agile** (PSP-4)
aging **l'invecchiamento** (14)
ago **fa** (7)
to agree *****essere d'accordo** (13)
air conditioning **l'aria condizionata** (13)
that's all . . . **niente...** (11)
airplane **l'aereo** (1)
allergy **l'allergia** (10)
always **sempre** (3)
American (*nationality*) **americano** (2)
angry **arrabbiato** (2)
to get angry **arrabbiarsi** (6); to be angry with someone **avercela con qualcuno** (PSP-16)
anniversary **l'anniversario** (8); Happy Anniversary! **Buon anniversario!** (8); silver/golden anniversary **le nozze d'argento/d'oro** (8)
anthropology **l'antropologia** (1)
antipasto **l'antipasto** (5)
not anymore **non... più** (7)
anyway . . . **niente...** (11)
apartment building **il palazzo** (11)
appetizer **l'antipasto** (5)
to apply **fare domanda** (9)
April **aprile** (1)
architect **l'architetto** *m./f.* (9)
to argue **litigare** (15)
arm **il braccio** (6); arms *pl.* **le braccia** (6)
armchair **la poltrona** (11)
armoire **l'armadio** (11)
to arrive *****arrivare** (13)
artist **l'artista** *m./f.* (9)
as . . . as **così... come** (PSP-4); **tanto... quanto** (PSP-4); as long as **a condizione che** (PSP-15); **purché** (PSP-15)

to ask **chiedere** (15); to ask to (*do something*) **chiederc di** (+ *inf.*) (PSP-14); to ask a question **fare una domanda** (3)
asparagus **l'asparago** (PSP-1)
aspirin **l'aspirina** *f.* (10)
assortment of sliced meats and sausages **gli affettati misti** (5)
asthma **l'asma** (10)
astrologist **l'astrologo/l'astrologa** (PSP-1)
at **a** (5); **da** (PSP-5)
athlete **l'atleta** *m./f.* (PSP-4)
to attend **frequentare** (3)
August **agosto** (1)
aunt **la zia** (4)
Australia **l'Australia** (2)
Australian (*nationality*) **australiano** (2)
Austria **l'Austria** (2)
Austrian (*nationality*) **austriaco** (2)
autumn **l'autunno** (1)
to avoid **evitare** (10)
to go away *****andarsene** (PSP-16)

B

B.C. (Before Christ) **a.C. (avanti Cristo)** (12)
backpack **lo zaino** (1)
bad **cattivo** (2); to be bad weather **fare brutto** (2); not bad **non c'è male** (2); too bad! **peccato!** (7)
badly **male** *adv.* (6)
bakery **il forno** (12); **il panificio** (12)
balcony **il balcone** (11)
ball **la pallina** (10); **la palla** (10)
bank **la banca** (12); to go to the bank *****andare in banca** (8)
bargain **l'offerta** (13)
Baroque period **il Barocco** (12)
baseball cap **il berretto** (6)
basketball (*game, ball*) **il basket** (10); to play basketball **giocare a pallacanestro** (10)
bathing suit **il costume da bagno** (6)
bathroom **il bagno** (11); to go in the bathroom *****andare in bagno** (8)
bathtub **la vasca da bagno** (11)
battery **la pila elettrica** (16)
to be *****essere** (2); *****stare** (4); to be (*nationality*) *****essere** (+ *nationality*) (2); to be from (*city*) *****essere di** (+ *city*) (2); to be great *****stare benissimo** (2); to be so-so *****stare così così** (2); to be very well *****stare molto bene** (2); to be well *****stare bene** (2)
beach **la spiaggia** (13); beach lounge chair **il lettino** (13); beach umbrella **l'ombrellone** *m.* (13)
beautiful **bello** (PSP-2); to be beautiful weather **fare bello** (2); How beautiful! **Che bello/a/i/e!** (4)

because **perché** (4)
to become *****diventare** (9)
bed **il letto** (11); to go to bed *****andare a letto** (3); to make the bed **fare il letto** (PSP-6)
bed-and-breakfast **la pensione** (13); bed-and-breakfast with breakfast and lunch or dinner included **la mezza pensione** (13); bed-and-breakfast with breakfast, lunch, and dinner included **la pensione completa** (13)
bedroom **la camera da letto** (11); to go in the bedroom *****andare in camera da letto** (8)
beer **la birra** (1)
Befana (*celebration of the Catholic feast of the Epiphany, January 6; the kindly old woman who brings gifts to children on Epiphany eve*) **la Befana** (8)
before **prima** (6); **prima che** (PSP-15); Before Christ (B.C.) **avanti Cristo (a.C.)** (12)
to begin **cominciare;** †**iniziare** (3)
behind **dietro** (11)
beige **beige** *inv.* (2)
to believe **credere** (14); to believe in (*something/someone*) **credere a/in** (14); to believe in (*doing something*) **credere di** (+ *inf.*) (PSP-15); to believe that **credere che** (14)
belt **la cintura** (6)
my best **il mio meglio** (PSP-14)
better than *adv.* **meglio di** (12); *adj.* **migliore di** (12)
between **fra** (5); **tra** (5)
bicycle **la bicicletta** (1); to go by bicycle *****andare in bicicletta** (8)
bidet **il bidè** (11)
big **grande** (2)
bike **la bici** (PSP-1); to bike ride **fare ciclismo** (10); to go for a bike ride **fare un giro in bici** (7)
bill **il conto** (5); to split the bill **fare alla romana** (5)
biologist **il biologo / la biologa** (PSP-1)
biology **la biologia** (1)
birth **la nascita** (14)
birthday **il compleanno** (6); Happy Birthday! **Buon compleanno!** (8); to have a birthday **compiere gli anni** (7)
a bit of **un po' di** (5)
black **nero** (2)
blond hair **i capelli biondi** (2);
blue **blu** *inv.* (2); (sky) blue **azzurro** (2); blue-collar worker **l'operaio/l'operaia** (9)
body **il corpo** (6)

bodybuilding **il culturismo** (10); to bodybuild **fare culturismo** (10)

book **il libro** (1); big book **il librone** (PSP-10)

bookcase **lo scaffale** (11)

bookstore **la libreria** (12)

boots **gli stivali** (6)

What a bore! **Che mattone!** (4)

to get bored **annoiarsi** (6)

boredom **la noia** (14)

boring **noioso** (2)

to be born *__*nascere__ (7); I was born in (*name of city*) **Sono nato/a a…** (2)

to bother **dare fastidio** (10)

bottle **la bottiglia** (1)

boy **il ragazzo** (PSP-2); big boy **il ragazzone** (PSP-10); cute little boy **il ragazzino** (PSP-10)

bread **il pane** (5); bread shop **il forno** (12); **il panificio** (12)

Break a leg! **In bocca al lupo!** (8)

to break **rompere** (6); to break one's leg/arm **rompersi la gamba / il braccio** (10); to break up **lasciarsi** (8)

to eat breakfast **fare colazione** (3)

to bring **portare** (6); to bring about **realizzare** (16); to bring back **riportare** (PSP-15)

broth **il brodo** (5)

brother **il fratello** (4)

brown **marrone** (2); brown hair **i capelli castani** (2)

to brush one's teeth **lavarsi i denti** (6)

bus **l'autobus** *m.* (3); (tour) bus **il pullman** (13); to take the bus **prendere l'autobus** (4)

business **l'occupazione** *f.* (14)

busy **impegnato** (2)

but **ma** (PSP-13)

butcher shop **la macelleria** (12)

butter **il burro** (5)

to buy **comprare** (PSP-13)

by (*a certain time*) **entro** (PSP-14); by all means **pure** (*with imperatives*) (13)

bye **ciao** (1)

C

cafeteria **la mensa** (3)

cake **la torta** (5); traditional Easter cake (*in the shape of a dove*) **la colomba** (8); traditional Christmas cake **il panettone** (8)

calm **tranquillo** (2)

can, may, to be able to *__potere__ (5)

Canada **il Canada** (2)

Canadian (*nationality*) **canadese** (2)

cappuccino **il cappuccino** (1)

car **l'automobile, l'auto** (PSP-1); **la macchina** (1); big car **la macchinona** (PSP-10); to go by car *__*andare in macchina__ (8); to go for a car ride **fare un giro in macchina** (7)

to play cards **giocare a carte** (3)

care **la gestione** (14)

carefully **con prudenza** (6)

to carry **portare** (6); to carry out **realizzare** (16)

cat **il gatto** (1)

catalogue **il catalogo** (PSP-1)

cathedral **il duomo** (12)

CD **il CD** (PSP-8)

CD-ROM **il CD** (1)

to celebrate **festeggiare** (7)

cell phone **il telefonino** (3)

(town) center, downtown **il centro** (6); administrative center **il capoluogo** (*pl.* **i capoluoghi**) (12); to go downtown *__*andare in centro__ (8); historical center (*of a city*) **il centro storico** (12); (large) shopping center, mall **il centro commerciale** (7)

central **centrale** (15); Central-Southern **centro-meridionale** (15)

century: the 11th century **l'undicesimo secolo** (12); the 12th century **il dodicesimo secolo** (12); the 1200s **il Duecento** (12); the 1300s **il Trecento** (12)

to be certain that *__*essere certo che__ (15)

chair **la sedia** (11)

to change †**cambiare** (15)

chaos **il caos** (12)

charcoal grilled **alla brace** (5)

to chat **chiacchierare** (15), **fare due chiacchiere** (15)

cheese **il formaggio** (5)

chemistry **la chimica** (1)

cherry **la ciliegia** (PSP-1)

(roast) chicken **il pollo (arrosto)** (5)

as a child **da bambino/a** (9)

China **la Cina** (2)

chocolate **il cioccolato** (5)

to choose **scegliere** (7)

Christmas **il Natale** (8); Christmas tree **l'albero di Natale** (8); Merry Christmas! **Buon Natale!** (8); traditional Christmas cake **il panettone** (8)

church **la chiesa** (8); to go to church *__*andare in chiesa__ (8)

city **la città** (1); **il centro urbano** (12); big city **la metropoli** (12); city dweller **il cittadino / la cittadina** (14); city hall **il palazzo del comune** (12)

civic **civico** (12)

clarinet **il clarinetto** (PSP-7)

class (*group of students*) **la classe** (1)

class period **la lezione** (1)

classroom **la classe** (1)

clean **pulito** (PSP-15)

to clean **pulire** (3)

to be clear that *__*essere chiaro che__ (15); it's clear that **si vede che** (14)

clerk (*in a store*) **il commesso / la commessa** (9)

How clever! **Che furbo!** (4)

clock **l'orologio** (1)

to close **chiudere** (3)

closet **l'armadio** (*pl.* **gli armadi**) (11)

clothes **gli abiti** (6)

coal **il carbone** (8)

coffee **il caffè** (1); to have a coffee **prendere un caffè** (3)

cold (*virus*) **il raffreddore** (10); to be cold **avere freddo** (2); to be cold weather **fare freddo** (2); to have a cold **avere un raffreddore** (10)

color **il colore** (2)

to come *__*venire__ (PSP-3); Can I come in? **Permesso?** (11); come here **vieni/venga qui** (*inform./form.*) (13); Come in! **Prego!**

(1), **Avanti!** (11); to come to (*do something*) *__*venire a__ (+ *inf.*) (PSP-14); come on! **dai!** (6)

to make oneself comfortable **accomodarsi** (13)

company **l'azienda** (*f.*), **la ditta** (9)

to complain **lamentarsi** (13)

to compose **comporre** (16)

composer **il compositore / la compositrice** (16)

composition **il componimento** (PSP-6)

computer **il computer** (1)

concert **il concerto** (7)

Constitution **la Costituzione** (16)

to construct **costruire** (12)

construction site **il cantiere** (9)

contact lenses **le lenti a contatto** (2)

contemporary **contemporaneo** (15)

content **contento** (2)

to cook **cucinare** (4)

cookie **il biscotto** (PSP-12)

to cope **farcela** (PSP-16)

in the corner **nell'angolo** (11)

couch **il divano** (11)

to be a couple **mettersi insieme** (8)

course (*of study*) **il corso** (1); first course (*meal*) **il primo piatto** (5); second course **il secondo piatto** (5); to take a course **seguire** (1); Of course! **Certo!** (6)

courtroom **il tribunale** (9)

cousin **il cugino / la cugina** (4)

cover charge **il coperto** (5)

like crazy **da matti** (5)

creative **creativo** (4)

crime (*in general*) **la delinquenza** (14)

crisis **la crisi** (PSP-1)

Cuba **Cuba** (2)

Cuban (*nationality*) **cubano** (2)

curious **curioso** (2)

to cut school **marinare la scuola** (6)

What a cute girl! **Che bella ragazza!** (4); What a cute guy! **Che bel ragazzo!** (4)

cutlet **la braciola** (5)

cycling **il ciclismo** (10)

D

daily **quotidiano** (14)

dance **la danza** (10); to dance **fare danza** (10), **ballare** (3)

to date back (to) **risalire (a)** (15); What is today's date? **Quanti ne abbiamo oggi?** (1)

daughter **la figlia** (4)

day **il giorno** (PSP-9); everyday **ogni giorno** (3); **tutti i giorni** (3); good day **buon giorno** (1); Have a nice day! **Buona giornata!** (8); in two days **fra due giorni** (10); New Year's Day **il Capodanno** (8); to take an extra day off **fare il ponte** (8); What day is today? **Che giorno è oggi?** (3)

no big deal **ci mancherebbe altro** (5)

death **la morte** (14)

December **dicembre** (1)

to decide **decidere** (12); to decide to (*do something*) **decidere di** (+ *inf.*) (PSP-14)

to dedicate **dedicare** (PSP-12)

degree (*college*) **la laurea** (9)

delicatessen **la salumeria** (12)

to demonstrate **dimostrare** (16)

dentist **il/la dentista** (9); to go to the dentist's (office) *****andare dal dentista** (PSP-5)

to derive *****derivare** (15)

to design **disegnare** (9)

designer **lo/la stilista** (9)

desk **la scrivania** (11)

dessert **il dolce** (5)

destination **la destinazione** (13)

dialect **il dialetto** (15)

dialogue **il dialogo** (PSP-1)

dictator **il dittatore / la dittatrice** (16)

dictionary **il dizionario** (1)

to die *****morire** (7)

to be on a diet *****essere a dieta / fare la dieta** (10)

difficult **difficile** (2)

dining room **la sala da pranzo** (11)

dinner **la cena** (7)

diploma **il diploma** (9)

director **il direttore / la direttrice** (PSP-15)

to disappear *****scomparire** (15)

What a disaster! **Che disastro!** (4)

discotheque **la discoteca** (3)

discount **l'offerta** (13)

to discover **scoprire** (16)

to discuss **discutere** (15)

dish **il piatto** (3); side dish **il contorno** (5)

dishwasher **la lavastoviglie** (11)

disorganized **disordinato** (2)

divorce **il divorzio** (14)

divorced **divorziato** (4)

to do **fare** (3); to do for a living **fare** (4); How are things done? **Come si fa?** (14); What do people do? **Cosa si fa?** (14); What do you want to do in the future? (9) **Cosa vuoi fare?** (inform.) / **Cosa vuole fare?** (form.)

doctor **il dottore / la dottoressa** (PSP-1); **il medico** m./f. (9); doctor's instructions for care **la cura** (10)

dog **il cane** (1)

door **la porta** (1); front door **il portone** (11)

double room **la camera doppia** (13)

to doubt (that) **dubitare (che)** (14); there's no doubt that **non c'è dubbio che** (15)

dove **la colomba** (8)

to go downtown *****andare in centro** (8)

to draw **disegnare** (9)

to dream **sognare** (14); to dream of (doing something) **sognare di** (+ inf.) (10)

dress **il vestito** (6)

to get dressed **vestirsi** (6)

drink **la bevanda** (5)

to drink **bere** (3)

drop **il calo** (14)

to drop **calare** (14)

drug addict **il/la tossicodipendente** (14)

drugs **la droga** (14); to take drugs **drogarsi** (14)

I dunno! **boh!** (7)

E

each **ogni** inv. (PSP-9)

ear **l'orecchio** (2); ears pl. **le orecchie** (2)

early **presto** (6); it's early **è presto** (3); too early **troppo presto** (3)

to earn money **guadagnare** (9)

earrings **gli orecchini** (6)

Easter **la Pasqua** (8); Easter egg **l'uovo di Pasqua** (8); Happy Easter! **Buona Pasqua!** (8)

to eat **mangiare** (3); to eat breakfast **fare colazione** (3); to eat dinner **cenare** (3); to eat healthy food **mangiare sano** (10); to eat lunch **pranzare** (3)

economics **l'economia** (1)

economy **l'economia** (1)

egg **l'uovo** (8); Easter egg **l'uovo di Pasqua** (8)

eighth **ottavo** (1)

elderly **anziano** (2)

elderly man/woman **l'anziano/ l'anziana** (14)

elementary school **la scuola elementare** (9); elementary school teacher **il maestro / la maestra** (9)

elevator **l'ascensore** m. (11)

e-mail **l'e-mail** f. (3)

emigrant **l'emigrato/l'emigrata** m./f. (14)

to emigrate †**emigrare** (14)

emigration **l'emigrazione** f. (14)

employee **l'impiegato / l'impiegata** (9)

employment **l'occupazione** f. (14)

enemy **il nemico / la nemica** (PSP-12)

engineer **l'ingegnere** m./f. (9)

engineering **l'ingegneria** (1)

England **l'Inghilterra** (2)

English (nationality) **inglese** (2)

to enjoy oneself **godere, godersi** (13); Enjoy your meal! **Buon appetito!** (8)

to enter *****entrare** (7)

error **l'errore** m. (1)

to be essential that *****essere essenziale che** (14)

eve **la vigilia** (8); New Year's Eve (feast of San Silvestro) **la festa di San Silvestro** (8)

even though **benché** (PSP-15); **sebbene** (PSP-15)

in the evening **di sera** (3); good evening **buona sera** (1)

ever **mai** (7)

every **ogni** inv. (PSP-9); everyday **ogni giorno** (3); **tutti i giorni** (3)

everyone **tutti** (11); everyone knows that **si sa che** (15)

everything **tutto** (11)

to evolve **evolversi** (15)

exam **l'esame** m. (1); to pass an exam **superare l'esame** (PSP-15)

to exchange good wishes **farsi gli auguri** (8)

excited **agitato** (4)

excursion **l'escursione** f. (13)

excuse me **scusa** (inform.) (3); **scusi** (form.) (3)

executive **il/la dirigente** (9); **il/la manager** (9)

to exercise **muoversi** (12)

exile (person) **l'emigrato/l'emigrata** (14)

to exit *****uscire** (3)

expensive **costoso** (12)

to explain **spiegare** (3)

extroverted **estroverso** (2)

eye **l'occhio** (2); eyes pl. **gli occhi** (2); blue eyes **gli occhi azzurri** (2); green eyes **gli occhi verdi** (2)

eyeglasses **gli occhiali** (2)

F

to be a fact that *****essere un fatto che** (15)

to be familiar with (person, place, or thing) **conoscere** (PSP-6)

family **la famiglia** (4); to start a family **mettere su famiglia** (9)

to be a fan of **fare il tifo per** (4)

far **lontano** (2)

fashion **la moda** (6); fashion show **la sfilata** (6)

fast **veloce** adj. (2); **velocemente** adv. (6)

fat **grasso** (2)

father **il padre** (4)

favorite **preferito** (2)

to fear (that) **temere (che)** (14)

feast of San Silvestro (New Year's Eve) **la festa di San Silvestro** (8)

February **febbraio** (1)

fee **la tassa** (9)

to feel **sentirsi** (6); Do you feel like (doing something)? **Ti va di** (+ inf.)? (3)

fever **la febbre** (10)

few **poco** (2)

fifth **quinto** (1)

to fight **combattere** (16)

film **il film** (1); film (industry) **il cinema** (3)

fine adv. **bene** (2)

finger **il dito** (6); fingers pl. **le dita** (6)

to finish **finire (isc)** (3); to finish (doing something) †**finire di** (+ inf.) (PSP-14)

to fire **licenziare** (9)

fireworks **i fuochi d'artificio** (8)

first **primo** (1); first course **il primo piatto** (5)

fish **il pesce** (5); fish shop **la pescheria** (12)

floor (of a building) **il piano** (11); ground floor **il pianterreno** (11)

Florentine dialect **il fiorentino** (15)

flower **il fiore** (1)

flu **l'influenza** (10); to have the flu **avere l'influenza** (10)

to fly **volare** (10); to fly, take a flight **andare in aereo** (8)

foot **il piede** (3); feet pl. **i piedi** (3); to go on foot *****andare a piedi** (8)

for **per** (5)

to forget **dimenticare** (3); to forget to (do something) **dimenticare di** (+ inf.) (PSP-14)

fork **la forchetta** (5)

to found **fondare** (16)

fourth **quarto** (1)

foyer **l'ingresso** (11)

France **la Francia** (2)

free **libero** (2)

to free **liberare** (16)

French (nationality) **francese** (2)

french fries **le patate fritte** (5)

frequently **frequentemente** (6); **molto** (6)

fresco **l'affresco** (16)

Friday **venerdì** (3)

friend **l'amico/l'amica** (1)

from **da** (5)

in front of **davanti a** (11)

fruit **la frutta** (5); fruit and vegetable shop **il negozio di frutta e verdura** (12)

to work full-time **lavorare a tempo pieno** (9)

fun **divertente** (2); to have fun **divertirsi**

(6); What fun thing do you have planned? **Cosa fai di bello?** (*inform.*) (3)

funny **buffo** (2)

G

to gain weight *****aumentare di peso,** *****ingrassare** (10)

game **il gioco; la partita** (6)

garbage **l'immondizia** (11)

garden **il giardino** (11)

geez! **uffa!** (7)

general **il generale** (16)

generous **generoso** (4)

What a genius! **Che genio!** (4)

German (*nationality*) **tedesco** (1)

Germany **la Germania** (2)

get outta here! **macché!** (7)

to get around **muoversi** (12)

to get there *****arrivarci** (13)

gift **il regalo** (7)

girl **la ragazza** (PSP-2); cute little girl **la ragazzina** (PSP-10); What a cute girl! **Che bella ragazza!** (4)

to give **dare** (4); to give back **restituire** (PSP-15); give me **dammi / mi dia** (*inform./form.*) (13); to give a parking/traffic ticket **fare la multa** (9)

gladly **volentieri** (5)

glass **il bicchiere** (1)

gnocchi (potato dumplings) **gli gnocchi** (5)

to go *****andare** (3); to go (*to do something*) *****andare** (a + *inf.*) (3); to go to (*professional's office/place of business*) *****andare da** (*name of professional*) (PSP-5); to go away *****andarsene** (PSP-16); to go to the bank *****andare in banca** (8); to go in the bathroom *****andare in bagno** (8); to go to bed *****andare a letto** (3); to go in the bedroom *****andare in camera da letto** (8); to go by bicycle *****andare in bicicletta** (8); to go for a bike ride **fare un giro in bici** (7); to go by car *****andare in macchina** (8); to go to church *****andare in chiesa** (8); to go to the dentist's (office) *****andare dal dentista** (PSP-5); to go downtown *****andare in centro** (8); to go on foot *****andare a piedi** (8); to go grocery shopping **fare la spesa** (7); to go to the gym *****andare in palestra** (10); to go home *****andare a casa** (PSP-5); to go horseback riding *****andare a cavallo** (10), **fare equitazione** (10); to go to (*person's*) house *****andare da** (*name of person*) (PSP-5); to go in the kitchen *****andare in cucina** (8); to go in the living room *****andare in salotto** (8); to go to the movies *****andare al cinema** (7); to go to the mountains *****andare in montagna** (4); to go to the office *****andare in ufficio** (8); to go out (with others) **uscire (con)** (3); to go by plane *****andare in aereo** (8); to go to the (town) square *****andare in piazza** (8); to go straight *****andare diritto** (13); to be in style *****andare di moda** (6); to go to the theater *****andare a teatro** (7); to go by train *****andare in treno** (8); to go on vacation *****andare in vacanza** (PSP-13); How's it going? **Come va?** (2)

"golden years" **la terza età** (14)

golf **il golf** (10); to play golf **giocare a golf** (3)

good **buono** (2); good day **buon giorno** (1); good evening **buona sera** (1); Good luck! **In bocca al lupo!** (8); good morning **buon giorno** (1); good night **buona notte** (1); Have a good trip! **Buon viaggio!** (8); Have a good vacation! **Buone vacanze!** (8); it's good that **è bene che** (14)

good-bye **arrivederci** (1)

to govern **governare** (16)

government **il governo** (14)

grade **il voto** (1)

to graduate (*college*) **laurearsi** (9)

grandchild **il/la nipote** (4)

grandfather **il nonno** (4)

grandmother **la nonna** (4)

gray **grigio** (2)

great **benissimo** (3); **grande** (2); to be great *****stare benissimo** (2)

green **verde** (2)

green beans **i fagiolini** (5)

grilled **alla brace** (5)

to greet (*each other*) **salutarsi** (8)

to go grocery shopping **fare la spesa** (7)

How gross! **Che schifo!** (4)

ground floor **il pianterreno** (11)

to grow †**crescere** (12)

growth **la crescita** (14)

to hold a grudge against someone **avercela con qualcuno** (PSP-16)

guitar **la chitarra** (3)

guy **il ragazzo** (PSP-2); What a cute guy! **Che bel ragazzo!** (4)

gymnastics **la ginnastica** (10); to do gymnastics **fare ginnastica** (10)

H

hair **i capelli** (2); blond hair **i capelli biondi** (2); brown hair **i capelli castani** (2); straight hair **i capelli lisci** (2); to wash one's hair **lavarsi i capelli** (6)

hairdresser **il parucchiere / la parucchiera**

half liter **il mezzo litro** (5)

ham **il prosciutto** (5)

hamburger **l'hamburger** (1)

hand **la mano** (6); hands *pl.* **le mani** (6); cute little hand **la manina** (PSP-10)

handsome **bello** (2)

happy **felice; allegro** (2); Happy Anniversary! **Buon anniversario!** (8); Happy Birthday! **Buon compleanno!** (8); Happy Easter! **Buona Pasqua!** (8); Happy Holidays! **Buone feste!** (8); Happy New Year! **Buon anno!** (8)

to work hard **lavorare sodo** (9)

to hate **odiare** (5)

to have **avere** (2); to have to, must †**dovere** (5); to have a cold **avere un raffreddore** (10); to have the flu **avere l'influenza** (10); to have a headache **avere mal di testa** (10); to have a secret wish **avere un sogno nel cassetto** (*lit.* to have a dream in the drawer) (13); to have a stomachache **avere mal di pancia** (10); to have surgery **avere un intervento chirurgico** (10)

he **lui** (PSP-16)

head **la testa** (10); to have a headache **avere mal di testa** (10)

health **la salute** (10)

to eat healthy food **mangiare sano** (10)

hello (*on the telephone*) **pronto!** (3)

to help **aiutare** (9)

her **lei** (PSP-16); **suo** (2)

here is **ecco** (6); here are **ecco** (6); Here it is / they are. **Eccolo/la/li/le.** (11)

herself **sé** (PSP-16)

hey! **ehilà!** (7)

hi **ciao** (1)

high school **il liceo** (9); **la scuola superiore**

high season **l'alta stagione** (13)

to go hiking **fare il trekking** (13)

himself **sé** (PSP-16)

his **suo** (2)

history **la storia** (1)

hobby **l'hobby** (*m.*) (10)

to hold a grudge against someone **avercela con qualcuno** (PSP-16)

holiday **la festa** (1); Happy Holidays! **Buone feste!** (8)

home **la casa** (1); to come home *****rientrare** (3); to go home *****andare a casa** (PSP-5); to stay home *****rimanere a casa** (PSP-3)

homeland **la patria** (16)

to do homework **fare i compiti** (3)

honey **il miele** (5); (term of endearment) **caro, tesoro**

to play hooky (*cut school*) **marinare la scuola** (6)

to hope **sperare** (14); to hope that **sperare che** (14); to hope to (*do something*) **sperare di** (+ *inf.*) (10)

horseback riding **l'equitazione** (10); to go horseback riding *****andare a cavallo** (10)

hospital **l'ospedale** *m.* (9); to be admitted to the hospital *****essere ricoverato all'ospedale** (10)

to be hot **avere caldo** (2); to be hot weather **fare caldo** (2)

hotel **l'albergo** (13); hotel stay with breakfast and lunch/dinner included **la mezza pensione** (13); hotel stay with breakfast, lunch, and dinner included **la pensione completa** (13); small hotel **la pensione** (13)

in an hour **fra un'ora** (10)

house **la casa** (1); housemate **il compagno / la compagna (di casa)** (PSP-15); housewife **la casalinga** (4)

how **come** (4); How are you? **Come sta? / Come stai?** (*form./inform.*) (2); How's it going? **Come va?** (2); how much **quanto** (4); How is it done? / How do people do it? **Come si fa?** (14); How much is it? **Quant'è?** (1); how many **quanto** (4); How old are you? **Quanti anni ha? / Quanti anni hai?** (*form./inform.*) (2); How was it? **Com'era?** (9)

to hug (*each other*) **abbracciarsi** (8)

hunger **la fame** (14)

to be hungry **avere fame** (2)

to hurt (*a body part*) **fare male** (10) My (*pl. noun*) hurt. **Mi fanno male** + (*pl. noun*).; My foot/leg hurts. **Mi fa male il piede / la gamba** (*sing.*).

husband **il marito** (4)

I

if I were you **se fossi in te** (15)
ice cream **il gelato** (1)
it would be a good idea **sarebbe una buon'idea** (13); Would (Wouldn't) it be a good idea . . . ? **(Non) sarebbe meglio... ?** (13)
What an idiot! **Che scemo!** (4)
ill **ammalato** (2); to get ill **ammalarsi** (10)
to imagine that **immaginare che** (14)
immediately **immediatamente** (6); **subito** (6)
immigrant **l'immigrato/l'immigrata** (14)
to immigrate *****immigrare** (14)
immigration **l'immigrazione** f. (14)
to be important that *****essere importante che** (14)
to be impossible that *****essere impossibile che** (14)
to make a good impression **fare bella figura** (7)
in **in, a** (5)
increase **l'aumento** (14)
to increase **aumentare** (14)
independence **l'indipendenza** (16)
industry **l'industria** (14)
information **l'informazione** (f.) (1)
inhabitants **gli abitanti** (12)
instead **invece** (4)
intelligent **intelligente** (PSP-4)
interesting **interessante** (PSP-9); What interesting thing do you have planned? **Cosa fai di bello?** (inform.) (3)
International Studies **gli studi internazionali** (1)
introverted **introverso** (2)
to invent **inventare** (16)
invention **l'invenzione** f. (16)
inventor **l'inventore/l'inventrice** (16)
Ireland **l'Irlanda** (2)
Irish (nationality) **irlandese** (2)
island **l'isola** (13)
isolation **la solitudine** (14)
issue **il numero** (1)
Italian (nationality) **italiano** (1); (language) **l'italiano** (1); regional variation of standard Italian **l'italiano regionale** (15); standard Italian **la lingua nazionale** (15)
Italy **l'Italia** (2)
its **suo** (2)

J

jacket **la giacca** (6); winter jacket **il giubbotto** (6)
jam **la marmellata** (5)
January **gennaio** (1)
Japan **il Giappone** (2)
Japanese (nationality) **giapponese** (12)
jewelry store **la gioielleria** (2)
job **il lavoro** (PSP-15); to quit a job **licenziarsi** (9)
joke **la barzelletta** (15); to tell a joke **raccontare una barzelletta** (15)
to joke **scherzare** (15)
journalist **il/la giornalista** (9)
July **luglio** (1)
June **giugno** (1)

K

to keep **tenere** (10)
to kid **scherzare** (15)
kilometer **il chilometro** (PSP-5)
kindly **gentilmente** (6)
king **il re** (16)
to kiss (each other) **baciarsi** (8)
kitchen **la cucina** (11); to go in the kitchen *****andare in cucina** (8)
knee **il ginocchio** (6); knees pl. **le ginocchia / i ginocchi** (6)
knife **il coltello** (5)
to know (a fact) **sapere** (4); Do you know (English)? **Sai/Sa** (inform./form.) **(l'inglese)?** (15); to know (a person or place) **conoscere** (4); to know how to do something **sapere** + inf. (4); everyone knows that **si sa che** (15); I dunno! **boh!** (7)

L

lake **il lago** (13)
lamp **la lampada** (11)
language **la lingua** (1); Romance language **la lingua romanza** (15); spoken language **la lingua parlata** (15); written language **la lingua scritta** (15)
lasagna **le lasagne** (PSP-12)
last **scorso** (7)
late adv. **tardi** (6); **in ritardo** (6); it's late **è tardi** (3); to stay up late **fare le ore piccole** (3); too late **troppo tardi** (3)
to do laundry **fare il bucato** (6)
lawyer **l'avvocato** m./f. (9)
lazy **pigro** (2)
to learn **imparare** (PSP-14); to learn to (do something) **imparare a** (+ inf.) (PSP-14)
to leave *****partire** (6); *****andarsene** (PSP-16); to leave a place *****uscire** (3)
on the left **sulla sinistra** (13); to the left of **a sinistra di** (11); to turn left **girare a sinistra** (13)
leg **la gamba** (10); to break a leg **rompersi una gamba** (10)
to lend **prestare** (PSP-15)
less . . . than **meno... che** (PSP-4); **meno... di** (PSP-4); **meno** + adj. + **di** (4)
lesson **la lezione** (1); to take lessons in **prendere lezioni di** (4)
letter **la lettera** (PSP-12)
to liberate **liberare** (16)
library **la biblioteca** (3)
license plate **la targa** (PSP-1)
life **la vita** (10); rhythm of life **il ritmo della vita** (12)
to like *****piacere** (PSP-14); Do (Don't) you like . . . ? **(Non) ti/Le piace/ piacciono... ?** (inform./form.) (1); I like (to do something) **mi piace** (+ inf.) (3); I would like **vorrei** (9); I would like to (do something) **mi piacerebbe** (+ inf.) (13) s/he likes to (do something) **le/gli piace** (+ inf.) (3); you (inform.) like (to do something) **ti piace** (+ inf.) (3)
What is she/he/it like? **Com'è... ?** (2); What are they like? **Come sono... ?** (2)
likeable **simpatico** (PSP-2)
lip **il labbro** (2); lips pl. **le labbra** (2)
to listen to **ascoltare** (3); listen **senti/senta** (inform/form.) (3)
liter **il litro** (5); half liter **il mezzo litro** (5)
literary tradition **la tradizione letteraria** (15)
(English) literature **la letteratura (inglese)** (1)
little **piccolo** (2); adv. **poco** (7)
to live *****vivere** (10); to live in (name of city) **abitare a** (1); to live on (name of street) **abitare in** (1); I live in (name of city) **Abito a...** (1); Where do you live? (inform./form.) **Dove abiti? / Dove abita?** (1)
liver **il fegato** (5)
living room **il soggiorno** (11); to go in the living room *****andare in soggiorno** (8)
to loan **prestare** (PSP-15)
lodging **l'alloggio** (13)
loneliness **la solitudine** (14)
no longer **non... più** (7)
to look at **guardare** (3); to look for **cercare** (3); to look for work **cercare lavoro** (9)
to lose **perdere** (7); to lose weight *****calare di peso**, *****dimagrire** (10)
a lot adv. **molto** (6); a lot of **molto** (2)
to love **amare** (5); to love (each other) **amarsi** (8); **volersi bene** (8); to fall in love **innamorarsi** (8); in love **innamorato** (2)
low season **la bassa stagione** (13)
Good luck! **In bocca al lupo!** (lit. In the mouth of the wolf!) (8)
lunch **il pranzo** (7); to eat lunch **pranzare** (3)

M

magazine **la rivista** (3)
to make **fare** (3); to make the bed **fare il letto** (PSP-6); to make a good impression **fare bella figura** (6); to make money **guadagnare** (9)
to put on makeup **truccarsi** (6)
man **l'uomo** (PSP-1); oh man! **uffa!** (7)
to manage **dirigere** (9); to manage (to do something) **farcela** (PSP-16)
manager **il/la dirigente** (9); **il/la manager** (9)
many **molto** (2); **tanto** (PSP-15)
March **marzo** (1)
married **sposato** (4)
to marry **sposarsi** (8)
match **la partita** (7)
mathematics **la matematica** (1)
May **maggio** (1)
may, to be able to, can †**potere** (5)
maybe **forse** (3)
me **me** (PSP-16)
Enjoy your meal! **Buon appetito!** (8)
mean **cattivo** (2)
by all means **pure** (with imperatives)
meat **la carne** (5); assortment of sliced meats and sausages **l'affettato misto** (5); with meat sauce **alla bolognese** (5)
medicine **la medicina** (16)
to meet (each other) **incontrarsi** (8); Pleased to meet you! **Piacere!** (1)
melon **il melone** (5)
member of a religious order **il religioso / la religiosa** (16)
Merry Christmas! **Buon Natale!** (8)
Mexican (nationality) **messicano** (2)

Mexico **il Messico** (2)
microwave oven **il forno a microonde** (11)
Middle Ages **il Medioevo** (12)
middle school **la scuola media** (9); middle
school teacher **il maestro / la maestra** (9)
it's midnight **è mezzanotte** (3)
military **il militare** (16)
milk **il latte** (5)
Do you mind . . . ? **Ti/Le dispiace... ?**
(*inform./form.*) (11)
(still/sparkling) mineral water **l'acqua
minerale (naturale/gassata)** (5)
mirror **lo specchio** (11)
mistake **l'errore** *m.* (1)
modern **moderno** (12)
to wait a moment **aspettare un attimo** (13)
Monday **lunedì** (3)
money **i soldi** (3); to earn money
guadagnare (9); to make money
guadagnare (9)
monk **il religioso** (10)
in a month **fra un mese** (10)
more . . . than **più... che** (PSP-4); **più... di**
(PSP-4); **più** + *adj.* + **di** (4)
in the morning **di mattina** (3); good
morning **buon giorno** (1)
What a moron! **Che scemo!** (4)
mother **la madre** (1)
motorcycle **la motocicletta** (PSP-1); **la
moto** (PSP-1); to go for a motorcycle ride
fare un giro in moto (6)
mountain **la montagna** (13); to go to the
mountains ***andare in montagna** (4)
mouth **la bocca** (6)
mouthful **il boccone** (PSP-10)
to move (*to a different residence*) **†cambiare
casa** (12); to move (*oneself*) **muoversi** (12)
movie **il film** (1); movie theater **il cinema**
(1); **il cinematografo** (PSP-1); to go to the
movies ***andare al cinema** (7)
mozzarella **la mozzarella** (5)
not much **poco** (2)
mule **il mulo** (PSP-10)
museum **il museo** (12)
mushrooms **i funghi** (5)
musician **il/la musicista** (9)
must, to have to **†dovere** (5)
my **mio** (2); my parents **i miei** (*coll.*)
(PSP-15)

N

My name is . . . **Mi chiamo...** (1); What's
your name? **Come si chiama? / Come ti
chiami?** (*form./inform.*) (1)
napkin **il tovagliolo** (5)
naughty **cattivo** (2)
navigator **il navigatore / la navigatrice** (16)
Neapolitan dialect **il napoletano** (15)
near **vicino** (2)
to be necessary (that) **bisognare (che)** (14);
*essere necessario (che) (14)
neck **il collo** (10)
necklace **la collana** (6)
to need **avere bisogno di** (PSP-2); one needs
to (*do something*) **bisogna** (+ *inf.*) (3)
neighborhood **il quartiere** (12)
neither . . . nor **non... né... né** (PSP-6)
nephew **il nipote** (4)
nervous **nervoso** (2)

never **non... mai** (3)
new **nuovo** (2)
newspaper **il giornale** (14); daily newspaper
il quotidiano (14)
newsstand **l'edicola** (12)
next to **accanto a** (11)
next week **la settimana prossima** (10); next
year **l'anno prossimo** (10)
nice **simpatico** (2)
nicely **gentilmente** (6)
niece **la nipote** (4)
good night **buona notte** (1)
ninth **nono** (1)
no one **nessuno, non... nessuno** (7)
no way! **macché!** (7)
nobody **nessuno, non... nessuno** (7)
noise **il rumore** (12)
it's noon **è mezzogiorno** (3)
Northern **settentrionale** (15)
nose **il naso** (2); cute little nose **il nasino**
(PSP-10)
not anymore **non... più** (7); not bad **non c'è
male** (2); no longer **non... più** (7); not yet
non... ancora (PSP-6)
not bad **non c'è male** (2)
notebook **il quaderno** (1)
nothing **(non...) niente** (7); It's nothing
(Di) niente (11); nothing to + *inf.* **niente
da** + *inf.* (9); nothing to do **niente da fare**
(9)
novel **il romanzo** (16)
November **novembre** (1)
number **il numero** (1); phone number **il
numero di telefono** (1)
nun **la religiosa** (16)
nurse **l'infermiere/l'infermiera** (9)

O

to be obvious that ***essere ovvio che** (15)
occupation **il mestiere** (9)
October **ottobre** (1)
of **di** (5); of it **ne** (PSP-8); of them **ne**
(PSP-8)
to offer **offrire** (7)
office **l'ufficio** (9); to go to the office
*andare in ufficio (8); post office
l'ufficio postale (12)
often **spesso** (3)
okay **va bene** (3)
old **anziano** (2); **vecchio** (2); older
maggiore (4); How old are you? **Quanti
anni ha? / Quanti anni hai?** (*form./
inform.*) (2)
to get old ***invecchiare** (14)
old age **la vecchiaia** (14)
older **maggiore** (4)
omigosh! **mamma mia!** (7); **oddio!** (7)
on **su** (5); on the condition that **a condizione
che** (PSP-15); **purché** (PSP-15)
Once upon a time... **C'era una volta...** (9)
oneself **sé** (PSP-16)
onion **la cipolla** (5)
only **unico** (4)
to open **aprire** (3)
in my opinion **a mio parere** (12)
orange (*fruit*) **l'arancia** (PSP-1); orange
juice **il succo d'arancia** (1)
orange *adj.* **arancione** (2)
orchestra **l'orchestra** (16)

orderly, organized **ordinato** (2)
to organize **organizzare** (13)
other **altro** (PSP-2)
ouch! **ahi!** (7)
our **nostro** (2)
to get out ***andarsene** (PSP-16); Get out of
here! **Vattene!** (PSP-16)
oven **il forno** (11); microwave oven **il forno
a microonde** (11)
ow! **ahi!** (7)

P

package **il pacco** (12)
to paint **dipingere** (4)
painter **il pittore / la pittrice** (PSP-1)
painting **il quadro** (*individual piece*) (11)
pair **il paio** (6)
pants **i pantaloni** (6)
parents **i genitori** (4); my parents **i miei**
(*coll.*) (PSP-15)
park **il parco** (12)
to park **parcheggiare** (12)
parking lot/space **il parcheggio** (12)
Parliament **il Parlamento** (16)
Parmesan cheese (5) **il parmigiano**
to work part-time **lavorare part-time** (9)
party **la festa** (1)
to pass an exam **superare l'esame** (PSP-15)
pastry **la pasta** (1)
to pay **pagare** (2); to pay one's share of the
bill **fare alla romana** (5)
peas **i piselli** (5)
pen **la penna** (1)
pencil **la matita** (PSP-4)
pension **la pensione** (13)
people **la gente** (9)
pepper **il pepe** (5); (bell) pepper **il
peperone** (5)
percentage **la percentuale** (14)
perhaps **forse** (4)
periphery **la periferia** (12)
permission **il permesso** (PSP-15)
pharmacist **il/la farmacista** (9)
pharmacy **la farmacia** (10)
phenomenon **il fenomeno** (14)
philosophy **la filosofia** (1)
phone number **il numero di telefono** (1)
photograph **la fotografia** (1); photo **la foto**
(PSP-1); to take a photo **fare una foto** (3)
photographer **il fotografo / la fotografa** (9)
physics **la fisica** (1)
piano **il pianoforte** (3)
picture **il quadro** (11)
pink **rosa** *inv.* (2)
plane **l'aereo** (1); to fly, to go by plane
*andare in aereo (8); to travel by plane
prendere l'aereo (4)
plate **il piatto** (3)
to play (*an instrument*) **suonare** (3)
to play (*game, sport*) **giocare** (3); to play (*an
instrument*) **suonare** (3); to play
basketball **giocare a pallacanestro** (10);
to play cards **giocare a carte** (3); to play
golf **giocare a golf** (3); to play hooky
marinare la scuola (6); to play soccer
giocare a calcio/pallone (10); to play
sports **fare sport** (3); to play tennis
giocare a tennis (3); to play volleyball
giocare a pallavolo (10)

please **per favore** (1); **per piacere** (1)
Pleased to meet you! **Piacere!** (1)
poem **la poesia** (PSP-12)
poet **il poeta / la poetessa** (PSP-12)
poetry **la poesia** (16)
police officer **il poliziotto / la poliziotta** (9)
political science **le scienze politiche** (1)
politician **il politico** (16)
politics **la politica** (16)
pollution **l'inquinamento** (12)
poor **povero** (2)
pope **il papa** (16)
population **la popolazione** (14)
port **il porto** (12)
Portugal **il Portogallo** (2)
Portugese **portoghese** (2)
to be possible that ***essere possibile che** (14)
post office **la posta** (12); **l'ufficio postale** (12)
poverty **la povertà** (14)
to practice **praticare** (3)
to pray **pregare** (3)
to prefer **preferire** (3)
to prepare to (*do something*) **preparare a** (*+ inf.*) (PSP-14); to prepare oneself, to get oneself ready **prepararsi** (PSP-12)
president **il presidente** (14)
prestigious **prestigioso** (12)
price **il prezzo** (13)
Prime Minister **il Primo Ministro** (14)
problem **il problema** (PSP-1); No problem! **(Di) niente!** (11); not a problem **ci mancherebbe altro** (5)
professor **il professore / la professoressa** (1)
program **il programma** (PSP-1)
to promise (*to do something*) **promettere (di + inf.)** (PSP-14)
pronunciation **la pronuncia** (15)
to protect **proteggere** (16)
psychologist **lo psicologo / la psicologa** (9)
psychology **la psicologia** (1)
public transportation **i mezzi pubblici** (12); **i mezzi di trasporto** (12)
pull-over **il pullover** (6)
punctually **puntualmente** (6)
purse **la borsa** (6)
to put **mettere** (6); to put on (*clothes*) **mettersi** (6)

Q

queen **la regina** (16)
to ask a question **fare una domanda** (3)
quickly **velocemente** (6)
to quit (*doing something*) **smettere (di + inf.)** (PSP-14); to quit a job **licenziarsi** (9)

R

racism **il razzismo** (14)
radio **la radio** (PSP-1)
raincoat **l'impermeabile** *m.* (6); **il trench** (6)
rarely **poco** (6); **raramente** (6)
rate **il tasso** (14)
to read **leggere** (3); "must read" **da leggere** (5)
to realize **realizzare** (16)
really **veramente** (10)

reason **la ragione** (14)
to receive **ricevere** (PSP-5)
Can you make a recommendation? **Hai/Ha** (*inform./form.*) **qualcosa da dire?** (16)
red **rosso** (2)
reduction **il calo** (14)
refrigerator **il frigorifero** (11)
region **la regione** (1)
regularly **regolarmente** (6)
relatives **i parenti** (4)
to relax **rilassarsi** (13)
religion **la religione** (1)
religious **religioso** (12); member of religious order **il religioso / la religiosa** (16)
to relocate **trasferirsi** (11)
to remain ***rimanere** (7); ***stare** (4)
to remember to (*do something*) **ricordare di (+ inf.)** (PSP-14)
Renaissance **il Rinascimento** (12)
rent **l'affitto** (12)
to rent (*apartments, houses*) **affittare** (13); to rent (*bikes, cars, videos*) **noleggiare** (13)
republic **la repubblica** (16)
reservation **la prenotazione** (13); to make a reservation **fare una prenotazione** (13)
to reserve **prenotare** (13)
residence **la residenza** (1)
to resolve **risolvere** (9)
to respond **rispondere** (1)
restaurant **il ristorante** (1)
to retire ***andare in pensione** (14)
retiree **il pensionato / la pensionata** (14)
to return ***tornare** (3)
rhythm **il ritmo** (12); rhythm of life **il ritmo della vita** (12)
rice dish **il risotto** (5)
rich **ricco** (2)
to go for a bike ride **fare un giro in bici** (7); to go for a car ride **fare un giro in macchina** (7); to go for a motorcycle ride **fare un giro in moto** (7)
right away **subito** (6)
on the right **sulla destra** (13); to the right of **a destra di** (11); to turn right **girare a destra** (13)
to be right **avere ragione** (PSP-2)
rights (*legal*) **i diritti** (16)
ring **l'anello** (6)
to risk **rischiare** (16)
river **il fiume** (12)
roast chicken **il pollo arrosto** (5)
Romance language **la lingua romanza** (15)
Romanian (*language*) **il rumeno** (15)
room **la camera** (13); double room **la camera doppia** (13); single room **la camera singola** (13)
roommate **il compagno / la compagna (di casa)** (PSP-15)
rug **il tappeto** (11)
to run †**correre** (4); (*manage*) **dirigere** (9)

S

sad **triste** (2)
safe **sicuro** (14)
sail boat **la barca a vela** (13)
saint **il santo / la santa** (16)
salad **l'insalata** (5)
salary **lo stipendio** (9)

sale **l'offerta** (13)
salmon **il salmone** (5)
salt **il sale** (5)
same **stesso** (PSP-2); same to you **altrettanto** (8)
sandals **i sandali** (6)
sandwich **il panino** (1)
Santa Claus **Babbo Natale** (8)
Saturday **sabato** (3)
sauce **il sugo, la salsa** (5); with meat sauce **alla bolognese** (5)
to save (*money*) **risparmiare** (9)
to say **dire** (PSP-15); Can you say something? **Puoi/Può dire qualcosa?** (*inform./form.*) (15)
scarf **la sciarpa** (6)
scholarship **la borsa di studio** (9)
school **la scuola** (9); elementary school **la scuola elementare** (9); middle school **la scuola media** (9); secondary school **la scuola superiore** (9)
scientist **lo scienziato / la scienziata** (9)
sculpture **la scultura** (16)
sea **il mare** (13)
with seafood **alla marinara** (5)
high season **l'alta stagione** (13); low season **la bassa stagione** (13)
to have a seat **accomodarsi** (13)
second **secondo** (1); second course **il secondo piatto** (5)
secondary school **la scuola superiore, il liceo** (9)
to have a secret wish **avere un sogno nel cassetto** (*lit.* to have a dream in the drawer) (13)
sedentary **sedentario** (10)
to see **vedere** (7); "must see" **da vedere** (5); to see each other **vedersi** (8);
See you later! (3), **Ci vediamo!** (8); See you soon! **A presto!** (3), **A più tardi!** (3)
to seem (that) ***parere (che)** (14); ***sembrare (che)** (14)
senator **il senatore / la senatrice** (16)
to send **mandare, spedire**
to separate (*from each other*) **separarsi** (8)
separated **separato** (4)
September **settembre** (1)
serious **serio** (2)
to serve **servire** (3)
server **il cameriere / la cameriera** (5)
to set the table **apparecchiare la tavola** (5)
seventh **settimo** (1)
to shave **radersi** (6)
shirt **la camicia** (6)
shoes **le scarpe** (6)
shop **il negozio** (9)
shopping **lo shopping** (3); to shop **fare shopping/spese** (3); to go grocery shopping **fare la spesa** (12)
short **basso** (2)
shorts **i pantaloncini** (6); **gli short** (6)
shoulder **la spalla** (6)
show **lo spettacolo** (7)
shower **la doccia** (11); to take a shower **fare la doccia** (8)
sick **ammalato** (10); to get sick **ammalarsi** (10)
side dish **il contorno** (5)
sidewalk **il marciapiede** (11)

sincere **sincero** (2)
sincerely **sinceramente** (6)
singer **il/la cantante** (9)
single (*unmarried*) **celibe** (*m.*) (4); **nubile** (*f.*) (4)
single room **la camera singola** (13)
sink **il lavandino** (11)
sister **la sorella** (4)
to sit **sedersi** (11)
sixth **sesto** (1)
What size (*clothing/shoe*) do you wear? **Che taglia/numero porti/porta?** (*inform./form.*) (6)
to skate **fare pattinaggio / pattinare** (10)
to skateboard **fare skateboard** (10)
skateboarding **lo skateboard** (10)
skating **il pattinaggio** (10)
ski **lo sci** (PSP-1)
to ski **sciare** (4)
skirt **la gonna** (6)
to sleep **dormire** (3)
to be sleepy **avere sonno** (2)
slow **lento** (2)
slowly **lentamente** (6)
small **piccolo** (2)
smog **lo smog** (12)
smoked **affumicato** (5)
to have a snack **fare uno spuntino** (3)
sneakers **le scarpe da ginnastica** (6)
so **così** (PSP-16); so-so **così così** (2); **insomma** (2); so that **affinché** (PSP-15); **perché** (PSP-15)
soccer (*game, ball*) **il pallone, il calcio** (10); to play soccer **giocare a calcio/pallone** (3)
social worker **l'assistente sociale** *m./f.* (9)
sociology **la sociologia** (1)
socks **i calzini** (6)
soldier **il soldato / la soldatessa** (16)
sole **unico** (4)
some **qualche** (PSP-9)
someone **qualcuno** (11)
something **qualcosa** (11); something to + *inf.* **qualcosa da** + *inf.* (11); something to do **qualcosa da fare** (9)
sometimes **ogni tanto** (3)
son **il figlio** (4)
song **la canzone** (7)
sonnet **il sonetto** (16)
sorry **scusa** (*inform.*) (10); **scusi** (*form.*) (10); I'm sorry **Mi dispiace** (5)
Southern **meridionale** (15); Central-Southern **centro-meridionale** (15)
spaghetti **gli spaghetti** (5)
Spain **la Spagna** (2)
Spanish (*nationality*) **spagnolo** (1); (*language*) **lo spagnolo** (PSP-6)
to speak **parlare** (1)
speakerphone **il citofono** (11)
spoken language **la lingua parlata** (15)
spoon **il cucchiaio** (5)
sport **lo sport** (1); to play sports **fare sport** (3)
to spread **diffondersi** (15)
spring **la primavera** (1)
(town) square **la piazza** (1); to go to the (town) square ***andare in piazza** (8)
stamp (*postage*) **il francobollo** (12)
to start to (*do something*) **†cominciare a** (+ *inf.*) (PSP-14); to start a family **mettere su**

famiglia (9)
stay (*period of time*) **il soggiorno** (13); to stay ***rimanere** (7); ***stare** (2); to stay home ***rimanere a casa** (PSP-3); to stay up late **fare le ore piccole** (3); to stay in shape **mantenersi in forma** (10)
steak **la bistecca** (5)
still **ancora** (PSP-6)
stockings **le calze** (8)
stomach **la pancia** (10)
to have a stomachache **avere mal di pancia** (10)
to stop (*doing something*) **smettere (di +** *inf.*) (PSP-14); to stop by **fare un salto** (12); to stop to (*do something*) **fermarsi a** (+ *inf.*) (PSP-14); to stop working **smettere di lavorare** (9)
store **il negozio** (9)
stove **la cucina** (11)
straight hair **i capelli lisci** (2)
to go straight ***andare diritto** (13)
it's strange that **è strano che** (14)
street **la strada** (11); **la via** (1)
stressed **stressato** (2)
strike **lo sciopero** (14)
strong **forte** (2)
student **lo studente / la studentessa** (1)
studious **studioso** (2)
to study **studiare** (3)
stupid **stupido** (2)
to be in style ***andare di moda** (6)
subject matter **la materia (di studio)** (1)
subway **la metropolitana** (12)
to succeed in (*doing something*) ***riuscire a** (+ *inf.*) (PSP-14)
suddenly **d'improvviso** (9)
to suffer from (*an illness*) **soffrire di** + (*noun*) (10)
suit **il vestito** (6)
sugar **lo zucchero** (5)
summer **l'estate** *f.* (1)
to sunbathe **prendere il sole** (4)
Sunday **domenica** (3)
sunglasses **gli occhiali da sole** (7)
supermarket **il supermercato** (PSP-15)
sure **sicuro** (5); to be sure that ***essere sicuro che** (15)
to have surgery **avere un intervento chirurgico** (10)
sweater **il maglione** (6)
sweatshirt **la felpa** (6)
to swim **nuotare, fare nuoto** (10); to swim in the pool **nuotare in piscina** (4)
swimming **il nuoto** (10)
swordfish **il pescespada** (5)
system **il sistema** (PSP-1)

T
to set the table **apparecchiare la tavola** (5); dining table **il tavolo** (11)
to take **prendere** (4); to take vitamins / an aspirin **prendere vitamine / un'aspirina** (10)
to talk **parlare** (3)
tall **alto** (2)
tax **la tassa** (14)
tea **il tè** (1)
to teach **insegnare** (9); to teach to (*do something*) **insegnare a** (+ *inf.*) (PSP-14)

teacher **l'insegnante** *m./f.* (9); elementary/middle school teacher **il maestro / la maestra** (9)
telephone **il telefono** (3); phone number **il numero di telefono** (1)
television **la televisione** (1); television set **il televisore** (11)
to tell **dire** (PSP-15); **raccontare** (15); to tell a joke **raccontare una barzelletta** (15); to tell a story **raccontare una storia** (15); tell me **dimmi / mi dica** (*inform./form.*) (13); you can tell that **si vede che** (14)
tennis **il tennis** (10); to play tennis **giocare a tennis** (3)
tenth **decimo** (1)
term **il termine** (15)
terrific **benissimo** (3)
thank you **grazie** (1); Thanks! **Crepi!** (*in response to* **In bocca al lupo!**) (8); Thanks, but I can't. I have something else I have to do **Grazie, ma non posso, ho un altro impegno** (5); Thanks, same to you! **Grazie, altrettanto!** (8)
that **quello** (2)
theater **il teatro** (7); to go to the theater ***andare a teatro** (7)
their **loro** (2)
them **loro** (PSP-16)
themselves **sé** (PSP-16)
then **poi** (7)
there **ci** *pron.* (PSP-5); there is **c'è** (2); there are **ci sono** (2)
thesis **la tesi** *inv.* (PSP-1)
thin **magro** (2)
to think **pensare** (14); to think about (*doing something*) **pensare di** (+ *inf.*) (10); **pensare a** (14)
third **terzo** (1)
to be thirsty **avere sete** (2)
this **questo** (2)
to have a sore throat **avere mal di gola** (2)
Thursday **giovedì** (3)
ticket **il biglietto** (7); to give a parking/traffic ticket **fare la multa** (9)
tie **la cravatta** (6)
At what time? **A che ora… ?** (3); another time (*occasion*) **un'altra volta** (4); What do you like to do in your free time? **Nel tempo libero cosa ti/Le piace fare?** (*inform./form.*) (3); What time is it? **Che ora è? / Che ore sono?** (3); What time must it be? **Che ore saranno?** (PSP-13); it's probably about 3:00 **saranno le tre** (PSP-13)
tired **stanco** (2)
to **a** (5); **in** (5)
toast **il brindisi** (PSP-1)
tobacco shop **il tabaccaio** (12)
today **oggi** (6); What day is today? **Che giorno è oggi?** (3); What is today's date? **Quanti ne abbiamo oggi?** (1)
toilet **il water** (11)
tomato **il pomodoro** (5)
tomorrow **domani** (6); the day after tomorrow **dopodomani** (10)
tonight **stasera** (PSP-3)
too bad! **peccato!** (7); too early **troppo presto** (3); too late **troppo tardi** (3)
tooth **il dente** (2); teeth *pl.* **i denti** (2); to

brush one's teeth **lavarsi i denti** (6)

tortellini **i tortellini** (5)

town **il paese** (12); town square **la piazza** (1); small town **il paese di provincia** (12)

track and field **l'atletica leggera** (10); to do track and field **fare atletica leggera** (10)

trade **il mestiere** (14)

literary tradition **la tradizione letteraria** (15)

traffic **il traffico** (12)

to go by train ***andare in treno** (8)

to transform **trasformare** (16); **trasformarsi** (14)

transformation **la trasformazione** (14)

means of transportation **i mezzi di trasporto** (12); public transportation **i mezzi pubblici** (12)

trash **l'immondizia** (11); trash bin **il bidone** (11)

to travel **viaggiare** (4)

travel agency **l'agenzia di viaggi** (13)

tree **l'albero** (8); Christmas tree **l'albero di Natale** (8)

Have a good trip! **Buon viaggio!** (8)

to try to (*do something*) **cercare di** (+ *inf.*) (PSP-14); to try on **provare** (6)

t-shirt **la maglietta** (6); **la t-shirt** (6)

Tuesday **martedì** (3)

Turkey **la Turchia** (2)

Turkish (*nationality*) **turco/a** (2)

to turn **girare** (13); to turn left **girare a sinistra** (13); to turn right **girare a destra** (13)

Tuscan **toscano** (15)

Tuscan dialect **il toscano** (15)

U

ugly **brutto** (2)

beach umbrella **l'ombrellone** *m.* (13)

uncle **lo zio** (4)

to understand **capire** (3)

unemployment **la disoccupazione** (14); unemployment rate **il tasso di disoccupazione** (14)

unfortunately **purtroppo** (10)

unification **l'unificazione** *f.* (16)

United States **gli Stati Uniti** (2)

university **l'università** (1)

unkind **antipatico** (2)

unmarried **celibe** (*m.*) (4); **nubile** (*f.*) (4)

to get up **alzarsi** (6)

us **ci** *pron.* (PSP-5); **noi** (PSP-16)

V

vacation **la vacanza** (13); **le vacanze** (3); to go on vacation ***andare in vacanza** (PSP-13); Have a good vacation! **Buone vacanze!** (8); to vacation at a dude ranch **fare equiturismo** (10)

veal **il vitello** (5)

vegetable **la verdura** (5); fruit and vegetable shop **il negozio di frutta e verdura** (12)

very *adv.* **molto** (6); not very *adj.* **poco** (6)

veterinarian **il veterinario / la veterinaria** (9)

victory **la vittoria** (16)

vinegar **l'aceto** (5)

violence **la violenza** (14)

violet **viola** *inv.* (2)

violin **il violino** (3)

visit **la visita** (PSP-15)

to visit (*people*) ***andare a trovare** (7); to visit (*places*) **visitare** (7)

volleyball (*game, ball*) **la pallavolo** (10); to play volleyball **giocare a pallavolo** (10)

volunteer work **il volontariato** (14)

W

to wait for **aspettare** (6); to wait a moment **aspettare un attimo** (13); to not be able to wait (*to do something*) **non vedere l'ora** (**di** + *inf.*) (3)

waiter **il cameriere** (5)

waitress **la cameriera** (5)

to wake (oneself) up **svegliarsi** (6)

to walk ***andare a piedi** (8) / **camminare** (10); to take a walk **fare una passeggiata** (3)

to want **avere voglia di** (PSP-2); †**volere** (5); I would like . . . **vorrei...** (2)

war **la guerra** (14)

to wash **lavare** (3); to wash oneself **lavarsi** (6); to wash one's hair **lavarsi i capelli** (6)

watch **l'orologio** (1)

water **l'acqua** (1); (still/sparkling) mineral water **l'acqua minerale (natural/gassata)** (5)

weak **debole** (2)

to wear **indossare** (6); **portare** (6)

weather **il tempo** (PSP-10); bad weather **il tempaccio** (PSP-10); to be bad weather **fare brutto** (2); to be beautiful weather **fare bello** (2); to be cold weather **fare freddo** (2); to be hot weather **fare caldo** (2); What's the weather like? **Che tempo fa?** (2)

wedding **le nozze, il matrimonio** (8)

Wednesday **mercoledì** (3)

next week **la settimana prossima** (9)

weekend **il fine settimana** (6); **il weekend** (7)

to gain weight ***aumentare di peso / *ingrassare** (10); to lose weight ***calare di peso / *dimagrire (-isc)** (10)

You're welcome. **Prego.** (1)

well *adv.* **bene** (2); to be well ***stare bene** (2); to be very well ***stare molto bene** (2); well-being **il benessere** (10)

well . . . **insomma** (10)

what **che** (4); **(che) cosa** (4); What day is today? **Che giorno è oggi?** (3); What do people do? **Cosa si fa?** (14); What do you do for a living? **Cosa fai? / Cosa fa?** (*inform./form.*) (4); What is? **Qual è?** (4); What is it? **Cos'è?** (4); What's the matter? **Cosa c'è?** (2); What is today's date? **Quanti ne abbiamo oggi?** (1); What size (*clothing/shoe*) do you wear? **Che taglia/numero porti/porta?** (*inform./form.*) (6); What was he/she/it like? **Com'era... ?** (9)

when **quando** (3)

where **dove** (4); Where are you from? **Di dov'è?** (*form.*) (1); **Di dove sei?** (*inform.*) (1); Where do you live? **Dove abiti? / Dove abita?** (*inform./form.*) (1)

which **cui** (PSP-9); **quale** (4)

while **mentre** (9)

white **bianco** (2)

who **chi** (4); Who are you? **Chi sei? / Chi è?** (*inform./form.*) (4); Who is it? **Chi è?** (4)

why **perché** (4)

widespread **diffuso** (15)

wife **la moglie** (4)

willingly **volentieri** (5)

to win **vincere** (6)

windmill **il mulino** (PSP-10)

window **la finestra** (11); (*train, bus, car*) **il finestrino** (PSP-10); little window **la finestrina** (PSP-10); shop window **la vetrina** (PSP-14); to window shop **guardare le vetrine** (12)

wine **il vino** (5)

winter **l'inverno** (1); winter jacket **il giubbotto** (6)

to have a secret wish **avere un sogno nel cassetto** (*lit.* to have a dream in the drawer) (13); Best wishes! **Auguri!** (8); to exchange good wishes **farsi gli auguri** (8); I wish! **magari!** (7)

with **con** (5)

within (*a certain time*) **entro** (PSP-14)

without **senza che** (PSP-15)

woman **la donna** (PSP-12)

word **la parola** (PSP-10); **il termine** (15); dirty word **la parolaccia** (PSP-10)

work **il lavoro** (PSP-15); to look for work **cercare lavoro** (9); Work well! **Buon lavoro!** (8)

to work **lavorare** (3); to stop working **smettere di lavorare** (9); to work full-time **lavorare a tempo pieno** (9); to work hard **lavorare sodo** (9); to work part-time **lavorare part-time** (9); Work well! **Buon lavoro!** (8)

blue-collar worker **l'operaio/l'operaia** (9)

don't worry **non ti preoccupare / non si preoccupi** (*inform./form.*) (13)

worse than *adv.* **peggio di** (12); *adj.* **peggiore di** (12)

to write **scrivere** (3)

writer **lo scrittore / la scrittrice** (16)

written language **la lingua scritta** (15)

to be wrong **avere torto** (PSP-2); **sbagliarsi** (6)

Y

year **l'anno** (1); to be . . . years old **avere... anni** (PSP-12); Happy New Year! **Buon anno!** (8); the "golden years" **la terza età** (14); last year **l'anno scorso** last year (PSP-13); next year **l'anno prossimo** (10); New Year's Day **il Capodanno** (8)

yellow **giallo** (2)

yesterday **ieri** (7)

not yet **non... ancora** (PSP-6)

yoga **lo yoga** (10); to do yoga **fare yoga** (10)

you **Lei** (*form.*) (PSP-16); **Loro** (*pl. form.*) (PSP-16); **te** (PSP-16); **voi** (*pl. inform.*) (PSP-16); you all **voi** (PSP-16)

young **giovane** (2)

younger **minore** (4)

your **Loro** (*pl. form.*) (2); **Suo** (*sing. form.*) (2); **tuo** (*sing. inform.*) (2); **vostro** (*pl. inform.*) (2)

Z

zucchini **le zucchine** (5)

Credits

PHOTO CREDITS

Alinari/Regione Umbria/Art Resource, NY; *430 center* Museo della Scienza, Florence, Italy/Scala/Art Resource, NY; *430 right* The Granger Collection, New York; *438* Duomo, Florence, Italy/Scala/Art Resource, NY; *439* British Museum, London, Great Britain/Alinari/Art Resource, NY; *442* Italian School/Archives Larousse, Paris, France/ Bridgeman Art Library; *448 top left* Enrica Viparelli; *448 center and bottom left* Klic Video Productions, Los Angeles.

All other photographs were supplied by Diane Musumeci. All video stills courtesy of Hugo Krispyn, Truth Function.

TEXT CREDITS

24 Text from http://www.emsf.rai.it/percorsi_tematici/nobel/index.htm (August 10, 2005); *40* Based on an advertisement by the Consorzio Produttori Latte; *55* *I confini invisibili,* text from *Focus,* Italy and illustration by Patrizio Croci; used by permission; *75 upper right* "Quanto dormono?," Text: Mirko Mottin / FOCUS – Gruner+Jahr/ Mondadori Spa; *75 center* "Sei consigli per dormire bene," Text based on Margherita Fronte / FOCUS – Gruner+Jahr/Mondadori Spa; *86* "Di giorno lavoro al museo," Text and photo from *Donna Moderna* No. 25, June 25, 2003, p. 37. Used courtesy of the publisher; *129* "La piramide della dieta mediterranea" based on "Traditional Healthy Mediterranean Diet Pyramid," Old Ways Preservation & Exchange Trust, www.oldwayspt.org (7/7/2008); *147* Courtesy of SLOW FOOD Associazione Non profit per la difesa della biodiversità e la qualità alimentare e per la promozione di un cibo "buono, pulito e giusto"; *192* From Pino Daniele biography by Carlo Manfredi, 7/30/2002, www.videomusica.it/articoli/2002/07/16/318035.php; *213* Buon compleanno © Second Nature Limited; *214 top right* © L'ALBERO DELLA VITA; *271* "Ma quanto bevanno i britannici!" Fabrizio Dalia / FOCUS – Gruner+Jahr/ Mondadori Spa; *286* "Istat, italiani meno sportivi e più sedentari" by Matteo Tonelli from *La Repubblica online,* 20 June 2007, used courtesy of Gruppo Editoriale L'Espresso SpA, Divisione la Repubblica; *301* Cartoon courtesy of Pat Carra; *313* "Adotta un nonno" by Sara Deganello, 24 August 2007, www.ilsole24ore.com; *314* "Pensionato autosufficiente?," "Studente pendolare o fuori sede?" from website of Politiche sociali Città di Viterbo, http://www.informagiovani.vt.it; *340* *Geografia verso il duemila,* Seconda edizione, vol. 1, L'Italia, Loescher Editore, Torino, 1998; *367* "Marzo, tutti in gita scolastica" by Daniele Semeraro from *La Repubblica online,* 19 February 2008, used courtesy of Gruppo Editoriale L'Espresso SpA, Divisione la Repubblica; *380 top* "Istat: a febbraio inflazione a +2,9%," from *Il Corriere della sera online,* 29/2/2008; *380 center* From "Studenti stranieri iscritti alle superiori è record" by Francesca Milano, *Il Sole 24 Ore online,* 3/3/2008; *380 bottom* From "Piccoli grassi crescono" by Paola Emilia Cicerone, *L'espresso online,* 15/2/2008; *395* "In Italia più di 3 milioni di immigrati" by Giovanni Macchione, 26 October 2006, http://www. panorama.it; *404* From Rolfs, 1972 cited in *L'Italia dei dialetti,* Rendina Editori, 1997; *406* "English Style" by Marina Fantini. Courtesy of Piscopo Editore, Srl; *407 top* From *Barzellette: super-top-compilation,* Geronimo Stilton, Edizioni Piemme, 2001; *421* *Le parole, le regole, i testi,* Marcello Sensini, Arnoldo Mondadori Scuola, Lucano. Used courtesy of the publisher; *423* "Napule è," words and music by Pino Daniele © 1977 (Renewed 2005) EMI MUSIC PUBLISHING ITALIA, SRL. All Rights Administered by EMI BLACKWOOD MUSIC, INC. All Rights Reserved. International Copyright Secured. Used by Permission; *438* From *Perché sono diventati famosi?* by Lella Cusin and Grazie Delmati, Fabbri, 1987; *446* From *Il dolore perfetto* by Ugo Riccarelli, Mondadori, 2004, pp. 11–12.

Indice

Culture

Note: Page numbers in italics indicate illustrations.

Grammar

*Note: (PSP) refers to the **Per saperne di più** section.*

Vocabulary

Notes

Notes

Notes

Notes

Notes

Notes

Notes

Notes

Notes

Notes

Notes

Notes

EUROPA

0   500   1 000 MIGLIA
0   500   1 000   1 500 CHILOMETRI

Oceano Atlantico

Mare del Nord

FINLANDIA

NORVEGIA
Oslo ⊗   Stoccolma ⊗   ⊗ Helsinki

⊗ Tallinn

ESTONIA

RUSSIA

SVEZIA

LETTONIA

Riga ⊗

IRLANDA
Dublino ⊗

REGNO
UNITO

LITUANIA
Vilnius ⊗

DANIMARCA   ⊗ Copenaghen   *Mar Baltico*

⊗ Minsk

PAESI BASSI

Londra ⊗

Amsterdam ⊗

Berlino ⊗

POLONIA
Varsavia ⊗

BIELORUSSIA

Bruxelles ⊗

BELGIO

GERMANIA

Parigi ⊗

Lussemburgo
LUSSEMBURGO

Praga ⊗

REPUBBLICA
CECA

SLOVACCHIA
Bratislava ⊗

UCRAINA

FRANCIA

LIECHTENSTEIN

Vienna ⊗

⊗ Budapest

⊗ Berna
SVIZZERA

AUSTRIA

UNGHERIA

ROMANIA

SLOVENIA ⊗ Lubiana

Bucarest ⊗

⊗ Zagabria

PORTOGALLO

ITALIA

MONACO

CROAZIA

BOSNIA-
ERZEGOVINA
Sarajevo ⊗

Belgrado ⊗

Madrid ⊗

SAN MARINO

SERBIA

Mar Ligure

Lisbona ⊗

SPAGNA

*CORSICA
(FRANCIA)*

MONTENEGRO
Podgorica ⊗

BULGARIA
⊗ Sofia

Roma ⊗

*Mare
Adriatico*

Skopje ⊗
MACEDONIA

CITTÀ DEL
VATICANO

Tirana ⊗

*Mare
di
Sardegna*

SARDEGNA

Mar Tirreno

ALBANIA

TURCHIA

GRECIA

Algeri ⊗

Mar Ionio

⊗ Rabat

Tunisi ⊗

SICILIA

Atene ⊗

MAROCCO

ALGERIA

TUNISIA

Mar Mediterraneo

L'Europa

L'Italia (carta fisica)